목회서신 주해

디모데전서 · 디도서 · 디모데후서

An Exposition of the Pastoral Epistles
1 Timothy, Titus, 2 Timothy

by Rev. Hyung Yong Park, Th.M., S.T.D.
Emeritus Professor of New Testament
Hapdong Theological Seminary.

Published by Hapdong Theological Seminary Press
50 Gwanggyo Joongang-Ro, Yeongtong-Gu, Suwon, Korea 16517

목회서신 주해 | **디모데전서 · 디도서 · 디모데후서**

초판 1쇄 2024년 8월 30일

발 행 인 김학유
지 은 이 박형용
펴 낸 곳 합동신학대학원출판부
주 소 16517 수원시 영통구 광교중앙로 50 (원천동)
전 화 (031)217-0629
팩 스 (031)212-6204
홈페이지 www.hapdong.ac.kr
출판등록번호 제22-1-2호
인 쇄 처 예원프린팅 (031)902-6550
총 판 (주)기독교출판유통 (031)906-9191

ISBN 979-11-93395-04-2 (93230)
값은 뒷표지에 있습니다.

박형용 교수
주해 시리즈

목회서신 주해

디모데전서 · 디도서 · 디모데후서

An Exposition of the Pastoral Epistles

박형용

HS PRESS
합신대학원출판부

저자의 말

하나님은 구속역사의 한 일환으로 신약교회를 설립하셨다. 하나님은 그의 독생자 예수 그리스도를 통해 성취하신 구속의 복음을 신약교회를 통해 예수님 재림 때까지 전파하시기를 원하셨다. 그래서 하나님은 예수님의 십자가상의 죽음과 죽은 자 가운데서의 부활 이후에 성령을 보내주시고 신약교회를 설립하신다(마 16:18-24; 요 14:26; 16:7-13; 행 1:8). 바울은 하나님의 이와 같은 구속역사의 진행을 잘 알고 있었다. 그리고 하나님의 구속역사 진행 중에 자신의 역할이 무엇인지도 분명히 알고 있었다. 바울은 자신이 하나님의 품으로 간 후에도 하나님의 구속역사 진행을 위해 신약교회의 역할이 지속되어야 할 것도 알고 있었다.

그래서 바울은 로마의 감옥에서 풀려난 후 그의 생의 마지막 부분에서 에베소(Ephesus)에서 교회를 섬기는 디모데에게 "디모데전서"를 통해 교회를 어떻게 섬길 것인지를 가르치고, 그레데(Crete)에서 교회를 섬기는 디도에게도 같은 마음으로 "디도서"를 써서 보낸다. 그리고 바울은 2차로 로마 감옥에 갇혀서 자신의 죽음을 내다보면서 믿음의 아들 디모데에게 그의 마지막 서신이요, 유언과 같은 "디모데후서"를 써서 디모데를 가르치고 그의 생을 감옥에서 마감한다. 바울은 그리스도의 복음을 위해 순교한 것이다.

일반적으로 목회서신의 주해서를 출간할 때는 그 순서를 디모데전서, 디모데후서, 그리고 디도서로 정한다. 우리 성경의 순서에 따른 것이며 어쩌면 당연한 것이다. 하지만 본서에서는 세 책의 순서를 기록한 순서에 따라 디모데전서, 디도서, 그리고 디모데후서로 잡았다. 이는 세 책의 기록 순서를 따르는 이유도 있지만 이런 순서는 그 당시 로마의 정치 상황을 이해하는데도 도움이 된다.

우리가 목회서신(The Pastoral Epistles)이라고 부르는 디모데전서와 디모데후서 그리고 디도서는 오늘날 교회를 섬기는 목회자들은 물론 모든 성도들이 읽고 배우고 실천해야 할 내용을 담고 있다. 신약교회가 어떤 단체인지를 알기 위해서는 반드시 목회서신을 읽어야 한다. 본서를 통해 한국교회가 좀 더 성경적인 교회로 개혁되었으면 하는 바람과 함께 모든 성도들이 하나님이 계획하신 교회가 어떤 공동체인지를 깨닫고 당당하면서도 겸손한 마음으로 자신이 처한 역사의 한 현장에서 하나님이 맡기신 사명을 성실하게 감당할 수 있기를 소망한다.

끝으로 본서를 아름답게 디자인 해 주신 김민정 선생에게와 목회 일선에서 바쁜 일정에도 불구하고 본서의 교정을 맡아 수고해 주신 강승주 목사에게 감사의 마음을 전한다.

2024년 5월

봉천동(하늘을 받들며 사는 동네) 서재에서

63빌딩을 바라다보면서

박 형 용

An Exposition of the Pastoral Epistles

차례

디모데전서 주해

1 TIMOTHY

서론

1. 디모데전서의 저자와 기록연대

바울은 그의 다른 서신들의 경우와 마찬가지로 디모데전서와 디모데후서 그리고 디도서를 자신의 이름인 "바울"(Παῦλος)이라는 용어를 사용하여 시작한다. 물론 그 당시의 역사적 상황으로 보아 어떤 사람이 편지를 쓸 때 발신자의 이름과 수신자가 누구인지를 밝히고 그리고 인사의 말을 하는 것으로 시작하는 것이 관례이기는 하지만 바울의 이름 파울로스(Παῦλος)가 모든 바울서신들의 첫 단어로 등장하는 것은 바울이 그 편지들의 저자임을 명시하는 역할을 하는데 디모데전서, 디모데후서, 디도서의 경우도 마찬가지이다. 바울이 "내가 전에는 비방자요 박해자요 폭행자였으나"(딤전 1:13)라고 자신의 과거의 잘못된 행적을 밝힌 것은 바울이 디모데전서의 자자임을 확증한다(참조, 행 8:1, 3; 9:1-2). 이처럼 자신이 편지의 발신자임을 밝히고 자신이 교회를 핍박한 역사적인 사실을 인정하는 것은 디모데전서, 디모데후서, 디도서의 저자가 바울 사도임을 간접적으로 증언하고 있다.

어떤 이는 디모데와 디도가 바울이 죽은 이후 자신들이 가지고 있는 바울에 관한 자료들을 활용하여 바울의 이름으로 서신을 만들었다고 주장한다. 하지만 이 이론은 서신의 내용 중 예를 들면 "오직 너 하나님의 사람아"(딤전 6:11), "디모데야"(딤전 6:20), "사랑하는 아들 디모데에게"(딤후 1:2), "내 아들아"(딤후 2:1), "나의 참 아들 된 디도"(딛 1:4) 등의 표현을 읽을 때 납득하기 어렵다. 왜냐하면 아무리 양심이 무딘 사람일지라도 성경에 묘사된 디모데와 디도의 성품을 가진 사람이라면 자신들이 그런 표현을 쓰면서 바울이 쓴 것으로 치부하는 것은 이해하기 힘들기 때문이다. 쾨스텐버거(Köstenberger)는 목회서신의 저자에 관해 "근래에 많은 사람들이 (목회서신의) 바울 저작권을 의심하고 있지만 이 편지들이 조상들의 유산을 영구화하고 그의 신실한 복음 사역을 뒤따르는 세대에로 지속되도록 하기 위해 노력한 바울의 사도적 목회의 절정을 나타내고 있는 편지들이라고 믿을 만한 좋은 이유가 많이 있다."[1]라고 주장한다. 목회서신(the Pastoral Epistles)은 바울의 신학에 풍요하고 필수적인 자료를 제공하는 중요한 서신들이다. 그러므로 디모데전서와 디모데후서 그리고 디도서의 저자는 바울 사도임이 확실하다.

그런데 켈리(Kelly)는 바울이 디모데후서를 직접 기록할 수 없었는데 그 이유는 그가 감옥에 갇혀있었기 때문이다. 그러므로 디모데후서는 바울이 비서(secretary)를 고용하여 기록한 서신이다. 그리고 디모데전서와 디도서도 그 문체가 디모데후서와 거의 비슷하기 때문에 역시 비서를 통해 기록했다고 주장한다.[2] 바울의 목회서신 저작권을 인정하지 않은 바렛트(Barrett)는 목회서신이 AD 90-AD 125년 사이 어느 시기에 기록된 것으로 조심스럽게 추정한다.[3] 슈바이쳐(Schweitzer)는 목회서신이 그 당시 영지주의(Gnosticism)와 투쟁하는 것을 전제로 디모데에게 권고하는 내용이므로 제1세기 말이나 제2세기 초에 기록되었기 때문에 바울의 저작이라고 할 수 없다고 주장한다.[4]

1 Andreas J. Köstenberger, *Biblical Theology for Christian Proclamation: Commentary on 1-2 Timothy and Titus* (Nashville: Holman, 2017), p. 1.

2 J.N.D. Kelly, *A Commentary on the Pastoral Epistles* (*Thornapple Commentaries*) (Grand Rapids: Baker, 1981), pp. 25-27.

3 C. K. Barrett, *The Pastoral Epistles* (*New Clarendon Bible*)(Oxford: Clarendon, 1963), p. 18.

4 Albert Schweitzer, *The Mysticism of Paul the Apostle* (London: Adam and Charles Black, 1967), p. 42.

그리고 핸슨(Hanson)은 목회서신에는 진정으로 바울적인 요소가 전혀 없기 때문에 바울의 후대 저자가 자기의 저작에 바울의 권위를 주장할 마음으로 익명으로 기록하였다고 주장하고 따라서 목회서신의 저작연대를 대략 AD 100-105년경으로 잡는다.[5] 계속해서 핸슨은 목회서신의 바울저작권을 부인하기 위해 목회서신의 저자가 바울의 서신에서 그 사상을 베꼈다고 주장하면서 디모데전서 6:12은 빌립보서 3:12-14에서 빌려왔으며, 디모데후서 1:6-9은 로마서 8:12-17에서 베꼈고, 디모데후서 3:16-17은 로마서 15:4-6에서 차용했고, 그리고 디모데후서 4:6-8은 빌립보서 2:16-17의 사상을 바울의 순교 이후의 관점에서 다시 썼다고 주장한다.[6]

물론 핸슨이 주장한 것처럼 인용된 바울서신들과 목회서신 사이에 사상적 공통점이 있는 것은 사실이다. 하지만 핸슨의 주장은 거의 억지와 같은 주장이라고 평가할 수밖에 없다. 왜냐하면 핸슨이 제시한 대칭된 구절들을 자세히 살펴보면 약간의 공통된 사상들이 공유될 뿐 한 저자가 다른 저자의 사상을 빌려왔다는 확실한 증거로 사용할 수 없기 때문이다. 오히려 같은 저자가 비슷한 사상을 필요할 경우 이곳저곳에서 사용함으로 비슷하게 보일 수 있다고 생각하는 것이 더 설득력이 크다. 만약 목회서신이 바울이 아닌 다른 사람이 기록했다고 가정하면, 어떻게 교회를 위해 편지를 쓰고 있는 저자가 자신의 이름을 사용하지 않고 편지에 권위를 부여하기 위해 바울의 이름을 빌려 사용하는 위선을 범할 수 있었겠는가라는 질문을 할 수밖

5 A. T. Hanson, *The Pastoral Epistles* (*The New Century Bible Commentary*), (Grand Rapids: Eerdmans, 1987), pp. 11, 13.: "The Pastorals have no authentically Pauline elements in them at all. They are wholly pseudonymous, and were composed by a writer subsequent to Paul's day who wished to claim Paul's authority for his material." (p. 11).

6 A. T. Hanson, *The Pastoral Epistles* (1987), pp. 28-30.

에 없다. 그러므로 바울이 목회서신들의 저자라고 결론짓는 것이 더 정직한 결론이다.

바렛트(Barrett)나 슈바이쳐(Schweitzer) 그리고 핸슨(Hanson)의 경우는 목회서신의 바울 저작권을 인정하지 않기 때문에 늦은 저작설을 주장하지만 성경적인 증거나 목회서신들의 내용과 문체를 참고할 때 목회서신의 저자를 바울로 인정하는 것이 더 설득력이 있으며, 저자를 바울로 인정하면 켈리(Kelly)의 주장처럼 디모데전서와 디도서가 비서에 의해 기록되었다고 주장하는 것은 설득력이 약하다. 왜냐하면 디모데전서와 디도서는 바울이 로마의 감옥에서 풀려난 후 자유로운 몸으로 활동할 때이기 때문이다. 디모데전서와 디도서는 바울이 로마 감옥에 1차로 감금된 상태에서 풀려난 후 기록한 서신들이므로 대략 AD 67년으로 추정할 수 있다. 그리고 디모데후서는 로마 감옥에 2차로 감금되었을 때 기록했기 때문에 대략 AD 68년으로 추정하는 것이 타당하다.[7] 디모데후서의 기록은 그 당시 로마를 통치한 로마의 황제 네로(Caesar Nero: AD 54-68)의 통치기간 마지막 해와 맞물린다.

---

7 Cf. W. J. Conybeare and J. S. Howson, *The Life and Epistles of St. Paul* (Grand Rapids: Eerdmans, n.d.), p. 834.; George W. Knight III, *The Pastoral Epistles: A Commentary on the Greek Text* (Carlisle: The Paternoster Press, 1992), pp. 53-54.; Everett F. Harrison, *Introduction to the New Testament* (Grand Rapids: Eerdmans, 1971), p. 364.

2. 바울과 디모데의 관계

바울과 디모데의 관계를 처음으로 언급한 성경 구절은 사도행전 16:1-3이다. 바울은 1차전도 여행 때 함께 동행 했던 바나바(Barnabas)와 결별하고(행 15:36-41) 실라(Silas)와 함께 제2차 전도여행을 떠난다. 바울과 실라가 루스드라(Lystra)에 이르렀을 때에 거기에서 디모데를 만난다. 그런데 누가(Luke)는 "바울이 더베와 루스드라에도 이르매 거기 디모데(Timothy)라 하는 제자가 있으니 그 어머니는 믿는 유대 여자요 아버지는 헬라인이라"(행 16:1)라고 기록한다. 바울은 어떤 사람들이 "모세의 법대로 할례를 받지 아니하면 능히 구원을 받지 못하리라"(행 15:1)라고 주장하기 때문에 예루살렘 공회(행 15:1-29)에서 이 문제를 논의한 결과 "이방인 중에서 하나님께로 돌아오는 자들을 괴롭게 하지 말고 다만 우상의 더러운 것과 음행과 목매어 죽인 것과 피를 멀리하라고 편지하는 것이 옳으니"(행 15:19-20)라고 결정함으로 구원을 받기 위해서는 할례(circumcision)를 받을 필요가 없다고 확정했지만 디모데의 아버지가 이방인이었기 때문에 복음을 원활하게 전하는데 방해가 될 수 있어서 디모데에게 할례를 행하고(행 16:3) 그를 선교 팀의 한 사람으로 영입한다. 우리는 바울이 디모데에게 할례를 행하는 사건을 통해 그리스도의 복음 안에서 누리는 바울의 자유함을 보게 된다. 사실 바울에게는 디모데에게 할례를 행하지 않아도 아무런 문제가 없다. 예루살렘 공회가 이미 결정한 것처럼 할례는 구원의 요건이 아니기 때문이다. 하지만 바울의 마음속에는 복음을 어떻게 효과적으로 전파하느냐의 문제로 가득 차 있었다. 그래서 바울은 자신의 선교 팀 중에 할례 받지 않은 디모데가 포함되어 있을 경우 항상 흠결을 잡으려고 눈을 크게 뜨고 덤벼드는 유대인들에게 빌미를 줄 수 있다고 생각한 것이다. 또 다른 면으로 이 사건에서 바울의 담대함과 과감함을 엿볼 수 있다. 조직 사회에서 살고 있는 사람은 상위 조직의 결정을 따르려는 마음을 가지고 있다. 예루살렘 공회(The Council at Jerusalem)가 할례는 구원과 무관하다고 결정했기 때문에 할례를 행하면 공회의 결정에 항거하는 것처럼 보인다. 그러므로 이런 경우 할 수만 있으면 공회의 결정을 따르기를 원한다. 그런데 바울은 예루살렘 공회의 결정이 있은 지 얼마 안 되어 디모데에게 할례를 행한 것이다. 바울은 예루살렘 공회가 할례는 구원과 무관하다고 결정했기 때문에 이제 할례는 중요한 의식이 아니요 구원에 관한한 하나의 행위에 지나지 않게 되었다고 생각한 것이다. 그래서 바울은 복음을 효과적으로 전파하는데 도움이 된다면 할례를 이용할 수도 있고 그렇지 않을 수도 있다고 생각한 것이다. 그리고 하나님의 구속역사적인 큰 틀에서 보면 구약시대의 할례가 예수님의 구속성취를 전가 받음으로 구원을 받게 되는 신약시대에는 더 이상 필요하지 않은 의식인 것이다. 우리는 예수님이 태어나신 지 8일 만에 할례를 받으시고(눅 2:21) 또한 세례도 받으신 사실을 기억해야 한다(눅 3:21-22).

3. 디모데전서의 기록배경

우리는 디모데전서, 디모데후서, 그리고 디도서를 "목회서신"(pastoral epistles)이라고 부른다. 바울은 13개의 서신 중 네 개의 서신을 개인에게 보낸다. 그것들은 바로 디모데전서, 디모데후서, 디도서, 그리고 빌레몬서이다. 그런데 빌레몬서는 순수하게 한 개인에게 보내진 서신이지만 다른 세 개의 서신들은 개인에게 보내졌어도 그 내용이 개인적인 것이라기보다 그들의 목회사역을 돕기 위해 기록한 것이므로 "목회서신"이라 칭해서 잘못이 없다.[8] 로마 감옥의 제1차 감금에서 풀려난 바울은 빌립보에 머무는 동안(딤전 1:3) 디모데를 에베소에 머물게 하여 에베소 교회를 섬기게 했다(딤전 1:3). 바울은 비교적 나이가 많지 않은 디모데가 교회를 섬길 때 여러 가지 목회에 관한 지혜가 필요함을 알고 있었다(딤전 4:12-16). 바울은 목회사역을 하는 디모데(Timothy)에게 교회를 어떻게 섬기며, 교회의 사역자는 어떤 사람을 세워야 하는지 등 목회에 필요한 지혜를 담은 디모데전서를 기록하여 보낸다. 디모데가 에베소 교회를 섬기는 것은 임시적인 것이지 영구한 것은 아니다.

4. 자신의 죽음 너머를 바라본 목회자 바울

목회서신인 디모데전서, 디모데후서 그리고 디도서의 내용은 비슷한 점을 많이 가지고 있다. 그러나 각 서신은 그 강조점에 있어서 약간

8 "목회서신" (pastoral epistles)이란 표현은 1703년 Berdot (D. N. Berdot, *Exercitatio theologica exegetica in epistulam Pauli ad Titum*. Halle, 1703, pp. 3-4)가 처음으로 사용했고, 그 후 Paul Anton이 1726-1727년에 할레 (Halle) 대학에서 일련의 강의를 하는 중 디모데전서, 디모데후서, 디도서를 가리켜 "목회서신" (The Pastoral Epistles)이라고 한데서 기인되었다. 참조, P. Anton, "*Exegetische Abhandlung der Pastoralbriefe S. Pauli an Timotheum und Titum*" ed. J. A. Maier (Halle, 1753-1755)를 참조바람.

의 차이가 있다. 디모데전서는 공적인 예배와 교회의 적절한 조직을 강조하고, 디도서는 성결한 삶과 교회의 활동을 강조하고, 그리고 디모데후서는 교회의 건전한 교리를 강조한다.[9]

바울은 목회서신에서 교회의 신조와 교회의 활동을 강조하기 원한다. "교회의 내적 활동을 위해 예배는 마땅히 바른 예배가 되어야 한다. 교회의 외적 활동을 위해 선한 사역들은 마땅히 드러나야만 한다. 예배는 내적이고, 사역은 외적이다. 그것이 교회가 그 자체로 드러나야 할 방법이다."[10] 바울은 목회서신을 쓸 때 70세를 넘긴 삶을 살고 있었기 때문에 자신의 죽음을 내다보고 있었다. 특히 바울이 디모데후서를 쓸 때는 곧 이 세상의 삶이 마감될 것임을 예상하고 있었을 때였을 것이다. 이런 상황에서 바울은 "참 아들 된"(γνησίῳ τέκνῳ) 디모데(딤전 1:2)에게와 "참 아들 된"(γνησίῳ τέκνῳ) 디도(딛 1:4)에게 교회가 어떤 공동체인지, 교회의 조직은 어떻게 세워야 할지, 그리고 그 믿음의 공동체를 어떻게 섬겨야 할지를 가르치기 원한 것이다. 바울은 자신의 죽음 너머를 내다보면서 그리스도의 교회가 어떻게 유지되어야 할 것인지를 가르치고 있다. 우리는 목회서신의 교훈을 통해 바울 사도 이후 교회의 삶의 모습을 엿볼 수 있다. 바울은 자신이 죽은 후 그의 믿음의 아들 디모데에게 하나님의 교회를 어떻게 목회할 것인지에 대해 교훈 하는 말씀을 목회서신에 쓴다. 디모데는 비록 바울이 설립했지만(에베소교회), 바울이 없는 상황에서 목회했다. 그리고 디도의 경우도 바울이 없는 상황에서 디도가 그레데에 있는 교회를 보살폈다(딛 1:5). 따라서 우리는 하나님께서 특별하게 사용하신 사

9 William Hendriksen, *Survey of the Bible* (Grand Rapids: Baker, 1976), p. 408.

10 J. Vernon McGee, *The Epistles First and Second Timothy, Titus, Philemon* (Nashville: Thomas Nelson Publishers, 1991), pp. xi-x.

도들이 더 이상 지상에 존재하지 않을 때 교회의 삶의 단면들을 목회서신에서 찾아볼 수 있고, 이와 관련하여 하나님이 사도들을 통해 역사하신 성령 하나님이 사도시대 이후의 교회를 어떻게 지도해 나가시는지를 발견할 수 있다.

제1장
주해

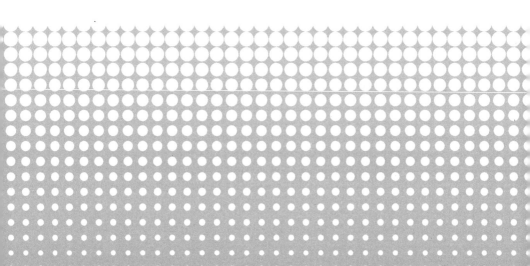

1 TIMOTHY

디모데전서 1장 요약

바울은 디모데전서 1장에서 인사말을 마친 다음(딤전 1:1-2) 유대인으로 간주되는 어떤 사람들이 율법에 대해 열심히 있는 것처럼 행세하면서 유익이 전혀 없는 질문을 던지고 변론만 일삼을 뿐만 아니라 자신들이 마치 율법을 가장 잘 아는 선생처럼 행동하고 있다고 설명한다(딤전 1:3-7). 바울은 디모데(Timothy)에게 이는 잘못된 것이요 다른 복음을 가르치는 것임으로 경계해야 한다고 가르친다. 그리고 바울은 "율법은 사람이 그것을 적법하게만 쓰면 선한 것임을 우리는 아노라"(딤전 1:8)라고 말함으로 율법의 기능을 바로 설명한다. 바울은 자신도 율법의 기능을 바로 알지 못했을 때에는 예수 그리스도와 교회를 비방하고, 박해하며, 폭행했다고 고백한다(딤전 1:13). 바울은 하나님의 은혜로 자신이 "영광의 복음"(딤전 1:11)을 맡았음을 확인하고, 이 직분이 비방과 경멸을 받지 않도록 최선을 다할 것을 다짐한다. 그리고 바울은 "미쁘다 모든 사람이 받을 만한 이 말이여 그리스도 예수께서 죄인을 구원하시려고 세상에 임하셨다 하였도다 죄인 중에 내가 괴수니라"(딤전 1:15)라고 말함으로 자신도 구원받아야 할 죄인임을 확실히 하고 자신의 삶 자체가 "주를 믿어 영생 얻는 자들에게 본이"(딤전 1:16) 된다고 가르친다. 바울은 양심을 버리고 믿음에 관하여는 파선한 후메네오(Hymenaeus)와 알렉산더(Alexander)를 예로 들어 건전한 교훈을 가르치고 선한 양심을 가져야 할 것을 엄중하게 경고함으로(딤전 1:18-20) 제1장을 마무리 한다.

1. 인사 (딤전 1:1-2)

1 우리 구주 하나님과 우리의 소망이신 그리스도 예수의 명령을 따라 그리스도 예수의 사도 된 바울은 2 믿음 안에서 참 아들 된 디모데에게 편지하노니 하나님 아버지와 그리스도 예수 우리 주께로부터 은혜와 긍휼과 평강이 네게 있을지어다 (딤전 1:1-2, 개역개정)

딤전 1:1-2 바울은 편지를 시작하면서 보내는 사람이 누구이며 또 받는 사람이 누구인지를 확실하게 밝힌다. 바울은 자신이 "우리 구주 하나님과 우리의 소망이신 그리스도 예수의 명령을 따라 그리스도 예수의 사도"(딤전 1:1)라고 소개한다. 바울은 그의 다른 12개의 서신들에서 사용하지 않은 특이한 표현으로 디모데전서를 시작한다. 바울은 하나님을 묘사하면서 "구주"(σωτῆρος)라는 용어를 사용하고, 예수 그리스도가 우리들의 "소망"(ἐλπίδος)이시라고 설명한다. 바울은 "구주"와 "하나님"을 연계하여 "구주 하나님"이라는 표현을 자주 사용하지 않는다. 그러나 바울이 여기서 하나님을 "구주 하나님"으로 묘사한 것은 하나님께서 그의 백성들을 위한 구속계획을 세우시고 진행시키시고 또 완성하실 것이기 때문이다(참조, 엡 1:3-14; 딛 2:11). 그리고 바울은 예수님을 "우리의 소망"이라고 설명한다. 예수님이 우리의 소망이 되신 것은 어느 누구도 인간의 죄 문제를 해결할 수 없고 오직 예수 그리스도만 인간의 죄 문제를 해결할 수 있기 때문이다. 성경은 "다른 이로써는 구원을 받을 수 없나니 천하 사람 중에 구원을 받을 만한 다른 이름을 우리에게 주신 일이 없음이라"(행 4:12)라고 명백하게 가르친다(참조, 롬 3:9-10). 그리고 예수님이 우리의 소망이신 것은 예수님이 우리의 죄 문제를 해결해 주셨을 뿐만 아니라 그의 부활을 통해 우리에게 영원한 생명을 부여해 주셨기 때문이다(요 5:24; 롬 6:22-23). 바울이 "우리 구주 하나님"과 "그리스도 예수"를 함께 언급한 것은 하나님 아버지(God the Father)는 아들(the Son)을 통하지 않고는 우리의 구원에 관해 아무것도 하시지 않기 때문이다.

바울은 자신이 "그리스도 예수의 사도"(딤전 1:1)가 되었다고 확인한다. 바울이 자신의 사도됨을 밝히는 것은 디모데 개인을 위한 것이 아니다. 디모데는 바울이 사도되었음을 이미 확실하게 알고 있었다. 바울이 자신의 사도됨을 밝히는 것은 자신이 맡은 사역의 귀중함과 디모데에게 전할 교훈의 존귀함을 강조하기 위해서이다. 바울의 사도됨은 하나님과 예수 그리스도의 명령으로 되었다. "사도"는 특별한 일을 성취하기 위해 보냄을 받은 자를 가리킨다. 바울이 위임받은 일은 구속의 복음을 땅 끝까지 전파하는 것이다. 바울 사도의 복음은 그리스도가 그의 죽음과 부활을 통해 성취하신 복음이요, 바울의 사도로서의 권위는 그리스도가 위임해 주신 권위이다.[11] 바울은 "사도"(ἀπόστολος)라는 용어를 통해 "자신의 사명이 복음을 선포하는 것임을 묘사하고 있다. 그는 십자가에서 죽으시고 부활하신 주님의 사신으로 그리고 대리자로서 이방인들에게 복음을 전하도록 권한을 위임 받았다(롬 1:1; 갈 1:15; 2:8; 고후 5:19; 살전 2:4-9)."[12]고 설명하고 있는 것이다. 이처럼 바울이 위임받은 사명은 엄중한 것이며, 바울로부터 디모데가 전해 받아 실천해야 할 교훈 역시 존귀하고 엄중한 것이다.

---

11 William Hendriksen, *Exposition of the Pastoral Epistles* (*New Testament Commentary*) (Grand Rapids: Baker, 1974), p. 51.

12 Jan-Adolf Bühner, "ἀπόστολος," *Exegetical Dictionary of the New Testament,* Vol. 1 (Grand Rapids: Eerdmans, 1990), pp. 142-146.

그런데 바울은 "그리스도 예수의 사도 된 바울"(딤전 1:1)이라고 씀으로 자신의 이름을 "사울"(Σαῦλος)이라고 하지 않고, "바울"(Παῦλος)이라고 명시한다. 예수님과 그의 교회를 핍박하기 위해 다메섹(Damascus)으로 가던 도중 부활하신 주님을 만나 회심하게 된 사울(Saul)은 주님으로부터 이방인의 사도로 부름을 받는다(행 9:15; 롬 15:16-19). 그런데 사울은 바나바(Barnabas)와 함께 떠난 그의 제1차 선교여행 기간 중 구브로(Cyprus)에서 그 동안에 사용해 오던 "사울"이란 이름 대신 이방인 전도에 더 적합하다고 생각되는 "바울"이란 이름을 사용하기 시작한다(행 13:9). 바울은 제1차 선교여행 기간에 "바울"이란 이름을 사용하기 시작한 이후 계속해서 복음을 전할 때나 편지를 쓸 때 "바울"이란 이름을 사용한다. 그러므로 바울은 디모데에게 편지를 쓸 때 "바울"이란 이름을 자연스럽게 쓴 것이다. 헨리(Henry)는 "유대인들이 복음을 배척하고, 이방인들이 복음을 받아들였을 때, 우리는 유대식 이름인 사울(Saul) 보다 로마식 이름인 바울(Paul) 만 읽을 수 있을 뿐이다."[13]라고 설명한다. 헨리는 이름을 바꾸어 사용하는 것이 사소한 일 같지만 우리 목사들은 우리들의 사역이 잘 받아들여질 수 있도록 사소한 문제에도 관심을 기울여야 한다(행 13:9, 13, 16, 43, 46)고 권면한다.

바울은 그 당시 편지 쓰는 형식에 따라 먼저 편지를 보내는 사람이 누구인지를 밝힌 다음 편지를 받는 사람이 누구인지를 언급한다. "믿음 안에서 참 아들 된 디모데에게 편지하노니"(딤전 1:2)의 말씀처럼 편지의 수신자는 디모데(Timothy)이다. 그런데 바울은 디모데를

---

13 Matthew, Henry, *Matthew Henry's Commentary on the Whole Bible, Vol. VI. Acts to Revelation*. (Old Tappan: Fleming H. Revell Company, n.d.), p. 853.

"믿음 안에서 참 아들 된"이란 수식어를 붙여 소개한다. 바울은 그의 마지막 서신인 디모데후서에서 디모데의 믿음을 "이는 네 속에 거짓이 없는 믿음이 있음을 생각함이라 이 믿음은 먼저 네 외조모 로이스(Lois)와 네 어머니 유니게(Eunice) 속에 있더니 네 속에도 있는 줄을 확신하노라"(딤후 1:5)라고 소개한다. 디모데의 어머니는 예수님을 믿는 유대인이었고, 아버지는 헬라인이었다(행 16:1). 디모데는 어머니 유니게의 양육에 영향을 받아 어려서부터 성경을 알고 자란 바울의 믿음의 동역자이다(딤후 3:14-17). 디모데는 바울의 제2차 선교여행 도중 루스드라(Lystra)에서 바울의 선교 팀에 합세하여 평생토록 바울과 함께 복음 사역을 했다(행 16:1-3).[14] 그러므로 바울이 디모데를 묘사하면서 "믿음 안에서"(ἐν πίστει)라고 표현한 것은 역사적 사실에 근거한 대단히 적절한 표현이라고 생각된다.

그런데 바울은 "믿음 안에서"에 덧붙여 "참 아들"(γνησίῳ τέκνῳ)이라는 표현을 사용하여(딤전 1:2) 디모데가 보통 아들이 아니라 진정으로 신뢰할 수 있는 참 아들이라고 말한다. 박윤선은 "'참 아들'이란 말의 '참'자(γνησίῳ)의 의미를 생각할 만하다. 이것은 '순정(純正)한' 관계를 의미한다. 그만큼, 디모데는 바울에게 대하여 영적으로 부자 관계를 가졌다."[15]라고 정리한다. 바울은 디모데를 가리켜 "참"(γνησίως)이란 용어를 즐겨 사용한다(딤전 1:2; 빌 2:20). 이처럼 바

---

14 바울의 선교팀은 바울, 실라 (행 15:40), 디모데 (행 16:1-3), 그리고 누가 (행 16:10-18의 우리구절 참조) 등 네 명이라고 할 수 있다. 누가의 경우 사도행전의 저자인 누가가 사도행전에서 "우리 구절" (We-sections)을 네 차례(행 16:10-18; 20:6-16; 21:1-17; 27:1-28:16)사용하는데 그 중 처음으로 시작한 곳이 행 16:10-18이므로 누가가 드로아 (Troas)에서 바울과 합세한 것으로 추정한다. 참조, 박형용, 『사도행전 주해』 (수원: 합신대학원출판부, 2017), pp. 12, 203.

15 박윤선, 『성경주석: 바울서신』 (서울: 영음사, 1964), p. 458.

울은 자신을 디모데의 아버지라고 분명하게 그 심정을 밝히고 있다. 바울은 디모데의 육체적인 아버지는 아니지만 영적으로 디모데를 낳은 아버지라고 불릴 수 있다. 칼빈(Calvin)은 "하나님이 디모데의 영적 아버지이셨다. 그리고 엄격하게 말해서 하나님만이 아버지이시다. 그러나 바울은, 디모데를 하나님의 사역자로 낳았기 때문에, 종속되는 의미로 자신에게 아버지라는 칭호를 붙인 것이다."[16]라고 정리한다. 바울이 디모데를 "믿음 안에서 참 아들"(딤전 1:2)이라고 부른 것은 전혀 이상하지 않다.

이제 바울은 디모데를 위해 "하나님 아버지와 그리스도 예수 우리 주께로부터 은혜와 긍휼과 평강이 네게 있을지어다"(딤전 1:2)라고 기원한다. 바울은 편지를 쓰면서 일반적으로 은혜와 평강(롬 1:7; 고전 1:3; 고후 1:2; 갈 1:3; 엡 1:2; 빌 1:2; 골 1:2; 살전 1:1; 살후 1:1; 딛 1:4; 몬 3)을 언급하는데, 특히 디모데에게 보내는 편지에서는 긍휼을 첨가하여 은혜와 긍휼과 평강(딤전 1:2; 딤후 1:2)을 언급한다. 은혜(χάρις: grace)는 죄인을 향한 하나님의 조건 없는 호의를 뜻한다. 하나님은 "우리가 아직 죄인 되었을 때에"(롬 5:8) 우리를 향해 그의 무한대한 호의를 보여 주셨다. 파커(Parker)는 "은혜의 교리의 본질은 하나님이 우리를 위하신다는 것이다. 더 중요한 것은 하나님은 그에게 반역하는 우리를 위하신다는 것이다. 더 중요한 또 다른 것은 하나님이 일반적인 태도로 단순히 우리를 위하시는 것이 아니요, 우리를 향해 효과적으로 행동을 취하신다는 것이다. 은혜는 예수 그리스도의 이름

16 John Calvin, *The Second Epistle of Paul The Apostle to the Corinthians and the Epistles to Timothy, Titus and Philemon*, Trans. by T. A. Smail (Grand Rapids: Eerdmans, 1973), p. 188.

안에 요약되어 있다."[17]라고 설명한다. 긍휼(ἔλεος: mercy)은 하나님이 우리들의 죄악을 아시면서도 우리에게 그의 호의를 베풀어 주신 것을 말한다. 하나님은 우리들이 비참한 죄인의 모습으로 있는 것을 보시고 우리를 불쌍히 여기신 것이다. 고다드(Goddard)는 "하나님의 공유적 속성으로 긍휼은 죄책이 있고 비참한 상황에 있는 자들을 위한 하나님의 선하심이요 사랑이다. 긍휼은 동정심, 연민, 온유, 인내를 포함한다."[18]라고 설명한다. 에베소 교회를 섬길 때 여러 가지 어려운 일을 앞에 둔 디모데에게는 주님의 긍휼이 필요했다. 평강(εἰρήνη: peace)은 그리스도의 공로로 죄 문제를 해결 받은 자만이 누릴 수 있는 평강을 뜻한다. 그리스도 안에서 평강을 소유한 사람은 그 앞에 어떤 어려움이 있을지라도 그 어려움에 매몰되지 않고 하나님이 함께 계신다는 확신 속에 마음의 평안을 누린다. 그러므로 "성도는 평강을 추구하여야 하고(롬 14:19), 서로 간 평강을 유지해야 하며(살전 5:13; 고후 13:11; 롬 12:18), 그리고 평강으로 하여금 자신의 마음과 생각의 파수꾼이 되도록 하여야 한다(빌 4:7)."[19] 파인버그(Feinberg)는 "평강은 기독교의 특이한 개념으로 그리스도를 통해 구원을 확약 받은 영혼의 안정된 상태이므로 하나님으로부터 아무것도 두려워하지 않고 지상의 몫이 어떤 종류의 것이든지 만족하는 마음의 상태이다."[20]라고 설명한다. 바울은 이처럼 자신이 예수 그리스도로부터 명

---

17 T.H.L. Parker, "Grace," *Baker's Dictionary of Theology* (Grand Rapids: Baker, 1975), p. 257.

18 Burton L. Goddard, "Mercy," *Baker's Dictionary of Theology* (Grand Rapids: Baker, 1975), p. 348.

19 Victor Hasler, "εἰρήνη," *Exegetical Dictionary of the New Testament*, Vol. 1 (Grand Rapids: Eerdmans, 1990), p. 396.

20 Charles L. Feinberg, "Peace," *Baker's Dictionary of Theology* (Grand Rapids: Baker, 1975), p. 399.

령을 받은 사도임과 편지의 수신자는 참 아들 된 디모데임을 밝히고 그에게 "은혜와 긍휼과 평강"(딤전 1:2)이 있기를 빌면서 편지를 시작한다. 헨드릭센(Hendriksen)은 "은혜는 우물이요, 평강은 그 우물로부터 흘러나오는 개울이다(롬 5:1 참조)"[21]라고 은혜와 평강의 관계를 설명한다.

2. 바른 교훈과 다른 교훈(딤전 1:3-11)

> 3 내가 마게도냐로 갈 때에 너를 권하여 에베소에 머물라 한 것은 어떤 사람들을 명하여 다른 교훈을 가르치지 말며 4 신화와 끝없는 족보에 몰두하지 말게 하려 함이라 이런 것은 믿음 안에 있는 하나님의 경륜을 이룸보다 도리어 변론을 내는 것이라 5 이 교훈의 목적은 청결한 마음과 선한 양심과 거짓이 없는 믿음에서 나오는 사랑이거늘 6 사람들이 이에서 벗어나 헛된 말에 빠져 7 율법의 선생이 되려 하나 자기가 말하는 것이나 자기가 확증하는 것도 깨닫지 못하는도다 8 그러나 율법은 사람이 그것을 적법하게만 쓰면 선한 것임을 우리는 아노라 9 알 것은 이것이니 율법은 옳은 사람을 위하여 세운 것이 아니요 오직 불법한 자와 복종하지 아니하는 자와 경건하지 아니한 자와 죄인과 거룩하지 아니한 자와 망령된 자와 아버지를 죽이는 자와 어머니를 죽이는 자와 살인하는 자며 10 음행하는 자와 남색하는 자와 인신 매매를 하는 자와 거짓말하는 자와 거짓 맹세하는 자와 기타 바른 교훈을 거스르는 자를 위함이니 11 이 교훈은 내게 맡기신 바 복되신 하나님의 영광의 복음을 따름이니라 (딤전 1:3-11, 개역개정)

21 Hendriksen, *Exposition of the Pastoral Epistles* (*New Testament Commentary*) (1974), p. 54.

딤전 1:3-7 바울이 "내가 마게도냐로 갈 때에 너를 권하여 에베소에 머물라 한 것은"(딤전 1:3)이라고 말한 문장의 구조상 바울은 디모데와 함께 에베소에 있었는데 자신은 마게도냐(Macedonia)로 가고 디모데는 에베소에 남은 것으로 볼 수 있다. 바울은 로마의 제 1차 감금에서 풀려나 그가 소원한 바대로 아시아 지역을 방문했을 것이다. 에베소는 바울이 3년을 머물면서 교회를 섬겼던 장소이다(행 20:310. 바울이 디모데를 에베소에 머물게 한 것은 특별한 목적이 있어서였다. 그리고 디모데(Timothy)야말로 그 당시 에베소 교회가 처한 문제를 가장 잘 해결할 수 있는 적격자였다. 바울이 "어떤 사람들을 명하여 다른 교훈을 가르치지 말며"(딤전 1:3)라고 말한 것은 에베소 교회 내에 잘못된 교훈을 가르치는 거짓 교사들이 있었음을 증거 한다. 헨드릭센(Hendriksen)은 바울이 디모데전서 1:20에서는 후메네오(Hymenaeus)와 알렉산더(Alexander)를 구체적으로 언급한 반면 디모데전서 1:3에서는 "어떤 사람들"(τισίν)이라고만 언급한 것은 이 "어떤 사람들"이 후메네오와 알렉산더처럼 크게 잘못을 범하지 않았기 때문이라고 해석한다.[22] 바울이 디모데에게 에베소에 머물도록 한 것은 디모데로 하여금 에베소의 거짓 교사들이 순수한 교훈을 왜곡시켜 다른 교훈을 만들어내지 못하도록 명령하고 경계하고 경고하도록 하기 위해서였다. "다른 교훈"은 바로 다음 절에 언급된 "신화와 끝없는 족보에 몰두"(딤전 1:4)하는 것이다. 바울은 디모데로 하여금 그리스도의 복된 복음을 떠나 "다른 교훈"(딤전 1:3; 6:3; 참조, 갈 1:6)을 따르지 않도록 권면하고 있는 것이다. 칼빈(Calvin)은 바울이 디모데에게 "신화와 끝없는 족보"에

22 Hendriksen, *Exposition of the Pastoral Epistles* (*New Testament Commentary*) (1974), p. 57.

몰두하지 말라고 권고한 것은 그것들이 거짓이기 때문이 아니요, 그것들이 아무런 근거도 없는 시시하고 어리석은 이야기들로서 아무런 유익이 없기 때문이라고 정리한다.[23]

헨드릭센(Hendriksen)은 "'신화와 끝없는 족보'라는 표현은 하나이다(같은 것이다). 그것은 마치 바울이 한편으로는 신화를 생각하고, 그리고 다른 편으로는 족보를 생각하는 것처럼 나누어져서는 안 된다. 사도는 그 성격상 분명하게 유대주의적(딛 1:14)인 하나님의 율법에 사람들이 첨가한 보충물(딤전 1:7)들이거나 허탄한 이야기(딤후 4:4)이거나 망령되고 허탄한 신화(딤전 4:7)를 가리킴에 틀림없다. 진리의 기준으로 판단하면 이들 거짓 교사들이 가르친 것은 신화(myths)로 명명되기에 적합하다. 자료의 내용으로 볼 때 이들 신화들은 대부분 위조된 족보의 이야기에 관한 것이다."[24]라고 해석한다. 바울이 여기서 언급한 "신화와 끝없는 족보"는 인간이 만들어 낸 것에 불과하다. 그래서 바울 사도는 "믿음 안에 있는 하나님의 경륜"과 "신화와 끝없는 족보"(딤전 1:4)를 대칭시켜 "신화와 끝없는 족보"는 "변론"(ἐκζητήσεις)만 일으키는 역할을 하지만(딤전 1:4), "하나님의 경륜"은 "사랑"(ἀγάπη)을 장려하는 것이 그 목적이라고 가르친다(딤전 1:5).[25] 박윤선 박사는 "인생이 자율주의(自律主義)에 의하여 구원의 진리를 알 수 있었다면 하나님은 그에게 계시(성경)를 주셨을 이유조차 없었겠다. 구원의 진리는 오직 계시, 곧, 성경 말씀에 순종해서만 알 수 있게 된

23 John Calvin, *The Second Epistle of Paul The Apostle to the Corinthians and the Epistles to Timothy, Titus and Philemon* (1973), p. 189.

24 Hendriksen, *Exposition of the Pastoral Epistles* (*New Testament Commentary*) (1974), p. 58.

25 "끝없는" (ἀπέραντος)이라는 용어와 "변론" (ἐκζήτησις)이라는 용어는 신약성경에서 디모데전서 1:4에서만 유일하게 나타난다 (hapax legomenon).

것이다(딤후 3:15). 다시 말하면, 구원의 진리는 연구하므로 얻을 수 있는 것이 아니고, 자율주의를 회개하므로 얻을 수 있는 것이다."[26]라고 함으로 "신화와 끝없는 족보에 몰두"(딤전 1:4)하여 구원을 얻을 수 없음을 분명하게 밝힌다.

본문 디모데전서 1:5의 "이 교훈의 목적"은 직역을 한다면 "이 명령의 목적"(the goal of this command)으로도 이해할 수 있다. 바울은 "이 교훈의 목적은 사랑이다"(딤전 1:5: τὸ δὲ τέλος τῆς παραγγελίας ἐστὶν ἀγάπη)라고 말한 다음 이 "사랑"은 "청결한 마음"과 "선한 양심"과 "거짓이 없는 믿음"에서 나온다고 설명한다(딤전 1:5). 헨리(Henry)는 "신적인 법의 주요한 범위와 경향은 우리로 하여금 하나님을 사랑하고 서로서로를 사랑하도록 하는 것인데 이 둘 중 어느 것이라도 약하게 하는 것이라면 명령의 목적을 훼손하는 경향이 있다."[27]라고 설명한다.

첫째, 사랑은 "청결한 마음"을 가진 자로부터 나온다(딤전 1:5). "'마음'(heart)은 사람의 존재의 가장 핵심이고 중심이며 사람의 가장 깊은 자아이다."[28] 예수님은 "청결한 마음"을 가진 자가 하나님을 볼 것이라고 가르치셨다(마 5:8). 그러므로 "청결한 마음"은 중생한 사람의 마음에서만 찾아 볼 수 있다(참조, 요 15:3). 불신자의 마음은 순수할 수 없고 청결할 수 없다. 바울은 지금 디모데에게 복음 사역을 위한 목적은 청결한 마음에서 나온 사랑이라고 권면하고 있다.

---

26 박윤선, 『성경주석: 바울서신』 (1964), p. 460.

27 Matthew, Henry, *Matthew Henry's Commentary on the Whole Bible*, Vol. VI. *Acts to Revelation*. (n.d.), p. 807.

28 Hendriksen, *Exposition of the Pastoral Epistles* (*New Testament Commentary*) (1974), p. 62.

둘째, 사랑은 "선한 양심"을 가진 자로부터 나온다(딤전 1:5). "선한 양심"은 옳고 그름을 바로 판단할 수 있는 양심을 뜻한다. 바울은 거짓 교사들에 대해 "자기 양심이 화인을 맞아서 외식함으로 거짓말하는 자들이라"(딤전 4:2)라고 상기시킨 바 있다. 바울은 "선한 양심"을 올바로 작동하는 것이 성도들이 해야 할 책임이라고 강조 한다(딤전 1:5, 19; 3:9; 4:2; 딤후 1:3; 딛 1:15). 바울은 디모데에게 복음 사역을 위한 사랑은 "선한 양심"에서 나온다고 권면하고 있다.

셋째, 사랑은 "거짓이 없는 믿음"을 가진 자로부터 나온다(딤전 1:5). 헨드릭센(Hendriksen)은 "진정으로 '선한' 양심의 긍정적인 요소는 믿음(faith)이다. 왜냐하면 선한 양심은 잘못된 것을 미워할 뿐만 아니라 바른 것을 채택하기 때문이다. 그런(such) 믿음은 진실하고 순수한 것이다."라고 정리한다. 바울은 "믿음"으로 말미암아 구원을 받을 수 있고 이런 믿음은 하나님의 선물이라고 가르쳤다(엡 2:8). 그래서 바울은 거짓 교사들의 허황된 믿음을 의식하고 디모데에게 구원에 이르게 하는 "거짓이 없는 믿음"으로 복음 사역을 해야 한다고 권면하고 있다.

바울은 사랑이 솟아날 수 있는 근원을 "청결한 마음과 선한 양심과 거짓이 없는 믿음"(딤전 1:5)이라고 강조하고, 사람들이 이 길을 버리고 헛된 말에 빠진다고 경고한다(딤전 1:6). 칼빈(Calvin)은 "'청결한 마음'과 '선한 양심' 사이에 구별이 거의 없다. 둘 다 믿음의 열매들이다. 사도행전 15:9은 '하나님이 믿음으로 그들의 마음을 깨끗이 하사'라는 말로 '청결한 마음'을 설명하고 그리고 베드로는 '선한 양심'이 그리스도의 부활에 근거되어 있다고 말한다(벧전 3:21)."[29]라고 설

29 John Calvin, *The Second Epistle of Paul The Apostle to the Corinthians and the Epistles to*

명한다. 그런데 박윤선 박사는 "'청결한 마음'과 '선한 양심'은 중생한 속사람을 가리킨다. '거짓이 없는 믿음'은 오직 중생한 심령(心靈)에서야 일어난다."[30]라고 설명한다. 여기서 한 가지 주의해야 할 것은 "속사람"(ὁ ἔσω ἄνθρωπος)과 "겉사람"(ὁ ἔξω ἄνθρωπος) 그리고 "새사람"(τὸν καινὸν ἄνθρωπον)과 "옛사람"(τὸν παλαιὸν ἄνθρωπον)이란 표현이다. "속사람"이란 표현은 신약성경에서 3회 나타나며 모두 바울이 사용한 것이다(롬 7:22; 고후 4:16; 엡 3:16). "속사람"과 "겉사람"이 분명한 대칭을 이루어 사용된 곳은 오로지 고린도후서 4:16이지만, 다른 두 곳에서도 "겉사람"이 암시적으로 대칭되어 있음은 확실하다. 그런데 바울은 "속사람"과 "겉사람"의 대칭을 도덕적 함의 없이 사용한다.

반면 바울은 "새사람"과 "옛사람"의 대칭은 도덕적 함의와 함께 사용한다(롬 6:6; 엡 4:22-24; 골 3:9-10). 바울이 디모데전서 1:5에서 사랑을 유발하는 세 근원으로 언급한 "청결한 마음과 선한 양심과 거짓이 없는 믿음"(딤전 1:5)에는 도덕적 함의가 포함되어 있음이 확실하다. 그러므로 박윤선 박사가 "청결한 마음"과 "선한 양심"을 중생한 "속사람"으로 설명하는 것은 바울 사도의 이해에 미치지 못한 것이다.

여기서 바울이 어떤 의미로 "속사람"과 "겉사람"의 대칭을 사용했는지 정리할 필요가 있다. 칼빈(Calvin)은 "마치 '겉사람'이 몸(the body)을 뜻하며, 그리고 몸에 속한 모든 것, 즉 건강, 명예, 부, 활력, 미 그리고 그와 같은 것들을 뜻하는 것처럼, '속사람'은 영혼(the soul)을 뜻하며 그리고 영혼의 신령한 생활에 속한 모든 것을 뜻한다."[31]라고 하

Timothy, Titus and Philemon (1973), p. 191.

30 박윤선, 『성경주석: 바울서신』 (1964), p. 461.

31 John Calvin, *The Epistles of Paul the Apostle to the Galatians, Ephesians, Philippians and*

며 "속사람"을 "영혼"으로, "겉사람"을 "몸"으로 해석한다. 칼빈의 해석은 바울의 의도를 바로 해석했다고 볼 수 없다. 브루스(Bruce)는 "속사람은 믿음으로 그리스도에게 연합된 사람들 속에 성령에 의해 내적으로 잉태된 새로운 창조(the new creation)이다. 속사람은 하나님의 마음과 일치하며 그의 법을 즐긴다(롬 7:22). 속사람은 겉사람 즉 죽을 본성이 후패되어 갈 때에도(고후 4:16) 매일매일 새롭게 되어 간다. 속사람은 부활의 때에(시대에) 표명될 더 충분한 불멸성의 씨앗을 현재 구성하고 있는 불멸의 인격이다."[32]라고 해석한다. 보스(Vos)도 속사람(the inner man or the inward man)은 몸(body)에 반대되는 영혼(soul)을 가리키지 않고 관능적인 생활 원리와 구분되는 이상적인 생활 원리를 가리키지도 않는다. 속사람은 하나님의 법을 즐기는 본질적인 인간을 가리킨다고 정리한다.[33]

바울은 이원론적으로 성도를 "겉사람"과 "속사람"으로 구분하고 있지 않다. "속사람"과 "겉사람"은 같은 한 사람을 다른 관점에서 성도를 묘사하는 표현이다. "속사람"과 "겉사람"은 구원받은 성도의 전인(the whole person)을 각각 다른 측면에서 묘사하고 있다. 성도를 구원받은 관점에서 볼 때 그는 "속사람"이지만, 몸을 가지고 세상과 접하면서 살고 있는 성도를 묘사할 때는 그는 아직도 "겉사람"이다. 이것이 예수님의 부활과 재림 사이에서 살고 있는 신자들의 삶의 특징이다.[34]

Colossians. Trans. T.H.L. Parker (Grand Rapids: Eerdmas, 1974), p. 167.

32 F. F. Bruce, *The Epistles to the Colossians to Philemon and to the Ephesians* (*NICNT*) (Grand Rapids: Eerdmans, 1988), p. 326.

33 G. Vos, *The Pauline Eschatology* (Grand Rapids: Eerdmans, 1966), p. 204.

34 박형용, 『로마서 주해』. (수원: 합신대학원출판부, 2022), pp. 275-276.; 박형용, 『에베소서 주해』. (수원: 합신대학원출판부, 2023), pp. 215-218.

이제 바울이 디모데전서 1:5에서 디모데에게 전하고자 하는 권면을 헨드릭센(Hendriksen)의 말을 빌려 정리하기로 한다. 헨드릭센은 "따라서 디모데전서 1:5의 본질은 이것이다.: 디모데야, 네가 공적인 설교나 개인적인 권면으로 에베소 사람들에게 전해야 할 것으로 너에게 주는 명령의 본질은 이것이다.: '너는 매일 기도하고 노력함으로 청결한 마음과 선한 양심과 위선이 없는 믿음을 얻어서 이 세 가지가 유기적으로 협력함으로 모든 보석들보다 더 귀중한 사랑(love)을 산출해야 한다."[35]라고 정리한다.

바울은 디모데에게 이와 같은 진정한 사랑으로 복음 사역을 하지 않는 거짓 교사들은 "헛된 말에 빠져 율법의 선생이 되려 하나 자기가 말하는 것이나 자기가 확증하는 것도 깨닫지 못한다"(딤전 1:6-7)라고 함으로 순수한 사랑으로 교회를 섬기지 않으면 어떠한 결과가 기다리고 있다는 것을 확인시키고 있다. 본 구절의 "사람들"(딤전 1:6)은 이미 언급한 "어떤 사람들"(딤전 1:3)과 같은 사람들임에 틀림없다. 이들은 진실한 사랑으로 복음 사역을 하지 않고 "다른 교훈"을 가르치고 헛된 말(ματαιολογίαν)만[36] 만들어 내는 역할을 했다(딤전 1:6; 참조, 딛 1:10). 바울은 디모데전서 1:7을 분사형(θέλοντες + εἶναι)으로 시작함으로 디모데전서 1:6의 "사람들"(τινες)이 바로 "율법의 선생"(νομοδιδάσκαλοι: 딤전 1:7)이 되려 하는 사람들임을 확실히 한다. 맥락에 비추어 볼 때 "율법의 선생"은 모세의 율법을 가르치는 선생

35 Hendriksen, *Exposition of the Pastoral Epistles* (*New Testament Commentary*) (1974), p. 63.

36 "헛된 말" (ματαιολογίαν)은 신약성경에서 이곳 딤전 1:6에서 한 번 (hapax legomenon) 만 사용된 용어이다. 비슷한 용어로 딛 1:10에 사용된 "헛된 말" (ματαιολόγος)도 신약성경에서 한 번 사용된 용어이다. "헛된 말"은 내용이 없는 말, 혹은 쓸데없는 말이라는 뜻이다.

들을 가리킴에 틀림없다. 쾨스텐버거(Köstenberger)는 소위 "율법의 선생"에 대해 "어느 경우이건 그들의 확신에 찬 태도에도 불구하고(διαβεβαιοῦνται; 참조, 딛 3:8), 반대자들은 율법의 진정한 목적도 이해하지 못하고(딤전 1:8) 율법의 의도된 청중도 이해하지 못한다(딤전 1:9-10). 사실상, 기독교인의 삶을 위한 표준으로서 그들의 율법의 사용은 '복되신 하나님의 영광의 복음'을 따르는 건전한 교리와 공존할 수가 없다(딤전 1:11; 참조, 딤전 6:3; 딤후 1:13; 4:3; 딛 1:9; 2:1)."[37]라고 설명한다. 바울은 분명하게 거짓 교사들이 스스로 율법의 선생처럼 말을 하지만 자신이 말하고 있는 것도 깨닫지 못하고, 말하고 있는 내용도 이해하지 못하면서 아는 체한다고 적시한다(딤전 1:7). "무지(無知)는 용감하다"는 말이 있는 것처럼 거짓 교사들은 제대로 알지도 못하면서 "율법의 선생"이 되려하는 것이다.

딤전 1:8-11 바울은 율법에 관해 설명하면서 "그러나 율법은 사람이 그것을 적법하게만 쓰면 선한 것임을 우리는 아노라"(딤전 1:8)라고 설명한다. 하나님이 주신 율법은 악한 법이 될 수 없다. 율법은 선한 것이다, 바울은 "율법은 거룩하고 계명도 거룩하고 의로우며 선하도다"(롬 7:12)라고 가르쳤다. 하나님의 성품이 거룩하고 선한 것처럼 율법도 거룩하고 선할 수밖에 없다. 문제는 율법의 목적과 기능을 어떻게 이해하느냐에 따라 율법에 대한 견해가 달라질 수 있다는 것이다. 율법의 목적은 우리들의 말과 행동이 어떤 것은 좋은 것이요, 어떤

37 Köstenberger, *Biblical Theology for Christian Proclamation: Commentary on 1-2 Timothy and Titus* (2017), p. 73.

것은 악한 것인지를 밝히는 역할을 하는 것이요 또한 우리들이 잘못되지 않도록 견제하는 역할을 하는 것이다. 바울은 "적법하게만 쓰면"(딤전 1:8)이라는 말을 사용하여 사람이 율법을 지킴으로 구원을 얻을 수 있다고 생각하지 않고, 율법이 우리들의 죄를 드러나게 하는 역할을 하고(롬 7:7) 그리스도가 필요함을 깨닫게 한다고 생각하면 율법이 선한 것이라고 가르치고 있다(롬 7:12-14). 우리를 시험에 들게 하는 것은 율법이 아니요, 바로 죄 자체이다. 선한 율법의 목적은 죄가 죄로 드러나게 하는 것이다.

바울은 율법의 기능을 "우리는 아노라"(딤전 1:8)라고 말하고, 곧바로 "알 것은 이것이니"(딤전 1:9)라고 말함으로 거짓 교사들이 알지 못한 것을 우리는 알고 있다는 것을 분명히 말한다. 그리고 바울은 디모데가 알아야 할 율법의 기능을 구체적으로 설명하고 있는 것이다. 바울은 율법(νόμος)이라는 용어를 디모데전서 1:8에서는 정관사와 함께 율법(ὁ νόμος)을 사용했고, 디모데전서 1:9에서는 정관사 없이 율법(νόμος)을 사용했지만 문맥에 비추어 볼 때 두 구절 모두 모세 율법(Mosaic law)을 가리킨다고 사료된다. 바울이 디모데전서 1:7에서 언급한 "율법의 선생"(νομοδιδάσκαλοι)은 갈라디아서(Galatians)에 언급된 유대주의자들이 아니요, 신화(myths)나 족보(genealogies)의 관점에서 하나님의 율법을 다루려 하는 사람들이다(참조 딤전 1:4; 딛 3:9).[38]

이제 바울은 율법이 "옳은 사람을 위하여 세운 것이 아님"(딤전 1:9)을 밝힌다. 이 말씀은 모든 사람이 옳은 사람이요 죄가 없다면, 율법이 할 수 있는 역할은 모든 사람이 잘했다고 인증하는 것 이외에

38 George W. Knight III, *The Pastoral Epistles: A Commentary on the Greek Text* (Carlisle: The Paternoster Press, 1992), p. 83.

다른 할 것이 별로 없다는 뜻이다. 그래서 바울은 율법은 옳은 사람을 위하여 세운 것이 아니라고 분명히 밝힌다. 그러면 율법이 할 수 있는 일은 무엇인가? 그것은 죄를 밝혀내는 것이다. 그래서 바울은 율법이 밝혀낼 수 있는 죄의 종류를 열거한다. 율법은 "불법한 자," "복종하지 아니한 자," "경건하지 아니한 자," "죄인," "거룩하지 아니한 자," "망령된 자," "아버지를 죽이는 자," "어머니를 죽이는 자," "살인하는 자," "음행하는 자," "남색하는 자," "인신매매를 하는 자," "거짓말 하는 자," "거짓 맹세하는 자," "바른 교훈을 거스르는 자"(딤전 1:9-10) 등의 잘못들을 밝혀내는 역할을 한다고 설명한다. 여기 열거된 죄의 종목들을 헬라어 성경이 사용한 콤마(comma)를 근거로 배열을 정리하면, 율법은 "불법한 자와 복종하지 아니한 자"를 밝혀내고, "경건하지 아니한 자와 죄인"을 밝혀내며, "거룩하지 아니한 자와 망령된 자"를 밝혀내고, "아버지를 죽이는 자와 어머니를 죽이는 자"를 밝혀내며, "살인하는 자와 음행하는 자와 남색하는 자와 인신매매를 하는 자와 거짓말 하는 자와 거짓 맹세하는 자"를 밝혀내는 것이라고 정리하고, 마지막으로 이상의 모든 죄 이외에 율법이 밝혀내는 다른 모든 죄를 "바른 교훈을 거스르는 자"라는 표현으로 정리한다.

바울이 정리한 죄악들의 배열의 특이한 점은 그 순서가 "불법한 자"로부터 "망령된 자"까지 하나님(God)에 대한 죄악들을 열거했고, "아버지를 죽이는 자"로부터 "거짓 맹세하는 자"까지 동료 사람(fellow-men)을 향한 죄악들을 열거한 점이다.[39] 그리고 바울은 "바른 교훈을 거스르는 자"가 범하는 죄악으로 전체를 아우른다. 이제 헬라

39 Donald Guthrie, *The Pastoral Epistles* (*Tyndale New Testament Commentaries*) (Grand Rapids: Eerdmans, 1990), p. 71.

어 성경의 배열을 존중하여 율법이 밝혀내는 죄의 내용들을 좀 더 자세히 들여다본다. 바울은 디모데에게 율법이 "불법한 자와 복종하지 아니하는 자"(ἀνόμοις καὶ ἀνυποτάκτοις)를 밝혀내는 역할을 하는데 이를 알아야 된다고 말한다. "불법한 자"는 율법을 인정하지 않고 버리는 자요, "복종하지 아니하는 자"는 "율법의 권위를 인정하지 않고 순종하지 아니한 자," "하나님의 뜻에 대항하여 고집이 센 자"라고 할 수 있다.[40] 특히 "복종하지 아니하는 자"(ἀνυποτάκτοις)는 신약성경에서 4회 나타나는데 목회서신에서 3회 나타나고, 히브리서에서 1회 나타나는 특이한 용어이다(딤전 1:9; 딛 1:6, 10; 히 2:8). 다음으로 바울은 율법이 "경건하지 아니한 자와 죄인"(ἀσεβέσι καὶ ἁμαρτωλοῖς)을 밝혀내는 역할을 한다고 말한다. 두 개의 용어는 함께 사용되어 마치 같은 뜻을 가진 두 개의 용어(hendiadys)처럼 사용되기도 한다. 베드로도 바울처럼 "경건하지 아니한 자와 죄인"(ὁ ἀσεβὴς καὶ ἁμαρτωλός: 벧전 4:18; 참조, 유 15)이라고 두 용어를 함께 사용했다. 바울은 "경건하지 아니한 자"라는 표현을 신자와 불신자의 구별 없이 적용한다. 불신자는 당연히 경건하지 않은 자들이라고 규정할 수 있지만 바울은 "우리가 아직 연약할 때에 기약대로 그리스도께서 '경건하지 않은 자'(ὑπὲρ ἀσεβῶν)를 위하여 죽으셨도다"(롬 5:6; 참조, 롬 4:5)라고 함으로 선택받은 성도에게도 이 용어를 적용한다. 결국 "경건하지 아니한 자와 죄인"은 신자이건 불신자이건 상관없이 불신앙의 원리에 따라 사는 사람들을 가리키고, 결국 그들은 삶의 존재의 목적도 알지 못하고 하나님의 뜻에 반하는 죄를 지으면서 사는 사람들을 가리킨다. 바

---

40 Gerhard Delling, "ἀνυπότακτος," *Theological Dictionary of the New Testament,* Vol. VIII (Grand Rapids: Eerdmans, 1972), p. 47.

울은 이제 "거룩하지 아니한 자와 망령된 자"(ἀνοσίοις καὶ βεβήλοις)에 대해 설명한다. "거룩하지 아니한 자"(ἀνόσιος)는 "경건하지 않는 자," "하나님을 공경하지 않는 자"등의 뜻을 가지고 있으며, "망령된 자"(βέβηλος)는 하나님으로부터 멀리 떨어져 있는 사람으로 그들의 거룩에는 도덕적 결함도 함께 가지고 있는 사람들을 가리킨다.[41] 박윤선 박사는 "거룩하지 아니한 자와 망령된 자"를 해석하면서 "이것은, 십계명(十誡命) 중 처음 네 가지 계명을 어기는 자를 가리킨다."[42]라고 바르게 정리한다. 바울은 여기 언급한 목록 중 바로 "망령된 자"까지의 목록을 하나님에 대한 죄악들로 정리했기 때문에 박윤선 박사의 해석에 무리가 없다. 헨드릭센(Hendriksen)은 "망령된 사람은 거룩한 것을 짓밟는데 절제하거나 주저하지 않는다."[43]라고 설명한다.

바울은 계속해서 율법이 밝혀내는 죄인으로 "아버지를 죽이는 자와 어머니를 죽이는 자"(πατρολῴαις καὶ μητρολῴαις)를 언급한다.[44] 하나님은 모세(Moses)를 통해 이스라엘 백성에게 "네 부모를 공경하라 그리하면 네 하나님 여호와가 네게 준 땅에서 네 생명이 길리

41 Friedrich Hauck, "βέβηλος," *Theological Dictionary of the New Testament,* Vol. I (Grand Rapids: Eerdmans, 1972), p. 605.; Cf. Otto Böcher, "βέβηλος," *Exegetical Dictionary of the New Testament,* Vol. 1 (Grand Rapids: Eerdmans, 1990), p. 211.

42 박윤선, 『성경주석: 바울서신』 (1964), p. 462.; Hendriksen, *Exposition of the Pastoral Epistles* (*New Testament Commentary*) (1974), p. 68.: "Those who are unholy and profane flout the four commandments of the first table of the law. Let no one say that Paul excluded himself (see verse 13, also Acts 26:11), or any other *sinner*." (italics original)

43 Hendriksen, *Exposition of the Pastoral Epistles* (*New Testament Commentary*) (1974), p. 67.

44 딤전 1:9의 "πατρολῴαις"(아버지를 죽이는 자)와 "μητρολῴαις"(어머니를 죽이는 자)는 hapax legomena로 신약성경에서 이 구절에서만 유일하게 사용된 용어이다. "πατρολῴαις"는 "πατραλῴαις"로도 쓰이며, "μητρολῴαις"는 "μητραλῴαις"로도 쓰인다. Cf. J. B. Smith, *Greek-English Concordance to the New Testament* (Scottdale: Herald Press, 1974), **p. 283 (section 3864); p. 233 (section 3289).**

라"(출 20:12)라는 계명을 주셨다. 그리고 하나님은 "자기 아버지나 어머니를 치는 자는 반드시 죽일지니라"(출 21:15)라는 엄격한 율법을 주셨다. 그런데 바울은 십계명의 제 5계명(출 20:12; 신 5:16)을 실천하지 않은 죄인을 언급하면서 율법이 이들도 밝혀내 정죄한다고 말한다. 자기 아버지나 어머니를 치는 자도 죽음을 면할 수 없다고 했는데 하물며 자기의 아버지와 어머니를 죽이는 자가 정죄를 면할 수는 없다.

바울은 이제 여섯 가지 죄를 한데 묶어 정리한다. 여섯 가지 죄악들은 "살인하는 자(ἀνδροφόνοις)와 음행하는 자(πόρνοις)와 남색하는 자(ἀρσενοκοίταις)와 인신매매를 하는 자(ἀνδραποδισταῖς) 거짓말 하는 자(ψεύσταις)와 거짓 맹세하는 자"(ἐπιόρκοις)이다. 바울은 디모데전서 1:9에서만 유일하게 사용된 "살인하는 자"(ἀνδροφόνοις)라는 표현을 사용하여 율법의 역할을 설명한다.[45] "살인하는 자"는 십계명의 제6계명을 범한 자를 가리킨다(출 20:13; 신 5:17). 율법은 "사람을 쳐 죽인 자는 반드시 죽일 것이나"(출 21:12)라고 함으로 사람의 목숨을 끊는 죄가 얼마나 심각한 죄인지를 분명히 한다. 살인죄에 대한 예수님의 해석은 사람의 목숨을 끊는 것도 심각한 죄이지만 사람을 미워하고 노하며 원망하는 마음에서 진행되는 죄악도 심각한 죄라고 분명히 한다(마 5:21-26). 바울은 예수님을 만나기 전에 실제로 스데반(Stephen)을 죽이는데 참여했으며(행 7:58; 8:1) 그의 마음속에 살기가 등등했던 적이 있었다(행 9:1-2). 바울은 이제 율법이 "음행하는 자"(πόρνοις)와 "남색하는 자"(ἀρσενοκοίταις)를 밝혀내 정죄하는 역

45 딤전 1:9의 "ἀνδροφόνοις" (살인하는 자)는 hapax legomenon이다. Smith, *Greek-English Concordance to the New Testament* (1974), p. 23 (section 409).

할을 한다고 설명한다. 십계명의 제7계명은 "간음하지 말라"(출 20:14; 신 5:18)라고 명령한다. 예수님은 "간음하지 말라"라는 구약의 계명을 설명하시면서 "음욕을 품고 여자를 보는 자"(마 5:28)도 간음죄를 범한 것이라고 말씀하신다. "음행하는 자"와 "남색하는 자"는 문자적으로만 이해하여 결혼한 사람이 결혼한 상대가 아닌 다른 사람들과 성행위만을 가리킨다고 생각할 수 없고, 또한 동성 간의 잘못된 성행위(homosexual or lesbian) 등에만 국한된다고도 생각할 수 없다(참조, 롬 1:24-27). 오히려 바울은 "음행하는 자"와 "남색하는 자"라는 표현을 통해 어떤 형태이건 성적으로 부도덕한 행위 전반을 포함시키고 있다고 사료된다.[46]

바울은 계속해서 율법이 "인신매매를 하는 자"(ἀνδραποδισταῖς), "거짓말 하는 자"(ψεύσταις), "거짓 맹세하는 자"(ἐπιόρκοις)를 밝혀내 정죄하는 역할을 한다고 설명한다. "인신매매를 하는 자"(slave dealers or kidnapers)는 신약성경 이곳에서만 사용된 용어로서[47] 그 당시 노예를 거래(slave dealers)하는 관행이나 납치하는 자(kidnapers)를 바울이 냉소적으로 표현하고 있다고 생각할 수 있다. 바울이 사용한 "인신매매를 하는 자"는 십계명의 제8계명을 범한 자를 상기하게 한다. 십계명의 제8계명은 "도둑질하지 말라"(출 20:15; 신 5:19)이다. 그런데 율법은 "사람을 납치한 자가 그 사람을 팔았든지 자기 수하에 두었든지 그를 반드시 죽일지니라"(출 21:15)라고 가르친다. 바울은 노예를 팔고 사거나 사람을 납치하여 이득을 취하는 죄악을 생각하면서 그런

46 Hendriksen, *Exposition of the Pastoral Epistles* (*New Testament Commentary*) (1974), p. 69.

47 딤전 1:10의 "ἀνδραποδισταῖς" (인신매매하는 자)는 hapax legomenon이다. Cf. Smith, *Greek-English Concordance to the New Testament* (1974), p. 23 (section 405).

죄악도 율법이 밝혀내어 정죄한다는 사실을 알아야 한다고 말하고 있다. 이제 바울은 "거짓말 하는 자"(ψεύσταις)와 "거짓 맹세하는 자"(ἐπιόρκοις)도 율법의 정죄를 받는다고 말한다. 바울은 타락한 인간은 본성적으로 거짓말 하는 사람임을 알고 있었다(롬 3:4). 헨드릭센(Hendriksen)은 "용어의 성경적 용법에 따르면 '거짓말 하는 자'는 실제로 비진리를 말하는 사람일 뿐만 아니라 자신의 고백에 일치하지 않은 행동이나 태도를 보이는 사람이다(요일 2:4; 4:20)."[48]라고 설명한다. "거짓 맹세하는 자"는 지킬 생각 없이 엄중한 서약을 하는 사람이다. 공통적으로 "거짓 맹세하는 자"는 다른 사람을 해칠 의도를 가지고 거짓을 심각하게 맹세하는 사람이다. "거짓 맹세하는 자"는 "네 이웃에 대하여 거짓 증거하지 말라"(출 20:16; 신 5:20)라는 십계명의 제9계명을 심각하게 범하는 사람이다. 그리고 "거짓 맹세하는 자"는 "네 이웃의 집을 탐내지 말라 네 이웃의 아내나 그의 남종이나 그의 여종이나 그의 소나 그의 나귀나 무릇 네 이웃의 소유를 탐내지 말라"(출 20:17; 신 5:21)라는 십계명의 제10계명도 심각하게 범하는 사람이다. 왜냐하면 "거짓 맹세하는 자"의 마음속에는 항상 탐욕이 자리하고 있기 때문이다. "거짓 맹세하는 자"(ἐπιόρκοις)라는 표현은 신약성경에서 이곳에서만 사용된 용어이다.[49] 예수님은 거짓 맹세에 대해 "네 맹세한 것을 주께 지키라"(마 5:33)라고 가르치신 후 "도무지 맹세하지 말고"(마 5:34) 옳은 것은 옳고, 그른 것은 그르다 라고만 말하라고 가르치신다(마 5:37). 예수님은 거짓 맹세하는 것이 얼마나 심각한 죄악

48 Hendriksen, *Exposition of the Pastoral Epistles* (*New Testament Commentary*) (1974), p. 69.

49 딤전 1:10의 "ἐπιόρκοις" (거짓 맹세하는 자)는 hapax legomenon이다. Cf. Smith, *Greek-English Concordance to the New Testament* (1974), p. 144 (section 1965).

인지를 강조하고 계신다. 바울은 지금까지 율법이 밝혀내어 정죄하는 죄악들의 리스트(list)를 구약의 십계명과 연계하여 디모데에게 설명하고 이를 알아야 한다고 권고한다.

이제 바울은 지금까지 열거한 구체적인 죄악들에 포함되지 않은 다른 모든 죄악을 생각하면서 "바른 교훈을 거스르는 자"(τῇ ὑγιαινούσῃ διδασκαλίᾳ ἀντίκειται)라는 표현으로 모든 종류의 죄가 하나님의 계명을 범한다는 사실을 확실하게 한다(딤전 1:10). 율법은 크고 작은 죄, 실제로 지은 죄나 마음으로 지은 죄 등 모든 죄를 밝혀내어 정죄한다. 바울은 분명하게 "바른 교훈"을 거스르면 죄가 된다고 가르친다. 그러면 "바른 교훈"은 어떤 교훈인가? 바울이 사용한 "바른 교훈"(τῇ ὑγιαινούσῃ διδασκαλίᾳ)이라는 표현(딤전 1:10)은 그가 다른 곳에서 사용한 "바른 말(ὑγιαίνουσιν λόγοις) 곧 우리 주 예수 그리스도의 말씀과 경건에 관한 교훈"(딤전 6:3)이라는 말씀과 같은 뜻이며, "너는 그리스도 예수 안에 있는 믿음과 사랑으로써 내게 들은 바 바른 말(ὑγιαινόντων λόγων)을 본받아 지키고"(딤후 1:13)라는 말씀과 같은 뜻이라고 말할 수 있다. 그렇다면 "바른 교훈"은 바울이 가르친 그리스도의 교훈이며 결국 하나님의 계시의 말씀인 성경말씀을 가리키는 것이다. 바울은 하나님의 뜻인 성경말씀을 거스르는 행위는 모두 죄라고 확인하고, 율법은 이와 같은 죄들을 밝혀내어 정죄한다는 사실을 알아야 한다고 권고하고 있다.

바울은 이제 바로 전 절에서 언급한 "바른 교훈"을 설명하면서 "이 교훈은 내게 맡기신 바 복되신 하나님의 영광의 복음"(딤전 1:11)이라고 설명한다. 하나님은 "복되신 하나님"(τοῦ μακαρίου θεοῦ)이시다(딤전 1:11; 6:15). 바빙크(Bavinck)는 "왜냐하면 하나님은 모든 것을 자급자족하시고 스스로 온전하게 복되신 분이시다. 그는 스스로 그의 피조물을 위해서 그리고 그 자신을 위해서 최고의 선이시다. 그는 그 자신 이외에 다른 어떤 것에도 의존하시지 않는다. 왜냐하면 그는 하나님이시기 때문에 그 자신 안에서 그 자신을 통하여서만 축복을 받으실 수 있다."[50]라고 함으로 하나님이 왜 복되신 분이신지를 설명한다. 복되신 하나님은 인간이 죄에 빠져 멸망되는 것을 그대로 내버려 두시지 않고 그의 독생자를 희생시키셔서(롬 5:8) 우리의 죄를 대신하여 죽게 하시고 우리에게 영생을 확보해 주시기 위해 부활시키셔서(롬 8:11) 우리를 끝까지 사랑해 주신 분이시다. 렌스키(Lenski)는 "마치 '하나님'에게 '우리의 구세주'가 덧붙여지는 것처럼, 여기서는 '복되신'(μακαρίου)이 덧붙여졌다: 그 자신의 존재와 영광 안에서 복되신 하나님은 우리를 구원하시기로 의도하시고 이런 목적과 함께 '그의 영광의 복음'을 보내 주셨다. 바울은 특별히 하나님에 의해 그 복음을 맡은 사도들 중의 한 사람이다."[51]라고 설명한다. 헨리(Henry)는 "그리스도의 복음 안에서 구원의 조건을 정하는 것은 하나님 자신의 사역이다. 그러나 그리스도의 복음을 세상에 전파하는 것은 사도들과 사역자들에게 위임되었다."[52]라고 설명한다. 하나님의 구속계획은 처음부터 끝까지 철저하고 완벽했다. 하나님은 그의 독생자 예수 그리스도를 통해 죄인이 하나님과 화목(reconciliation)할 수 있는 길을 열어 놓으셨을 뿐만 아니라 교회를 설립하시고 성령을 부어주셔서 그

50 Herman Bavinck, *Reformed Dogmatics* (God and Creation), Vol. two (Grand Rapids: Baker Academic, 2004), p. 232.

51 R. C. H. Lenski, *The Interpretation of St. Paul's Epistles to the Colossians, to the Thessalonians, to Timothy, to Titus and to Philemon* (Minneapolis: Augsburg Publishing House, 1961), p. 514.

52 Matthew, Henry, *Matthew Henry's Commentary on the Whole Bible,* Vol. VI. *Acts to Revelation.* (n.d.), p. 808.

리스도가 성취하신 화목의 복음, 생명의 복음, 기쁨의 복음을 예루살렘(Jerusalem)으로부터 시작하여 모든 족속에게 전파하도록 계획하시고 실행하고 계신다(눅 24:46-49; 행 1:8; 2:1-4; 2:41-47). 바울 사도는 하나님의 이 구속역사의 전모를 분명히 알고 있었으며 따라서 당당하게 자신이 맡은 복음을 "영광의 복음"(딤전 1:11)이라고 명명하고 있는 것이다. 헨드릭센(Hendriksen)은 "하나님을 복되다"고 말할 수 있는 근거는 **첫째**, 하나님이 절대적으로 완전하시기 때문에 복되다고 말할 수 있고, **둘째**, 이 절대적인 완전은 하나님의 지식과 사랑의 목적이기 때문에 하나님이 복되다고 말할 수 있다. 즉, 하나님은 절대적인 지식으로 자신을 알고 계시고, 절대적인 사랑으로 자신을 사랑하시기 때문이다. **셋째**, 하나님은 절대적인 의미로 자신을 즐기시기 때문에 하나님이 복되다고 말할 수 있다. 즉, 하나님은 완전하게 자급자족하실 수 있는 상태로 스스로 존재하시는 분이시기 때문에 "복되신 하나님"이라고 말할 수 있다고 세 가지로 나누어 정리한다.[53]

53 Hendriksen, *Exposition of the Pastoral Epistles* (*New Testament Commentary*) (1974), p. 71.

3. 바울이 경험한 복음(딤전 1:12-17)

12 나를 능하게 하신 그리스도 예수 우리 주께 내가 감사함은 나를 충성
되이 여겨 내게 직분을 맡기심이니 13 내가 전에는 비방자요 박해자요 폭
행자였으나 도리어 긍휼을 입은 것은 내가 믿지 아니할 때에 알지 못하고
행하였음이라 14 우리 주의 은혜가 그리스도 예수 안에 있는 믿음과 사랑
과 함께 넘치도록 풍성하였도다 15 미쁘다 모든 사람이 받을 만한 이 말
이여 그리스도 예수께서 죄인을 구원하시려고 세상에 임하셨다 하였도다
죄인 중에 내가 괴수니라 16 그러나 내가 긍휼을 입은 까닭은 예수 그리
스도께서 내게 먼저 일체 오래 참으심을 보이사 후에 주를 믿어 영생 얻
는 자들에게 본이 되게 하려 하심이라 17 영원하신 왕 곧 썩지 아니하고
보이지 아니하고 홀로 하나이신 하나님께 존귀와 영광이 영원무궁하도록
있을지어다 아멘 (딤전 1:12-17, 개역개정)

딤전 1:12-14 바울은 그리스도께서 맡기신 직분에 대해 감사하고 있다. 바울은 교회를 핍박하고, 그리스도인들을 살해하는데 가편 투표를 하며, 그리스도를 메시아로 인정하지 않은 삶을 살았지만, 다메섹(Damascus) 도상에서 부활하신 그리스도를 만난 후 변화되어 그리스도가 그에게 맡기신 사도의 직분에 감사하고 있는 것이다(행 9:1-9; 22:4-16; 26:9-18; 딤전 1:1). 그래서 바울은 "나를 능하게 하신 그리스도 예수 우리 주께 내가 감사함은 나를 충성되이 여겨 내게 직분을 맡기심이니"(딤전 1:12)라고 감사하는 고백을 하고 있는 것이다. 칼빈(Calvin)은 "그가(바울이) 그리스도에게 감사함으로 그를 반대하여 제기될 수 있는 항의를 제거하고 그리고 그가 그렇게도 영광스러운 직분을 맡음에 부적절하다는 의구심을 잠재우게 만든다. 왜냐하면 비록 그 자신 안에는 어떤 종류의 탁월성도 없지만, 그리스도에 의해 선택

받은 것만으로 충분한 것이다."[54]라고 설명한다. "교회의 직원이 된다는 뜻은 당신이 그리스도의 뜻, 그의 계명, 그리고 그의 소망들을 실천하는 것이다. 그는(그리스도) 개교회의 머리이시다."[55] 바울은 자신은 "죄인 중에 괴수"(딤전 1:15)로 아무 공로도 없지만 예수 그리스도께서 그에게 영광스러운 교회의 직분을 맡겨 주셨다고 감사하고 있다. 어떤 이는 바울이 "나를 충성되이 여겨 내게 직분을 맡기심이니"(딤전 1:12)라고 말했기 때문에 바울의 "충성"을 근거로 그리스도께서 바울에게 직분을 맡겼다고 주장한다. 하지만 이런 주장은 바울의 감사를 거짓 감사로 만드는 역할을 한다. 칼빈(Calvin)은 "나는 바울의 뜻이 그의 믿음이 하나님에게 예지(foreknown)되었기 때문에 그가 사도의 사역을 위해 선택받았다고 말했다는 견해에 동의하지 않는다. 왜냐하면 그리스도는 아버지께서 바울 안에 제공해 주신 것을 제외하고는 그 안에 선한 것이 없다는 사실을 미리 아실 수 있었기 때문이다. 그래서 "너희가 나를 택한 것이 아니요 내가 너희를 택하여 세웠나니"(요 15:16)라는 말씀은 항상 진실한 말씀으로 남아있는 것이다."[56]라고 설명한다. 바울은 자신이 주님을 선택한 것이 아니요, 주님이 그를 선택한 것을 분명히 알고 있다. 그가 그리스도와 교회를 핍박하기 위해 다메섹(Damascus)으로 가던 도상에서 주님이 그를 만나 주셨음을 알고 있기 때문이다(행 9:3-5). 그리고 주님은 아나니아(Ananias)를 통해 바울이 어떤 일을 해야 할 사람인지를 밝혀 주셨다.

54 John Calvin, *The Second Epistle of Paul The Apostle to the Corinthians and the Epistles to Timothy, Titus and Philemon* (1973), p. 195.

55 J. Vernon McGee, *The Epistles First and Second Timothy, Titus, Philemon*, p. xiv.

56 John Calvin, *The Second Epistle of Paul The Apostle to the Corinthians and the Epistles to Timothy, Titus and Philemon* (1973), p. 195.

"주께서 이르시되 가라 이 사람은 내 이름을 이방인과 임금들과 이스라엘 자손들에게 전하기 위하여 택한 나의 그릇이라"(행 9:15). 바울의 사명은 "영광의 복음"(딤전 1:11)을 이방인과 임금들과 이스라엘 자손들에게 전하는 것이었다. 그래서 바울은 자신의 과거를 회상하면서 "내가 전에는 비방자요 박해자요 폭행자였으나 도리어 긍휼을 입은 것은 내가 믿지 아니할 때에 알지 못하고 행하였음이라"(딤전 1:13)라고 고백하는 것이다. 박윤선 박사는 "이것은, 바울이 그 훼방죄와 핍박죄의 용서 받는 이유를 밝힌 것이다. 알지 못하고 교회를 핍박한 죄는, 성령 훼방죄가 아니니 만큼, 사함을 받을 수 있다. 만일 누구든지 성령의 역사인 줄 알고도 짐짓 핍박하면 영원히 용서 받지 못할 것이다."[57]라고 설명한다. 바울은 예수 그리스도의 복음을 받아들이지 않고 "비방자"가 되고, "박해자"[58]가 되며, "폭행자"가 된 것은 자신이 알지 못하고 저지른 잘못이라고 분명히 밝힌다. 부활하신 예수님은 바울이 복음의 박해자의 길을 갈 때에 "사울아 사울아 네가 어찌하여 나를 박해하느냐 가시채를 뒷발질하기가 네게 고생이니라"(행 26:14)라는 특이한 말씀으로 바울의 박해를 설명 하셨다. 이 말씀은 바울이 그리스도와 교회를 박해하는 것이 자기가 가야만 하는 길로 알고 열심히 갔다는 뜻이다.[59] 그래서 바울은 "내가 믿지 아니할 때에

57 박윤선, 『성경주석: 바울서신』 (1964), p. 463.

58 딤전 1:13의 "διώκτης"(박해자)는 hapax legomenon이다. Cf. Smith, *Greek-English Concordance to the New Testament* (1974), p. 91 (section 1376).

59 "가시채를 뒷발질하기가 네게 고생이니라" (행 26:14)라는 격언의 말씀에 대한 해석이 나뉜다. 브루스 (Bruce)는 스데반 (Stephen)이 순교할 때 보인 태도와 그의 설교에서 큰 감동을 받고 양심의 가책을 느껴 마음속으로 그리스도교가 진리라는 의식이 있었음을 가리키는 표현이라고 해석한다. 참조, F. F. Bruce, *The Book of the Acts* (*NICNT*) (Grand Rapids: Eerdmans, 1970), p. 491.; James Stalker, *Life of Paul* (Atlanta: Jernigan Press, 1981), p. 36. 이와 같은 해석은 바울의 회심의 초자연적 성격을 부인하는 것이기 때문에 받아들이기 힘

알지 못하고 행하였음이라"(딤전 1:13)라고 고백하는 것이다.

그런데 바울은 자신이 받은 "직분"을 디아코니아(διακονίαν)라는 용어로 설명한다. 누가(Luke)는 바울이 밀레도에서 에베소교회 장로들에게 "주 예수께 받은 사명 곧 하나님의 은혜의 복음을 증언하는 일"(행 20:24)이라고 표현하는 말씀 중 "사명"이라는 용어를 디아코니아(τὴν διακονίαν)로 처리했다. 바울의 선교팀 중의 한 사람으로 바울의 행적을 친히 목격했던 누가가 바울이 그리스도로부터 받은 직분을 "디아코니아"로 표현한 것은 어쩌면 당연한 것으로 보인다. 디아코니아(διακονίαν)는 오네시보로(Onesiphorus)가 바울을 도우면서 "에베소에서 많이 봉사"(διηκόνησεν)한 것을 묘사할 때 사용되었고(딤후 1:18), 디모데(Timothy)의 복음 사역을 묘사하면서 "그리스도 예수의 좋은 일꾼이 되어"라고 표현할 때 "일꾼"(διάκονος)을 "디아코니아"로 처리함으로 사용됐으며(딤전 4:6; 참조, 딤후 4:5은 "직무"로 번역), 또한 바울이 디모데에게 마가(Mark)를 데리고 올 것을 부탁하면서 "마가를 데리고 오라 그가 나의 일에 유익하니라"(딤후 4:11)라는 표현 중 "나의 일"(εἰς διακονίαν)을 "디아코니아"로 처리함으로 사용됐다. 바울은 또한 자신이 맡은 "직분"(εἰς διακονίαν)을 설명하면서 "디아코니아"를 사용하여 묘사했다(딤전 1:12).[60] 그러므로 바울은 디모데전서

들다. 본문의 "가시채" (κέντρον)는 하나님의 목적을 뜻하는 것으로 바울은 무의식적으로 그것에 대항하여 싸웠던 것이다. 스패로 심슨 (Sparrow-Simpson)은 "가시채를 뒷발질하기가 네게 고생이니라" (행 26:14)라는 말씀은 인생의 정해진 과정을 거슬러 투쟁하고 있는 모습을 가리킨다고 해석한다. 바울 (사울)도 자기가 가는 길 외에 더 나은 길이 있음을 알지 못했다고 설명한다. 참조, W. J. Sparrow-Simpson, *The Resurrection and Modern Thought* (London: Longmans, Green & Co., 1911), p. 145. 스패로 심슨의 해석은 바울의 회심의 초자연적인 성격을 인정하는 해석으로 바울의 생각과 일치하는 해석이다.

60 Cf. Alfons Weiser, "διάκονος," *Exegetical Dictionary of the New Testament*, Vol. 1 (Grand Rapids: Eerdmans, 1990), p. 304.

1:12에서 자신이 맡은 직분을 어떤 특별한 직분을 생각하고 쓴 것이 아니요, 복음 전파 사역 전반을 포괄하는 일반적인 의미로 사용한 것이다.

바울은 이제 자신이 받은 은혜가 얼마나 풍성하였는지를 설명한다. 바울은 "우리 주의 은혜가 그리스도 예수 안에 있는 믿음과 사랑과 함께 넘치도록 풍성하였도다"(딤전 1:14)라는 말씀으로 확신에 찬 고백을 한다. 헨드릭센(Hendriksen)은 "'믿음과 사랑과 함께'(딤전 1:14)라는 구절은 바울의 심장과 생활 속에 나타난 은혜의 효과를 가리킨다. 은혜(Grace)는 믿음과 사랑에 불을 붙이고, 심령에 이런 신적인 은사들로 넘치게 한다. 사도는 이 조합을 즐겨 사용한다(참조, N.T.C. on I Thess. 1:3 and 5:8). 바울로 말하면 은혜는 항상 뿌리(*the root*)이고, 믿음과 사랑은 몸통(*the trunk*)이며, 그리고 선한 행위들은 구원의 나무의 열매(*the fruit*)들이다. 이런 교훈은 목회서신뿐만 아니라 다른 서신들에서도 분명하게 나타난다(롬 4:16; 11:6; 갈 5:22-24; 엡 2:4-10; 살후 2:13; 딛 2:11-14; 3:4-8)."[61]라고 설명한다. 바울은 그의 삶의 과정을 통해서 주님의 은혜와 믿음과 사랑을 체험한 사람이다. 은혜(grace)는 하나님의 조건 없는 호의를 뜻하는데 바울은 그의 삶의 변화가 바로 하나님의 은혜의 결과임을 분명히 알고 있었다. 그래서 바울은 "내가 나 된 것은 하나님의 은혜로 된 것이니 내게 주신 그의 은혜가 헛되지 아니하여"(고전 15:10)라고 고백하는 것이다. 그리고 바울은 자신의 믿음(faith)도 하나님의 은혜로 받은 선물임을 분명히 한다. 바울은 "너희는 그 은혜에 의하여 믿음으로 말미암아 구원을 받았으니 이것

---

61 Hendriksen, *Exposition of the Pastoral Epistles* (*New Testament Commentary*) (1974), p. 75.

은 너희에게서 난 것이 아니요 하나님의 선물이라"(엡 2:8)라고 천명하는 것이다. 또한 바울은 하나님께서 죄인을 향해 베푸신 사랑(love)이 얼마나 큰지를 항상 마음에 새기면서 사는 사람이었다. 그래서 바울은 "우리가 아직 죄인 되었을 때에 그리스도께서 우리를 위하여 죽으심으로 하나님께서 우리에 대한 자기의 사랑을 확증하셨느니라"(롬 5:8)라고 고백하는 것이다. 바울은 하나님의 은혜, 하나님께서 선물로 주신 믿음, 하나님의 사랑을 생각할 때마다 죄인을 구원하시기 위한 하나님의 구속적 계획이 얼마나 감사해야 할 하나님의 뜻인지를 몸으로 체험하고 있었다. 그래서 바울은 자신이 "비방자요 박해자요 폭행자"(딤전 1:13)라고 당당히 밝힐 수 있었다.

바울의 속마음을 읽은 칼빈(Calvin)은 "나는 믿음과 사랑이 그가 방금 언급한 그 은혜의 표지들이요 증언들이라는 더 단순한 해석을 더 좋아한다. 그래서 그것은 그가 필요 없이 혹은 선한 이유 없이 자랑하는 생각을 갖지 않도록 하기 위해서이다. 믿음은 그가 전에 살아왔던 불신의 반대이고, 그리스도 안에서의 사랑은 그가 한때 믿는 자들에게 보여 주었던 잔인함의 반대이다. 이는 마치 그가 하나님께서 그를 완전하게 변화시키셨음으로 이제 그는 다른 사람이 되었고 새로운 사람이 되었다고 말하는 것과 같다."[62]라고 해석한다. 바울은 그리스도와 교회를 비방하는 자리에서 옹호하는 자리로, 박해하는 자리에서 전파하는 자리로, 그리고 폭행자의 자리에서 그리스도를 위해 순교하는 자리로 옮긴 새로운 사람이 된 것이다.

62 John Calvin, *The Second Epistle of Paul The Apostle to the Corinthians and the Epistles to Timothy, Titus and Philemon* (1973), p. 198.

딤전 1:15 바울은 "미쁘다 이 말이여"(πιστὸς ὁ λόγος)라는 표현을 목회서신에서 다섯 번 사용한다(딤전 1:15; 3:1; 4:9; 딤후 2:11; 딛 3:8). 이 표현은 목회서신 이외의 다른 신약성경에는 나타나지 않는다. 여기서 "이 말"은 "말씀"을 뜻하고 "미쁘다"는 "신실하다," "믿을 만하다" 등의 뜻을 가지고 있다. "미쁘다 이 말이여"는 바울이 특정한 어록을 마음에 생각하면서 사용한 것으로 사료된다. "미쁘다 이 말이여"가 사용된 문맥을 살펴보면 어떤 경우는 바울이 생각한 특정한 어록(saying)이 "미쁘다 이 말이여"(πιστὸς ὁ λόγος)를 뒤따르는 어록일 수 있고(딤전 1:15; 3:1; 딤후 2:11), 또 어떤 경우는 특정한 어록을 먼저 언급하고 "미쁘다 이 말이여"로 확증하는 경우도 있다(딤전 4:9; 딛 3:8). 바울은 디모데전서 1:15의 경우 "미쁘다 이 말이여"는 뒤따라 언급되는 "그리스도 예수께서 죄인을 구원하시려고 세상에 임하셨다"(딤전 1:15)라는 말씀을 가리킨다고 할 수 있다. 디모데전서 1:15의 경우는 특정한 어록이 "미쁘다 이 말이여"를 뒤따른다.[63] 디모데전서 3:1의 경우는 "사람이 감독의 직분을 얻으려 함은 선한 일을 사모하는 것이라 함이로다"(딤전 3:1)의 말씀이 특정한 어록(saying)에 해당하느냐 그렇지 않느냐에 대한 문제 제기를 하는 사람이 있기는 하지만 일반적으로 초대 교회 내에서 감독의 자격에 대한 어록으로 받아들여지기 때문에 디모데전서 3:1의 경우도 "미쁘다 이 말이여" 다음에 어록이 뒤따르는 것으로 볼 수 있다.[64] 디모데후서 2:11의 경우는 "우

63 Hendriksen, *Exposition of the Pastoral Epistles* (*New Testament Commentary*) (1974), pp. 76-79.; George W. Knight III, *The Faithful Sayings in the Pastoral Letters* (*Biblical and Theological Studies*) (Nutley: Presbyterian and Reformed Publishing Co., n.d.), p. 32.; H. B. Swete, "The Faithful Sayings," *Journal of Theological Studies*, xviii (1917), p. 1.

64 George W. Knight III, *The Faithful Sayings in the Pastoral Letters.* Nutley: Presbyterian and Reformed Publishing Co., p. 54.; John A. Bengel, *Bengel's New Testament Commentary,*

리가 주와 함께 죽었으면 또한 함께 살 것이요 참으면 또한 함께 왕 노릇 할 것이요 우리가 주를 부인하면 주도 우리를 부인하실 것이라"(딤후 2:11-12)라는 어록을 바울이 "미쁘다 이 말이여"(πιστὸς ὁ λόγος)라는 말로 확증하고 있다고 사료된다.[65] 그러므로 디모데후서 2:11의 경우는 "미쁘다 이 말이여"라는 표현이 다음에 뒤따르는 어록을 신실하다고 확인하는 것이다. 디모데전서 4:9의 경우는 문맥에 비추어 볼 때 "육체의 연단은 약간의 유익이 있으나 경건은 범사에 유익하니 금생과 내생에 약속이 있느니라"(딤전 4:8)의 특정한 어록이 먼저 나오고 "미쁘다 이 말이여"가 뒤를 따르는 형태이다. 디모데전서 4:9의 "미쁘다 이 말이여"는 이전 구절의 어록을 받아 그 신실함을 확인하고 있는 것이다.[66] 이제 마지막으로 디도서 3:8의 경우는 디도서 3:4-7에 언급된 내용을 특정한 어록(saying)으로 생각하고 바울이 디도서 3:8에서 "미쁘다 이 말이여"란 말로 이 전에 언급된 어록을 신실하다고 확증하면서 "원하건대 너는 이 여러 것에 대하여 굳세게 말하라"(딛 3:8)라고 권면하고 있다고 볼 수 있다.[67] 따라서 디도서 3:8의 경우는 "미쁘다 이 말이여"가 이 전에 언급된 특정한 어록을 신실하다고 확증하는 형태인 것이다.

따라서 "미쁘다 이 말이여"(πιστὸς ὁ λόγος)의 표현이 문맥 상 뒤따르는 어록을 가리키는 구절들은 디모데전서 1:15; 디모데전서 3:1;

Vol. Two: *Romans-Revelation* (Grand Rapids: Kregel Publications, 1981), p. 516.: Bengel은 딤전 3:1을 "This is a true saying."이라고 언급하고 그의 주해를 시작한다.

65 George W. Knight III, *The Faithful Sayings in the Pastoral Letters* (*Biblical and Theological Studies*), p. 115.: "The cumulative weight of these considerations points definitely in the direction of verses 11ff. as the λόγος in view in the formula 'faithful is the saying.'"

66 George W. Knight III, *The Faithful Sayings in the Pastoral Letters* (Nutley: Presbyterian and Reformed Publishing Co.), p. 62.

67 George W. Knight III, *The Faithful Sayings in the Pastoral Letters,* p. 81.

디모데후서 2:11이라고 할 수 있고, 특정한 어록이 먼저 언급되고 "미쁘다 이 말이여"의 표현으로 확증하는 구절들은 디모데전서 4:9; 디도서 3:8이라고 할 수 있다. 그리고 바울은 비슷한 표현으로 "미쁜 말씀"(πιστοῦ λόγου)이라는 표현을 사용하는데(딛 1:9) 이 말씀은 어느 한 어록을 생각하면서 사용했다고 하기보다는 문맥에 비추어 볼 때 그리스도 안에서 주어진 전체 계시를 생각하면서 사용했다고 할 수 있다.[68]

바울은 미쁜 말씀(trustworthy saying)이 "그리스도 예수께서 죄인을 구원하시려고 세상에 임하셨다"(딤전 1:15)라는 말씀임을 확인한다. 이 말씀은 단순히 예수님이 인간의 몸을 입으신 성육신(Incarnation)만을 가리킨다고 생각할 수 없다. 이 말씀은 예수님이 성육신하셔서, 고난을 당하시고, 십자가 위에서 죽으시고, 사흘 만에 부활하시고, 그리고 하나님 우편으로 영화롭게 되신 모든 삶의 과정 전체를 뜻하는 말씀이다. 왜냐하면 "죄인을 구원하시려고" 임하셨다는 표현의 뜻은 예수님의 비하상태(humiliation)와 승귀상태(exaltation)를 모두 포함하지 않으면 성취할 수 없는 일이기 때문이다. 예수님이 "죄인을 구원하시려고 세상에 임하신 것"(딤전 1:15)은 단순히 하늘에서 땅으로 옮기는 장소(place)의 변화만을 뜻하지 않고, 상태(state)의 변화와 도덕적(moral)이고 영적(spiritual)인 환경의 변화를 뜻한다. 따라서 이 변화는 최상의 희생이요, 비하의 은혜의 절정인 것이다.[69] 이 말씀은 "인자가 온 것은 잃어버린 자를 찾아 구원하려 함이니라"(눅 19:10)라고

68 참조, Newport J. D. White, "The First and Second Epistles to Timothy and the Epistle to Titus," *The Expositor's Greek Testament*, Vol. IV (Grand Rapids: Eerdmans, 1980), p. 98.

69 Hendriksen, *Exposition of the Pastoral Epistles* (*New Testament Commentary*) (1974), p. 77.

말씀하신 예수님의 말씀을 생각나게 하는 말씀이다. 헨드릭센(Hendriksen)은 “그리스도 예수께서 세상에 오신 것은 죄인들을 구원하시기 위해서였다. 그는 그들 스스로 구원하는 것을 돕기 위해 오신 것이 아니요, 그들이 그들 스스로를 구원하도록 권유하기 위해 오신 것도 아니며, 그들이 그들 스스로를 구원하도록 힘을 실어주기 위해 오신 것도 아니다. 그는 그들을 구원하기 위해 오셨다.”[70]라고 강조하여 설명한다. 고르데이(Gorday)는 예수님이 죄인들을 구원하시는 일을 제외하고는 이 세상에 오셔야 할 이유가 전혀 없었다. 질병을 제거하고, 상처를 제거하면, 의약품의 필요가 없게 되는 것이다. 위대한 의사께서 하늘로부터 오셨다는 것은, 심각한 병약자들이 전체 넓은 세상에 널리 산재해 있었다는 것을 의미하는 것임에 틀림이 없다고 어거스틴(Augustine)이 설교했다고 전한다.[71]

어떤 이는 에베소(Ephesus)가 요한(John) 사도의 중심 사역지였다는 사실과 마침 디모데가 사역한 곳이 에베소였고, 요한이 그의 복음서에서 “그리스도가 세상에 임하셨다”는 말씀을 자주 했기 때문에(요 1:9; 3:16-17; 6:14; 10:36; 11:27; 12:46) 이 말씀은 바울이 직접 만든 말씀이 아니요, 바울이 요한의 말을 빌려서 여기에 사용한 것이라고 주장한다. 물론 예수님의 성육신 기간 동안 요한은 예수님과 함께 생활을 했지만 바울은 그런 기회를 갖지 못했다. 바울은 예수님의 성육신 기간 동안 예수님을 직접 만난 적이 없다. 바이스(Weiss)는 고린도후

70 Hendriksen, *Exposition of the Pastoral Epistles* (*New Testament Commentary*) (1974), p. 79.

71 Peter Gorday (ed.), *Colossians, 1-2 Thessalonians, 1-2 Timothy, Titus, Philemon* (*Ancient Christian Commentary on Scripture*) *New Testament* IX (Downers Grove: InterVarsity Press, 2000), p. 144.; Cf. J. E. Rotelle (editor), *The Works of St. Augustine: A Translation for the Twenty-first Century*, Vol. 1-11 (Brooklyn: New City Press, 1991), 3/5:265.

서 5:16의 "비록 우리가 그리스도도 육신을 따라(κατὰ σάρκα) 알았으나"(고후 5:16)의 말씀을 근거로 바울이 예수님의 성육신 기간 동안 예수님을 직접 만나지 않았더라면 다메섹 도상에서 부활하신 예수님을 만났을 때 그가 만난 예수님이 그가 핍박하고 있는 "나사렛 예수"(Jesus of Nazareth)인지를 어떻게 알 수 있었겠는가? 오히려 그가 만난 예수가 구약에서 예언된 "오실 메시아"로 생각했을 수도 있지 않는가라고 설명하면서 바울이 예수님의 성육신 기간 동안 예수님을 직접 만났다고 주장한다.[72] 하지만 바이스의 주장은 바울의 회심을 초자연적인 사건으로 받아들이지 않고, 전적으로 자연주의 개념에 의존하는 견해이므로 받아들일 수 없다.[73] 그리고 바울이 "육신을 따라"(κατὰ σάρκα) 그리스도를 알았다(고후 5:16)는 말은 육신의 방법으로 그리스도를 알고 있었다는 뜻이지 육신을 입으신 그리스도를 직접 만났다는 뜻은 아니다. 그리고 다메섹 도상에서 바울이 부활하신 예수님을 만났을 때 "사울아 사울아 네가 어찌하여 나를 박해하느냐"(행 9:4)라는 예수님의 말씀에 바울은 "주여 누구시니이까"라고 질문하고, 그 질문에 예수님은 "나는 네가 박해하는 예수라"(행 9:5)라고 명백하게 답을 하셨기 때문에 바울은 자신이 박해하고 있는 대상이 "나사렛 예수"(Jesus of Nazareth)였음을 알 수 있었다. 그러므로 바이스(Weiss)의 주장은 본문의 맥락에 근거한 주장이 아니므로 정당하다고 할 수 없다.

---

72 Johannes Weiss, *Paul and Jesus* (London, 1909), pp. 22-23.

73 박형용, 『바울신학』. (수원: 합신대학원출판부, 2022), pp. 88-101 참조, Cf. J. W. Fraser, *Jesus and Paul* (Paul as Interpreter of Jesus from Harnack to Kummel) (Abingdon: Marcham Books, 1974), pp. 46-62.; Cf. Hendriksen, *Exposition of the Pastoral Epistles* (*New Testament Commentary*) (1974), pp. 76-82.; J. Gresham Machen, *The Origin of Paul's Religion* (Grand Rapids: Eerdmans, 1965), pp. 56-57.

바울은 예수님이 죄인을 구원하시기 위해 성육신하신 사실을 언급하고 "죄인 중에 내가 괴수니라"(ὧν πρῶτός εἰμι ἐγώ.)라고 말함으로 자신도 구원받아야 할 대상이었음을 분명히 한다. "죄인 중에 내가 괴수니라"라는 말씀은 "죄인들 가운데 내가 첫째니라"라고 번역할 수 있다. 바울은 예수님을 만나기 전에는 자신이 의로운 사람인 줄 알았고, 교만한 사람이었지만, 예수님을 만난 후에는 자신이야말로 첫째가는 죄인이라고 고백할 정도로 겸손한 사도였다. 바울은 이 세상에 "의인은 없나니 하나도 없다"(롬 3:10; 참조, 시 14:1-3)라고 가르쳤는데 이 말씀의 뜻은 바로 모든 사람이 죄인이요 바울 자신도 죄인이었음을 확인하는 것이다. 바울은 자신이 그리스도를 비방하고, 박해하고, 폭행한 것을 생각할 때 당연히 "죄인 중에 내가 괴수니라"(딤전 1:5)라고 말할 수밖에 없었을 것이다.

그런데 바울이 기록한 세 서신에서 자신을 다른 사람들과 비교하면서 자신을 평가한 내용이 나타난다. 바울은 고린도전서(1 Corinthians)에서 "나는 사도 중에 지극히 작은 자라"(고전 15:9)라고 하며 자신을 사도와 비교한다. 그 후 바울은 에베소서(Ephesians)에서 "모든 성도 중에 지극히 작은 자 보다 더 작은 나에게"(엡 3:8)라고 하며 자신을 성도와 비교한다. 그리고 생애의 거의 마지막 단계에 이르러 바울은 디모데전서(1 Timothy)에서 "죄인 중에 내가 괴수니라"(딤전 1:15)라고 하며 자신을 죄인과 비교한다. 헨리(Henry)는 바울이 "죄인 중에 내가 괴수니라"(딤전 1:15)라고 고백한 사실을 "바울은 일등급 죄인이었다. 그래서 그는 자신이 그런 사람이었음을 인정한다. 그는 거친 숨을 발산하면서 주님의 제자들을 위협하였고 살해하였다(행 9:1-2). 핍박자들은 죄인들 중에 가장 악한 사람들이다. 바울이 그런 사람 중 한 사람이었다."[74]라고 설명한다. 우리가 여기서 주목할 것은 바울이 자신을 다른 사람과 비교하여 묘사한 내용이 고린도전서, 에베소서, 그리고 디모데전서에 실려 있다는 것이다. 그런데 이 세 서신의 기록된 순서는 고린도전서(AD 57), 에베소서(AD 63), 그리고 디모데전서(AD 67)의 순이다. 우리는 바울이 자신을 다른 사람과 비교한 모습이 세월이 흐를수록 더 겸손해 진 모습이라는 것을 볼 수 있다. 바울의 생각은 사도(apostle)에서 성도(saint)로, 그리고 성도에서 죄인 괴수(the worst sinner)로 움직인다. 바울은 의도적으로 사도에서 성도로 그리고 성도에서 죄인 죄수로 자신을 묘사한 것은 아니다. 하지만 확실한 것은 나이가 들수록, 그리고 세월이 흐를수록 바울은 자신이 하나님 앞에서 용서받을 수 없는 죄인임을 깨달았다는 것이다. 바울은 진정으로 겸손한 사도였다. 바울은 거짓으로 겸손을 가장한 것이 아니다. 칼빈(Calvin)은 이 부분에 대해 "그는 겸손할 뿐 아니라 그의 마음 중심에서 나오는 진정한 고백을 하기 원했다."[75]라고 해석한다. 쾨스텐버거(Köstenberger)는 바울이 "죄인 중에 내가 괴수니라"(딤전 1:15)라고 말한 것은 그의 양심 깊은 곳에 그가 과거에 교회를 핍박했었다는 낙인이 찍혀져 있었기 때문이었을 것이다.[76]라고 해석한다. 그리고 칼빈은 본 구절의 교훈은 사람이 세상의 관점에서 무흠하고 탁월한 덕을 세우고 모든 칭찬을 받을 만한 삶을 살지라도 복음의 교리를 거절하고 불신의 고집을 계속한다면 그는 역시 가장 큰 죄인 중의 한 사람일

74 Matthew, Henry, *Matthew Henry's Commentary on the Whole Bible, Vol. VI. Acts to Revelation.* (n.d.), p. 810.

75 John Calvin, *The Second Epistle of Paul to the Corinthians, and the Epistles to Timothy, Titus and Philemon* (1973), p. 199.

76 Köstenberger, *Biblical Theology for Christian Proclamation: Commentary on 1-2 Timothy and Titus* (2017), p. 85.

수밖에 없다는 뜻이라고 말한다.[77] 하나님은 교만한 자를 물리치시고 겸손한 자를 영접하신다. 성경은 "교만은 패망의 선봉이요 거만한 마음은 넘어짐의 앞잡이니라"(잠 16:18)라고 가르친다.[78] 겸손의 미덕은 교회를 세우지만 교만은 교회를 헐뜯는다. 바울은 교회를 세우는데 무엇이 필요한지를 자신의 경험을 통해 제시하고 있는 것이다.

바울은 겸손한 지도자였다. 바울은 누구보다 전도를 많이 했고, 신약성경을 13권이나 썼지만, 항상 자신이 하나님 앞에서 작은 종인 것을 알았다. 바울의 이런 태도는 자신이 항상 하나님 앞에 서 있다는 의식을 가지고 있었기 때문에 가능한 것이었다. 거의 완성단계에 있는 대 사도 바울이 "내가 이미 얻었다 함도 아니요 온전히 이루었다 함도 아니라 오직 내가 그리스도 예수께 잡힌바 된 그것을 잡으려고 달려가노라 형제들아 나는 아직 내가 잡은 줄로 여기지 아니하고 오직 한 일 즉 뒤에 있는 것은 잊어버리고 앞에 있는 것을 잡으려고 푯대를 향하여 그리스도 예수 안에서 하나님이 위에서 부르신 부름의 상을 위하여 달려가노라"(빌 3:12-14, 개역개정)라고 말한다. 바울은 자신의 위치를 잘 파악한 사도였다.

우리들은 "체"하기를 좋아한다. 이런 현상은 어쩌면 한국 백성들의 마음속 깊은 곳에 자리잡고 있는 것이라고 생각된다. 체면 때문에 밥을 먹지 않았는데 누가 물으면 먹었다고 거짓말을 하기도 한다. 정

77 John Calvin, *The Second Epistle of Paul to the Corinthians, and the Epistles to Timothy, Titus and Philemon* (1973), p.199.

78 정암 박윤선 목사님은 1988년 하늘나라로 부름을 받으시기 얼마 전 "나는 83년 묵은 죄인이다"라는 겸손의 말씀을 남기셨다. 정암이 살아 있었을 때 후학들에게 첫째도 진실, 둘째도 진실, 셋째도 진실이어야 한다고 자주 권면했다. 그는 "진실하게 나갈 때 일이 쉽고, 진실하게 일할 때 열매도 맺게 된다."라고 하며 교회 리더들의 겸손과 진실을 강조했다. 참조, 박형용, 『정암 박윤선에게서 배우다』. (서울: 국제제자훈련원, 2008), pp. 31-32; 92-93.

성들여 음식을 마련해 놓고서도 "차린 것은 없지만 많이 드시라"고 하얀 거짓말을 한다. 성도들의 경우는 "거룩한 체," "겸손한 체," "훌륭한 체" 하려는 유혹을 받는다. 그러나 "거룩한 체"하는 것과 "거룩한 것"은 다르고, "겸손한 체"하는 것과 "겸손한 것"도 다르며, "훌륭한 체"하는 것과 "훌륭한 것"도 다르다. "거룩한 체" "겸손한 체" "훌륭한 체"하는 것은 알맹이가 없는 것이며, 자기가 만들어 낸 것이지만, "거룩한 것," "겸손한 것," "훌륭한 것"은 먼저는 하나님께서 인정하신 것이요, 다음으로 다른 사람들이 인정해 주는 것이다. 성도들의 거룩과 경건은 삶으로부터 자연스럽게 오는 것이다. "겸손한 체," "훌륭한 체," "거룩한 체" 하는 것은 연출로 가능하지만, 거룩과 겸손과 정직은 삶을 통해 증명 된다. 성도들의 경건은 억지로 꾸민다고 오는 것이 아니다. 우리는 항상 자아 성찰을 해야 한다. 우리가 선한 싸움을 싸웠는지, 우리의 달려갈 길을 마쳤는지, 그리고 우리의 믿음을 지킨 삶을 살았는지 성찰해야 한다. 바울은 자신이 누구인지, 어떤 은혜를 입었는지, 또 어떤 일을 해야 할 것인지를 분명하게 아는 겸손한 사도요, 하나님의 종이었다(딤전 1:15).

딤전 1:16-17 바울은 이제 죄인 중에 괴수인 자신이 하나님의 긍휼을 입게 된 이유를 밝힌다. 바울은 "내가 긍휼을 입은 까닭은"(딤전 1:16)이라는 말로 시작하여 그 이유를 설명한다. 바울은 자신이 예수 그리스도를 박해하고 그리스도인들을 죽이는 악행을 행했음에도 불구하고 오히려 예수님은 끝까지 참으셔서 그를 만나주시고 구원을 받게 하신 이 사실은 그리스도께서 다른 사람들에게도 똑같은 방법으로 대하실 것이라는 하나님의 구원 방식을 본(ὑποτύπωσις)[79]으로 나타내시기 위함이라고 설명한다. 이 말씀은 하나님께서 그의 백성을 구원하시는데 바울이 구원받은 패턴(pattern)과 같은 방식으로 구원하실 것을 뜻하는 것이다.[80] 하나님은 선택된 백성들의 구원을 위해 오래 참으시고 기다리시는 하나님이시다.

바울은 죄인들의 구원계획을 그리스도를 통해 성취하신 하나님께 기도와 송영을 올려드린다(딤전 1:17). 바울은 하나님이 "영원하신 왕"이라고 선언한다. 구약은 하나님이 영원하신 왕 되심을 분명히 한다(렘 10:10; 참조, 시 10:16; 74:12). 그런데 바울이 사용한 "영원하신 왕"을 직역하면 "온 세대의 왕"(τῷ βασιλεῖ τῶν αἰώνων; to the King of the ages)으로 표현할 수 있다. 하나님은 "이 세상"(ἐν τῷ αἰῶνι τούτῳ)뿐 아니라 "오는 세상"(ἐν τῷ αἰῶνι μέλλοντι)도 다스리시는 분이시다(엡 1:21). "오는 세상"의 시작은 예수님의 초림으로 시작되었고(행 2:17), 오는 세상은 하나님이 존재하시는 한 계속될 것이다. "이 세상"은 죄가 이 세상에 들어온 이래 계속되고 있으며 그 끝은 예수님의 재림 때가 될 것이다(고전 15:24). 그러므로 하나님은 영원하신 하나님으로 영원에서 영원까지 존재하시는 하나님이시다. 바울은 바로 그런 하나님께 찬송을 올려 드리는 것이다.

그런데 바울은 "영원하신 하나님"이 "썩지 아니하고"(immortal), "보이지 아니하고"(invisible), "홀로 하나이신"(unique) 하나님이라고 하며 세 개의 형용사를 사용하여 하나님의 특성을 설명한다(딤전 1:17).

79 본 (ὑποτύπωσις)이라는 용어는 신약성경에서 2회 사용되는데 딤전 1:16과 딤후 1:13에서만 사용된 용어이다.

80 Leonhard Goppelt, "τύπος, ὑποτύπωσις," *Theological Dictionary of the New Testament,* Vol. VIII (Grand Rapids: Eerdmans, 1972), p. 250.: "According to 1 Tim. 1:16 Christ's dealings with Paul are a pattern which shapes the way of others to the faith."

"썩지 아니하신"(ἀφθάρτῳ) 하나님은 불멸의 하나님이시다. 하나님은 "어제나 오늘이나 영원토록 동일하신"(히 13:8) 분이시다. 바울은 로마서(Romans)에서도 "썩어지지 아니하는 하나님의 영광"(롬 1:23)이라는 표현을 통해 하나님이 썩어질 수 없는 하나님임을 분명히 한다. 바울이 하나님을 묘사하면서 사용한 "보이지 아니하신"(ἀοράτῳ)이라는 용어는 신약성경에서 전체 5회 사용되는데(롬 1:20; 골 1:15, 16; 딤전 1:17; 히 11:27) 모두 하나님이 보이지 아니하신 것을 설명하다. 바울은 그리스도를 "그는 보이지 아니하는 하나님의 형상"(골 1:15)이라고 묘사한다. 만약 하나님이 인간의 육체적인 눈에 보이신다면 창조주 하나님이라고 할 수 없다. 그래서 아무도 하나님을 본 사람이 없다. 바울은 이제 마지막으로 하나님을 "홀로 하나이신"(μόνῳ) 하나님이라고 묘사한다. 본 구절(딤전 1:17)을 어떤 사본은 "홀로 하나이신 하나님"(μόνῳ θεῷ)으로 읽고, 다른 사본은 "오직 한 분이신 지혜로우신 하나님"(μόνῳ σοφῷ θεῷ)으로 읽는다.[81] 디모데전서 1:17을 "오직 한 분이신 지혜로우신 하나님"으로 읽는 것은 필경사들이 로마서 16:27의 "지혜로우신 하나님"이란 표현에 영향을 받아 "홀로 하나이신"(μόνῳ) 다음에 "지혜로우신"(σοφῷ)을 삽입하여 처리한 것으로 사료된다. 따라서 어떤 번역 성경은 로마서 16:27을 "지혜로우신 하나님께"로 번역했고(개역개정), 다른 번역 성경은 "오직 한 분이신 지혜

81 딤전 1:17의 "홀로 하나이신" (μόνῳ)에 대한 사본 상의 논란이 존재한다. 어떤 사본 (א^{c} D^{c} K L P)은 μόνῳ 다음에 σοφῷ를 삽입하여 "유일한 현명하신" 하나님을 본문으로 삼는다. 하지만 이는 필경사 (scribe)의 잘못에서 비롯된 것이라고 사료된다. 이 사본들 (א^{c} D^{c} K L P)을 근거로 흠정역 (AV)은 "the only wise God"로 번역했고, 신흠정역 (NKJV)은 "God who alone is wise"로 번역 처리했다. 하지만 대부분의 번역들이 μόνῳ θεῷ를 받아들이는 사본 (א* A D* F G H*)을 근거로 "the only God"로 번역 처리했다 (NIV, RSV, NASB, ESV). Cf. Bruce M. Metzger, *A Textual Commentary on the Greek New Testament* (London. New York: United Bible Societies, 1971), p. 639.

로우신 하나님"으로 번역(표준새번역, 바른 성경) 처리했다. 따라서 디모데전서 1:17은 "홀로 하나이신 하나님"(μόνῳ θεῷ)으로 받고, 로마서 16:27은 "오직 한 분이신 지혜로우신 하나님"(μόνῳ σοφῷ θεῷ)으로 읽는 것이 헬라어 원문에 더 충실한 번역이다.

바울은 "홀로 하나이신 하나님"(딤전 1:17)이라고 천명함으로 그 당시 로마제국에 팽배했던 다신론(polytheism)과 비교하여 기독교의 하나님은 유일하신 하나님이심을 명백하게 밝히고 있는 것이다. 바울은 이렇게 "썩지 아니하고 보이지 아니하고 홀로 하나이신 하나님께 존귀와 영광이 영원무궁하도록 있을지어다 아멘"(딤전 1:17)이라고 송영을 올려 드린다. 하나님은 "존귀"(honor)하신 분이시요, "영광"(glory)을 받으시기에 합당하신 분이시다. "존귀"(τιμή)는 하나님 되심의 명예를 인정하고 그대로 지속되기를 원하는 것이며, "영광"(δόξα)은 성경에서 사용된 맥락에 비추어 고찰할 때 좋은 평판(reputation; 눅 14:10; 고전 11:15), 좋은 명성(honor; 고후 6:8), 좋은 광채 혹은 빛남(radiance, brightness; 행 22:11)등을 뜻한다고 말할 수 있다. 하지만 바울이 "영광"을 송영에서 사용할 때는 항상 구원(salvation)을 허락하신 하나님께 감사하는 뜻이 담겨 있다(눅 17:18; 롬 11:36; 딤전 1:17; 딤후 4:18).[82] 바울은 하나님께 송영을 올려드릴 때 항상 "영광"을 빼놓지 않고 사용하고(롬 11:36; 16:27; 갈 1:5; 엡 3:21; 빌 4:20; 딤후 4:18), 디모데전서에서는 "존귀"와 함께 "영광"을 사용한다(딤전 1:17; 6:16; 참조 계 5:13). 우리는 바울의 비슷한 송영을 디모데전서 6:16에서도 찾을 수 있다. 바울은 "유일하신 주권자이시며 만왕의 왕이시며

82 H. Hegermann, "δόξα," *Exegetical Dictionary of the New Testament,* Vol. 1 (Grand Rapids: Eerdmans, 1990), pp. 344-349.

만주의 주"(딤전 6:15)이신 하나님께 송영을 올려드린다. "오직 그에게만 죽지 아니함이 있고 가까이 가지 못할 빛에 거하시고 어떤 사람도 보지 못하였고 또 볼 수 없는 이시니 그에게 존귀와 영원한 권능을 돌릴지어다 아멘"(딤전 6:16). 바울은 "존귀와 영광"이 영원히 하나님께 있기를 소원하면서 엄숙한 동의와 확신을 강조하는 "아멘"(ἀμήν)으로 송영을 마친다.

4. 디모데를 향한 바울의 권면(딤전 1:18–20)

> 18 아들 디모데야 내가 네게 이 교훈으로써 명하노니 전에 너를 지도한 예언을 따라 그것으로 선한 싸움을 싸우며 19 믿음과 착한 양심을 가지라 어떤 이들은 이 양심을 버렸고 그 믿음에 관하여는 파선하였느니라 20 그 가운데 후메내오와 알렉산더가 있으니 내가 사탄에게 내준 것은 그들로 훈계를 받아 신성을 모독하지 못하게 하려 함이라 (딤전 1:18–20, 개역개정)

딤전 1:18-20 바울은 이전 구절(딤전 1:17)에서 예수 그리스도를 통한 하나님의 구속 계획의 철저함과 장엄함을 설명하고 이 복된 복음을 위해 하나님께서 그에게 직분을 맡기셨다고 설명한 후 영원하신 왕이신 하나님께 존귀와 영광을 올려드린다. 바울은 이제 디모데에게 훈계의 말을 하기 위해 디모데를 "아들 디모데야"(τέκνον Τιμόθεε)라고 부른다(딤전 1:18). 바울은 이미 디모데를 향해 "참 아들 된" 디모데라고 불렀다(딤전 1:2). 바울은 디모데를 훈계하기에 앞서 애정이 담긴 친근한 표현인 "아들"이라고 다시 한번 부른다(딤전 1:18). 바울이 디모데에게 훈계한 것은 "선한 싸움을 싸우라"는 것이다.

그러면 디모데가 어떻게 선한 싸움을 싸워야 하는가? 그것은 바울이 전에 디모데에게 지도한 "예언을 따라"(κατὰ τὰς προφητείας) 선한 싸움을 싸워야 한다는 것이다(딤전 1:18). 바울은 어떤 의미로 여기서 "예언"이라 용어를 사용했는가? 바울은 디모데전서 4:14에서 디모데에게 "네 속에 있는 은사 곧 장로의 회에서 안수 받을 때에 예언을 통하여 받은 것을 가볍게 여기지 말며"(딤전 4:14)라고 권면한다. "예언"(προφητείας)이라는 용어가 디모데전서 4:14과 1:18에 공통으로 사용된 것으로 보아 디모데전서 1:18의 "예언"의 의미는 디모데가 장로의회에서 안수와 함께 직분을 받을 때 권면했던 말씀들을 가리킨다고 사료된다. 화이트(White)는 "안수를 동반한 예언은 적어도 은사를 수여하는데 기여한 것으로 생각되어야 한다는 사실이 디모데전서 4:14로 명백해진다. 예언이 지원자에게 훈계(charge)의 성격으로 말한 것이었다고 생각하는 것은 자연스럽다."[83]라고 해석한다. 바울은 본 구절(딤전 1:18)에서 "예언들"(τὰς προφητείας)이라고 복수형을 사용한다. 그 이유는 디모데에게 전해진 훈계로서의 예언은 디모데 한 사람에게만 국한된 것이 아니요, 디모데가 직분을 맡을 때 젊은 디모데를 지켜 본 다른 사람들도 이 예언의 말씀을 공유하도록 하기 위해서였다. 칼빈(Calvin)은 "그러나 우리는 먼저 바울이 여기서 무슨 예언(prophecies)을 가리키고 있는지 이해하여야만 한다. 어떤 이는 바

83 Newport J. D. White, "The First and Second Epistles to Timothy and the Epistle to Titus," *The Expositor's Greek Testament*, Vol. IV (1980), p. 100.; Cf. J.N.D. Kelly, *A Commentary on the Pastoral Epistles* (Grand Rapids: Baker, 1981), 57.

울이 디모데에게 직분을 수여하기 위해 특별한 계시를 지시받은 것으로 생각한다(ut Timotheo munus iniungeret). 나는 이 견해에 동의하지만 다른 사람들도 이 계시들을 공유했다고 첨가한다. 왜냐하면 그것이 복수형을 사용한 바울의 의도여야만 하기 때문이다. 이처럼 우리들은 이 말씀들을 통해 디모데를 교회에 추천하기 위해 여러 예언들이 주어졌음을 알게 되는 것이다. 디모데가 젊었기 때문에 그의 나이가 그에게 경멸을 불러올 수도 있었고, 그리고 바울은 젊은 사람을 조급하게 장로의 직분에 추천했다는 비평에 노출될 수도 있었다. 더구나, 하나님은 디모데를 위대하고 힘든 사역을 위해 임명하셨다. 왜냐하면 디모데는 보통의 사역자가 아니요 가끔 바울이 부재할 때 바울을 대표해야 할 사도들 바로 다음에 해당하는 사역자였기 때문이다. 그래서 바울은 디모데의 직분이 그에게 조급하게 제공된 것이 아니요, 디모데가 하나님 자신에 의해 선택되었음을 증명하는 특별한 증거가 필요했던 것이다."[84]라고 해석한다.

바울은 지금 디모데에게 그가 직분을 받을 때 받은 교훈, 즉 하나님의 말씀을 무기로 "선한 싸움을 싸우라"(딤전 1:18)라고 훈계하고 있는 것이다. "선한 싸움"은 "믿음의 선한 싸움"이요 영생을 취하는 싸움이다(딤전 6:12). "선한 싸움"은 디모데 자신을 위한 싸움도 되지만 특별히 사탄(Satan)을 대항하여 주님의 영광을 위해 싸우는 싸움이다. 그러므로 디모데는 그가 맡은 싸움이 하나님께서 그에게 맡기신 싸움이기에 담대하게 "선한 싸움"에 임할 수 있다. 바울은 계속해서 "선한 싸움"을 싸우는 태도는 "믿음과 착한 양심을 가지고"(딤전 1:19) 싸

84 John Calvin, *The Second Epistle of Paul The Apostle to the Corinthians and the Epistles to Timothy, Titus and Philemon* (1973), pp. 200-201.

우는 것이라고 훈계한다. 바울이 여기서 사용한 “믿음”(πίστιν)은 주관적인 믿음(subjective faith)이 아니요 객관적인 믿음(objective faith)을 가리킨다. 이 “믿음”은 어떤 사람이 예수님을 구주로 믿는다고 말할 때 쓰는 주관적인 믿음이 아니요, 믿을 때 어떤 내용을 믿는 것인지를 가리키는 “믿음의 비밀”(딤전 3:9), “진리의 말씀”(딤후 2:15), “바른 말 곧 우리 주 예수 그리스도의 말씀과 경건에 관한 교훈”(딤전 6:3), 즉 “모든 성경”(딤후 3:16)을 가리킨다고 생각하는 것이 타당하다. 왜냐하면 바울이 바로 다음에 “어떤 이들은 이 양심을 버렸고 그 믿음에 관하여는 파선하였느니라”(딤전 1:19)라고 설명하고 있기 때문이다.

목회서신은 하나님의 말씀을 강조하는 교회의 모습을 보여준다. 하나님의 말씀과 관련된 표현들을 살펴보면 “율법은 선한 것”(딤전 1:8), “바른 교훈을 거스르는 자를 위함”(딤전 1:10), “예언을 따라”(딤전 1:18), “하나님의 말씀과 기도로”(딤전 4:5), “믿음의 말씀과 네가 따르는 좋은 교훈”(딤전 4:6), “예언을 통하여 받은 것”(딤전 4:14), “너는 진리의 말씀을 옳게 분별하며”(딤후 2:15), “모든 성경은 하나님의 감동으로 된 것으로”(딤후 3:16), “너는 말씀을 전파하라”(딤후 4:2), “미쁜 말씀의 가르침을 그대로 지켜야 하리니”(딛 1:9), “미쁘다…이 말이여”(딤전 1:15; 3:1; 4:9; 딤후 2:11; 딛 3:8), “너는 바른 교훈에 합당한 것을 말하여”(딛 2:1)라는 구절들이 있다. 목회서신에서 계시의 말씀을 강조하는 이유는 무엇일까? 그 이유는, 이제 그리스도의 교회는 사도들을 통해 나타났던 성령의 직접적인 사역에 의존하기보다는 하나님의 객관적 말씀에 의존하면서 살아가야 한다는 것이다.

바울은 디모데에게 훈계하면서 “선한 싸움”을 싸워야 하는 군인(soldier)과 배가 항해를 잘하도록 운행해야 할 조타수(sailor)에 비유하여 설명한다. 군인은 싸워서 이겨야 하고, 조타수는 책임 맡은 배를 목적지까지 안전하게 운항해야 한다. 우리가 온전한 믿음으로 소망하는 항구에 들어가려면 "선한 양심"이 우리들의 배의 조타수 역할을 해야 한다. 악한 양심은 믿음의 배를 파선하게 만든다. 그러므로 복음의 사역자는 "믿음과 선한 양심"(딤전 1:19; 참조, 딤전 1:5; 3:9)을 결코 버려서는 안 된다. 그런데 바울은 믿음과 선한 양심을 버리고 믿음의 파선을 한 사람의 예로 후메내오(Hymenaeus)와 알렉산더(Alexander)의 이름을 구체적으로 언급한다(딤전 1:20). 후메내오는 "부활이 이미 지나갔다"(딤후 2:18)라고 주장하는 에베소교회의 거짓 선생 중에 한 사람임에 틀림없다. 그런데 알렉산더의 경우 바울이 디모데후서 4:14에서 언급한 "구리 세공업자 알렉산더"(딤후 4:14-15)와 동일시하는 것은 옳지 않다. 두 사람은 이름만 같은 알렉산더(᾽Αλέξανδρος)이지 동일인이 아닌 것으로 사료된다. 그리고 바울 사도가 제 3차 선교여행하는 중 마침 에베소(Ephesus)에서 사역할 때 바울의 복음 선포를 반대한 폭동들의 분노를 유대인들로부터 멀리하게 하려고 시도를 한 알렉산더(Alexander)라는 사람이 언급되는데 이 사람과 디모데전서 1:20에 언급된 알렉산더와 동일시하는 것도 옳지 않다(행 19:33-34).[85] 왜

---

85 Hendriksen (*Exposition of the Pastoral Epistles*, 1974, p. 86.)은 딤전 1:20의 알렉산더와 딤후 4:14-15의 알렉산더는 물론 행 19:33-34의 알렉산더와 동일인으로 생각하지 않으며, Guthrie (*The Pastoral Epistles*, 1990, p. 78.) 역시 Hendriksen과 같은 견해이다. White ("The First and Second Epistles to Timothy and the Epistle to Titus," *The Expositor's Greek Testament*, Vol. IV, 1980, p. 101.)도 딤전 1:20의 알렉산더와 딤후 4:14의 알렉산더를 동일시하지 않는다. 하지만 Köstenberger (*Biblical Theology for Christian Proclamation: Commentary on 1-2 Timothy and Titus* (2017), p. 90.)는 딤전 1:20의 알렉산더가 딤후 4:14-15에 언급된 알렉산더와 동일인이라고 주장하고, Calvin (John Calvin, *The Second Epistle of Paul The Apostle to the Corinthians and the Epistles to Timothy, Titus and Philemon*, 1973, p. 203.)은 행 19:33에 언급된 알렉산더가 딤전 1:20의 알렉산더와 동일인이라고 주장한다.: "I have no doubt that this is the same Alexander who is mentioned by Luke in Acts 19:33 as the man who tried without success to quell the commotion at Ephesus."

냐하면 그들의 삶의 특징들이 서로 다르기 때문이다. 목회서신에서 후메내오는 두 번 언급되었지만(딤전 1:20; 딤후 2:18), 알렉산더는 단지 한번만 언급되었다(딤전 1:20).

바울은 후메내오와 알렉산더를 "사탄에게 내어 주었다"(딤전 1:20) 라고 말하고, 그 이유로 그들로 하여금 "신성을 모독하지 못하게 하려 함이라"(딤전 1:20)라고 설명한다.

바울 서신에 "사탄에게 내어 준다"라는 표현이 자주 등장하는 것은 아니지만 몇 구절에서 등장하는 것은 확실하다. 바울은 디모데전서 5장에서 "이미 사탄에게(τῷ Σατανᾷ) 돌아간 자들도 있도다"(딤전 5:15)라는 표현을 사용하고, 디모데후서 2장에서 "그들로 깨어 마귀(τοῦ διαβόλου)의 올무에서 벗어나 하나님께 사로잡힌 바 되어"(딤후 2:25-26)라는 비슷한 표현을 사용한다. 그리고 바울은 고린도전서 5장에서 근친상간하는 사람(incestuous man)을 교회 공동체로부터 쫓아내야 한다고 가르치고(고전 5:1-2), "이런 자를 사탄에게(τῷ Σατανᾷ) 내주었으니 이는 육신은 멸하고 영은 주 예수의 날에 구원을 받게 하려 함이라"(고전 5:5)라고 가르친다.[86]

바울이 "내가 사탄에게 내준 것은"(딤전 1:20)이라고 표현한 말의 뜻을 어떻게 이해해야하는가? 일반적으로 많은 해석자들이 "사탄에게 내 주었다"라는 표현을 믿음의 공동체에서부터 출교(excommunication)시키는 것을 뜻하는 것으로 이해한다. 그런데 한 가지 정리해야

86 참조, F. W. Grosheide, *Commentary on the First Epistle to the Corinthians* (*NICNT*) (Grand Rapids: Eerdmans, 1968), pp. 123-124.; Gordon D. Fee, *The first Epistle to the Corinthians* (*NICNT*) (Grand Rapids: Eerdmans, 1991), p. 213.: "The intent of this action, therefore, is the man's salvation. He is not being 'turned over to Satan for destruction,' an idea that is quite foreign both to Paul and the rest of the NT, but is being excluded from the Christian community with its life in the Spirit."

할 문제는 "사탄에게 내 주었다"를 출교로 이해할 경우 회개나 회복의 가능성이 전혀 없는 영원한 출교로 후메내오와 알렉산더는 믿음의 공동체와는 전혀 관계가 없고 구원의 반열에도 참여할 수 없다는 뜻의 출교인지, 아니면 회복의 가능성을 열어 둔 출교인지를 판단하는 것이다. 헨드릭센(Hendriksen)은 "사탄에게 내 주었다"라는 의미는 "신성을 모독하지 못하게"(딤전 1:20) 하기 위하여 징계했다는 뜻이므로 이는 회복과 회개가 가능함을 내다본 출교라고 이해한다. 헨드릭센은 "사도는 부과된 징계, 즉 신적 교훈이 후메내오와 알렉산더에게 유익한 효과(salutary effect)를 가져올 수 있도록 진심으로 소망하고 있다. 그는 이 심각한 고통을 통해 이 거짓 선생들 스스로 자신들이 심각한 죄인들임을 알 수 있게 되고 그리고 그들이 더 이상 진리를 비난하지 않고 그 저자를 비방하지 않는 진정한 회개에 이를 수 있도록 소망하고 기도하고 있다."[87]라고 해석한다. 반면 칼빈(Calvin)은 이 문제에 대해 좀 더 신중한 접근을 한다. 칼빈은 "교회로부터 출교된 사람은 그가 교회와 화해하고 그리스도에게 돌아올 때까지 잠시 동안(for a time) 반드시 사탄의 폭정아래 떨어져야만 한다. 나는 한 조건을 붙이는데 그것은 범행의 중대성 때문에 바울은 이 두 사람에 대해 영구한 출교를 선언하고 있다고 생각된다. 그러나 나는 이 문제에 대해 확정적인 주장을 하려 하지 않는다."[88]라고 말함으로 칼빈은 후메내오와 알렉산더가 교회로부터 영구히 출교되고 그러므로 구원과는 상관이 없는 것처럼 해석하지만 최종적인 판단은 유보한다.

그러면 "사탄에게 내어 준다"(딤전 1:20)의 뜻을 어떻게 이해하는

87 Hendriksen, *Exposition of the Pastoral Epistles* (1974), p. 87.

88 John Calvin, *The Second Epistle of Paul The Apostle to the Corinthians and the Epistles to Timothy, Titus and Philemon* (1973), p. 203.

것이 바울이 전하려고 하는 뜻일까? 본 문맥에서 바울은 자신과 디모데는 선한 쪽에 위치시키고(딤전 1:18) 거짓 교사들과 사탄은 악한 쪽에 위치시킨다(딤전 1:20). 그리고 양심을 버리고 믿음에 관하여 파선한(딤전 1:19) 후메내오와 알렉산더는 하나님의 사랑을 경험하는 교회에서 사탄이 지배하는 세상으로 내쳐져서 고난과 고통의 일상을 경험하게 되는 것이다. 바울은 그들을 "사탄에게 내어 준" 이유를 "그들로 훈계를 받아(παιδευθῶσιν) 신성을 모독하지 못하게 하려 함이라"(딤전 1:20)라고 설명한다. 본 구절에서 "훈계를 받아"는 "가르침을 받아"라는 뜻으로 이해할 수 있으며, "신성을 모독하지 못하게"는 "훼방하지 못하게 혹은 모독하지 못하게"의 뜻으로 이해할 수 있다. 예수님은 "누구든지 말로 인자를 거역하면 사하심을 받으려니와 성령을 모독하는 자는 사하심을 받지 못하리라"(눅 12:10)라고 가르치셨다. 성령 모독죄(훼방죄)는 용서함을 받을 수 없다. 하지만 본 구절은 성령의 언급 없이 단지 "모독하지 못하게 하려"(μὴ βλασφημεῖν)라고만 표현되었다. 따라서 바울은 여기서 이 표현을 쓰면서 "성령 모독죄"를 생각하지 않았다고 말할 수 있다. 그리고 "훈계를 받아" "모독하지 못하게 하려 함이라"라고 표현한 것은 후메내오와 알렉산더가 훈계(교육)를 통해 회개하고 그리스도에게 돌아올 가능성을 열어 둔 것으로 이해할 수 있다.[89]

89 참조, Köstenberger, *Biblical Theology for Christian Proclamation: Commentary on 1-2 Timothy and Titus* (2017), p. 90.: "Most likely this refers not to final condemnation but to the last resort of allowing people to experience Satan's wrath so they may be purged from their sin (cf. 2 Tim 2:25-26)."

제2장
주해

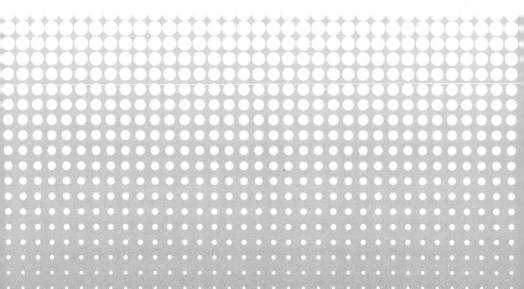

1 TIMOTHY

디모데전서 2장 요약

바울은 디모데전서 제 2장에서 디모데에게 공적인 기도의 종류를 "간구와 기도와 도고와 감사"(딤전 2:1)로 구별하여 가르치고 공적인 기도는 "임금들과 높은 지위에 있는 모든 사람을 위하여"(딤전 2:2) 해야 한다고 가르친다. 바울은 그 이유로 우리 성도들이 고요하고 평안한 생활을 하기 위해서라고 설명한다(딤전 2:2). 바울은 우리가 모든 사람을 위하여 기도해야 하는 것은 하나님이 모든 사람으로 구원을 받게 되기를 원하시며 그리스도께서 많은 사람의 구원을 위해 유일한 중보자로 오셔서 자기를 대속물로 주셨기 때문이라고 가르친다(딤전 2:4-6). 그리고 바울은 자신이 이 구속의 복음을 전파할 책임을 맡은 사람으로 "이방인의 스승"(딤전 2:7)이 되었다고 고백하고, 남자들도 이 복음의 전파를 위해 기도할 것이요(딤전 2:8), 여자들도 단정하고 검소하게 차려입고 선행을 통해 이 복음의 일을 방해해서는 안 된다고 경고하면서 하나님이 여자들에게 아이를 출산할 수 있는 특권을 주셨다고 강조함으로(딤전 2:15) 제 2장을 마무리 한다.

1. 기도의 중요성(딤전 2:1-7)

1 그러므로 내가 첫째로 권하노니 모든 사람을 위하여 간구와 기도와 도고와 감사를 하되 2 임금들과 높은 지위에 있는 모든 사람을 위하여 하라 이는 우리가 모든 경건과 단정함으로 고요하고 평안한 생활을 하려 함이라 3 이것이 우리 구주 하나님 앞에 선하고 받으실 만한 것이니 4 하나님은 모든 사람이 구원을 받으며 진리를 아는 데에 이르기를 원하시느니라 5 하나님은 한 분이시오 또 하나님과 사람 사이에 중보자도 한 분이시니 곧 사람이신 그리스도 예수라 6 그가 모든 사람을 위하여 자기를 대속물로 주셨으니 기약이 이르러 주신 증거니라 7 이를 위하여 내가 전파하는 자와 사도로 세움을 입은 것은 참말이요 거짓말이 아니니 믿음과 진리 안에서 내가 이방인의 스승이 되었노라 (딤전 2:1-7, 개역개정)

딤전 2:1-4 바울은 지금 특별히 의미심장한 문제에 대해 디모데에게 권하기를 원한다. 바울이 "첫째로"라고 시작한 것은 권하려고 하는 문제의 무게를 느끼고 있기 때문이다. 바울은 성도들의 공적인 예배와 안정된 일상생활을 위해서는 무엇보다도 "임금들과 높은 지위에 있는 모든 사람을 위하여"(딤전 2:2) 기도하는 것이라고 생각한 것이다. 쾨스텐버거(Köstenberger)는 "바울이 정치적인 안정이 복음 선포를 위해 유익한 환경을 조성하는데 중요하기 때문에 이 독특한 명령으로 제2장을 시작하는 것은 의미가 있다."[90]라고 설명한다. 바울이 본 구절에서 사용한 "모든 사람"(딤전 2:1-2)은 믿는 자만을 가리키지

90 Köstenberger, *Biblical Theology for Christian Proclamation: Commentary on 1-2 Timothy and Titus* (2017), p. 93.

않고 믿는 자나 믿지 않는 자나 지위가 낮은 자나 지위가 높은 자나 왕이나 신하들을 막론하고 모든 사람을 다 포함하는 표현이다. 블래이크로크(Blaiklock)는 바울이 디모데에게 기도하도록 권면하는 대상인 "임금들과 높은 지위에 있는 모든 사람"(딤전 2:2) 속에는 로마의 네로(Nero) 황제와 헤롯(Herod) 대왕이 포함되어 있다고 설명한다.[91] 성도들은 "임금들과 높은 지위에 있는 모든 사람을 위하여"(딤전 2:2) 기도해야 한다. 그런데 로마(Rome)의 악한 정부와 팔레스틴(Palestine) 지역의 정치 상황을 잘 아는 바울이 "임금들과 높은 지위에 있는 모든 사람을 위하여"(딤전 2:2) 기도하라고 권면한 사실은 의미심장하다. 바울은 "임금들과 높은 지위에 있는" 권력을 잡고 있는 사람들이 하나님의 주권적 섭리에 의해 임명받은 사람들이기 때문에 그들을 위해 기도하고(딤전 2:2), 그들에게 복종하라(롬 13:1)라고 가르치고 있는 것이다.

바울은 기도의 종류를 구체적으로 언급하면서 기도하라고 권면하고 있다. 성도들은 "간구(δεήσεις)와 기도(προσευχάς)와 도고(ἐντεύξεις)와 감사(εὐχαριστίας)"(딤전 2:1)의 기도를 해야 한다. 바울은 기도의 네 종류를 언급하면서 모두 복수형(plural)을 사용했다. 벵겔(Bengel)은 바울이 여기서 복수형을 사용한 것은 강조를 뜻한다고 해석한다.[92] 하지만 쾨스텐버거(Köstenberger)는 기도에 관한 네 개의 용어들을 모두 복수로 처리한 것은 하나님을 향한 기도들의 다양함

91 E. M. Blaiklock, *Commentary on the New Testament* (Old Tappan: Fleming H. Revell Company, 1977), p. 194.

92 John A. Bengel, *Bengel's New Testament Commentary* (*Gnomon of New Testament*), Vol. 2: *Romans-Revelation* (Grand Rapids: Kregel Publications, 1981), p. 512.: "The plural number indicates force."

과 빈번함을 가리키는 뜻이라고 해석한다.[93] 바울 사도가 기도의 용어들을 복수형으로 처리한 것은 "강조"하기 위해서라기보다 "기도의 종류들의 다양함과 빈번함"을 나타내기 위해서라고 해석하는 것이 더 타당하다고 사료된다.

"간구"(δεήσεις) 기도는 성도들이 예수님이나 하나님께 어떤 특별한 필요를 위해 간절히 요청하는 것이다. 쇤바이스(Schönweiss)는 "간구의 기도는 진정한 필요에 의해서 외적인 것이나 영적인 것들에 대한 확실한 도움을 기대하면서 대단히 구체적으로 요청하는 것이다."[94]라고 설명한다. 따라서 "간구"는 기도 내용의 구체성을 강조한다는 의미에서 보통으로 사용하는 일반 "기도"와 다르다고 할 수 있다. 헨드릭센(Hendriksen)은 "간구(supplication or petition)는 성도가 이런저런 구체적인 상황에서 요청하는 것으로 하나님만이 그 상황에서 필요한 도움을 제공하실 수 있다는 생각으로 필요를 겸손하게 요청하는 것이다."[95]라고 설명한다. 칼빈(Calvin)은 "간구"를 악으로부터 구원함 받기를 원해서 요청하는 것이라고 좀 더 좁은 의미로 설명한다.[96]

93 Andreas J. Köstenberger, *Biblical Theology for Christian Proclamation: Commentary on 1-2 Timothy and Titus* (2017), p. 95.: "All four terms are plural, indicating the variety and frequency of prayers addressed to God."

94 H. Schönweiss, "δέομαι, δέησις," *The New International Dictionary of New Testament Theology*, Vol. 2 (Grand Rapids: Zondervan, 1977), p. 860.; U. Schoenborn, "δέησις," *Exegetical Dictionary of the New Testament,* Vol. 1 (Grand Rapids: Eerdmans, 1990), p. 287. "Δέησις as 'special' request (BAGD s.v.) is to be distinguished from proseuchv as the 'general' request. As proof of the seriousness of his missionary plans, Paul mentions his prayer (Rom 1:10; cf. 1 Thess 3:10)."

95 Hendriksen, *Exposition of the Pastoral Epistles* (*New Testament Commentary*) (1974), p. 92.

96 John Calvin, *The Second Epistle of Paul The Apostle to the Corinthians and the Epistles to Timothy, Titus and Philemon* (1973), p. 205.

"기도"(προσευχάς)는 경외심을 가지고 하나님을 창조주 하나님으로 인정하고 겸손한 마음으로 하나님께 나아가 아뢰는 것이다. 그러므로 "기도"는 하나님을 향해 구하는 모든 기도 종류의 일반적인 표현인 것이다. 간구도 기도라 할 수 있고, 도고도 기도라 할 수 있으며, 감사도 기도라 할 수 있다. 하지만 우리는 바울이 여기서 "기도"를 간구와 도고와 감사와 함께 사용하고 있다는 점에 주목할 필요가 있다. 만약 바울이 "기도"를 일반적인 의미로 사용했다면, 그는 간구와 도고와 감사의 기도를 하라고 말했을 것이다. 그런데 바울은 기도의 특별한 의미가 강조되는 간구, 도고, 감사와 함께 기도를 사용했기 때문에 바울이 여기서 사용한 "기도"는 일반적인 의미로 사용되었다기보다 제한적인 의미로 사용되었을 수 있는 가능성을 배제할 수 없다. 헨드릭센(Hendriksen)은 "기도"라는 용어가 여기에서 다른 기도의 종류와 함께 사용된 점은 바울 사도가 "기도"를 제한적인 의미로 사용한 증거라고 설명하고, "나는 과감히 여기 '기도'는 항상 현존하는 필요의 성취를 위해 요청하는 것 즉, 더 많은 지혜, 더 위대한 헌신, 그리고 공의로운 행정의 진보, 등이라고 감히 제안한다(특별한 형편의 간구와 비교해서). 이렇게 해석되어도 그 뜻은 역시 대단히 넓다."[97]라고 해석한다.

"도고"(ἐντεύξεις) 기도는 성도가 다른 사람들의 필요를 위해서나 피조물들을 위해서(참조, 딤전 4:5) 대신 하나님께 간청하는 것이다. 도고로 번역된 엔튝시스(ἔντευξις)라는 용어는 신약에서 두 곳에서만 사용되는 흔하지 않은 용어이다(딤전 2:1; 4:5).[98] 도고기도와 관련하여

97 Hendriksen, *Exposition of the Pastoral Epistles* (*New Testament Commentary*) (1974), p. 92.

98 J. B. Smith, *Greek-English Concordance to the New Testament* (Scottdale: Herald Press,

정리해야 할 한 가지 문제가 우리 앞에 놓여 있다. 그것은 "도고기도"를 근거로 한국 교회가 "중보기도"라는 용어를 활용하고 있다는 사실이다. 많은 한국 교회들이 다른 성도들을 위해서 기도할 것을 권면하면서 누구, 누구를 위해 "중보기도 합시다."라고 권면한다. 그런 관행이 생기게 된 이유는 대부분의 영어 번역이 "도고"(ἐντεύξεις)를 중재, 조정, 간구의 뜻을 가진 "인터세션"(intercessions)으로 번역되었기 때문이다.[99] 성도들은 "중보"라는 용어가 제한적으로 사용됨을 기억해야 한다. 중보자(Mediator)는 오직 한 분 예수 그리스도뿐이시다(딤전 2:5). 그러므로 바른 의미에서 성도들을 위해 중보하실 수 있는 분은 예수님뿐이시다. 따라서 엄격한 의미로 생각하면 예수님만이 성도들을 위해 "중보기도"를 하실 수 있다. 그러므로 디모데전서 2:1의 "도고기도"를 근거로 "중보기도"라는 용어를 생각 없이 사용하는 것은 바람직하지 않다. 그렇다고 "중보기도"라는 용어를 사용하는 사람을 정죄할 필요는 없다. 성도들이 다른 성도들을 위해 기도할 때 "도고기도"라는 표현을 쓰든지 다른 대체 표현을 창안할 필요가 있다. 박윤선은 "'간구'란 말은, 헬라 원어로 데에사이스(δεήσεις)인데 일정한 요구 건을 가지고 하나님께 청구함이고, '기도'(προσευχή)는 신자가 하나님으로 더불어 교통하며, 기원(祈願)하는 모든 작용들을 총칭(總稱)한다. '도고'(ἐντεύξεις)는 남들을 위하여 기도함이다."[100]라고 정리한다.

"감사"(εὐχαριστίας) 기도는 사실상 성도들의 삶의 전반에 걸친 모

1974), p. 132 (section 1783).

99 참고로, AV, NKJV, NIV, RSV, ESV는 "intercessions"로 번역했고, NASB는 "petitions"로 번역 처리했다.

100 박윤선, 『성경주석: 바울서신』 (1964), p. 468.

든 것에 대한 감사의 마음을 아뢰는 것이다. 감사기도는 간구와 기도와 도고기도의 응답을 받고 감사하는 마음을 하나님께 아뢰는 것은 물론 죄인을 구속해 주시고 영원한 생명을 마련해 주신 사실에 대해서도 감사하는 기도를 드리는 것이다. 그래서 바울은 "쉬지 말고 기도하라 범사에 감사하라 이것이 그리스도 예수 안에서 너희를 향하신 하나님의 뜻이니라"(살전 5:17-18)라고 가르친 것이다. 성도들이 이 세상에서 소유한 모든 물질 뿐만 아니라 생명까지도 하나님께서 마련해 주신 것이기 때문에 모든 일에 감사의 기도를 드려야 한다. 그런데 파오(Pao)는 간구기도와 감사기도의 밀접성을 설명한다. 파오(Pao)는 "간구가 감사에 근거될 때는 하나님과 자신의 유익이 아닌 것(God and not self-interest)이 초점이 된다. 반대로, 간구기도 없는 감사는 하나님이 진정으로 그의 백성들을 위해 마련해 주실 수 있는 분으로 신뢰하지 않고 하나님을 창조주로 선포한다. 바울서신에서 간구들(petitions)은 가끔 서신들을 소개하는 감사 구절에서 정확하게 발견된다. 둘(간구와 감사)은 바울의 기도 모델에서 분리될 수가 없다."[101]라고 정리한다. 파오의 설명은 성도들이 간구기도를 드릴 때 하나님의 창조주 되심을 인정하고 그가 우리의 기도를 충분히 응답해 주실 분임을 믿고 감사하게 되지만, 간구기도를 동반하지 않은 감사기도는 하나님이 우리의 기도에 응답을 해 주실 수 있을 만큼 전능하심을 믿는 믿음이 전제되지 않았다는 의미로 이해할 수 있다. 특이하게도 바울은 간구와 감사를 함께 사용함으로 파오의 주장을 어느 정도 지지해 준다. 바울은 "다만 모든 일에 기도(προσευχή)와 간구(δέησις)로, 너희

101 D. W. Pao, "Thanksgiving: An Investigation of a Pauline Theme," *New Studies in Biblical Theology*, 13 (Downers Grove: InterVarsity, 2002), pp. 36-37.

구할 것을 감사(εὐχαριστία)함으로 하나님께 아뢰라"(빌 4:6)라고 말하고, "기도(προσευχή)를 계속하고 기도에 감사(εὐχαριστία)함으로 깨어 있으라"(골 4:2)라고 권면한다. 파오(Pao)의 주장에 어느 정도 의미를 부여할 수 있지만 간구 없이 감사기도만 드릴지라도 하나님이 천지를 창조하시고, 예수 그리스도를 통해 우리의 죄 문제를 해결하시고, 종국에는 구속역사를 완성하셔서 우리에게 신천신지(New Heaven and New Earth)를 마련해 주실 분으로 믿고 기도하면 감사기도만으로도 하나님은 우리의 감사를 받으실 것이다. 그래서 바울은 디모데전서 2:1에서 다른 기도 종류와 함께 감사기도를 하라고 권면하고 있는 것이다.

바울은 이제 성도들이 기도해야 할 대상을 언급한다. 성도들은 "임금들과 높은 지위에 있는 모든 사람을 위하여"(딤전 2:2) 기도해야 한다. 바울은 여기서 "임금들과 높은 지위에 있는 모든 사람을 위하여" 기도해야 한다고 복수형을 사용하고 있다. 바울이 디모데전서를 쓸 당시 왕 혹은 황제는 로마 황제 한 사람뿐이었다. 그런데 바울은 "임금들"(βασιλέων)이라고 복수형을 사용하고, "높은 지위에 있는 모든 사람"(πάντων τῶν ἐν ὑπεροχῇ ὄντων)이라고 역시 여러 사람을 포함시켜 그들이 성도들의 기도의 대상이라고 가르치고 있다. 바울이 이렇게 여러 왕을 언급하고 많은 사람을 언급한 것은 복음이 전파되면 교회는 단순히 로마 제국 안에 머물러 있지 않고 여러 왕들과 다스리는 사람들의 영향을 받을 것이 확실함으로 복수형을 사용했다고 사료된다.[102] 바울은 지금 교회가 어느 곳에 위치하든지, 어느 나라에

102 Newport J. D. White, "The First and Second Epistles to Timothy and the Epistle to Titus," *The Expositor's Greek Testament*, Vol. IV (Grand Rapids: Eerdmans, 1980), p. 103.: "St. Paul knew of kingdoms outside the Roman empire to which, no doubt, he was sure the Gospel would spread."

위치하든지 교회가 위치한 장소를 다스리는 왕들과 높은 사람들을 위해 기도해야 한다고 말한다. 그 이유는 왕들과 높은 지위에 있는 사람들이 통치 행위를 바르게 함으로 교회와 성도들이 "모든 경건과 단정함으로 고요하고 평안한 생활을"(딤전 2:2) 할 수 있기 때문이다. 나라의 통치자들이 어떤 통치를 하느냐가 교회와 성도들의 평안한 생활에 직결되어 있는 것은 당연한 것이기에 그들을 위해 기도해야만 하는 것이다. 머레이(Murray)는 "세상 정부는 지배권과 운영에 있어서 그 자체로 독특한 영역을 가지고 있다. 이 영역은 공의와 질서와 평화를 보호하는 것이요, 유지하는 것이요, 진작시키는 것이다."[103]라고 세상 정부의 역할을 설명한다. 칼빈(Calvin)은 "이제 세상 정부는, 우리가 사람들 가운데 살고 있는 동안, 그 정해진 목적을 가지고 있다. 그것은 외형적으로 하나님께 드리는 예배를 소중히 여기고 보호하는 것이며, 건전한 경건의 교리와 교회의 위치를 보호하는 것이고, 우리들의 삶을 사람들의 사회에 적응하게 하는 것이며, 우리들의 사회적 태도를 세상적 공의에 습관화 되게 하는 것이며, 우리 서로를 화해하게 하는 것이고, 그리고 일반적인 평화와 평온을 진작시키는 것이다."[104]라고 함으로 세상 정부가 하나님 나라와 교회를 돕기 위해 존재하는 기관임을 분명히 한다. 성도들은 세상 정부의 통치자들이 그들의 권한이 하나님으로부터 온 것임을 알고 공의와 질서와 평화를 유지할 수 있도록 기도해야 한다.

박윤선 박사는 디모데전서 2:2을 설명하면서 "'경건과 단정'은 신

103 John Murray, "The Relation of Church and State," *Collected Writings of John Murray*, Vol. 1 (Edinburgh: The Banner of Truth Trust, 1976), p. 253.

104 John Calvin, *Institutes of the Christian Religion*, Vol. 2 (Philadelphia: The Westminster Press, 1967), p. 1487.

야 생활의 양면이니, '경건'은 하나님께 대하는 거룩한 생활이고, '단정'은 사람에게 대하는 방정(方正)한 처신(處身)이다."[105]라고 해석한다. 성도들이 "경건과 단정"한 생활을 지속하려면 성도들이 살고 있는 나라나 지역의 사회적 상황이 안정적이어야 하고 자유를 누릴 수 있어야 가능하다. 그래서 바울은 계속해서 성도들이 "고요하고 평안한 생활"을 위해서 그 지역을 다스리는 임금들과 높은 지위에 있는 사람들을 위해서 기도하라고 가르치는 것이다. "고요하고"[ἤρεμον: peaceful) "평안한"(ἡσύχιον: quiet)이라는 용어는 특별한 용어로 바울서신에 자주 등장하지 않는다.[106] "고요하고 평안한 생활"은 내적으로 그리고 외적으로 평화를 누리는 생활을 뜻한다. 해리스(Harris)는 "기독교인은 '고요하고 평안한 삶의 방식,' 즉 외적인 혼란으로부터 자유롭고 내적인 평안으로 특징되는 삶의 방식을 허용하는 조건을 위해 기도해야만 한다."[107]라고 설명한다. 헨드릭센(Hendriksen)은 "보기 드문 형용사들인 고요하고(tranquil)와 평안한(calm)이란 용어는 뜻에 있어서 약간 다를 뿐이다. 첫 번째 '고요하고'는 외부적(outward)인 방해 없는 자유로운 삶을 가리키고, 두 번째 '평안한'은 내부적(inner)인 동요로부터 자유로운 삶을 가리킨다."[108]라고 해석한다. 바울은 임금들과 통치자들을 위해 기도하는 것은 성도들이 그들의 정체성을 유지하고

---

105 박윤선, 『성경주석: 바울서신』 (1964), p. 468.

106 "고요하고"(ἤρεμος)라는 용어는 딤전 2:2에 한 번만 나타나는 hapax legomenon이며, "평안한"(ἡσύχιος)이란 용어는 딤전 2:2과 벧전 3:4에 두 번 등장한다. Cf. J. B. Smith, *Greek-English Concordance to the New Testament* (1974), p. 168 (section 2263), p. 170 (section 2272).

107 M. J. Harris, "Quiet, ἡσύχιος," *The New International Dictionary of New Testament Theology*, Vol. 3 (Grand Rapids: Zondervan, 1979), p. 112.

108 Hendriksen, *Exposition of the Pastoral Epistles* (*New Testament Commentary*) (1974), pp. 94-95.

그들이 맡은 복음 사역을 효과적으로 실행할 수 있을 뿐만 아니라 매일 매일 즐겁고 기쁜 마음으로 생활할 수 있도록 하기 위해서라고 가르치고 있는 것이다. 성도들이 이렇게 "고요하고 평안한 생활"(딤전 2:2)을 할 수 있을 때 그들에게 맡겨진 복음 전도의 사명도 효과적으로 감당할 수 있게 되는 것이다.

바울은 이제 "이것이 우리 구주 하나님 앞에 선하고 받으실 만한 것"(딤전 2:3)이라고 가르친다. 여기 사용된 "이것이"(τοῦτο)는 바로 앞 구절인 디모데전서 2:1-2에서 언급한 임금들과 높은 지위에 있는 모든 사람을 위하여 기도하는 것을 가리킨다. 그러면 왜 높은 지위에 있는 모든 사람을 위하여 기도하는 것이 "하나님 앞에 선하고 받으실 만한 것"이라고 말할 수 있는가? 바울의 생각은 단순히 기도하는 것에 그치지 않고 성도들이 임금들과 높은 지위에 있는 모든 사람을 위해 기도하게 되면 성도들의 삶이 고요하고 평안한 삶을 살 수 있게 되고 따라서 구속의 복음을 더 효과적으로, 더 확실하게 전파할 수 있다는 사실에까지 그 생각이 미치고 있는 것이다. 그래서 바울은 바로 다음 절인 디모데전서 2:4에서 "하나님은 모든 사람이 구원을 받으며 진리를 아는 데에 이르기를 원하시느니라"(딤전 2:4, 개역개정)라고 설명하는 것이다. 본 구절의 "하나님은 모든 사람이 구원을 받으며"라는 표현이 보편 구원론을 지지하는 것처럼 보이고, 제한 속죄(Limited Atonement)를 지지하지 않은 것처럼 보인다. 하지만 우리는 성경에서 "모든 사람"(πάντας ἀνθρώπους)이란 용어를 사용할 때 지구상에 존재한 과거, 현재, 미래에 속한 모든 개인을 포함하지 않는다는 진실에 주목할 필요가 있다. 성경은 "모든 사람이 요한을 참 선지자로 여기므로"(막 11:32)라고 말했을 때 "모든 사람"이 모든 개인을 포함한 전체 사람을 가리키지 않음을 확실히 하며, "모든 사람들이 요한을 혹 그리스도신가 심중에 생각하니"(눅 3:15)의 말씀 중 "모든 사람"도 모든 전체 사람을 가리키지 않음이 확실하다(참고, 막 5:20; 롬 5:18; 딛 2:11). 그러므로 하나님이 "모든 사람이 구원을 받기를"(딤전 2:4) 원한다는 뜻은 복음이 온 천하에 전파되어 많은 사람이 구원을 받게 되는 것을 뜻하는 것이다. 박윤선 박사는 "여기 '모든 사람'(πάντας ἀνθρώπους)이란 말이, 인류의 전수(全數)를 의미하지 않고 다만 다수(多數)를 의미할 뿐이다."라고 설명한다. 하나님은 민족의 구별이나, 종족의 구별이나 사회의 계층이나 빈부의 차이나 지식의 고하를 막론하고 모든 사람이 그리스도의 복음을 들을 수 있기를 원하신다. 그렇다고 지구상의 모든 개인 개인이 구원을 받게 되는 것은 아니다. 그러므로 디모데전서 2:4의 말씀을 근거로 제한 속죄 이론이 잘못된 것으로 주장하는 것은 옳지 않다.

그리고 모든 사람이 진리를 알고 구원을 받지 않는다는 사실이 보편 구원론의 오류를 증거 하는 것이다. "진리를 아는 데에 이르기를 원한다"(εἰς ἐπίγνωσιν ἀληθείας ἐλθεῖν)[109]라는 말씀은 "진리의 지식에 나아오기를 원한다"라고 번역하는 것이 원문에 더 충실하다고 사료된다. 진리는 예수 그리스도를 믿음으로만 구원을 얻을 수 있다는 기독교의 절대적인 진리를 가리킨다. 예수 그리스도가 그의 죽음과 부활을 통해 구속을 성취하셨음을 믿음으로 받을 때에만 구원을 받을 수 있다(행 2:21; 4:12; 롬 1:17; 10:9-10, 17).

109 한글 성경번역은 개역, 표준새번역, 표준새번역개정, 바른성경 모두 개역개정과 비슷하게 번역했다. 영어번역의 경우 "to come to the knowledge of the truth" (ESV, NASB, RSV, NKJV)와 "to come to a knowledge of the truth" (NIV)로 번역 처리했다. 한글 성경들보다는 영어번역이 원문에 더 충실하다고 사료된다.

딤전 2:5-7 바울은 이미 로마서 3:29에서 "하나님은 다만 유대인의 하나님이시냐 또한 이방인의 하나님은 아니시냐 진실로 이방인의 하나님도 되시느니라 할례자도 믿음으로 말미암아 또한 무할례자도 믿음으로 말미암아 의롭다 하실 하나님은 한 분이시니라"(롬 3:29)라고 말한 바 있다. 바울은 하나님은 한 분으로 모든 믿는 자의 하나님이심을 분명히 한다. 칼빈(Calvin)은 디모데전서 2:5을 해석하면서 "바울의 뜻은 그가 한 중보자(one mediator)에 대하여 말하고 있는 것과 똑같다. 왜냐하면 창조주로서 그리고 모든 사람의 아버지로서 한 하나님이 계신 것처럼 그는 선언하기를 한 분 중보자가 계시는데 그를 통해 하나님께로의 접근이 우리에게 열려지게 되었고, 이 중보자는 단지 한 민족(nation)에게만 주어진 것이 아니요, 또한 특별한 계급(class)의 소수의 사람들에게만 주어진 것이 아니요, 모든 사람들에게 주어진 것이다. 왜냐하면 그가 우리들의 죄를 위해 속량하신 그 희생의 효과는 모든 사람에게 적용되기 때문이다."[110]라고 해석한다. 하나님은 한 분이시요, 중보자도 한 분이시다. 바울은 하나님도 한 분이시요, 중보자도 "한 분"이심을 강조하기 위해 "한 분"(εἷς)을 앞쪽에 위치시킨다. 바울이 "하나님은 한 분이시요"(딤전 2:5)라는 말씀에서 언급한 "하나님"은 성부 하나님을 가리킨다. 그리고 "중보자"(Mediator)는 성육신하신 예수 그리스도를 가리킨다. 바울이 중보자를 가리켜 "사람이신 그리스도 예수라"(딤전 2:5)라고 말한 것은 그리스도 예수의 신성(divine nature)을 부인하는 뜻이 아니요, 구속 성취를 위해 인간의 몸을 입으신 것을 강조하기 위해서이다. 하나님과 인간 사이의

110 John Calvin, *The Second Epistle of Paul to the Corinthians, and the Epistles to Timothy, Titus and Philemon* (1973), p. 210.

"중보자"는 반드시 인간의 몸(human nature)을 입으셔야 한다. 박윤선 박사는 "'사람이신 그리스도'란 말은, 그리스도의 신성을 모르고 한 말이 아니다. 이것은, 그의 중보사역이 사람들과 관계하기 위하여 인성을 필요로 하여 취하신 사실을 지적하는 것뿐이다(히 2:6-18)."[111]라고 해석한다. 예수님은 중보자의 일을 하시기 위하여 인간의 몸을 입으셔야 하지만 죄와는 상관이 없는 분이시다. 그래서 바울은 예수님의 성육신을 묘사하면서 "죄 있는 육신으로 보내어"라고 묘사하지 않고 "죄 있는 육신의 모양으로 보내어"(롬 8:3: "ἐν ὁμοιώματι σαρκὸς ἁμαρτίας")라고 엄격하게 정제된 표현을 사용함으로 성육신 이후의 예수님이 죄 없음을 분명히 하고 있다.[112] 커텔지(Kertelge)는 "'사람이신 그리스도 예수'라는 표현은 '그가 그 자신을 많은 사람의 대속물로 주심으로' '하나님과 사람 사이에 중보자'이심을 증명하신 것이다. 예수님의 희생은 그가 '모든 불법에서 우리를 속량하시고 우리를 깨끗하게 하사 선한 일을 열심히 하는 자기 백성'(딛 2:14)이 되도록 만드신 구속의 수단으로 이해된다."[113]라고 설명한다.

하나님은 "모든 사람"(ὑπὲρ πάντων)을[114] 구원하시기 위한 선한 뜻

111 박윤선, 『성경주석: 바울서신』 (1964), pp. 469-470.

112 박형용, 『로마서 주해』 (수원: 합신대학원출판부, 2022), p. 297.: 박형용은 "바울은 예수님의 성육신을 묘사하면서 하나님이 "자기 아들을 죄 있는 육신의 모양으로 보내어" (롬 8:3)라고 엄격하게 정제된 표현을 사용하고 있다. 우리는 바울이 예수님의 성육신 과정을 설명하면서 "죄 있는 육신으로 보내어"라고 표현하지 않고, "죄 있는 육신의 모양으로 보내어"라고 표현한 사실에 주목하여야 한다. 만약 바울이 "죄 있는 육신으로 보내어"라고 표현했다면 예수님이 죄 있는 육신을 입고 오신 것으로 오해할 수 있다. 그렇게 되면 예수님은 죄 없는 존재가 아니요 다른 인간과 다를 바 없이 죄인이 될 수밖에 없는 것이다. 그러나 바울은 예수님의 무죄함을 분명히 하기 위하여 예수님이 인간의 몸을 입고 태어난 상태를 "죄 있는 육신의 모양으로 보내어"라고 표현하고 있는 것이다."라고 설명한다.

113 K. Kertelge, "λύτρον," *Exegetical Dictionary of the New Testament,* Vol. 2 (Grand Rapids: Eerdmans, 1991), p. 366.

114 딤전 2:6의 "모든 사람"은 예수 그리스도의 속죄의 대상이 되기 때문에 신자들 모두를 가

을 가지고 계셨는데(딤전 2:6) 사람들이 구원받지 못하는 것은 죄인들이 하나님의 방법으로 구원받으려 하지 않고 자신의 방법을 고수하기 때문이다. 우리는 하나님이 예수 그리스도를 한 분 중보자(Mediator)로 세우셨고 바로 "그가 모든 사람을 위하여 자기를 대속물로 주셨음"(딤전 2:6)을 믿어야 한다. 하나님은 인간 스스로 구원을 받을 수 없기 때문에 인간을 대신할 "중보자"를 세우셨고 인간이 중보자를 믿을 때 죄에서부터 구원받을 수 있도록 만드셨다. 예수 그리스도를 구세주로 믿는 길만이 구원을 위한 유일한 방법인 것이다(행 4:12). 바울은 중보자를 대속물(ἀντίλυτρον)[115]로 주신 사실이 기약이 이르러 주신 증거라고 설명한다(딤전 2:6). 하나님은 계획 없이 예수님을 중보자로 보내신 것이 아니요 철저한 계획 속에 보내셨기 때문에 바울이 다른 곳에서 "때가 차매 하나님이 그 아들을 보내사 여자에게서 나게 하시고 율법 아래에 나게 하셨다"(갈 4:4)라고 설명한 것이다. 예수님은 "인자가 온 것은 섬김을 받으려 함이 아니라 도리어 섬기려 하고 자기 목숨을 많은 사람의 대속물로 주려 함이니라"(막 10:45)라고 가르치셨다. 바울이 "그가 모든 사람을 위하여 자기를 대속물로 주셨으니 기약이 이르러 주신 증거니라"(딤전 2:6)라고 말한 것은 예수님의 말씀과 동일한 교훈이라고 할 수 있다.

이제 바울은 하나님의 구속 성취의 과정에서 자신의 역할을 설명한다. 바울은 "이를 위하여 내가 전파하는 자와 사도로 세움을 입은 것은 참말이요 거짓말이 아니니 믿음과 진리 안에서 내가 이방인의

리킨다고 사료된다. 하지만 딤전 2:1-2의 "모든 사람"은 비록 같은 표현이지만 신자만을 가리키지 않고 신자와 불신자를 모두 가리키는 표현이다.

115 딤전 2:6의 "ἀντίλυτρον" (대속물)은 hapax legomenon이다. Cf. J. B. Smith, *Greek-English Concordance to the New Testament* (1974), p. 27 (section 487).

스승이 되었노라"(딤전 2:7)라고 설명한다. 건스리(Guthrie)는 "바울이 그렇게도 위대하고 그렇게도 위험한 직무를 위해 자기 스스로를 임명하지 않았다. 그 직무는 하나님이 그에게 맡기신 것이다(참조, 딤후 1:11). 강조된 '나'는 개인적인 경이(wonder)의 느낌을 나타낸다."[116]라고 설명한다. 바울이 그리스도로부터 받은 소명은 "전파하는 자"(κῆρυξ)가 되고, "사도"(ἀπόστολος)의 역할을 하고, "이방인의 스승"(διδάσκαλος)이 되는 것이다. 바울은 자신이 맡은 직분을 세 가지로 묘사한다. 디모데후서에서도 "내가 이 복음을 위하여 선포자(κῆρυξ)와 사도(ἀπόστολος)와 교사(διδάσκαλος)로 세우심을 입었노라"(딤후 1:11)라고 확인하고 있다. "전파하는 자 혹은 선포자"는 그리스도의 복음을 선포하는 자이며 하나님의 말씀을 선포하는 설교자라고 할 수 있다. 바울은 그가 다메섹(Damascus) 도상에서 회심할 때 그리스도의 복음을 "이방인과 임금들과 이스라엘 자손들에게 전하기 위하여"(행 9:15) 택함을 받은 사람이다. 그래서 바울은 어디로 가든지 그리스도의 복음을 선포하는 일에 게으르지 않았다. "사도"는 원래 특별한 목적을 이루기 위해 "보냄을 받은 자"라고 말할 수 있다. 바울 사도는 예수님의 성육신 기간 동안에 선택한 열두 사도 중에 한 사람은 아니다(마 10:2-4; 막 3:16-19; 눅 6:13-16). "사도행전 1:15-26은 사도가 마땅히 지녀야 할 본질적인 조건을 말한다. 사도는 예수님의 지상 사역 처음부터 동행한 사람이어야 하고, 그에 의해 선택받은 자여야 하며(행 1:17; 참조, 눅 6:13; 9:1), 예수님이 승천하실 때까지 전 기간을 예수님과 함께 한 사람이어야 하고 따라서 부활을 증거할 수 있어

116 Guthrie, *The Pastoral Epistles* (*Tyndale*) (1990), p. 83.

야 한다(행 1:21-22; 참조, 행 1:2-3; 눅 24:36-43)."[117] 바울 사도는 부활하신 예수님께서 특별한 목적으로 사도로 선택하신 사람이다(행 9:15). 바울은 "이방인과 임금들과 이스라엘 자손들"에게 그리스도의 복음을 선포하고, 가르치도록 하기 위해 사도로 부름 받은 것이다. "스승 혹은 교사"는 하나님의 말씀을 설명하고 가르치는 사람이다. 바울이 "이방인의 스승이 되었노라"(딤전 2:7)라고 말한 것은 복음이 유대인에게만 국한된 것이 아니요, 유대인을 포함한 인류 전체를 대상으로 전파되고 가르쳐져야만 하기 때문이다. "선생의 직분을 가진 사람은 기독교 신앙을 다른 사람들에게 설명하는 직무와 구약을 기독교적인 해설로 제공하는 직무를 가지고 있다."[118] 그러므로 바울은 "이방인의 스승"으로서 예수 그리스도를 통한 하나님의 구속 성취에 따른 속죄의 복음, 생명의 복음, 화목의 복음, 사랑의 복음을 전파하고 가르쳐야 한다.

그런데 바울은 자신이 이 귀중한 직분을 받은 것은 "참말이요 거짓말이 아니라"(딤전 2:7)라고 단언하고 있다. 박윤선 박사는 "'참말이요 거짓말이 아니'란 어투는, 사실을 확증(確證)하기 위한 일종의 맹세와 같은 말이다."[119]라고 설명한다. 많은 학자들은 만약 여기 언급된 디모데가 진정으로 바울의 믿음의 아들이었다면 바울이 이런 맹세와 같은 태도로 디모데에게 말했을 이유가 없었을 것이라고 주장한다.

117 Jan-Adolf Bühner, "ἀπόστολος," *Exegetical Dictionary of the New Testament*, Vol. 1 (Grand Rapids: Eerdmans, 1990), p. 144.

118 K. Wegenast, "διδάσκαλος," *The New International Dictionary of New Testament Theology*, Vol. 3 (Grand Rapids: Zondervan, 1979), p. 768.: "In this connection it is interesting that Socrates did not want to be known as a teacher, for virtue was not something that could be taught (cf. Plato, *Ap*. 33a)."(p. 766).

119 박윤선, 『성경주석: 바울서신』 (1964), p. 470.

그러나 이와 같은 성격의 강한 단언의 말은 바울의 다른 서신에서도 발견된다(롬 9:1; 고후 11:31; 갈 1:20). 물론 바울의 다른 서신에서 발견되는 "참말이요 거짓말이 아니다"라는 강한 단언의 말은 디모데와는 전혀 관련이 없다.[120] 바울은 중요한 교훈을 전하려고 할 때 가끔 이와 같은 강한 단언의 말을 사용하여 듣는 자를 안심시키고 있는 것이다.

2. 교회 내에서의 여자들의 역할(딤전 2:8-15)

> 8 그러므로 각처에서 남자들이 분노와 다툼이 없이 거룩한 손을 들어 기도하기를 원하노라 9 또 이와 같이 여자들도 단정하게 옷을 입으며 소박함과 정절로써 자기를 단장하고 땋은 머리와 금이나 진주나 값진 옷으로 하지 말고 10 오직 선행으로 하기를 원하노라 이것이 하나님을 경외한다 하는 자들에게 마땅한 것이니라 11 여자는 일체 순종함으로 조용히 배우라 12 여자가 가르치는 것과 남자를 주관하는 것을 허락하지 아니하노니 오직 조용할지니라 13 이는 아담이 먼저 지음을 받고 하와가 그 후며 14 아담이 속은 것이 아니고 여자가 속아 죄에 빠졌음이라 15 그러나 여자들이 만일 정숙함으로써 믿음과 사랑과 거룩함에 거하면 그의 해산함으로 구원을 얻으리라 (딤전 2:8-15, 개역개정)

딤전 2:8-15 먼저 디모데전서 2:8-15의 맥락을 이해하는데 사본학적 고찰이 필요하다. 왜냐하면 어떤 이는 여자의 역할이 담긴 디

120 Guthrie, *The Pastoral Epistles* (*Tyndale*) (1990), p. 83.

모데전서 2:11-12이 바울의 작품이 아니요 바울의 제자들이 쓴 것이라고 주장하기 때문이다. 물론 이와 같은 주장을 하는 사람들은 목회서신 전체를 바울의 작품이 아니라고 결론짓는다. 머피-오코너(J. Murphy-O'Connor)는 고린도전서 14:34-35과 디모데전서 2:11-14이 바울의 작품이 아니요 후대에 기록한 것이라고 주장한다.[121] 김세윤 교수도 디모데전서 2:11-12의 말씀을 후대에 기록한 것으로 바울의 작품이 아니라고 주장 한다. 김세윤 교수는 "대다수의 신약 학자들은 디모데전서 등 목회서신들은 바울이 직접 썼다고 보기 어렵고 바울의 신학과 신앙 유산을 이어받은 그의 제자들이 그의 그 유산을 자신들의 언어로, 자신들의 정황에 적용하여 쓴 문서들이라고 보는 것이다"[122]라고 주장한다.

하지만 목회서신 전체를 바울의 작품이 아닌 것으로 생각하는 것은 정경 형성에 대한 잘못된 태도인 것이다. 성경 66권은 역사를 주관하시는 하나님이 그리스도의 피로 값 주고 산 교회를 위해 교회의 정경으로 특별하게 만들어 주신 것이다. 성경 66권이 정경으로 형성된 것은 인간의 법칙이나 인간이 만든 정경 형성 기준에 의해 이루어진 것이 아니요 역사를 주관하시는 하나님의 섭리에 의해 만들어 진 것이다.[123] 탁월한 사본학자로 정평이 있는 메츠거(Metzger)박사가 UBS판 헬라어 성경 본문을 주해하면서 디모데전서 2:11-15의 본문은 다루지도 않고 지나친 것은 사본학적으로 본문에 문제가 없는 것

121 Jerome Murphy-O'Connor, *Paul: A Critical Life* (Oxford: Oxford University Press, 1997), p. 290.

122 김세윤, "서창원 목사의 '여성안수 허용 문제에 대한 이의 제기'에 답함," 『목회와 신학』 185 (2004, 11), p. 190.

123 박형용, 『신약정경론』 (수원: 합신대학원출판부, 2002), pp. 91-113.

을 인정한 것이다.[124] 디모데전서도 바울의 작품으로 정경 중의 한 책이며 따라서 디모데전서 2:11-15도 정확무오한 하나님의 말씀인 것이다.

딤전 2:8 바울은 디모데전서 2:8-15의 문맥은 공적인 예배에서 남자들과 여자들이 어떤 태도를 취해야할 것인지를 가르친다. 바울은 남자들이 "분노와 다툼이 없이 거룩한 손을 들어 기도해야 한다"(딤전 2:8)라고 가르친다. 바울은 본장 서두에서 가르친 기도의 주제(딤전 2:1-2)를 다시 본 절에서 언급한다. 남자들은 자신들이 처한 각각의 장소에서 기도해야 한다. 바울은 디모데전서 2:1에서 언급한 "간구와 기도와 도고와 감사"(딤전 2:1)의 기도 가운데 어느 한 종류의 기도에 제한을 두고 있지 않다. 남자들은 모든 종류의 기도를 해야 한다. 남자들은 기도할 때 "분노와 다툼이 없이 거룩한 손을 들어"(딤전 2:8) 기도해야 한다. 바울이 여기서 사용한 "분노"(anger: ὀργή)라는 단어는 성경에서 종말론적인 하나님의 진노를 묘사할 때도 사용되지만(롬 2:5, 8; 3:5; 5:9; 9:22; 살전 1:10; 5:9), 본 절에서는 사람의 감정을 가리키며 충동적인 성질을 가리키는 것이다.[125] 그러므로 "분노"는 사람의 내적 상태가 평온하지 않고 격동 속에 있는 것을 묘사한다. 그리고 "다툼"(disputing: διαλογισμός)은 항상 부정적인 의미로 사용되는데 "논쟁하다," "말다툼하다" 등의 뜻으로 사용된다. 빌립보서 2:14에서는 "다툼"(개역개정은 "시비"로 번역함)은 "원망"(grumbling: γογγυσμός)

---

124 Bruce M. Metzger, *A Textual Commentary on the Greek New Testament* (1971), p. 639.

125 W. Pesch, "ὀργή," *Exegetical Dictionary of the New Testament,* Vol. 1 (Grand Rapids: Eerdmans, 1990), pp. 529-530.

과 함께 사용되어 부정적인 의미를 가지고 있으며(빌 2:14), 역시 디모데전서 2:8의 경우도 "다툼"(διαλογισμός)이 "분노"(ὀργή)와 함께 사용되어 부정적인 의미를 가지고 있다.[126] "다툼"은 사람이 내적으로 분노의 감정을 가지고 있을 때 시비를 걸거나 말다툼을 하는 등 밖으로 표출되는 사람의 외적 상태를 뜻한다. 바울은 남자들이 기도할 때에 내적으로, 외적으로 평안한 마음과 태도를 가지고 기도해야 한다고 가르친다.

그리고 바울은 공적인 예배에서 남자들이 "거룩한 손을 들어"(딤전 2:8) 기도하라고 권한다. 성경은 성도들이 기도할 때 어떤 한 자세로 기도해야 한다고 가르치지 않는다. 우리는 성경에서 여러 가지 기도의 자세를 발견한다. 첫째, 성경은 "일어서서" 기도하는 자세를 보여준다(마 6:5; 막 11:25; 눅 18:11, 13). 둘째, 성경은 "손을 들고" 기도하는 자세를 보여준다(눅 24:50; 딤전 2:8). 셋째, 성경은 "눈을 들어 우러러 보시고" 기도하는 자세를 보여준다(요 11:41; 17:1; 행 7:55). 넷째, 성경은 "무릎을 꿇고" 기도하는 자세를 보여준다(마 17:14; 막 1:40; 눅 22:41; 행 7:60; 9:40; 20:36; 21:5; 엡 3:15). 다섯째, 성경은 "얼굴을 땅에 대시고 엎드려" 기도하는 자세를 보여준다(마 26:39; 막 14:35; 눅 5:12; 17:16; 계 11:16).[127] 이처럼 성경에서 기도의 자세로 여러 가지 본을 보여주는 것은 기도할 때 특정한 자세가 없다는 것을 가르치는 것이다. 기도의 자세는 기도하는 사람의 마음을 드러내는 역할을 한다. 기도하는 사람은 예수님의 가르침대로 "은밀한 중에 보시는"(마 6:6) 하나

126 G. Petzke, "διαλογισμός," *Exegetical Dictionary of the New Testament*, Vol. 1 (Grand Rapids: Eerdmans, 1990), p. 308.

127 참조, Hendriksen, *Exposition of the Pastoral Epistles* (*New Testament Commentary*) (1974), pp. 103-104. 참고로, Hendriksen의 책을 영어로 읽을 독자를 위해 필자가 영어 책에 잘못 인쇄된 성구 몇을 교정하여 본서에서 사용하였음을 밝혀둔다.

님 아버지께 온전한 마음으로 기도해야 한다. 그래서 바울은 디모데에게 여러 가지 자세 중 하나인 "거룩한 손을 들어"(딤전 2:8) 기도하기를 원한다고 가르친 것이다.

딤전 2:9-10 바울은 이어서 "이와 같이"(Ὡσαύτως)를 사용하여 여자들도 공적인 예배에서 옷을 단정히 하고 과다한 치장을 하지 말고 소박한 모습으로 선행을 실천하며 예배를 드려야 한다(딤전 2:9-10)라고 가르친다. 바울은 "이와 같이 여자들도"(딤전 2:9)라는 표현을 시작함으로 본 단락이 끝나는 디모데전서 2:15까지 여자들이 어떤 마음의 자세로 행동해야 할지를 규정하고 있다. 그런데 성도들의 마음을 사로잡는 질문은 바울이 공적 예배에서 남자들이 온전한 마음으로 하나님께 기도해야 한다(딤전 2:8)라고 기도를 중심 주제로 가르친 바로 다음 절에서 "이와 같이 여자들도"(딤전 2:9)라는 표현을 시작으로 여자들이 어떻게 기도해야 할 것을 가르치지 않고 여자들의 삶의 태도를 가르친다는 점이다. 물론 바울은 교회 내에 "양심을 버리고" 믿음에 파산한 후메내오(Hymenaeus)와 알렉산더(Alexander)와 같은 사람들이 있어서 그들이 신성을 모독하는 일을 하기 때문에(딤전 1:19-20) 디모데에게 하나님을 전적으로 신뢰하면서 온전한 마음으로 기도하라고 가르쳤다고 사료된다.

그럼에도 불구하고 바울이 디모데전서 2:9부터는 기도의 주제를 떠나 여자들의 믿음의 삶의 태도를 언급한 것은 의미심장하다. 이제 바울은 교회 내에서의 남자와 여자들의 관계를 창조의 원리에 따라 바로 정립하기를 원하고 있다. 바울은 여자들이 "단정하게 옷을 입으며 소박함과 정절로써 자기를 단장하고 땋은 머리와 금이나 진주나 값진 옷으로 하지 말고 오직 선행으로 하기를 원하노라”(딤전 2:9-10) 라고 대단히 구체적으로 여자들이 해야 할 것을 설명한다. 바울은 교회 공동체 내에서 하나님이 기뻐하시는 여자들의 태도는 “단정하게 옷을 입는 것”(ἐν καταστολῇ)이며, “소박함과 정절로써 자기를 단장하는 것”(μετὰ αἰδοῦς καὶ σωφροσύνης κοσμεῖν ἑαυτάς)이고, “땋은 머리”(ἐν πλέγμασιν)[128]를 하지 않는 것이며, “금이나 진주나 값진 옷”(καὶ χρυσίῳ ἢ μαργαρίταις ἢ ἱματισμῷ πολυτελεῖ)을 입지 않는 것이라고 가르친다(딤전 2:9). 바울이 여기서 강조하기를 원하는 것은 교회 공동체 내에서 성도들이 사람을 의식해서 지나치게 치장을 하거나 필요 이상으로 값진 장식품들을 사용해서 자신을 꾸밀 필요가 없고 오히려 우리의 마음을 꿰뚫어 보시는 하나님을 의식하고 소박하게 꾸미되 중요한 것은 선한 마음과 선한 행위임을 분명히 한다(딤전 2:10). 바울이 여기서 금하는 것은 보통 사람이 보기에도 지나치게 과장된 치장이며, 분수에 넘치는 장식품들을 금하는 것이지 여자들이 단장하는 그 자체를 금하는 것은 아니다.

걷스리(Guthrie)는 “바울은 합리적인 머리 스타일을 반대한 것은 물론 아니요, 허세 부리는 치장을 하는 것과 기독 여성들에게 부적절한 것을 반대한 것이다. 비슷한 원리가 비싼 귀금속과 옷의 사용에도 적용된다. 허세 부리는 것은 어떤 형태이든 경배의 주요목적으로부터 벗어나게 하는 역할을 한다.”[129]라고 정리한다. 성도들은 외모를 꾸밀 때 항상 지나친 것은 피하는 것이 좋다. 성도들은 너무 과장해

128 딤전 2:9의 “πλέγμασιν” (땋은 머리)는 hapax legomenon이다. Cf. J. B. Smith, *Greek-English Concordance to the New Testament* (1974), p. 293 (section 4017).

129 Donald Guthrie, *The Pastoral Epistles: Tyndale New Testament Commentaries* (1990), p. 85.

서 상식에 벗어난 호화스런 치장을 통해 잘못된 메시지를 전달할 수 있다는 사실을 기억해야 하지만, 또한 의도적으로 지나치게 소박한 치장은 교만한 마음으로 비쳐질 수 있다는 사실도 주목해야 한다. 바울은 "하나님을 경외"(θεοσέβειαν)[130]하는 일에 필요한 것은 외형적인 치장이 아니요 "선행으로"(δι' ἔργων ἀγαθῶν) 하는 것임을 분명히 하고 바로 이렇게 하는 것이 하나님을 경외하는 여자들에게 꼭 필요한 덕목이라고 가르친다(딤전 2:10). 바울의 교훈은 베드로(Peter)의 교훈과 일맥상통한다. 베드로는 "너희의 단장은 머리를 꾸미고 금을 차고 아름다운 옷을 입는 외모로 하지 말고 오직 마음에 숨은 사람을 온유하고 안정한 심령의 썩지 아니할 것으로 하라 이는 하나님 앞에 값진 것이니라"(벧전 3:3-4)라고 가르친다. 그런데 베드로전서 3:4의 "오직 마음에 숨은 사람을 온유하고 안정한 심령의 썩지 아니할 것으로 하라"(벧전 3:4)라는 번역은 그 뜻을 선명하게 제시하지 못한다. 표준새번역과 표준새번역개정판은 "썩지 않은 온유하고 정숙한 마음으로, 속사람을 단장하도록 하십시오"[131](벧전 3:4)라고 번역한다. 개역개정 번역보다는 표준새번역의 번역이 더 이해하기 쉽고 본문의 뜻을 잘 전달한다.

---

130 딤전 2:10의 "θεοσέβειαν" (하나님을 경외함)은 hapax legomenon이다. Cf. Smith, *Greek-English Concordance to the New Testament* (1974), p. 174 (section 2317).

131 참고로, 영어번역을 소개하면, "but let it be the hidden person of the heart with the imperishable jewel of a gentle and quiet spirit." (RSV); "but let it be the hidden person of the heart, with the imperishable quality of a gentle and quiet spirit." (NASB); "but let your adorning be the hidden person of the heart with the imperishable beauty of a gentle and quiet spirit." (ESV).

딤전 2:11-15 바울은 이제 "여자는 일체 순종함으로 조용히 배우라"(딤전 2:11)라고 논조의 방향을 몸을 단장하는 주제에서 배우는 주제로 바꾸어 권면한다. 바울이 왜 여기서 여자에게 "순종함으로 조용히 배우라"라고 명령했을까? 이는 교회 공동체 내에서 여자들의 활동에 한계를 정하는 명령이다. 포(Foh)는 "침묵은 가르치는 자세에 반대되는 배우는 자세이다. 이 대조는 12절(딤전 2장)에 나타나는 데로 침묵의 필요가 반복적으로 언급됨으로 강조되고 있다. 복종은 침묵처럼 가르치는 것과 남자위에 군림하는 것과 대조된다."[132]라고 말함으로 그 당시에 바울이 왜 여자에게 "순종함으로 조용히 배우라"고 명령했는지를 설명한다. 그리고 포(Foh)는 "여자에게 금지된 가르침은 본문에서 현재시상의 부정사(διδάσκειν)가 제시하는 것처럼 습관적인 가르침을 가리킨다"[133]라고 해석함으로 여자에게 금지된 것이 일시적인 것이 아니고 영원한 것임을 지적한다. 하비(H. Harvey)도 "전체 구절은 교회의 공적 예배와 관련이 있다. 그러므로 문맥은 '가르치다'의 단어를 여기 사용된 데로 공적인 집회에서 가르치는 것과 설교하는 것에 제한을 두고 사용하고 있음이 명백하다. '남자를 주관하지 말라'(딤전 2:12)의 뜻은 이전의 금지를 다시 확인하는 것이다. 공적인 교회에서 교사나 설교자의 위치는 그 자체로 가르침을 받는 자들보다 월등하고 권위를 행사할 수 있음을 함축한다. 그러므로 이 직분들의 기능들은 하나님이 그들(여자)에게 맡긴 복종하는 위치와 상반되기 때문에 여자들에게 금지된 것이다"[134]라고 설명한다.

---

132 Susan T. Foh, *Women and the Word of God* (Philadelphia: Presbyterian and Reformed Publishing Co., 1980), p. 124.

133 Susan T. Foh, *Women and the Word of God*, p. 125.

134 H. Harvey, *Commentary on the Pastoral Epistles, First and Second Timothy and Titus and*

바울은 계속해서 "여자가 가르치는 것과 남자를 주관하는 것을 허락하지 아니하노니 오직 조용할지니라"(딤전 2:12)라고 전절인 디모데전서 2:11의 내용을 더 구체적으로 설명한다. 바울이 여자에게 "가르치는 것"과 "남자를 주관하는 것"이 허락되지 않았다고 말한 뜻은 교회 공동체 내에서 남자에게 성경을 가르치고 남자를 다스리고 주관하는 일을 여자들에게 금했다는 뜻이다. 바울은 여기서 어린이들을 대상으로 한 주일학교에서나 사회의 교육기관과 같은 곳에서 지적인 정보를 전달하는 것을 금하는 것이 아니다.

바울은 이제 디모데전서 2:11-12에서 여자에게 "가르치는 일"과 "남자를 주관하는 일"(αὐθεντέω)[135]을 허용하지 않았으니 조용히 배우라고 말하고, 그 이유를 디모데전서 2:13-14에서 구체적으로 밝힌다. 바울은 창조의 사건과 죄가 세상에 들어오는 사건이[136] 그 이유라고 말한다. 그 첫 번째 이유는 "이는 아담이 먼저 지음을 받고 하와가 그 후며"(딤전 2:13)이다. 바울은 구절 서두에 "이는" 혹은 "왜냐하면"(γὰρ)을 사용함으로 디모데전서 2:13이 그 이전 구절의 내용의 근거가 됨을 분명히 한다. 바울은 창조(ἐπλάσθη)와 관련하여 과거시상(aorist)을 사용함으로 창조의 사건이 역사적 사실임을 밝히고, 아담의 창조가 "처음"(πρῶτος)임을 강조한다. "처음"은 최상의, 최초의, 최고의, 제일 먼저 등의 뜻을 가지고 있다. 바울은 인간의 창조에 관해 하나님이 아담을 창조한 것이 "최초"(the first)임을 강조하고 있다. 아담

the Epistle to Philemon (*An American Commentary on the New Testament,* Valley Forge: Judson Press, 1890), p. 34.

135 딤전 2:12의 "αὐθεντέω" (주관하는)는 hapax legomenon이다. Cf. J. B. Smith, *Greek-English Concordance to the New Testament* (1974), p. 46 (section 831).

136 William Hendriksen, *Exposition of the Pastoral Epistles* (1974), p. 109.

은 하와가 창조되기 전 상당 기간 홀로 존재했을 것이다.[137] 창세기의 기록을 보면 아담은 에덴동산의 창설보다 더 먼저 창조되었고(창 2:7-8), 하와의 창조에는 "사람이 혼자 사는 것이 좋지 아니하니 내가 그를 위하여 돕는 배필을 지으리라"(창 2:18)라고 말씀하신 것처럼 시간의 경과가 있었다. 그러므로 바울이 아담의 창조가 "최초"임을 강조한 것이다. 바울은 디모데전서 2:13에서 아담이 "최초"로 창조되고, 하와가 아담의 "돕는 배필"로 그 후에 창조되었다(창 2:18)는 창조의 질서를 사용하여 여자가 남자를 가르치고 주관할 수 없음을 분명히 한다. 바울은 이것이 여자가 교회 공동체 내에서 지도하고 주관하는 역할을 할 수 없는 첫 번째 이유라고 설명한다.

바울은 이제 디모데전서 2:14의 서두에 "그리고"(καί)를 사용함으로[138] 여자가 남자를 주관하지 못하는 두 번째 이유가 무엇인지를 밝히고 있다. 두 번째 이유는 "아담이 속은 것이 아니고 여자가 속아 죄에 빠졌음이라"(딤전 2:14)이다. 바울은 본문에서 아담이 속은 것을 묘사할 때는 에파테데(ἠπατήθη)를 사용한 반면, 여자가 속은 것을 묘사할 때는 강세형인 엑사파테데이사(ἐξαπατηθεῖσα)를 사용한다. 아담이 속임을 받은 방법은 하와가 속임을 받은 방법과 달랐다. 아담은 간접적으로(indirectly) 속임을 받은 반면 하와는 직접적으로(directly) 속임을 받았다.[139] 여기서 사용한 "여자"는 하와를 가리킴에 틀림없는데 바울

137 R. C. H. Lenski, *The Interpretation of St. Paul's Epistles to the Colossians, to the Thessalonians, to Timothy, to Titus and to Philemon* (1961), p. 565.

138 개역, 개역개정, 표준새번역 등 한역본들은 "그리고" (καί)를 생략했으며, 쉬운성경은 "또한"을 넣어 의미를 살려 번역했다. 하지만 KJV, NKJV, NASB, RSV, NIV등 모든 영어 역본들은 "and"를 넣어서 번역했다.

139 Lenski, *The Interpretation of St. Paul's Epistles to the Colossians, to the Thessalonians, to Timothy, to Titus and to Philemon*, p. 569.

은 하와의 타락이 완전하고 철저했음을 강조하여 하와가 하나님이 정해둔 창조의 질서를 파괴하고 그녀가 타락할 때 인도하고 주관하는 역할을 했음을 지적하고 있는 것이다. 박윤선 박사는 본문이 창조의 순서와 하와의 솔선 범죄의 두 가지 이유를 근거로 여자의 "공중성역"을 금하고 있다고 해석한다.[140] 하와(Eve)는 하나님이 여자를 위해 정한 창조의 질서를 파괴하고 자신의 역할에서 벗어난 행동을 한 것이다. 걷스리(Guthrie)는 디모데전서 2:13의 "요점은 인류가 한 쌍(a pair)으로 (아담과 하와) 구성되었다는 것이다. 하와는 아담의 반려자로서 의도된 사람이다. 그들의 관계는 경쟁적이 아니요 보완적이다."[141] 라고 남자와 여자의 관계를 설명한다.

바울 사도는 디모데전서 2:13-14에서 "여자가 가르치는 것과 남자를 주관하는 것"(딤전 2:12)을 허락하지 않는 이유를 창조의 순서와 타락의 순서를 사용하여 정리한 후[142] "그러나 여자들이 만일 정숙함

---

140 William Hendriksen, *Exposition of the Pastoral Epistles* (*NTC*, Grand Rapids: Baker, 1974), p. 110.: "Adam was not deceived in the manner in which Eve was deceived. See Gen. 3:4-6. *She* listened directly to Satan; *he* did not. *She* sinned before *he* did. *She* was the leader. *He* was the follower. She led when she should have followed; that is, she led in the way of sin, when she should have followed in the path of righteousness." (italics original)

141 Donald Guthrie, *The Pastoral Epistles* (*Tyndale New Testament Commentaries*) (1990), p. 87.

142 박윤선, 『성경주석: 바울서신』, (1964), p. 472.: 박윤선 목사는 같은 관점에서 디모데전서 2:12-14이 여자의 공중성역을 금한다고 주해하면서 본문이 여자가 남자를 가르칠 수 없는 이유를 두 가지로 설명한다고 해석한다. 첫째, 창조의 순서로 보아 여자가 남자보다 후에 창조되었는데 그 이유는 여자의 존재 이유가 먼저 지음을 받은 남자를 돕는데 있기 때문이요 (창 2:18), 둘째, 인생의 조상이 타락할 때 여자가 솔선 범죄하였기 때문이라고 설명한다. Cf. Susan T. Foh, *Women and the Word of God* (1980), p. 123: "Paul says that women should not teach or exercise authority over men, period. There are no conditions attached which would allow exceptions to Paul's command."; Cf. H. Harvey, *Commentary on the Pastoral Epistles, First and Second Timothy and Titus and the Epistle to Philemon* (1890), p. 34.: 하비 (H. Harvey)는 첫째, 창조의 질서에 나타난 대로 남자가

으로써 믿음과 사랑과 거룩함에 거하면 그의 해산함으로 구원을 얻으리라(딤전 2:15)라고 약간 이해하기 힘든 말을 한다.

바울이 본문 디모데전서 2:14에서 "죄에 빠졌음이라"(ἐν παραβάσει γέγονεν)의 주어와 디모데전서 2:15의 "구원을 얻으리라"(σωθήσεται)의 주어를 같은 여자(γυνή)로 지정한 것은 교회 내에서의 일반적인 여자의 역할을 창조의 원리에 의존하여 설명하기 원한 것임을 증명하고 있다.[143] 또한 디모데전서 2:14에서 바울이 창조와 타락의 기사를 과거시상(aorist)으로 설명하여 하와를 가리키고, 디모데전서 2:15에서는 미래시상(future)을 사용함으로 일반적인 여자를 염두에 두고 있음을 밝힌다. 바울은 "죄에 빠졌음이라"(딤전 2:14)라는 말로 창세기 3장에 기록된 하와(Eve)의 타락을 명시적으로 지칭하고, "구원을 얻으리라"(딤전 2:15)라는 말로 교회 내에서 모든 여자의 역할과 관련하여 성취될 결과를 말하고 있다.

바울은 여자가 공적인 장소에서 가르치는 것이나 남자를 주관하는 것(αὐθεντέω)[144]보다 해산하는 일이 여자의 주된 기능이요, 의무요, 특권이요 존엄성이라는 사실을 디모데와 성경 독자들에게 상기

먼저 창조되었고, 그 후에 여자는 보조적으로 창조되었으며 (딤전 2:13), 둘째, 시험 받을 때 여자의 더 큰 연약성이 표출되었다. 아담이 속임을 받지 않고 여자가 시험하는 자에게 완전히 속임을 받았다 (딤전 2:14). 뱀은 여자의 본성의 큰 연약성을 알고 남자 대신 여자를 공격 했다(창 3:1); 여자는 완전히 속임을 받아 죄를 짓게 되었다고 해석 한다 (p. 34).

143 Marvin R. Vincent, *Word Studies in the New Testament*, Vol. IV (Grand Rapids: Eerdmans, 1975), p. 226. 바울은 딤전 2:14에서 아담과 하와를 각각 단수로 언급하고 (딤전 2:13 참조), 딤전 2:15에서 구체적인 주어를 언급하지 않고 "구원을 얻으리라"라는 동사는 복수형으로 처리한다. 그런데 딤전 2:15의 내용이 "해산함으로 구원을 얻으리라"이기 때문에 바울은 "구원을 얻으리라"의 주어로 딤전 2:14의 하와와 함께 "해산"하는 같은 역할을 부여받은 "여인들 전체"를 생각한 것이다.

144 딤전 2:12의 "αὐθεντέω" (주관하는 것; rule over, to have authority over, domineer)는 특별한 용어로 hapax legomenon이다. Cf. J. B. Smith, *Greek-English Concordance to the New Testament* (1974), p. 46 (section 831).

시키고 있다. 즉 바울은 창세기 3장의 타락 기사에서 여자가 범죄에서 앞장 서는 역할을 하는데 그 역할 이외에 다른 역할이 있음을 밝히고 있으며 여자의 다른 중요한 역할은 해산의 수고(창 3:16)를 하는 것이라고 지적하고 있다. 그리고 바울은 여자가 그 과정을 실행함으로 구원을 얻게 될 것이라고 가르친다.[145]

디모데전서 2:13-15은 여자들에게는 맡은 바 역할이 따로 있는데 그것은 해산하는 일이요 남자를 가르치거나 남자를 주관하는 일이 아님을 분명히 하고 있다. 헨드릭센(Hendriksen)은 "하나님의(바울의) 뜻은 여자가 인류에게 영향을 끼치되 '밑에서부터 위로'(즉, 어린 아이를 양육함으로) 영향을 끼쳐야하고, '위에서부터 아래로'(즉, 어른을 교육함으로) 영향을 끼쳐서는 안 된다는 것이다. 여자는 하나님의 창조 명령에 의해 자연적으로 갖추어진 육체적, 영적 부분에서 해야 할 일을 마땅히 선택하여야 한다."[146]라고 해석한다. 그래서 바울은 "여자들이 만일 정숙함으로써 믿음과 사랑과 거룩함에 거하면 그의 해산함으로 구원을 얻으리라"(딤전 2:15)라고 함으로 여자의 역할을 강조하고 있다. 바울은 여자가 하나님을 믿고, 사회를 사랑하며 결혼 관계를 거룩하게 지키면 구원을 얻는다고 결론짓고 있다.[147] "해산함으로 구원을 얻으리라"(딤전 2:15)라는 뜻은 해산하는 행위 자체가 죄와 사망에서 구원을 얻게 해 준다는 뜻이 아니요, 해산하는 행위가 하나님께서 정하신 여자의 중요한 역할임을 설명하고 있다. 출산 자체는

145 Newport J. D. White, "The First and Second Epistles to Timothy and The Epistle to Titus," *The Expositor's Greek Testament,* Vol. IV (1980), p. 110.

146 William Hendriksen, *Exposition of the Pastoral Epistles* (*NTC*) (1974), p. 111.

147 Newport J. D. White, "The First and Second Epistles to Timothy and The Epistle to Titus," *The Expositor's Greek Testament,* p. 110.

구원을 확보하는 수단이 될 수 없다. 바울이 여기서 "해산함"이 구원의 수단(means)이라고 말했다고 생각하는 것은 타당하지 않다.[148] 왜냐하면 하와가 타락하기 전에도 출산의 복은 있었기 때문이다(창 1:28). 그런데 본문은 "여자들이 만일 정숙함으로써 믿음과 사랑과 거룩함에 거하면"이라는 조건을 붙인 후 "그의 해산함으로 구원을 얻으리라"(딤전 2:15)라고 말함으로[149] 여기서 사용한 "구원"은 성도의 삶의 구현과 연관된 구원을 가리킨다.

바울이 여기서 사용한 "구원을 얻으리라"(σωθήσεται)라는 표현은 그의 서신에서 두 가지의 의미로 사용된다. 첫째 의미는 하나님의 은혜로 믿음으로 말미암아 얻는 구원을 설명할 때 사용하고(롬 1:16; 10:10; 11:11; 엡 1:13), 둘째 의미는 이미 구원 받은 사람이 구원 받은 자의 역할과 삶을 통해 그 구원을 실현해 나가는 것을 묘사할 때 사용된다(빌 2:12; 참조, 빌 1:19). 여기 디모데전서 2:15의 "구원을 얻으리라"는 후자의 의미에 해당한다. 그러므로 여기서 언급된 구원은 하나님 편에서 이룰 구원으로 생각할 수 없고, 사람 편에서 이룰 구원으로 생각해야 한다. 하나님이 주신 구원은 믿음으로 단번에 주신 선물이다. 여자가 한번 구원을 받으면 영원히 구원의 반열에 속해 있다. 박윤선 박사는 "'그의 해산함으로 구원을 얻으리라'는 말씀

---

148 διά와 함께 소유격 (διὰ τῆς τεκνογονίας)이 사용될 때 수단 (means)을 뜻하지 않는다.

149 ἐάν과 함께 사용한 표현은 기대를 나타내는 조건을 뜻한다. H. Balz, "ἐάν, εαν, if," *Exegetical Dictionary of the New Testament,* Vol. 1 (Grand Rapids: Eerdmans, 1990), p. 367.: "'Εάν, normally with the present subjunctive or more frequently the aorist subjunctive, is used in conditional sentences to designate what is expected to occur under certain circumstances from a given standpoint in the present." Cf. Lenski, *The Interpretation of St. Paul's Epistles to the Colossians, to the Thessalonians, to Timothy, to Titus and to Philemon,* p. 574.

(σωθήσεται δὲ διὰ τῆς τεκνογονίας)[150]은, 여자의 해산(解産)이 구원 얻는 공로(功勞)가 된다 함이 아니다. 이것은, 여자의 천직(天職)을 가리키는 것뿐이다."[151]라고 해석한다.

바울은 본 절에서 여자의 역할과 연계하여 구원을 말하고 있다. 바울은 "그의 해산함으로"라는 표현으로 기독교 여성의 가장 높은 이상을 말하고 있다.[152] 칼빈(Calvin)은 "'출산하는 일'까지도 그 일을 믿음과 사랑으로 실천할 때 하나님을 기쁘게 하는 순종의 행위이다. 그는 기독교 여성에게 적합한 모든 순결의 삶을 묘사한 거룩함을 첨가한다."[153]라고 해석한다. 교회 안에서의 여자는 "정숙함으로써 믿음과 사랑과 거룩함"(딤전 2:15)에 거함으로 하나님이 계획한 여자의 위치를 지키는 것이다. 화이트(White)는 믿음, 사랑, 그리고 거룩함을 설명

---

150 딤전 2:15의 "τεκνογονίας"(해산함으로)는 hapax legomenon이다. Cf. J. B. Smith, *Greek-English Concordance to the New Testament* (1974), p. 339 (section 4942).

151 박윤선, 『성경주석: 바울서신』 (1964), p. 473.

152 Lenski, *The Interpretation of St. Paul's Epistles to the Colossians, to the Thessalonians, to Timothy, to Titus and to Philemon*, p. 573. 참고로 기술하면 "그의 해산함으로 구원을 얻으리라" (딤전 2:15)의 해석이 세 가지로 견해가 나누인다. 첫째, 해산함에 정관사 (τῆς τεκνογονίας)가 있기 때문에 본 구절이 그리스도를 출산하는 것을 가리키는 것으로 해석하여 그리스도를 통해 구원 얻는 것을 뜻한다고 해석한다. 둘째, 창세기 3:15과 연결하여 여자의 후손이 뱀의 후손의 머리를 깨서 구원을 얻는 것으로 해석한다. 셋째, 자녀를 낳고 기르므로 모성을 인정하여 여자에게 맡겨진 계획을 성취함으로 그 당시 사회악의 희생물이 되지 않고 개 교회의 증거를 세우는데 여자의 역할을 감당한다는 뜻이다. 이상의 세 해석 중 첫째와 둘째는 메시아와 연관하여 해석하는 것이며 셋째는 결국 하와가 범죄함으로 따라오는 그 결과의 삶과 연관되어 있다. 셋째의 해석이 문맥에 더 적합하다고 생각된다. 따라서 바울은 여자가 교회 내에서 가르치고 권위를 행사하는 일은 창조의 질서를 파괴하는 것이라고 지적하고 범죄의 결과로 여자에게 맡겨진 여자의 의무를 설명하고 있는 것이다. Cf. Ralph Earle, "1, 2 Timothy," *The Expositor's Bible Commentary*. General editor: Frank E. Gaebelein (Grand Rapids: Zondervan, 1978), p. 362.

153 John Calvin, *The Second Epistle of Paul to the Corinthians, and the Epistles to Timothy, Titus and Philemon* (1973), p. 220.: "Even child-bearing is an act of obedience pleasing to God only when it proceeds from *faith* and *love*. To these he adds *sanctification*, which describes all that purity of life which befits Christian women."

하면서, 믿음은 하나님을 향한 것이요, 사랑은 공동체를 향한 것이며, 거룩함은 그들의 결혼 관계를 설명하는 것이라고 해석한다.[154] 이는 기독교 여성이 실천해야 할 하나님이 정하신 역할이다.

바울은 공적으로 가르치는 일이나 사무를 관장하는 것보다 자녀를 낳는 것이 여자들의 주요한 기능이요, 의무요, 특권이요, 존엄성이라는 상식적인 생각을 가지고 디모데와 독자들에게 창세기의 이야기 가운데 여자가 범죄 하는데 적극적 역할을 하는 것 이외에 다른 요소가 있다는 사실을 상기시키고 있다. 출산 할 때의 고통은 여자에게 내린 하나님의 정죄였다. 그러나 이런 일을 실천함으로 그 여자는 구원의 반열에 참여한 것을 기뻐할 수 있다. 그것이 여자의 정상적이고 자연적인 의무이기 때문이다. 하우스(House)는 여자에게 성경을 풀어 설교하는 일을 허용하지 않는 이유는 오직 창조주 하나님만이 아시는 것이요 우리가 하나님이 여자에게 주신 역할을 순종하든지 무시하든지 하는 것은 우리의 몫이라고 설명한다.[155] 바울은 너희가 "항상 복종하여 두렵고 떨림으로 너희 구원을 이루라"(빌 2:12)라고 가르친다. 남자는 하나님이 남자에게 정해 주신 역할을 실천함으로 두렵고 떨림으로 구원을 이루어 나가야 하며, 여자는 역시 하나님이 여자에게 정해 놓으신 역할을 실천함으로 두렵고 떨림으로 구원을 이루어 나가야 한다.

켈리(Kelly)는 디모데전서 2:15을 해석하면서 본 절의 "여자들"은 여성 전체를 가리키는 것이라고 전제하고, "다른 말로 표현하면, 구

---

154 Newport J. D. White, "The First and Second Epistles to Timothy and The Epistle to Titus," *The Expositor's Greek Testament*, p. 110.

155 H. Wayne House, *The Role of Women in Ministry Today* (Nashville: Thomas Nelson, 1990), p. 124.

원으로 가는 그녀의 길은 하나님이 창세기 3:16에서 그녀를 위해 명백하게 정해놓은 역할을 받아들이는데 있다. ("내가 네게 임신하는 고통을 크게 더하리니 네가 수고하고 자식을 낳을 것이며"), 그러나 이 말씀도 더 많은 설명을 요구한다. 왜냐하면 어머니 됨은 모든 여자들에게 공통된 몫이기 때문이요, 어떤 경우이든지 구원은 단순한 행위로 얻을 수 없기 때문이다. 그래서 바울은 두 번째요 중요한 조건으로 "만일 정숙함으로써 믿음과 사랑과 거룩함에 거하면"(딤전 2:15)이라는 말씀을 첨가하는 것이다."[156]라고 정리한다. 결국 여인들의 구원은 그들의 영적인 상태에 달려 있다. 여인들의 구원은 그리스도를 신실하게 믿는 믿음(faith)과 동료 성도들을 자신을 사랑하는 것처럼 사랑(love)하고 하나님의 거룩함을 본받아 거룩(holiness)한 삶으로 정숙하게 사는 것이 그들의 구원을 확증하게 될 것이다. 바울은 해산하는 행위 자체가 여자들을 구원하는 것이 아니요, 하나님이 여인들을 위해 정해두신 원리대로 살아야 할 것을 강조하고 있는 것이다.

156 J. N. D. Kelly, *A Commentary on the Pastoral Epistles* (*Thornapple Commentaries*) (1981), p. 69.

제3장
주해

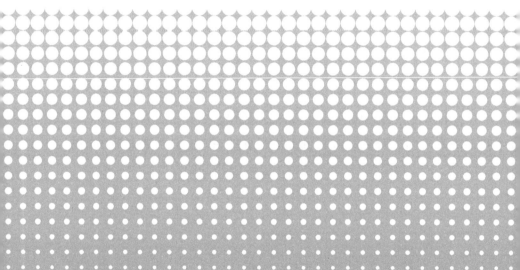

1 TIMOTHY

디모데전서 3장 요약

바울은 디모데전서 제 3장을 세 부분으로 나누어 첫째 부분에서는 감독(목사와 장로 포함)의 직분이 얼마나 귀한 직분인지를 소개하고 이런 직분을 맡은 사람들은 교회 공동체 내의 사람들의 칭찬도 받아야 하지만, 교회 밖에 있는 불신자들의 칭찬도 받아야 한다고 가르친다(딤전 3:1-7). 그리고 바울은 둘째 부분에서는 교회 내의 집사들의 삶도 모든 사람의 칭찬을 받을만하게 행동해야 한다고 가르친다(딤전 3:8-13). 집사들은 모든 사람의 인성을 받은 사람이어야 할뿐만 아니라 "믿음의 비밀"(딤전 3:9)을 가진 사람이어야 한다. 그리고 바울은 마지막 부분인 셋째 부분에서 디모데가 진리의 기둥이요 하나님의 집(God's household)인 교회를(딤전 3:15) 더욱 더 잘 섬길 수 있도록 계시된 모든 진리의 원리를 설명한다. 그 진리는 바로 그리스도이신데 "그는(예수님) 육신으로 나타난바 되시고 영으로 의롭다 하심을 받으시고 천사들에게 보이시고 만국에서 전파되시고 세상에서 믿은바 되시고 영광 가운데서 올려지셨느니라"(딤전 3:16)라는 예수 그리스도의 비하(humiliation)와 승귀(exaltation)를 통한 구속 성취의 역사를 설명함으로 제 3장을 끝낸다.

1. 감독의 자격(딤전 3:1-7)

1 미쁘다 이 말이여, 곧 사람이 감독의 직분을 얻으려함은 선한 일을 사모하는 것이라 함이로다 2 그러므로 감독은 책망할 것이 없으며 한 아내의 남편이 되며 절제하며 신중하며 단정하며 나그네를 대접하며 가르치기를 잘하며 3 술을 즐기지 아니하며 구타하지 아니하며 오직 관용하며 다투지 아니하며 돈을 사랑하지 아니하며 4 자기 집을 잘 다스려 자녀들로 모든 공손함으로 복종하게 하는 자라야 할지며 5 (사람이 자기 집을 다스릴 줄 알지 못하면 어찌 하나님의 교회를 돌보리요) 6 새로 입교한 자도 말지니 교만하여 져서 마귀를 정죄하는 그 정죄에 빠질까 함이요 7 또한 외인에게서도 선한 증거를 얻은 자라야 할지니 비방과 마귀의 올무에 빠질까 염려하라 (딤전 3:1-7, 개역개정)

딤전 3:1 바울은 목회서신에서 "미쁘다 이 말이여"(πιστὸς ὁ λόγος)를 다섯 번 사용하는데(딤전 1:15; 3:1; 4:9; 딤후 2:11; 딛 3:8) 본 구절의 용례가 두 번째에 해당된다(딤전 3:1). 여기서 "미쁘다"는 "신실하다," "믿을 만하다"등의 뜻을 가지고 있으며, "이 말"은 뒤 따라오는 말씀을 뜻한다. 따라서 바울은 교회의 감독과 집사의 직분에 관한 말씀이 신실하고 믿을만하다고 천명하는 것이다. 칼빈(Calvin)은 크리소스톰(Chrysostom)이 "미쁘다 이 말이여"의 "이 말"이 앞에 언급된 여자들이 해산함으로 구원을 얻는다(딤전 2:15)는 말씀을 가리킨다고 주장하지만, 자신은 그 견해에 동의하지 않는다고 말하고, 바울은 일반적으로 이 표현을 뒤 따라 나오는 중요한 진술의 서론처럼 사용한다고 설명한다.[157] 바울은 앞으로 언급할 감독의 직분의 중요성을 생각하면서 "미쁘다 이 말이여"(딤전 3:1)라고 말한 것으로 사료된다.

바울은 신약교회의 중요성을 잘 알고 있다. 신약교회는 하나님의 구속역사의 완성을 위해 귀하게 사용되는 믿음의 공동체이다. 예수님은 베드로(Peter)가 다른 사도들을 대표하여 "주는 그리스도시요 살아 계신 하나님의 아들이시니이다"(마 16:16)라는 정확한 신앙고백을 하자, "너는 베드로라 내가 이 반석 위해 내 교회를 세우리니 음부의 권세가 이기지 못하리라"(마 16:18)라고 교회를 세우실 것을 선언하신다(참조 요 1:40-42). 그런데 예수님이 죽으시고 부활하심으로 인간의 죄 문제를 해결하시고 영생의 문제를 확보하신 후에 부활체를 입으시고 승천하시기 전 40일 동안 이 세상에 계시면서 자신의 죽음과 부활도 성경에 기록된 하나님의 계획과 뜻이요, 구속의 복음, 화해의 복음, 평강의 복음, 영생의 복음이 땅 끝까지 전파되는 것도 하나님의 계획과 뜻임을 분명히 밝히시고(눅 24:46-47) "너희는 이 모든 일의 증인이라"(눅 24:48)라고 말씀하심으로 앞으로 세워질 교회가 이 직무를 감당해야 한다고 말씀하신다(참조 마 28:18-20; 막 16:15-16; 행 1:8). 하나님은 그의 구속역사 완성을 위해 그의 아들 예수 그리스도를 사용하시고 그를 구주로 믿는 믿음의 공동체인 교회를 사용하시기 원한 것이다. 교회는 하나님의 구속역사 완성을 위한 하나님의 걸작품인 것이다(엡 2:10). 그래서 바울은 교회를 가리켜 "너희는 그리스도의 몸이요 지체의 각 부분이라"(고전 12:27)라고 선언할 수 있었던 것이다.

---

157 John Calvin, *The Second Epistle of Paul to the Corinthians, and the Epistles to Timothy, Titus and Philemon* (1973), p. 221.; Cf. Köstenberger, *Biblical Theology for Christian Proclamation: Commentary on 1-2 Timothy and Titus* (2017), p. 123.; p. 153.; George W. Knight, III, *The Pastoral Epistles: A Commentary on the Greek Text* (Carlisle: The Paternoster Press, 1992), p. 153.

바울은 이렇게 귀하고 중요한 믿음의 공동체인 교회를 섬길 감독과 집사들을 세우는 일을 소홀하게 할 수는 없었다. 그래서 교회의 감독들은 "선한 일을 사모하는"(딤전 3:1) 사람이어야 한다. 그러므로 교회는 철저한 검증과 분별력으로 교회를 섬길 감독과 집사들을 세워야 한다. 바울이 여기서 사용한 "감독"(ἐπισκοπή)은 감독의 직분, 섬기는 직분을 뜻하는데 "목사"(ποιμήν)의 직분과 같은 것이다. "감독"과 "목사"는 같은 직분을 가진 사람을 가리키는데 직분의 어느 부분을 강조하느냐에 따라 달리 부를 뿐이다.[158] 어쩌면 "교사"와 "스승"이 같은 사람을 가리키지만 달리 부를 수 있는 것과 같다고 생각된다. 바울은 하나님의 구속 역사 완성을 위해 중요한 역할을 감당할 교회의 일꾼을 세우는데 필요한 가이드라인을 제공한다.

딤전 3:2 먼저 감독(목사)은 ① 책망할 것이 없어야 한다. ② 한 아내의 남편이어야 한다. ③ 절제하여야 한다. ④ 신중하여야 한다. ⑤ 단정하여야 한다. ⑥ 나그네를 잘 대접하여야 한다. ⑦ 가르치기를 잘하여야 한다(딤전 3:2). ⑧ 술을 즐기지 아니하여야 한다. ⑨ 구타하지 아니하여야 한다. ⑩ 관용을 베풀 줄 알아야 한다. ⑪ 다투지 아니하여야 한다. ⑫ 돈을 사랑하지 아니 하여야 한다(딤전 3:3). ⑬ 자기 집을 잘 다스려야 한다. 또한 자녀들을 모든 공손함으로 복종하게 가르칠 수 있어야 한다(딤전 3:4-5). ⑭ 새로 입교한 자여서는 안 된다(딤전 3:6). ⑮ 외인에게서도 선한 증거를 얻은 자여야 한다(딤전 3:7). 바울은

158 감독과 목사(장로)가 같은 직분임을 가리키는 이유는 ① 교대로 사용되었고 (행 20:15, 28; 딛 1:5-7; 벧전 1:2), ② 자격과 의무가 동일하며 (딤전 3:1-7; 딛 1:5-9), ③ 감독이나 목사(장로)가 모두 장로의 회(노회)에서 안수를 받았기 때문이다 (딤전 4:14).

이처럼 감독의 자격을 철저하고 자세하게 열거한다. 그 이유는 감독의 위치가 교회 내에서 중요하기 때문이다. 이제 15개의 자격 규정을 좀 더 자세하게 고찰해 보자.

첫째, 감독은 책망할 것이 없어야(ἀνεπίλημπτον) 한다(딤전 3:2). 이 용어는 디모데전서에서만 세 번 등장하는 용어이다(딤전 3:2; 5:7; 6:14). 아네필렘프토스(ἀνεπίλημπτος)는 도덕적인 이유로 공격을 받지 않는다는 뜻이다.[159] 감독은 책망 받을 것이 없어서 대적들이 공격을 하고 헐뜯으려고 해도 흠을 잡을 수 없는 사람이어야 한다. 감독(목사)은 교회 내에서 뿐만 아니라 외인들의 칭찬을 받을 수 있는 사람이어야 한다.

둘째, 감독은 한 아내의 남편(μιᾶς γυναικὸς ἄνδρα)이어야 한다(딤전 3:2; 딛 1:6). 이 말씀은 감독은 반드시 결혼한 사람이어야 한다는 뜻은 아니다. 또한 본 구절의 말씀은 질병으로 아내가 자연사했을 경우 그 사람은 감독이 될 수 없다는 뜻도 아니다. 바울은 결혼 파트너가 사망할 경우 재혼을 금하지 않는다(롬 7:2; 고전 7:9; 참조, 딤전 5:14). 본 구절의 말씀은 결혼 파트너 간의 성실성과 정절을 지켜야 함을 강조한 것이다. 칼빈(Calvin)은 "내 자신의 해석은 더 단순하고 더 근거가 있다. 즉, 바울은 부부간의 정절을 지키지 않는 것이 정숙하지 않은 남자의 표지인 것처럼, 감독들에게 일부다처(polygamy)를 금하고 있는 것이다."[160]라고 해석한다. 바울은 감독이 될 사람은 한 아내의 남편으로 결혼 할 때 약속한 성적인 정결을 지키고 있는 사람이어야 한다

159 G. Delling, "ἀνεπίλημπτος," *Theological Dictionary of the New Testament*, Vol. IV (Grand Rapids: Eerdmans, 1973), p. 9.

160 John Calvin, *The Second Epistle of Paul to the Corinthians, and the Epistles to Timothy, Titus and Philemon* (1973), p. 224.

고 말하고 있다.

셋째, 감독은 절제하여야(νηφάλιον) 한다(딤전 3:2; 딛 1:8). 넵화리오스(νηφάλιος)라는 용어는 목회서신에서 세 번 나타나는(딤전 3:2, 11; 딛 2:2) 특이한 용어이다.[161] 이 용어는 "도를 넘지 않는"이라는 뜻으로 감독의 삶의 태도가 진지하며 스스로 절제하는 삶이어야 한다고 말하고 있다(딛 1:8). 헨드릭센(Hendriksen)은 "감독의 즐거움은, 예를 들면 술 취한 자의 즐거움과 같이, 주로 감각적인 것들이 아니요, 영혼의 즐거움과 같은 것들이다. 그는 영적이고 도덕적인 진지함으로 가득 차 있다. 그는 도를 넘기지 않고(술을 사용하는 것과 같은 예), 온건하며, 균형 잡혀 있고, 안정된 상태이며, 조심스럽고, 일관되고, 그리고 정신이 또렷하다. 이는 그의 육체적, 도덕적 그리고 정신적 취미요 관습이다."[162]라고 설명한다. 박윤선은 "교역자는 많은 영혼들을 인도하는 자이므로 경성하지 아니하면 많은 영혼들을 사지(死地)에 빠뜨린다. 그는 마치 많은 여객을 싣고 험한 고개를 넘어가는 자동차 운전수와 같다."[163]라는 말로 감독(목사)이 절제해야 하는 이유를 설명한다. 감독이 될 사람은 모든 일에 스스로 절제하여 성도의 모습을 훼손하지 않는 사람이어야 한다. 감독이 되기 전에 신실한 성도가 되어야 한다.

넷째, 감독은 신중하여야(σώφρονα) 한다(딤전 3:2). 감독이 신중하여야 한다는 말은 감독은 자신의 마음을 잘 다스려 과도한 상상을 하

161 Smith (J. B. Smith, *Greek-English Concordance to the New Testament*, p. 239)는 딤전 3:2과 딤전 3:11의 경우 νηφάλεος (section 3424a)로 처리하고, 딛 2:2의 경우는 νηφάλιος (sectionb)로 처리하였다. 그러나 UBS Greek New Testament는 세 곳 모두 νηφάλιος로 처리하였다.

162 Hendriksen, *Exposition of the Pastoral Epistles* (*NTC*) (1974), p. 122.

163 박윤선, 『성경주석: 바울서신』 (1964), p. 476.

거나 어리석은 말로 사람을 현혹시키는 잘못을 범해서는 안 된다는 뜻이다. “신중하며”는 자신의 마음을 잘 다스려야 한다는 뜻이다. 벵겔(Bengel)은 “신중하며 단정하며”(딤전 3:2)를 대칭시켜 “신중하며”를 내적인 특징으로, “단정하며”를 외적인 특징으로 설명한다.[164]

다섯째, 감독은 단정하여야(κόσμιον) 한다(딤전 3:2). 감독이 될 사람이 “신중하여야 한다”는 말은 자신의 마음과 관계된 내적인 상태를 온전하게 유지해야한다는 뜻이요, “단정해야한다”는 말은 외적인 모습도 다른 사람의 혐오를 일으키는 모습이어서는 안 된다는 뜻이다. 사람의 외모를 아름답게 하는 화장품(cosmetic)이란 용어가 바로 감독이 단정해야 한다는 이 용어(κοσμέω; adorn)에서 왔다. 칼빈(Calvin)은 “단정하며”를 “단정한 사람은 품위 있게 행동하고 정직하게 행동하는 사람이다.”[165]라고 해석함으로 감독이 될 사람은 품위가 있는 사람이어야 하고 정직해야 함을 강조한다. 바울은 “신중하며 단정하며”(딤전 3:2)라는 표현으로 감독의 내적 마음의 상태와 외적 모습을 생각하면서 감독이 될 사람은 전체 인격적으로 흠이 없고 칭찬을 받는 사람이어야 함을 강조하고 있다.

여섯째, 감독은 나그네를 잘 대접하여야(φιλόξενον) 한다. “나그네를 잘 대접한다”(*philoxenos*)라는 용어는 신약성경에서 세 번(딤전 3:2; 딛 1:8; 벧전 4:9)나타나는 용어로 “사랑하는”(φίλος)이라는 용어와 “외국인 혹은 나그네”(ξένος)라는 뜻을 가진 용어의 합성어이다. 스픽크

164 John A. Bengel, *Bengel's New Testament Commentary* (*Romans-Revelation*) (Grand Rapids: Kregel Publications, 1981), p. 517.: “What *sobriety* is within, *good behaviour* is without.”

165 John Calvin, *The Second Epistle of Paul to the Corinthians, and the Epistles to Timothy, Titus and Philemon* (1973), p. 224.: “An *orderly* man is one who behaves decently and honestly.”(italics original).

(Spicq)는 "기독교회에서는 필록세노스(*philoxenos*)였던 감독이 지역공동체의 주인으로서 여행하는 형제들에게 숙소를 제공했다(딤전 3:2; 딛 1:8). 그러나 모든 기독교인들에게는 히브리서 13:2에 의하면 손님 대접이 그들의 형제사랑(*philadelphia*)의 첫 번째 증거이다. - '손님 대접하기를 잊지 말라(tēs philoxenias mē epilanthanesthe) 이로써 부지중에 천사들을 대접한 이들이 있었느니라,' 환영받은 나그네는 하나님의 사자이다. 이 종교적 동기는 먼저 아브라함(Abraham)에게 제공되었고, 또한 롯(Lot)에게도 제공되었으며(창 19:1-38), 마노아(Manoah)에게 제공되었고(삿 13:3-22), 그리고 토비아(Tobias)에게 제공되었다(Tob 12:1-20)."[166]라고 설명한다. 감독은 여행하는 나그네들에게 쉴 수 있는 처소와 먹을 것을 제공해 주는 손님 접대에 인색함이 없는 사람이어야 한다.

일곱째, 감독은 가르치기를 잘 하여야(διδακτικόν) 한다(딤전 3:2). 목사(감독)는 말씀을 잘 선포해야 할뿐 만아니라 말씀을 잘 가르칠 수 있는 사람이어야 한다. 바울은 에베소서에서 "목사와 교사"(τοὺς δὲ ποιμένας καὶ διδασκάλους, 엡 4:11)를 동일시하여 목사는 가르칠 수 있는 재능이 있어야 할 것이라고 가르친 바 있다.[167] 그래서 바울은 "말씀과 가르침에 수고하는 이들에게는 더욱"(딤전 5:17) 존경을 표해야 한다고 가르친다. 칼빈(Calvin)은 바울이 목사가 될 사람은 심오한 학식뿐만 아니라 가르치는 재능도 겸비한 사람이어야 함을 가르친다고 말한다. 가르치는 재능은 없으면서 심오한 학식만 가지고 있는 사람

166 Ceslas Spicq, "φιλοξενία, φιλόξενος," *Theological Lexicon of the New Testament*, Vol. 3 (Peabody, MA: Hendrickson Publishers, 1996), p. 456.

167 박형용, 『에베소서 주해』, (2023), pp. 254.: "본문 (엡 4:11)의 구조로 볼 때 사도, 선지자, 복음 전하는 자 앞에는 각각 정관사를 붙였으나 목사와 교사는 한 묶음으로 하나의 정관사만 붙였다. 여기서 바울은 목사와 교사를 한 사람의 직책으로 설명하고 있다."

은 자신을 위해서 노래를 부를 수는 있지만 듣는 사람들의 마음을 움직이지 못한다. 바울은 하나님의 말씀을 그의 백성의 유익을 위해 적용하는 방법을 아는 지혜를 천거하고 있는 것이라고 설명한다.[168]

딤전 3:3 지금까지 바울은 디모데전서 3:2에서 감독이 소유해야 할 일곱 가지의 긍정적인 덕목을 설명하고, 이어지는 디모데전서 3:3에서는 다섯 가지의 부정적인 특성을 열거한다.

여덟째, 감독은 술을 즐기지 아니하여야(μὴ πάροινον) 한다(딤전 3:3). 목회서신에 언급된 술에 관한 바울의 교훈은 완전한 금주를 강조한 것이 아니요, 술을 절제해야 한다는 교훈이다. 술에 관한 바울의 언급은 "술을 즐기지 아니하며"(딤전 3:3), "술에 인박히지 아니하고"(딤전 3:8), "술을 즐기지 아니하며"(딛 1:7), 그리고 "술의 종이 되지 아니하며"(딛 2:3) 등이다. 바울은 디모데에게 "이제부터는 물만 마시지 말고 네 위장과 자주 나는 병을 위하여는 포도주를 조금씩 쓰라"(딤전 5:23)라고 권면하기도 했다. 이처럼 바울은 완전한 금주를 강조한 것이 아니요, 술에 대한 절제를 강조한 것이다. 그러나 또 기억할 것은 바울이 "술 취하지 말라 이는 방탕한 것이니 오직 성령으로 충만함을 받으라"(엡 5:18)라고 가르쳤다는 사실이다. 술 취하는 것은 범죄이다. 그런데 문제는 사람에 따라 술 취하는 임계점(臨界點: the critical point)이 어디인지를 알 수 없다는 것이다. 그러므로 의사의 처방을 받아 건강을 위해 약간의 술을 마시는 것을 제외하고, 성도들은

168 John Calvin, *The Second Epistle of Paul to the Corinthians, and the Epistles to Timothy, Titus and Philemon* (1973), p. 225.

물론이거니와 목사들(감독들)은 당연히 술을 먹지 않는 것이 경건의 삶을 유지하는데 크게 도움이 된다.

아홉째, 감독은 구타하지 아니하여야(μὴ πλήκτην) 한다(딤전 3:3; 딛 1:7). 플렉크테스(πλήκτης)라는 용어는 "성미가 급한," "화를 잘 내는"(quick-tempered)등의 뜻을 가지고 있다. 감독(목사)은 화를 잘 내거나 폭력적이어서는 안 된다. 예수님은 "악한 자를 대적하지 말라 누구든지 네 오른편 뺨을 치거든 왼편도 돌려 대며"(마 5:39)라고 가르치셨다. 예수님의 말씀은 감독을 포함한 성도들의 삶의 태도가 관용하고 온순하며 상대방을 이해하는 태도여야 한다는 것이다. 감독은 매일 다양한 특징을 가진 사람들을 만나서 여러 가지 종류의 문제들을 해결해야 하기 때문에 충동적인 혈기를 다스릴 수 있어야 한다.

열째, 감독은 관용을 베풀 줄 알아야(ἐπιεικῆ) 한다(딤전 3:3). "관용을 베푼다"는 뜻의 에피에이케스(ἐπιεικής)는 신약에서 5회 나타나는데(딤전 3:3; 딛 3:2; 빌 4:5; 약 3:17; 벧전 2:18) 이 용어는 바로 전에 언급한 "구타한다"는 뜻과 정반대되는 뜻을 가지고 있다. 헨드릭센(Hendriksen)은 "여기 언급된 그 사람(관용 베푸는 사람)은 화를 잘 내는 사람과 정 반대되는 사람이다. 비록 그는 복음의 진리에 관해서는 결코 타협하지 않지만, 그는 어떤 문제가 그 자신의 권리와 관계될 때는 '차라리 불의를 당하는 것이 낫지 아니하며 차라리 속는 것이 낫지 아니하냐'라는 고린도전서 6:7의 정신처럼 기꺼이 양보하는 사람이다."[169]라고 설명한다. 감독(목사)은 상대방을 이해하고 그의 약점을 품을 수 있어야 한다. 관용을 베푸는 행위는 하나님께서 "우리가 아직 죄인 되었을 때에"(롬 5:8) 그리스도 안에서 우리를 받아주신 하나

169 Hendriksen, *Exposition of the Pastoral Epistles* (*NTC*) (1974), p. 125.

님의 사랑의 태도를 닮은 것이다.

열한째, 감독은 다투지 아니하여야(ἄμαχον) 한다(딤전 3:3). 아마코스(ἄμαχος)는 신약에서 목회서신에서만 사용되는 특별한 용어인데(딤전 3:3; 딛 3:2), 이 용어는 투쟁적이지 않고 평화롭다는 뜻을 가지고 있다. 신약성경에서 "아마코스"라는 용어는 성도들의 바른 삶을 위해 투쟁한다는 긍정적인 의미로는 전혀 사용되지 않았다. 바울은 디모데전서 3:3에서는 감독(목사)이 평화로운 사람이어야 함을 설명하고, 디도서 3:2에서는 모든 성도들이 평화로운 사람이어야 함을 설명하고 있다.[170] 감독은 마땅히 너그러운 마음의 소유자여야 한다. 감독이 관용을 베풀면서 살면(열째 특징) 자연히 그 결과 다툴 필요가 없어진다(열한째 특징).

열둘째, 감독은 돈을 사랑하지 아니 하여야(ἀφιλάργυρον) 한다(딤전 3:3). 돈은 선(good)과 악(evil) 사이의 어느 편에도 속하지 않는 중립적인 것이다. 그러나 사람이 "돈을 사랑하는 것"은 그 사람이 하나님보다 돈을 더 중요하게 생각하기 때문에 문제가 된다. 예수님은 분명히 "너희가 하나님과 재물을 겸하여 섬기지 못하느니라"(마 6:24; 눅 16:13)라고 가르치셨다. 바울은 디모데전서 6장에서 "돈을 사랑함이 일만 악의 뿌리가 되나니"(딤전 6:10)라고 하며 돈의 부정적인 특성을 가르치고 있다. 그러므로 감독(목사)은 돈을 사랑하여 돈의 지배를 받는 사람이 되어서는 안 되며 오히려 돈을 지배하여 선한 곳에 사용할 줄 아는 사람이어야 한다.

---

170 O. Bauernfeind, "μάχομαι, μάχη, ἄμαχος," *Theological Dictionary of the New Testament*, Vol. IV (Grand Rapids: Eerdmans, 1973), p. 528.

딤전 3:4-7 바울은 지금까지 디모데전서 3:2-3에서 감독(목사)이 소유해야할 열두 가지의 특성을 설명한 다음 디모데전서 3:4-7에서 감독을 세울 때 고려해야 할 특성 세 가지를 설명한다. 바울이 이렇게 감독의 자격으로 여러 가지의 특성을 언급하고 있는 것은 예수 그리스도가 피로 값 주고 산 교회가 얼마나 귀하고 중요한 공동체인지를 증거 하기 위함 때문이다. 그만큼 교회를 섬길 감독(목사)의 직분은 중요한 것이다.

열셋째, 감독은 자기 집을 잘 다스려야(τοῦ ἰδίου οἴκου καλῶς προϊστάμενον) 한다(딤전 3:4). 블래이크로크(Blaiklock)는 "감독은 잘못에 대한 비방을 받지 않아야 하고 모범된 결혼생활을 하는 사람이어야 한다."[171]라고 설명한다(딤전 3:1-7). 바울은 "집을 잘 다스린다"라는 표현을 자녀 양육과 관련시켜 사용한다. 감독은 자녀들을 모든 공손함으로 복종하게 가르칠 수 있어야(τέκνα ἔχοντα ἐν ὑποταγῇ) 한다(딤전 3:4). 바울은 부모에게 "주의 교훈과 훈계로 양육하라"(엡 6:4)라고 권고한 바 있다. 헨드릭센(Hendriksen)은 "아이가 원하는 대로 하도록 허용해야 한다는 소위 '진보적' 개념은 성경의 지지를 받지 못한다. 그러나 비록 권위는 행사되어야 하지만, 이는 '진정한 위엄'으로 행해져야만 한다. 즉, 아버지의 확고함이 아이로 하여금 순종하는 것이 상책이라고 생각할 수 있도록 하는 태도로 행해져야 하며, 아버지의 지혜가 아이로 하여금 순종하는 것이 자연스러운 것이라고 믿을 수 있게 하는 태도로 행해져야 하며, 아버지의 사랑이 아이가 순종하는 것이 아이의 기쁨이 되도록 하는 태도로 행해져야 한다."[172]라고

---

171 E. M. Blaiklock, *Commentary on the New Testament* (1977), p. 195.

172 Hendriksen, *Exposition of the Pastoral Epistles* (*NTC*) (1974), p. 127.

아버지의 양육이 어떻게 행해져야 할 것을 명쾌하게 설명한다. 바울은 "사람이 자기 집을 다스릴 줄 알지 못하면 어찌 하나님의 교회를 돌보리요"(딤전 3:5)라고 말함으로 "자신의 가족"에서 "하나님의 가족"으로 이어지는 논리를 편다. 이는 바울이 "교회" 즉, "하나님의 가족"의 중요성을 강조하기 위해 "낮은 것"(the lesser)에서 "높은 것"(the greater)으로 진행하는 논리를 사용한다. 하나님의 교회의 감독(목사)이 되려는 사람은 당연히 자신의 집을 잘 다스리고 자녀들도 복음 안에서 바로 양육할 수 있어야 한다.

열넷째, 감독은 새로 입교한 자여서는 안(μὴ νεόφυτον) 된다(딤전 3:6). "새로 입교한 자"(νεόφυτος)라는 용어는 "새롭게 심겨진"(newly planted) 혹은 "새롭게 개종한"(newly converted)등의 뜻을 가지고 있다. 그러므로 본문은 새롭게 교회에 심겨진 사람, 즉 새롭게 교회에 등록한 사람은 감독으로 적합하지 않다고 말하고 있다. 바울은 예수를 믿은 지 얼마 되지 않은 새로운 성도나 교회에 등록한 지 얼마 되지 않은 사람도 감독으로 세워서는 안 된다고 가르친다. 박윤선 박사는 "그 의미는, '새로 입교한 자'는 아직 믿음이 유치하기 때문에, 성직을 받은 후 교만해져서 실수하기 쉬우니, 그렇게 되는 때에는 복음을 반대하는 자들(마귀의 무리)의 훼방을 받게 된다는 것이다."[173]라고 정리한다.

바울은 새로 입교한 자를 감독으로 세워서는 안 되는 이유를 "교만하여져서 마귀를 정죄하는 그 정죄에 빠질까 함이요"(딤전 3:6)라고 설명한다. 헬라어 본문은 개역개정 번역의 "마귀를 정죄하는 그 정죄"를 단순히 "마귀의 정죄"(εἰς κρίμα τοῦ διαβόλου)로 표현한다. 본

173 박윤선, 『성경주석: 바울서신』, (1964), p. 480.

구절에서 "마귀"를 "주격적 소유격"(subjective genitive)으로 받느냐 "목적격적 소유격"(objective genitive)으로 받느냐에 따라 그 뜻이 약간 달라진다. 주격적 소유격으로 받을 경우 그 뜻은 "마귀가 정죄하는 그 정죄"로 해석해야하며, 목적격적 소유격으로 받을 경우 그 뜻은 개역개정의 번역처럼 "마귀를 정죄하는 그 정죄"로 해석해야 한다.[174] 주격적 소유격을 취하는 학자들은 볼렌버그(Wohlenberg), 켈리(Kelly), 스픽크(Spicq), 리델보스(Ridderbos), 박윤선 등이며, 목적격적 소유격을 취하는 학자들은 칼빈(Calvin), 벵겔(Bengel), 렌스키(Lenski), 헨드릭센(Hendriksen), 화이트(White), 나이트(Knight, III), 걷스리(Guthrie) 등이다.

주격적 소유격으로 받는 학자들의 논리는 "정죄"(κρίμα) 앞에 정관사가 없으므로 어떤 구체적인 정죄가 아니라 일반적으로 마귀가 중상하고 모략하는 정죄를 뜻한다고 해석하며(참고, 딤전 1:20; 계 12:10; 욥 1장-2장), 또한 뒤 따라 나오는 말씀인 "비방과 마귀의 올무에 빠질까 염려하라"(딤전 3:7)라는 말씀이 "정죄"를 주격적 소유격으로 받아 시험하는 자 마귀가 성도들을 시험한다는 뜻으로 받아야 할 것을 지지한다고 주장한다.[175] 반면 목적격적 소유격으로 받는 학자들의 논리는 다음의 몇 가지로 정리해 볼 수 있다. (1) 바울이 디모데전서 3:6에서는 "정죄"(κρίμα)라는 단어를 사용했지만 디모데전서 3:7에서는

174 Newport J. D. White, "The First and Second Epistles to Timothy and The Epistle to Titus," *The Expositor's Greek Testament*, p. 114.

175 Kelly, *A Commentary on the Pastoral Epistles* (*Thornapple Commentaries*) (1981), p. 79.: "The latter (subjective), on the contrary, is fully in harmony with the idea contained in 7, and also with the matter and spirit of i. 20."; Herman Ridderbos, *Paul: An Outline of His Theology* (Grand Rapids: Eerdmans, 1975), p. 268.: "That Satan is thought of as the author of temptation is evident from such passages as 1 Thessalonians 3:5; 1 Corinthians 7:5; 2 Corinthians 2:11; 1 Timothy 3:7." 박윤선, 『성경주석: 바울서신』, (1964), p. 480.: 박윤선은 "복음을 반대하는 자들 (마귀의 무리)의 훼방을 받게 된다는 것"으로 정리한다.

"정죄"(κρίμα)라는 단어를 사용하지 않고, 다른 용어인 "비방"(ὀνειδισμός: reproach)과 "올무"(παγίς: snare)라는 용어를 사용하고 있기 때문에 디모데전서 3:6의 "정죄"와 같은 것으로 인정할 수 없다. (2) "정죄"는 비방이나 중상의 의미로 거의 사용되지 않으며 법정적인 선언 즉 여기서는 "죄에 대한 선고"(condemnation)의 뜻에 더 가깝다. (3) 디모데전서 3:6의 "정죄에 빠진다"라는 표현 중 "빠진다"(ἐμπίπτω)라는 용어는 "시련"(trial)을 받는 것을 의미하지 않고, "마지막 파멸"(final doom)을 뜻하는 것으로 사용된다. (4) 본문에 사용된 "교만하여져서"(τυφωθείς)라는 용어는 하와(Eve)를 실족시킨 마귀(뱀)가 교만하여져서 하나님의 정죄를 받은 사건을 상기하게 한다. 그러므로 상기의 이유를 근거로 고찰할 때 디모데전서 3:6의 "마귀의 정죄"는 목적격적 소유격으로 받아 개역개정의 번역처럼 "마귀를 정죄하는 그 정죄"(딤전 3:6)로 이해하는 것이 더 본문의 뜻에 일치된다고 사료된다.[176] 그러므로 "새로 입교한 자"는 하나님의 구속역사 진행의 깊고 깊은 뜻을 이해하지 못하고 교만하여져서 마귀가 빠진 정죄에 빠질 염려가 있으므로 교회의 감독으로 세우는 것은 적절하지 않다.

열다섯째, 감독은 외인에게서도 선한 증거를 얻은 자여야 (μαρτυρίαν καλὴν ἔχειν ἀπὸ τῶν ἔξωθεν) 한다(딤전 3:7). 교회의 존재이

---

176 John Calvin, *The Second Epistle of Paul to the Corinthians, and the Epistles to Timothy, Titus and Philemon* (1973), p. 227.; Bengel, *Bengel's New Testament Commentary,* Vol. Two: *Romans-Revelation* (1981), p. 519.; Lenski, *The Interpretation of St. Paul's Epistles to the Colossians, to the Thessalonians, to Timothy, to Titus and to Philemon,* pp. 588-589.; Hendriksen, *Exposition of the Pastoral Epistles* (*NTC*) (1974), pp. 127-128.; White, "The First and Second Epistles to Timothy and The Epistle to Titus," *The Expositor's Greek Testament,* p. 114.; George W. Knight, III, *The Pastoral Epistles: A Commentary on the Greek Text* (1992), p. 164.: "In the light of all these considerations, τοῦ διαβόλου is more likely to be objective genitive."; Donald Guthrie, *The Pastoral Epistles* (*Tyndale*) (1990), p. 94.

유를 생각할 때 교회를 섬기는 감독(목사)은 당연히 외인에게서도 칭찬을 듣는 사람이어야 한다. 교회는 세상을 향해 구속의 복음, 영생의 복음, 화해의 복음을 전할 책임을 가지고 있다. 그런데 교회를 대표하고 교회를 섬기는 감독이 세상 사람들의 구설수에 오를 정도로 좋지 않은 평판을 받고 있다면 교회가 복음을 제대로 전할 수는 없는 것이다. 나이트(Knight)는 "외인으로부터 선한 증거를 받지 못하는 사람은 '허둥대거나' 혹은 '감각을 상실하여' 그가 질책을 받을 때 그것 때문에 악한 자에게 순종하고 하나님에게 불순종하는 함정에 빠질 수가 있다."[177]라고 설명한다. "마귀의 올무"(딤전 3:7)는 교만한 마귀가 받은 올무를 뜻하기보다 외인들의 칭찬을 받지 못하는 교회의 지도자들이 마귀의 시험을 견디지 못한다는 것을 뜻한다.[178] 바울은 "감독 혹은 목사"가 외인으로부터 칭찬을 받을 때 마귀의 시험에 빠지지 않고 안정된 마음으로 교회를 섬길 수 있다고 가르치고 있다.

지금까지 바울은 교회의 리더인 감독(목사)의 자격을 언급했는데 특이한 것은 감독이나 교회의 지도자들이 예언이나 방언이나 특별한 이적을 행할 수 있는 사람들이 아니요, 일상생활에서 집안사람의 칭찬과 교회의 칭찬과 불신자들의 칭찬을 받아야 할 사람들이어야 한다는 것이다(딤전 3:1-13; 딛 1:5-9). 바울이 언급한 감독의 자격이나 감독이 조심해야할 특성들은(딤전 3:3-4) 모두 일상생활과 직결되어 있다는 사실에 주목해야 한다.

---

177 George W. Knight, III, *The Pastoral Epistles: A Commentary on the Greek Text* (1992), p. 166.

178 Donald Guthrie, *The Pastoral Epistles* (*Tyndale*) (1990), p. 95.

2. 집사의 자격(딤전 3:8–13)

> 8 이와 같이 집사들도 정중하고 일구이언을 하지 아니하고 술에 인박히지 아니하고 더러운 이를 탐하지 아니하고 9 깨끗한 양심에 믿음의 비밀을 가진 자라야 할지니 10 이에 이 사람들을 먼저 시험하여 보고 그 후에 책망할 것이 없으면 집사의 직분을 맡게 할 것이요 11 여자들도 이와 같이 정숙하고 모함하지 아니하며 절제하며 모든 일에 충성된 자라야 할지니라 12 집사들은 한 아내의 남편이 되어 자녀와 자기 집을 잘 다스리는 자일지니 13 집사의 직분을 잘한 자들은 아름다운 지위와 그리스도 예수 안에 있는 믿음에 큰 담력을 얻느니라 (딤전 3:8–13, 개역개정)

딤전 3:8-13 바울은 "이와 같이 집사들도"(Διακόνους ὡσαύτως)라고 디모데전서 3:8을 시작함으로 "그러므로 감독은"(οὖν τὸν ἐπίσκοπον)으로 시작한 디모데전서 3:2을 연상하게 한다. 바울은 감독(목사)의 자격을 디모데전서 3:2-7까지 언급한 후에 이제 디모데전서 3:8-13까지 교회에서 봉사할 집사들의 자격에 대해 설명하고 있다. 보이스(Boice)는 집사 선택에 대한 네 가지 원리를 제시한다. 첫째, 집사들에게는 자신들이 모든 일을 할 수 있는 권한이 주어진 것이 아니요 책임의 한계가 있다는 점이다. 둘째, 집사 선택은 교회의 지도자들이 한 사람이 아니요 여러 사람이라는 사실을 적시해 준다는 점이다. 셋째, 집사들은 영적인 자격을 구비한 사람들이어야 한다는 점이다. 넷째, 교회의 리더들은 그들이 섬기는 사람들에 의해 선택되어야 한다는 점이다.[179] "집사들"은 교회의 공적인 직분(office)을 가진 사

179 James Montgomery Boice, *Foundations of the Christian Faith* (Downers Grove:

람들로 특별히 가난한 사람들을 보살피는 직무를 감당하는 역할을 하는 사람들을 가리킨다. 누가(Luke)는 집사들을 택할 때 집사의 자격으로 "성령과 지혜가 충만하여 칭찬받는 사람"(행 6:3)을 택해야 한다고 가르친다.[180] 집사들은 존경받는 사람들로서 불신자들에게도 영향을 끼칠 수 있는 그런 삶의 자세를 가진 사람이어야 한다.[181] 이제 바울은 다섯 가지의 집사의 자격을 디모데에게 제시한다(딤전 3:8-9).

첫째, 집사들은 정중해야(σεμνούς) 한다(딤전 3:8). "정중함"(σεμνός)이란 형용사(adjective)는 신약성경에서 누가복음과 목회서신에서만 발견되는 특이한 용어이며(눅 4:8; 딤전 3:8, 11; 딛 2:2), "단정"(σεμνότης)이라는 명사(noun)는 목회서신에서만 나타난다(딤전 2:2; 3:4; 딛 2:7).[182] 일반적으로 "정중함"(σεμνός)은 성전(the temple), 대제사장(the high priest), 율법(the law), 안식일(the Sabbath), 성스러운 시편(the sacred psalms), 종교적인 의상(religious clothing) 등 신적인 것들을 묘사하는데

InterVarsity Press, 1986), pp. 632-633.

180 오늘날 교회가 안수집사를 선택할 때 목사가 임명하기보다 교회 회중이 투표하여 선택한다. 우리는 누가 (Luke)가 초대교회가 집사를 선택할 때 사도들이 집사들을 임명한 것이 아니요, "형제들아 너희 가운데서 성령과 지혜가 충만하여 칭찬받는 사람 일곱을 택하라"(행 6:3)라고 말한 것처럼 교회 회중이 집사를 선택했다는 사실에 주목하여야 한다. Cf. Morton H. Smith, *Systematic Theology*, Vol. Two (Greenville: Greenville Seminary Press, 1994), p. 571.: "Surely, if any one could have chosen the right men to serve as deacons and handle the matter the Apostles could have done so, but they turned the election of ordinary officers in the Church to the congregation."

181 P. Fiedler, "σεμνότης, σεμνός," *Exegetical Dictionary of the New Testament*, Vol. 3 (Grand Rapids: Eerdmans, 1993), p. 238.

182 J. B. Smith, *Greek-English Concordance to the New Testament*, p. 319. (section 4486, 4487). 개역개정은 형용사 **(adjective)** "σεμνός"의 경우 눅 4:8은 "경건하며"로, 딤전 3:8은 "정중하고"로, 딤전 3:11은 "정숙하고"로, 그리고 딛 2:2은 "경건하며"로 번역 처리했고, 명사 **(noun)** "σεμνότης"의 경우 딤전 2:2은 "단정함"으로, 딤전 3:4은 "공손함"으로, 그리고 딛 2:7은 "단정함"으로 번역 처리했다.

사용되었다.[183] 그러므로 집사들이 "정중"해야 한다(딤전 3:8)는 뜻은 집사들의 직무가 신적인 것(divine)과 연관되어 있기 때문에 집사들은 존경받을만한 행동을 하고, 최고의 도덕적 기준을 유지하는 분별력 있는 삶을 사는 사람들이어야 한다는 의미이다. "정중함"은 경솔하지 않고 진지한 성격의 소유자로 집사직의 존엄을 나타낼 수 있는 사람의 삶의 태도를 뜻한다.

둘째, 집사들은 일구이언을 하지 아니해야(μὴ διλόγους) 한다(딤전 3:8). "일구이언"(διλόγος)[184]은 사람을 기만하기 위해 말을 바꾸어 전달하는 행위를 뜻한다. 일구이언은 한 때는 이 말을 하고 다른 때는 다른 말을 하거나, 한 사람에게는 이 말을 하고 다른 사람에게는 다른 말을 하는 것을 뜻한다. 렌스키(Lenski)는 "이것(일구이언)은 누구에게나 좋지 않은 것이다. 이것은 지속적으로 심방을 하고 많은 성도들에게 이야기 해야만 하는 교회의 직분자에게는 특별히 나쁜 것이다."[185]라고 설명한다. 야고보(James)는 "한 입에서 찬송과 저주가 나오는도다"(약 3:10)라고 경고하기도 한다. 일구이언을 하지 아니하는 것은 정직하고 성실해야 한다는 것을 뜻이다. 사람이 입으로 말을 했으면 반드시 실행이 뒤 따라야 한다는 뜻이다.

셋째, 집사들은 술에 인박히지 아니해야(μὴ οἴνῳ πολλῷ προσέχοντας) 한다(딤전 3:8). 술에 인박히지 아니해야 한다는 것은 절제하지 못하고 많은 술을 즐겨 마셔서는 안 된다는 것을 뜻한다. 이

183 Ceslas Spicq, "σεμνός, σεμνότης," *Theological Lexicon of the New Testament*, Vol. 3 (Peabody: Hendrickson Publishers, 1996), p. 244.

184 딤전 3:8의 "διλόγος"(일구이언)는 hapax legomenon이다. Cf. J. B. Smith, *Greek-English Concordance to the New Testament*, p. 90. (section 1351).

185 Lenski, *The Interpretation of St. Paul's Epistles to the Colossians, to the Thessalonians, to Timothy, to Titus and to Philemon*, pp. 594-595.

말씀의 뜻은 디도서 2:3의 "많은 술의 종이 되지 아니하며"(딛 2:3)라는 말씀이 잘 표현하고 있다. 술에 인박히지 아니해야 한다는 말은 모든 성도들에게 적용되는 말이지만 특히 교회의 직분을 맡을 집사들은 더욱 더 술의 종이 되어서는 안 된다는 뜻이다.

넷째, 집사들은 더러운 이를 탐하지 아니해야(μὴ αἰσχροκερδεῖς) 한다(딤전 3:8). "더러운 이를 탐한다"(αἰσχροκερδής)라는 용어는 목회서신에서만 두 번 사용된 용어이고(딤전 3:8; 딛 1:7), 비슷한 뜻을 가진 "돈을 사랑하지 아니하며"(ἀφιλάργυρος)라는 용어는 신약성경에서 두 번 사용된 용어이다(딤전 3:3; 히 13:5). 그런데 집사의 자격으로 언급한 "더러운 이를 탐하지 아니하고"(딤전 3:8)라는 표현은 감독의 자격으로 언급한 "돈을 사랑하지 아니하며"(딤전 3:3)의 표현보다 훨씬 더 강렬한 표현이다. 물론 두 용어 모두 부당한 방법으로 돈을 탐하고 욕심을 부리는 것을 뜻한다. 바울이 강한 어조로 집사들은 "더러운 이를 탐해서는 안 된다"라고 경고하는 이유는 집사들이 교회의 재정에 깊이 관여하는 직분이므로 부정한 방법으로 돈에 욕심을 부릴 경우 교회 공동체에 미치는 영향이 크기 때문이라고 사료된다.

다섯째, 집사들은 깨끗한 양심에 믿음의 비밀을 가진 자여야(ἔχοντας τὸ μυστήριον τῆς πίστεως ἐν καθαρᾷ συνειδήσει) 한다(딤전 3:9). "믿음의 비밀"은 곧 구원의 비밀이다. 이전에는 감추어져 있었으나 이제는 그리스도 안에서 밝히 드러난 구속의 비밀을 가리킨다. 집사는 순수하고 진정한 마음으로 구속의 비밀을 소유한 자여야만 한다. 칼빈(Calvin)은 "그는 '믿음의 비밀'의 장엄한 명칭을 기독교 교훈의 총화에 붙인다. 왜냐하면 하나님은 복음을 통해 하늘에 있는 천사들도 놀라게 할 지혜를 죽을 수밖에 없는 인간에게 계시하셨다. 그래서 그 비밀이 인간의 능력으로 이해하기에는 너무 크다는 사실이 전혀 놀랍지 않다."[186]라고 해석한다. 하나님은 이처럼 존귀한 "믿음의 비밀"을 교회에 드러내 보이신 것이다(눅 24:46-48). 교회가 그리스도의 구속의 비밀을 전파해야할 믿음의 공동체인데 집사 직분을 가진 사람이 양심에 반하는 믿음의 비밀을 가진다면 그 비밀을 전파할 수 없을 것임은 너무도 확실하다.

그래서 바울은 "이에 이 사람들을 먼저 시험하여 보고 그 후에 책망할 것이 없으면 집사의 직분을 맡게 할 것이요"(딤전 3:10)라고 권고하고 있는 것이다. 바울이 여기서 "먼저 시험하여 보고 그 후에 책망할 것이 없으면"(딤전 3:10)이라고 표현한 것은 집사의 자격을 입증하는 과정이 짧은 기간이 아니요, 비교적 긴 과정이 필요함을 지적하고 있는 것이다. 스픽크(Spicq)는 "교회는 하나님의 가족이요(딤전 3:5), 그리고 그 가족의 멤버들은 제사장적인 회중(會衆)이다. 각 사람의 '단정'(semnotēs)은 예배의 존엄이요, 경건과 예배로 정의된 존재의 양식이요, 하나님의 임재에 적합한 진지함(seriousness)과 위엄(gravity)과 품위 있음(decency)으로 현저하게 드러난다."[187]라고 설명한다. 그러므로 교회의 집사들은 이런 고결한 믿음의 공동체를 섬길 직분을 받은 사람들이다.

바울은 디모데전서 3:11에서 갑자기 "여자들도 이와 같이 정숙하고"(γυναῖκας ὡσαύτως σεμνάς)라고 말함으로 디모데전서 3:8-10에서 언급한 집사의 자격과는 별로 관계가 없는 것과 같은 말을 한 다음, 바로 디모데전서 3:12에서 다시 "집사들은"(διάκονοι)이라고 말함으

186 John Calvin, *The Second Epistle of Paul to the Corinthians, and the Epistles to Timothy, Titus and Philemon* (1973), pp. 228-229.

187 Spicq, "σεμνός, σεμνότης," *Theological Lexicon of the New Testament*, Vol. 3 (1996), p. 245.

로 마치 디모데전서 3:11이 괄호 속에 넣어서 이해해야할 말씀처럼 기록하고 있다. 그러면 디모데전서 3:11의 "여자들은" 어떤 여자들인가? 본문의 "여자들"을 해석하는 견해는 주로 세 가지로 나뉜다.

첫째 견해는 본 구절의 "여자들"이 여자 집사들(deaconesses)을 가리킨다는 견해이다(참조, 롬 16:1의 뵈뵈). 박윤선은 "우리 본문에 '이와 같이'란 말(ὡσαύτως)은 교회 안에 직분 받을 자들의 종류를 하나씩 열거(列擧)함에 사용되었으니(8절 참조), 여기서(11절)도 그 의미일 것이다. 그렇다면 '여자들'이란 말은, 여성(女性)으로 집사 될 자들을 가리킨 것이겠다."[188]라고 함으로 "여자들"이 "여자 집사들"을 가리킨다고 해석한다. 이 견해는 문맥에 비추어 볼 때 설득력이 약하다. 바울이 남자 집사 될 사람의 자격을 논하면서(딤전 3:8-13) 갑자기 "여자 집사들"에 대한 내용을 잠시 언급하고(딤전 3:11) 다시 주제를 옮겨 남자 집사의 자격을 언급했다고 생각하는 것은 논리적으로 타당하지 않다. 따라서 바울이 디모데전서 3:11의 "여자들"을 "여자집사"(deaconesses) 로 생각하고 편지를 썼다고 생각하는 것은 논리의 비약이다. 그리고 바울이 디모데전서 5:2-16에서 여자 사역자들에 관해 특별히 언급을 하고 있는데 이 사실은 본 절(딤전 3:11)의 "여자들"이 "여자집사"가 아니라는 견해에 무게를 보태게 한다. 그리고 로마서 16:1의 뵈뵈(Phoebe)는 겐그레아(Cenchreae)교회의 집사가 아니라 그 교회의 일꾼으로 해석하는 것이 문맥에 충실한 해석이다.[189] 그러므로 디모데전서 3:11의 "여자들"을 "여자 집사들"로 해석하는 것은

188 박윤선, 『성경주석: 바울서신』, (1964), p. 481.; Kelly, *A Commentary on the Pastoral Epistles* (*Thornapple Commentaries*) (1981), p. 83.: "For these reasons the translation **Women deacons** is likely to be the correct one. The absence of the article is, if anything, a point in its favour, **Women** being used almost adjectively-'deacons who are women.'"

189 박형용, 『로마서 주해』 (수원: 합신대학원출판부, 2022), pp. 588-592.

설득력이 약하다.

둘째 견해는 본 절의 "여자들"은 집사들의 직무를 돕는 여자 보조원을 가리킨다는 견해이다. 헨드릭센(Hendriksen)은 본 구절의 "여자들"을 집사들을 돕는 보조자들을 가리킨다고 해석한다. 그는 바울이 디모데전서 3:11을 괄호로 처리함으로 감독들과 집사들과 협력하는 제3의 직분(third office)을 말하고 있다고 설명한다. 헨드릭센은 "바울이 집사 직분의 요구사항을 아직 마치기도 전에 여자들에 관한 몇 마디의 말을 삽입시킨 방법에 대한 가장 간단한 설명은 바울이 이 여자들을 가난한 자들과 필요한 자들을 돕는 일에 집사들의 보조자들(deacons' assistants)로 생각했다는 것이다. 이들은 여자들에게 가장 잘 어울리는 직무를 실행하면서 보조적인 봉사를 한 여자들이었다."[190] 라고 설명한다. 그러나 바울이 집사의 자격 규정을 논하면서 갑자기 제3의 직분에 관해 몇 마디를 삽입했다고 생각하는 것은 설득력이 약하다.

셋째 견해는 본 구절의 "여자들"은 바로 전에 언급한 집사들의 아내들(wives)을 가리킨다는 견해이다. 칼빈(Calvin)은 "그(바울)는 여기서 감독들과 집사들의 아내들을 가리킨다. 왜냐하면 그들도 그들의 남편들의 직책을 도와야만 하는데 그렇게 하려면 그들의 행동이 다른 사람들의 행동보다 더 좋아야 하기 때문이다."[191]라고 해석한다. 나이트(Knight)도 본 구절의 "여자들"을 집사들의 아내라고 설명한다. 그는 "여자 (γυνή)라는 용어는 단수와 복수로 사용될 때 일반적인 의미인 '여자/여자들'의 뜻으로 사용된다. 그러나 그 용어는 '아내/아내

190 Hendriksen, *Exposition of the Pastoral Epistles* (*NTC*) (1974), p. 133.

191 John Calvin, *The Second Epistle of Paul to the Corinthians, and the Epistles to Timothy, Titus and Philemon* (1973), p. 229.

들'의 뜻으로도 자주 사용되곤 한다(참조, BAGD). 두 가지의 용도가 목회서신에 나타나는데 특히 디모데전서에 주로 나타난다.[딤전 2:9, 10, 11, 12, 14에 '여자'(woman)로 사용되고; 딤전 3:2, 12; 5:9; 참조, 딛 1:6에는 '아내'(wife)로 사용된다.] 여기서 그 용어(γυνή)는 바로 뒤따르는 구절에서도 "집사들은 한 아내의 남편이 되어"라는 표현에서 "아내"로 사용된 것과 같은 방법으로 디모데전서 3:11에서도 '아내'로 사용되었을 것 같고, 그리고 디모데전서 3:2에서 이미 '아내'(wife)로 사용된 것과 같은 뜻으로 사용되었을 것이다."[192]라고 해석한다. 반면 쾨스텐버거(Köstenberger)는 디모데전서 3:11의 "여자들"을 "여집사들"(deaconesses)로 해석하면서 그 이유로 바울 당시 디아코노스 (διάκονος)라는 용어가 남성과 여성 모두에게 적용되었기 때문이라고 주장한다. 그리고 여집사의 뜻을 가진 디아코니사(diakonissa)라는 용어는 후대에 만들어졌다고 주장한다.[193] 하지만 쾨스텐버거의 견해는 문맥에 비추어 볼 때 받아들이기 힘든 견해이다.

이상의 세 견해 중 어느 견해가 바울의 의중을 가장 잘 전달하는 견해인가? 편지를 쓰는 바울의 관점에서 문맥을 고찰하면, 바울이 집사 될 사람들의 자격을 언급한 것은 결국 집사들의 직무가 교회의 유익이 되어야 하기 때문이다. 따라서 바울은 "자기 집을 다스릴 줄 알지 못하면 어찌 하나님의 교회를 돌보리요"(딤전 3:5)라고 이미 가르친 바 있다. 그러므로 집사들은 물론 집사들과 관계된 사람들도 올바른 삶의 태도를 가진 사람들이어야 한다. 이런 관점에서 바울은 집사들

192 George W. Knight, III, *The Pastoral Epistles: A Commentary on the Greek Text* (1992), p. 171.; Otto Böcher, "διάβολος," *Exegetical Dictionary of the New Testament,* Vol. 1 (Grand Rapids: Eerdmans, 1990), p. 297.

193 Cf. Köstenberger, *Biblical Theology for Christian Proclamation: Commentary on 1-2 Timothy and Titus* (2017), p. 134.

의 자격을 논하는 과정에(딤전 3:8-13) 집사들의 아내들을 생각하면서 "여자들도 이와 같이 정숙하고 모함하지 아니하며 절제하며 모든 일에 충성된 자라야 할지니라"(딤전 3:11)라고 말하고 있는 것이다. 바울이 계속해서 집사들의 자격에 대한 설명을 이어가고 있는 것이 이를 지지한다(딤전 3:12-13). 그러므로 디모데전서 3:11의 "여자들"은 감독이나 집사들의 아내를 가리킨다고 해석하는 것이 가장 타당하다고 생각된다. 린톤(Linton)은 디모데전서 3:8-13을 연구한 후 "이 논문의 결론의 주요한 함의(implication)는 교회들이 장로이건 집사이건 교회의 직분자를 세우기 위해 사람을 선택할 때 후보자의 아내에 관해 조심스러운 고려를 할 필요가 있다는 것이다."[194]라고 교회의 직분자를 세울 때 가정 내에서의 부부의 관계가 중요함을 지적했다.

바울은 집사들이 교회의 유익을 위해 직무를 수행할 수 있기 위해서, 집사들의 아내들도 "정숙하고 모함하지 아니하며 절제하며 모든 일에 충성된 자라야 할지니라"(딤전 3:11)라고 함으로 네 가지의 자격을 갖추어야 한다고 가르친다.

첫째, 집사들의 아내들은 정숙하여야(σεμνάς)한다(딤전 3:11). 집사들의 아내들은 집사들처럼 존경받을만한 행동을 하고, 분별력 있는 삶을 통해 교회 내의 사람들이나 교회 밖의 사람들로부터 칭찬을 받는 사람이어야 한다. 바울은 집사들의 아내들의 자격을 설명하는 "정숙하고"(σεμνάς)라는 용어(딤전 3:11)와 집사들의 자격을 논하는 "정중하고"(σεμνούς)라는 용어(딤전 3:8)를 같은 용어로 처리하되 문법적인 이유로 남성형과 여성형으로 구분만 하였다. 집사들의 아내들도 집사

194 Joel H. Linton, "The Importance of Qualified Wives in Qualifying Husbands for Church Office," *Exegetical Paper: 1 Timothy 3:8-13* (Taipei, 2004), p. 19.

들처럼 많은 사람들로부터 칭찬을 받고 존경받는 사람이어야 한다.

둘째, 집사들의 아내들은 "모함하지 아니해야(μὴ διαβόλους) 한다."(딤전 3:11). "모함하는 것"은 마귀(the devil)가 하는 일이요 사탄(Satan)이 하는 일이다. 성경은 마귀와 사탄을 교대로 사용한다. 예수님이 시험받으신 것을 묘사하면서 마태(Matthew)는 예수님이 "마귀"(διάβολος)에게 시험받았다고 묘사했고(마 4:1; 눅 4:2; 참조, 요 13:2), 마가(Mark)는 "사탄"(σατανᾶς)에게 시험받았다고 묘사했다(막 1:13; 참조, 눅 22:3; 요 13:27). 그런데 "모함하는 것"은 사탄의 장기이기도 하다(창 3:1-5 참조). 그러므로 집사들의 아내들은 마귀나 사탄이 즐겨하는 그런 모함하는 일을 해서는 안 된다. 뵈처(Böcher)는 "마귀와 그 하수인(his angels)들과 싸울 때에 기독교인들의 영적인 무기는 진리와 의로움, 예수를 통한 구속에 대한 믿음, 성령과 하나님의 말씀에 대한 순종으로 구성되어 있다."[195]라고 바로 설명한다. 그러므로 집사들의 아내들은 마귀에 홀려 모함하는 일을 할 것이 아니요, 오히려 성령과 하나님의 말씀으로 무장하여야 한다.

셋째, 집사의 아내들은 절제하는(νηφαλίους) 사람이어야 한다(딤전 3:11). "절제하며"(νηφαλίους)라는 용어는 목회서신에서 세 번 사용되는 용어로(딤전 3:2, 11; 딛 2:2) 이미 바울이 감독의 자격을 설명하면서 사용한 바 있다(딤전 3:2). 감독들과 마찬가지로 집사들은 물론 집사들의 아내들도 삶의 균형을 깨뜨리는 행동을 해서는 안 된다. 집사들의 아내들의 삶은 무슨 일을 하든지 도를 넘지 않고 도덕적으로 인정함을 받는 삶을 영위하여야 한다. 바울은 특별히 "절제하며"라는 표현

195 Otto Böcher, "διάβολος," *Exegetical Dictionary of the New Testament*, Vol. 1 (1990), p. 298.

을 통해 집사들의 아내들도 감독과 집사와 마찬가지로 "술에 인박히지 아니한"(딤전 3:8 참조) 안정된 삶을 영위해야 함을 강조하고 있다고 사료된다. 왜냐하면 바울이 감독의 자격과 집사의 자격을 설명할 때는 "술을 즐기지 아니해야 한다"(딤전 3:3, 8)라고 명시했는데 집사의 아내의 경우는 술에 대한 언급은 하지 않고 "절제하며"라는 표현만 사용했기 때문이다.

넷째, 집사의 아내들은 모든 일에 충성된 자라야(πιστὰς ἐν πᾶσιν) 한다.(딤전 3:11). "충성된"(πιστὰς)이라는 뜻은 성실한, 진실 된, 믿을 만한, 의존할만한 등의 뜻을 가지고 있다. 이 용어는 하나님의 신실하심(πιστὸς ὁ θεός)을 설명할 때 사용되었고(고전 1:9; 10:13; 살전 5:24), 예수 그리스도 우리 주님의 신실하심(πιστὸς ἐστιν ὁ κύριος)을 설명할 때 자주 사용되곤 한다(살후 3:3; 딤후 2:13; 계 1:5; 3:14). 우리는 여기서 집사의 아내들이 얼마만큼 신실하고 의존할 수 있는 사람이 되어야 함을 알 수 있다. 성경은 하나님이 신실하시듯, 예수 그리스도가 신실하시듯 집사들의 아내들도 신실해야 한다고 가르친다. 물론 이렇게 하는 것은 불가능한 일이다. 그러나 교회의 직분을 가진 자들과 그 가족들은 하나님의 신실하심과 예수님의 신실하심을 닮아가기 위해 혼신의 노력을 해야 할 것이다.

이제 바울은 다시 "집사의 직분"에 관해 설명을 이어간다(딤전 3:12-13). 교회의 집사들은 "한 아내의 남편이 되어 자녀와 자기 집을 잘 다스리는 자"(딤전 3:12)여야 한다. 우선 집사가 "한 아내의 남편이 되어"라는 표현은 집사가 남자여야 한다는 사실을 지지한다. 본문의 말씀은 남자가 결혼 후 아내가 사망하면 재혼을 할 수 있는데 재혼한 남자는 집사의 자격이 없다고 가르치는 것이 아니요(고전 7:8-9, 39), 한 남자가 같은 시간대에 여러 여자를 아내로 삼고 사는 일부다처(一

夫多妻)의 경우 그런 남자는 집사의 자격이 없다고 가르치는 것이다. 그 당시 이방인은 물론 유대인들 가운데도 일부다처의 관행을 따르고 있는 사람들이 많이 있었다. 바울은 하나님이 남자와 여자를 창조하신 원리를 알고 있었기에 일부일처(一夫一妻)를 강조하고 있는 것이다(창 1:27-31; 2:7-8, 20-25; 마 19:3-12; 고전 7:3-5; 11:11-12). 바울은 감독(목사)의 자격을 언급할 때 이미 "한 아내의 남편이 되며"(딤전 3:2)라고 가르친 바 있다. 그런데 여기서 주목할 것은 바울이 감독(목사)의 직분을 설명할 때는 자기 집을 잘 다스리는 자여야 "하나님의 교회"(ἐκκλησίας θεοῦ)를 돌볼 수 있다고 가르쳤는데(딤전 3:4-5), 집사의 직분을 설명할 때는 자기 집을 잘 다스리는 자여야만 한다고 말하고 교회를 돌보는 사역은 언급하지 않았다는 것이다(딤전 3:12). 그 이유는 집사는 가난한 자들과 과부를 보살피는 봉사의 직분이지 교회를 다스리는 직분이 아니기 때문이다(참조, 행 6:1-6).[196] 집사는 자녀들의 마음에서 우러나온 존경을 가족 식구들 특히 자녀들로부터 받는 사람이어야 하고 또한 외인들로부터도 칭찬을 받는 사람이어야 한다. 감독은 물론 집사들도 그들의 직무가 머리이신 그리스도의 명령에 따라 그리스도의 몸으로서 활동한다는 사실을 잊지 말아야 한다(고전 12:27). 인간의 몸의 일부가 칭찬받을 일을 하면 그 인간 자체가 칭찬을 받는 것처럼, 그리스도의 몸인 교회와 그 지체가 칭찬받을 일을 하면 결국 머리이신 그리스도가 칭찬을 받게 되고, 그리스도의 몸인 교회와 지체가 잘못하면 머리이신 그리스도가 욕을 먹게 된다는 사실을 기억하지 않으면 안 된다. 감독과 집사들은 가정에서 존경을 받고 외인의 칭찬을 받는 삶을 이어가야 한다.

196 Knight, III, *The Pastoral Epistles: A Commentary on the Greek Text* (1992), pp. 173.

이제 바울은 집사의 직분을 잘 감당한 집사들이 받을 위로와 칭찬과 복을 설명한다. 바울은 "집사의 직분을 잘한 자들은 아름다운 지위와 그리스도 예수 안에 있는 믿음에 큰 담력을 얻느니라"(딤전 3:13)라고 격려하는 말을 한다. 바울은 집사 직분을 잘 감당한 사람들은 "아름다운 지위"(βαθμὸν καλόν)[197]와 "큰 담력"(πολλὴν παρρησίαν)을 얻게 된다고 설명한다. 칭찬 받을 집사들이 얻게 될 "아름다운 지위"는 무엇을 가리키는가? 어떤 이는 성실한 집사가 받을 "아름다운 지위"를 감독(목사)으로 해석하여 성실한 집사는 감독이 될 수 있다는 뜻으로 이해하기도 한다.[198] 그러나 이 견해는 받을 수 없는 견해이다. 왜냐하면 바울이 성실한 집사가 받을 "지위"(βαθμὸν)를 "아름다운"(καλόν)이라는 표현으로 수식했는데, 이는 집사가 받게 될 감독(목사)직분을 "아름다운 지위"라고 설명하는 것이다. 물론 감독(목사) 직분은 아름다운 지위이다. 그러나 이와 같은 해석은 집사직은 "아름다운" 직분이 아니고, 감독직만 "아름다운" 직분이라는 의미가 함축되어 있는 것이므로 타당하지 않다. 감독직이나 집사직이나 모두 "아름

197 딤전 3:13의 "βαθμόν" (지위, standing)은 hapax legomenon이다. Cf. Smith, *Greek-English Concordance to the New Testament*, p. 60 (section 898).

198 Hendriksen (Hendriksen, *Exposition of the Pastoral Epistles* (*NTC*) (1974), pp. 134-135.)은 "διακονέω"가 신약에서 "집사로 섬긴다" (serve as deacon)라는 뜻으로 사용된 곳이 없고, "섬긴다" (to serve), "필요한 자들을 보살핀다" (to care for one's needs)라는 뜻으로 사용되었음을 근거로 딤전 3:13의 "섬김을 잘한 자들" 속에 감독들과 그의 보조자들도 포함시켜야 한다고 주장한다. Hendriksen insists that "We may even go farther and admit that the blessing described in verse 13 will actually be enjoyed by elders as well as by deacons and their assistants." (p. 135). 하지만 딤전 3:1-12의 문맥은 딤전 3:13의 "섬김을 잘한 자들"을 오직 집사들에게만 해당하는 것으로 해석하는 것을 더 지지한다. Knight (*The Pastoral Epistles: A Commentary on the Greek Text* (1992), p. 173.)와 박윤선 (『성경주석: 바울서신』, (1964), p. 482.)과 Kelly (*A Commentary on the Pastoral Epistles* (1981), p. 85.)는 딤전 3:13이 집사들이 교회 내에서 좋은 평판과 영향력을 갖게 될 것을 뜻한다고 주장한다.

다운" 직분이다. 그리고 바울은 디모데전서 3:13을 시작하면서 "왜냐하면"(γάρ)을 사용한다. 이는 지금까지 설명한 집사의 자격(딤전 3:8-12)을 근거로 사용한 것이므로 "아름다운 지위"는 감독직분이 아니요, 집사로서 잘했다는 "좋은 평판"을 받게 될 것이라는 뜻이다. 디모데전서 3:13의 말씀은 집사직에 해당하는 것이지 감독직까지 포함시킬 수는 없는 것이다.[199] 바울은 집사직분을 잘 실행한 사람들이 교회 내에서 "좋은 평판"과 "영향력"을 갖게 될 뿐만 아니라, 또한 "그리스도 예수 안에 있는 믿음에 큰 담력"(딤전 3:13)을 갖게 될 것이라고 가르친다. "믿음에 큰 담력"을 갖는다는 말씀은 성실한 집사들이 자신들이 믿는 "그리스도 예수 안에 있는 믿음"에 확신을 가지게 된다는 뜻이다. 그들은 전혀 흔들리지 않는 믿음을 가지고 교회를 섬길 수 있게 된다는 뜻이다. 헨드릭센(Hendriksen)은 "이 확신은 예수 그리스도를 중심으로 한 믿음(주관적 의미)을 가리킨다. 집사가 자유롭게 그리고 즐겁게 증언할 것에 관한 것이다."[200]라고 설명한다. 바울은 집사의 직분을 성실하게 실행한 사람들은 자신들이 믿는 믿음에 대해서도 자신감과 담력을 얻게 된다고 가르친다.

---

199 물론 딤전 3:13의 διακονήσαντες의 주어가 διάκονοι가 아니요, οἱ로 되어 있지만 바로 전절인 딤전 3:12에서 명백하게 διάκονοι를 언급하고 이어서 딤전 3:13에서 οἱ를 사용했기 때문에 οἱ διακονήσαντες는 "집사들의 행위"에 국한시켜 생각하는 것이 타당하다.

200 Hendriksen, *Exposition of the Pastoral Epistles* (*NTC*) (1974), p. 135.; Guthrie, *The Pastoral Epistles: Tyndale,* (1990), p. 98.: "But whereas this particular application is unusual for Paul, it is surely not inconceivable that the apostle should use his favourite expression when describing faith, since he is here concerned with the exercise of faith and not the body of Christian doctrine."

3. 하나님의 교회의 특성(딤전 3:14-16)

> 14 내가 속히 네게 가기를 바라나 이것을 네게 쓰는 것은 15 만일 내가 지체하면 너로 하여금 하나님의 집에서 어떻게 행하여야 할지를 알게 하려 함이니 이 집은 살아 계신 하나님의 교회요 진리의 기둥과 터니라 16 크도다 경건의 비밀이여, 그렇지 않다 하는 이 없도다 그는 육신으로 나타난 바 되시고 영으로 의롭다 하심을 받으시고 천사들에게 보이시고 만국에서 전파되시고 세상에서 믿음 바 되시고 영광 가운데서 올려지셨느니라 (딤전 3:14-16, 개역개정)

딤전 3:14-15 바울은 이제 자신이 디모데가 있는 에베소로 속히 가기를 원하지만 상황이 어떻게 전개될지 알 수 없어서 우선 디모데가 꼭 알아야 할 것을 쓴다고 말한다. 그래서 바울은 "내가 속히 네게 가기를 바라나"(딤전 3:14) "내가 지체하면 너로 하여금 하나님의 집에서 어떻게 행하여야 할지를 알게"(딤전 3:15) 하려고 "이것을"(딤전 3:14)[201] 네게 쓴다고 말한다. 그러면 바울이 여기서 언급한 "이것을"은 무엇을 가리키는가? 바울은 "이것들"이 하나님의 집에서 행해져야 할 것들이라고 말한다. 일반적으로 디모데전서 2장과 3장의 내용들은 하나님의 집에서 행해져야 할 것들이다. 그러므로 "이것들"은 이미 언급한 것들뿐만 아니라 뒤따르는 교훈들도 포함하는 것으로 보는 것이 합당하다. 간단하게 설명하면 디모데전서 전체를 가리킨다고 생각할 수 있다.[202] 칼빈(Calvin)은 바울이 디모데에게 자신이 에

201 바울은 "이것을" (ταῦτα: 딤전 3:14) 강조하기 위해 문장의 맨 처음에 위치시킨다

202 Knight, III, *The Pastoral Epistles: A Commentary on the Greek Text* (1992), p. 178.; Cf. Köstenberger, *Biblical Theology for Christian Proclamation: Commentary on 1-2 Timothy*

베소에 속히 가기를 원한다고 말한 것은 디모데를 격려하기 위함일 뿐만 아니라 바울 자신의 부재 중에 게으름 피는 사람들에게 경고를 주기 위해서라고 설명한다.[203] 바울은 마케도니야 지방 빌립보(Philippi)에서 디모데전서를 기록하고 있다. 바울은 자신의 에베소 방문이 지연될 수도 있기 때문에 먼저 이 편지를 쓰는 것이다.

바울은 이제 "하나님의 집"(οἴκῳ θεοῦ)을 설명한다. 하나님의 "집은 살아 계신 하나님의 교회요 진리의 기둥과 터"(딤전 3:15)이다. 바울은 "하나님의 집"이 "하나님의 교회"요 "진리의 기둥"이요 "진리의 터"(ἑδραίωμα τῆς ἀληθείας)[204]임을 분명히 한다. 바울은 교회를 더 친밀한 표현인 "집"(home or house)의 개념으로 설명한다. "하나님의 집은 그의 교회이다."[205] 칼빈(Calvin)은 "하나님께서 교회를 그의 집으로 불러야 하는 좋은 이유들이 있다. 왜냐하면 하나님이 수양(adoption)의 은혜로 우리들을 그의 아들들로 받아들였을 뿐만 아니라 그 자신이 우리 가운데 거하시기 때문이다."[206]라고 설명한다. "교회는 '하나님의 집(οἶκος)'이요(히 3:6), '하나님의 거룩하신 처소(κατοικητήριον τοῦ θεοῦ)'요(엡 2:22), '거룩한 전(ναὸν ἅγιον)'이요(엡 2:21), '하나님의 성전(ναὸς θεοῦ)'이요(고전 3:16; 고후 6:16), 하나님이 주인이신 '큰 집(μεγάλῃ οἰκίᾳ)'이요(딤후 2:20), '신령한 집(οἶκος πνευματικός)'이다(벧

---

and Titus (2017), p. 136.

203 John Calvin, *The Second Epistle of Paul to the Corinthians, and the Epistles to Timothy, Titus and Philemon* (1973), p. 230.

204 딤전 3:15의 "ἑδραίωμα"(터, ground)는 hapax legomenon이다. Cf. Smith, *Greek-English Concordance to the New Testament*, p. 99 (section 1477).

205 Knight, III, *The Pastoral Epistles: A Commentary on the Greek Text* (1992), p. 180.: "God's οἶκος is his ἐκκλησία."

206 John Calvin, *The Second Epistle of Paul to the Corinthians, and the Epistles to Timothy, Titus and Philemon* (1973), p. 231.

전 2:5)."[207]

바울이 교회를 가리켜 "진리의 기둥과 터"(딤전 3:15)라고 교회에 대해 고귀한 명칭을 붙인 이유는 목사들에게 그들의 직분이 얼마나 존귀한 것인지를 설명하기 위해서이다. 칼빈(Calvin)은 "어떤 것도 하나님의 영광과 사람의 구원을 신봉하는 그 진리보다 더 존경스럽고 거룩한 것은 없다" .... "이 진리는 오직 교회의 사역을 통해서만 세상에 보존된다."[208]라고 함으로 교회의 중요성을 강조한다. 헨드릭센(Hendriksen)은 "기둥이 지붕을 지탱하고, 더 나아가 터가 전체 건축물을 지탱하는 것처럼, 교회도 복음의 영광스러운 진리를 지탱한다(참고, 딤후 2:19; 마 16:18)."[209]라고 설명한다. 교회는 하나님의 거하실 처소, 즉 성전이 되기 위해 계속 지어져 가고 있다. 맥켈비(Mckelvey)는 "교회를 건물로 생각할 때는 교회가 아직 건축 도상에 있지만 교회를 성전으로 생각할 때는 교회는 성령이 내주하시는 처소인 것이다."[210] 라고 해석한다. 성령이 내주 하시는 성전으로 생각할 때는 성도 개인이나 교회나 모두 완전하다(고전 3:16; 6:19). 그러나 교회를 건물로 생각할 때는 교회는 "준공 필"한 건물이 아니요 "건축 중"에 있는 건물이다. 그런데 하나의 건물이 튼튼하기 위해서는 건물을 이루고 있는 모든 부분이 튼튼해야 한다. 이 말씀은 교회에 속해 있는 모든 성도들이 건실해야 교회도 튼튼하다는 뜻이다. 그러므로 성도들은 서로 격려하고, 서로 돕고, 서로 경계함으로 서로를 튼실하게 만들어서 그

207 White, "The First and Second Epistles to Timothy and The Epistle to Titus," *The Expositor's Greek Testament*, p. 117.

208 John Calvin, *The Second Epistle of Paul to the Corinthians, and the Epistles to Timothy, Titus and Philemon* (1973), p. 231.

209 Hendriksen, *Exposition of the Pastoral Epistles* (*NTC*) (1974), p. 136.

210 R. J. Mckelvey, *The New Temple* (Oxford: Oxford University Press, 1969), p. 117.

리스도의 교회를 튼튼하게 만들어야 한다.

칼빈(Calvin)은 "교회는 그 사역으로 진리를 보존하고 전파하기 때문에 진리의 기둥이다. 하나님은 자신이 하늘에서부터 우리에게 내려오시지도 않고, 매일 천사들을 사자로 보내 그의 진리를 선포하시지도 않지만, 그는 그가 그 목적을 위해 임명한 목사들의 사역을 사용하신다. 혹은, 더 친근한 방법으로 설명하자면, 교회는 그들에게 하나님의 말씀으로 중생(new birth)을 가져오고, 그들을 그들의 전 생애 기간에 교육시키고 영양을 공급하고, 그들을 튼실하게 하고 온전한 완전에로 인도하시기 때문에 교회는 모든 성도들의 어머니가 아닌가?"[211]라고 정리한다.

딤전 3:16 바울은 "크도다 경건의 비밀이여, 그렇지 않다 하는 이 없도다"(딤전 3:16)라고 경건의 비밀의 위대함을 선포한다. 바울은 "그렇지 않다 하다"(ὁμολογουμένως: undeniably)[212]라는 특별한 용어를 사용하여 경건의 비밀의 귀중함을 강조한다. 신약성경에서 "경건"(εὐσέβεια)이란 용어는 15회 사용되고 "비밀"(μυστήριον)이란 용어는 27회 사용되는데, "경건의 비밀"과 비슷한 표현으로 "경건의 모양"(μόρφωσιν εὐσεβείας)이란 표현과 "경건의 능력"(τὴν δύναμιν εὐσεβείας)이란 표현은 목회서신에 나타나지만(딤후 3:5), "경건의 비밀"(τὸ τῆς εὐσεβείας μυστήριον)이란 표현은 디모데전서 3:16에서 유

211 John Calvin, *The Second Epistle of Paul to the Corinthians, and the Epistles to Timothy, Titus and Philemon* (1973), p. 231.

212 딤전 3:16의 "ὁμολογουμένως" (그렇지 않다 하다, 부인할 수 없다, without controversy)는 hapax legomenon이다. Cf. Smith, *Greek-English Concordance to the New Testament*, p. 247 (section 3572).

일하게 사용된다.[213] 성경에서 말하는 비밀은 이전에는 감추어져 있었으나 이제는 분명히 드러난 예수 그리스도를 통한 구속의 진리를 가리킨다. 바울은 예수님의 비하상태(humiliation)에서 승귀상태(exaltation)에 이르는 전 과정의 구속 사역을 요약 정리해 준다. 바울은 이제 "경건의 비밀"(the mystery of godliness)을 여섯 가지로 정리해서 설명한다(딤전 3:16).

첫째, 예수님은 "육신으로 나타난 바 되셨다"(딤전 3:16).[214] 삼위일체(Trinity) 하나님의 제2위이신 예수님께서 인간의 육체를 입으실 이유가 없었다. 그러나 하나님은 비록 죄를 지은 인간이지만 그가 창조하신 인간을 사랑하셔서 예수님으로 하여금 인간의 몸을 입게 하심으로 인간의 죄 문제를 해결하실 계획을 세우신다. 그러므로 예수님은 인간의 몸 이외에 다른 형체의 몸을 입고 오실 수는 없었다. 예수님은 반드시 인간의 몸을 입고 오셔야만 했다. 모든 인간은 아담(Adam)이 지은 원죄(the original sin) 때문에 태어나면서부터 죄의 몸을 가지고 태어난다. 인간의 몸을 입으신 예수님이 "죄의 몸"을 입으셨다면 예수님도 죄인일 수밖에 없고 결국 인간의 죄 문제를 해결하실 수 없게 된다. 따라서 인간의 몸을 입으신 예수님은 죄 없는 존재여야만 한다. 그래서 바울은 예수님의 성육신(Incarnation)을 묘사하면서 "죄 있는 육신으로 보내어"라고 표현하지 않고, "죄 있는 육신의 모양

---

213 J. B. Smith, *Greek-English Concordance to the New Testament*, p. 159 (section 2150), p. 237 (section 3366).

214 바울이 사용한 φανερόω 라는 용어는 예수님의 생애 중 네 번의 중요한 나타나신 사건과 연계하여 사용된다. 첫째, 예수님은 객관적으로 성육신을 통해 나타나셨다 (요 1:31; 히 9:26; 벧전 1:20; 요일 1:2; 3:5, 8.). 둘째, 예수님은 성육신과 관련된 계시로 나타나셨다(롬 16:26; 골 1:26; 4:4; 딤후 1:10; 딛 1:3.). 셋째, 예수님은 부활 후에 나타나셨다 (막 16:12, 14; 요 21:1, 14). 넷째, 예수님은 재림으로 나타나실 것이다 (골 3:4; 벧전 5:4; 요일 2:28; 3:2).

으로 보내어"(롬 8:3)라고 표현함으로 성육신하신 예수님이 죄 없으심을 분명히 하고 있는 것이다. "경건의 비밀" 중의 하나는 예수님이 하나님이시지만 죄 없는 육신의 모양으로 성육신하셨다는 것이다.

둘째, 예수님은 "영으로 의롭다 하심을 받으셨다"(딤전 3:16). 예수님은 인간의 몸을 입으셨지만 죄는 없으신 하나님이시다. 하지만 예수님은 인간의 죄 문제를 해결하시기 위해 이 땅 위에서 수많은 고난을 당하시고 결국 죄 값은 사망이라는 하나님의 원리에 따라(롬 6:23) 십자가에서 우리를 대신하여 죽으셨다(마 27:35-37; 막 15:25; 눅 23:33; 요 19:18). 죄 없으신 예수님이시지만 십자가에 못 박혀 죽으신 후 죽은 상태로 계속 남아 있다면 죄 있는 인간이나 다를 바 없다. 그래서 하나님은 예수님을 죽으신 지 사흘 만에 부활시키신 것이다. 바울은 예수님이 그의 부활에서 수동적 역할을 한 것으로 묘사한다. 그 이유는 예수님과 성도들을 같은 선상에 위치시킴으로 성도들의 부활을 확실히 하기 위해서이다.[215] 하나님이 성령을 사용하여 예수님을 부활시키신 것처럼 성도들도 성도 안에 내주하시는 성령을 사용하여 부활시키실 것이다(롬 8:11; 엡 1:17-20; 골 2:12; 살전 1:9-10). 바울은 "성결의 영으로는 죽은 자들 가운데서 부활하사 능력으로 하나님의 아들로 선포되셨으니"(롬 1:4)라고 예수님의 부활을 묘사한다. 예수님이 부활하셔서 부활체를 입으셔야 하는 것은 그를 믿음으로 죄 문제를 해결 받고 구원을 받은 모든 성도들이 예수님 재림 때에 죄를 지을 수 없는 같은 몸체인 부활체를 입도록 하시기 위해서이다. 비록 하나님의 구속 계획에 따라 예수님이 부활하셨지만 하나님께서 예수님의 생애를 죽음으로 마감하게 하시지 않고 성령으로 예수님을 부

215 박형용 『바울신학』 (수원: 합신대학원출판부, 2022), pp. 140-153.

활시키신 것은 예수님의 의로우심을 만천하에 공표하신 것이다. 그래서 바울은 예수님이 "영으로 의롭다 하심을 받으셨다"(딤전 3:16)라고 천명하는 것이다.

셋째, 예수님은 "천사들에게 보이셨다"(딤전 3:16). 하나님은 성육신하신 예수님에게 천사들을 붙여주셔서 예수님을 보호하게 하시고 그를 도우셨다. 예수님이 태어나실 때에도 "주의 사자가 현몽하여" 요셉에게 "그에게 잉태된 자는 성령으로 된 것이라"(마 1:20; 참조, 눅 2:9-14)라고 알려주었고, 예수님이 광야시험을 당할 때도 "천사들이 나아와서 수종"(마 4:1-11)을 들었다. 예수님은 그의 공생애 기간 동안 항상 천사들의 수종을 받으셨다. 그러나 바울이 디모데전서에서 예수님이 "천사들에게 보이셨다"(딤전 3:16)라고 말한 것은 예수님의 부활과 연계되었음이 분명하다. 왜냐하면 바울이 예수님의 부활을 언급하고 곧 이어 "천사들에게 보이셨다"고 말했기 때문이다. 성경은 예수님이 부활과 연계하여 천사들에게 보이신 사실을 분명히 한다(마 28:2-7; 막 16:5-8; 눅 24:4-7; 요 20:12-13; 행 1:10-11; 벧전 1:12). 이처럼 예수님은 부활 후에도 천사들을 그의 사역자로 삼으시고 수종을 받으신 것이다(히 1:6-7).

넷째, 예수님은 "만국에서 전파되셨다"(딤전 3:16). 예수님이 메시아(Messiah)로서 이 세상에 오셔서 고난당하시고 부활하실 것은 하나님의 계획이요 하나님의 뜻이었다. 죄가 세상에 들어오자 하나님은 "여자의 후손"을 보내주실 것을 약속하셨고(창 3:15), 메시아가 우리를 대신하여 고난과 고통을 당하시고(사 53:1-9) 부활하실 것(시 16:8-11; 22:15-18; 행 2:25-27)을 예고해 주시고 실현시켜 주셨다. 마찬가지로 예수님이 "만국에서 전파되신 사실"도 하나님의 계획이었고 하나님의 뜻이었다. 이사야(Isaiah) 선지자는 하나님이 그의 백성을 부르신 것은 그들을 "이방의 빛으로 삼아 나의 구원을 베풀어서 땅 끝까지 이르게"(사 49:6; 참조, 사 42:6) 하시기 위해서였다고 진술한다. 하나님의 이 계획은 "전도 대 명령"(The Great Commission)에서 확인되었다(마 28:18-20; 참고, 막 16:15-16; 행 1:8). 특별히 누가(Luke)는 "이르시되 이같이 기록되었으니"(οὕτως γέγραπται)라고 말한 후[216] 예수님의 죽음과 부활 그리고 복음의 전 세계적인 전파를 언급한다(눅 24:46-47). 하나님은 예수님의 죽음과 부활을 통해 구속을 성취하시고 이 속죄의 복음, 영생의 복음, 화목의 복음이 모든 족속에게 전파되도록 계획하셨다. 따라서 바울은 예수님이 "만국에 전파되신 것"(딤전 3:16)이라고 확인한다.

다섯째, 예수님은 "세상에서 믿은 바 되셨다"(딤전 3:16). 예수님을 통해 죄 문제가 해결되고 구속이 성취되었다는 사실이 만국에 전파된 이유는 무엇인가? 그 이유는 듣는 자들에게 믿을 수 있는 기회를 주시기 위해서이다. 바울은 "누구든지 주의 이름을 부르는 자는 구원을 받으리라 그런즉 그들이 믿지 아니하는 이를 어찌 부르리요 듣지도 못한 이를 어찌 믿으리요 전파하는 자가 없이 어찌 들으리요"(롬 10:13-14)라고 말하고, "믿음은 들음에서 나며 들음은 그리스도의 말씀으로 말미암았느니라"(롬 10:17)라고 가르친다. 사람들은 예수 그리스도를 통해 성취된 구속의 복음, 화해의 복음을 듣고 믿음이 생겨 예수 그리스도를 구세주로 인정하게 되는 것이다(롬 10:9-10; 엡 2:8). 바울은 예수님을 통해서만 구원이 가능하기 때문에(행 4:12) 예수님은

---

216 눅 24:46-47의 말씀은 예수님이 죽은 자 가운데서 부활하신 후 말씀하신 내용이므로 AD29년이나 AD30년경에 하신 말씀이다. 그러므로 이 시기에 신약성경은 아직 한 권도 기록되지 않은 상태이다. 그러므로 눅 24:46의 내용과 눅 24:47의 내용이 모두 구약에 기록되었다는 뜻이다.

"세상에서 믿은 바 되셨다"(딤전 3:16)라고 가르친 것이다.

여섯째, 예수님은 "영광 가운데서 올려지셨다"(딤전 3:16). 예수님은 부활하신 후 성육신 이전의 상태로 복귀하셔야 한다(행 1:9). 예수님이 성육신하시기 전 성 삼위 하나님은 모두 영(πνεῦμα)이셨다. 예수님의 성육신 기간 동안 1위 하나님은 영이셨고 3위 성령도 영이셨지만 2위 예수님은 인간의 몸을 입으신 상태로 100% 하나님이셨고 동시에 100% 죄 없는 인간이셨다. 예수님이 부활하심으로 이제 성삼위 하나님을 모두 영으로 부를 수 있게 되었다. 하지만 예수님은 성육신의 경험을 하셨기 때문에 바울은 부활 후의 예수님을 "살려주는 영"(πνεῦμα ζῳοποιοῦν: 고전 15:45)이라고 명명한다. 부활하신 예수님은 영광의 자리, 존귀의 자리, 권세의 자리인 "하나님 우편"에 앉아 계신다(마 26:64; 막 16:19; 눅 22:69; 행 7:55-56; 골 3:1). 물론 예수님은 구세주로서 활발하게 사역하시면서 영광 중에 계신다. 그래서 바울은 예수님이 "영광 가운데서 올려지셨다"(딤전 3:16)라고 가르친 것이다.

헨리(Henry)는 "무엇이 경건의 비밀인가? 그것은 그리스도이시다"라고 설명하고 디모데전서 3:16에 열거된 그리스도에 관한 여섯 가지를 요약 정리한다. 첫째, 그는 하나님으로 육체를 입으시고 나타나셨다(마 1:23; 요 1:14). 둘째, 그는 성령으로 의롭게 되셨다. 그는 죄인처럼 비난받으셨고, 죄인처럼 죽으셨지만 성령으로 다시 부활하셨다(롬 8:11; 고전 15:45). 셋째, 그는 천사들과 함께 나타나셨다. 천사들이 그를 경배했다(히 1:6-7). 천사들은 그리스도의 성육신, 그의 시험, 그의 고난, 그의 죽음, 그의 부활, 그의 승천 때에 시중을 들었다. 넷째, 그는 이방인들에게 전파되셨다. 경건의 비밀 중에 큰 부분이 그리스도가 이방인들에게 구세주가 되신다는 점이다(행 1:8). 다섯째, 세상에서 그를 구주로 믿은 사실은 그가 헛되이 전파되지 않았다는 증거이다. 이방인들도 그리고 많은 유대인들도 예수를 구주로 믿었다(행 4:12). 여섯째, 그는 그가 승천하실 때 영광으로 영접 받으셨다. 그는 승천하셔서 하나님의 우편 영광의 자리에 앉으셨다(히 1:13; 8:1).[217] 바울은 예수 그리스도가 구속을 성취하시기 위해 성육신하심을 시작으로 승귀하셔서 하나님의 우편에 앉으신 사실까지 구속성취를 위한 그리스도의 생애 전반을 디모데에게 가르치고 있는 것이다.

217 Matthew, Henry, *Matthew Henry's Commentary on the Whole Bible, Vol. VI. Acts to Revelation*. (n.d.), p. 818.

제4장
주해

1 TIMOTHY

디모데전서 4장 요약

바울은 디모데전서 제 4장을 두 부분으로 나누어 첫 번째 부분(딤전 4:1-5)에서는 거짓 교사들의 잘못된 가르침을 경계해야 한다고 말한다. 거짓 교사들은 믿음에서 떠난 사람들이요, 귀신의 가르침을 따르는 사람들이기 때문에 경계해야 한다고 가르친다(딤전 4:1). 그들은 결혼에 대한 잘못된 교훈을 가르치고 어떤 음식은 먹어서는 안 된다고 가르치는데 이는 비성경적인 교훈이라고 지적하고 모든 음식은 하나님이 창조한 것이므로 감사함으로 받으면 좋은 것이라고 가르친다(딤전 4:3-4). 그리고 바울은 "하나님의 말씀과 기도"(딤전 4:5)의 중요함을 강조한다. 바울은 두 번째 부분(딤전 4:6-16)에서 경건한 좋은 일꾼은 믿음의 말씀을 따르고 허탄한 신화를 버려야 한다고 가르친다(딤전 4:6-7). 바울은 디모데에게 육체의 연습도 유익이 있지만 경건은 현재의 세상에서 뿐만 아니라 다음 세상에서도 유익하다고 가르치고(딤전 4:8), 바울은 특히 디모데가 연소함 때문에 인정함을 받지 못해서는 안 되고(딤전 4:12) 안수 받을 때에 가졌던 헌신하겠다는 마음을 상기하여(딤전 4:14) 다른 사람들에게 본이 되어야 한다(딤전 4:12, 15)고 가르친다.

1. 배교에 대한 경고(딤전 4:1-5)

> 1 그러나 성령이 밝히 말씀하시기를 후일에 어떤 사람들이 믿음에서 떠나 미혹하는 영과 귀신의 가르침을 따르리라 하셨으니 2 자기 양심이 화인을 맞아서 외식함으로 거짓말하는 자들이라 3 혼인을 금하고 어떤 음식물은 먹지 말라고 할 터이나 음식물은 하나님이 지으신 바니 믿는 자들과 진리를 아는 자들이 감사함으로 받을 것이니라 4 하나님께서 지으신 모든 것이 선하매 감사함으로 받으면 버릴 것이 없나니 5 하나님의 말씀과 기도로 거룩하여짐이라 (딤전 4:1-5, 개역개정)

딤전 4:1-5 바울은 지금까지 "하나님의 교회"와 "경건의 비밀"에 대한 긍정적인 진술을 하고 이제 디모데전서 4장을 시작하면서 교회 내에서 진리에 반대되는 행동을 하는 사람들에 대한 부정적인 내용을 설명한다. 바울은 디모데에게 하나님의 교회가 어떤 단체인지를 바로 알아야 하고 "경건의 비밀"이 무엇인지를 확실히 알아야 하는 이유는 후일에 나타날 진리를 반대하는 사람들이 나타날 위험이 있기 때문이라고 한다. 그래서 바울은 "그러나 성령이 밝히 말씀하시기를 후일에 어떤 사람들이 믿음에서 떠나 미혹하는 영과 귀신의 가르침을 따르리라"(딤전 4:1)라고 시작하는 것이다. 칼빈(Calvin)은 "우리는 이렇게 빠른 시기에 앞으로 있을 위험에 대한 경고를 주심은 특별히 그의 교회를 위한 하나님의 위대한 보호조치라는 사실에 마땅히 주목해야 한다. 사탄은 많은 간계를 가지고 있어서 그 간계로 우리를 실족하게 하고 그리고 사탄은 많은 이상한 계략으로 우리를 공격하지만 하나님은 우리가 속임 당하기를 원하지 않는 한 충분한 갑주

(armour: 甲冑)를 우리에게 제공하신다."[218]라고 함으로 교회를 향한 하나님의 보호조치가 초대교회 때부터 이미 시작되었음을 밝힌다.

바울은 "성령이 밝히 말씀하시기를"(τὸ πνεῦμα ῥητῶς λέγει)이라는 표현으로 지금 말하고자 하는 내용(딤전 4:1)은 어떤 인간의 견해가 아니라 성령 하나님이 직접 하신 말씀임을 강조한다. 본 구절은 성령이 누구에게 말했는지는 분명히 밝히지 않고 있지만 문맥으로 보아 성령이 바울에게 말한 것을 소개하고 있는 것으로 보인다. "밝히"(ῥητῶς)[219]라는 용어는 "특별히" 혹은 "명확하게"라는 뜻을 가지고 있다. 바울은 "밝히"라는 용어를 사용함으로 성령이 확실한 어조로 그의 뜻을 밝혔다고 강조하고 있는 것이다. 그러므로 성령이 바울에게 밝힌 내용은 디모데가 특별히 관심을 가지고 교회를 섬겨야 할 내용들이다.

바울은 이제 성령께서 밝힌 앞으로 있을 배도(apostasy)에 대해 설명한다. 성령은 "후일에 어떤 사람들이 믿음에서 떠나 미혹하는 영과 귀신의 가르침을 따르리라"(딤전 4:1)라고 계시하신 것이다. 아담(Adam)은 죄 없는 세상에서 살면서도 간교하고 미혹하는 마귀의 꾀임에 넘어갔다(창 3:1-7). 하물며 죄로 가득 찬 이 세상에서 마귀의 간교함에 넘어가지 않을 사람이 있겠는가? 사탄(Satan)과 마귀(devil)는 예수 그리스도를 사랑하는 사람들을 증오한다. 사탄은 그의 간교한 방법을 총동원하여 성도들을 유혹하여 넘어뜨리려고 한다. 사탄의 방법은 교활하고 무자비하다. 사탄과 마귀를 이길 수 있는 유일한 방법

---

218 John Calvin, *The Second Epistle of Paul to the Corinthians, and the Epistles to Timothy, Titus and Philemon* (1973), p. 236.

219 딤전 4:1의 "ῥητῶς" (밝히)는 hapax legomenon이다. Cf. J. B. Smith, *Greek-English Concordance to the New Testament*, p. 316. (section 4390).

은 예수 그리스도를 주님으로 모시고 그의 삶을 닮아가는 것이다. 만약 우리가 예수님께서 우리를 가르쳐주시기를 원한다면, 우리는 그 학비로 우리의 삶 전체를 지불해야 한다.

바울은 성령의 계시를 통해 앞으로 어떤 사람들이 믿음을 버리고 "미혹하는 영과 귀신의 가르침을"(딤전 4:1) 따르게 될 것을 알고 있었다. 그래서 바울은 디모데후서에서도 "말세에 고통하는 때가 이르러"(딤후 3:1)라고 말한 후 배도의 현상들을 소개하고(딤후 3:1-8), 또한 "때가 이르리니"(딤후 4:3)라고 말한 후 배도의 다른 현상들을 소개하고 있는 것이다(딤후 4:3-4). 바울이 디모데전서 4:1에서 사용한 "후일에"(ἐν ὑστέροις καιροῖς)[220]라는 표현은 물론 "후일에"(in later times: NIV, RSV, NASB, ESV), "종말의 때에"(future times or in latter times: AV, NKJV)라고 번역할 수 있고, "마지막 때에"(in the last times)라고 번역할 수도 있다. 어느 뜻으로 받건 "후일에"(딤전 4:1)라는 뜻은 바울이 디모데후서 3:1에서 사용한 "말세에"(ἐν ἐσχάταις ἡμέραις)와 같은 뜻이라고 사료된다.

그러면 "말세"는 어느 때를 가리키는가? 베드로(Peter)는 구약의 요엘서(Joel)를 인용하면서 오순절(The Pentecost)을 기해 신약교회가 설립되는 것을 시작으로 "말세"가 시작되었음을 분명히 한다(행 2:17-21). 베드로는 요엘서(Joel)의 "그 후에"(욜 2:28)를 "말세에"(ἐν ταῖς ἐσχάταις ἡμέραις)로 고쳐 인용함으로(행 2:17) 오순절을 기해 말세가 시작되었음을 알리고 있는 것이다. 좀 더 넓은 전망으로 말하면 예수님의 초림으로 "말세"가 시작되었고, 예수님의 재림으로 말세가 끝나

220 딤전 4:1의 "ἐν ὑστέροις καιροῖς" (후일에)라는 표현은 신약성경에서 유일하게 이 구절에서만 나타난다.

게 되는 것이다. 그리고 이 기간 동안에는 "이 세상"과 "오는 세상"이 공존한다(엡 1:21).[221] 바울은 지금 이 말세의 기간에 많은 사람들이 "미혹하는 영과 귀신의 가르침을 따르리라"(딤전 4:1)라고 경고하고 있는 것이다. 바울이 디모데전서 4:2-3; 디모데후서 3:1-8; 디모데후서 4:3-4에 언급한 배도의 현상들은 바울이 먼저 기록한 서신들에서도 발견된다(롬 1:29-32; 3:10-18; 고전 6:9-10; 갈 5:19-21). 이처럼 바울이 먼저 쓴 그의 서신뿐만 아니라 목회서신에서 이 말씀을 기록한 것은 "미혹하는 영"의 활동이 이미 시작되었음을 밝히고 있는 것이다.[222]

바울은 이제 거짓 교사들이 어떤 사람들인지를 밝힌다. 그들은 "자기 양심이 화인을 맞아서 외식함으로 거짓말하는 자들"(딤전 4:2)이다. "화인을 맞아"(κεκαυστηριασμένων)[223]라는 용어는 "카우스테리아죠"(καυστηριάζω)라는 동사의 완료형 수동태로 신약성경에서 이곳에서만 사용된 용어인데 바울이 완료시상으로 처리한 것은 그들의 화인 맞은 상태가 현재에도 진행됨으로 구제불능이란 뜻이다.[224] 거짓 교사들이 "양심에 화인을 맞았다"라는 표현은 그들이 "붉게 달아오른 철로 인침을 받았다"라는 뜻이며, 또한 "노예를 팔고 살 때 뜨겁

---

221 박형용, 『바울신학』 (수원: 합신대학원출판부, 2022), pp. 111-115.

222 Geerhardus Vos, *The Pauline Eschatology* (Grand Rapids: Eerdmans, 1966), pp. 92-93.

223 딤전 4:2의 "κεκαυστηριασμένων" (화인을 맞아)은 hapax legomenon이다. Cf. Smith, *Greek-English Concordance to the New Testament*, p. 200 (section 2743).

224 참고로, Smith (*Greek-English Concordance to the New Testament*, 1974, p. 200)는 원래 καυστηριάζω로 처리해야 할 section 2743을 sigma (σ)가 없는 καυτηριάζω로 잘못 처리했기 때문에 본 필자는 여기서 철자의 오류가 있음을 밝혀둔다. Köstenberger (*Biblical Theology for Christian Proclamation: Commentary on 1-2 Timothy and Titus* (2017), p. 141.)는 κεκαυστηριασμένων을 "마귀적 수동태"(diabolical passive)로 규정하고 그 뜻은 마귀가 행위자(the agent)임을 함축하고 있다고 설명한다 (딤전 4:2).

게 달군 철로 이마에 인을 쳐서 자신의 소유라는 표식을 만든다"는 것과 같은 뜻이다. 이처럼 거짓 교사들은 양심에 화인을 맞은 것이다. 귀신의 가르침을 따르는 사람들의 양심은 올바로 작동할 수가 없다. 양심의 기능을 상실한 것이다. 헨드릭센(Hendriksen)은 "성령을 슬프게 하는 것은 성령을 저항하도록 인도하고, 성령을 저항하는 것은 성령을 소멸시키도록 인도한다. 그러면 그들 자신의 반역과 고집을 통해 그들의 양심은 영구히 화인을 맞게 되는 것이다. 양심은 무감각하게 되어 질 것이다. 그 좋은 예가 발람(Balaam)이다(민 22:12, 19, 21, 22, 32; 25:1-3; 벧후 2:15; 계 2:14)."[225]라고 양심이 화인 맞게 되는 과정을 설명한다.

또한 거짓 교사들은 양심에 화인을 맞은 상태이기 때문에 진실을 말할 능력이 없고 그들이 하는 말은 모두 거짓말에 해당하는 것이다. 양심에 화인 맞은 거짓 교사들의 삶과 교훈은 속이는 특성을 가진 사탄(Satan)의 하수인 역할을 하는 것과 같다. 원래 사탄은 뱀을 사용하여 아담과 하와를 속여 넘어지게 만들었다. 하나님(God)이 "선악을 알게 하는 나무의 열매는 먹지 말라 네가 먹는 날에는 반드시 죽으리라"(창 2:17)라고 아담(Adam)에게 말했는데, 사탄(Satan)은 "너희가 결코 죽지 아니하리라 너희가 그것을 먹는 날에는 너희 눈이 밝아져 하나님과 같이 되어 선악을 알 줄 하나님이 아심이니라"(창 3:4-5)라고 간교하게 미혹하여 아담과 하와를 넘어뜨렸다. 거짓 교사들은 성도들을 넘어뜨리기 위해 거짓말을 함으로 사탄의 하수인 역할을 하는 것이다. 바울은 "거짓말 하는 자들"(ψευδολόγων)[226]이 "미혹하는 영과

225 Hendriksen, *Exposition of the Pastoral Epistles* (*NTC*) (1974), p, 146.

226 딤전 4:2의 "ψευδολόγων"(거짓말하는 자들)은 hapax legomenon이다. Cf. Smith, *Greek-English Concordance to the New Testament*, p. 376 (section 5473).

귀신의 가르침"(딤전 4:1)을 따르는 자들임을 분명히 한다(딤전 4:2).

바울은 거짓 교사들의 거짓말을 일반적인 용어로 설명한 후(딤전 4:1-2) 이제 거짓 교사들의 구체적인 거짓말을 두 가지로 정리하고(딤전 4:3) 그에 대한 성도들의 대처방안을 가르친다(딤전 4:3-5). 두 가지의 거짓말은 첫째, 혼인을 금하는 것이며, 둘째, 어떤 음식은 먹어서는 안 된다는 것이다. 첫째, 혼인을 금하는 것은 하나님의 창조 원리에 역행하는 것이다. 하나님은 "사람을 창조하시되 남자와 여자를 창조"(창 1:27) 하셨다. 하나님은 "사람이 혼자 사는 것이 좋지 아니하니 내가 그를 위하여 돕는 배필을 지으리라"(창 2:18)라고 말씀하신다. 또한 하나님은 창조된 인간을 향해 "생육하고 번성하여 땅에 충만하라, 땅을 정복하라"(창 1:28)라고 말씀하신다. 이와 같은 말씀은 남자와 여자가 혼인하여 사는 것이 하나님의 뜻임을 분명히 한다. 그래서 예수님은 "사람을 지으신 이가 본래 그들을 남자와 여자로 지으시고 말씀하시기를 그러므로 사람이 그 부모를 떠나서 아내에게 합하여 그 둘이 한 몸이 될지니라"(마 19:4-5)라고 가르치신 것이다. 그러므로 "혼인을 금하는 것"은 창조 원리에 역행하는 것이요, 하나님이 좋다고 하신 창조 원리를 인정하지 않고 멸시하는 것이다. 바울은 한 때 복음 사역을 위해 혼자 사는 것의 유익을 언급했지만(고전 7:2-11) 이는 하나님의 창조 원리를 반대하는 것이 결코 아니다. 둘째, "어떤 음식물은 먹지 말라"(딤전 4:3)라는 것은 하나님의 선한 창조를 인정하지 않는 것이다. 하나님은 세상을 아름답고 완벽하게 창조하셨다. 그래서 성경은 "하나님이 지으신 그 모든 것을 보시니 보시기에 심히 좋았더라"(창 1:31)[227]라고 감탄하신 하나님의 모습을 전하고 있는 것이

227 70인경 (LXX)은 "Καὶ εἶδεν ὁ θεὸς τὰ πάντα, ὅσα ἐποίησε, καὶ ἰδοὺ καλὰ λίαν."

다. 이 말씀은 하나님이 창조하신 모든 것이 선하고 좋은 것임을 분명히 한다. 하나님이 먹을 수 있도록 창조하신 모든 음식물은 선하고 좋은 것이다. 예수님도 "모든 음식물을 깨끗하다"(막 7:19)라고 가르치셨다. 그런데 거짓 교사들은 하나님이 좋다고 하신 음식물들을 자신들의 잘못된 전제와 편견 때문에 좋지 않다고 규정하고 먹지 말라고 금지하는 것이다. 바울은 거짓 교사들의 잘못된 교훈에 대해 "음식물은 하나님이 지으신 바니"(딤전 4:3)라는 말로 답을 한다. 하나님은 우리들이 먹을 수 있도록 음식물을 창조하셨다. 하나님은 인간의 몸을 창조하실 때 음식물을 먹어야 유지될 수 있도록 창조하신 관계로 음식물도 함께 창조하시어 인간에게 제공하신 것이다. 칼빈(Calvin)은 "사람이 먹는 모든 종류의 음식이 주님에 의해 그들의 손에 들려졌다는 것을 아는 것은 모든 경건한 사람들에게 크나큰 기쁨을 준다. 그래서 음식을 즐기는 것은 잘못이 없고 합법적인 것이다. 하나님께서 자유롭게 주신 것을 사람이 어떻게 빼어갈 수 있는가? 인간이 음식을 창조할 수 있는가 혹은 그들이 하나님의 창조를 쓸모없게 만들 수 있는가? 우리는 항상 음식을 창조하신 분이 우리의 즐거움을 위해 그것을 주셨다는 것과 사람이 그것을 금지시키려고 하는 것은 쓸데없는 일임을 항상 기억하도록 하자."[228]라고 설명한다. 바울은 음식을 창조하신 하나님의 목적을 알고 있었기에 "음식물은 하나님이 지으신 바니 믿는 자들과 진리를 아는 자들이 감사함으로 받을 것이니라"(딤전 4:3)라고 가르치는 것이다.

(창 1:31)라고 번역 처리했다. 70인경을 직역하면 "그리고 하나님이 그가 지으신 모든 것을 보셨다. 그리고 '보라 얼마나 좋은지'"라고 할 수 있다.

228 John Calvin, *The Second Epistle of Paul to the Corinthians, and the Epistles to Timothy, Titus and Philemon* (1973), p. 240.

바울은 "믿는 자들과 진리를 아는 자들이 감사함으로 받을 것이니라"(딤전 4:3)라는 말씀을 통해 창조된 음식물을 감사함으로 받을 수 있는 사람과 그렇지 못한 사람이 있다는 것을 확인한다. 예수를 믿는 성도들은 "범사에 감사하라 이것이 그리스도 예수 안에서 너희를 향한 하나님의 뜻이니라"(살전 5:18)라는 교훈을 알고 있기에 모든 일에 감사할 수 있다. 하지만 불신자들은 죄 문제를 해결 받지 못했고 영생을 보장받지 못한 상태이고 하늘나라의 시민권을 소유하지 못한 형편이기 때문에 범사에 감사할 수가 없다. 이 세상에서의 고난과 고통은 순례자(pilgrim)의 길을 가는 성도들에게는 그리스도를 바라보게 하는 자극제가 되고 단련을 시키는 도구가 되지만, 방랑자(wanderer)의 길을 가는 불신자들에게는 불평과 불만의 원인이 되고 극심한 고통만 뒤따를 뿐이다. 순례자의 길을 가는 성도들은 하나님이 그들의 즐거움을 위해 음식물을 창조해 주셨다는 사실에 대해 감사할 수 있고, 음식물을 취함으로 힘을 얻어 더 활발한 순례자의 길을 갈 수 있기 때문에 더욱 하나님께 감사할 수 있다. 그래서 바울은 "하나님께서 지으신 모든 것이 선하매 감사함으로 받으면 버릴 것이 없나니"(딤전 4:4)라고 가르친 것이다. 창조의 기사를 보면 모든 창조물은 창조의 목적에 따라 그 자체의 위치를 지킬 때 선하고 좋았다. 그래서 하나님도 "보시기에 심히 좋았다"라고 감탄하셨다(창 1:31). 하나님은 모든 것을 선하게 창조하셨지만 결국 인간의 죄가 하나님의 창조물에 잘못된 영향을 미친 것이다(창 3:17-18). 그러므로 성도들은 음식물을 포함한 모든 것을 감사함으로 받아야 한다.

그러면 본문의 "하나님의 말씀과 기도로 거룩하여짐이라"(딤전 4:5)라는 말씀의 뜻은 무엇인가? 원래 헬라어 본문은 디모데전서 4:5을 "왜냐하면"(γάρ)으로 시작하는데 한글 개역개정은 "왜냐하면"이란 용어를 번역하지 않았다.[229] 디모데전서 4:5의 "왜냐하면"은 바로 전 구절(딤전 4:4)에서 언급한 "하나님께서 지으신 모든 것이 선하매 감사함으로 받아야 한다는" 이유를 디모데전서 4:5에서 설명하고 있다는 뜻이다. 하나님은 세상의 모든 것을 말씀으로 창조하셨고 창조된 모든 것이 좋았다고 선언하신다(창 1:10, 12, 18, 21, 25, 31). 예수님도 "모든 음식물을 깨끗하다"(막 7:19; 참조, 딛 1:15)라고 가르치셨다. 하나님의 말씀을 받는 성도들은 하나님이 창조하신 모든 창조물이 선하고 정결하다는 사실을 알고 있다. 그리고 성도들이 음식물을 받을 때 그것이 우리들을 위해 마련하신 것으로 알고 감사의 마음과 함께 기도로 받으면 그 음식물은 성별된 음식물로 우리의 유익을 위해 쓰인다. 바울은 하나님의 말씀과 기도로 음식 자체가 도덕적으로 거룩해진다고 가르치지 않는다.[230] 따라서 바울이 "하나님의 말씀과 기도로 거룩하여짐이라"(딤전 4:5)라고 가르치는 것은 하나님의 말씀으로 정결하게 창조한 것을 우리의 기도로 확인한다는 것을 뜻하는 것이다. 성도들이 음식을 대할 때 하나님이 우리를 위해 선하게 창조하신 것임을 기도로 받으면 그 음식은 우리를 위한 성별된 음식이 되는 것이다.

229 영어의 경우 "because" (NIV)로, "for" (RSV, NASB, ESV, NKJV)로 번역 처리했다.

230 Cf. Otto Procksch, "ἁγιάζω," *Theological Dictionary of the New Testament,* Vol. 1 (Grand Rapids: Eerdmans, 1972), pp. 111-112.: "Sanctification (ἁγιάζειν) is not moral action on the part of man, but a divinely effected state."

2. 교회의 신실한 일꾼의 특성(딤전 4:6-16)

6 네가 이것으로 형제를 깨우치면 그리스도 예수의 좋은 일꾼이 되어 믿음의 말씀과 네가 따르는 좋은 교훈으로 양육을 받으리라 7 망령되고 허탄한 신화를 버리고 경건에 이르도록 네 자신을 연단하라 8 육체의 연단은 약간의 유익이 있으나 경건은 범사에 유익하니 금생과 내생에 약속이 있느니라 9 미쁘다 이 말이여 모든 사람들이 받을만하도다 10 이를 위하여 우리가 수고하고 힘쓰는 것은 우리 소망을 살아 계신 하나님께 둠이니 곧 모든 사람 특히 믿는 자들의 구주시라 11 너는 이것들을 명하고 가르치라 12 누구든지 네 연소함을 업신여기지 못하게 하고 오직 말과 행실과 사랑과 믿음과 정절에 있어서 믿는 자에게 본이 되어 13 내가 이를 때까지 읽는 것과 권하는 것과 가르치는 것에 전념하라 14 네 속에 있는 은사 곧 장로의 회에서 안수 받을 때에 예언을 통하여 받은 것을 가볍게 여기지 말며 15 이 모든 일에 전심 전력하여 너의 성숙함을 모든 사람에게 나타나게 하라 16 네가 네 자신과 가르침을 살펴 이 일을 계속하라 이것을 행함으로 네 자신과 네게 듣는 자를 구원하리라 (딤전 4:6-16, 개역개정)

딤전 4:6-7 바울은 "네가 이것으로 형제를 깨우치면 그리스도 예수의 좋은 일꾼"(딤전 4:6)이 될 것이라고 가르친다. 그리스도 예수의 좋은 일꾼이 되는 조건은 "이것으로" 형제를 깨우치거나 혹은 가르치는 것이다. 그러면 "이것들"은 무엇을 가리키는가? 본문에서 "이것들"은 이전 구절인 디모데전서 4:1-5에서 찾아야 한다. 즉 "이것들"은 성령께서 밝히 말씀하신 것처럼 앞으로 잘못된 교훈이 일어날 것이요, 그리고 그 잘못된 교훈을 따를 사람들이 많이 있을 것임을 알리고 경계하는 것이다. 디모데는 거짓 교사들의 잘못된 교훈이 현재는 물론이거니와 앞으로도 계속 교회를 위태롭게 할 것이라는 사실을 교회의 리더들과 에베소교회 성도들에게 분명하게 설명해 주어야 한다. 디모데는 형제들에게 거짓 교사들의 잘못된 교훈을 버리고 올바른 하나님의 말씀(λόγου θεοῦ)을 따르라고 권면해야 한다.

그리고 바울이 "네가 이것으로 형제를 깨우치면"(딤전 4:6)이라고 권면할 때 "이것으로" 속에는 기도(ἐντεύξεως)도 포함되었을 것으로 사료된다. 왜냐하면 바로 전절인 디모데전서 4:5에서 "하나님의 말씀과 기도로 거룩하여 짐이니라"(딤전 4:5)라고 가르치고 있기 때문이다.[231] 교회가 거룩하여지고 알차게 성장하기 위해서는 하나님과 대화하는 것이 필수적이다. 바울은 이미 "모든 사람을 위하여 간구와 기도와 도고와 감사"(딤전 2:1) 기도를 하라고 가르친 바 있다. 기도는 영혼이 하나님 앞에 무릎을 꿇는 것이다. 우리의 몸의 자세가 어떤 상태이건 그것이 문제가 아니라, 우리의 영혼이 무릎을 꿇을 때 우리는 하나님께 기도하게 된다. 기도할 때는 교만한 사람이 한 사람도 없다. 그 이유는 우리가 기도할 때 우리는 하나님의 위대하심과 전능하심을 인정하고 그를 의지하게 되기 때문이다. 기도는 하나님으로부터 능력과 평화를 얻는 통로이다. 기도하지 않고 능력을 발휘할 수 없고, 기도하지 않고 마음의 평강을 누릴 수 없다. 기도는 하나님의 능력의 창고와 평화의 창고를 여는 열쇠와 같다. 디모데는 바로 이와 같은 진리를 형제들에게 알게 하여야 한다.

바울이 사용한 "깨우치면"(ὑποτίθημι)이라는 용어는 "지적하다"(point out), "제시하다"(suggest)라는 뜻으로 사용되는데 "명령한다"라는 개념보다는 "겸손한 태도"로 말하는 것을 나타낸다(딤전 4:6).[232]

---

231 바울이 딤전 4:5에서 일반적으로 기도를 뜻하는 용어인 기도 (προσευχή)라는 용어를 사용하지 않고 특별하게 딤전 2:1에서 사용된 도고 (ἐντεύξεως)라는 의미의 용어를 사용했지만, 딤전 4:5에서의 기도는 일반적인 의미의 기도를 뜻하는 것으로 생각하는 것이 타당하다. 그 이유는 바울이 기도를 하나님의 말씀과 함께 사용하고 있기 때문이다.

232 "깨우치면" (ὑποτιθέμενος)은 권위나 명령을 내포하고 있지 않다. 오히려 바울은 "어떤

바울이 이런 의미의 용어를 선택한 것은 디모데가 교회를 섬길 때 겸손한 태도로 섬겨야 할 것을 암시하고 있는 것이다. "형제를 깨우치면"이라는 표현에서 "형제"(ἀδελφοί)라는 용어는 하나님의 가족, 즉 교회의 멤버들을 가리킨다(딤전 3:15). 예수님은 이 용어를 그를 따르는 모든 사람들에게 적용하셨다(마 12:50; 28:10; 막 3:35; 요 20:17). 따라서 "형제를 깨우치는 것"은 동료 성도들을 깨우치는 것이다. "최상의 방어는 공격이다"라는 말이 있다. 진리를 긍정적으로 제시하는 것이 거짓을 가장 잘 논박하는 것이라는 원리는 모든 시대의 교회가 계속 배워야 할 필요가 있는 것이다.[233] 그리고 바울은 좋은 일꾼이 어떤 사람이어야 할 것을 계속해서 설명한다. 즉 그것은 "믿음의 말씀과 네가 따르는 좋은 교훈으로 양육을 받은"(딤전 4:6) 사람이어야 좋은 일꾼의 자격이 있다는 말씀이다. 구원을 받는 것과 그리스도의 좋은 일꾼이 되는 것은 다른 차원의 일이다. 사람이 성경을 잘 몰라도 예수 그리스도를 구주로 고백하면 구원을 받을 수 있다. 하나님은 모든 죄인이 접근할 수 있도록 구원의 문을 가장 쉽게 열 수 있도록 설계하신 것이다(롬 10:9-10). 하지만 그리스도의 좋은 일꾼이 되기 위해서는 성경의 내용을 잘 알아야 한다. 바울은 본문에서 "그리스도 예수의 좋은 일꾼"[234]이 되기 위해 "믿음의 말씀"과 "좋은 교훈"으로 양육을 받아야 한다고 말하고 있다. "믿음의 말씀"과 "좋은 교훈"은 하나님의 말씀인 성경을 가리킨다.

디모데는 바울이 제시한 것들로 형제들을 깨우치는 일을 함으로

것을 어떤 사람에게 알게 한다"라는 뜻을 가진 이 용어를 통해 사랑을 강조한다.

233 Donald Guthrie, *The Pastoral Epistles* (*Tyndale*) (1990), p.106.

234 바울은 칼로스 (καλὸς), 즉 "좋은"이라는 용어를 "그리스도 예수의 좋은 일꾼이 되어"라는 표현의 맨 앞에 위치시킴으로 "좋은"을 강조하고 있다.

그는 "그리스도 예수의 좋은 일꾼"(딤전 4:6)이 되어 "믿음의 말씀"(τοῖς λόγοις τῆς πίστεως)과 "좋은 교훈"(τῆς καλῆς διδασκαλίας)으로 양육을 받을 수 있게 된다. 디모데는 형제들을 깨우침으로 자신이 "믿음의 말씀"과 "좋은 교훈"으로 "양육을 받게 되는 것이다"(ἐντρέφω).[235] 바울은 "믿음의 말씀"이라고 표현하면서 "믿음"을 정관사와 함께 사용함으로 믿는 내용, 즉 구원에 관한 기독교의 진리를 가리키고 있다. 그리고 "좋은 교훈"에는 "네가 따르는"(παρηκολούθηκας)이란 수식어를 붙여 사용함으로 디모데가 어릴 적부터 외조모 로이스(Lois)와 어머니 유니게(Eunice)로부터 배운 교훈을 잘 따르고(딤후 1:5) 인내했음을 암시하고 있다. 많은 사람들이 어릴 적부터 예수 그리스도를 순수하게 배우지만 시간이 흐름에 따라 예수님을 배반하고 떨어져 나가지만 디모데는 그런 배반의 길을 가지 않고 헌신적으로 주님을 따랐다는 뜻이다. 그래서 바울은 디모데를 가리켜 "참 아들 된 디모데"(딤전 1:2)라고 불렀고, 빌립보 성도들에게 편지하면서 "너희 사정을 진실히 생각할 자"(빌 2:20)가 나에게 디모데밖에 없다고 말했고, 바울 자신이 어려운 상황에 처했을 때 "너는 어서 속히 내게로 오라"(딤후 4:9)라고 요청할 만큼 디모데는 어릴 적부터 계속적으로 주님과 교회와 바울을 사랑했다. 그래서 바울은 "깨우치면"과 "양육을 받으리라"를 현재시상(present)으로 처리하고, "네가 따르는"이란 표현을 완료시상(perfect)으로 처리하여 디모데의 일관된 신실성을 드러내고 있는 것이다.

바울은 계속해서 좋은 일꾼이 되기 위해서 필요한 연단의 이야기

235 딤전 4:6의 "ἐντρέφω" (양육을 받는다)는 hapax legomenon이다. Cf. Smith, *Greek-English Concordance to the New Testament*, p. 132 (section 1789).

를 이어간다. 바울은 "망령되고 허탄한 신화를 버리고 경건에 이르도록 네 자신을 연단하라"(딤전 4:7)라고 명령한다. 본문을 좀 더 강하게 표현한다면 "쓸데없고 늙은 여인들이나 즐기는 신화를 버리라, (그리고) 경건을 위해 자신을 훈련하라"라고 말할 수 있다. 바울은 "버리는 것"과 "연단하는 것"을 대칭시켜 "신화"(μῦθος)는 버리고(παραιτοῦ) "경건"(εὐσέβεια)은 연단하라(γύμναζε)고 명령형으로 권면하는 것이다. 여기 두 가지의 교훈이 있다. 하나는 부정적인 것으로 "버리는" 것이요, 또 하나는 긍정적인 것으로 "훈련하는" 혹은 "연습하는" 것이다. 바울은 "버리고"(παραιτοῦ)와 "연단하라"(γύμναζε)를 현재시상, 명령형으로 처리함으로 디모데가 지금 지키고 따라야 함을 강조하고 있다. 바울의 명령대로 디모데는 "망령되고 허탄한 신화"는 버려야 하고, "경건에 이르도록" 연단 받아야 한다(참조, 딤전 1:4). 박윤선 박사는 "연단하라"라는 말은 체육계에서 경기 연습 때에 사용되는 용어로서 경건은 용이하게 얻을 수 없다는 뜻을 담고 있다. 그러므로 경건은 연습을 많이 하여야 획득할 수 있다고 정리한다.[236] 바울은 이미 "망령되고 허탄한 신화"의 부정적인 역할을 설명한 바 있다. 바울은 "신화와 끝없는 족보에 몰두하지 말라"(딤전 1:4)라고 경계했었다. 신화와 끝없는 족보는 같은 것을 다른 표현으로 설명했을 뿐이다.[237] 신화는 하나님의 경륜을 인정하지 않고 쓸데없는 변론만 일으키는 것으로 성도가 미혹되어서는 안 되는 것들이다. 신화는 그리스도의 복음과는 전혀 관계가 없는 것이다. 바울이 "경건에 이르도록 네 자신을 연단하라"(딤전 4:7)라고 강조하는 이유는 바로 다음 절에서 찾을

236 박윤선, 『성경주석: 바울서신』 (1964), p. 487.

237 William Hendriksen, *Exposition of the Pastoral Epistles* (*New Testament Commentary*) (1974), p. 58.

수 있다.

딤전 4:8 바울은 "육체의 연단은 약간의 유익이 있으나 경건은 범사에 유익하니 금생과 내생에 약속이 있느니라"(딤전 4:8)라고 설명한다. 본문 후반부를 "경건은 범사에 유익하니 현재와 미래에 생명의 약속이 있느니라"라고 번역할 수도 있다. 바울은 성도들이 일상생활에서 쉽게 경험할 수 있는 "육체의 연단"과 "경건한 삶의 연단"을 대칭시켜 경건한 삶의 연단의 중요성을 부각시킨다. 물론 육체의 연단은 건강을 유지하고 삶에 활력을 제공하고 자신의 외모를 돋보이게 하는 유익함이 있다. 바울은 이를 가리켜 "약간의 유익이 있다"(πρὸς ὀλίγον ἐστὶν ὠφέλιμος)라고 표현한다. 하지만 육체의 연단은 경건한 삶의 연단과는 비교가 되지 않는다. 왜냐하면 경건한 삶은 이 세상뿐만 아니라 오는 세상과도 관련이 있기 때문이다. "경건한 삶의 연습"은 현재와 미래에 생명의 약속을 가지고 있다. 칼빈(Calvin)은 "경건은 기독교인의 삶의 시작이요, 중간이요, 그리고 끝이다. 경건이 완전하게 되면 아무것도 부족하지 않다."[238]라고 설명한다. 경건한 삶은 영원한 삶이요, 그리스도 안에서 하나님과 교제하는 삶이며, 하나님의 사랑과 평강을 누리는 삶이다. 그래서 바울은 이런 유익을 위해 경건에 이르기를 연습하라고 명령하고 있다. 누가(Luke)는 사도행전 10장에서 고넬료(Cornelius)가 군대의 백부장이었지만 그가 "경건한 사람"임을 분명히 한다(행 10:1-35). 그가 경건할 수 있었던 이유는 그가 하

238 John Calvin, *The Second Epistle of Paul to the Corinthians, and the Epistles to Timothy, Titus and Philemon* (1973), p. 244.: "Godliness is the beginning, middle and end of Christian living and where it is complete, there is nothing lacking."

나님을 경외하고, 하나님께 기도하며, 또한 백성들을 많이 구제했기 때문이다. 박윤선 박사는 "경건은 범사에 유익하니 금생과 내생에 약속이 있느니라"(딤전 4:8)를 해석하면서 "복음을 믿어 경건하게 하나님을 공경하는 자는 이 세상에서도 하나님의 축복을 누린다(마 6:33). 그러나 그는 내세에 들어가 더 큰 축복을 누린다. 이것이, 우리 본문에 말한 '경건은 범사에 유익하니'라는 말씀의 내용이다."[239]라고 정리한다. 바울은 자신의 회심 이후의 삶을 통해(행 9:1-9; 22:2-15; 26:9-18) 경건한 삶을 위한 연단이 얼마나 중요함을 알고 있었다.

헨드릭센(Hendriksen)은 디모데전서 4:8을 해석하면서 "그는(바울은) 결코 육체의 연습의 가치를 과소평가하지 않는다. 그는 두 가지를 말하고 있다. 첫째, 육체의 연습이 제공하는 혜택은, 그것이 비록 큰 것일지라도, 경건한 생활이 약속하는 보상보다는 확실하게 열등하다는 것이다. 전자(육체의 연습)는 기껏해야 건강, 열정, 육체의 모습의 아름다움을 제공한다. 이것들은 좋은 것들이요 감사해야 한다. 그러나 후자(경건한 생활)는 영생을 제공한다. 둘째, 육체의 연습이 제공하는 유익의 범위(sphere)가 경건한 생활이 제공하는 보상의 범위보다 훨씬 더 많이 제한을 받고 있다는 것이다. 전자(육체의 연습)는 여기와 지금에 관한 것이다. 후자(경건한 생활)는 여기와 지금 뿐만 아니라 그 이상 더 멀리까지 미친다."[240]라고 정리한다. 육체의 연단은 육체가 살아있을 때에만 약간의 유익을 준다, 하지만 경건은 육체가 살아 있는 이 세상과 육체가 죽은 이후의 오는 세상에서 약속을 보장받는 유익이 있다(엡 1:21). 그래서 바울은 디모데에게 "경건에 이르도록 네 자신을

239 박윤선, 『성경주석: 바울서신』 (1964), pp. 487-488.

240 William Hendriksen, *Exposition of the Pastoral Epistles* (*New Testament Commentary*) (1974), p. 151.

연단하라"(딤전 4:7)라고 명령하는 것이다.

딤전 4:9-11 바울은 이제 "미쁘다 이 말이여"(πιστὸς ὁ λόγος)라는 말씀으로 디모데전서 4:9을 시작한다. 바울은 "미쁘다 이 말이여"를 디모데전서에서 세 번 사용하는데(딤전 1:15; 3:1; 4:9) 본 구절에 나온 것이 마지막으로 사용된 것이다. 하지만 바울은 디모데후서 2:11과 디도서 3:8에서 한 번씩 더 사용함으로 목회서신에서 이 표현을 모두 합쳐 다섯 번 사용한 셈이다. 학자들 사이에 디모데전서 4:9의 "미쁘다 이 말이여"가 앞에 언급된 디모데전서 4:8을 가리킨다는 견해와 뒤따르는 디모데전서 4:10을 가리킨다는 견해로 양분된다. 걷스리(Guthrie)는 디모데전서 4:10의 주제(subject matter)가 디모데전서 4:8의 주제보다 더 무게가 있는 신학적인 주제이기 때문에 디모데전서 4:9의 "미쁘다 이 말이여"는 뒤따르는 구절을 가리키는 것으로 받는 것이 타당하다고 주장한다. 그리고 그 예로 디모데후서 2:11을 제시한다.[241] 하지만 문맥을 자세히 살펴보면 디모데전서 4:9의 "미쁘다 이 말이여"는 뒤따르는 말씀을 가리키기보다 이미 앞에서 설명한 내용(딤전 4:8)을 가리킨다고 생각하는 것이 문맥과 더 잘 어울린다.[242] 디

241 Donald Guthrie, *The Pastoral Epistles* (*Tyndale*) (1990), p. 107.; Cf. William D. Mounce, *Pastoral Epistles* (*WBC*), Vol. 46 (Nashville: Nelson, 2000), p. 247.

242 Köstenberger. *Biblical Theology for Christian Proclamation: Commentary on 1-2 Timothy and Titus* (2017), p. 147.; Knight, III, *The Pastoral Epistles: A Commentary on the Greek Text* (1992), pp. 201-202.; White, "The First and Second Epistles to Timothy and The Epistle to Titus," *The Expositor's Greek Testament*, Vol. IV, p. 124.; Lenski, *The Interpretation of St. Paul's Epistles to the Colossians, to the Thessalonians, to Timothy, to Titus and to Philemon*, p. 636.; 박윤선, 『성경주석: 바울서신』 (1964), p. 488.

모데전서 4:8은 잠언적 어록(proverbial saying)의 형태로 구성되어 있으며, 거짓 교사들을 대항하는 어록의 한 부분으로 경건을 유지하는 것이 중요함을 가르친다. 그러므로 디모데전서 4:9의 "미쁘다 이 말이여"는 앞 절인 디모데전서 4:8을 가리킨다고 생각하는 것이 더 타당하다. 바울은 디모데전서 4:8의 말씀이 신실한 어록임을 확인하고 이 어록이야말로 "모든 사람들이 받을 만하도다"(딤전 4:9)라고 천명하는 것이다.

바울은 경건을 연단하는 과정이 "우리가 수고하고 힘쓰는"(딤전 4:10) 과정이지만 그 수고와 고난이 결코 헛되지 않은 이유는 우리의 소망이 분명하기 때문이라고 설명한다. 성도들이 경건의 연단을 위해 겪는 고난은 경건의 강도를 더욱 단단하게 만드는 풀무 불 역할을 한다. 칼빈(Calvin)은 "역경으로 고난을 당할 때에도 성도들은 그 (바울)가 언급한 어떤 약속도 잃지 않는다. 결론은 성도들이 그들의 고난 때문에 비참하지 않다. 왜냐하면 선한 양심은 그들을 보존하고 복되고 즐거운 결과가 그들을 기다리고 있기 때문이다."[243]라고 설명한다. 성도들이 고난 중에도 기쁘고 즐거워할 수 있는 이유는 성도들의 소망이 살아계신 하나님께 있기 때문이다. 하나님은 성도들을 위해 구속 계획을 설립하신 분이시요, 그 계획을 성취하실 능력이 있는 분이시요, 모든 성도들을 위해 자신의 독생자까지 희생시킬 만큼 성도들을 사랑하시는 분이시다.

그런데 바울은 디모데전서 4:10에서 하나님을 가리켜 "모든 사람 특히 믿는 자들의 구주시라"(딤전 4:10)라고 설명한다. "모든 사람들의

243 John Calvin, *The Second Epistle of Paul to the Corinthians, and the Epistles to Timothy, Titus and Philemon* (1973), p. 245.

구주"(σωτὴρ πάντων ἀνθρώπων)라는 표현은 디모데전서 4:10에서 유일하게 사용된(hapax legomenon) 표현이다. 바울은 일반적으로 예수님을 가리켜 구주(σωτήρ: Savior)라고 표현하는데 목회서신에서는 특별하게 하나님을 가리켜 구주라고 자주 표현한다(딤전 1:1; 2:3; 4:10; 딛 1:3; 2:10; 3:4). 물론 바울이 하나님을 가리켜 구주라고 표현한 것은 하나님이 예수 그리스도의 대속적 죽음(substitutionary death)을 통해 구속을 계획하시고 성취하셨기 때문이다. 하나님은 인간이 죄를 범하자 독생자 예수 그리스도의 십자가상의 죽음과 부활을 통해 인간의 죄 문제를 해결하시고 인간에게 영생을 확보해 주셨다(창 3:15; 사 53:4-6; 미 5:2; 눅 1:31-33; 2:11; 행 4:12; 롬 1:1-4; 3:22-24; 10:9-10). 그래서 바울은 당당하게 "구주이신 살아계신 하나님"(θεῷ ζῶντι, ὅς ἐστιν σωτήρ)이라고 선언할 수 있었다(딤전 4:10). 바울은 구속 역사의 설계자가 바로 전능하시고 살아계신 하나님이기 때문에 우리의 소망이 흔들릴 수 없다고 천명하는 것이다.

바울은 "너는 이것들을 명하고 가르치라"(딤전 4:11)라는 명령으로 지금까지의 교훈을 정리한다. 따라서 디모데전서 4:11의 "이것들"은 뒤따르는 교훈들을 가리킨다고 생각하기보다 이미 언급한 교훈들을 가리킨다고 보는 것이 더 타당하다. 왜냐하면 이미 언급한 교훈의 내용은 모든 성도들에게 해당되는 것이지만(딤전 4:1-10), 뒤따르는 교훈은 거의 디모데에게만 해당되는(딤전 4:12-16) 내용이기 때문이다.[244]

---

244 Knight, III, *The Pastoral Epistles: A Commentary on the Greek Text* (1992), p. 204.; William Hendriksen, *Exposition of the Pastoral Epistles* (*New Testament Commentary*) (1974), p. 157.; Köstenberger. *Biblical Theology for Christian Proclamation: Commentary on 1-2 Timothy and Titus* (2017), p. 150.; Kelly, *A Commentary on the Pastoral Epistles* (*Thornapple Commentaries*) (1981), p. 103.

바울은 "명령하라"(παράγγελλε)와 "가르치라"(δίδασκε)라는 두 개의 명령형을 사용하여 디모데가 행해야 할 것들을 구체적으로 촉구하고 본 단락을 정리한다.

딤전 4:12-16 바울은 디모데전서 4:12-16에서 디모데가 개인적으로 행해야 할 것들을 설명한다. 바울은 여덟 개의 명령형을 사용하여 디모데가 해야 할 것을 조목조목 정리해 준다.

첫째 명령은 "네 연소함을 업신여기지 못하게 하라"(딤전 4:12)라는 명령이다. "업신여기다"(καταφρονέω)라는 용어는 "경멸하다"(despise) 혹은 "경시하다"(look down) 등의 뜻을 가지고 있다.[245] 그러면 디모데의 나이가 몇 살쯤 되었는데 "네 연소함을 업신여기지 못하게 하라"라고 바울이 명령하고 있는가?

우선 바울의 나이부터 생각해보도록 한다. 일반적으로 바울은 BC 6년경에 태어난 것으로 알려져 있다. 그리고 다메섹(Damascus) 도상에서의 그의 회심(conversion)은 AD 33년이나 34년으로 추정한다(행 9:1-19).[246] 바울(사울)은 대략 40세에 회심한 것이다. 예루살렘 공회(Jerusalem Council)는 AD 50년에 모였다. 바울은 예루살렘 공회 직후

---

245 Ceslas Spicq, "καταφρονέω, καταφρονητής," *Theological Lexicon of the New Testament*, Vol. 2 (Peabody: Hendrickson Publishers, 1996), p. 283.: "The verb has the sense 'treat with disdain, pay no attention to.'"; Cf. J. I. Packer, "Despise, καταφρονέω," *The New International Dictionary of New Testament Theology*, Vol. 1 (Grand Rapids: Zondervan, 1975), p. 462.: "In the NT, as in the LXX, the common use of this word-group is in contexts dealing with lack of due respect for the words, works, ministers and people of God."

246 Jerome Murphy-O'Connor, *Paul: A Critical Life* (1997), p. 8.

제2차 선교여행을 떠나는데 그 기간은 대략 AD 50-53년 사이의 대략 2년으로 추정할 수 있다. 바울은 제2차 선교여행 초기에 루스드라에서 디모데를 선교팀에 합류시킨다(행 16:1-3). 이 당시 바울의 나이는 56세-59세로 추정된다.

바울의 제3차 선교여행은 대략 AD 53-57년 정도로 추정되며 이 기간 속에 에베소교회를 섬기는 3년도 포함된다(행 20:31).[247] 제1차 로마 감옥에 감금된 시기는 대략 AD 62년 봄-64년 봄까지 2년간 (행 28:30)으로 추정된다. 바울의 나이가 대략 68세에서 70세였을 것으로 예상된다. 그리고 AD 64년 7월 19일부터 28일까지 로마(Rome)시에서 큰 화재가 발생한다. 네로 황제는 자신을 시인으로 착각하고 로마 통치에 큰 영향력을 발휘하지 못하고 있었다. 로마의 화재가 발생했을 당시 네로는 로마에서 56km 떨어진 안티움(Antium)에 있는 빌라에 머물고 있었기 때문에 화재에 대한 직접적인 책임이 없었지만 로마의 백성들은 네로가 자신의 심미적인 취향에 따라 로마시를 재건축하기 위해 로마시에 불을 놓았다고 믿고 네로를 비난하게 되었다. 문제가 비화되자 네로는 로마시의 화재의 원인을 기독교인들의 소행으로 돌린다. 네로는 그런 이유를 빌미로 기독교인들을 심하게 핍박하기 시작한다.[248] 바울은 풀려난 후 아시아지역을 방문하고 빌립보(Philippi)에서 AD 67년에 디모데전서와 디도서를 기록하고 드로아(Troas)에서 다시 붙잡혀(딤후 4:13) 제2차로 로마 감옥에 감금되는데 이 시기는 AD 67년 후반부나 68년 전반기에 있었던 것으로 추정된

247 박형용, 『사도행전주해』 (수원: 합신대학원출판부, 2017), pp. 224, 235.; 박형용, 『로마서주해』 (수원: 합신대학원출판부, 2022), p. 14.; Cf. Murphy-O'Connor, *Paul: A Critical Life* (1997), pp. 29, 31.

248 *The New Encyclopaedia Britannica*, Vol. 8, "Nero" (Micropaedia) 1994, p. 606.

다. 바울이 네로 황제의 치하에서 순교하였으므로 순교의 시기를 AD 68년 봄 정도로 예상해 볼 수 있다. 왜냐하면 네로 황제(Nero: AD 54-68)가 AD 68년 6월 9일 자살로 그의 생을 마감했기 때문이다. 그렇다면 바울은 순교할 당시 74세였다. 이렇게 볼 때 바울은 디모데전서를 기록하면서 디모데에게 "네 연소함을 업신여기지 못하게 하고"(딤전 4:12)라고 말할 수 있을 만큼 나이가 든 노인이었다.

그러면 디모데는 디모데전서를 받을 때 어느 정도 젊은이였는가? 헨드릭센(Hendriksen)은 디모데가 바울의 제2차 선교여행 중 루스드라에서 바울을 만날 때 대략 22세-27세 정도였을 것으로 추정한다.[249] 헨드릭센의 계산에 의하면 디모데는 AD 50-53년에 22세-27세 정도 된 것으로 추정된다. 그렇다면 바울이 디모데전서를 기록한 연대가 AD 67년경이므로 늦게 잡아도 디모데는 36세-41세 정도 된 청년이었다.(67년-53년=14년+27세=41세).[250] 그런데도 바울은 디모데에게 "네 연소함을 업신여기지 못하게 하고"(딤전 4:12)라고 권고할 수 있었던 것은 그 당시의 관습과 무관하지 않다. 누가(Luke)는 스데반(Stephen)의 죽음 현장에서 사울(바울)을 가리켜 "청년"(νεανίου)이라고 불렀다(행 7:58). 그 당시 바울의 나이는 디모데가 디모데전서를 받을 때의 나이와 거의 비슷하다. 이레니우스(Irenaeus, c. 130-c. 202)는 사람

---

249 William Hendriksen, *Exposition of the Pastoral Epistles* (*New Testament Commentary*) (1974), p. 157.

250 Knight, III, *The Pastoral Epistles: A Commentary on the Greek Text* (1992), p. 205.: "Timothy's age, in his thirties (the estimate most would agree on), might seem to be a handicap in the Ephesian community, where some of the other believers and other elders are older."; Lenski (*The Interpretation of St. Paul's Epistles to the Colossians, to the Thessalonians, to Timothy, to Titus and to Philemon,* 1964, p. 640)는 디모데의 나이를 35세에서 40세 사이로 추정한다.

이 40세가 될 때까지는 분명하게 젊다고 부를 수 있다고 진술했다.[251] 이처럼 그 당시의 관습은 디모데의 나이 정도의 사람을 청년으로 간주할 수 있었기에 바울은 자연스럽게 디모데에게 "네 연소함"이라고 말할 수 있었다. 더 나아가 바울은 젊은이들이 쉽게 혈기를 내고, 변덕스럽고, 정욕에 쉽게 끌리는 습성이 있기 때문에 디모데에게 "누구든지 네 연소함을 업신여기지 못하게 하고 오직 말과 행실과 사랑과 믿음과 정절에 있어서 믿는 자에게 본"(딤전 4:12)이 되도록 하라고 구체적으로 권면하는 것이다.

둘째 명령은 "믿는 자에게 본이 되라"(딤전 4:12)이다. 바울은 "본이 되라"(τύπος γίνου)는 말씀과 함께 "오직 말과 행실과 사랑과 믿음과 정절에 있어서" 본이 되라고 명령한다. "말"(in speech)은 매일매일 삶 속에서 사용되는 개인적인 언어활동을 뜻한다. 교회의 리더들은 특별히 말을 조심해야 한다. 십년 공들인 탑이 말 한 번 잘못해서 와르르 무너지게 된다. 야고보(James)는 "혀는 곧 불이요 불의의 세계라 혀는 우리 지체 중에서 온 몸을 더럽히고 삶의 수레바퀴를 불사르나니 그 사르는 것이 지옥 불에서 나느니라"(약 3:9)라고 함으로 말을 조심스럽게 해야 할 것을 가르친다.[252] "행실"(in the manner of life)은 일상생활에서 나타나는 습관이나 사람을 대할 때의 태도를 뜻한다. 사람을 대할 때 얼굴 표정도 그 사람의 행실을 판단하는데 중요한 역할을 한다. 말은 잘하면서도 행실이 뒷받침되지 못한 지도자는 존경을 받지 못하고 인정함을 받지 못한다. "사랑"(in love)은 기독교의 최고의 덕목이다(고전 13:1-13). 교회의 지도자는 하나님의 조건 없는 사랑을

251 St. Irenaeus, *Against Heresies*, ii, 22, 5.

252 박형용, 『야고보서 유다서 주해』 (수원: 합신대학원출판부, 2023), pp. 131-142.

본받아(롬 5:8) 다른 사람들의 구원 문제와 복지에 관심을 가져야 하고, 다른 사람들의 잘못을 너그러운 마음으로 교정해 주는 사람이어야 한다(딤후 2:24-25). 바울은 사랑이 웅변보다도, 예언보다도, 구제보다도 더 탁월하다고 가르친다(고전 13:1-3). "믿음"(in faith)은 사랑과 함께 하나님의 선물이다(엡 2:8-9). 바울은 사랑과 믿음을 연계시켜 자주 사용한다(고전 13:13; 딤전 1:14; 2:15; 딤후 2:22; 딛 3:15). 헨드릭센(Hendriksen)은 "사랑은 수평적인 관계를 가리키고, 믿음은 수직적인 관계를 가리킨다"[253]라고 해석함으로 사랑은 성도들 상호 간의 관계에서 실행되는 것을 말하고, 믿음은 하나님과의 관계에서 실행되는 것을 말하는 것으로 정리한다. 믿음의 대상은 사람이 아니요 하나님이며 사람은 사랑의 대상이다. 분명한 것은 믿음과 사랑이 함께 역사한다는 진리이다. "정절"(in purity)은 순결한 마음에서 온다. "정절"(ἁγνείᾳ)은 성적인 문제에 있어서 순결한 것을 뜻할 뿐 아니라, 마음이 순수하고 깨끗함을 뜻한다(참조, 고후 6:6은 명사형을 '깨끗함'으로 번역).

셋째 명령은 "전념하라"(딤전 4:13)이다. 바울은 "전념하라"(πρόσεχε) (devote oneself to)라고 명령하면서 자기가 이를 때까지 "읽는 것"과 "권하는 것" 그리고 "가르치는 것"에 전념하라고 말한다. "내가 이를 때까지"는 "내가 속히 가기를 바라나"(딤전 3:14)와 잘 조화를 이룬다. 어쩌면 바울은 자신이 에베소(Ephesus)에 도착하면 디모데에게는 다른 임무를 맡길 것을 생각했을 수 있다. 그래서 바울은 "내가 이를 때까지 읽는 것과 권하는 것과 가르치는 것에 전념하라"(딤전 4:13)라고 명령하는 것이다. "읽는 것"(ἀναγνώσει)은 구약 성경은 물론이거니와 바울이 디모데전서를 기록할 때까지 이미 기록된

253 Hendriksen, *Exposition of the Pastoral Epistles* (1974), p. 158.

신약 성경도 포함된다. 디모데전서와 디도서가 AD 67년에 기록되었고, 디모데후서가 AD 68년에 기록되었으므로 그 당시로 보아서는 요한(John) 사도가 기록한 신약성경(요한복음, 요한 1서, 요한 2서, 요한 3서, 계시록)을 제외한 다른 모든 신약성경이 이미 기록된 것으로 사료된다.[254] 그러므로 바울은 디모데에게 구약은 물론 이미 기록된 신약을 읽는데 전념하라고 명령하는 것이다. "읽는 것"은 개인적으로 읽는 것(private reading)을 뜻하기보다 공적으로 읽는 것(public reading)을 뜻한다(눅 4:16-21; 행 13:15; 15:21). 그리고 "공적으로 성경을 읽는 것"이 중요한 것은 아직 신구약 성경이 보편화되기 이전이므로 개인적으로 성경을 소유할 수 있는 형편이 아니었기 때문이다. "권하는 것"(παρακλήσει)은[255] 거짓 교사들의 잘못된 교훈에 대한 경고일 뿐만 아니라, 성경의 말씀을 바르게 가르치고 격려하는 일을 포함한다. "권하는 것"은 "읽는 것"과 관련이 있는데 왜냐하면 "권하는 것"은 읽은 성경을 근거로 권고하거나 위로할 수 있기 때문이다. 또한 "권하는 것"은 "가르치는 것"과도 관련이 있는데 왜냐하면 "권하는 것" 자체가 가르치는 행위이기 때문이다. 그런데 "권하는 것"은 특별히 부정적으로는 잘못된 것을 경고하고, 긍정적으로는 바른 교훈을 가르쳐 깨우치는 것이다. "가르치는 것"(διδασκαλίᾳ)은 확실하게 지적인 특성과 관련을 가지고 있다. "가르치는 것"은 성경을 읽고 그 교리적인 내용을 설명하는 것이다. 바울은 "모든 성경이 하나님의 감동으로 된 것으로 교훈"(딤후 3:16)하기에 유익하다고 가르친다. 디모데는 성

254 박형용, 『새롭게 다시 쓴 신약개관』 (서울: 아가페출판사, 2002), p. 261.

255 "권하다" (παρακαλέω)라는 용어는 신약성경에서 108회 사용되는데 특별히 요한복음, 요한 서신들, 계시록과 야고보서, 베드로후서에서는 사용되지 않은 용어이다. Cf. Smith, *Greek-English Concordance to the New Testament*, p. 275 (section 3770).

경 말씀을 근거로 어떻게 사는 것이 하나님의 백성으로서 이 세상에서 사는 것인지를 가르쳐야 한다. 이렇게 디모데는 바울이 도착하기까지 성경을 공적으로 읽고 그 말씀을 근거로 성경의 교리를 가르치고 권하는 일에 전념해야 한다.

넷째 명령은 "가볍게 여기지 말라"(딤전 4:14)이다. 바울은 디모데에게 "장로의 회에서 안수 받을 때에 예언을 통하여 받은"(딤전 4:14) 은사를 "가볍게 여기지 말라"(μὴ ἀμέλει)(do not neglect)라고 명령하고 있다. 블래이크로크(Blaiklock)는 "손을 얹어 안수하는 것은 유대주의로부터 전해 내려오는 권위의 상징적인 전승이었다(신 34:9; 민 8:10)"[256]라고 해석한다. 교회를 위해 말씀 사역자로 봉사하기 위해서는 교회의 공적 조직인 "장로의 회"에서 인정을 받아야 한다. "장로의 회"는 오늘날 장로교회의 구조에 비추어 보면 "노회"(presbytery)에 해당된다. 디모데는 언제 장로의 회에서 인정함을 받은 의식에 참여했는가? 사도행전의 기록에 의하면 바울은 바나바(Barnabas)와 결별하고(행 15:39) 실라(Silas)를 데리고 제2차 선교여행을 시작한다. 그런데 바울과 실라가 루스드라(Lystra)에 이르렀을 때에 디모데를 만나게 되었는데 누가(Luke)는 디모데를 가리켜 "거기 디모데라 하는 제자가 있으니"(행 16:1)라고 기록한다. 누가는 디모데를 바울의 제자(μαθητής)라고 부른 것이다. 성경은 이 만남이 바울과 디모데의 이름을 연계하여 기록한 처음 예이다. 그런데 디모데가 어떻게 바울의 제자가 될 수 있었는가? 그 이유는 바울의 제1차 선교여행 당시 바울이 루스드라에서 디모데를 만나 그를 제자로 삼을 수 있었다고 사료된다(참조, 행 14:6-12, 21-23). 따라서 바울이 제2차 선교여행 당시 루스드라에서

256 E. M. Blaiklock, *Commentary on the New Testament* (1977), p. 197.

디모데를 다시 만나 그에게 안수함으로 복음의 사역자로 삼고 선교팀의 한 멤버로 함께 사역을 하게 된 것이다. 참고로 바울의 선교팀은 실라(Silas)와 디모데(Timothy) 그리고 드로아에서 합세한 누가(Luke)[257]가 바울과 함께 한 팀으로 복음을 땅끝까지 전파하는데 크게 기여한 것이다(행 1:8; 28:23-31). 바울은 디모데전서를 기록하면서 바로 이 루스드라에서 디모데가 선교팀으로 합세할 때 그를 안수함으로 복음 사역자로 인정한 사실을 회상하면서 "장로의 회에서 안 수 받을 때에 예언을 통하여 받은"(딤전 4:14) 은사를 가볍게 여기지 말라고 권면하고 있는 것이다.

켈리(Kelly)는 "바울은 하나님의 사역을 위해 젊은 사람이 적절한지에 대해 선지자들이 상세하게 설명해 주었던 어떤 특별한 행사나 혹은 행사들을 생각하고 있었는데, 그 행사는 디모데가 아직도 생생하게 기억하고 있을 특별한 행사였다. 이 행사는 우리에게 알려진 바와 같이 예언적 활동이 있었던 그가 안수 받을 때 발생했을 수도 있고(딤전 4:14), 혹은 에베소의 사역을 위해 그를 임명할 때 있을 수도 있었고, 혹은 그의 생애의 어떤 다른 사건의 과정에서 발생했을 수 있었다."[258]라고 정리한다. 켈리의 설명에서처럼 디모데가 아직도 생생하게 기억하고 있을 사건은 그가 선교팀에 합세하면서 안수 받을 때라고 사료된다. "손을 얹어 안수하는 것은 은사가 주는 자에게서

---

257 사도행전의 기록에 누가가 드로아 (Troas)에서 바울 일행과 합세 했다는 확실한 기록은 없다. 하지만 사도행전의 저자인 누가가 드로아를 떠날 때 "우리가 드로아에서 배로 떠나" (행 16:11)라고 하며 "우리 구절"을 처음으로 사용한다. 저자인 누가도 그 일행 속에 포함되었음에 틀림없다. "우리 구절"은 행 16:10-18; 20:6-16; 21:1-17; 27:1-28:16에서 나타난다. 참조, 박형용, 『사도행전주해』 (수원: 합신대학원출판부, 2017), p. 12.

258 Kelly, *A Commentary on the Pastoral Epistles* (*Thornapple Commentaries*) (1981), p. 57.

받는 자에게로 옮겨진다는 것을 상징한다."[259] 물론 은사는 성령께서 안수 받는 자에게 그의 뜻대로 제공한다. 디모데는 그가 처음 안수 받을 때 받은 은사를 귀중하게 여기고 복음 사역에 항상 임해야 한다.

다섯째 명령은 "이 일들을 실천하라"(딤전 4:15)는 것이다. 바울은 "이 모든 일에 전심전력하여 너의 성숙함을 모든 사람에게 나타나게 하라"(딤전 4:15, 개역개정)라고 명령한다. 본 구절을 표준새번역은 "이 일들을 실천하고, 그것에 전심전력을 다하십시오. 그리하여 그대가 발전하는 모습이 모든 사람에게 드러나게 하십시오."(딤전 4:15, 표준새번역)라고 번역한다. 표준새번역이 헬라어 원문에 더 충실한 번역이라고 사료된다.[260] 따라서 디모데전서 4:15에 언급된 두 명령인 다섯째와 여섯째는 표준새번역을 활용하여 설명할 것이다.

바울은 "너의 성숙을 모든 사람에게 나타내기 위해" "이 일들을 실천하라"(ταῦτα μελέτα : practice, endeavor)라고 명령하고 있다. 이 일들을 실천하는 것은 디모데의 성숙을 모든 사람에게 나타내는 것이다. 바울은 디모데전서 4장 전체의 내용을 "이 일들"이라는 말로 표현하고 있다. 디모데는 거짓 교사들의 잘못을 분명히 알고, 올바른 믿음의 말씀으로 양육 받아 자신의 삶을 경건하게 훈련시킴으로 모든 사람에게 그의 성숙함을 보여주어야 한다.

---

259 Hendriksen, *Exposition of the Pastoral Epistles* (1974), p. 159.

260 딤전 4:15의 헬라어 본문인 "ταῦτα μελέτα, ἐν τούτοις ἴσθι"를 한글 번역은 "이 모든 일에 전심전력하여"(개역개정, 바른성경)로, "이 일들을 명심하고 힘써 행하십시오"(표준새번역개정)로, "이 일들을 실천하고, 그것에 전심전력을 다하십시오"(표준새번역)로 처리했다. 영어 번역은 "Practice these duties, devote yourself to them," (RSV)으로, "Take pains with these things; be *absorbed* in them." (NASB)으로, "Practice these things, immerse yourself in them." (ESV)으로, "Be diligent in these matters; give yourself wholly to them." (NIV)으로 처리했다. 영어 번역은 RSV가, 한글 번역은 표준새번역이 원문에 충실한 것으로 사료되어 본 구절을 주해할 때 표준새번역을 사용하였음을 밝힌다.

여섯째 명령은 "전심전력을 다하라"(표준새번역; 딤전 4:15)는 것이다. 디모데가 "전심전력해야 하는 것"(ἐν τούτοις ἴσθι; devote yourself to these things) 역시 그의 "성숙함을 모든 사람에게 나타나게"(딤전 4:15) 하기 위해서이다. 표준새번역이 사용한 "그것에"(ἐν τούτοις)는 다섯째 명령에 사용한 "이 일들"(ταῦτα)을 가리킴에 틀림없다. 결국 "이 일들"이나 "그것"이나 모두 디모데전서 4장 전체의 내용을 지칭하는 것이다.

일곱째 명령은 "살펴라"(딤전 4:16)이다. 디모데는 자기 자신과 가르침을 "살펴야 한다"(ἔπεχε; pay close attention to). 디모데는 자신이 "예수 그리스도의 좋은 일꾼"(딤전 4:6)인지를 살펴야 하고, 경건한 삶을 살고 있는지 살펴야 하며(딤전 4:8), "말과 행실과 사랑과 믿음과 정절에 있어서 믿는 자에게 본"(딤전 4:12)이 되는지 살펴야 하고, 그리고 그의 "성숙함을 모든 사람에게 나타나게"(딤전 4:15)하는 삶을 살고 있는지 살펴야 한다. 디모데는 또한 자신이 "거짓 교사들"의 가르침과는 다른 올바른 가르침을 가르치고 있는지 살펴야 하고(딤전 4:1-5), 그가 그의 외조모 로이스와 어머니 유니게로부터 배운 좋은 교훈(딤후 1:5; 딤전 4:6)으로 양육을 받고 잘 가르치고 있는지 살펴야 한다. 디모데는 자기 자신뿐만 아니라 그가 가르치는 교훈을 면밀히 살펴야 한다.

여덟째 명령은 "계속하라"(딤전 4:16)이다. 바울은 이제 마지막으로 디모데에게 "이 일을 계속하라"(ἐπίμενε αὐτοῖς; continue)라고 명령한다. "이 일은" 바로 전에 언급된 "네 자신과 가르침을"(딤전 4:16) 가리킨다고 생각할 수 있기 때문에 결국 지금까지 언급한 디모데전서 4장 전체의 요점들을 포함한다고 생각된다. 바울은 이제 "이것을 행함으로 네 자신과 네게 듣는 자를 구원하리라"(딤전 4:16)라는 중요한 말을 하고 디모데전서 4장을 마무리한다. 물론 사람을 구원하시는 분은 오로지 하나님 한 분뿐이시다. 하나님만이 사람의 구원의 저자이시다. 그러나 하나님은 사람의 노력, 특히 교회를 섬기는 목사의 노력을 사용하셔서 구원하시는 일을 하신다. 목사의 목회가 하나님이 사용하시는 구원 사역의 수단이 될 수 있다. 그래서 바울은 디모데에게 "이것을 행함으로 네 자신과 네게 듣는 자를 구원하리라"(딤전 4:16; 롬 10:8, 13-15)라고 천명하는 것이다.

제5장
주해

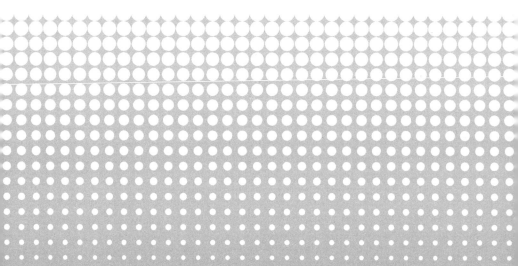

1 TIMOTHY

디모데전서 5장 요약

바울은 디모데전서 제 5장에서 나이 많은 어르신들을 어떻게 대해야 할 것(딤전 5:1–2)과 참 과부를 어떻게 대우해야 할 것(딤전 5:3–16)을 가르친다. 바울은 "자기 가족을 돌보지 아니하면 믿음을 배반한 자요 불신자보다 더 악한 자니라"(딤전 5:8)라고 자기 가족을 돌보듯 참 과부를 돌보아야 한다고 강력하게 권고한다. 바울은 교회의 직분의 귀중함을 가르친다. 교회의 장로들을 진심으로 존경해야 하되 잘 다스리는 장로들을 더욱 존경해야 하고 특히 "말씀과 가르침에 수고하는 이들"(목사)을 존경해야 한다고 가르친다(딤전 5:17). 바울은 교회의 직분들을 세울 때는 경솔하게 세워서는 안 된다고 경계한다(딤전 5:21–22). 그리고 바울은 디모데의 건강을 염려하면서 자주 나는 병을 위하여 포도주를 조금씩 마시라고 권고하고(딤전 5:23) 제 5장을 마무리 한다.

1. 가족처럼 성도들을 대하는 태도(딤전 5:1-2)

> 1 늙은이를 꾸짖지 말고 권하되 아버지에게 하듯 하며 젊은이에게는 형제에게 하듯 하고 2 늙은 여자에게는 어머니에게 하듯 하며 젊은 여자에게는 온전히 깨끗함으로 자매에게 하듯 하라 (딤전 5:1-2, 개역개정)

딤전 5:1-2 바울은 이제 기독교 공동체 내의 구체적인 사람들을 어떻게 섬겨야 할지를 디모데에게 권고한다. 디모데가 에베소 교회를 섬길 때 당연히 성도들의 잘못을 교정해 주어야 하는 경우가 발생할 수 있다. 그러므로 바울은 디모데에게 "늙은이" "젊은이" "늙은 여자" "젊은 여자"를 구체적으로 언급하면서 그들을 대할 때 가족의 일원으로 생각하고 대하라고 권면한다. 클라우니(Clowney)는 "바울은 디모데에게 '그가 하나님의 집에서 어떻게 행하여야 할지를 알게 하려 함이니 이 집은 살아 계신 하나님의 교회요 진리의 기둥과 터니라'(딤전 3:15)라고 쓴다. 하나님의 집 안에서 늙은 남자는 아버지들로 간주되며, 젊은 남자는 형제들로 간주되고, 늙은 여인은 어머니들로 간주되며, 젊은 여인은 자매들로 간주된다(딤전 5:1-2)"[261]라고 설명한다. 교회의 리더들은 성도들을 항상 가족의 한 사람으로 생각하고 대해야 한다. 예수님은 어떤 이가 예수님의 어머니와 동생들이 당신을 만나려고 여기 왔는데 많은 무리 때문에 가까이 나아 올 수가 없다고

261 Edmund P. Clowney, *The Church: Contours of Christian Theology* (Downers Grove: InterVarsity Press, 1995), p. 224.

말하자, "내 어머니와 내 동생들은 곧 하나님의 말씀을 듣고 행하는 이 사람들이라"(눅 8:19-21)라고 대답하신다. 바울이 디모데에게 전한 권면은 예수님의 생각과 일치한다.

바울이 "늙은이"(πρεσβύτερος)라는 용어를 교회의 직책인 "장로"(πρεσβύτερος)라는 용어와 같은 용어로 사용했기 때문에 어떤 이는 바울이 디모데전서 5:1에서 교회의 직책을 생각하면서 이 용어를 사용했다고 주장하기도 한다. 그러나 바울이 "늙은이"와 "젊은이"를 대칭시키고(딤전 5:1), "늙은 여자"와 "젊은 여자"를 대칭시킨 것으로 보아 나이의 차이, 성별의 차이를 생각하면서 "늙은이"라는 용어를 사용했다고 보는 것이 옳다.[262] 바울은 지금 교회의 직책을 생각하지 않고 교회 내의 남녀노소(男女老少)의 구분 없이 모든 성도들을 어떻게 대해야 할 것을 권면하고 있는 것이다.

바울은 디모데전서 5:1-2에서 두 개의 동사만을 사용하는데, 그 두 개의 동사는 "꾸짖다"(ἐπιπλήσσω)와 "권하다"(παρακαλέω)로 대칭적으로 사용된다. "꾸짖다"(ἐπιπλήσσω)라는 용어는 신약성경에서 유일하게 이 곳에서만 사용된(hapax legomenon) 용어이다. 바울은 "권하다"의 반대 개념으로 "꾸짖다"라는 용어를 친히 만들어 사용했다고 생각된다. 로드(Rohde)는 "꾸짖다"라는 동사가 개념적으로 "권하다"라는 동사의 반대 개념임을 분명히 한다.[263] "꾸짖다"라는 동사의 뜻은 "공격하다"(assault), "책망하다"(rebuke), "심하게 나무라다"(rebuke

262 Knight, III, *The Pastoral Epistles: A Commentary on the Greek Text* (1992), p. 214.; Hendriksen, *Exposition of the Pastoral Epistles* (1974), p. 166.; Guthrie, *The Pastoral Epistles (Tyndale)* (1990), p. 112.

263 J. Rohde, "ἐπιπλήσσω," *Exegetical Dictionary of the New Testament,* Vol. 2 (Grand Rapids: Eerdmans, 1991), p. 32.

sharply) 등의 뜻을 가지고 있다. 반면 "권하다"(παρακαλέω)라는 용어는 "요청하다"(request), "권고하다"(urge), "위로하다"(comfort) "격려하다"(encourage: 고후 8:17)등의 뜻을 가지고 있다. 바울이 사용한 두 용어의 뜻으로 보아 디모데는 어떤 자세와 태도로 교회의 성도들을 대해야 할지 알 수 있다. 디모데는 "늙은이"에게는 아버지에게 하듯, "젊은이"에게는 형제에게 하듯, "늙은 여자"에게는 어머니에게 하듯, "젊은 여자"에게는 자매에게 하듯 마음에 사랑을 가지고 권해야 한다. 그런데 바울은 "젊은 여자"에게 권면할 때 "온전히 깨끗함으로" 하라는 수식어를 붙임으로 디모데가 "젊은 여자"를 대할 때는 성적으로(sexually) 순결한 마음을 가지고 대할 뿐만 아니라 하나님의 도덕적 율법에 어긋나지 않는 마음과 언어로 대해야 한다(딤전 4:12 참조)라고 권면하고 있는 것이다.

2. 과부들의 필요를 채우는 후손들의 책무

(딤전 5:3-8)

> 3 참 과부인 과부를 존대하라 4 만일 어떤 과부에게 자녀나 손자들이 있거든 그들로 먼저 자기 집에서 효를 행하여 부모에게 답하기를 배우게 하라 이것이 하나님 앞에 받으실 만한 것이니라 5 참 과부로서 외로운 자는 하나님께 소망을 두어 주야로 항상 간구와 기도를 하거니와 6 향락을 좋아하는 자는 살았으나 죽었느니라 7 네가 또한 이것을 명하여 그들로 책망 받을 것이 없게 하라 8 누구든지 자기 친족 특히 자기 가족을 돌보지 아니하면 믿음을 배반한 자요 불신자보다 더 악한 자니라(딤전 5:3-8, 개역개정)

딤전 5:3-8 바울은 이제 "참 과부인 과부를 존대하라"(딤전 5:3)라고 명령한다. 바울은 디모데전서 5:3에서 "과부"(χήρας)라는 용어를 두 번 사용하면서 "과부"라는 용어에 "참"(ὄντως)을 첨가함으로 모든 과부의 조건에 맞는 정상적인 과부를 존대하라고 명령하는 것이다. 렌스키(Lenski)는 "과부들의 두 가지 종류는 진정한 과부가 아니다. 즉, 하나는 친척을 가진 과부요, 또 하나는 세상의 즐거움에 빠진 과부이다."[264]라고 말함으로 친척을 가진 과부는 참 과부가 아니요, 또한 세상의 향락에 빠진 과부도 참 과부가 아님을 분명히 한다. 바울이 "참 과부를 존대하라"라고 디모데에게 명령하는 교훈은 구약의 교훈을 연상하게 한다(출 22:22-23; 신 10:18; 14:29; 26:12-13; 욥 24:3, 21; 시 68:5; 사 1:17; 말 3:5). 바울은 부모를 공경하듯이 참 과부를 공경하라고 명령하는 것이다(참조, 딤전 5:1-2).

바울은 참 과부를 존대하는 일에 과부의 후손들이 해야 할 역할의 중요성을 명시한다. 바울은 "만일 어떤 과부에게 자녀나 손자들이 있거든 그들로 먼저 자기 집에서 효를 행하여 부모에게 보답하기를 배우게 하라 이것이 하나님 앞에 받으실 만한 것이니라"(딤전 5:4)라고 가르친다. 이 말씀은 참 과부에 대해 교회의 책임이 전혀 없다는 뜻은 아니다. 바울이 주는 교훈은 자녀나 손자들이 있는 과부들에 대한 보살핌은 후손들의 책임이 먼저라는 것이다. 후손들인 자녀나 손자가 조상들을 보살피는 것은 하나님의 뜻이요 성경의 교훈이다. 후손들은 십계명(Ten Commandments) 중 사람과의 관계를 시작하는 제5계명이 "네 부모를 공경하라"(출 20:12; 신 5:16; 잠 23:25; 엡 6:1-3)라는 말

264 Lenski, *The Interpretation of St. Paul's Epistles to the Colossians, to the Thessalonians, to Timothy, to Titus and to Philemon* (1964), p. 655.

씀임을 항상 기억해야 한다. 사랑은 내리사랑이라는 말이 있다. 자녀들의 부모에 대한 사랑이 아무리 커도 부모들의 자녀들에 대한 사랑과는 비교할 수 없다. 그러므로 자녀들은 자신들이 부모로부터 받은 사랑의 일부라도 진심으로 감사의 마음을 담아 부모들에게 돌려드려야 하겠다는 마음을 가져야 한다. 그래서 바울은 "어떤 과부에게 자녀나 손자들이 있거든"(딤전 5:4) 그들이 먼저 어머니나 할머니를 보살펴야 한다고 가르치고 있는 것이다. 이것이 하나님 보시기에 합당한 것이다.

바울은 "참 과부로서 외로운 자는 하나님께 소망을 두어 주야로 항상 간구와 기도를 하거니와 향락을 좋아하는 자는 살았으나 죽었느니라"(딤전 5:5-6)라는 말씀으로 참 과부의 자격을 언급하고, 디모데로 하여금 이런 자격 규정을 과부들에게 명하여 실천하도록 하라고 지도한다(딤전 5:7). "참 과부로서 '외로운'(μεμονωμένη)자"라는 뜻은[265] 후손들이 전혀 없고 그녀를 보살펴 줄 사람이 없는 오로지 혼자 남겨진 형편에 있는 과부라는 뜻이다. 이런 형편에 있는 참 과부는 사람을 의지하지 않고 하나님께 소망을 두는 사람이다(딤전 5:5). 불트만(Bultmann)은 "만약 소망이 하나님께 고정되어 있다면, 그 소망은 미래, 신뢰, 그리고 기다리는 인내라는 세 요소의 기대를 즉시 받아들인다."[266]라고 소망의 개념을 정리한다. 참 과부는 미래(future)를 책임져 주시는 하나님을 신뢰(trust)하면서 인내(patience)함으로 기다리는

265 신약성경에서 hapax legomenon인 "메모노메네" (μεμονωμένη)를 "외로운" (개역개정)으로 번역하는 것보다 "의지할 데가 없는" (표준새번역, 표준새번역개정)으로 번역하는 것이 원문의 뜻을 더 잘 반영한다.

266 R. Bultmann, "ἐλπίς, ἐλπίζω," *Theological Dictionary of the New Testament,* Vol. II (Grand Rapids: Eerdmans, 1971), p. 531.: "If hope is fixed on God, it embraces at once the three elements of expectation of the future, trust, and the patience of waiting."

사람들이다. 그들의 현재의 형편은 밝은 부분이 잘 보이지 않지만 그들은 하나님께만 소망을 두는 것이다. 그래서 그들은 "주야로 항상 간구와 기도를"(딤전 5:5) 하나님께 드리는 것이다. 바울은 정관사와 함께 "간구"(ταῖς δεήσεσιν)와 "기도"(ταῖς προσευχαῖς)를 사용함으로 이 간구와 기도는 바로 참 과부 자신의 간구와 기도임을 분명히 한다. 바울은 같은 용어인 "간구"와 "기도"를 일반적으로 설명할 때는(딤전 2:1) 정관사 없이 사용했다. 참 과부들은 밤과 낮으로 하나님을 소망하면서 기도를 계속한 것이다. 바울은 참 과부가 매일 밤과 낮으로 하는 일이 하나님께 간구와 기도를 드리는 것임을 밝히고(딤전 5:5), 이제 디모데전서 5:6에서는 참 과부가 하지 않는 일을 설명한다. 참 과부는 "향락을 좋아하지 않는다"(딤전 5:6).

바울은 디모데전서 5:5에서 참 과부에 대해 설명하고 이제 과부로 받아들일 수 없는 사람들의 행동을 지적한다. 바울은 "향락을 좋아하는 자는 살았으나 죽었느니라"(딤전 5:6)라고 말함으로 "향락을 좋아하는 자"는 참 과부로 받아들일 수 없다고 말한다. "향락을 좋아하는 삶"은 과부가 남편과 자녀들에 대한 책임과 의무를 벗어나 이제는 향락에 빠져 호화스러운 생활을 영위하는 삶을 가리킨다. 칼빈(Calvin)은 "이처럼 내 견해로는 바울이 이런 방법으로 그들의 과부됨을 남용하여 결혼의 멍에로부터 풀려나 모든 귀찮은 일로부터 자유함을 누리고 나태함을 즐기면서 사는 삶을 지속하는 과부들을 비평하고 있다."[267]라고 해석한다. 참 과부의 삶과 향락을 좋아하는 과부의 삶의 차이가 참으로 크다. 참 과부는 하나님을 소망하며 하나님

267 John Calvin, *The Second Epistle of Paul to the Corinthians, and the Epistles to Timothy, Titus and Philemon* (1973), p. 253.

나라의 일을 먼저 구하는 반면 향락을 좋아하는 과부는 오로지 자신의 향락만을 위해서 산다. 바울은 이런 향락을 좋아하는 과부를 향해서 "살았으나 죽었느니라"(딤전 5:6)라고 판단한다. 바울은 이런 과부는 육체적으로는 살아 있으나(ζῶσα) 영적으로는 이미 죽었고 그리고 죽어있는 상태로 남아 있다(τέθνηκεν)는 사실을 완료시상(perfect)을[268] 사용하여 분명하게 밝히고 있다. 이처럼 향락을 즐기면서 사는 과부는 "참 과부"(ὄντως χήρα)로 인정을 받을 수 없다.

바울은 이제 디모데에게 "네가 또한 이것들을 명하여 그들로 책망 받을 것이 없게 하라"(딤전 5:7)라고 명령한다. 바울은 "이것들을 명하여"(ταῦτα παράγγελλε)라는 같은 표현을 디모데전서 4:11에서도 사용했다. 디모데전서 4:11의 "이것들"은 이미 언급한 여러 가지 교훈을 가리킨다(딤전 4:3-10). 그런데 디모데전서 5:7의 "이것들"은 지금까지 참 과부에 대해 설명한 교훈 전체를 가리킨다고 볼 수 있다(딤전 5:3-6). 바울은 "네가 또한 이것을 명하여 그들로 책망 받을 것이 없게 하라"(딤전 5:7)라는 말씀으로 이중 효과를 기대하고 있다. 첫 번째로 기대하는 효과는 디모데가 무엇을 해야 할지를 배워서 그대로 실행하는 것이다. 디모데는 과부와 관련하여 교회가 그들을 보살피기 전에 후손들이 먼저 부모에게 효도해야 한다는 사실을 가르쳐야 한다. 그리고 두 번째로 기대하는 효과는 과부들이 잘못된 삶의 행태에 매료되어 하나님께 소망을 두지 않고 기도와 간구로 경건의 연습을 하지

268 헬라어의 완료시상은 과거에 완성된 행위가 현재까지도 지속되고 있다는 사실을 확인한다. Cf. A. T. Robertson, *A Grammar of the Greek New Testament in the Light of Historical Research* (Nashville: Broadman Press, 1934), p. 893.: "The perfect looks at both ends of an action. It unites in itself as it were present and aorist, since it expresses the continuance of completed action."

않으면 죽은 자나 다름없음을 가르치는 것이다.

바울은 이제 이미 언급한 것처럼 후손들이 부모에게 효도하는 것이 얼마나 중요한 일인지를 설명한다(딤전 5:8). 바울은 후손들이 자신들의 부모를 보살피지 않는 것은 기독교를 부인하는 일이나 마찬가지이고, 불신자들이 하는 행위보다 더 악한 행위요 태도라고 천명한다. 바울은 "만일 누구든지 -- 하면"(εἰ δέ τις)이라는 표현을 사용하여 과부들을 보살피는 것에 대한 원리를 제시하고 있다(딤전 5:4, 8, 16). 나이트(Knight)는 "분문의 '만일 누구든지 -- 하면'(εἰ δέ τις)의 구조는 조건성 (εἰ)과 막연성('anyone'; 참조, 딤전 5:4, 16)을 사용하여 일반적인 원리의 문제를 진술하고 있는 것이다."[269]라고 해석한다. 이와 같은 문법적인 구조로 볼 때 바울은 만약 후손들이 자신들의 부모를 실제로 보살피지 않을 경우 불신자보다 더 악한 자라고 말하고 있는 것이다. 화이트(White)는 "가장 훌륭한 이방인의 가족 사랑의 기준 밑으로 떨어진 기독교인은 더 많은 비난을 받아 마땅하다. 왜냐하면 그는, 이방인이 갖고 있지 않은, 예수 그리스도 안에서 사랑의 최고의 본을 가지고 있기 때문이다."[270]라고 해석한다. 칼빈(Calvin)은 "그(바울)는 그 자신의 백성들, 특히 자신의 가족을 보살피지 아니하는 사람은 '믿음을 배반한' 것이다. 그렇다. 왜냐하면 인간의 모든 느낌을 그

269 Knight, III, *The Pastoral Epistles: A Commentary on the Greek Text* (1992), pp. 220-221.; 헬라어 문법은 εἰ + προνοεῖ (προνοέω의 현재, 3인칭, 능동태, 직설법)를 사용하여 현재의 실제 사건을 가정법으로 표현한다. 예를 들면, 현재 선생이신 분이 "내가 만일 선생이라면, 강의 준비를 철저히 해야 한다."라고 말하는 것과 같다. 참조, J. Gresham Machen, *New Testament Greek for Beginners* (Toronto: The Macmillan Company, 1951), pp. 132-133.

270 White, "The First and Second Epistles to Timothy and The Epistle to Titus," *The Expositor's Greek Testament,* Vol. IV, p. 129.

렇게 제쳐놓을 수 있는 사람 안에는 하나님에 대한 경외심이 없기 때문이다. 우리들을 하나님의 자녀들로 만드는 믿음은 우리들을 결코 잔인한 짐승들보다 못한 상태로 강등시킬 수 없다. 그런 비인간적인 행위는 하나님을 공개적으로 경멸하는 것이며 믿음을 배반한 것이라고 말하고 있다."[271]라고 해석한다.

바울이 세운 원리는 명백하다. 하나님의 창조원리는 가족들 상호간에 서로 사랑하는 것이 원리이며, 따라서 부모들이 필요로 할 때 그것을 자녀들이 채워드리는 것이 인간의 도리이다. 그러므로 자기 가족을 돌보지 않는 사람은 불신자보다 못한 사람이요, 믿음을 배반한 사람이다. 짐승들도 어미가 새끼를 보살피고 새끼들이 어미를 따르고 사랑하는데 인간으로 창조된 사람이라면 당연히 부모를 돌보고 보살펴야 한다. 그러므로 후손들이 있는 과부는 교회에 의탁할 것이 아니요 후손들의 보살핌을 받는 것이 우선이다.

271 John Calvin, *The Second Epistle of Paul to the Corinthians, and the Epistles to Timothy, Titus and Philemon* (1973), p. 254.

3. 교회의 명부에 올릴 젊은 과부들의 자격

(딤전 5:9–16)

9 과부로 명부에 올릴 자는 나이가 육십이 덜 되지 아니하고 한 남편의 아내였던 자로서 10 선한 행실의 증거가 있어 혹은 자녀를 양육하며 혹은 나그네를 대접하며 혹은 성도들의 발을 씻으며 혹은 환난 당한 자들을 구제하며 혹은 모든 선한 일을 행한 자라야 할 것이요 11 젊은 과부는 올리지 말지니 이는 정욕으로 그리스도를 배반할 때에 시집가고자 함이니 12 처음 믿음을 저버렸으므로 정죄를 받느니라 13 또 그들은 게으름을 익혀 집집으로 돌아다니고 게으를 뿐 아니라 쓸데없는 말을 하며 일을 만들며 마땅히 아니할 말을 하나니 14 그러므로 젊은이는 시집가서 아이를 낳고 집을 다스리고 대적에게 비방할 기회를 조금도 주지 말기를 원하노라 15 이미 사탄에게 돌아간 자들도 있도다 16 만일 믿는 여자에게 과부 친척이 있거든 자기가 도와주고 교회가 짐지지 않게 하라 이는 참 과부를 도와주게 하려 함이라 (딤전 5:9–16, 개역개정)

딤전 5:9-16 바울은 바로 전 구절에서 과부들에 대한 후손들의 보살핌과 어떤 과부가 참 과부로 인정을 받을 수 있는지를(딤전 5:3-8) 설명한 후, 교회의 명부에 올려(καταλεγέσθω) (hapax legomenon) 보살핌을 받을 수 있는 과부가 어떤 사람들인지를(딤전 5:9-16) 디모데에게 설명한다. 디모데전서 5:3-8은 일반적인 원리를 가르치는 반면, 디모데전서 5:9-16은 구체적인 원리를 조목조목 설명한다. 바울은 교회가 책임을 지고 보살펴야 할 과부(χήρα)의[272] 조건으로 두 가지를

272 과부 (χήρα)라는 용어는 신약성경에서 26회 나타나는데 바울서신에서는 고린도전서 7장(1회)과 디모데전서 5장 (8회)에서만 사용되는 용어이다 (고전 7:8; 딤전 5:3, 3, 4, 5, 9, 11, 16, 16), Cf. Smith, *Greek-English Concordance to the New Testament*, p. 373 (section

명시한다.

첫째, 교회의 명부에 올릴 과부는 60세를 넘겨야 하고 한 남편의 아내였던 사람이어야 한다(딤전 5:9). 바울은 나이가 60이 되지 않은 젊은 과부에 대해서는 "젊은 과부는 올리지 말지니 이는 정욕으로 그리스도를 배반할 때에 시집가고자 함이니 처음 믿음을 저버렸으므로 정죄를 받느니라"(딤전 5:11-12)라고 가르친다. 바울은 과부된 사람이 재혼하는 것을 반대하지 않는다(고전 7:8-9; 딤전 5:14). 바울이 "한 남편의 아내"(ἑνὸς ἀνδρὸς γυνή)라고 말한 표현은 "한 남자의 여자"라고도 읽힐 수 있다. 바울은 여기서 한 여자가 일평생 한 남자의 아내였어야만 한다고 가르친 것은 아니다. 오히려 바울은 젊은 과부들에게 "정욕이 불같이 타는 것보다 결혼하는 것"(고전 7:9)이 낫다고 가르친다. 그래서 바울은 젊은 과부는 교회의 명부에 올릴 수 없다고 말하는 것이다. 바울은 젊은 과부들은 일반적으로 정욕을 절제할 수 없어 향락을 좋아하므로(딤전 5:6) 처음 믿음을 저버리고(딤전 5:12) 그리스도를 배반하게 되고(딤전 5:11) 다시 결혼하기를 원한다고 한다(딤전 5:11). 그러므로 젊은 과부들은 "시집가서 아이를 낳고 집을 다스리고 대적에게 비방할 기회를 조금도 주지 말아야 한다"(딤전 5:14). 바울은 금욕주의자는 아니었다. 바울은 비록 자신은 독신으로 살았지만(고전 7:7) 독신으로 사는 것을 기독교인의 최고의 삶의 방법이라고 생각하지 않았다. 그래서 바울은 젊은 과부는 시집가서 아이를 낳아야 한다고 말한다. 여인이 시집가서 아이를 낳고(τεκνογονεῖν)[273] 집을 다스리

5403). Smith는 딤전 5:3의 2회를 1회만 계산하여 딤전에서의 총계를 7회로 계산한다.

273 딤전 5:14의 "τεκνογονεῖν" (τεκνογονέω) (아이를 낳고, have children)은 hapax legomenon이다. Cf. Smith, *Greek-English Concordance to the New Testament*, p. 339 (section 4941).

는 것(οἰκοδεσποτεῖν)은[274] 하나님의 창조 원리 중의 하나인 것이다(창 1:27-28; 마 19:4-6; 막 10:1-12; 딤전 2:15). 바울은 젊은 과부들이 행복한 삶을 살 수 있기를 원한다. 젊은 과부가 시집가고자 하는 소원을 갖는 것은 죄악이 아니요 자연적인 감정이다. 젊은이를 포함한 젊은 과부가 이런 자연적인 감정에 역행해서 생활하게 되면 결국 게으름을 피우고, 쓸데없는 말을 하고, 일을 만들어(딤전 5:13) 대적에게 비방할 기회를 주게 된다(딤전 5:14). 바울은 안타까운 마음으로 젊은 과부 중 어떤 이는 이렇게 대적에게 비방할 기회를 주고(딤전 5:14) 처음 믿음을 버리고 정죄를 받아(딤전 5:12) "이미 사탄에게 돌아간 자들도 있도다"(딤전 5:15)라고 선언한다. 클라우니(Clowney)는 "젊은 과부들을 포함한 여인들은 사탄(Satan)을 따르기 위해 돌아서서는 안 되며(마치 이브가 속임을 당한 것처럼), 오히려 아내들과 어머니들로서 경건한 삶을 이어나가야 한다(후에 이브가 했던 것처럼). 경건한 여인은, 어머니로서의 의무를 받아들임으로, 디모데전서 5:11-13에 묘사된 쓸데없는 한가한 말을 하는 여인과는 대조적으로, 주님이 부르시는 소명을 성취하고 다른 사람들에게 그 믿음을 천거하는 것이다."[275]라고 정리한다.

둘째, 교회의 명부에 올릴 과부는 "선한 행실의 증거가 있는"(딤전 5:10) 과부여야 한다. 즉, 교회의 지원을 받고 보살핌을 받아야 할 과부는 하나님께 소망을 둔 과부로서 선한 행실의 객관적 증거를 나타내 보일 수 있어야 한다. 이 말씀은 교회의 보살핌을 받고 생활을 이어갈 과부는 복음의 선한 사역을 열심히 할 수 있는 사람이어야 할뿐

274 딤전 5:14의 "οἰκοδεσποτεῖν" (οἰκοδεσποτέω)(집을 다스리고, run the household)은 hapax legomenon이다. Cf. Smith, *Greek-English Concordance to the New Testament*, p. 244 (section 3516).

275 Edmund P. Clowney, *The Church* (1995), p. 220.

만 아니라 교회의 목회를 열심히 도울 수 있는 과부여야 한다는 뜻이다. 참 과부들은 주변 사람들의 존경을 받을 뿐만 아니라 열심히 일하는 사람들이어야 한다. 바울은 교회의 명부에 올려야 할 과부의 선한 행실을 다섯 가지로 정리한다(딤전 5:10).

(1) 교회의 명부에 올릴 과부는 "자녀를 양육"(ἐτεκνοτρόφησεν) (hapax legomenon) 하여야 한다(딤전 5:10). 자녀를 양육한다는 것은 단순히 자녀를 낳아 키운다는 뜻보다는 자녀를 올바른 교훈으로 훈육하고 지도하여 하나님을 공경하는 자녀로 키우는 것을 뜻한다. 성경은 "여호와를 경외하는 것이 지식의 근본"(잠 1:7)이라고 가르치고 "마땅히 행할 길을 아이에게 가르치라 그리하면 늙어도 그것을 떠나지 아니하리라"(잠 22:6)라고 가르친다. 이와 같은 자녀 양육을 해본 과부여야만 교회 성도들에게 유익한 지혜를 나눌 수 있는 것이다.

(2) 교회의 명부에 올릴 과부는 "나그네를 대접"(ἐξενοδόχησαν) (hapax legomenon) 하는 사람이어야 한다(딤전 5:10). "나그네를 대접"하는 것은 예수님의 교훈을 따르는 것이요(마 25:34-36), 바울의 교훈과 일치하며(롬 12:13), 복음 전파에 크게 기여하는 덕목이다(마 10:11-15; 눅 10:5-11). 스탤린(Stählin)은 "초기 기독교 시대에는 복음의 전파가 거의 절대적으로 입의 말을 통해 발생했다. 그리고 복음은 형제들의 손님환대를 받은 방랑하는 전달자들(messengers)에 의해 전해졌다."[276] 라고 정리한다. 바울은 나그네를 환대하는 것이 그만큼 중요함을 알기에 디모데에게 교회의 명부에 올릴 과부는 나그네 대접을 잘한 경험이 있는 사람이어야 함을 가르치고 있는 것이다.

276 Gustav Stählin, "ξενοδοχέω," *Theological Dictionary of the New Testament*, Vol. V (Grand Rapids: Eerdmans, 1973), p. 22.

(3) 교회의 명부에 올릴 과부는 "성도들의 발을 씻어야"(ἁγίων πόδας ἔνιψεν) 한다(딤전 5:10). 소위 세족식(洗足式)이라 불리는 성도들의 발을 씻는 행위가 교회의 의식은 아니다.[277] 하지만 성도들의 발을 씻는 것은 형제 사랑의 실천이요 겸손의 증표인 것이다. 특히 초대교회 당시에는 여행하는 사람들이 여행을 마치고 집에 들어 올 때 발을 씻는 관습이 있었다. 예수님은 십자가의 죽음을 앞에 두시고 제자들의 발을 씻어 주신다(요 13:1-15). 예수님은 이 세족식을 통해 제자들에게 겸손한 삶을 가르쳐 주신다(요 13:14; 참조, 눅 7:44). 바울은 교회의 보살핌을 받을 과부들은 형제자매들의 발을 씻을 만큼 겸손을 인정받은 사람들이어야 한다고 가르치고 있다.

(4) 교회의 명부에 올릴 과부는 "환난 당한 자들을 구제"(θλιβομένοις ἐπήρκεσεν) 하여야 한다(딤전 5:10). 초대교회 당시에는 경제적으로 안정이 되지 않아 환난을 당한 사람들도 있었고, 예수를 구주로 믿는 것 때문에 환난과 핍박을 당한 사람들도 많이 있었다(참조, 요 16:33; 행 6:1-2; 살전 1:6; 3:4; 살후 1:4). 이런 환난에 처한 사람들은 생활을 위해 많은 도움이 필요했다. 교회가 명부에 올려 보살필 과부들은 그들의 삶 속에서 이런 어려움에 처한 사람들을 외면하지 않고 그들을 도운 경험이 있어야 한다.

(5) 교회의 명부에 올릴 과부는 "모든 선한 일을 행한 자"(παντὶ ἔργῳ ἀγαθῷ ἐπηκολούθησεν)라야 할 것이다(딤전 5:10). 이제 바울은 교회의 명부에 올릴 참 과부들의 자격 조건을 정리하기 원한다. 본 구

277 William Hendriksen, *The Gospel of John* (*New Testament Commentary*), Vol. II (Grand Rapids: Baker, 1975), p. 235.: "Is Jesus instituting a new ordinance here, that of feet-washing? No, he is not commanding the disciples to do *what* (oJ) he has done; but he has given them an *example* in order that they, of their own accord, may do *as* (καθώς) he has done."

절의 모든 선한 일을 "행했다"(ἐπηκολούθησεν)라는 용어는 강세적으로 사용되어 "모든 선한 행위를 추구했다"라는 뜻으로 해석할 수 있다.[278] 교회가 보살펴야 할 과부들은 그들의 삶이 선한 일을 위해 전심전력을 다한 경력을 가지고 있어야 한다. 바울은 디모데전서 5:10을 시작하면서 "선한 행실들"(ἔργοις καλοῖς)이라는 표현의 복수형을 사용하여 교회가 명부에 올려 보살필 과부들에게 다음의 증거가 있어야 한다고 말하고 "자녀 양육," "나그네 대접," "성도들의 발을 씻는 행위," 그리고 "환난 당한 자를 구제" 했던 네 가지 덕목을 언급하고, 이제 디모데전서 5:10을 정리하면서 "모든 선한 일"(παντὶ ἔργῳ ἀγαθῷ)이라는 표현의 단수형을 사용하여 과부들의 선한 행실이 지금까지 언급한 네 가지에 국한되는 것이 아니요 다른 모든(every) 개개의 선한 행실도 포함된다는 사실에 초점을 맞춘다.[279] 칼빈(Calvin)은 이를 가리켜 바울은 "친절한 행위들"(acts of kindness)에 대해서 말하는 것이라고 해석한다.[280] 바울은 교회의 명부에 올려 보살펴야 할 과부들은 그들이 과부 되기 전에 선한 일을 추구하며 살았던 삶의 증거가 있어야 한다고 가르치고 있는 것이다. 이렇게 산 여인들은 구속의 복음을 전파하고 교회를 세우는데 있어서 과부가 된 이후에도 큰 역할을 할 수 있기 때문이다.

바울은 지금까지의 설명을 요약 정리하는 방식으로 "만일 믿는 여자에게 과부 친척이 있거든 자기가 도와주고 교회가 짐지지 않게 하

278 G. Schneider, "ἀκολουθέω," *Exegetical Dictionary of the New Testament,* Vol. 1 (Grand Rapids: Eerdmans, 1990), p. 52.: "1 Tim 5:10 requires that the widow devote herself 'to doing good in every way' (literally 'pursue every good work."

279 Knight, III, *The Pastoral Epistles: A Commentary on the Greek Text* (1992), p. 225.

280 John Calvin, *The Second Epistle of Paul to the Corinthians, and the Epistles to Timothy, Titus and Philemon* (1973), p. 257.

라 이는 참 과부를 도와주게 하려 함이라"(딤전 5:16)라고 말한다. 바울은 가족 중에 도움이 필요한 과부가 있다면 후손들이 친척인 과부를 도와서 교회가 부담을 갖지 않도록 하라고 가르친다(딤전 5:4, 8). 바울은 초대교회 구성원들이 모두 부한 자들이 아니었기 때문에 각 가정이 할 수 있는 책임을 감당하면 교회가 해야 할 일을 더 효과적으로 할 수 있다고 가르친다. "자기가 도와주고 교회가 짐지지 않게 하라"는 말씀이 이를 확인한다. 그래서 바울은 "이는 참 과부를 도와주게 하려 함이라"(딤전 5:16)라고 설명한다. 각 가정의 후손들이 자신들의 과부를 책임지면 교회는 참 과부(딤전 5:5, 9-10)를 더 효과적으로 보살필 수 있기 때문이다.

4. 장로들의 책임과 특권(딤전 5:17-20)

> 17 잘 다스리는 장로들은 배나 존경할 자로 알되 말씀과 가르침에 수고하는 이들에게는 더욱 그리할 것이니라 18 성경에 일렀으되 곡식을 밟아 떠는 소의 입에 망을 씌우지 말라 하였고 또 일꾼이 그 삯을 받는 것은 마땅하다 하였느니라 19 장로에 대한 고발은 두세 증인이 없으면 받지 말 것이요 20 범죄한 자들을 모든 사람 앞에서 꾸짖어 나머지 사람들로 두려워하게 하라 (딤전 5:17-20, 개역개정)

딤전 5:17-20 바울은 참 과부에 대한 교훈에 이어 이제는 교회 내의 특별한 직책인 장로들에 대한 교훈을 시작한다. "장로들"(πρεσβύτεροι)이라는 용어는 "나이가 많은 사람"(old man)의 뜻으로 사용되기도 하지만(요 8:9; 행 2:17; 딤전 5:1) 또한 교회의 직분인 "장로"(elder)의 뜻으로(행 15:2, 4, 6, 22, 23; 16:4; 20:17; 21:18; 딤전 5:17, 19; 딛 1:5) 사용되기도 한다. 바울은 디모데전서 5:17에서 이 용어를 교회의 직분인 "장로"의 뜻으로 사용하고 있다. 그리고 바울이 디모데전서 3:1-2에서 언급한 "감독"(ἐπισκοπή)과 본 구절 디모데전서 5:17에서 언급한 "장로"(πρεσβύτερος)는 교회의 조직 가운데 같은 직책을 일컫는 용어이다. 바울은 감독의 자격을 언급할 때(딤전 3:1-2; 딛 1:7-9)나 장로의 자격을 언급할 때(딤전 5:17-19; 딛 1:5-6)나 같은 자격요건을 사용하여 두 직책을 설명한다. 따라서 "감독"과 "장로"는 교회 내에서 같은 직책을 맡은 사람을 가리킬 때 사용한 용어로 볼 수 있다. 오늘날 감리교에서는 "감독"으로, 장로교에서는 "장로"로 명칭을 달리 사용할 뿐 둘 다 같은 직책을 가리키고 있다. 렌스키(Lenski)는 바울이 디모데전서 5:17에서 "장로"라고 표현한 것은 존경과 관계된 것을 설명(deals with honor)하기 때문이요, 디모데전서 3:1-2에서 "감독"이라고 표현한 것은 사역을 위한 자격(qualifications for the work)을 논하기 때문이라고 설명하면서 "장로"와 "감독"은 같은 사람을 가리킨다고 설명한다.[281] 헨드릭센(Hendriksen)은 "같은 사람이 감독(overseer)과 장로(elder)라는 용어에 의해 지목된 것이 분명하다. 왜냐하면 두 경우 모두 이 사람들은 다스리고(rule) 그리고 가르친다(teach)고 우리에게 알려지고 있다(참조, 딤전 3:2, 5과 딤전 5:17 비교)."[282]라고

281 Lenski, *The Interpretation of St. Paul's Epistles to the Colossians, to the Thessalonians, to Timothy, to Titus and to Philemon* (1964), p. 679.

282 Hendriksen, *Exposition of the Pastoral Epistles* (1974), p. 179.; Cf. Köstenberger. *Biblical Theology for Christian Proclamation: Commentary on 1-2 Timothy and Titus* (2017), p. 173.

말함으로 그들의 사역의 공통점을 들어 "감독"과 "장로"가 같은 직책임을 설명한다. 바울은 본 단락(딤전 5:17-20)에서 디모데에게 교회를 섬기는 장로들에 대해 세 가지의 교훈을 가르친다.

첫째, 성도들은 교회를 섬기는 장로들을 합당하게 존경해야 한다(딤전 5:17). 우선 바울은 "잘 다스리는 장로들은 배나 존경할 자로 알되 말씀과 가르침에 수고하는 이들에게는 더욱 그리할 것이니라"(딤전 5:17)라고 말함으로 장로들을 두 그룹(group)으로 나눈다. 한 그룹은 "교회를 잘 다스리는 장로들"이요, 다른 그룹은 "말씀과 가르침에 수고하는 이들"이다. 바울은 교회를 잘 다스리는 장로들은 "배"(διπλῆς) 나 존경하라고 권면하고, 말씀과 가르침에 수고하는 장로들은 "더욱"(μάλιστα: 특별히, especially) 존경하라고 권하고 있다. 그런데 바울이 디모데전서 5:17에서 "잘 다스리는 장로들"(οἱ καλῶς προεστῶτες πρεσβύτεροι)이라고 표현한 뜻은 "좋은 리더인 장로들"[283]이라는 뜻으로 해석할 수 있다. 본문을 이런 의미로 이해할 때 바울은 지금까지 언급해 온(딤전 5:3-16) "참 과부"와 교회의 "좋은 리더인 장로들"을 비교하면서[284] 참 과부보다 좋은 리더인 장로를 "배"나 존경하라고 말한 후 더 나아가 말씀과 가르침에 수고한 장로들은 좋은 리더인 장로

283 W. Schenk, "προΐστημι," *Exegetical Dictionary of the New Testament*, Vol. 3 (Grand Rapids: Eerdmans, 1993), p. 157.; Schenk는 "προΐστημι"를 "be at the head of" 혹은 "he who is in an office of leadership"으로 번역했다. 영어 번역본들은 "οἱ καλῶς προεστῶτες πρεσβύτεροι"라는 원문을 "the elders who rule well"(NASB, ESV, RSV, NKJV, AV)이라고 번역했고, 한글 번역들은 "잘 다스리는 장로들"(개역, 개역개정, 표준새번역, 표준새번역개정, 바른성경)로 번역했다. 물론 헬라어 원문의 뜻 속에 "다스린다"는 개념이 없는 것은 아니다. 하지만 영어의 NIV 번역은 "the elders who direct the affairs of the church well"로 번역처리했다. NIV 번역이 원문에 더 충실하다고 사료된다.

284 John Calvin, *The Second Epistle of Paul to the Corinthians, and the Epistles to Timothy, Titus and Philemon* (1973), p. 261.: "But to me it seems more likely that there is a comparison here between presbyters and widows."

들보다 더욱 존경하라고 권하고 있는 것이다. 바울은 참 과부와 좋은 리더인 장로, 그리고 좋은 리더인 장로와 말씀과 가르침에 수고한 장로들을 비교하면서 각각의 직책을 가진 사람들에게 합당한 존경을 표해야 한다고 가르치고 있다. 오늘날의 교회 상황에 비추어 본다면 바울은 교회를 섬기는 참 과부도 존경을 받아야 하지만(딤전 5:3), 교회를 잘 다스리는 장로들은 배나 존경하고(딤전 5:17), 더 나아가 말씀과 가르침에 수고한 목사들은 더욱더 존경해야 한다고 가르치고 있는 것이다.[285] 왜냐하면 존경은 사람을 존경하는 것이 아니요, 그들이 수고하는 사역을 존경하는 것이기 때문이다. 칼빈(Calvin)은 "간략하게 말하면, 그의 뜻은 존경이 그 호칭(장로라는)에 돌려지는 것이 아니요, 그 직책에 임명된 사람들에 의해 완수된 사역에 돌려지는 것이다."[286]라고 설명한다. 박윤선 박사는 "'장로'가 그렇게 존경을 받는 이유는, 그의 직명(職名) 때문이 아니고 그의 사역(使役) 때문이다. 그러므로 여기 '잘 다스리는'이라는 말이 '장로'란 말에 붙어 있다."[287]라고 해석한다. 교회의 사역자들은 하나님 앞에서 동등하며 모두 죄인이다(벧전 2:9; 계 1:5-6). 그러나 교회 내에서 각 사람이 하는 사역은 차이가 있다. 교회 내에서 다스리고 가르치는 일을 하는 장로의 사역은 무엇과도 비교할 수 없는 중요한 사역이다. 그러므로 성도들은 장로가 책임 맡은 사역 때문에 그를 존경해야 한다.

둘째, 교회는 교회를 위해 수고하는 사역자들에게 합당한 생활비를 마련해 주어야 한다(딤전 5:18). 바울은 "성경에 일렀으되 곡식을

---

285 Hendriksen, *Exposition of the Pastoral Epistles* (1974), pp. 180-181.

286 John Calvin, *The Second Epistle of Paul to the Corinthians, and the Epistles to Timothy, Titus and Philemon* (1973), p. 262.

287 박윤선, 『성경주석: 바울서신』 (1964), p. 498.

밟아 떠는 소의 입에 망을 씌우지 말라 하였고 또 일꾼이 그 삯을 받는 것은 마땅하다 하였느니라"(딤전 5:18)라고 가르친다. 바울은 "곡식 떠는 소에게 망을 씌우지 말지니라"(신 25:4)라는 구약성경의 말씀과 "일꾼이 그 삯을 받는 것이 마땅하니라"(눅 10:7; 참조, 마 10:10)라는 예수님의 말씀을 함께 사용하여 교회의 사역자들이 생활비 걱정 없이 목회사역을 할 수 있게 해야 한다고 가르친다. 바울은 고린도교회에 보낸 편지에서 "모세의 율법에 곡식을 밟아 떠는 소에게 망을 씌우지 말라 기록하였으니 하나님께서 어찌 소들을 위하여 염려하심이냐"(고전 9:9)라고 말함으로 디모데전서 5:18의 말씀과 같은 내용의 말씀을 가르친다(참조, 넓은 문맥은 고전 9:8-12). 목사를 위시하여 교회의 사역자들은 성도들을 위해서 용서의 복음, 화해의 복음, 생명의 복음, 기쁨의 복음, 영생의 복음 사역을 하는데 생활비를 제공하지 않는다면 얼마나 무자비하고 잔인한 행동인가! 바울은 "그리스도의 복음에 아무 장애가 없게 하려"(고전 9:12; 참조, 고전 9:15)고 자신은 생활비 제공받는 권한을 포기했지만, "복음 전하는 자들이 복음으로 말미암아 살리라"(고전 9:14)라고 가르치신 예수님의 말씀으로 교회의 사역자들이 생활비를 지급받는 것은 당연하다고 가르친다.

근래에 교회들이 경제적으로 어려운 여건 때문에 목사들의 이중직에 대한 논란에 휩싸여 있다. 물론 자립할 수 없는 교회들의 형편은 이해하지만 성경적 원리는 교회가 목회자의 생활을 책임져야 한다는 것이다. 교회는 목사의 생계를 유지하기 위해 필요한 직장이 아니다. 그러므로 일반 직장과 목사의 직분을 같은 선상에 놓고 "이중직"이라는 표현을 쓴 것은 잘못이다. 목사는 그리스도의 피로 값주고 산 교회를 섬기는 종이다. 그러므로 가능한 한 교회는 목회자가 효과적으로 교회를 섬길 수 있도록 목회자의 정상적인 가정생활을 경제적으로 책임져야 한다. 장로교회의 경우 자립할 수 없는 교회는 교회가 속해 있는 노회(presbytery)의 도움으로 이 문제를 먼저 풀어야 한다.

셋째, 교회는 장로들에 대한 고발에 대해 신중하게 처리해야 한다(딤전 5:19-20). 바울은 "장로에 대한 고발은 두세 증인이 없으면 받지 말 것이요"(딤전 5:19)라고 가르친다. 바울은 장로들에 대한 고발은 정당한 절차를 밟아 신중하게 처리되어야 하는데 반드시 두세 사람이 함께 고발하지 않으면 그 고발을 받아서는 안 된다고 강조한다. "두세 증인이 없으면"이라는 표현 중 "없으면"(ἐκτὸς εἰ μή)이라는 표현이 강세형의 표현이다(참조, 고전 14:5; 15:2).[288] 이 말은 장로들에 대한 고발은 어떤 사람이 혼자 고발할 경우 받을 수 없다는 뜻이다. 바울의 교훈은 장로들의 잘못에 대한 고발은 사실성과 확실성이 중요함을 강조하고 있는 것이다. 유언비어(流言飛語)나 "카더라"식과 같은 고발은 받아들일 수 없다. 왜냐하면 교회를 위한 장로들의 사역이 그만큼 중요한 사역인데 그 사역이 잘못된 고발로 중단되어서는 안 되기 때문이다. 이 말씀은 구약의 교훈과도 일치하며(신 17:6; 19:15) 예수님의 교훈과도 일치한다(마 18:16). 교회의 경건한 지도자들은 많은 사람들에게 노출되어 있고, 다양한 종류의 사람들을 대하기 때문에 교회의 지도자인 장로들에 대한 비난을 교회가 잘못 처리할 경우 사탄(Satan)의 마음만 시원하게 해줄 수 있는 것이다. 그러므로 바울은 장로들의 고발에 대해 구약의 교훈과 일치하고 예수님의 교훈과도 일치한 방법인 두세 증인의 고발이 없으면 받을 수 없다고 강조해서 가

288 고전 14:5의 경우는 방언을 말할 때 통역자가 "없으면" (ἐκτὸς εἰ μή) 방언을 말하는 것이 교회를 위해 덕을 세우지 못한다고 말할 때 사용된 표현이고, 고전 15:2의 경우는 바울이 내 말을 굳게 지키고 헛되이 믿지 "아니하였으면" (ἐκτὸς εἰ μή) 구원을 받는다고 구원과 연관시켜 사용한 표현이다. 그러므로 "없으면"(딤전 5:19)은 중요한 부정을 뜻하고 있음이 분명하다.

르치고 있는 것이다.

바울은 장로들에 대한 고발을 신중하게 처리할 것을 가르친 반면 만약 장로들의 범죄 사실이 확실하게 드러날 경우 "범죄한 자들을 모든 사람 앞에서 꾸짖어 나머지 사람들로 두려워하게 하라"(딤전 5:20)라고 가르친다. 바울이 범죄한 장로들을 다룰 때 "모든 사람 앞에서"(ἐνώπιον πάντων) 꾸짖어야 한다고 강조하고, 그렇게 하는 이유가 "나머지 사람들로 두려움을 갖도록"(οἱ λοιποὶ φόβον ἔχωσιν) 하기 위한 것이라는 사실에 우리들은 주목해야 한다. 장로들을 징계할 때나 성도들을 꾸짖을 때 개인적으로 책망하면 부작용이 뒤따른다는 교훈을 함축하고 있는 것이다. 그리고 징계의 목적은 범죄를 예방하고 교회를 순결하게 유지하기 위한 것임을 분명히 한다. 예수님도 교회의 사역자들이나 형제들이 죄를 범할 경우 정죄의 목적이 아니라 회복의 목적으로 징계에 임해야 한다고 가르치셨다(마 18:15-17). 예수님은 형제가 죄를 범하면 먼저 개인적으로 회개를 촉구하고, 개인적인 권고(ἐλέγχω)[289]를 듣지 아니하면, 교회가 공적으로 형제가 회개할 수 있도록 권고해야 한다고 가르치셨다. 그리고 이와 같은 교회의 공적 권고를 듣지 아니하면 교회의 성결을 위해 그를 "이방인과 세리와 같이 여기라"(마 18:17)라고 가르치신 것이다. 바울은 교회 내의 징계 문

---

289 딤전 5:20의 "꾸짖어" (ἔλεγχε)와 마 18:15의 "권고하라" (ἔλεγξον)는 같은 용어 ejlevgcw의 명령형으로 시상만 다를 뿐이다. 디모데전서는 현재시상, 명령형을 사용했고, 마태복음은 과거시상, 명령형을 사용했다. 한글번역 개역개정은 "꾸짖어" (딤전 5:20)와 "권고하라"(마 18:15)로 약간 다르게 번역했으나 각 구절의 문맥에 비추어 볼 때 충분히 이해할만한 번역이다. ἐλέγχω는 지적하다 (point out), 고치다 (correct), 책망하다 (rebuke) 등의 뜻을 가지고 있기 때문이다. Cf. F. Porsch, "ἐλέγχω," *Exegetical Dictionary of the New Testament*, Vol. 1 (Grand Rapids: Eerdmans, 1990), p. 427.: "the verb - together with παιδεύω - designates fatherly or divine correction and punishment for the purpose of improvement (cf. Sir 18:13; Prov 9:7f; 3:11, cited in Heb 12:5 and Rev 3:19; also 1 Tim 5:20; 2 Tim 4:2; Titus 1:13; 2:15; Jude 15)."

제를 다룰 때에도 교회의 성결과 안전을 먼저 생각하는 귀한 사도였다. 디모데는 이와 같이 교회를 귀하게 생각하는 바울의 교훈을 배워서 실행에 옮겨야 한다.

5. 디모데의 사역에 필요한 교훈(딤전 5:21–25)

> 21 하나님과 그리스도 예수와 택하심을 받은 천사들 앞에서 내가 엄히 명하노니 너는 편견이 없이 이것들을 지켜 아무 일도 불공평하게 하지 말며 22 아무에게나 경솔히 안수하지 말고 다른 사람의 죄에 간섭하지 말며 네 자신을 지켜 정결하게 하라 23 이제부터는 물만 마시지 말고 네 위장과 자주 나는 병을 위하여는 포도주를 조금씩 쓰라 24 어떤 사람들의 죄는 밝히 드러나 먼저 심판에 나아가고 어떤 사람들의 죄는 그 뒤를 따르나니 25 이와 같이 선행도 밝히 드러나고 그렇지 아니한 것도 숨길 수 없느니라 (딤전 5:21–25, 개역개정)

딤전 5:21-23 바울은 바로 전에 디모데에게 죄를 지은 장로들을 징계할 때는 모든 사람들 앞에서 꾸짖으라고 명령했다. 이제 바울은 죄를 지은 것으로 확인된 장로들에 대해 어떻게 처리해야 할 것을 가르친다. 바울은 "하나님과 그리스도 예수와 택하심을 받은 천사들 앞에서 내가 엄히 명하노니 너는 편견이 없이 이것들을 지켜 아무 일도 불공평하게 하지 말며 아무에게나 경솔히 안수하지 말고 다른 사람의 죄에 간섭하지 말며 네 자신을 지켜 정결하게 하라"(딤전 5:21-22)라고 권면한다. 바울은 이 권면이 바르다는 것을 확신시키기 위해

"하나님과 그리스도 예수와 택하심을 받은 천사들 앞에서"(ἐνώπιον τοῦ θεοῦ καὶ Χριστοῦ Ἰησοῦ καὶ τῶν ἐκλεκτῶν ἀγγέλων) 이 권면을 하고 있다고 천명한다. 우리는 "사람 앞에서"(before man)라는 뜻을 가진 "코람 호미니부스"(Coram hominibus)와 구별된 "코람 데오"(Coram Deo), 즉 하나님 앞에서(before God)라는 말을 즐겨 쓴다. 바울은 "하나님 앞에서"(ἐνώπιον τοῦ θεοῦ)라는 표현을 목회서신에서 자주 사용하였다(참조, 갈 1:20; 딤전 5:21; 6:13; 딤후 2:14; 4:1). 바울이 지금 "하나님과 예수 그리스도와 선택받은 천사들 앞에서" 권면하는 것은 "하나님 앞에서" 권면하는 것과 같은 뜻이다. 바울은 "하나님 앞에" 선 심정으로 권면하고 있는 것이다.

바울은 죄 지은 장로들과 교회 지도자들을 치리할 때는 "편견이 없어야 하며" 또한 절대로 "불공평하게 처리해서는 안 된다"(딤전 5:21)라고 단호하게 명령하고 있다. 바울이 이렇게 엄중하게 호소하는 것은 예수 그리스도의 재림 때에 있을 하나님의 심판을 생각하면서(시 82:1) 모든 사람의 행동을 판단하실 분이 바로 하나님이심을 상기시키는 것이다. 교회 내에서 치리를 행할 때는 사심(私心)이 없어야 하며, 공정하게 처리되어야 한다. 칼빈(Calvin)은 "완전한 공평으로 잘못된 호의를 보이지 않고, 의심을 불러일으키지 않고, 불리한 소식에 영향을 받지 않고, 너무 엄격하지 않고 그리고 모든 경우에 앞에 있는 사건만을 생각하면서 심판을 선언하는 것보다 더 어려운 것은 없다."[290]라고 해석한다. 그래서 바울은 "하나님과 그리스도 예수와 택하심을 받은 천사들"(딤전 5:21)을 증인으로 언급하면서까지 장로들의

290 John Calvin, *The Second Epistle of Paul to the Corinthians, and the Epistles to Timothy, Titus and Philemon* (1973), p. 264.

징계를 공정하게 진행하여야 함을 강조한다.

바울은 이제 교회 내에서 형제가 형제를 치리하는 이런 일이 발생하지 않도록 경계해야 할 것을 제시한다. 우선 교회의 평안과 성결을 위해 가장 먼저 기억해야 할 것은 "아무에게나 경솔히 안수하지 않는 것이다"(딤전 5:22). 교회가 어지럽게 되고 서로 불화하게 되는 원인은 교회 지도자들의 심성의 문제가 가장 큰 문제이다. 장래가 촉망되는 수많은 젊은 지도자들이 교만과 성적인 타락으로 인해 파멸된 것을 본다. 교회는 성숙되고 겸손하고 경건한 재목을 찾아 교회의 리더로 세우는 것을 크나큰 도전으로 생각하고 신중을 기해야 한다. 목사나 장로들을 세우기 위해 안수하는 것은 혼자서 하는 의식이 아니요, 여러 교회의 지도자들이 안수 받는 자의 머리에 함께 손을 얹어 행하는 의식이다. 그런데 경솔하게 안수하여 목사나 장로로 세움을 받은 사역자가 죄를 범하면 안수한 사람들이 죄지은 목사나 장로의 죄를 눈감아 주는 것과 같다. 그래서 바울은 계속해서 "다른 사람의 죄에 간섭하지 말며"(κοινώνει ἁμαρτίαις ἀλλοτρίαις)라고 권면하는 것이다. "다른 사람의 죄에 간섭하지 말며"라는 말씀은 "다른 사람의 죄에 참여하지 말며"로 번역하는 것이 원문의 뜻을 더 잘 전하는 것이다. 개역개정에서 "간섭하다"(κοινωνέω)로 번역된 "코이노네오"의 원뜻은 "교제하다"(have fellowship), "참여하다"(take part), "몫을 함께 소유하다"(have a share together) 등의 긍정적인 뜻을 가지고 있지, "남의 일에 참견함," "다른 나라의 내정이나 외교에 강제적으로 개입하는 일"(동아 새국어사전, 동아출판, 1997)등의 부정적인 뜻을 가진 "간섭하다"의 뜻으로 사용되지 않았다.[291] 바울은 준비되지 않은 사람을 경솔하게 안

291 Cf. J. Hainz, "κοινωνέω," *Exegetical Dictionary of the New Testament*, Vol. 2 (Grand

수함으로 디모데가 경솔하게 안수 한 자의 죄에 참여하게 되는 상황이 발생하지 않도록 권면하고 있는 것이다.[292] 박윤선 박사는 "무자격한 인물을 장로로 세우면, 그 인물이 범죄하는 때에 그를 장로로 세운 자도 그 죄책을 면치 못한다."[293]라고 해석한다. 그리고 바울은 계속해서 "네 자신을 지켜 정결하게 하라"(딤전 5:22)라고 교회의 지도자를 세울 때 신중하게 세워야 할 것은 물론 스스로도 자신을 정결하게 지켜서 교회의 평안과 성결을 유지해야 한다고 강조하고 있다. 디모데는 죄로부터 자유함을 누리는 삶을 이어가야 한다.

바울은 이런 중차대한 책임을 가진 디모데에게 교회를 잘 섬기기 위해서는 건강도 중요함을 상기시킨다. 디모데의 건강 상태를 잘 알고 있는 바울은 "이제부터는 물만 마시지 말고 네 위장과 자주 나는 병을 위하여는 포도주를 조금씩 쓰라"(딤전 5:23)라고 권고하고 있다. 바울의 이런 권고는 디모데가 자신의 건강은 돌보지 않고 교회의 사역에만 전념함으로 많은 스트레스(stress)에 노출될 수 있었음을 암시하고 있다. 그래서 바울은 조심스럽게 "물만 마시지 말라"(Μηκέτι ὑδροπότει)[294] 그러나 "포도주를 조금씩 쓰라"(οἴνῳ ὀλίγῳ χρῶ)라고 명령형을 사용하여 권고하고 있는 것이다. 바울은 여기서 술을 자유롭게 마시는 것을 허용하는 것이 아니요, 술을 건강을 위해 약(medicine)으로 사용하라고 권고하고 있는 것이다. 특별히 1세기 당시 소아시아

Rapids: Eerdmans, 1991), pp. 303-305.

292 Knight, III, *The Pastoral Epistles: A Commentary on the Greek Text* (1992), p. 239.: "The sins are those of others (ἀλλοτρίαις), but Timothy and the other elders will become responsible for those sins when they lay hands on too hastily."

293 박윤선, 『성경주석: 바울서신』 (1964), p. 500.; Cf. C. K. Barrett, *The Pastoral Epistles* (New Clarendon Bible) (Oxford: Clarendon, 1963), p. 81.

294 "물만 마시다" (ὑδροποτέω)라는 용어는 신약성경에서 딤전 5:23에서만 사용된 hapax legomenon이다.

지역의 물의 청결 상태를 고려할 때 바울의 권면이 타당함을 알 수 있다. 어떤 이는 이 구절을 근거로 성경이 술 마시는 것을 허용했다고 믿고 술을 원대로 마셔도 된다고 주장하기도 한다. 그러나 바울 사도는 "술 취하지 말라 이는 방탕한 것이니 오직 성령으로 충만함을 받으라"(엡 5:18)라고 명령한다. 바울은 술 취하는 것은 방탕한 것(엡 5:18)이라고 말하고, 디모데에게는 포도주를 조금씩 쓰라(딤전 5:23)라고 말함으로 서로 상충되는 교훈을 명령한 것처럼 보인다. 그러나 바울의 명령은 상충된 것이 아니다. 두 명령이 기록된 문맥은 분명하게 술 취하는 것은 금했고, 포도주는 위장과 자주 나는 병을 위해 "조금씩" 쓰라고 조심스럽게 명령한다. 그러므로 바울이 디모데전서 5:23에서 술을 자유롭게 마시도록 허용했다고 생각하는 것은 잘못된 해석이다. 그리고 성도들이 분명히 기억해야 할 것은 사람에 따라 술 취하는 경계선을 정할 수 없다는 것이다. 어떤 사람은 조금만 마셔도 "술 취하는 상태"가 되고, 또 어떤 사람은 같은 양을 마셨는데도 "술 취한 상태"가 아닐 수 있다는 사실이다. 그러므로 성도들이 특별한 경우 약으로 쓸 경우를 제외하고 술은 마시지 않는 것이 신앙생활에 유익하고 교회의 성결을 유지하는데도 도움이 된다는 사실을 기억해야 한다. 바울은 아버지의 심정으로(딤전 1:2) 아들 디모데의 건강을 위해 "포도주를 조금씩 쓰라"(딤전 5:23)라고 권면하고 있는 것이다.

딤전 5:24-25 바울은 디모데의 건강을 위해 권면을 하고 이제 다시 교회 리더들의 범죄 문제를 다룬다(참조, 딤전 5:20-22). 바울은 교회의 지도자들의 어떤 죄는 철저하게 조사할 필요조차 없을 만큼 명확히 드러나지만 또 어떤 죄는 밝히 드러나지 않아 면밀한 조사가 필요함을 가르친다. 그래서 바울은 "어떤 사람들의 죄는 밝히 드러나 먼저 심판에 나아가고 어떤 사람들의 죄는 그 뒤를 따르나니"(딤전 5:24)라고 설명하는 것이다. 바울은 밝히 드러난 죄는 당연히 먼저 심판을 받게 되는데 어떤 사람의 죄는 드러나지 않은 관계로 심판이 지연될 수밖에 없음을 분명히 한다. 칼빈(Calvin)은 "어떤 사람들의 죄는 그 뒤를 따르나니"(딤전 5:24)의 구절을 "그러나 그(바울)의 뜻은 비록 어떤 사람의 죄들은 우리가 소망하는 것보다 더 오래 감추어져 있고 밝혀지는 것이 지연되지만 그 죄들은 영구히 숨겨진 상태로 있을 수 없고 시간이 되면 드러나게 된다."[295]라는 뜻이라고 해석한다. 교회 지도자들의 범죄가 어떤 모양으로 행해질지라도 하나님 앞에서 드러나지 않고 영구히 숨겨질 죄는 없다.

교회 지도자들의 범죄와 마찬가지로 그들의 선행도 드러나게 되고 숨겨질 수가 없다. 그래서 바울은 "이와 같이 선행도 밝히 드러나고 그렇지 아니한 것도 숨길 수 없느니라"(딤전 5:25)라고 가르친 것이다. 바울은 "이와 같이"(ὡσαύτως)를 사용함으로 범죄나 선행이나 똑같은 방법으로 드러나게 된다고 분명히 밝힌다. 큰 선행은 쉽게 드러나게 되고, 작은 선행은 드러나지 않을 것 같지만 반드시 드러나게 되어 있다.

디모데전서 5:25을 이해하는데 "그렇지 아니한 것"(ἄλλως: otherwise)을 "선행"과 대칭적으로 이해하느냐 아니면 "밝히 드러남"과 대칭적으로 이해하느냐에 따라 본 구절의 뜻이 달라질 수 있다. "그렇지 아니한 것"을 "선행"과 연관시키면 "그렇지 아니한 것"은 선행과 반대

---

295 John Calvin, *The Second Epistle of Paul to the Corinthians, and the Epistles to Timothy, Titus and Philemon* (1973), pp. 268-269.

되는 악행, 즉 범죄를 가리키는 것으로 이해해야 한다. 하지만 "그렇지 아니한 것"을 "밝히 드러남"과 연결시켜서 "그렇지 아니한 것"을 "밝히 드러나지 않은 선행"을 뜻하는 것으로 보는 것이 더 합당하다. 왜냐하면 디모데전서 5:25 서두에 "이와 같이"(ὡσαύτως)를 사용함으로 바울은 디모데전서 5:25을 5:24과 대칭적으로 사용하고 있기 때문이다. 바울은 디모데전서 5:24에서 교회 리더들의 죄 문제를 다루고, 디모데전서 5:25에서는 교회 리더들의 선행문제를 다루고 있다.

제6장
주해

1 TIMOTHY

디모데전서 6장 요약

바울은 디모데전서 제 6장에서 종들과 상전들의 관계가 어떤 관계가 되어야 할 것인지를 가르치고(딤전 6:1-2) 누구든지 교만해져서 변론과 언쟁을 통해 교회 공동체를 투기와 분쟁과 비방과 악한 생각에 빠지도록 해서는 안 된다고(딤전 6:3-5) 가르치며, 또한 돈과 재물에 대해 탐심을 품어서는 안 된다고 강조한다(딤전 6:6-10). 바울은 예수 그리스도께서 재림하실 때까지(딤전 6:15) 디모데가 변론과 언쟁과 돈을 사랑함은 피하고(딤전 6:4,10-11), 의와 경건과 믿음과 사랑과 인내와 온유는 따르며(딤전 6:11), 믿음의 선한 싸움을 싸우고(딤전 6:12), 영생을 취하는(딤전 6:12) 삶을 이어가야 한다고 가르친다. 바울은 예수님이 역사적으로 본디오 빌라도에게 심판받은 사실을 언급함으로 예수님의 초림 사건을 명백하게 증언하고 바로 그 예수님이 재림하실 것을 분명하게 천명한다(딤전 6:13-15). 바울은 예수님의 재림을 소망하며 사는 성도들은 재물에 소망을 두지 말고 만왕의 왕이시요 만주의 주이신 예수 그리스도만을 바라다보고(딤전 6:15-16) 살기를 권고한다. 바울은 끝으로 거짓된 교훈의 간교함을 다시 한번 경고하고 간단한 인사말로 디모데전서의 끝을 맺는다.

1. 종들과 상전들의 올바른 태도(딤전 6:1-2)

> 1 무릇 멍에 아래에 있는 종들은 자기 상전들을 범사에 마땅히 공경할 자로 알지니 이는 하나님의 이름과 교훈으로 비방을 받지 않게 하려 함이라 2 믿는 상전이 있는 자들은 그 상전을 형제라고 가볍게 여기지 말고 더 잘 섬기게 하라 이는 유익을 받는 자들이 믿는 자요 사랑을 받는 자임이라 너는 이것들을 가르치고 권하라 (딤전 6:1-2, 개역개정)

딤전 6:1-2 바울은 이제 1세기 당시의 사회적 상황으로 볼 때 교회 안에서 발생할 수 있는 노예(δοῦλοι)와 관계된 문제를 언급한다. 바울이 디모데전서를 기록할 당시 로마제국의 상황은 노예제도가 없으면 사회가 작동될 수 없을 만큼 노예의 숫자가 많았다. 그러므로 교회 내에서도 노예의 존재로 인해 여러 가지 문제들이 발생할 수 있는 개연성은 항상 존재하는 것이었다. 그래서 바울은 에베소(Ephesus) 교회를 책임지고 있는 디모데에게 교회의 평안과 성결을 위해 노예들을 어떻게 가르칠 것을 권고하고 있는 것이다. 물론 본 구절의 "종들"(δοῦλοι)이 "노예들"(slaves)을 가리키느냐 아니면 "종들"(servants)을 가리키느냐 라는 질문을 할 수 있다. 둘로스(δοῦλος)가 "종"의 개념으로도 사용될 수 있으나(고전 7:23) 디모데전서 6:1에서는 "노예"의 개념이 더 강하게 드러난다. 바울이 디모데전서 6:1-2에서 노예의 주인에 해당하는 용어를 "주"(κύριος)라는 용어를 사용하지 않고, 독재적 의미가 더 강한 "상전"(δεσπότης: despot)이라는 용어를 선택하여 사용한 것도 둘로스(δοῦλος)가 노예의 개념으로 사용되었음을 방증한다. 그리고 바울이 "종들"을 설명할 때 "멍에 아래에 있는"(ὑπὸ ζυγόν)

이라는 수식어를 붙임으로 "멍에를 쓰고 일하는 동물들"을 연상시키고 있는 점도 이 견해를 지지한다. 헨드릭센(Hendriksen)은 "그의 노예에 대한 주인의 권한은 마치 멍에를 쓰고 일하는 그의 동물들에 대한 권한처럼 거의 절대적인 것이었다."[296]라고 정리한다.

바울은 디모데전서 6장을 시작하면서 "멍에 아래에 있는 종들"(딤전 6:1)과 "믿는 상전이 있는 자들"(딤전 6:2)을 대칭시켜 설명하고 있다. 이는 디모데전서 6:1은 믿지 않는 주인을 섬기는 믿는 노예에 대해 교훈하는 것이며, 디모데전서 6:2은 믿는 주인을 섬기는 믿는 노예에 대해 교훈하는 것으로 이해할 수 있다. 바울은 불신자인 주인을 섬기는 믿는 노예들에게도 "자기 상전들을 범사에 마땅히 공경할 자로 알아야"(딤전 6:1) 한다고 가르친다. 바울은 그 당시 수많은 노예들이 고통을 받고 있는데도 기독교의 복음이 사랑의 복음임에도 불구하고 노예제도의 폐지를 주창하지 않는다. 그 이유는 그 당시의 로마제국이 노예의 역할이 없이는 제대로 운영될 수 없는 상황이었고, 또한 노예 제도가 점차 개선되고 있었기 때문이었다. 바울은 과격한 방법으로 노예제도를 폐지하는 것은 너무나 큰 부작용이 뒤따를 것을 잘 알고 있었고, 하나님 앞에서 인간은 모두 동등하고, 기독교인들은 모두 같은 형제로 서로 사랑해야 한다는 사상과 인간은 모두 한 주님 예수 그리스도를 주인으로 모시고 산다는 교훈을 가르치면 노예제도가 점차 그 기능을 상실할 것으로 알고 있었기 때문이다.[297] 그러므로

296 Hendriksen, *Exposition of the Pastoral Epistles* (1974), p. 191.

297 노예제도 개선에 대한 더 자세한 바울의 교훈은 다음의 책을 참고 하시오. 박형용, 『에베소서 주해』 (수원: 합동신학대학원출판부, 2023), pp. 335-337.; 박형용, 『골로새서. 빌레몬서 주해』 (수원: 합신대학원출판부, 2020), p. 275.; S. D. F. Salmond, "The Epistle to the Ephesians," *The Expositor's Greek Testament,* Vol. III (Grand Rapids: Eerdmans, 1980), pp. 377-378.

예수를 구주로 영접한 노예들은 비록 그들의 주인이 불신자일지라도 주인들을 공경하고 노예로서 해야 할 역할을 감당해야 했다. 바울은 예수 믿는 노예들이 그들의 주인에게 반항하고 소란을 피우고 자신이 그리스도 안에서 얻은 자유를 주인에게 함부로 행사할 때 일어날 수 있는 상황을 내다보고 있었다. 켈리(Kelly)는 "항상 그러하듯, 바울은 만약 기독교인 노예들이 그리스도 안에서 새롭게 발견한 자유를 남용하여 그들의 주인들에게 무례하게 행동함으로 따라오는 치명적인 불평과 불만이 있을 것을 가슴을 찌르는 아픔으로 인식하고 있었다."[298]라고 설명한다. 그래서 믿는 노예들에게 주인들을 공경하라고 말하고 그 이유로 "이는 하나님의 이름과 교훈으로 비방을 받지 않게 하려 함이라"(딤전 6:1)라고 설명하는 것이다. 예수 믿는 노예가 주인과 갈등을 일으키면 결국 하나님이 욕을 먹고 하나님의 교훈이 비방을 받게 될 수밖에 없다. 오늘날도 성도가 죄를 짓고 잘못을 범하면 예수님과 하나님과 교회가 비방을 받게 되는 것과 같은 이치이다.

바울은 이제 믿는 노예와 믿는 상전의 관계를 다룬다(딤전 6:2). 믿는 노예들은 그들의 믿는 주인이 그리스도 안에서 형제라는 생각으로 주인을 "가볍게 여겨서는 안 된다"(μὴ καταφρονείτωσαν).[299] 오히려 믿는 노예에게는 믿는 주인들을 더욱더 잘 섬기는 것이 노예로 있을 때 해야 할 책임이다. 참된 믿음을 가진 상전이라면 그 당시 사회

298 Kelly, *A Commentary on the Pastoral Epistles* (*Thornapple Commentaries*) (1981), p. 131.

299 "가볍게 여기다" (καταφρονέω)라는 용어는 "거만하게 대하다" (contemptuously), "경멸하다, 깔보다" (despise)등의 뜻으로 사용된다. Cf. W. Trilling, "(καταφρονέω," *Exegetical Dictionary of the New Testament*, Vol. 2 (Grand Rapids: Eerdmans, 1991), p. 270.; J. I. Packer, "Despise, καταφρονέω," *The New International Dictionary of New Testament Theology*, Vol. 1. (1975), p. 462.: "In the NT, as in the LXX, the common use of this word-group is in contexts dealing with lack of due respect for the words, works, ministers and people of God."

적인 상황 때문에 노예를 소유하고 있긴 하지만 노예 제도가 자신이 배운 성경의 교훈과는 상충된다는 것을 알고 내심으로는 많은 고민을 하고 있을 수 있다. 믿음을 가진 노예가 이런 마음을 소유한 주인을 "가볍게 여기거나 경멸하는 것"은 복음의 본질에 역행하는 행위이다. 그래서 바울은 믿는 노예에게 "믿는 상전"들을 더 잘 섬기라고 명령하는 것이다. 바울은 더 잘 섬겨야 할 이유로 "이는 유익을 받는 자들이 믿는 자요 사랑을 받는 자임이라"(딤전 6:2)라고 설명한다. 이 말씀은 믿는 노예의 봉사를 통해 발생한 유익을 믿지 않는 주인이 받는 것도 당연한 이치인데 그 유익을 받는 주인이 예수를 믿는 주인이라면 더더구나 감사할 일일 수밖에 없다는 뜻이다. 그러므로 믿음을 가진 노예는 같은 믿음을 가진 상전들을 귀하게 여기고 잘 섬겨야 한다. 화이트(White)는 "노예는 어떤 주인에게든지 성실한 봉사를 해야 할 도덕적 의무를 가지고 있다. 만약 주인의 영적인 신분이 상승되면 해야 할 봉사의 질이 낮아져서는 안 되고, 오히려 이상적인 것이 되어야 한다."[300]라고 해석한다. 예수 믿는 상전에 대한 믿음을 가진 노예의 봉사는 더 순전하고 가식이 없는 봉사여야만 한다.

이제 바울은 디모데에게 "이것들을 가르치고 권하라"(딤전 6:2; 참조, 딤전 4:11)라고 명령한다. 바울은 "가르치라"(δίδασκε)와 "권하라"(παρακάλει)를 모두 현재 명령형을 사용함으로 디모데가 가르치는 일과 권하는 일을 지속적으로 해야 할 것임을 분명히 한다. 디모데는 무엇을 계속 가르치고 권해야 하는가? 바울이 언급한 "이것들"은 바울이 지금까지 가르친 교회 내의 지도자들에 대한 교훈(딤전 5:1-6:2)

---

300 White, "The First and Second Epistles to Timothy and The Epistle to Titus," *The Expositor's Greek Testament*, Vol. IV, p. 140.

을 가리킨다고 생각할 수도 있으나 오히려 편지 안에 설명된 교훈 전체를 가리킨다고 해석하는 것이 더 합당하다고 사료된다. 쾨스텐버거(Köstenberger)는 "현재의 경우 그(바울)는 사도의 대리자에게 그의 서한을 매듭 짓는 과정에서 편지 안에 설명한 그의 교훈 전체를 가리키고 있는 것으로 생각된다. 특별히 디모데는 잘못된 교리를 전파하고 있는 대적자들을 반대해서 (성도들에게) 진정한 복음을 따르도록 가르치고 권면해야 한다."[301]라고 함으로 "이것들"이 "그의 교훈 전체"라고 설명한다. 디모데는 사도의 대리자로서 교회의 평안과 성결을 위해 사도가 편지에서 가르친 교훈 전체를 에베소 교회의 리더들과 성도들에게 지속적으로 가르쳐야 한다.

2. 다른 교훈을 따르는 자들의 태도(딤전 6:3-5)

> 3 누구든지 다른 교훈을 하며 바른 말 곧 우리 주 예수 그리스도의 말씀과 경건에 관한 교훈을 따르지 아니하면 4 그는 교만하여 아무 것도 알지 못하고 변론과 언쟁을 좋아하는 자니 이로써 투기와 분쟁과 비방과 악한 생각이 나며 5 마음이 부패하여지고 진리를 잃어 버려 경건을 이익의 방도로 생각하는 자들의 다툼이 일어나느니라 (딤전 6:3-5, 개역개정)

301 Köstenberger. *Biblical Theology for Christian Proclamation: Commentary on 1-2 Timothy and Titus* (2017), p. 183.; Cf. Gordon D. Fee, *1 and 2 Timothy, Titus* (*NIBCNT*), Vol. 13 (Peabody: Hendrickson, 1984), pp. 140-141.

딤전 6:3-5 바울은 이제 거짓 교사들에 대한 구체적인 언급을 세 번째로 시작한다(딤전 6:3-5; 참조, 딤전 1:3-11; 4:1-5). 거짓 교사들은 자신들의 욕심과 탐욕을 채우기 위해 단순하고 순수한 바른 교훈을 왜곡시켜 사람들을 미혹시키는 자들이다. 바울은 거짓 교사들이 즐기는 "다른 교훈"이 바로 "우리 주 예수 그리스도의 말씀과 경건에 관한 교훈을 따르지 아니하는 것"(딤전 6:3)이라고 명시한다. 바울은 이미 "그리스도의 말씀과 경건에 관한 교훈"을 가르친 바 있다. 바울은 분명하게 예수 그리스도를 통하지 않고는 구원을 받을 수 없다고 가르쳤다. 그래서 바울은 "그리스도 예수께서 죄인을 구원하시려고 세상에 임하셨다"(딤전 1:15)라고 가르쳤고, 하나님도 한 분이시요, 하나님과 사람 사이의 중보자도 한 분이신데 그분이 바로 성육신하신 예수 그리스도라고(딤전 2:5) 가르쳤으며, 하나님의 교회의 중요함을 교회가 "진리의 기둥과 터"(딤전 3:15)라는 표현으로 가르쳤으며, 경건의 비밀은 바로 예수 그리스도의 구속 사역을 통해 죄 문제가 해결되고, 영생을 약속하신 하나님의 사랑의 구속 성취(딤전 3:16)라고 가르쳤다. 그런데 거짓 교사들은 이와 같은 올바르고 경건한 구속의 비밀을 받아들이지 않고, "신화와 끝없는 족보"(딤전 1:4) 이야기에 매몰되어 있고, "미혹하는 영과 귀신의 가르침"(딤전 4:1)을 따르며, "변론과 언쟁을 좋아하는"(딤전 6:4) 사람들인 것이다. 바울이 디모데전서에서 "주 예수 그리스도"라는 예수님의 호칭을 모두 동원한 예가 여섯(6)번이 된다.(딤전 1:1, 2, 12; 5:21("주"가 빠짐); 6:3, 14). 그런데 이와 같은 예수님의 호칭이 표현되는 문맥은 그리스도의 권위와 능력이 작용하고 있는 구절들이다.[302] 바울은 지금 "주 예수 그리스도의 말씀과 경건에

302 Knight, III, *The Pastoral Epistles: A Commentary on the Greek Text* (1992), p. 250.

관한 교훈"은 변할 수 없고 바른 진리인데 거짓 교사들이 이를 반대하고 있음을 강조하고 있는 것이다.

이제 바울은 거짓 교사들의 잘못된 행태에 대해 설명한다(딤전 6:4). 그들은 "교만하여 아무것도 알지 못한 자"(딤전 6:4)들이다. "교만하다"(τετύφωται)라는 용어는 목회서신에서만 등장하는 용어이다(딤전 3:6; 6:4; 딤후 3:4). 바울은 "교만하다"를 완료형 수동태로 표현하여 거짓 교사들의 교만함이 일시적인 현상이 아니요, 영구적인 현상임을 지적하고 있다. 거짓 교사들은 잠시 교만한 것이 아니요, 지속적으로 교만한 마음을 가지고 있다는 것이다. 그리고 거짓 교사들이 교만하게 된 것은 그들의 허황된 신화와 잘못된 지식 때문이다. 잘못된 지식은 사람을 교만하게 만들고 진리에서 더 멀어지게 만든다(참조, 고전 8:1-2; 딤전 3:6). 그러므로 거짓 교사들은 스스로 무엇을 알고 있다고 자만심을 가질 수 있지만 실제로는 "아무 것도 알지 못한"(딤전 6:4) 상태인 것이다. 그들이 진리라고 믿고 있는 것은 실제로는 아무데도 쓸데없는 쓰레기와 같은 것이다.

바울은 이제 거짓 교사들의 잘못된 행동 패턴들을 설명한다. 그들은 "변론과 언쟁을 좋아하는 자"(딤전 6:4)들이다. 박윤선 박사는 "'변론과 언쟁을 좋아하는 자'란 말의 '변론과 언쟁'은, 진리를 분변하기 위한 합법적(合法的)인 논전(論戰)이 아니고, 다만 비진리를 옹호하기 위한 불법한 언쟁을 가리킨다."[303]라고 해석한다. 거짓 교사들은 변론과 언쟁을 병적으로 좋아한다. 칼빈(Calvin)은 바울이 여기서 "변론"과 "언쟁"을 함께 사용하는 이유를 설명한다. 칼빈은 "변론"(ζητήσεις)은 배우기 위한 소망을 가지고 질문하는 그런 종류의 질문을 뜻하지 않

303 박윤선, 『성경주석: 바울서신』 (1964), p. 506.

고, 또한 유익한 요점을 명백하게 하는데 기여하는 그런 질문도 아니며, 오히려 지적인 능력을 전시하는 그런 질문을 뜻한다. 그래서 논의에 끝이 없을 정도로 한 질문은 다른 질문으로 이어진다고 설명한다. "변론"은 해결 방법을 찾기 위한 목표를 가지고 의논하지 않고 견해의 차이만을 강하게 제시하는 것을 뜻한다고 설명한다.[304] 랄슨(Larsson)은 디모데전서 6:4에서 바울이 "변론"을 거짓 교사들과 연관시켜 사용하는데, 거짓 교사들은 오만하고 무식해서 변론을 위한 건강하지 않은 욕구만을 가지고 있었다고 지적한다.[305] 그리고 칼빈(Calvin)은 계속해서 "언쟁"(λογομαχίας)은 근거 없이 말만 가지고 다투기를 즐겨하는 논쟁을 가리킨다고 설명하고 본문에서 바울의 목적은 결과 없는 문제들에 대해 날카롭게 논쟁하게 만드는 모든 질문을 정죄하는 것이라고 해석한다.[306] 언쟁은 말의 용법과 의미에 대해 논쟁한다는 뜻이다. "언쟁"은 말 꼬리를 물고 늘어진다는 뜻이 담겨 있다.

"변론"(ζητήσεις)이 "지적인 능력을 전시"하는 것이라면 이는 사람의 지적 교만과 관련되어 있다. 하나님은 교만한 자를 싫어하신다. "교만은 패망의 선봉이요 거만한 마음은 넘어짐의 앞잡이니라"(잠 16:18). 그러므로 성도들은 변론을 피해야 한다. 디모데는 이와 같은 "변론과 언쟁을 좋아하는 자"(딤전 6:4)를 피해야 한다. 한글개역개정 성경은 거짓 교사들이 변론과 언쟁을 "좋아하는 자"(νοσῶν)라고만 표현했지만, 원래의 뜻은 "병적으로 열심이다"의 의미를 가지고 있다.

304 John Calvin, *The Second Epistle of Paul to the Corinthians, and the Epistles to Timothy, Titus and Philemon* (1973), pp. 272-273.

305 E. Larsson, "ζήτησις," *Exegetical Dictionary of the New Testament*, Vol. 2 (Grand Rapids: Eerdmans, 1991), p. 103.

306 John Calvin, *The Second Epistle of Paul to the Corinthians, and the Epistles to Timothy, Titus and Philemon* (1973), p. 273.

그러므로 본 구절은 거짓 교사들이 "변론과 언쟁을 병적으로 열심히 하는 자"들이라는 뜻을 가지고 있다. 링크(Link)는 "말에 대한 논쟁과 변론을 갈망하는 것은 마음의 병적 상태를 가리킨다."[307]라고 설명한다. 바울이 여기서 "병적으로 열심이다"(νοσῶν)를 사용한 것은 바로 전 절(딤전 6:3)에 나오는 "바른 말"의 "바른"(ὑγιαίνουσιν)과 대조를 시켜 거짓 교사들의 잘못을 강조하기 위한 것이다.[308] 바울은 "변론과 언쟁을 좋아하는 자"는 결국 "투기와 분쟁과 비방과 악한 생각"(딤전 6:4)에 사로잡혀 마음이 부패하여지고 진리를 떠나고 경건을 사욕의 수단으로 사용하게 된다고 가르친다(딤전 6:4-5). 바울은 "투기"와 "분쟁"을 악한 특징으로 나란히 함께 사용하곤 한다(롬 1:29; 갈 5:20-21; 빌 1:15; 딤전 6:4). "투기"(φθόνος: envy or jealousy)는 다른 사람이 소유한 것을 얻기 위한 갈망으로 질투한다는 뜻으로 구원받기 전의 불신자의 삶의 특징이요 성령의 열매에 반대되는 육체의 일의 나쁜 특질이다.[309] 그리고 "분쟁"(ἔρις: strife or discord)은 투기한 결과로 따라오는 불화를 뜻하는데 바울서신에서 교회의 연합과 평화를 깨뜨리는 나쁜 목록의 하나로 사용된다.[310] "비방"(βλασφημίαι: slander, malicious talk)이라는 용어는 성경에서 하나님을 모독(훼방)하는 의미로 사용되기도 하

307 H.-G. Link, "νόσος," *The New International Dictionary of New Testament Theology*, Vol. 3 (Grand Rapids: Zondervan, 1979), p. 999.

308 참고로, 영어 번역은 "sound words"와 "unhealthy interest" (NIV), "sound words"와 "morbid craving" (RSV), "sound words"와 "unhealthy craving" (ESV), "sound words"와 "morbid interest" (NASB)라는 표현을 사용하여 "좋아하는" (딤전 6:4) 행위가 건전하지 않은 것임을 드러내 보인다. Cf. A. Oepke, "νόσος, νοσέω," *Theological Dictionary of the New Testament*, Vol. IV (Grand Rapids: Eerdmans, 1973), pp. 1091-1098.

309 D. H. Field, "φθονέω, φθόνος," *The New International Dictionary of New Testament Theology*, Vol. 1 (Grand Rapids: Zondervan, 1975), pp. 557-558.

310 H. Giesen, "ἔρις," *Exegetical Dictionary of the New Testament*, Vol. 2 (Grand Rapids: Eerdmans, 1991), pp. 52-53.

지만(마 12:31; 26:65; 막 2:7; 3:28-29; 눅 5:21) 본 구절에서는 사람을 향한 오만하고 무례한 말을 한 것으로 이해할 수 있다. "비방"은 상대방에게 주상모략하고 모욕적인 말을 하는 것을 뜻한다(막 7:22; 골 3:8; 딤전 6:4). "악한 생각"(ὑπόνοιαι: suspicion, conjectures)이라는 용어는 신약성경에서 이곳(딤전 6:4)에서만 사용되는 용어(hapax legomenon)로 헬라어 원문의 원래의 뜻은 상대방의 모든 말과 행위를 의심함으로 상대방을 신뢰하지 않는다는 뜻을 가지고 있다.[311]

바울은 말과 행동에서 이와 같은 악한 특징들을 소유한 사람은 자연히 "마음이 부패하여지고 진리를 잃어 버리게"(딤전 6:5) 된다고 가르친다. 헨드릭센(Hendriksen)은 "부패한 마음은 진리를 반대하고, 결국 그런 마음을 소유한 자들이 완전하고 영구하게 하나님의 말씀 안에 나타난 하나님의 계시인 진리로부터 결별될 때까지 거짓을 환영한다. 시기, 논쟁, 비방, 비열한 의심, 상호 언쟁은 정신적, 도덕적, 그리고 영적인 불임증(sterility)으로 인도한다."[312]라고 해석한다. 거짓 교사들은 "경건"(τὴν εὐσέβειαν)을 자신들의 "이익의 수단"(means of gain)으로 생각하는 사람들이기 때문에 계속적인 다툼이 있게 마련이다. 그러나 경건한 기독교인들의 삶은 현저하게 다르다. 팩커(Packer)는 "경건한 기독교인들은 신령한 것의 양면적인 인식에 의해 항상 두드러지게 표시된다. 한편으로는, 구원계획으로 초점이 맞추어진 하나님의 순결과 사랑의 초자연적인 영광이 그들을 황홀하게 한다는 점이요, 다른 편으로는, 불경건에 대한 신적인 심판의 위협으로 초점이 맞추어진 하나님의 주권의 초자연적인 영광이 그들에게 경고를 한

311 Cf. J. Behm, "ὑπονοέω, ὑπόνοια," *Theological Dictionary of the New Testament,* Vol. IV (Grand Rapids: Eerdmans, 1973), pp. 1017-1019.

312 Hendriksen, *Exposition of the Pastoral Epistles* (1974), p. 197.

다."[313]라고 함으로 경건에 대한 성도들의 인식이 거짓교사들의 인식과 철저하게 다르다는 사실을 분명하게 지적한다.

바울은 이미 "경건의 비밀"(τὸ τῆς εὐσεβείας μυστήριον)에 대해 설명한 바 있고, 그 내용이 예수님의 성육신과 부활과 승천 등 예수님의 구속 성취의 사건임을 확인한 바 있다(딤전 3:16). 거짓 교사들은 교회가 믿는 복음 진리의 교리와 복음 전파의 사역을 자신들의 탐욕을 위해 사용하고 자신들의 이익의 수단으로 전락시키는 사람들이다. 칼빈(Calvin)은 "바울은 그리스도의 종들이 그런 사람들과 어떤 관계를 갖는 것을 금한다. 그는 디모데가 그들을 모방하는 것을 금할 뿐만 아니라 그들을 위험한 해충처럼 피하라고 말하고 있다. 비록 그들은 공개적으로는 복음을 반대하지 않고 복음을 고백은 하지만, 그들과 함께하는 것은 전염성이 있는 것이다."[314]라고 말함으로 거짓 교사들과 교류하는 것은 물론 그들을 모방하는 것은 위험천만한 일이라고 지적하고 있다. 바울은 믿음의 아들 디모데에게 거짓 교사들의 잘못된 특징들을 언급하고(딤전 6:3-5) 거짓 교사들은 교회 내에서 전염병과 같은 존재들이기 때문에 그들과는 상종해서는 안 된다고 권면하고 있다.

313 J. I. Packer, *Rediscovering Holiness* (Ann Arbor: Servant Publications, 1992), p. 132.

314 John Calvin, *The Second Epistle of Paul to the Corinthians, and the Epistles to Timothy, Titus and Philemon* (1973), p. 273.

3. 재물에 대한 성도의 태도(딤전 6:6-10)

6 그러나 자족하는 마음이 있으면 경건은 큰 이익이 되느니라 7 우리가 세상에 아무 것도 갖고 온 것이 없으매 또한 아무 것도 가지고 가지 못하리니 8 우리가 먹을 것과 입을 것이 있은즉 족한 줄로 알 것이니라 9 부하려 하는 자들은 시험과 올무와 여러 가지 어리석고 해로운 욕심에 떨어지나니 곧 사람으로 파멸과 멸망에 빠지게 하는 것이라 10 돈을 사랑함이 일만 악의 뿌리가 되나니 이것을 탐내는 자들은 미혹을 받아 믿음에서 떠나 많은 근심으로써 자기를 찔렀도다 (딤전 6:6-10, 개역개정)

딤전 6:6-10 바울은 디모데전서 6:3-5에서 거짓 교사들의 악독한 특성들에 대해 설명을 하고 이제 디모데전서 6:6에서 "그러나"(δέ)를 처음으로 사용함으로 다른 길이 있음을 제시한다. 바울은 다른 올바른 길을 제시하면서 네 개의 잠언과 같은 말을 열거한다. 첫째, "자족하는 마음이 있으면 경건은 큰 이익이 된다"(딤전 6:6; 참조, 고후 9:8; 빌 4:11-12; 시 34:10); 둘째, "우리가 세상에 아무 것도 가지고 온 것이 없으매 또한 아무 것도 가지고 가지 못한다"(딤전 6:7; 참조, 욥 1:21); 셋째, "우리가 먹을 것과 입을 것이 있은즉 족한 줄로 알 것이니라"(딤전 6:8; 참조, 마 6:25-34; 눅 12:22-31); 넷째, "돈을 사랑함이 일만 악의 뿌리가 된다"(딤전 6:10; 참조, 마 6:24; 눅 16:13; 히 13:5). 이제 이 네 가지의 거짓 교사들의 특징을 좀 더 자세히 고찰하도록 한다.

첫째, "자족하는 마음이 있으면 경건은 큰 이익이 된다"(딤전 6:6). 바울은 친히 자족하는 마음으로 경건의 큰 이익을 경험한 사람이다. 바울은 "내가 궁핍하므로 말하는 것이 아니니라 어떠한 형편에든지 나는 자족하기를 배웠노니"(빌 4:11)라고 고백하면서 "모든 것을 해로

여김은 내 주 그리스도 예수를 아는 지식이 가장 고상하기 때문이라 내가 그를 위하여 모든 것을 잃어버리고 배설물로 여김은 그리스도를 얻고 그 안에서 발견되려 함이니"(빌 3:8-9)라고 증거한다. 바울은 자족하는 마음으로 자신의 지식과 경험과 소유와 유대인인 사실을 배설물로 여기고 예수 그리스도를 아는 지식의 고상함을 알고 사는 사도이다. 바울은 거짓 교사들처럼 "경건을 이익의 방도로 생각"(딤전 6:5)하지 말고, 자신처럼 자족하는 마음으로 큰 이익이 되는 경건을 맛보는 삶을 살고 또 가르치라고 디모데에게 권면하고 있다. 헬라 철학의 덕목의 관점에서는 "자족하는 마음"을 자기충족의 의미로 이해한다. 하지만 바울은 진정으로 "자족하는 마음"은 자신을 의존하는 것보다 그리스도와 함께 만족하는 것이라고 가르친다.[315] 이 말씀은 물질과 돈 중심으로 가득 찬 한국과 서방세계에 큰 경종을 울린다. 칼빈(Calvin)은 "그러나 경건은 그 자체로 우리에게 충분하고도 위대한 유익이 된다. 왜냐하면 경건을 통해 우리들은 세상의 상속자가 될 뿐만 아니라 그리스도와 그의 모든 풍요를 즐길 수 있게 되었기 때문이다."[316]라고 설명한다. 성도들은 예수 그리스도를 믿음으로 그리스도가 그의 죽음과 부활을 통해 성취하신 모든 풍요를 누리며 살 수 있게 되었다.

둘째, "우리가 세상에 아무 것도 가지고 온 것이 없으매 또한 아무 것도 가지고 가지 못한다"(딤전 6:7). 이 말씀은 "그가 모태에서 벌거벗고 나왔은즉 그가 나온 대로 돌아가고 수고하여 얻은 것을 아무것도

315 Köstenberger. *Biblical Theology for Christian Proclamation: Commentary on 1-2 Timothy and Titus* (2017), pp. 188-189.

316 John Calvin, *The Second Epistle of Paul to the Corinthians, and the Epistles to Timothy, Titus and Philemon* (1973), p. 274.

자기 손에 가지고 가지 못하리니"(전 5:15)라고 말한 전도서의 말씀과 일치한다. 또한 시편 기자는 "지혜 있는 자도 죽고 어리석고 무지한 자도 함께 망하며 그들의 재물은 남에게 남겨 두고 떠나는 것을 보게 되리로다"(시 49:10)라고 가르친다. 바울은 디모데에게 거짓 교사들처럼 "경건을 이익의 방도"(딤전 6:5)로 생각하며 죄악 된 삶을 살 것이 아니요, 어차피 이 세상의 재물은 죽음과 함께 가지고 갈 수 없는 것임을 깨닫고 경건(ἡ εὐσέβεια: godliness)을 귀중하게 생각하며 살아야 한다고 권면하고 있다.

욥(Job)이 바로 이런 삶을 산 사람이라고 생각된다. 그는 부자였지만 재물에 의해 조종받지 않는 삶을 살았다. 하나님도 욥을 가리켜 "이 사람은 동방 사람 중에 가장 훌륭한 자라"(욥 1:3)라고 말씀하시고 계속해서 "그와 같이 온전하고 정직하여 하나님을 경외하며 악에서 떠난 자는 세상에 없느니라"(욥 1:8)라고 말씀하실 만큼 욥은 하나님이 인정하는 온전하고 정직하여 하나님을 경외하며 악에서 떠난 사람이었다(욥 2:3). 그런데 사탄(Satan)의 간계로 욥은 모든 소유와 자녀들을 잃게 되고 자신의 건강에도 위험이 닥친다. 욥의 형편은 자신의 아내마저도 "하나님을 욕하고 죽으라"(욥 2:9)라고 말할 정도로 심각한 상황이 되어버렸다. 하지만 욥은 범죄하지 않고 하나님을 떠나지 않았다. 오히려 성경은 "욥이 일어나 겉옷을 찢고 머리털을 밀고 땅에 엎드려 예배하며 이르되 내가 모태에서 알몸으로 나왔사온즉 또한 알몸이 그리로 돌아 가올지라 주신 이도 여호와시요 거두신 이도 여호와시오니 여호와의 이름이 찬송을 받으실지니이다"(욥 1:20-21)라고 욥이 하나님을 찬양한 사실을 기록한다. 바울은 다시 한번 재물의 한계를 언급하면서 디모데에게 거짓 교사들처럼 "경건을 이익의 방도"(딤전 6:5) 삼아서는 안 된다고 가르치고 있다.

셋째, "우리가 먹을 것과 입을 것이 있은즉 족한 줄로 알 것이니라"(딤전 6:8). 바울은 방금 전 "우리가 이 세상에 아무것도 가지고 온 것이 없다"(딤전 6:7)라고 말했지만 이 세상을 살아가기 위해서는 기본적으로 꼭 필요한 것이 있다는 것을 천명하는 것이며 성도들은 그 기본적인 필요가 채워지는 것을 감사하고 족한 줄로 알고 살아야 할 것을 권면하는 것이다. 그래서 바울은 디모데전서 6:8을 "그러나"(δέ)로 시작함으로 디모데전서 6:7의 개념과는 대칭이 되는 상황이 우리 앞에 전개되어 있다는 것을 확인하고 성도들은 "먹을 것과 입을 것"이 있으면 족한 줄로 알아야 한다고 권면하는 것이다. 바울은 "먹을 것과 입을 것"(διατροφὰς καὶ σκεπάσματα)이라는 신약성경에서 이곳에서만 유일하게 등장하는(hapax legomenon)[317] 특별한 용어를 사용하여 사람의 생존을 위해 필요한 것을 지적하고 있다. 나이트(Knight)는 "생명을 유지하는 것, 즉 '음식물과 덮는 것'은 함께 생각할 때 생명 유지를 위해 필요한 것들임을 가리킨다(참조, 마 6:25이하 그리고 창 28:20; 신 10:18의 '먹을 떡과 입을 옷')."[318]라고 정리한다. 바울의 교훈은 예수님의 교훈을 반영하고 있다(마 6:24-34; 눅 12:16-32). 바울은 성도들이 생존을 위해 기본적으로 필요한 것을 만족하게 생각하면 하나님께서 제공해 주신 더 좋은 것들을 감사하면서 받을 수 있다고 가르친다(딤전 6:17).

바울은 "먹을 것과 입을 것"에 만족하지 못하고 "부하려 하는 자들"(딤전 6:9)의 삶에 대해 설명한다. 바울은 "그러나"(δέ: 개역개정 번역하지 않음)를 디모데전서 6:9의 서두에 사용함으로 디모데전서 6:8과

317 Smith, *Greek-English Concordance to the New Testament*, p. 86 (section 1305)와 p. 321 (section 4529).

318 Knight, III, *The Pastoral Epistles: A Commentary on the Greek Text* (1992), p. 255.

의 비교를 의도하고 있다. 곧 바울은 일용할 용품에 만족하는 사람과 지나치게 재물을 탐내는 사람을 비교하고 있다. 바울은 “부하려 하는 자”(οἱ βουλόμενοι πλουτεῖν)를 현재 시상으로 처리함으로 그들의 마음 상태가 항상 “재물”로 가득 차 있음을 암시하고 있다(참조, 딤전 2:8; 5:14). 바울은 이런 사람들의 삶은 “시험”과 “올무”와 “해로운 욕심”에 빠져 스스로를 파멸과 멸망에 빠지게 된다고 가르친다. 그래서 바울은 바로 다음 절 디모데전서 6:10에서 “돈을 사랑함”이 얼마나 큰 재앙인지를 분명히 한다.

넷째, “돈을 사랑함이 일만 악의 뿌리가 된다”(딤전 6:10). 바울은 본 구절에서 일반적으로 탐욕(avarice)이나 과다한 욕심(covetousness)을 표현할 때 사용하는 플레오넥시아(pleonexiva)라는 용어를 사용하지 않고, 신약성경에서 본 구절에서만 등장하는(hapax legomenon) “돈을 사랑함”(φιλαργυρία: love of money)이라는 용어를 사용한다. 왜 돈을 사랑함이 일만 악의 뿌리가 되는가? 우리는 그 이유를 예수님의 교훈에서 찾을 수 있다. 예수님은 한 율법사가 어느 계명이 큰 계명이냐고 묻는 질문에 “네 마음을 다하고 목숨을 다하고 뜻을 다하여 주 너의 하나님을 사랑하라 하셨으니 이것이 크고 첫째 되는 계명이요 둘째도 그와 같으니 네 이웃을 네 자신같이 사랑하라 하셨으니 이 두 계명이 온 율법과 선지자의 강령이니라”(마 22:37-40; 참조, 눅 10:27)라고 가르치셨다. 따라서 “돈을 사랑함”은 율법의 제일 큰 계명과 둘째로 큰 계명을 범한 중한 죄라고 할 수 있다(참조, 마 6:24; 눅 16:13). 위로는 하나님을 사랑하지 않고, 옆으로는 이웃들을 사랑하지 않으면 다른 모든 죄악들이 뒤따를 수밖에 없다. 그래서 바울은 “돈을 사랑함이 일만 악의 뿌리가 된다”(딤전 6:9)라고 가르친 것이다. 헨리(Henry)는 “무엇이 모든 악의 뿌리인가. 그것은 돈을 사랑하는 것이다. 사람들은 돈을 소유할 수 있지만 돈을 사랑하지는 않는다. 그러나 만약 사람들이 과도하게 돈을 사랑하면 그것은 그들을 모든 악으로 밀어 넣는다."[319] 라고 정리한다.

성경은 "돈을 사랑하는 사람"과 "재물에 대한 바른 생각을 가진 사람"의 결과가 얼마나 극명하게 다른지를 보여준다. 어떤 청년이 예수님께 나아와 영생에 관한 질문을 한다. 예수님은 그 청년 관리(눅 18:18)에게 계명을 지켜야 한다고 말씀하시고, 그 청년이 모든 계명을 다 지켰다고 대답하자, 한 가지 부족한 것이 있는데 그것은 "네 소유를 팔아 가난한 자들에게 주라"(마 19:21)는 명령이었다. 마태(Matthew)는 "그 청년이 재물이 많으므로 이 말씀을 듣고 근심하며 가니라"(마 19:22; 참조, 막 10:22)라는 말로 그 결과를 설명한다. 청년 관리는 영생(the eternal life) 대신 돈(money)을 사랑하여 재물을 택했다. 돈은 중립적인 것이다. 돈이 없는 사람을 가난한 사람이라 부른다. 그러나 돈만 있는 사람은 더 가난한 사람이라고 할 수 있다. 돈은 축복도 가져오고, 저주도 가져온다. 그것은 돈 자체에 무슨 문제가 있어서 그런 것이 아니요 돈을 사용하는 사람의 태도 때문에 그런 효과를 나타내는 것이다. 문제는 돈만을 사랑하는 것이 문제이다.

욥(Job)의 경우를 보더라도 그는 큰 부자였지만 황금만능주의자도 아니었고 황금 숭배자도 아니었다. 욥은 재물 때문에 하나님을 배반하지 않았다. 경건한 신앙인도 많은 부를 모을 수 있다. 재물을 모으는 것이 영적인 삶과 정반대되는 것도 아니요, 불합리한 것도 아니다. 문제는 재물을 소유한 사람의 물질에 대한 생각과 태도인 것이

319 Matthew, Henry, *Matthew Henry's Commentary on the Whole Bible, Vol. VI. Acts to Revelation.* (n.d.), p. 829.

다. 성경에 엘리야(Elijah)와 시돈에 속한 사르밧(Zarephath of Siddon, 사렙다) 과부의 이야기가 나온다(왕상 17:8-16). 시돈 땅 사르밧에 한 과부와 아들이 있었는데 그들은 그 땅의 기근과 기갈로 죽을 수밖에 없는 상태에 있었다. 그래서 그 여인은 최후의 양식인 빵 한 조각을 아들과 나누어 먹고 죽을 결심을 하고 있었다. 이때 엘리야는 그 마지막 빵을 먼저 자신에게 가져오라고 말한다(왕상 17:12-13). 이때에 사르밧 과부는 선지자 엘리야에게 먼저 먹게 하느냐 자신들이 먼저 먹느냐 하는 기로에 처하게 된다. 하나님 중심의 생각은 하나님의 선지자 엘리야가 먼저요, 돈 중심의 생각은 자신들이 조금이라도 오래 살 수 있다는 세상 경제 원리를 따르는 것이다. 결국 사르밧 과부는 하나님 중심의 선택을 하게 되었고, 하나님께서 "통의 가루"와 "병의 기름"을 채워주셔서 그 기근 속에서도 살아남을 수 있게 되었다. 욥과 사르밧 과부는 "재물"과 "하나님" 사이에서 하나님을 택함으로 경건을 통해 이익을 본 사람들이다.

반면 가룟 유다(Judas Iscariot)는 황금에 눈이 어두워져서 예수님을 은 삼십(30)에 팔았다. 그러나 그 결과 가룟 유다는 은 삼십 중 한 푼도 쓰지 못하고 자신의 목숨을 잃고 말았다(마 27:3-10). 초대교회의 아나니아(Ananias)와 삽비라(Sapphira) 부부도 돈의 위력이 그들의 눈을 가려 결국 성령 하나님을 속이고 그 결과 둘 다 목숨을 잃게 되었다(행 5:1-11). 하나님보다도 돈이 더 크게 보일 때 그 결과는 파멸이 있을 뿐이다. 바울은 사람들이 돈에 얼마나 약한지를 잘 알고 있었고, 돈과 하나님을 동시에 섬길 수 없다는 사실도 잘 알고 있었기 때문에 디모데에게 "돈을 사랑함이 일만 악의 뿌리가 된다"(딤전 6:10)라고 권고함으로 거짓 교사들이 경건까지도 이익의 방도(딤전 6:5)로 삼으려 하는 악한 폐단에 대한 경계를 하고 있는 것이다. 바울은 돈을 탐내는 자들은 결국 믿음에서 떠나 파멸과 멸망에 빠지게 된다고 권면하고 있다(딤전 6:9-10).

4. 하나님의 사람에 대한 권면(딤전 6:11-16)

> 11 오직 너 하나님의 사람아 이것들을 피하고 의와 경건과 믿음과 사랑과 인내와 온유를 따르며 12 믿음의 선한 싸움을 싸우라 영생을 취하라 이를 위하여 네가 부르심을 받았고 많은 증인 앞에서 선한 증언을 하였도다 13 만물을 살게 하신 하나님 앞과 본디오 빌라도를 향하여 선한 증언을 하신 그리스도 예수 앞에서 내가 너를 명하노니 14 우리 주 예수 그리스도께서 나타나실 때까지 흠도 없고 책망 받을 것도 없이 이 명령을 지키라 15 기약이 이르면 하나님이 그의 나타나심을 보이시리니 하나님은 복되시고 유일하신 주권자이시며 만왕의 왕이시며 만주의 주시요 16 오직 그에게만 죽지 아니함이 있고 가까이 가지 못할 빛에 거하시고 어떤 사람도 보지 못하였고 또 볼 수 없는 이시니 그에게 존귀와 영원한 권능을 돌릴지어다 아멘 (딤전 6:11-16, 개역개정)

딤전 6:11-12 바울은 디모데를 가리켜 "오! 하나님의 사람"(ὦ ἄνθρωπε θεοῦ)이라고 감탄사를 사용하여 부른다. "하나님의 사람"이라는 표현은 신약에서 목회서신에서만 등장하는 표현이다(딤전 6:11; 딤후 3:17). 구약에서 "하나님의 사람"이라는 표현은 하나님께서 직책을 부여하신 사람에게만 적용된다. 모세(Moses)를 가리켜 "하나님의 사람"이라고 불렀고(신 33:1; 수 14:6; cf. 시 90:1), 사무엘(Samuel)을 가리켜 "하나님의 사람"이라 불렀고(삼상 9:6-7), 다윗(David)을 가리켜

"하나님의 사람"이라고 불렀고(대하 8:14; 느 12:24), 엘리야(Elijah)를 "하나님의 사람"으로 불렀으며(왕상 17:18; 왕하 1:9), 엘리사(Elisha)를 가리켜 "하나님의 사람"으로 불렀다(왕하 4:7). 그리고 선지자들(prophets)을 가리켜 "하나님의 사람"이라고 불렀다(삼상 2:27). 구약에서 "하나님의 사람"으로 불린 사람들의 면모를 볼 때 이 표현은 특별한 사역자를 가리킬 때가 아니면 사용하지 않았다. 그런데 바울은 감탄사를 붙여 "오! 너 하나님의 사람아"라고 디모데를 부른다(딤전 6:11). 바울은 디모데전서 6:20에서 "오 디모데야"(Ὦ Τιμόθεε)라고 부름으로 역시 감정을 담아 믿음의 아들을 부른다. 한글 개역 성경에는 명확하게 번역되지 않았지만 "오"(ὦ)가 호격(ἄνθρωπε; Τιμόθεε)과 함께 사용되어 강한 감정을 실어서 말하고 있음을 강조하고 있는 것이다. 사실상 "오"는 사도행전을 제외하고는 말하는 자(화자)의 깊은 감정을 제시하는 문맥에서 나타난다. 예수님께서 가나안 여인에게 "자녀의 떡을 취하여 개들에게 던짐이 마땅하지 아니하니라."(마 15:26)라고 하심으로 그 여자를 개 취급하는 말씀을 하시자, 가나안 여인은 "주여 옳소이다마는 개들도 제 주인의 상에서 떨어지는 부스러기를 먹나이다."(마 15:27)라고 함으로 자신을 개로 인정하고 예수님의 은혜를 구했다. 그 말을 들으신 주님은 가나안 여인의 겸손에 감동을 받으시고, '오! 여자여 네 믿음이 크도다'(ὦ γύναι, μεγάλη σου ἡ πίστις.)라고 그 여인을 칭찬하신다(마 15:28).

이처럼 "하나님의 사람"이라는 표현은 특별한 사람에게 적용되었으며, 바울은 디모데전서 6:11에서 자신의 감정을 실어 디모데를 "오 너 하나님의 사람아"라고 호칭한 것이다. 디모데는 사도의 대리자로 교회를 섬길 "하나님의 사람"이었다. 그런데 바울은 "하나님의 사람" 디모데에게 피하라(φεῦγε), 따르라(δίωκε), 싸우라(ἀγωνίζου) 그리고 취하라(ἐπιλαβοῦ)라는 네 개의 명령형을 사용하여 디모데가 해야 할 것을 가르친다(딤전 6:11-12).

첫째, 하나님의 사람, 디모데는 "이것들을 피해야 한다"(φεῦγε, 현재, 명령, 딤전 6:11). 디모데가 피해야 할 것은 이미 디모데전서 6:3-10 사이에서 언급한 것처럼 변론과 언쟁을 피하고, 투기와 분쟁과 비방과 악한 생각을 피해야 한다. 그리고 디모데는 돈을 사랑함(love of money)을 피해야 한다. 돈을 사랑하는 사람의 결국은 믿음에서 떠난 삶을 살게 되기 때문이다. 예수님께서 이미 "네 보물 있는 그 곳에는 네 마음도 있느니라"(마 6:21)라고 가르치시고, "너희가 하나님과 재물을 겸하여 섬기지 못하느니라"(마 6:24)라고 말씀하신 이유는 재물의 위력이 얼마나 교묘하고 특별한 힘을 가지고 있는지를 가르치신 것이다. 그래서 디모데는 무엇보다도 "돈 사랑하는 것"을 피해야 한다.

둘째, 하나님의 사람, 디모데는 따라야 한다(δίωκε, 현재, 명령, 딤전 6:11). 디모데가 따라야 할 것은 의(righteousness)와 경건(godliness)과 믿음(faith)과 사랑(love)과 인내(endurance)와 온유(gentleness)다(딤전 6:11). 바울은 디모데후서 2:22에서도 "의와 믿음과 사랑과 화평을 따르라"는 비슷한 표현을 사용한다. "의"는 디모데전서 6:11에서와 디모데후서 2:22에서 제일 먼저 언급된다. 렌스키(Lenski)는 여섯 가지 덕목을 "의와 경건," "믿음과 사랑," 그리고 "인내와 온유"의 세 쌍으로 묶어서 설명한다.[320] 하지만 여섯 개의 덕목을 편의상 세 쌍으로 나누어 다룰 수는 있지만 신약성경에 렌스키가 제안한 것과는 달리 여섯 개

320 Lenski, *The Interpretation of St. Paul's Epistles to the Colossians, to the Thessalonians, to Timothy, to Titus and to Philemon* (1964), p. 713.; Cf. White, "The First and Second Epistles to Timothy and The Epistle to Titus," *The Expositor's Greek Testament*, Vol. IV, p. 145.: "The six virtues fall perhaps into three pairs."

의 덕목 사이에 연결 고리가 분명하지 않다(참조, 롬 8:25; 고전 13:13; 고후 6:6-7; 갈 5:22-23; 골 3:12-14; 딤후 2:22-25; 3:10). 그러므로 디모데가 따라야 할 여섯 개의 덕목을 각각 고려하는 것이 바울의 뜻을 존중하는 것이라 사료된다.

① "의"(δικαιοσύνην)는 하나님의 율법과 조화를 이루는 마음의 상태를 가리킨다. "의"는 하나님의 거룩과 화합함으로 하나님을 기쁘시게 하는 것이다. 바울이 본 구절(딤전 6:11)에서 설명하는 것은 구원에 필요한 칭의가 아니요, 우리들의 삶 속에서 구현되는 "의로운 삶"이다. 하나님은 거룩하시기 때문에 성도들에게 거룩하라고 명령하신다(참조, 딤후 2:22; 3:16; 4:8). 그러면 어떻게 의로운 삶을 살 수 있는가. 그것은 아브라함(Abraham)의 삶을 보면 알 수 있다. 바울은 "아브라함이 하나님을 믿으매 그것이 그에게 의로 여겨진 바 되었느니라"(롬 4:3)라고 말한다. 아브라함은 아들을 낳을 수 없는 나이에 하나님이 아들을 주시겠다는 하나님의 약속을 그대로 믿었다. 그래서 "아브라함이나 그 후손에게 세상의 상속자가 되리라고 하신 언약은 율법으로 말미암은 것이 아니요 오직 믿음의 의로 말미암은 것이니라"(롬 3:13)라고 성경이 증언한다. "의"를 따르는 것은 하나님의 약속의 말씀을 있는 그대로 믿고 행동하는 것이다.

② "경건"(εὐσέβειαν)은 하나님을 향한 경외심을 가지고 사는 삶이다(참조, 딤전 2:2; 3:16; 4:7-8; 6:3, 5-6; 딤후 3:5). "의로운 삶"은 "경건"으로 인도하는 삶이다. 디도서 2:12은 "의로움"과 "경건함"을 함께 사용한다. 하나님의 율법과 조화를 이루면 공동체 내의 다른 사람과의 관계가 올곧고 공평해지기 마련이다(딤후 2:22). "경건"은 다른 사람의 마음을 편하게 하고 기쁘게 하는 것이다. "경건을 이익의 방도로 생각"(딤전 6:5)하는 거짓 교사들의 삶은 다른 사람들의 마음을 편

안하게 할 수 없다. 바울이 디모데에게 따라야만 한다고 말한 "경건"은 디모데가 하나님의 구속적 목적을 성취하기 위해 교회를 섬길 때 다른 사람들로부터 인정받는 "공경"(reverence)과 명예(honor)의 삶을 뜻한다.[321] 이와 같은 경건의 삶은 하나님을 높이고, 교회 공동체의 분위기를 화목하게 하고, 다른 사람들의 마음을 편안하게 만든다. 디모데는 이런 경건의 삶을 따라야 한다.

③ "믿음"(πίστιν)은 하나님을 의존하고 그의 약속을 믿는 주관적인 믿음을 가리킨다(참조, 딤전 1:4-5, 14, 19; 4:12). 따라서 디모데전서 6:11의 "믿음의 덕목"은 원인(source)으로서의 믿음이 아니요, "선한 행위"(good work)로서의 믿음을 뜻한다.[322] 바울은 목회서신에서 "믿음"과 "사랑"과 "인내"를 함께 묶어 사용한다(딤전 6:11; 딤후 3:10; 딛 2:2). "믿음과 사랑과 인내" 모두 성도가 실천해야 할 주관적인 덕목이다. 믿음은 하나님의 말씀에 동의(consent)하는 것이요, 하나님의 말씀을 신뢰(trust)하는 것이요, 따라서 하나님께 헌신(commit)하는 것이요, 그리고 순종(obey)하는 것이다. 디모데는 하나님을 믿고 그의 말씀을 신뢰하고 순종하는 삶을 추구해야 한다.

④ "사랑"(ἀγάπην)은 고린도전서 13:4-7에 의하면 다음과 같이 정의된다. 바울은 "사랑은 오래 참고 사랑은 온유하며[323] 시기하지 아니하며 사랑은 자랑하지 아니하며 교만하지 아니하며 무례히 행하지

321 Cf. P. Fiedler, "εὐσέβεια," *Exegetical Dictionary of the New Testament*, Vol. 2 (Grand Rapids: Eerdmans, 1991), p. 85.

322 Lenski, *The Interpretation of St. Paul's Epistles to the Colossians, to the Thessalonians, to Timothy, to Titus and to Philemon* (1964), p. 714.

323 한글 개역개정에 "온유하며"로 번역된 χρηστεύεται는 "친절하며"로 번역하는 것이 본문의 뜻에 더 가깝다. 영어 번역은 "love is kind"(NIV, RSV, NASB, ESV, NKJV)로 번역 처리했다. 예수님께서 가르치신 산상보훈 "온유한 자는 복이 있나니"(마 5:5)의 말씀 중 "온유"(πραεῖς)와는 용어 자체가 다름을 알 수 있다.

아니하며 자기의 유익을 구하지 아니하며 성내지 아니하며 악한 것을 생각하지 아니하며 불의를 기뻐하지 아니하며 진리와 함께 기뻐하고 모든 것을 참으며 모든 것을 믿으며 모든 것을 바라며 모든 것을 견디느니라"(고전 13:4-7)라고 설명한다. 이 말씀은 사랑의 특성이 인내, 친절, 관용, 겸손, 예의범절, 무사욕, 온순, 정직, 신실성 등 아홉 가지라는 것이다. 드러몬드(Drummond)는 "사랑에는 어려운 일이 아무것도 없다. 아무것도 어렵지 않다. 나는 그리스도의 멍에가 가벼웠으리라고 믿는다. 그리스도의 멍에는 그의 생활 방식이다. 나는 그 길이 다른 길보다 더 쉬운 길이었다고 믿는다. 나는 그 길이 다른 길보다 더 행복한 길이었다고 믿는다."[324]라고 설명한다. 요한(John) 사도는 "사랑은 여기 있으니 우리가 하나님을 사랑한 것이 아니요 하나님이 우리를 사랑하사 우리 죄를 속하기 위하여 화목 제물로 그 아들을 보내셨음이라 사랑하는 자들아 하나님이 이같이 우리를 사랑하셨은즉 우리도 서로 사랑하는 것이 마땅하도다"(요일 4:10-11)라고 설명한다. 디모데는 하나님의 사랑을 본받아 사랑을 추구하는 삶을 이어가야 한다.

⑤ "인내"(ὑπομονήν)는 소망의 열매라고 할 수 있다. 인내하는 성도들의 삶 속에 시련의 과정이 있게 마련이다. 바울은 믿음과 소망과 사랑을 강조한다. 그런데 교회 내에 파당의 문제(고전 1:12), 음행의 문제(고전 5:1), 성도를 세상 법정에 고소하는 문제(고전 6:1-8), 우상 제물에 관한 문제(고전 8:1-13), 성찬 참여에 관한 문제(고전 10:19-21), 성도

324 Henry Drummond, *The Greatest Thing in the World* (New York: Grosset and Dunlap, 1981), p. 26.: "Nothing is a hardship to Love, and nothing is hard. I believe that Christ's 'yoke' is easy. Christ's 'yoke' is just His way of taking life. And I believe it is an easier way than any other. I believe it is a happier way than any other."

들의 부활에 관한 문제(고전 15:1-58) 등 여러 가지 많은 문제를 가지고 있었던 고린도교회를 향해서는 "그런즉 믿음, 소망, 사랑, 이 세 가지는 항상 있을 것인데 그 중의 제일은 사랑이라"(고전 13:13)라고 함으로 사랑을 뒤에 위치시켜 사랑을 강조한다. 그런데 유대주의자들의 핍박이 현존하는 상황에서(행 17:1-15) 예수 그리스도의 강림을 소망하면서 살아야 할 형편에 있는(참조, 살전 1:10; 2:19; 3:13; 4:16; 5:2, 23) 데살로니가교회를 향해서는 "믿음의 역사와 사랑의 수고와 소망의 인내"(살전 1:3)라는 순서로 소망을 가장 뒤에 위치시켜 소망을 강조한다. 박형용은 "우리는 구원은 얻었지만 우리의 구원의 완성은 미래에 있다. 그러므로 우리에게는 '소망의 인내'가 필요하다. 성도들의 삶은 여행과 같다. 돌아갈 목적지가 없는 여행은 불안할 수밖에 없다. 돌아갈 목적지가 확실한 여행은 중도에 약간 불편해도 행복하고 즐겁다. 성도들에게는 돌아갈 영원한 집이 있다. 그래서 성도들은 이 땅의 삶이 약간 힘들고 불편해도 인내하면서 사는 것이다."[325]라고 설명한다. 인내와 소망은 떼려야 뗄 수 없는 관계에 있다. 성도들의 삶은 마라톤(Marathon) 경주와 같은 인내의 삶이다.[326] 디모데는 바울 사도의 대리자로서 확실한 소망을 바라보며 인내의 삶을 추구하고 다른 사람들에게 가르쳐야 한다.

---

325 박형용, 『데살로니가전후서 주해』, (수원: 합신대학원출판부, 2008), pp. 38-39.

326 성도들의 삶은 마라톤 하는 선수와 같다. 성도들의 삶은 끝없는 인내가 필요하다. 마라톤 코스는 42.195km로 되어 있다. 이를 100m로 환산하면 약 422의 100m가 연결된 셈이다. 마라톤 선수들은 이 코스를 대략 2시간 5분대로 뛰어야 우승할 수 있다. 현재의 기록으로 2022년 9월 25일에 있었던 베를린(Berlin) 마라톤 대회에서 케냐의 엘리우드 킵초게가 2시간 01분 09초로 세계기록 보유자이다. 킵초게는 422개의 100m를 매 100m마다 17초대에 뛴 셈이다. 인내가 얼마나 필요한 경주인가. 성경은 성도들의 삶을 장거리 경주에 비교해서 설명한다(고전 9:24; 빌 3:14; 히 12:1). 성도들의 삶은 인내의 연속이지만 그 삶은 결승선을 이미 통과한 경주를 하고 있다.

⑥ "온유"(πραϋπαθίαν)는 적개심이나 보복심 없이 잘못한 사람을 유순하게 용납하는 정신이라고 할 수 있다. 본 구절의 "온유"는 신약성경에서 유일하게 이 곳에서만 사용된 특이한 용어이다(hapax legomenon).[327] 온유는 마음이 포근한 사람에게서 찾을 수 있다. 온유는 결코 약한 자의 덕목이 아니다. 오히려 온유는 강한 자가 자신의 능력을 제어하면서 상대방을 이해하며 용납하는 덕목을 가리킨다. 미카일리스(Michaelis)는 "온유"(πραϋπαθίαν)를 설명하면서 "그 뜻은 다루기 쉽다는 의미의 '온순함'을 뜻하지 않고, 잘못을 조용하게 다룰 수 있는 '자세'(composure)를 뜻한다."[328]라고 정의한다. 온유는 힘이 넘치는 야생마가 길들여져 주인의 지시를 잘 따르는 태도와 비교할 수 있다. 탕자의 비유에서 맏아들의 태도는 온유하지 못한 사람의 한 예이다(눅 15:11-32). 맏아들의 태도는 아버지의 마음을 섭섭하게 만들었고, 돌아 온 동생인 탕자의 마음에 큰 상처를 입히고, 탕자의 귀환을 축하하기 위해 방문한 손님들의 마음을 슬프게 만들었다. 맏아들처럼 천국 안에 있다고 고백하는 사람들의 온유하지 못한 태도 때문에 많은 탕자들이 천국 안으로 들어오지 못하는 경우가 많이 있다는 것을 성도들은 기억해야 한다.

셋째, 하나님의 사람, 디모데는 믿음의 선한 싸움을 싸워야 한다(ἀγωνίζου, 현재, 명령, 딤전 6:12). 바울은 이제 좀 더 적극적인 방법으로 디모데에게 명령한다. 바울은 "피하고," "따르는" 정도가 아니요, 이

327 Smith (*Greek-English Concordance to the New Testament*, p. 303 참조)는 이 용어를 취급하지 않았다.

328 W. Michaelis, "πραϋπάθεια," *Theological Dictionary of the New Testament*, Vol. V (Grand Rapids: Eerdmans, 1973), p. 939.: "The meaning is not so much 'meekness' in the sense of 'tractability' but 'composure' (cf. the preceding ὑπομονή) which can take wrongs calmly."

제는 적극적으로 "싸우고," "취하라"고 명령하고 있다. 디모데는 "믿음의 선한 싸움"(τὸν καλὸν ἀγῶνα τῆς πίστεως)을 싸워야 한다. 바울은 "믿음의"(τῆς πίστεως)를 소유격으로 처리함으로 "믿음의 내용"을 위해 싸우라는 뜻으로 사용한 것이 아니요, 믿음을 가지고, 혹은 믿음을 통해서(through his faith) 선한 싸움을 싸우라고 명령하고 있다.[329] 디모데는 "믿음의 선한 싸움"을 싸우기 위해서는 그의 스승인 바울의 삶을 묵상하고 그의 삶을 닮아가야 한다. 바울은 모든 일에 절제하는 삶을 살았고(고전 9:25-27), 복음을 위해 고난도 마다하지 않은 삶을 살았으며(빌 1:27-30), 그리스도 예수 안에서 하나님이 위에서 부르신 부름의 상을 바라보고 달리는 삶을 살았다(빌 3:14).

디모데는 그의 믿음의 아버지 바울 사도의 삶을 닮아야 하지만 결국 디모데의 삶의 목표는 예수 그리스도이시다. 디모데는 한 순간도 그의 시선을 예수님으로부터 떼어서는 안 된다. 히브리서 저자는 "믿음의 주요 또 온전하게 하시는 이인 예수를 바라보자"(히 12:2)라고 가르친다. 그런데 믿음의 선한 싸움을 싸우는 것은 믿음의 룰을 지키면서 싸우는 것이다. 믿음의 룰은 하나님의 말씀인 성경에 기록되어 있다. 성경에는 경주를 위해 필요한 빨강 불, 노랑 불, 그리고 파랑 불의 표시가 있고, 어디에서 멈추고, 어디에서 좌회전하고, 어디에서 우회전하며, 또 어디에서 유턴할 것인지를 표시해 주고 있다. 믿음의 선한 싸움은 룰을 어기거나 반칙을 하지 않는다. 바울은 모든 노력을 경주해서 믿음의 선한 싸움을 싸워야 한다고 디모데에게 명령한다.

넷째, 하나님의 사람, 디모데는 영생을 취해야 한다(ἐπιλαβοῦ, 부정과거, 명령, 딤전 6:12). 바울은 지금까지 "피하라," "따르라," "싸우라"의

329 Knight, III, *The Pastoral Epistles: A Commentary on the Greek Text* (1992), p. 263.

명령형을 현재시상으로 표현한다. 이는 명령에 대한 순종이 계속되어야 함을 함축하고 있다. 성도들은 계속 악한 것들을 피하고, 계속 의와 경건, 믿음과 사랑, 그리고 인내와 온유를 따라야 하며, 그리고 계속 믿음의 선한 싸움을 싸워야 한다. 그런데 "영생을 취하라"(ἐπιλαβοῦ)라고 말할 때는 부정과거(aorist) 명령형을 사용하고 있다. 여기에는 바울이 디모데에게 영생을 취하되 확고한 생각으로 즉시 취하라는 의미가 함축되어 있다. 이 말씀은 성도들이 영생의 소유를 확신하며 살라는 뜻이다. 성경의 교훈은 성도가 구원받으면 현재 이 세상에서 영생을 소유하면서 살고 있다고 가르친다. 성도들은 하나님의 자녀들이며(요 1:12), 성도들은 현재 영생을 소유하고 있으며(요 5:24), 그리고 성도들은 현재 천국의 시민권을 소유하고 있다(빌 3:20). 디모데뿐만 아니라 모든 성도들은 이 영생을 위해 부르심을 받았다(딤전 6:12). 바울은 디모데가 "부르심"을 받은 것을 수동태(passive)로 처리하여 하나님이 부르신 분이심을 함축하고 있다. 그리고 디모데는 많은 증인들 앞에서 당당하게 자신이 예수 그리스도 안에서 영생을 소유하고 있음을 증언하였다.

딤전 6:13-16 바울은 디모데전서 6:11-12에서 "피하라," "따르라," "싸우라," "취하라"라는 명령으로 믿음의 선한 싸움을 싸울 것을 디모데에게 격려한 다음, 송영(doxology)과 같은 형태로 예수 그리스도의 초림(The First Coming)과 재림(The Second Coming)의 사역을 통한 하나님의 구속역사를 간략하게 정리한다. 바울은 예수님의 초림 때에 있었던 사건인 빌라도의 심판을 언급하고(딤전 6:13) "주 예수 그리스도께서 나타나실 때까지"라는 표현으로 예수님의 재림 사건을 떠올린다(딤전 6:14). 그리고 바울은 예수님의 사역과 디모데의 사역을 비교 언급한다. 바울은 영생의 저자이신 예수 그리스도가 본디오 빌라도(Pontius Pilate) 앞에서 "선한 증언"(τὴν καλὴν ὁμολογίαν)을 하신 사실과(딤전 6:13) 영생을 그리스도로부터 받은 디모데가 많은 증인들 앞에서 "선한 증언"(τὴν καλὴν ὁμολογίαν)을 한 사실을(딤전 6:12) 대칭시킨다. 바울은 예수님의 "선한 증언"과 디모데의 "선한 증언"을 같은 용어를 사용하여 대칭시킴으로 디모데의 "선한 증언"의 진실성을 확인하고, 디모데의 사역의 중요성을 드러내며, 디모데가 받은 "영생"도 진정한 실재(reality)임을 분명히 한다. 그리고 바울은 "앞에서"(ἐνώπιον)를[330] 한 번만 사용하여 하나님과 그리스도 예수를 "그리고"(καί)로 연결시킴으로 하나님과 예수 그리스도를 동등하게 생각할 뿐만 아니라 디모데에게 명령하는 바울의 명령의 엄중함을 강조하고 있다(딤전 6:13).

디모데는 바울의 이 엄중한 명령에 순종해야 한다(딤전 6:14-16). 디모데는 먼저 "이 명령"(τὴν ἐντολήν)을 지켜야 한다. 원래 헬라어 성경은 "이 명령을 지키라"라는 구절이 디모데전서 6:14의 처음에 등장함으로 강조의 의미를 함축하고 있다. 바울이 언급한 "이 명령"이 무엇이냐에 대한 견해가 나누인다. 첫째, 어떤 학자는 이 명령이 "디모데가 세례 받을 때 받은 명령"이라고 주장한다(Parry, G.B. Wilson). 둘째, 어떤 학자는 이 명령이 "디모데가 안수 받을 때 받은 명령"이라고 주장한다(Barrett, Ridderbos). 셋째, 어떤 학자는 이 명령이 바로 전

330 Kelly (*A Commentary on the Pastoral Epistles: Thornapple Commentaries*, 1981, p. 143)는 "앞에서"를 본디오 빌라도의 때에 (in the time of Pontius Pilate)로 해석한다. Kelly는 이렇게 해석한 이유로 바울이 그리스도의 고난 (passion)이 발생한 때를 역사 안에서 정확한 날자로 확정하기 원했기 때문에 이런 표현을 사용했다고 설명한다.

에 언급한 디모데전서 6:11-12의 권고의 말씀이라고 주장한다(Guthrie, Weiss). 넷째, 어떤 학자는 이 명령이 디모데전서 4:16의 말씀처럼 디모데가 그의 믿음과 사역을 위해 지켜야 할 명령이라고 주장한다(Fee). 다섯째, 어떤 학자는 이 명령이 디모데전서 전체에 언급된 모든 훈계라고 주장한다(Gealy, H. von Soden). 여섯째, 어떤 학자는 이 명령이 디모데가 그의 복음 사역과 교회 행정에 대해 해야만 할 모든 것이라고 주장한다(Calvin, Hendriksen). 일곱째, 어떤 학자는 디모데전서 6:20에 언급된 디모데에게 "부탁한 것"이라고 주장한다(Debelius-Conzelmann, Hanson). 여덟째, 어떤 학자는 이 명령이 생명의 규칙으로서의 복음이라고 주장한다(Alford, Kelly, Spicq, N.J.D. White).[331]

이상의 여덟 가지 견해 중에 여섯째 견해인 칼빈과 헨드릭센의 견해가 가장 문맥에 적합하고 타당한 견해라고 사료된다. 왜냐하면 디모데전서는 디모데가 에베소 교회를 맡아 복음을 전하고 교회 행정을 바로 잘 할 수 있도록 바울이 가르치는 서신이기 때문이다. 칼빈(Calvin)은 "그는(바울) 여기서 명령이라는 용어로 지금까지 설명한 디모데의 직분에 관한 모든 것과 디모데가 그리스도에게와 교회에게 스스로 신실한 목사임을 보여주어야 하는 총화를 뜻한다. 왜냐하면 명령의 뜻이 전체 율법을 포함하는 것으로 확대시킬 이유가 없기 때문이다. 디모데에게 맡겨진 직분의 의무와 관계된 것으로 생각하는 것이 훨씬 더 단순하다."[332]라고 정리한다. 디모데는 그리스도의 구속의 복음과 그의 피로 값 주고 사신 교회를 위해 예수님의 재림 때까

331 Knight, III, *The Pastoral Epistles: A Commentary on the Greek Text* (1992), p. 266.

332 John Calvin, *The Second Epistle of Paul to the Corinthians, and the Epistles to Timothy, Titus and Philemon* (1973), p. 278.; Hendriksen, *Exposition of the Pastoral Epistles* (1974), p. 205.: "That *commission, precept,* or *mandate,* comprises *all* that he has been ordered to do with respect to the ministry of the gospel and the government of the church."(Italics

지 이 명령을 지켜야 한다(딤전 6:14). 바울이 디모데에게 명령한 이 사역은 "흠이 없어야 하고"(ἄσπιλον) "책망 받을 것이 없는"(ἀνεπίλημπτον) 상태로 유지되어야 한다. "흠이 없고"는 "명령을 위반하지 않고," "결함이 없고" 등의 뜻을 가지고 있다. 베드로(Peter)는 이 용어를 "흠 없고 점 없는 어린 양"(벧전 1:19)이라는 표현을 사용함으로 그리스도의 순결과 연결시킨다.[333] "책망 받을 것도 없이"는 "책임 추궁 받을 이유가 없고," "공격받을 이유가 없는" 등의 뜻을 가지고 있다. 이 말씀은 디모데가 지켜야 할 이 명령이 그만큼 중요하다는 사실을 상기시키고 있는 것이다. 화이트(White)는 "만약 디모데가 자기 자신을 흠 없고(약 1:27) 책망 받을 것 없이 지키면, 디모데에 관한한 그 명령(ἐντολή)은 흠 없이 유지될 것이다."[334]라고 함으로 디모데가 흠이 없으면 그가 맡은 명령도 흠 없게 유지될 것이라고 설명한다. 바울은 디모데에게 예수님의 재림 때까지 복음의 사역과 교회 섬기는 일을 "흠도 없고 책망 받을 것도 없게"(딤전 6:14) 실행해 나가야 한다고 가르친다.

바울은 이제 하나님이 시작하신 구속역사의 완성이 있을 것을 "기약이 이르면"(딤전 6:15)이라는 표현으로 확인하고 있다. 바울은 하나님이 모든 역사를 주관하고 계심을 명확히 한다. 하나님은 "기약이 이르면" 그리스도의 재림을 온 천하에 나타내 보이실 것이다(딤전 6:15). 하나님만이 "유일하신 주권자이시며 만왕의 왕이시며 만주의

---

original).

333 Albrecht Oepke, "ἄσπιλος," *Theological Dictionary of the New Testament*, Vol. I (Grand Rapids: Eerdmans, 1972), p. 502.

334 White, "The First and Second Epistles to Timothy and The Epistle to Titus," *The Expositor's Greek Testament*, Vol. IV (1980), p. 147.

주"(딤전 6:15)가 되신다. "주권자"(δυνάστης)라는 용어는 신약성경에 세 번 사용되는데(눅 1:52; 행 8:27; 딤전 6:15) 누가(Luke)는 세상적인 권력자를 묘사하기 위해 "주권자"라는 용어를 사용하고, 바울은 하나님을 묘사하기 위해 이 용어를 사용한다. 바울은 이 주권자가 하나님이심을 분명히 하기 위하여 하나님에게만 적용할 수 있는 표현인 "복되시고 유일하신"(ὁ μακάριος καὶ μόνος)이라는 형용 구절을 사용한다. 바울은 하나님과 "복되시다"를 연결시키고(딤전 1:11; 6:15), 또한 하나님과 "유일하신"을 연결시킨다(딤전 1;17; 6:15, 16; 롬 16:27).[335] 하나님은 복되시고 유일하신 주권자이시다(딤전 6:15). 이처럼 바울은 철저하게 하나님이 "복되시고 유일하신 주권자이시며 만왕의 왕이시며 만주의 주"(딤전 6:15)이심을 분명하게 한다. 하나님은 세상의 모든 왕들의 왕이시요, 세상의 모든 주들의 주님이 되신다. 바울은 지금 하나님이 세상의 모든 통치자들을 다스리는 주권자이심을 천명하는 것이다. 신약성경에서 하나님을 "만왕의 왕시시며 만주의 주"(딤전 6:15; 계 17:14; 19:16, 순서의 차이는 있지만)라고 묘사하는 표현이 세 번 등장한다(딤전 6:15; 계 17:14; 19:16, 순서의 차이는 있다). 바울은 "복되시고 유일하신 주권자이시며 만왕의 왕이시며 만주의 주"(딤전 6:15)이신 바로 그 하나님께 송영을 받친다고 증언한다.

이제 바울은 디모데전서 6:16에서 송영을 받으실 하나님에 대해서 몇 가지로 설명한다. 바울은 송영을 받으실 하나님이 불멸하시고, 아무도 접근할 수 없는 빛에 거하시고, 아무도 하나님을 보지 못하였

335 한글 번역은 롬 16:27의 "μόνῳ σοφῷ θεῷ"를 "지혜로우신 하나님께" (개역, 개역개정)로 번역함으로 "홀로이신"을 생략했지만, "오직 한 분이신 지혜로우신 하나님께" (표준새번역, 바른성경)로 번역하여 "홀로이신"을 살리기도 했다. 영어 번역은 "the only wise God" (NIV, RSV, NASB, ESV)로 번역하고, "God, alone wise" (NKJV)로 번역하여 모든 번역이 "홀로이신"을 살려서 번역했다.

고, 아무도 하나님을 볼 수가 없는 분이라고 설명한다(딤전 6:16). 하나님은 친히 "나는 스스로 있는 자이니라"(출 3:14)라고 말씀하신 것처럼 하나님은 죽으실 수 없는 분이시다(시 36:9; 사 40:28; 단 4:34; 요 5:26). 하나님은 빛에 거하시기 때문에 아무도 가까이 접근할 수 없는 분이시다(출 24:17; 34:35; 시 104:2; 요일 1:5). 바울은 신약성경에서 이 구절에 단 한번 등장하는 "접근할 수 없는"(ἀπρόσιτον)이라는 용어(hapax legomenon)를 사용하여 하나님을 묘사한다. 죄로 타락하여 어둠에 거한 사람이 빛에 거하신 하나님께 가까이 갈 수는 없다. 바울은 계속해서 "어떤 사람도 보지 못하였고 또 볼 수 없는 이"(딤전 6:16)가 하나님이시라고 설명한다. 하나님은 모세(Moses)에게 "네가 내 얼굴을 보지 못하리니 나를 보고 살 자가 없음이니라"(출 33:20)라고 말씀하셨다. 이처럼 하나님을 보고 살 수 있는 사람은 없다. 바울은 "볼 수 없는 이시니"(οὐδὲ ἰδεῖν δύναται)라고 표현함으로 이 사실을 확실히 한다. 하나님은 이 세상의 아무도 본 사람이 없고, 또 볼 수 있는 가능성도 없는 분이시다. 바울은 바로 이런 하나님께 "존귀와 영원한 권능을 돌릴지어다 아멘"(딤전 6:16)이라고 송영을 올려드리는 것이다. 바울은 이 송영을 통해 디모데에게 하나님이 어떤 분이심을 분명하게 가르치고 있다.

5. 부한 자들에 대한 권면(딤전 6:17-19)

17 네가 이 세대에서 부한 자들을 명하여 마음을 높이지 말고 정함이 없는 재물에 소망을 두지 말고 오직 우리에게 모든 것을 후히 주사 누리게 하시는 하나님께 두며 18 선을 행하고 선한 사업을 많이 하고 나누어주기를 좋아하며 너그러운 자가 되게 하라 19 이것이 장래에 자기를 위하여 좋은 터를 쌓아 참된 생명을 취하는 것이니라 (딤전 6:17-19, 개역개정)

딤전 6:17-19 바울은 이미 "부하려 하는 자들"에 대한 경고의 말씀을 한 바 있다(딤전 6:9-10). 이제 바울은 이 세대에서 이미 부자가 된 사람들에 대한 교훈을 제공한다. 바울은 디모데전서 6:17의 "이 세대에서"(ἐν τῷ νῦν αἰῶνι)와 디모데전서 6:19의 "장래에"(εἰς τὸ μέλλον)를 대칭시켜 "이 세대의 재물"과 "장래의 참된 생명"을 대칭시킨다. 바울은 이 세대의 재물이 "정함이 없는 것"임을 강조하고 있다. 그래서 바울은 부자들에게 "정함이 없는 재물에 소망을 두지 말아야"(딤전 6:17) 한다고 권면하고 있는 것이다. 바울이 여기서 부정사(μηδὲ)와 함께 "소망을 두다"(ἠλπικέναι)를 완료시상으로 사용한 것은 지속적으로 "정함이 없는 재물"에 소망을 두어서는 안 된다는 교훈을 함의하고 있다. 저윅(Zerwick)은 "신약 성경에서 완료형을 사용한 것은 저자가 한 행위의 결과로 그 행위의 상태가 지속된다는 생각을 마음에 가지고 있음을 보여준다."[336]라고 정리한다. 그러므로 이 세대의

336 Maximilian Zerwick, *Biblical Greek* (Rome: Editrice Pontificio Istituto Biblico, 1963), p. 97.

부자들은 자신이 재물을 가졌다고 교만하지 말고, 흔들리는 재물에 소망을 둘 것이 아니요, 우리에게 모든 것을 후히 주셔서 누리게 하시는 하나님께 지속적인 소망을 두어야 한다(딤전 6:17).

하나님께 소망을 둔 이 세상의 부자가 어떻게 자신의 재물을 사용해야 하는가? 부자들은 큰 주제로 정리하면 첫째, 선한 일을 많이 해야 하며, 둘째, 재물을 즐거운 마음으로 나누어 써야 한다. 그런데 부자가 해야 할 일을 세부적으로 정리하면 첫째, 선을 행하고, 둘째, 선한 사업을 많이 하고, 셋째, 나누어 주기를 좋아하며, 넷째, 너그러운 자가 되어야 한다(딤전 6:18). 바울은 부자들이 실천해야 할 일들을 설명하면서 특별한 용어들을 활용하여 설명한다. 이제 이 세대의 부자들이 해야 할 네 가지를 좀 더 자세히 드려다보자.

첫째, "선을 행하고"(ἀγαθοεργεῖν: to do good)라는 용어는 신약성경에서 두 번 사용된 특이한 용어이다(행 14:17; 딤전 6:18).[337] "선을 행하고"는 재물을 사용하여 좋은 일을 행해야 한다는 뜻이다. 사람이 재물이 많으면 잘못된 유혹도 받지만 선을 행할 기회가 많아진다. 재물을 많이 가진 성도는 항상 재물의 주인이 하나님이심을 기억하고 좋은 일에 그 재물을 사용해야 한다. 이 세상의 재물로 선한 일을 많이 한 사람에게는 하늘에서 많은 보화가 그에게 주어질 것이다(마 19:21). 하늘의 보화는 이 세상의 어떤 것보다 더 귀하고 좋은 것이다.

둘째, "선한 사업을 많이 하고"(πλουτεῖν ἐν ἔργοις καλοῖς: be rich in good deeds)라는 표현은 "선한 행위들에 부요하고"로 번역할 수 있다.

---

337 Smith, *Greek-English Concordance to the New Testament*, p. 1 (section 14). Smith는 ἀγαθοεργέω (to do good)라는 용어를 신약성경에서 딤전 6:18에만 등장하는 용어로 처리했다 (hapax legomenon). 하지만 이 용어는 행 14:17에서 분사형인 ἀγαθουργῶν 로 사용된다. 그러므로 이 용어는 신약에서 두 번 사용되었다.

어느 번역을 택하든지 큰 문제는 없다. 이 세대의 부자들은 하나님이 우리에게 넉넉하게 주시는 것처럼 이 세상의 재물이 선한 행위로 나타날 수 있도록 해야 한다. 나이트(Knight)는 "그들은(부자들은) 선을 행해야 하는데 많은 선한 행위들을 통해서 그렇게 해야 한다. 전자는 그들이 하나님을 모방하는 것이요(참조, 엡 5:1); 후자는 진정으로 풍요해지는 방법인 것이다."[338]라고 함으로 부자들이 실천해야 할 첫째와 둘째를 연계시켜 설명한다.

셋째, "나누어 주기를 좋아하며"(εὐμεταδότους εἶναι: to be generous)라는 표현은 이 구절에서 유일하게 사용된 용어이지만(hapax legomenon), 비슷한 뜻을 가진 용어가 "구제하는 자"(ὁ μεταδιδούς)라는 표현이다(롬 12:8). 스픽크(Spicq)는 바울이 접두어(prefix) "유"(ευ)를 붙여 "나누어 주기를 좋아하며"(εὐμεταδότους)라고 표현한 것은 나누어 줄 때 인색한 마음을 갖지 않고 자신의 재물이 다른 사람을 위해 유용하게 쓰임 받는 것에 대해 기쁜 마음을 가져야 함을 강조하고 있다고 설명한다.[339] 바울은 이 세상의 재물을 필요한 사람들에게 기쁜 마음으로 나누어 주는 것이 부자들이 해야 할 일이라고 가르치고 있다.

넷째, "너그러운 자가 되라"(κοινωνικούς: willing to share)라는 표현은 "나누어 주기를 좋아하며"(εὐμεταδότους εἶναι)라는 표현과 함께 바울이 여기서 유일하게 사용한 용어들이다(hapax legomena).[340] "너그

338 Knight, III, *The Pastoral Epistles: A Commentary on the Greek Text* (1992), p. 273.

339 Ceslas Spicq, "εὐμετάδοτος," *Theological Lexicon of the New Testament*, Vol. 2 (Peabody: Hendrickson Publishers, 1996), p. 121.

340 셋째, "나누어 주기를 좋아하며" (εὐμεταδότους εἶναι: to be generous)와 넷째, "너그러운 자가 되라" (κοινωνικούς: willing to share)는 두 용어는 딤전 6:18에 한 번 사용된 hapax legomena이다. Cf. Smith, *Greek-English Concordance to the New Testament*, p. 158 (section 2130) and p. 205 (section 2843).

러운 자가 되라"(κοινωνικός)라는 용어는 칠십인경(LXX)에는 나타나지 않은 용어로 그 의미는 "자신의 소유를 즐겁게 다른 사람과 공유하라"는 것이다.[341] 바울이 코이노니코스라는 용어를 여기서 사용한 것은 이 세대의 부한 자들에게 자신들의 재물을 필요한 사람들과 기꺼이 공유해야 하는 사람들이 되어야 한다는 것을 강조하기 위해서이다(딤전 6:17-18). 마운스(Mounce)는 "이 마지막 네 행위들은 사람이 소유한 모든 것이 하나님의 선물이라는 것을 인식하는 자연적인 결과이다."[342]라고 설명한다.

바울은 계속해서 이 세대의 부한 자들이 자신들의 재물을 현명하게 사용하게 되면 "장래에 자기를 위하여 좋은 터를 쌓아 참된 생명을 취하는 것"(딤전 6:19)이라고 가르친다. 바울은 예수님의 본디오 빌라도(Pontius Pilate) 앞에서의 심판을 언급하고(딤전 6:13), "이 세대"(ἐν τῷ νῦν αἰῶνι)를 언급함으로(딤전 6:17) 예수님의 초림을 상기시키고, 또한 "주 예수 그리스도께서 나타나실 때까지"를 언급하고(딤전 6:14), "기약이 이르면 하나님이 그의 나타나심을 보이시리니"를 언급하며(딤전 6:15), "장래에"(εἰς τὸ μέλλον)를 언급함으로(딤전 6:19) 예수님의 재림 때를 상기시켜 이 세상과 오는 세상이 병존하는 시기에(엡 1:21) 부자들이 재물을 올바로 활용하면 "참된 생명"(τῆς ὄντως ζωῆς)을 얻게 될 것임을 가르치고 있다. "참된 생명"은 "진정한 생명"으로 이해해도 좋다. 우리는 여기서 재물에 대한 예수님의 교훈과 바울의 교훈이 일치함을 발견한다. 예수님은 재림 때에 그의 오른편에 있는 자들

341 F. Hauck, "κοινωνικός," *Theological Dictionary of the New Testament*, Vol. III (Grand Rapids: Eerdmans, 1972), p. 809.

342 William D. Mounce, *Pastoral Epistles: Word Biblical Commentary*, Vol. 46 (Nashville: Thomas Nelson Publishers, 2000), p. 367.

에게 "창세로부터 너희를 위하여 예비된 나라를 상속받으라"(마 25:34)라고 하심으로 그들이 구원받은 자들임을 확인하시고, 그들이 행한 선행들을 "내가 주릴 때에 너희가 먹을 것을 주었고 목마를 때에 마시게 하였고 나그네 되었을 때에 영접하였고 헐벗었을 때에 옷을 입혔고 병들었을 때에 돌보았고 옥에 갇혔을 때에 와서 보았느니라"(마 25:35-36)라고 열거하신다. "상속 받는다"(κληρονομήσατε)는 개념은 노력이나 공로로 얻는다는 뜻이 아니요, 은혜로 받는다는 뜻을 함축하고 있다. 그러므로 하나님 나라를 상속받는 사람은 구원받은 사람임에 틀림없다. 예수님은 은혜로 구원받은 자들의 삶의 모습이 선행을 많이 행하고, 고아와 과부를 보살피고, 그들의 재물로 다른 사람의 필요를 채워주었다고 확인하신다. 마찬가지로, 디모데에게 전하는 바울의 교훈 역시 부한 자들이 좋은 일을 많이 하면 결국 그들은 장래에, 즉 종말의 때에 "참된 생명" 즉 진정한 생명을 취하게 될 것이라는 것이다(딤전 6:19). 렌스키(Lenski)는 "선행은 믿음과 칭의의 증거이다. 그리고 바로 그런 증거가 현재와 그리고 또한 주님이 나타나실 때 있게 될 심판에서도 우리들에게 진정한 생명을 확신시킨다."[343]라고 정리한다. 믿음과 행위는 떼려야 뗄 수 없는 관계에 있다. 성도들은 후히 주시는 하나님을 기억하고 이미 소유한 자신들의 소유를 필요한 사람들과 나누며 사는 삶이 하나님을 기쁘시게 하는 삶임을 기억해야 한다.

343 Lenski, *The Interpretation of St. Paul's Epistles to the Colossians, to the Thessalonians, to Timothy, to Titus and to Philemon* (1964), p. 732.

6. 디모데를 향한 바울의 마지막 권면(딤전 6:20-21)

20 디모데야 망령되고 헛된 말과 거짓된 지식의 반론을 피함으로 네게 부탁한 것을 지키라 21 이것을 따르는 사람들이 있어 믿음에서 벗어났느니라 은혜가 너희와 함께 있을 지어다(딤전 6:20-21, 개역개정)

딤전 6:20-21 바울은 이제 편지의 말미에 디모데에게 "네게 부탁한 것을 지키라"(딤전 6:20)라고 명령한다. 바울은 그가 디모데전서 6:11에서 "오 하나님의 사람아"(ὦ ἄνθρωπε θεοῦ)라고 애정을 담아 말한 것처럼, 본 구절에서도 "오 디모데야"(ὦ Τιμόθεε)라고[344] 애정을 담아 디모데를 부른다. 바울은 디모데를 가리켜 "참 아들"(딤전 1:2), "사랑하는 아들"(딤후 1:2)이라고 부를 정도로 디모데를 동역자로 여기고 그를 아끼며 귀하게 생각했다. 바울이 디모데에게 "부탁한 것"이 무엇인가? 칼빈(Calvin)은 "부탁한 것"(τὴν παραθήκην) 에 대해 "나의 견해는 그것이 단순히 디모데의 직책 수행을 위해 그에게 제공된 은혜를 뜻한다는 것이다."[345]라고 해석한다. 바울은 에베소 교회를 섬기는 디모데에게 지금까지 디모데전서에서 교회를 섬기는 목사(감독)가 어떻게 처신해야 하며 또한 교회를 어떻게 운영해야 할 것인지를 가르쳤다. 그러므로 이 "부탁한 것" 혹은 "맡겨진 것"은 교회의 목사

344 한글 개역개정 번역은 단순히 "디모데야"로만 처리하여 바울의 감정 표현을 약화시키는 면이 없지 않아 있다. NIV도 한글 번역처럼 "Timothy"로 번역 처리했지만, ESV, NASB, NKJV, RSV 번역은 "O Timothy"로 번역하여 본문의 의도를 살렸다.

345 John Calvin, *The Second Epistle of Paul to the Corinthians, and the Epistles to Timothy, Titus and Philemon* (1973), p. 283.

로서의 디모데 자신의 건전한 영적인 삶과 목회 사역을 위해서 받은 소명과 하나님의 신실한 말씀을 전파하는 것이라고 할 수 있다. 디모데(Timothy)는 부탁받은 것을 지켜야 하는 것이다(참조, 딤후 1:12 해석).

이제 바울은 디모데가 "부탁한 것"을 지키고 교회의 유익을 위해 하지 말아야 할 것 두 가지를 언급한다. 디모데가 피해야 할 것 두 가지는 "망령되고 헛된 말"과 "거짓된 지식의 반론"이다(딤전 6:20). 바울은 "망령되고 헛된 말"이란 표현을 디모데후서 2:16에서도 사용한다. "망령되고"는 "하나님을 인정하지 않는," "불경건한" 등의 뜻을 가지고 있고, "헛된 말"(κενοφωνίας)은 디모데전서 1:6에서 바울이 사용한 "헛된 말"(ματαιολογίαν)과 같은 의미로 "내용이 없는 말" 혹은 "쓸데없는 말" 등의 뜻을 가지고 있다. 디모데는 망령되고 헛된 말을 피하고 진리에 기초하여 진리를 전파하여야 한다(딤전 6:20). 디모데가 또 피해야 할 것은 "거짓된 지식의 반론"이다. 바울은 정관사(τάς)를 "망령되고 헛된 말" 앞에만 위치시키고, 그리고(καί)로 "거짓된 지식의 반론"과 연결시키고 있기 때문에 정관사가 "거짓된 지식의 반론" 앞에도 적용되는 것으로 볼 수 있다. 칼빈(Calvin)은 "거짓된 지식의 반론"이라는 말씀을 통해 "사도는 세상의 박수를 구애하여 얻어내는 과시의 표현을 뜻한다."[346]라고 해석한다. 바울은 거짓 교사들의 잘못된 구체적인 지식을 지적하면서 그것들을 피해야 한다고 말하고 있다. 바울은 편지를 마치면서 "망령되고 헛된 말과 거짓된 지식의 반론"(딤전 6:20)을 따르는 사람들이 믿음을 벗어났다고 경고한다(딤전 6:21). 여기 사용된 "믿음"(τὴν πίστιν)은 성경의 순수한 교리의 총화

346 John Calvin, *The Second Epistle of Paul to the Corinthians, and the Epistles to Timothy, Titus and Philemon* (1973), p. 285.: "Thus by 'oppositions to true knowledge' the apostle means exhibitions of pomp which court and win the world's applause."

를 가리키며, 거짓된 지식의 반론을 따르는 사람들은 이 믿음으로부터 벗어나 부패한 외형적인 겉치레의 경건에 빠지게 된 것이다. 그래서 바울은 "네게 부탁한 것을 지키라"라고 명령한 이 명령이 얼마나 엄중한지를 밝히고 있다. 바울은 디모데전서를 특별한 마지막 인사 없이 단순히 "은혜가 너희와 함께 있을지어다"(딤전 6:21)라는 말씀으로 끝을 맺는다. "은혜"는 하나님의 조건 없는 호의를 뜻한다. 한 가지 분명한 것은 "너희"(ὑμῶν)를 복수로 사용함으로 바울은 디모데뿐만 아니라 전체 교회 성도들에게 마지막 인사를 한다는 것이다.

디도서 주해

TITUS

서론

제1장 주해

제2장 주해

서론

1. 디도서의 저자와 기록 배경

말시온(Marcion: c. 100-165)은 이미 존재한 정경을 축소시켜 자신의 정경을 만들었다. 그는 누가복음(the Gospel of Luke)을 자신의 철학에 따라 편집하고 목회서신 3권을 제외한 10개의 바울서신을 합쳐 자신의 정경을 만들었다. 말시온이 그의 정경에 목회서신을 포함하지 않은 사실은 그가 디모데전서, 디모데후서, 그리고 디도서를 바울의 저작으로 인정하지 않은 증거이다.[1] 말시온의 이런 부정적인 접근에도 불구하고 목회서신은 편지들의 서두에 언급된 것처럼 바울 사도가 편지들의 저자라는 사실이 분명하다. 그리고 폴리갑(Polycarp: c. 70-c. 155)이나 이레니우스 (Irenaeus: c. 130-c. 202), 그리고 터툴리안(Tertullian: c.160-c. 220)과 같은 교부들이 목회서신을 포함한 신약 성경의 각 책의 이름을 인용할 뿐만 아니라, 디모데전후서와 디도서의 바울 저작설을 부인하지 않는다. 그리고 무라토리안 단편(Muratorian Fragment (ca. AD 180)은 목회서신을 바울의 저작으로 인정하고 신약성경의 리스트에 디모데전서, 디모데후서, 디도서를 모두 포함시킨다. 디도서의 정경성은 논란의 대상이 되었지만 디도서 자체의 통일성은 논란의 대상이 되지 않고 한 사람 바울의 저작으로 인정되었다.

디모데전서, 디모데후서, 그리고 디도서의 내용을 비교 분석할 경우도 한 사람의 저자가 목회서신 전체를 기록했다고 확인할 수 있고, 바로 그 한 사람이 바울 사도임을 알 수 있다. 디도서가 바울 사도의 저작임을 증명하는 것은 디모데전서와 디도서의 내용이 동일한 점에

1 박형용, 『신약정경론』. (수원: 합동신학대학원출판부, 2002), pp. 51-55.

서도 나타난다. 디도서 3:1-2은 디모데전서 2:1-2에서 다룬 세상 지도자들에 대해 어떻게 행동할 것을 다루었고, 디도서 1:5-9은 디모데전서 3:1-13에서 다룬 교회 직분자들에 대해서 다루었으며, 디도서 2:1-15은 디모데전서 5:1-6:2에서 다룬 교회 공동체 안에서 지체들이 서로 간 어떻게 처신해야 할 것을 다루었다.

이상의 공통된 내용이 말해 주듯이 한 사람 즉 바울이 디모데전서와 디도서를 기록했음이 방증된다. 그리고 디모데전서 1:12-16에서 다룬 바울 자신에 대한 회고의 내용이 디모데후서 1:8-15에 나타나고, 디모데전서 1:18; 4:14; 6:13에 기록된 역사적 사건들의 내용이 디모데후서 1:6과 4:1에 다시 언급되고, 또한 디모데전서 1:3-7; 4:1-3; 6:4-5, 20에 언급된 거짓 교사들에 대한 내용이 디모데후서 2:14, 16, 23; 3:1-5; 4:1-4에 다시 설명되며, 디모데전서 1:20의 후메네오(Hymenaeus)가 디모데후서 2:17에 다시 등장하는 것으로 보아 디모데전서의 저자가 바로 디모데후서의 저자임이 증명되고 있는 것이다. 따라서 디모데전서, 디모데후서, 디도서 전체 목회서신의 저자는 바울임을 증거하고 있다.

바울은 디도서에서 로마서나 갈라디아서에서와 같이 특별한 교리에 대한 교훈을 하지 않는다. 한 가지 주목할 것은 디도서의 시작 인사가 로마서와 갈라디아서와 비슷하게 길다는 것이다. 시작 인사의 길이는 디도서 4절, 로마서 7절, 갈라디아서 5절이다. 바울은 디도에게 교회의 장로들을 어떻게 세울 것인지를 지도하고, 그레데(Crete) 섬에 있는 이단들에 대한 경계를 지시하기 위한 목적으로 디도서를 쓴다. 그러므로 디도서의 주된 관심은 교회의 행정과 성도들의 도덕적 생활에 있다고 할 수 있다. 건스리(Guthrie)는 "비록 확실하지는 않지만 제시될 수 있는 가장 좋은 제안은 디모데전서와 디도서는 바울이 죽기 전 그렇게 오래되지 않은 시기에 속하며 그리고 디모데후서는 바울의 죽음이 임박했을 때 기록되었다는 것이다."[2]라고 정리한다. 바울이 디도서를 쓴 시기는 제1차 로마 감옥에서 풀려난 후이기 때문에 기록연대는 AD 67년으로 추정된다.

2. 바울 사도와 디도의 관계

바울 사도와 디도의 관계는 바울이 디도의 이름을 디도서 외에 다른 성경에서도 자주 언급하는 것을 통해서도 드러난다. 디도서 밖의 신약성경에서 디도(Titus)의 이름이 여러 곳에서 언급된다. 디도의 이름이 고린도후서에서 여러 차례 언급되며 갈라디아서와 디모데후서에서도 디도의 이름이 나타난다(고후 2:12-13; 7:5-7, 13-15; 8:6, 16-17, 23; 12:17-18; 갈 2:1-3; 딤후 4:9-10). 바울은 그의 제 3차 선교여행 중 에베소(Ephesus)에서 고린도교회의 여러 가지 탈선을 인지하고(고전 1:11-12; 16:17) 디모데(Timothy)를 파송하여 교정하기 원했고(고전 4:17; 16:10), 디모데의 파송이 큰 성과를 거두지 못하자 디도(Titus)를 파송하여 고린도교회의 잘못을 교정하기 원했다. 바울은 에베소 사역을 마치고 마게도냐(Macedonia)를 거쳐 고린도(Corinth)로 갈 계획을 세우면서 디도(Titus)를 먼저 고린도교회에 보내 교회 내의 여러 가지 문제를 바로 잡도록 파송했다(참고, 고후 12:18). 그리고 바울이 에베소를 떠나 고린도로 가는 도중 드로아(Troas)에서 귀환하는 디도를 만나

---

2 Donald Guthrie, *New Testament Introduction* (Downers Grove: Inter-Varsity Press, 1974), p. 623.

기 원했다. 그러나 디도는 드로아에 도착하지 못했고 바울은 디도를 드로아에서 만나지 못했다(고후 2:12-13). 바울은 고린도교회의 문제를 해결하도록 파송 받은 디도를 드로아에서 만나지 못해 "심령이 편하지 못했지만"(고후 2:13) 결국 마게도냐에 이르렀을 때에 디도를 만나게 되었고, 디도는 고린도교회가 회개한 사실을 바울에게 보고하고, 바울은 고린도교회의 회심을 많이 기뻐했다(고후 7:5-7). 그래서 바울은 "그(디도)가 너희에게서 받은 그 위로로 위로하고 너희의 사모함과 애통함과 나를 위하여 열심 있는 것을 우리에게 보고함으로 나를 더욱 기쁘게 하였느니라"(고후 7:8)라고 증언한다(참고, 고전 7:13; 8:6). 바울은 "디도로 말하면 나의 동료요 너희를 위한 나의 동역자요 우리 형제들로 말하면 여러 교회의 사자들이요 그리스도의 영광이니라"(고후 8:23)라고 함으로 디도의 신실성과 헌신을 극찬한 것이다. 바울 사도는 아버지가 헬라인인 디모데에게는 할례를 행했지만(행 16:3), 헬라인인 디도에게는 할례를 베풀지 아니했다(갈 2:3). 예루살렘 공회의 결정이 있은 후이기 때문에(참조, 행 15:1-2, 5-6, 10-11, 19, 28-29) 바울은 디모데나 디도에게 할례를 행할 필요가 없었다. 하지만 복음 전도의 효율성을 높이기 위해 선택적으로 할례를 행한 것이다. 할례 받지 않은 디도(Titus)와 히브리인 중의 히브리인인 바울(Paul)이 같은 믿음을 공유하고 그 믿음을 위해 헌신하는 모습은 복음의 포용성과 능력과 위대함을 보여 준다.

바울은 할례도 받지 아니한 이런 디도에게 그레데(Crete)의 교회를 잠시 동안 섬기도록 한 것이다(딛 1:5-9). 디도는 정상적 의미로 그레데 교회의 담임목사가 아니었다. 디도는 사도 바울의 지시를 받고 잠시 동안 그레데교회의 필요를 채우는데 돕는 역할을 한 것이다. 이런 관계로 디도와 그레데교회의 인연이 지속된 것 같다. 유세비우스

(Eusebius: c. 260-c. 340)에 의하면 디모데는 에베소교회의 감독(bishop)이 되었고, 디도는 그레데교회들(churches in Crete)의 감독으로 임명되었다고 전한다.[3] 디도서의 역사적 의의는 그레데에 복음이 전파된 사실을 디도서 이외의 다른 어느 성경에서도 찾을 수 없다는데 있다. 이는 바울의 복음 전파 방법과도 연관이 있다. 바울은 모든 지역에 복음을 전한 것이 아니요, 어느 지역의 중심 지역에 교회를 세우고 그 교회로 하여금 그 주변 지역에 복음을 전하도록 하는 선교전략을 세우고 실천했다.[4] 바울이 디도를 그레데에 머물게 하고 교회를 섬기며 복음을 전하게 한 것도 이 선교전략의 일환인 것이다. 바울 사도와 디도는 그리스도 안에서 한 팀이요, 복음을 위한 동역자였음에 틀림없다.

---

3 Pamphilus Eusebius, *The Ecclesiastical History* (Grand Rapids: Baker, 1977), pp. 84-85.: "Timothy, indeed, is recorded as having first received the episcopate at Ephesus (ἐν ’Εφέσῳ παροικίας) as Titus also, was appointed over the churches in Crete."

4 박형용, 『사도행전주해』. (수원: 합신대학원출판부, 2017), p. 194.

제7장
주해

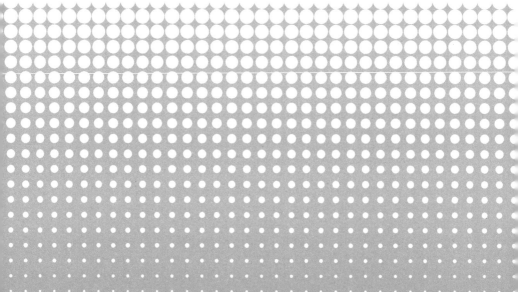

TITUS

디도서 1장 요약

바울은 디도서 1장에서 자신을 "하나님의 종"이요 "예수 그리스도의 사도"(딛 1:1)라고 소개한다. 그리고 바울은 디도를 "나의 참 아들"(딛 1:4)이라고 칭한다. 바울은 디도를 그레데(Crete) 섬에 남겨 둔 이유로 미진한 일을 정리하고 성실한 사람으로 모든 사람들의 칭송을 받는 사람을 교회의 임직자들로 세우도록 하기 위해서라고 밝힌다(딛 1:5-9). 바울은 교회의 임직자들은 "하나님의 청지기"(딛 1:7)임을 확실하게 명시하고, 교회의 임직자들은 하나님의 미쁜 말씀을 가르치고 실천해야 한다고 강조한다(딛 1:9). 하나님의 말씀의 중요성과 교회 안에서의 성결한 생활은 바울의 마음을 가득 채울 만큼 중요한 문제이다. 그래서 바울은 교회 안에서 거짓 교사들이 활동하는데 이들을 경계해야 한다고 말한다. 바울은 "그들은 하나님을 시인하나 행위로는 부인하니 가증한 자요 복종하지 아니하는 자요 모든 선한 일을 버리는 자니라"(딛 1:16)라고 말함으로 제1장을 마무리한다.

1. 인사(딛 1:1-4)

1 하나님의 종이요 예수 그리스도의 사도인 나 바울이 사도 된 것은 하나님이 택하신 자들의 믿음과 경건함에 속한 진리의 지식과 2 영생의 소망을 위함이라 이 영생은 거짓이 없으신 하나님이 영원 전부터 약속하신 것인데 3 자기 때에 자기의 말씀을 전도로 나타내셨으니 이 전도는 우리 구주 하나님이 명하신 대로 내게 맡기신 것이라 4 같은 믿음을 따라 나의 참 아들 된 디도에게 편지하노니 하나님 아버지와 그리스도 예수 우리 구주로부터 은혜와 평강이 네게 있을지어다 (딛 1:1-4, 개역개정)

딛 1:1-4 디도서를 시작하는 바울의 인사는 그의 13개 서신 중 갈라디아서와 로마서 다음으로 그 길이가 세 번째로 길다. 헬라어 원본(The UBS Greek NT)으로 계산하면 로마서는 93개 단어로 구성되어 있고, 갈라디아서는 75개 단어로 구성되어 있으며, 디도서는 65개 단어로 구성되어 있다. 바울은 항상 하던 대로 자신을 "하나님의 종"이요 "예수 그리스도의 사도"라고 소개한다(딛 1:1). 구약에서 "여호와의 종"으로 불린 사람은 모세(Moses)나 여호수아(Joshua)와 같은 이스라엘 백성의 지도자였다(신 34:5; 수 1:1, 13, 15; 24:29; 삿 2:8). 구약은 이스라엘 백성을 지도하는 위치에 있는 사람을 "여호와의 종"이라고 불렀지만 또한 "여호와의 종"이라는 개념 속에는 하나님의 백성을 섬기는 역할도 포함되어 있음이 확실하다. 그런데 바울은 자신을 가리켜 "하나님의 종"이라고 부른다. 신약의 개념으로 볼 때 "종"으로 번역된 "둘로스"(δοῦλος)는 주인의 소유물과 같아서 자신의 권리를 주장할 수 없는 존재인 것이다. 심지어 주인이 자신의 "종"을 마치 물건과 같이 팔고 살 수도 있는 그런 사회적 환경에서 바울은 자신을 "하나님의 종"이라고 부른 것이다. 투엔테(Tuente)는 "다른 곳에서와 마찬가지로, 여기서도 종(doulos)의 개념에 대한 특별한 점은 그의 주님과의 유일한 관계에서 종속적이요, 의무적이요, 책임을 져야 할 본질에 있는 것이다."[5]라고 설명한다. 바울은 지금 자신이 하나님의 노예(slave)와 같은 존재라고 고백하고 있는 것이다.

디도는 바울이 사도된 것을 잘 알고 있었다. 그런데 왜 바울이 여기서 자신의 사도됨을 "예수 그리스도의 사도인 나 바울이 사도 된 것은"(딛 1:1)이라는 표현으로 강조하고 있는가? 바울은 자신의 권위를 높이기 위해 자신의 사도됨을 강조하는 것이 아니요, 자신이 하나님으로부터 어떤 일을 위탁받았는지, 그리고 자신이 위탁받은 일이 얼마나 중요한지는 밝히기 위해 "사도됨"을 강조하고 있다. 바울은 하나님께서 영원 전부터 약속하시고 그리스도 안에서 성취하신 "진리의 지식"과 "영생의 소망"을 전파하도록 명령받았음을 분명히 한다(딛 1:1-3). 칼빈(Calvin)은 "간단히 말하면, 진리는 우리를 모든 잘못과 거짓으로부터 자유하게 하는 하나님의 순수하고 올바른 지식이다."[6]라고 설명한다. 바울은 거짓말 하실 수 없는 하나님이 약속하신 영생이기에 확실하게 믿고 있었다(딛 1:2; 3:7; 딤전 1:16; 6:12; 참조, 롬 2:7; 5:21; 6:22-23). 바울은 "하나님"을 수식하는 "거짓이 없는"(ἀψευδής)이라는 형용사를 사용함으로 단순히 하나님의 영광만을 높이지 않고 또한 우리들의 믿음을 더욱 더 확증하고 있는 것이다.

---

5 R. Tuente, "δοῦλος," *The New International Dictionary of New Testament Theology,* Vol. 3 (Grand Rapids: Zondervan, 1979), p. 596.

6 John Calvin, *The Second Epistle of Paul to the Corinthians, and the Epistles to Timothy, Titus and Philemon* (1973), pp. 352-353.

우리들의 구원은 거짓이 없는 하나님의 말씀에 근거하고 있다.[7] 바울이 여기서 언급한 "영생"은 예수님께서 친히 하나님을 믿는 자가 얻게 될 것이라고 말씀하신 "영생"(ζωὴν αἰώνιον)과 같은 "영생"이다. 예수님은 "내가 진실로 진실로 너희에게 이르노니 내 말을 듣고 또 나 보내신 이를 믿는 자는 영생을 얻었고 심판에 이르지 아니하나니 사망에서 생명으로 옮겼느니라"(요 5:24)라고 가르치셨다. 예수님은 "믿는 자는 영생을 얻었고"를 현재시상(ἔχει)으로 처리하고, "옮겼느니라"를 완료시상(μεταβέβηκεν)으로 처리하여 예수님과 하나님을 믿는 자는 믿는 즉시 영생을 소유하게 되며 사망을 극복하고 생명을 누리는 위치에 있다고 가르치신다. 바울은 지금 하나님이 바로 이 영생을 전파할 책임을 자신에게 맡겨 주셨다고 천명하는 것이다(딛 1:3).

디도서의 수신자는 디도이다. 바울은 "같은 믿음을 따라 나의 참 아들 된 디도에게 편지하노니"(딛 1:4)라고 함으로 디도가 이 편지를 받는 사람임을 분명히 한다. 그런데 바울은 "같은 믿음을 따라"라는 표현으로 디도도 이미 "영생"을 소유한 사람임을 함축하여 설명한다. 그리고 바울은 디모데(Timothy)를 "참 아들"로 생각한 것처럼(딤전 1:2) 디도(Titus)도 "참 아들"이라고 부른다(딛 1:4). 바울은 사도의 권위로 디도를 무장시켜 그에게 맡긴 중대한 임무를 감당할 수 있도록 돕는다.

바울은 편지를 쓸 때는 항상 하던 대로 "하나님 아버지와 그리스도 예수 우리 구주로부터 은혜와 평강이 네게 있을지어다"(딛 1:4)[8]라고 말함으로 "은혜와 평강"으로 기원한다. "은혜"(χάρις: grace)는 하나

---

7 John Calvin, *The Second Epistle of Paul to the Corinthians, and the Epistles to Timothy, Titus and Philemon* (1973), p. 354.

8 디도서의 시작 인사에 본문 비평에 관한 문제가 등장한다. 개역과 개역개정은 "네게 있을

님의 무한한 사랑을 근거로 나오는 하나님의 조건 없는 호의를 뜻한다. "은혜"는 넓은 의미에서 하나님 자신에 의해 하나님께 접근할 수 있는 문을 열어주는 것이다.[9] 그래서 그리스도를 통해 받은 인간의 구원은 "하나님의 은혜"로 받았다고 말할 수밖에 없다. "평강"(εἰρήνη: peace)이라는 용어는 원래 전쟁이 없는 나라의 정치적이고 사회적인 상태를 묘사하는데 사용된 용어이다. 하지만 성경적인 의미의 "평강"은 예수 그리스도를 통해 얻은 하나님과의 화목을 근거로 누리는 새로운 관계에서의 마음의 안정과 기쁨을 뜻한다.[10] 그러므로 본 구절(딛 1:4)의 "평강"은 은혜를 받은 믿는 자만이 누릴 수 있는 마음의 안정감과 구원받은 자로서의 자신감을 뜻한다. 바울은 디모데전서와 디모데후서의 서문에서는 "은혜와 긍휼과 평강"(딤전 1:2; 딤후 1:2)을 언급했는데 같은 목회서신이지만 디도서에서는 오직 "은혜와 평강"(딛 1:4)만 언급한다. 이는 바울이 다른 서신들을 쓸 때의 관행으로 복귀한 것으로 볼 수 있다. 바울은 디모데전서와 디모데후서에서만 "은혜와 긍휼과 평강"을 언급하고 그의 다른 모든 서신에서는 "은혜와 평강"을 언급했다(롬 1:7; 고전 1:3; 고후 1:2; 갈 1:3; 엡 1:2; 빌 1:2; 골 1:2; 살전 1:1; 살후 1:2; 딛 1:4; 몬 3). 디도서의 서론의 특징 중의 하나는

지어다"라고 하며 "네게"를 첨부하여 번역하였다. 그러나 헬라어의 좋은 사본에는 "네게"(σοι)가 빠져있다. 좋은 사본들은 딛 1:4을 "χάρις καὶ εἰρήνη ἀπὸ θεοῦ" (ℵ C* D G P Y 088 629 2127)로 읽는다. 대부분의 영어번역은 "Grace and peace from God the Father and Christ Jesus our Savior" (NIV, RSV, NASB, ESV)라고 번역함으로 원문에 충실하였다. 그러나 AV, NKJV은 딤전과 딤후의 처음 인사와 같이 "긍휼" (mercy)을 첨가하여 번역했는데 이는 "긍휼"을 포함시킨 사본들 (A, C^2, K, 81, 88, 104, Syr^h)의 영향을 받은 듯하다.

9 Klaus Berger, "χάριν," *Exegetical Dictionary of the New Testament*, Vol. 3 (Grand Rapids: Eerdmans, 1993), p. 458.: "Grace is the opening of access to God in the larger sense precisely by God himself." pp. 457-460.

10 Ceslas Spicq, "εἰρηνεύω, εἰρήνη," *Theological Lexicon of the New Testament*, Vol. 1 (Peabody: Hendrickson Publishers, 1996), p. 434.

바울의 13개 서신 중 로마서와 갈라디아서처럼 디도서 역시 편지를 시작하는 인사가 다른 서신들에 비해 길다는 것이다.[11]

바울은 디도서를 시작하면서 철저하게 하나님 중심적인 생각으로 편지를 쓴다. 하나님은 첫째, 바울이 섬기는 하나님이요(딛 1:1), 둘째, 믿는 자들을 선택하신 하나님이요(딛 1:1), 셋째, 영원 전부터 영생(eternal life)을 약속하신 하나님이요(딛 1:2), 넷째, 바울이 전파할 복음(the gospel)을 나타내신 하나님이요(딛 1:3), 다섯째, 성도들의 구주(the Savior)가 되신 하나님이시다(딛 1:4).[12] 이처럼 바울은 하나님 중심적인 생각에 사로잡혀 디도에게 편지를 쓰고 있다.

2. 감독의 자격(딛 1:5-9)

> 5 내가 너를 그레데에 남겨 둔 이유는 남은 일을 정리하고 내가 명한 대로 각 성에 장로들을 세우게 하려 함이니 6 책망할 것이 없고 한 아내의 남편이며 방탕하다 하는 비난을 받거나 불순종하는 일이 없는 믿는 자녀를 둔 자라야 할지라 7 감독은 하나님의 청지기로서 책망할 것이 없고 제 고집대로 하지 아니하며 급히 분내지 아니하며 술을 즐기지 아니하며 구타하지 아니하며 더러운 이득을 탐하지 아니하며 8 오직 나그네를 대접하며 선행을 좋아하며 신중하며 의로우며 거룩하며 절제하며 9 미쁜 말씀의 가르침을 그대로 지켜야 하리니 이는 능히 바른 교훈으로 권면하고 거슬러 말하는 자들을 책망하게 하려 함이라 (딛 1:5-9, 개역개정)

11 로마서의 시작 인사는 7절이요, 갈라디아서는 5절이며, 디도서는 4절이다. 바울의 다른 서신들은 편지 시작의 인사를 고전 3절, 고후 2절, 엡 2절, 빌 2절, 골 2절, 살전 1절, 살후 2절, 딤전 2절, 딤후 2절, 몬 3절로 처리했다.

12 Köstenberger. *Biblical Theology for Christian Proclamation: Commentary on 1-2 Timothy and Titus* (2017), p. 310.

딛 1:5-9 바울은 이 단락을 "내가 너를 그레데에 남겨 둔 이유는"(딛 1:5)이라는 표현으로 시작한다. 이 말은 바울도 디도와 함께 그레데에 있었음을 확인하는 것이다. 그레데(Crete) 섬은 바울의 일생에서 잊으래야 잊을 수 없는 일화를 제공하는 장소이다(행 27:7-26). 바울은 죄수의 몸으로 알렉산드리아 배(Alexandrian ship)를 타고 이달리야(Italy)로 가는 도중 유라굴로(Euraquilo)라는 광풍[13]을 만나게 되는데 이 사건과 연계된 장소가 바로 그레데 섬이다. 바울은 가이사랴에서 베스도와 아그립바 왕을 만난 후 로마의 시민권자로서 가이사에게 상소함으로(행 25:11) 가이사랴에서 배타고 로마로 향한다. 누가(Luke)는 바울이 죄수의 몸으로 로마로 호송될 때 아리스다고(Aristarchus)도 함께 갔다고 전한다(행 27:2). 바울은 골로새교회에 편지하면서 "나와 함께 갇힌 아리스다고"(골 4:10)라고 소개하고, 골로새교회의 성도인 빌레몬에게 편지하면서는 "나의 동역자 마가, 아리스다고, 데마, 누가가 문안하느니라"(몬 24)라고 함으로 아리스다고를 동역자로 소개한다. 바울은 아리스다고와 함께 로마 감옥에 갇혀있었음에 틀림없다. 바울은 로마 감옥에 이 년 동안 갇혀 있다가 풀려나게 된다(행 28:30). 바울은 로마 감옥의 제 1차 감금에서 풀려난 후 디도와 함께 그레데를 방문하고(딛 1:5), 디모데와 함께 에베소를 방문한 것이 확실하다(딤전 1:3).

바울이 디도를 그레데에 남겨 둔 이유는 바울이 하던 남은 일을 정리하는 일이며 또한 각 성에 교회를 위해 장로들을 세우는 것이었다(딛 1:5). 바울은 디도와 함께 그레데에 머물고 있을 때 교회 설립을

13 "유라굴로" (Εὐρακύλων)는 북동쪽에서 불어오는 북동풍 (the northeaster)의 뜻을 가지고 있다(행 27:14).

위해 최선을 다했지만 그레데를 떠날 때까지 교회 설립의 일을 완벽하게 정리하지 못한 것 같다. 그래서 바울은 디도를 그레데에 남겨둔 이유로 "남은 일을 정리하고"(딛 1:5)라고 쓰고 있다. 바울의 선교정책은 한 지역의 중요한 장소나 도시에 교회를 설립하고 그 근처의 마을에는 이미 설립된 그 도시의 교회로 하여금 복음을 전파하게 하는 것이다.[14] 그러므로 바울이 그레데를 방문했을 때 여러 중요한 도시에 교회를 설립했는데 이제 디도로 하여금 각 성에 위치한 교회를 위해 장로들을 세우라고 지시하고 있는 것이다. 어떤 이는 바울이 어떻게 디도에게 자기 마음대로 교회의 장로들을 세우게 할 수 있느냐고 질문할 수 있다. 이는 독선적이요 독재적인 방법으로 교회의 행정을 무시하는 방법이라고 의구심을 표할 수 있다. 이런 의구심에 대해 칼빈(Calvin)은 "대답은 쉬운 것이다. 바울은 디도에게 홀로 임의적으로 모든 것을 행하거나 그가 좋아하는 감독(장로)이라면 누구든지 교회에 강요할 수 있도록 허락한 것이 아니요, 오직 필요할 경우 장로를 선택하는 회의의 사회자로서 역할을 하라고 명령하는 것이다."[15] 라고 정리한다(참조, 행 14:23). 바울은 사도의 권위를 디도에게 제공함으로 맡겨진 일을 잘 감당하도록 격려하는 것이다.

바울은 장로(감독)가 될 사람은 집안을 잘 다스리는 사람으로 가정에서나 외인으로부터 칭찬을 받는 사람이어야 함을 분명히 한다(딛 1:6). 그래서 바울은 디모데가 세워야 할 장로들은 "책망할 것이 없고 한 아내의 남편이며 방탕하다는 비난을 받거나 불순종하는 일이 없는 믿는 자녀를 둔 자라야 할지라"(딛 1:6)라고 쓰는 것이다. 장로가

---

14 박형용, 『사도행전주해』 (2017), pp. 242-243.

15 John Calvin, *The Second Epistle of Paul to the Corinthians, and the Epistles to Timothy, Titus and Philemon* (1973), p. 357.

될 사람은 한 가정의 가장으로 본인 스스로 책망을 받을 일을 하지 아니한 사람이어야 한다. 많은 사람의 지탄을 받고 다른 사람의 입에 부정적으로 오르내리는 대상이 된 사람에게는 장로의 자격이 없다. 장로는 여러 성도들을 섬기는 사람인데 많은 사람들의 비판을 받는 사람이라면 그 고귀한 직책을 감당할 수가 없다. 그래서 바울은 장로가 될 사람은 "책망할 것이 없는"(ἀνέγκλητος) 사람이어야 한다고 말한다. 그리고 바울은 장로가 될 사람은 "한 아내의 남편"이어야 한다고 말한다. 바울은 일부다처(一夫多妻) 주의를 반대하는 것이지, 재혼(再婚)을 반대하는 것이 아니다. 한 남자가 상처함으로 한 번 두 번 재혼할 수는 있다. 하지만 한 남자가 동시에 여러 아내를 둘 수는 없다(참조, 마 19:3-9). 바울은 이렇게 장로가 될 사람은 책망 받을 일이 없고 한 아내의 남편이어야 함을 강조하고, 장로가 될 사람이 가정에서 자녀를 어떻게 양육해야 하는지를 지적한다. 장로가 될 사람의 자녀는 외인들로부터 "방탕하다는 비난"을 받아서는 안 되며, 부모에게 "불순종"(ἀνυπότακτα)한다는 비판을 받아서도 안 된다(딛 1:6). 바울이 뜻하는 것은 부모에 대한 자녀의 "불순종"을 견해의 차이에서 오는 일시적인 불순종이 아니라, 부모의 권위에 대해 자녀의 마음속 깊은 곳에 자리 잡고 있는 불순종이다. 젊은 자녀들이 이런 약점까지 극복하고 살 수는 없기 때문에 이런 "불순종"(ἀνυπότακτα)[16]까지 장로의 자격에 포함시키면 아무도 장로의 직책을 맡을 수 없다. 부모의 권위에 대해 마음속 깊은 곳에 반항의 감정을 가지고 있는 자녀를 둔 아버지는 그 가정을 경건하게 양육하지 못한 가장이기 때문에 그런 사

16 "불순종" (ἀνυπότακτα)이란 용어는 "복종하지 않고 독립적인" (not make subject, independent), "반역적인" (rebellious)등의 뜻을 가지고 있다. "불순종" (ἀνυπότακτα)이란 용어는 신약성경에서 4회 사용되는데 목회서신에서 3회(딤전 1:9; 딛 1:6, 10) 사용되었

람은 장로 될 자격이 없다고 말하는 것이다. 바울은 여기서 장로가 될 사람의 자격에 대해 두 가지, 즉 장로가 될 사람 자신의 도덕성이 고귀해야 할 것과 가정을 경건하게 다스려 자녀들의 도덕성이 칭찬을 받을 수 있도록 해야 할 것을 강조하고 있다.

이제 바울은 감독(목사)의 삶에서 발견되어서는 안 될 여섯 가지 일을 구체적으로 정리하여 설명한다. 디도서 1:7에서는 먼저 부정적인 악행을 설명하고, 디도서 1:8에서는 이어서 긍정적인 덕목을 설명한다.

첫째, 감독에게는 책망할 것이 없어야 한다(딛 1:7). 바울은 감독(장로)이 될 사람은 "하나님의 청지기"(θεοῦ οἰκονόμον)이기 때문에 책망받을 일이 없어야 한다. 감독은 하나님의 교회의 일을 맡아보는 사무장과 같은 사람이다.[17] 교회의 사무장에게 요구되는 덕목은 성실성과 충성심이다(참조, 딤전 3:1-7).

둘째, 감독은 제 고집대로 하지 않아야 한다(딛 1:7). 이 용어(αὐθάδη)는 신약성경에서 두 번 사용되는데(딛 1:7; 벧후 2:10), 이 용어는 "고집센"(willful), "거만한"(arrogant) 등의 뜻을 가지고 있다. 베드로(Peter)는 권위 있는 자를 경멸하는 사람의 특성으로 이 용어(αὐθάδεις)를 사용했고, 개역개정 한글 번역은 "자긍하며"(arrogant: NIV)로 번역 처리했다(벧후 2:10). 바울의 경우(딛 1:7)나 베드로의 경우(벧후 2:10) 모두 이 용어는 "하나님의 명령을 순종하지 않은 인간적인 충동"을 묘

고, 히브리서에서 1회(히 2:8) 사용되었다. 목회서신의 경우 딤전 1:9은 율법이 복종하지 아니한 자를 위해 세워졌다는 의미로 사용되었고, 딛 1:6은 감독의 자격으로 불순종하는 자녀가 없어야 한다는 의미로 사용되었으며, 그리고 딛 1:10은 거짓교사들과 연관하여 사용되었다.

17 H. Kuhli, "οἰκονόμος," *Exegetical Dictionary of the New Testament*, Vol. 2 (Grand Rapids: Eerdmans, 1991), p. 499.

사하고 있다. 두 경우 모두 종교적 지도자들이 이런 위험에 빠지는데 노출되어 있음을 지적한다.[18] 그러므로 장로가 될 사람은 자기 고집만 내세우고 들을 줄 모르는 사람이어서는 안 된다.

셋째, 감독은 급히 분내서는 안 된다(딛 1:7). 바울은 장로가 될 사람이 "급하게 분내는"(ὀργίλον) 성격을 가진 사람에게는 자격이 없다고 가르친다. 바울은 에베소서에서 "분을 내어라 그리고 죄를 짓지 말아라. 분을 낸 상태로 해가 지도록 하지 말라"(엡 4:26: 사역)[19]라고 명령형을 사용하여 인간이 분을 낼 수밖에 없는 존재임을 밝힌다. 바울은 인간이 분을 낼 수는 있지만 그 분노가 범죄로 이어져서는 안 되며, 해가 지도록 계속적으로 분을 품고 있어서는 안 된다고 가르친다. 바울이 디도서 1:7에서 "급히 분을 내지 아니하며"(hapax legomenon)라고 장로의 자격을 규정한 것은 분내는 것을 조절할 수 없는 사람이 거룩한 믿음의 공동체를 섬길 수 없기 때문이다.

넷째, 감독은 술을 즐기지 아니해야 한다(딛 1:7). 장로가 될 사람은 술에 인 박이지 아니하여야 한다. 사람이 마약에 중독되면 마약 없이는 살 수 없는 것처럼, 장로가 될 사람은 술에 중독이 되어 술 없이는 살 수 없는 사람이어서는 안 된다는 뜻이다. 바울은 술에 관해서 이미 디모데에게 "네 위장과 자주 나는 병을 위하여는 포도주를 조금씩 쓰라"(딤전 5:23)라고 권고하고, 에베소교회를 향해서는 "술 취하지 말라(μὴ μεθύσκεσθε οἴνῳ) 이는 방탕한 것이니 오직 성령으로 충만함을 받으라"(엡 5:18)라고 가르친다. 이와 같은 바울의 교훈은 감독

18 Otto Bauernfeind, "αὐθάδης," *Theological Dictionary of the New Testament*, Vol. I (Grand Rapids: Eerdmans, 1972), p. 509.

19 바울은 엡 4:26에서 세 개의 명령형을 사용한다. ὀργίζεσθε (ὀργίζω의 현재, 명령형: Be angry), ἁμαρτάνετε (현재, 명령형; 현재, 직설법: sin), ἐπιδυέτω (현재, 명령형: set).

이나 성도가 술을 절대적으로 마셔서는 안 된다고 가르치는 것은 아니다. 바울은 장로(감독)가 될 사람은 "술을 즐기지 아니해야 한다"(μὴ πάροινον)라고 하면서 "즐긴다"를 강조해서 말하고 있다(딤전 3:3). 바울은 디도에게 늙은 여자들은 "술의 종이 되지 아니하는"(딛 2:3) 삶을 이어나가야 한다고 권고하기도 한다. 술에 관한 바울의 교훈은 장로가 될 사람은 술을 절제할 수 있는 사람이어야 한다는 것이다. 성도들은 물론 장로들은 술을 먹지 않는 것이 경건한 삶을 이어가는데 도움이 된다.

다섯째, 감독은 구타하지 아니해야 한다(딛 1:7). 바울은 장로가 될 사람은 폭행을 해서는 안 된다고 권고한다. "구타하지 아니하며"로 번역된 "메 플렉텐"(μὴ πλήκτην)의 뜻은 "성미가 급한"(quick-tempered), "화를 잘 내는"(violent) "다투기를 좋아하는"(quarrelsome) 등의 뜻을 가지고 있다(딤전 3:3). 그러므로 한글의 의미로 해석할 때 "구타하지 아니하며"라는 표현보다는 "다투기를 좋아하는"이라는 표현이 바울의 뜻에 더 가깝다고 사료된다. 그러므로 바울은 장로가 될 사람은 "논쟁적이거나," "다투기를 좋아하는" 그런 성격의 소유자여서는 안 된다고 가르치고 있다.

여섯째, 감독은 더러운 이득을 탐하지 아니해야 한다(딛 1:7). 바울은 장로가 될 사람은 부정직한 방법으로 이득을 취하는 사람이어서는 안 된다고 가르친다. 바울이 사용한 "더러운 이득을 탐하지 아니해야 한다"(μὴ αἰσχροκερδῆ)라는 표현(딤전 3:8; 벧전 5:2)은 "돈을 사랑하지 아니하며"(ἀφιλάργυρον, 딤전 3:3)와 거의 같은 의미이다. 재물은 중립적인 것으로 그것을 사용하는 사람이 어떻게 쓰느냐에 따라 선하게도 쓰이고 악하게 쓰이기도 한다. 그런데 사람이 재물을 얻기 위해 부정직한 방법이나 남을 속이는 방법을 사용하면 그 사람은 악한 사람이요, 하나님의 정죄를 받아 마땅한 사람이 된다. 장로가 될 사람은 항상 재물의 매력에 빠져서도 안 되며 재물의 유혹에 빠져서도 안 된다(참조, 마 6:24). 박윤선 박사는 "더러운 이득을 탐하지 아니하며"(딛 1:7)를 해석하면서 "더러운 이를 탐하지 아니하는 방법은, 물질(物質)을 멀리함이 그 하나이다. (1) 공금(公金)은 집사들이 취급하게 하고 교역자는 관계하지 말 것. (2) 구제에 관한 것도 집사들이 취급하게 하고 교역자는 일체 관계하지 말 것. 다만 집사들이 그 일을 바로 하도록 원칙(原則)을 정하여 주기는 해야 된다."[20]라고 함으로 교회 내에서 목사나 장로가 물질에 대한 유혹을 어떻게 피할 수 있는지를 설명한다.

바울은 이제 계속해서 감독(목사)의 삶에서 나타나야 할 여섯 가지 덕목들을 정리하여 설명한다(딛 1:8). 장로가 될 사람은 지금까지 언급한 버려야 할 여섯 가지 행동들을 명심하면서 실천해야 할 아름다운 덕목들을 실천하기 위해 혼신의 힘을 다 기울여야 한다.

첫째, 감독은 나그네를 잘 대접하는 사람이어야 한다(딛 1:8). "나그네를 대접하며"(φιλόξενον)라는 용어는 신약성경에서 세 번 사용된 용어로서 목회서신에서 2회(딤전 3:2; 딛 1:8) 사용되고, 베드로전서에서 1회(벧전 4:9) 사용된 비교적 희귀한 용어이다.[21] 베드로는 세상의 종말이 가까이 왔으니 성도들은 서로 사랑하고 서로 대접하면서(hospitable) 살아야 할 것을 권고하면서(벧전 4:7-10) "서로 대접하기를 원망 없이 하고"(φιλόξενοι εἰς ἀλλήλους ἄνευ γογγυσμοῦ: 벧전 4:9)라는 말을 할 때 이 용어를 사용한다. 그러므로 필록세논(φιλόξενον)이란

20 박윤선, 『성경주석: 바울서신』 (1964), p. 576.

21 J. B. Smith, *Greek-English Concordance to the New Testament* (1974), p. 366. (section 5282).

용어는 대상을 국한시키지 않고 누구에게나 대접을 잘 해야 한다는 뜻을 가지고 있다(참조, 마 25:31-46). 하지만 성경은 고아와 과부, 나그네, 그리고 사회의 약자들을 잘 대접할 것을 권면한다(요 14:17; 약 1:27; 막 12:40; 눅 18:3-5; 20:47; 행 6:1-3). 바울은 이미 디모데에게 "참 과부인 과부를 존대하라"(딤전 5:3, 참조, 딤전 5:16)라고 권면한 바 있다. 그러므로 디도서 1:8을 "나그네를 잘 대접하는 사람이어야 한다"고 번역하는 것도 크게 문제될 것이 없다고 사료된다.

둘째, 감독은 선행을 좋아해야 한다(딛 1:8). 바울이 디모데에게 제시한 덕목 중 이런 표현은 나타나지 않는다(참조, 딤전 3:2-7). 하지만 바울은 디도에게 교회의 장로가 될 사람은 "선행을 좋아하는"(φιλάγαθον) 성품을 가진 자라야 한다고 권고한다. 이 용어는 신약성경에서 디도서 1:8에 유일하게 사용된 용어(hapax legomenon)이다. 필라가돈(φιλάγαθον)은 필라델피아(Philadelphia: φιλαδελφία), 필로소피아(Philosophy: φιλοσοφία)처럼 필로스(φίλος: 좋아한다, 사랑한다)와 "좋은 것"(ἀγαθόν)을 합친 합성어로 "좋은 것을 좋아한다"(loving what is good)는 뜻이다. 이 용어는 "흔들리지 않고 사랑의 행위"를 계속한다는 뜻을 가지고 있다.[22] 칼빈(Calvin)은 바울이 본 맥락에서 이 용어를 대접하는 덕목과 연계시키고 그리고 탐심과 인색함과 대칭시키는 것을 볼 때 "좋은 것을 사랑한다"는 의미보다는 "친절에 전념한다"는 뜻으로 받는 것을 선호한다고 해석한다.[23] 장로가 될 사람은 친절한 사랑의 실천을 통해 선행을 계속하는 성품의 소지자여야 한다는 교훈이다.

---

22 W. Grundmann, "φιλάγαθος," *Theological Dictionary of the New Testament*, Vol. I (Grand Rapids: Eerdmans, 1972), p. 18.

23 John Calvin, *The Second Epistle of Paul to the Corinthians, and the Epistles to Timothy, Titus and Philemon* (1973), p. 360.

셋째, 감독은 신중해야 한다(딛 1:8). "신중하며"(σώφρων)이란 용어는 목회서신에서만 4회(딤전 3:2; 딛 1:8; 2:2, 5) 사용되는데 바울이 이 용어를 사용하여 장로의 덕목을 묘사하는데 사용하고(딤전 3:2; 딛 1:8), 그리고 교회 내의 늙은 남자와 젊은 여자가 어떻게 살아야 할 것을 묘사한다(딛 2:2, 5). 바울이 장로(감독)의 덕목을 설명하기 위해 사용한 이 용어의 뜻은 단순히 믿음에 합당한 행위만을 가리키지 않고 장로의 직책을 수행할 때 반드시 나타나야만 할 덕목을 가리킨다고 사료된다.[24] 바울은 장로가 될 사람은 정신이 건전하며(막 5:15; 눅 8:35) 분별력이 있는 행동으로 다른 사람들의 신임을 받은 사람이어야 한다고 가르친다.

넷째, 감독은 의로워야 한다(딛 1:8). 장로가 될 사람의 특성은 "의로워야 하는데"(δίκαιον) 그 뜻은 하나님의 말씀에 따라 올바르게, 의롭게, 곧은 정신으로 살아야 된다는 뜻이다. 바울은 죄인이 그리스도의 공로로 의롭게 된다는 "칭의 개념"의 의미로 "의로워야 한다"라고 말하고 있지 않고, 의로운 삶을 살아야 한다는 의미로 이 용어를 사용하고 있다(참조, 요일 3:7).

다섯째, 감독은 거룩해야 한다(딛 1:8). "거룩하며"(ὅσιος)라는 용어는 바울이 디모데전후서에서 사용한 "거룩하지 아니한"(ἀνόσιος)이라는 용어와 대칭이 되는 용어이다(딤전 1:9; 딤후 3:2). "거룩하며"의 뜻은 경건한 삶, 하나님을 기쁘시게 하는 삶을 살아야 한다는 뜻이다. 하나님께서 그의 백성을 향해 "내가 거룩하니 너희도 거룩할지어다"(벧전 1:16; 참조, 레 11:44)라고 말씀하신 "거룩"(ἅγιος)과 바울이 디

24 Ulrich Luck, "σώφρων, σωφρονέω," *Theological Dictionary of the New Testament*, Vol. VII (Grand Rapids: Eerdmans, 1971), p. 1103.; Cf. D. Zeller, "σώφρων," *Exegetical Dictionary of the New Testament*, Vol. 3 (Grand Rapids: Eerdmans, 1993), pp. 329-330.

도서 1:8에서 교회의 장로가 될 사람은 "거룩"(ὅσιος)해야 한다는 용어는 같은 용어가 아니다. 베드로는 그리스도의 공로로 성도들이 존재론적인 차원에서 "거룩"하게 된 것을 강조하지만, 바울은 장로가 될 사람의 삶 속에서 실천되어야 할 "거룩" 즉, 올곧고, 하나님이 기뻐하시는 삶을 강조하는 것이다.[25]

여섯째, 감독은 절제할 줄 알아야 한다(딛 1:8). "절제하며"(ἐγκρατής)라는 용어는 신약성경에서 이 구절에서만 등장하는 유일한 용어(hapax legomenon)이다(참조, 갈 5:23; 고전 7:9; 9:25). 비록 이 용어는 유일하게 디도서 1:8에서 한 번 사용된 용어이지만 그 뜻은 디모데전서 3:2과 디도서 2:2에서 사용된 "절제하며"(νηφάλιος)와 비슷한 뜻을 가진 용어라고 사료된다. 바울은 이 용어를 운동선수를 예로 들어 "이기기를 다투는 자마다 모든 일에 절제하나니"(고전 9:25)라고 설명하는데, 이는 자신을 다스리고, 조절하며 단련시키는 것을 뜻한다. 운동선수가 방탕한 생활을 하고 절제하지 못하면 그는 매번 실패할 수밖에 없다. 바울은 이제 장로가 될 사람도 운동선수처럼 자신을 다스리고, 조절할 수 있는 사람이어야 한다고 설명한다.

바울은 지금까지 디도서 1:7에서는 장로(감독)가 될 사람이 행해서는 안 될 여섯 가지의 부정적인 삶의 패턴을 설명하고, 디도서 1:8에서는 장로가 될 사람이 행해야 할 여섯 가지 긍정적인 삶의 덕목을 설명했다. 칼빈(Calvin)은 "교회의 목사들로 하여금 구원의 교훈을 변질시키지 말고(참조, 고후 2:17), 구원의 교훈을 하나님의 백성들에게 순수하고 순결하게 전달하는 말씀의 사역에 충실하게 임하도록 하

25 Cf. H. Balz, "ὅσιος, ὁσιότης," *Exegetical Dictionary of the New Testament*, Vol. 2 (Grand Rapids: Eerdmans, 1991), p. 536.

라. 그리고 교회의 목사들로 하여금 백성들을 가르치되 교훈을 통해서 뿐만 아니라 삶의 모본을 통해서 하도록 하라. 짧게 요약하면, 목사들로 하여금 그들의 양떼들을 보살피는 선한 목자들로서 권위를 행사하도록 하라(참조, 딤전 3장; 딤후 2장과 4장; 딛 1:6이하; 벧전 5장)."[26]라고 함으로 목사(감독)들이 성도들의 본이 되어야 함을 강조한다. 교회의 목사(감독)들은 군림하는 자리에 있는 리더들이 아니요, 그리스도의 피로 값 주고 사신 성도들을 섬기는 자리에 있다. 목사들은 성경 말씀으로 성도들을 양육해야 하며, 성도들 앞에 서서 성도들의 본이 되어야 한다. 쾨스텐버거(Köstenberger)는 디도서 1:6-8의 내용을 "두 개(혹은 세 개)의 일반적인 자격들(책망할 것이 없고, 신실한 남편, 신실한 자녀)을 편성한 후 동수의 부정적인 특성과 긍정적인 특성을 언급한 것은 유용한 대조표를 제공한다. 고집, 나쁜 성질, 부정직한 성품을 가진 사람은 장로로 섬길 수 없다고 하고 그의 자격을 박탈한다. 그러나 그런 흠결들의 부재(absence)로는 충분하지 않다. 좋은 모든 것들에 대한 성실성, 개인적인 거룩, 사랑은 장로의 직책을 소망하는 사람에게는 본질적인 것이다. 교회의 지도자는 인격적인 성숙, 성격의 안정감, 인정받은 과거의 기록 그리고 교리적 건전성을 드러내야 할 필요가 있다."[27]라고 정리한다. 나이트(Knight)도 장로(감독)가 될 사람은 "그는 사람들을 사랑하고 같은 마음으로 덕목을 사랑해야 한다. 그는 현명해야 하고 신중해야 한다. 그는 하나님의 율법에 의거해서 살아야 한다. 그는 하나님께 헌신되어야 하고 하나님을 기쁘시게 하기 위

26 John Calvin, *Institutes of the Christian Religion*, Trans. Ford L. Battles, Vol. 1 (Philadelphia: The Westminster Press, 1967), p. 410. (Book 2, Chapter 8, verse 46)

27 Köstenberger. *Biblical Theology for Christian Proclamation: Commentary on 1-2 Timothy and Titus* (2017), p. 316.

해 노력해야 한다. 그리고 그는 진정으로 자기 절제를 나타내 보여야 한다. 기독교 지도자는 하나님의 은혜로 이런 여러 가지 특성들로 무장되어 하나님의 집, 즉 교회의 집사(steward)들이 실행해야 할 감독하는 일을 실천할 수 있어야 한다."[28]라고 함으로 장로가 될 사람의 자격에 대해 잘 정리해 준다.

바울은 이제 본 단락을 요약 정리하는 말을 한다(딛 1:9). 장로(목사)가 될 사람은 "미쁜 말씀의 가르침"을 올바로 지키는 사람이어야 한다. "미쁜 말씀"은 신실한 말씀으로 성령 하나님의 영감으로 기록된 성경을 가리킨다. 바울은 지금 장로가 될 사람은 하나님의 말씀인 성경의 권위를 인정하고 그 말씀을 지켜야 한다고 가르치고 있다. 교회의 리더가 하나님의 말씀의 귀중함을 인식하지 못하면 결국 그는 자신의 지식과 지혜에 의존하여 행동할 수밖에 없다. 바울은 이 사실을 잘 알고 있었다. 바울은 자신이 하나님의 신실한 말씀의 뜻을 바로 알지 못했을 때에는 스데반(Stephen)을 죽이는 일을 마땅히 여겼고(행 8:1), 교회를 핍박하고 성도들을 옥에 가두는 일을 앞장서서 행했다(행 8:1-3). 바울은 하나님의 말씀을 바로 이해하지 못하고 자신의 지식을 의지해서 행동할 때는 많은 치명적인 실수를 범했다. 바울은 이제 자신의 경험을 근거로 교회의 리더인 장로가 될 사람은 "미쁜 말씀이 가르친 그대로"(τοῦ κατὰ τὴν διδαχὴν πιστοῦ λόγου) 굳게 붙들고 있어야 한다고 가르친다. 바울은 그 이유를 "히나"(ἵνα)를 사용하여 두 가지로 설명한다. 바울은 교회 내에서 장로(목사)가 해야 할 긍정적인 일과 부정적인 일을 언급한다. 첫째, 긍정적인 일은 교회의 리더인 목사(장로)가 "바른 교훈으로 권면"(딛 1:9)할 수 있도록 하기

28 Knight, III, *The Pastoral Epistles: A Commentary on the Greek Text* (1992), p. 293.

위해서이다. 목사(장로)는 성도들을 보살필 때 바른 교훈으로 하지 아니하면 안 된다. 교회는 말씀을 떠나서는 존재할 수 없다. 바른 교훈은 교회를 튼실하게 하고 교회를 세우는 역할을 한다. 둘째, 부정적인 일은 목사가 반대하는 자들을 바른 교훈으로 책망할 수 있게 하기 위해서이다(딛 1:9). 반대하는 자들은 그리스도의 교회를 허물고 그리스도의 교회를 인정하려 하지 않는다. "거슬러 말하는 자들"이 어떤 사람들인지는 바로 이어지는 다음 구절들에서 상세히 설명한다. 칼빈(Calvin)은 "목사에게는 두 음성이 필요하다. 하나는 양들을 모으는 음성이요, 다른 하나는 이리와 도적들을 쫓아내는 음성이다. 성경은 목사에게 두 가지 일을 할 수 있는 수단들을 제공한다. 말씀을 올바로 배운 목사는 가르침을 받을 수 있는 사람을 다스리고 진리의 적들을 책망하는 두 가지 일을 할 수 있게 된다."[29]라고 해석한다. 목사는 바른 교훈으로 교회를 세우고, 같은 바른 교훈으로 교회를 적들로부터 보호해야 한다.

29 John Calvin, *The Second Epistle of Paul to the Corinthians, and the Epistles to Timothy, Titus and Philemon* (1973), p. 361.

3. 거짓교사들의 특징(딛 1:10-16)

10 불순종하고 헛된 말을 하며 속이는 자가 많은 중 할례파 가운데 특히
그러하니 11 그들의 입을 막을 것이라 이런 자들이 더러운 이득을 취하려
고 마땅하지 아니한 것을 가르쳐 가정들을 온통 무너뜨리는도다 12 그레
데인 중의 어떤 선지자가 말하되 그레데인들은 항상 거짓말쟁이며 악한
짐승이며 배만 위하는 게으름뱅이라 하니 13 이 증언이 참되도다 그러므
로 네가 그들을 엄히 꾸짖으라 이는 그들로 하여금 믿음을 온전하게 하고
14 유대인의 허탄한 이야기와 진리를 배반하는 사람들의 명령을 따르지
않게 하려 함이라 15 깨끗한 자들에게는 모든 것이 깨끗하나 더럽고 믿지
아니하는 자들에게는 아무 것도 깨끗한 것이 없고 오직 그들의 마음과 양
심이 더러운지라 16 그들이 하나님을 시인하나 행위로는 부인하니 가증
한 자요 복종하지 아니하는 자요 모든 선한 일을 버리는 자니라 (딛 1:10-
16, 개역개정)

딛 1:10-11 바울은 이제 거짓 교사들의 특징을 구체적으로 설명한다. 거짓 교사들은 "불순종"(ἀνυπότακτοι)하는 사람들이다. 불순종하는 사람들은 하나님과 바른 교훈에 반역하는 사람들이다(참조 딤전 1:9). 바울은 이런 사람들이 많다고 확인한다. 그들은 "헛된 말"(ματαιολόγοι)을 하는 사람들이다(딛 1:10). 그들은 전혀 가치 없는 말을 일상으로 하고 있다. "헛된 말"은 하나님의 계획이나 뜻과는 전혀 관계없는 말이다. 그들은 "속이는 자"(φρεναπάται)로 그 숫자가 많다(딛 1:10).[30] 속이는 자 중에 대표적인 사람이 "할례파"에 속한 사람

30 "헛된 말" (ματαιολόγοι)이라는 용어와 "속이는 자" (φρεναπάται)라는 용어는 신약성경에서 이 구절에서만 유일하게 사용된 용어들 (hapax legomena)이다.

들이다. 바울은 거짓 교사들 중에 구원을 얻기 위해서는 할례를 받아야 한다고 주장하는 유대주의자들이 많다고 지적한다. 박윤선 박사는 디도서 1:10을 해석하면서 "'할례당'(할례파)이란 말은, 치우치게 할례를 주장하여 구원 도리(救援道理)의 교훈을 흐리게 하는 유대인들을 가리킨다."[31]라고 설명한다. 거짓 교사들은 "어리석은 변론과 족보 이야기와 분쟁과 율법에 대한 다툼"(딛 3:9)을 일삼는 사람들이다.

바울은 이렇게 "불순종"하고, "헛된 말"을 하며, "속이는 자"들의 입을 막아야 한다고 요구한다. "입을 막는다"(ἐπιστομίζειν)라는 용어는 신약성경 이곳에서 유일하게 사용된 용어(hapax legomenon)인데 이것은 "말을 못하게 만든다" 또는 "침묵하게 만든다"는 뜻을 가지고 있다. 바울 사도가 이렇게 특별한 표현을 사용하여 이 사람들의 입을 반드시(δεῖ) 막으라고 권고하는 이유는 거짓 교사들의 가르침이 가정들을 온통 무너뜨리기 때문이다(딛 1:11). 바울은 거짓 교사들이 가정을 파괴하는 이런 행동을 금할 수 있는 방법은 이미 가르친 바와 같이 그들을 "미쁜 말씀" 즉, "바른 교훈"으로 책망하고 꾸짖는 것이라고 한다(딛 1:9, 참조, 딛 1:13).[32] 바울은 "모든 성경은 하나님의 감동으로 된 것으로 교훈과 책망과 바르게 함과 의로 교육하기에 유익하니"(딤후 3:16)라고 하나님의 말씀의 권능을 확인한다. 하나님의 말씀은 모든 거짓 교훈의 진상을 만천하에 드러낼 수 있다. 바울은 디도에게 하나님의 말씀으로 거짓 교사들의 악행을 금지하라고 권고한다.

---

31 박윤선, 『성경주석: 바울서신』 (1964), p. 578.

32 바울은 딛 1:9의 "책망하게 하려 한다"와 딛 1:13의 "꾸짖는다"를 같은 용어 (ἐλέγχω)로 표현했다.

딛 1:12-14 바울은 이제 그레데인 중의 어떤 선지자의 말을 인용하여 디도에게 거짓 교사들을 엄히 꾸짖으라고 권고한다. "그레데인 중의 어떤 선지자"는 에피메니데스(Epimenides)를 가리킬 가능성이 크다. 그는 주전 6세기에 살았던 유명한 그레데(Crete)의 북쪽 해안에 위치한 크노수스(Cnossus)의 선지자요 시인이었다.[33] 그런데 바울 사도는 에피메니데스가 "그레데인은 항상 거짓말쟁이며 악한 짐승이며 배만 위하는 게으름뱅이라"(딛 1:12)[34]라고 말한 속담과 같은 말을 인용한다. 물론 바울은 에피메니데스가 성경적인 의미의 선지자(prophet)라고 인정하는 것은 아니다. 그 당시 사람들이 그를 선지자로 그리고 시인으로 인정했다는 것을 확인할 뿐이다. 그리고 에피메니데스가 "그레데인은 항상 거짓말쟁이며"라고 말한 것은 모든 그레데인이 항상 거짓말을 한다는 뜻으로 받을 수는 없고, 그레데인들의 일반적인 특성을 말하고 있다고 생각된다. 이 주장이 타당한 것은 뒤따라 나오는 "그레데인은 악한 짐승이며 배만 위하는 개으름뱅이라"(딛 1:12)라는 말이 실제로 짐승일 수 없기 때문이다. 그러므로 "그레데인들은 항상 거짓말쟁이"라는 말은 일반적으로 그레데인들은 거짓말 잘하기로 유명하다는 뜻으로 받을 수 있다.

---

33 John Calvin, *The Second Epistle of Paul to the Corinthians, and the Epistles to Timothy, Titus and Philemon* (1973), p. 363.: "I have no doubt that this refers to Epimenides who was a Cretan." Cf. Donald T. Kauffman(Editor), *Baker's Pocket Dictionary of Religious Terms* (Grand Rapids: Baker, 1975), p. 171.: 참조, "Epimenides.": Cf. *The New Encyclopaedia Britannica*, Vol. 4 (London: Encyclopaedia Britannica, Inc. 1994), p. 525.: 참조, "Epimenides."; White, "The First and Second Epistles to Timothy and The Epistle to Titus," *The Expositor's Greek Testament*, Vol. IV, p. 189.: "It is generally agreed that St. Paul was referring to Epimenides."; Hendriksen, *Exposition of the Pastoral Epistles* (1974), pp. 352-355.

34 딛 1:12 "Κρῆτες ἀεὶ ψεῦσται, κακὰ θηρία, γαστέρες ἀργαί." (Cretans are liars, evil brutes, lazy gluttons.) (NIV, RSV).

바울은 “이 증언이 참되도다”(딛 1:13)라고 말함으로 그레데인들이 거짓말을 잘하는 것은 확실한 사실임을 확인한다. 그런데 바울은 이렇게 거짓말을 잘하는 그레데인일지라도 디도(Titus)에게 이런 사람들을 엄히 꾸짖어서 이들로 하여금 바른 길에 서도록 하라고 명령하고 있는 것이다. 우리는 여기서 하나님의 은혜의 지평이 얼마나 넓은지 알 수 있다. 거짓말 잘하는 특성을 가진 그레데 사람들에게도 소망의 있음을 제시하고 있는 것이다. 칼빈(Calvin)은 “그 악행들로 악명 높은 그런 나쁜 사람들까지도 첫 번째로 그의 복음(His Gospel)을 공유할 수 있도록 부르시는 하나님의 목적이 진정으로 놀랍고 그리고 이 세상에서 살 가치도 없는 그런 사람들에게 하나님의 은혜를 제공하는 그의 친절(His kindness)이 똑같이 놀랄만하다.”[35]라고 설명한다.

바울은 에피메니데스의 말에 진실성이 있는 것을 인정하고 디도에게 “그러므로 네가 그들을 엄히 꾸짖으라”(딛 1:13)라고 명령하고, 그렇게 꾸짖어야 하는 이유로 두 가지를 제시한다. 꾸짖어야 하는 첫째 이유는 “그들로 하여금 믿음을 온전하게 하는 것”(딛 1:13)이요, 둘째 이유는 그들로 하여금 “유대인의 허탄한 이야기와 진리를 배반하는 사람들의 명령을 따르지 않게 하려 함”(딛 1:14)인 것이다. 디도는 그레데인들이 그리스도 안에서 계시된 진리를 건전하게 이해하고 있지 않기 때문에 그들의 잘못을 꾸짖어 건전한 진리에로 돌이키도록 인도해야 한다. 그리고 디도(Titus)는 거짓 교사들이 유대주의의 신화와 조상들의 족보에 몰두하고 그들이 다른 사람들에게 강요하는 권고는 사실상 “진리를 배반하는 사람들의 명령”(딛 1:14)으로 잘못된

35 John Calvin, *The Second Epistle of Paul to the Corinthians, and the Epistles to Timothy, Titus and Philemon* (1973), p. 364.

것이기 때문에 그냥 내버려 두어서는 안 된다. 유대인 거짓 교사들(Jewish false teachers)은 복음이 전파되는 곳마다 그들의 잘못된 율법 해석이 마치 진리인 것처럼 가르침으로 교회의 순수성을 파괴하곤 했다. 그래서 바울은 지금 디도에게 그레데의 성도들이 진리를 배반하는 거짓 교사들의 현혹된 말에 넘어가지 않고 진리에 굳게 서 있도록 성도들을 가르치라고 말하고 있는 것이다.

딛 1:15-16 바울은 이제 거짓 교사들의 잘못을 구체적으로 설명한다. 바울은 "깨끗한 자들에게는 모든 것이 깨끗하나 더럽고 믿지 아니하는 자들에게는 아무 것도 깨끗한 것이 없고 오직 그들의 마음과 양심이 더러운지라"(딛 1:15)[36]라고 설명한다. 유대인 거짓 교사들은 자신들의 전통에 의존하여 어떤 것은 깨끗하고 또 어떤 것은 깨끗하지 않다고 가르쳤다(참조, 딛 1:10, 14). 그들은 성경이 가르친 율법의 교훈에 반대되는 그들의 의식적인 규칙(ceremonial rules)을 만들어 마치 그들의 규칙이 진리인 것처럼 가르쳤다. 바울은 지금 거짓 교사들의 이런 잘못된 교훈에 그레데(Crete)교회 성도들이 빠지지 않도록 경계하고 있는 것이다. 성경은 "깨끗한 자들에게는 모든 것이 깨끗하다"(딛 1:15)라고 가르친다. 예수님은 "입으로 들어가는 것이 사람을 더럽게 하는 것이 아니라 입에서 나오는 그것이 사람을 더럽게 하는 것이니라"(마 15:11; 참조, 눅 11:40-41)라고 하심으로 하나님의 창조물

36 한글 개역개정 번역은 딛 1:15에서 두 번 나타난 μιαίνω를 "더러운 자들" (τοῖς μεμιαμμένοις) (완료시상, 분사, 수동형)과 "더러운 지라" (μεμίανται)(완료시상, 직설법, 수동형)로 번역 처리한다. μιαίνω의 뜻은 "의식적인 불결" (ceremonial impurity)이라는 뜻으로 사용되기도 하고, "도덕적 불결" (moral defilement)의 뜻으로 사용되기도 한다.

이 그 자체로는 깨끗하다고 가르치신다. 바울 사도도 "무엇이든지 스스로 속된 것이 없으되 다만 속되게 여기는 그 사람에게는 속되니라"(롬 14:14)라고 가르치고, "만물이 다 깨끗하되 거리낌으로 먹는 사람에게는 악한 것이라"(롬 14:20; 참조, 골 2:16-23)라고 가르침으로 하나님은 인간이 먹고 살아야 할 식품들을 깨끗하게 창조하셨기 때문에 식품 그 자체로는 깨끗한데 타락한 사람이 자신의 편견에 따라 더럽게 여긴다고 지적한다. 깨끗한 식품이 더럽게 여겨지는 것은 "그들의 마음과 양심이 더럽기"(딛 1:15) 때문에 더럽게 생각되는 것이지, 식품 자체가 더럽기 때문에 그런 것은 아니다. "모든 것이 깨끗하나"(딛 1:15)라는 말씀의 뜻은 하나님이 창조하신 모든 피조물들이 전부 깨끗하다는 뜻이라기보다 인간이 먹을 음식으로 창조된 식품들이 모두 깨끗하다는 뜻으로 받는 것이 더 타당하다. 바울은 이렇게 깨끗하게 창조된 식품을 불결하게 생각하는 것은 거짓 교사들의 "마음과 양심이 더럽기" 때문이라고 설명한다. 바울은 "마음과 양심의 불결"을 지적함으로 거짓 교사들의 내적인 더러움 즉, 도덕적이요 종교적인 의미의 더러움을 강조하고 있는 것이다.

칼빈(Calvin)은 더럽고 믿지 아니하는 자들은 "그들 스스로 더럽기 때문에 그래서 그들이 깨끗한 물건 자체를 만지는 순간 그들은 깨끗한 물건들을 더럽게 오염시키는 것이다."라고 해석한다. 칼빈은 계속해서 "바울이 '더러운 자들'에 이어 '믿지 아니하는 자들'을 추가시키는 것도 더러운 자들이 다른 구별된 사람들이라는 의미로 그렇게 한 것이 아니요, 그의 뜻을 더 분명하게 드러내게 하기 위하여 '믿지 아니하는 자들'을 추가한다."[37]라고 설명한다. 결국 거짓 교사들은 더러

---

37 John Calvin, *The Second Epistle of Paul to the Corinthians, and the Epistles to Timothy,*

운 자들이요 믿지 아니하는 자들인 것이다. 바울은 거짓 교사들의 이해와 도덕적 판단이 오염된 상태임을 지적하고 있는 것이다. 바울은 비 기독교인의 마음이 일관되게 죄의 조종을 받고 있기 때문에 그들의 전망과 평가가 잘못될 수밖에 없다고 가르친다.

바울은 이제 거짓 교사들의 위선적 행동을 지적한다. 바울은 "그들이 하나님을 시인하나 행위로는 부인하니 가증한 자요 복종하지 아니하는 자요 모든 선한 일을 버리는 자니라"(딛 1:16)라고 하며 그들의 참 모습을 밝힌다. "하나님을 시인하나 행위로는 부인"(딛 1:16)하는 사람들은 "진리를 배반하는 사람들"(딛 1:14)이다. 바울은 유대인 거짓 교사들이 누렸던 종교적 특권에서 오는 유대인들의 교만을 지적하고 있다. 헨드릭센(Hendriksen)은 "하나님을 시인하나 행위로는 부인하는" 사람들을 유대인 거짓 교사들로 규정하고 "이제 하나님이 다른 민족에게 하신 것과는 전혀 다른 방법으로 그들의 조상들에게 대단히 특별한 방법으로 자신을 계시하신 것은 진정으로 맞는 진리이다(시 96:5; 115; 135; 147:19, 20; 암 3:2; 롬 3:1, 2; 9:1-5). 그러나 더 큰 기회는 더 큰 책임을 함축하고 있다는 것을 인식하는 대신, 특별히 하나님을 알지 못하는 그들에게는 더욱 그렇다는 것을 인식하는 대신(참조, 갈 4:8; 살전 4:5), 그들은 허풍에 빠져서 메시아(Messiah)를 완전히 배척하게 되었다. 그래서 바울은 비록 이 유대인들이 하나님을 안다고 고백할지라도 그러나 그들은 그들의 행위로 이를 부인한다고 주장할 수 있는 것이다. 그들의 행위는 그들의 고백이 거짓임을 드러낸 것이다."[38]라고 설명한다. 예수님을 구세주로 믿고 구원을 받으려

Titus and Philemon (1973), pp. 366-367.

38 Hendriksen, *Exposition of the Pastoral Epistles* (1974), p. 357.

면 "마음으로 믿는" 내적인 확신과 "입으로 시인하는" 외적인 인증이 있어야 한다(롬 10:9-10). 디도서 1:16의 "하나님을 시인하나"라고 번역된 말씀을 좀 더 정확하게 번역하면 "하나님을 안다고 고백하나"(θεὸν ὁμολογοῦσιν εἰδέναι)라고 할 수 있다. "하나님을 시인하나 행위로는 부인"(딛 1:16)하는 자들은 내적인 확신은 인정받을 수 있을지 모르나 외적인 인증은 결여된 상태로 구원을 받은 자들이라고 할 수 없다. 이들의 행위는 거짓이요 위선일 수밖에 없다.

그래서 바울은 고백과 행위가 일치하지 않는 이들의 행위에 대해 특별한 용어들을 사용하여 세 가지로 평가한다.

첫째, 하나님을 안다고 고백하나 행위로는 부인하는 이들은 "가증한 자들"(βδελυκτοί)이다(hapax legomenon). 고백과 행동이 다른 사람들은 가증할 수밖에 없다. 이들은 속과 겉이 다른 위선자들이다(참조, 마 7:21-23). 귀신들도 예수님을 알아보고 "하나님의 아들이여"라고 고백하지만(마 8:29) 귀신들의 고백을 진실하다고 할 수 없다.

둘째, 하나님을 안다고 고백하나 행위로는 부인하는 이들은 "복종하지 아니하는 자"(ἀπειθεῖς)들이다. 본문에서 "복종하지 아니하는 자들"은 일차적으로 하나님의 각각의 계명을 범한 사람들을 가리킨다고 생각할 수 없고, 오히려 이들은 더 근본적으로 복음에 나타난 하나님의 구원의 계시를 거부하는 사람들이라고 생각하는 것이 더 타당하다.[39]

셋째, 하나님을 안다고 고백하나 행위로는 부인하는 이들은 "선한 일에 적합하지 않은 자들"(ἀδόκιμοι)[40]이다. 본 구절의 "모든 선한 일

39 Peter Bläser, "ἀπειθέω," *Exegetical Dictionary of the New Testament,* Vol. 1 (Grand Rapids: Eerdmans, 1990), p. 118.

40 "아도키모스" (ἀδόκιμος)는 신약성경에서 8회 등장한다 (롬 1:28; 고전 9:27; 고후 13:5, 6,

을 버리는 자니라"(딛 1:16)라는 말씀은 "모든 선한 일에 적합하지 않은 자니라"라고 이해하는 것이 더 타당하다. "아도키모이"(ἀδόκιμοι)는 "도키모스"(δόκιμος: approved)의 반대 개념으로 테스트(test)를 통과하지 못한 자들이라는 뜻이다. 바울은 목회서신에서 특별히 "선한 것"(καλός)을 강조하는데(딤전 1:8, 18; 2:3; 3:1, 7, 13; 4:4, 6; 5:4, 10, 25; 6:12, 13, 18, 19 (17회); 딤후 1:14; 2:3; 4:7 (3회); 딛 2:7, 14; 3:8, 14 (5회))[41], "하나님을 시인하나 행위로는 부인하는"(딛 1:16) 자들은 선한 일을 하는데 적합하지 않은 자격 없는 자들이라고 강조하고 있다. 렌스키(Lenski)는 "동전들과 쇠붙이들이 진짜인지 테스트를 받는 것처럼 하나님을 안다고 고백하는 이 사람들은 가짜임이 분명하고, 철저하게 배척되어야 한다."[42]라고 평가한다. 바울은 특별한 세 개의 표현을 사용하여 거짓 교사들이 비록 하나님을 안다고 시인하지만 그들의 행위로는 이를 부인하는 사람들이기 때문에 그들은 속과 겉이 다른 위선자들이요, 하나님의 구원 계시와는 관련이 없는 자들이며, 선한 일을 분별할 능력도 없는 자들임을 분명히 밝히고 있다. 바울이 이렇게 밝히는 이유는 이들을 경계삼아 그레데교회 성도들이 바른 교훈에 머물러 있게 하기 위해서이다(참조, 딛 1:9).

7; 딤후 3:8; 딛 1:16; 히 6:8). 참조, Smith, *Greek-English Concordance to the New Testament* (1974), p. 6 (section 96). 개역개정 번역에 의하면 롬 1:28은 "상실한" (depraved: NIV)으로, 고전 9:27; 고후 13:5, 6, 7; 딤후 3:8; 히 6:8은 "버림을 당한" (disqualified: NIV)으로, 딛 1:16은 "버리는" (unfit: NIV)으로 번역 처리했다.

41 신약성경에서 사용된 "칼로스" (καλός)는 총 102회 등장하는데 그중 마태복음에서 21회, 마가복음에서 11회, 누가복음에서 9회, 요한복음에서 7회 등장하는 반면, 목회서신 (딤전 17회; 딤후 3회; 딛 5회)에서는 25회 등장한다. 이 사실은 바울이 목회서신에서 "선한 것," "선한 일"을 강조했음을 증거 한다. 참조, Smith, *Greek-English Concordance to the New Testament* (1974), p. 191 (section 2570).

42 Lenski, *The Interpretation of St. Paul's Epistles to the Colossians, to the Thessalonians, to Timothy, to Titus and to Philemon* (1961), p. 908.

제2장 주해

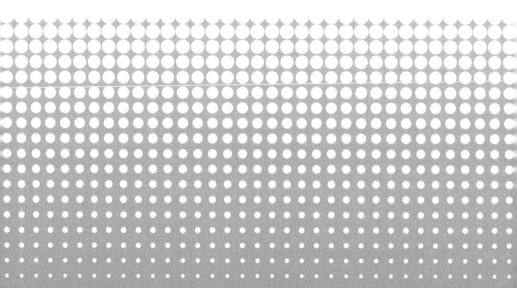

TITUS

디도서 2장 요약

바울은 디도서 제 2장에서 교회에 속한 모든 형제자매들을 생각하면서 서로 간 성결한 삶을 살아야 할 것을 권고한다. 바울은 "늙은 남자"(딛 2:2), "늙은 여자"(딛 2:3)들이 바른 교훈에 합당하게 생활하여야 하고, "젊은 여자"(딛 2:4)들은 남편과 자녀들을 사랑하며 남편에게 복종해야 한다고 가르친다. 그리고 "젊은 남자"(딛 2:6-8)들은 선한 일을 통해 본을 보이는 삶을 살고 언어에 특별히 조심하여 책망을 받지 않도록 해야 한다고 권면한다. 그리고 바울은 종들과 상전들의 관계를 "신중함과 의로움과 경건함으로"(딛 2:12) 특징지을 수 있도록 해야 한다고 가르친다. 그런 삶은 바로 우리를 위해 자신을 희생하셔서 우리의 죄 문제를 해결해 주신 예수 그리스도의 삶을 본받는 것이라고 설명한다(딛 2:13-14). 성도는 "예수 그리스도의 영광이 나타나심을"(딛 2:13) 기다리면서 교리와 생활이 일치하는 삶을 이어가야 한다. 그런 삶은 "누구에게서든지 업신여김을 받지"(딛 2:15) 않는다.

1. 교회내의 어르신들을 위한 목회사역(딛 2:1-3)

1 오직 너는 바른 교훈에 합한 것을 말하여 2 늙은 남자로는 절제하며 경건하며 신중하며 믿음과 사랑과 인내함에 온전하게 하고 3 늙은 여자로는 이와 같이 행실이 거룩하며 모함하지 말며 많은 술의 종이 되지 말며 선한 것을 가르치는 자들이 되고 (딛 2:1-3, 개역개정)

딛 2:1 바울은 디도 주변에 있는 거짓 교사들을 의식하면서 "오직 너는"(Σὺ δὲ), 즉 디도(Titus) 너는 "바른 교훈에 합당한 것을"(딛 2:1) 말하라고 권고하고 있다. 여기서 본 구절의 맥락이 보여주는 바울의 의도를 잠시 언급하는 것이 본문 이해에 도움을 준다. 바울은 디도서 2:1에서 "너는"(Σὺ δὲ)을 사용하여 디도(Titus)로 하여금 "늙은 남자"(딛 2:2)와 "늙은 여자"(딛 2:3)를 직접 교육하게 하고, 그리고 "젊은 여자"를 교육하는 일은 "그들로" 즉, "늙은 여자들"로 하여금 교육하도록(ἵνα σωφρονίζωσιν)[43] 가르친다(딛 2:4-5). 그리고 바울은 다시 "늙은 남자"를 권면할 때(딛 2:6)는 "파라칼레이"(παρακάλει)[44]를 사용하여 디도로 하여금 "늙은 남자"를 직접 가르칠 것을 명령한다. 우리는 여기서 "늙은 여자"로 하여금 "젊은 여자"를 가르치고 권면하게 하는 바울의 배려를 읽는다.

바울은 "말하다"(λάλει)라는 용어를 사용함으로(딛 2:1) 직접 말로

43 σωφρονίζω의 현재시상, 능동태, 가정법, 3인칭, 복수이다.

44 παρακαλέω의 현재시상, 능동태, 명령형, 2인칭, 단수이다.

써 가르치는 것을 강조하고 있다. 바울은 거짓 교훈들이 사람을 얼마나 미혹하게 하는지를 잘 알고 있었기 때문에 디도에게 건전한 교훈을 말하라고 강조하고 있는 것이다. 바울은 그레데교회의 모든 성도들을 생각하면서 이 말을 하고 있다. 그래서 바울은 "늙은 남자"(딛 2:2)와 "늙은 여자"(딛 2:3) 그리고 "젊은 여자"(딛 2:4-5)와 "젊은 남자"(딛 2:6-8)를 대상으로 바른 교훈에 합당하게 교육시켜야 한다고 말하고, 심지어 "종들"(딛 2:9-10)에게도 바른 교훈을 가르쳐야 할 것을 권고하고 있다. 이처럼 바울은 그레데교회에 속한 모든 성도들을 생각하면서 디도가 그들을 바로 세워야 할 것을 가르치고 있는 것이다.

딛 2:2-3 그러면 바울이 디도에게 가르치라고 권고한 "바른 교훈"은 어떤 교훈인가? 본문은 디도서 2:1의 "바른 교훈"(τῇ ὑγιαινούσῃ διδασκαλίᾳ)이란 표현의 "바른"(ὑγιαινούσῃ)과 디도서 2:2의 "믿음과 사랑과 인내함에 온전하게 하고"(딛 2:2)의 표현에서 "온전하게 하고"(ὑγιαίνοντας)가 같은 용어임을 확인한다. 그러므로 "바른 교훈"이란 말은 "건전한 교훈"이란 뜻이고, "온전하게 하고" 역시 "건전하게 만든다"는 뜻이다.[45] 박윤선 박사는 디도서 2:1-2의 건전성(sound)을 해석하면서 믿음과 사랑과 인내를 불균형하게 취급하는 것이 건전성을 해치는 것으로 해석한다. 박윤선 박사는 "신망애(信望愛) 셋은 그 중요성에 있어서 동일한데, 우리가 만일 사랑만 고조하고(강조하고: 저자 주) 신앙을 무시하면 불건전한 것이며"[46]라고 해석함으로 바울이

45 영어 번역은 대부분의 번역본들이 (NIV, RSV, ESV, NASB, AV. NKJV, NRSV) sound로 번역했다.

46 박윤선, 『성경주석: 바울서신』 (1964), p. 588.

"믿음과 사랑과 인내함에 온전하게 하고"라는 표현을 믿음과 사랑과 인내를 균형 있게 이해해야 한다는 뜻으로 사용한 것으로 설명한다. 본문의 "온전하게 하고"(ὑγιαίνοντας)는 믿음과 사랑과 인내라는 세 덕목과 직접 관련된 용어이므로 이 용어는 건전한 믿음, 건전한 사랑, 건전한 인내를 모두 강조한 것으로 사료된다.

바울은 이제 "바른 교훈"(딛 2:1)으로 디도(Titus)가 늙은 남자와 늙은 여자를 어떻게 양육할지를 설명한다(딛 2:2-3). 바울은 교회 내에서의 바른 교훈에 합당한 삶을 묘사하면서 일상생활에 필요한 지침을 제시한다. 바울은 디도로 하여금 여러 그레데교회(Cretan churches)의 모든 성도들을 바른 교훈으로 건전하게 세우도록 가르친다. 먼저 바울은 늙은 남자들을 건전하게 세우는 방법으로 네 가지를 제시한다.

늙은 남자(πρεσβύτας)는 "절제하며 경건하며 신중하며 믿음과 사랑과 인내함에 온전해야"(딛 2:2) 한다.

첫째, "절제하며"(νηφάλιος)라는 행위는 술을 너무 많이 마시지 않도록 자제해야 한다는 뜻이다(참조, 딤전 3:2-3, 11). 늙은 남자들이 술을 과다하게 마시고 여러 가지 잘못을 범하기 때문에 바울은 디도에게 늙은 남자들이 술을 자제하게 해야 한다고 권고한다. "이 구절들에서(딤전 3:2; 딛 2:2) 이 형용사의 절대적인 용법은 술을 절제 있게 사용하는 것을 가리킨다."[47] 감독(목사)들이 술을 절제해야 하는 것처럼 늙은 남자들도 술을 절제해야 한다(딤전 3:2-3).

둘째, "경건하며"(σεμνός)라는 행위는 "존경받을 만하며"(worthy of respect)의 뜻을 가지고 있다. 교회 안에서의 늙은 남자들의 행위는 신

47 T. Holtz, "νηφάλιος," *Exegetical Dictionary of the New Testament,* Vol. 2 (Grand Rapids: Eerdmans, 1991), p. 467.

중하고 가치가 있는 행동이어서 다른 사람들의 환영을 받고 존경을 받을 만해야 한다는 뜻이다. 스픽크(Spicq)는 셈노스(σεμνός)는 신적인 존재들이나 그들과 관계된 물건들을 수식하는데 사용되는 용어인데 "그것은 특별히 존경할 만한 행위, 즉 위엄이 있고, 올바르게 생각하며 살고 있고, 그리고 높은 도덕적 기준을 유지하며 사는 행위를 가리킨다: 호 셈노스 비오스(*ho semnos bios*)는 종교적인 삶과 같다."[48]라고 정리한다.

셋째, "신중하며"(self-controlled or sensible)로 번역된 "소프론"(σώφρων)이라는 용어는 항상 의심과 비평을 초월한 '잘 정돈된 절제 있는 삶'을 가리킨다. "소프론"은 건전한 마음을 뜻하며 따라서 분별력 있게, 현명하게 행동하는 것을 뜻한다.[49] 이 용어는 감독에게도 요구되는 행동이었다(딤전 3:2; 딛 1:8).

넷째, 늙은 남자는 "믿음과 사랑과 인내함에 온전한"(ὑγιαίνοντας τῇ πίστει, τῇ ἀγάπῃ, τῇ ὑπομονῇ) 삶을 이어가야 한다. "온전하게 하다"(ὑγιαίνω: Sound or Be healthy)라는 의미는 목회서신에서 기독교의 교리와 말씀이 올바르고 합리적이라는 뜻으로 사용된다(딤전 1:10; 6:3; 딤후 1:13; 4:3; 딛 1:9; 2:1).[50] 바울은 자신이 즐겨 사용하는 믿음, 소망, 사랑의 세 덕목을 그대로 사용하지 않고(고전 13:13; 참조, 살전 1:3; 5:8), 소망의 자리에 인내를 사용하여 믿음, 사랑, 인내에 온전해야 한다고 가르친다(딛 2:2). 헨드릭센(Hendriksen)은 "이 건전함(온전

48 Ceslas Spicq, "σεμνός, σεμνότης," *Theological Lexicon of the New Testament,* Vol. 3 (Peabody: Hendrickson Publishers, 1996), pp. 244-245.

49 Ceslas Spicq, "σωφρονέω, σωφροσύνη, σώφρων," *Theological Lexicon of the New Testament,* Vol. 3 (Peabody: Hendrickson Publishers, 1996), p. 365.

50 W. Feneberg, "ὑγιαίνω," *Exegetical Dictionary of the New Testament*, Vol. 3 (Grand Rapids: Eerdmans, 1993), p. 380.

함)은 마땅히 그(the) 믿음과 그(the) 사랑과 그(the) 인내에 연관되어 나타나야만 한다. 여기 사용된 관사는 아마도 소유적 의미인 그들의(their)...그들의(their)...그들의(their)의 의미로 가장 잘 이해된다. 그들의 믿음은, 건전하게 되기 위해서는, 미온적이어서도 안 되고 잘못과 혼합되어서도 안 된다(참조, 딛 1:14). 그들의 사랑은 그 가치가 감정에 매몰되어도 안 되고 완전히 얼어붙도록 허용되어도 안 된다(마 24:12; 계 2:4). 그리고 그들의 인내는 한 편으로는 심약함으로 대치되어도 안 되고 다른 편으로는 고집으로 대치되어도 안 된다."[51]라고 정리한다. 이처럼 바울은 교회 내의 늙은 남자들을 바른 교훈에 합당하도록 세우는 지혜를 디도에게 가르친다.

바울은 이제 "늙은 여자로는 이와 같이"(ὡσαύτως)라고 시작함으로 디도가 늙은 여자들도 늙은 남자들을 세우는 것과 같은 방법으로 바른 교훈에 합당하게 세워야 할 것을 권면한다. 바울은 늙은 여자들을 세우는 방법도 네 가지로 디도에게 제시한다.

늙은 여자(πρεσβύτιδας)는 "행실이 거룩하며 모함하지 말며 많은 술의 종이 되지 아니하며 선한 것을 가르치는 자들이"(딛 2:3) 되어야 한다. "늙은 여자"(πρεσβύτιδας)라는 용어는 신약성경에서 이곳에서만 사용되는 용어이다(hapax legomenon).[52]

첫째, 늙은 여자들은 "행실이 거룩"해야 한다(딛 2:3). 늙은 여자에게 첫째로 요구되는 성품은 흠 잡을 수 없는 경건한 삶이어야 한다. "행실"(κατάστημα)은 사람의 내적인 성품이 행동으로 표현된 것을 뜻

51 Hendriksen, *Exposition of the Pastoral Epistles* (1974), p. 363.

52 바울은 딛 2:3에서 "늙은 여자" (πρεσβῦτις, older woman); "행실" (κατάστημα, behavior); "거룩하며" (ἱεροπρεπής, reverent); "선한 것을 가르치며" (καλοδιδάσκαλος, teaching what is good) 등 네 개의 hapax legomena를 사용한다.

한다. 그리고 "거룩"(ἱεροπρεπής)은 성전에서 하나님을 섬기는 종들의 삶처럼 진정으로 하나님께 속했다는 의식을 가지고 행동하는 것을 뜻한다. 쉬렝크(Schrenk)는 "여인들은 그들이 하나님 경외를 고백하는 것이 무슨 의미인지 깨우침을 받는다. 디도서 2:3의 '히에로프레페이스'(ἱεροπρεπεῖς)는 우리가 예수 그리스도를 믿음으로만 진정으로 하나님께 속하게 된다는 사실을 이 용어가 가리킨다고 받을 때에만 기독교적인 의미로 해석될 수 있다. 즉, 이것이 성전의 이미지(image) 안에서 표현된 삶의 실재이다. 이런 삶을 합당하게 사는 것은 우리를 합당하지 않은 대화로부터 오로지 지킬 수 있다."[53]라고 설명한다. 그러므로 늙은 여자들은 그들의 생각과 그들의 말과 그들의 느낌과 그들의 행동을 하나님께 봉헌한 것처럼 살아야 한다.

둘째, 늙은 여자들은 다른 사람들을 "모함하지 않아야 한다."(딛 2:3). "모함하지 말며"(μὴ διαβόλους)라는 용어(형용사)는 신약성경에서 오직 목회서신에서만 사용되는데 그 뜻은 남을 헐뜯지 않아야 하고, 중상모략하지 않아야 한다는 것이다. 언어적인 의미로 볼 때 "모함하며"(διαβόλους)는 악마(διάβολος)와 그 근원이 같기 때문에 "모함하며"는 악마의 행위를 하는 것과 같고, "모함하지 말며"는 부정사(μὴ)와 함께 사용되어 악마가 하는 행위를 해서는 안 된다는 것을 뜻한다. 칼빈(Calvin)은 "그(바울)가 계속해서 그들에게 '모함하지 말며 많은 술의 종이 되지 않도록'(딛 2:3) 금할 때에 그는 그들이 자주 중독될 수 있는 두 가지 다른 오류를 교정하고 있다. 말이 많은 것은 여자들 사

53 Gottlob Schrenk, "ἱεροπρεπής," *Theological Dictionary of the New Testament,* Vol. III (Grand Rapids: Eerdmans, 1972), p. 254.; Ceslas Spicq, "ἱεροπρεπής," *Theological Lexicon of the New Testament,* Vol. 2 (Peabody: Hendrikson Publishers, 1996), pp. 215-216.

이에서 발견되는 병이고 나이가 많으면 일반적으로 그 병이 더 악화된다."[54]라고 설명한다.

셋째, 늙은 여자들은 "많은 술의 종이 되지 아니하여야 한다."(딛 2:3). 바울은 디모데에게 "네 위장과 자주 나는 병을 위하여는 포도주를 조금씩 쓰라"(딤전 5:23)라고 가르침으로 술을 약으로 쓰는 것을 허용하고 있다. 하지만 바울은 "술 취하지 말라 이는 방탕한 것이니 오직 성령으로 충만함을 받으라"(엡 5:18)라고 가르침으로 술의 위험성을 분명히 밝히고 있다. 성도들은 성경 말씀이 "술 먹는 것"은 금하지 않는데, "술 취하는 것"은 금한다고 생각할 수 있다. 물론 "술 먹는 것" 때문에 구원을 받지 못한다고 말하는 것은 성경의 교훈이 아니다. 하지만 개인의 특성에 따라 임계량(臨界量)에 차이가 있음을 인정하더라도, 아무도 자신의 술 취하는 임계량을 알 수 없기 때문에 성도라면 술을 마시지 않는 것이 좋다. 바울은 "많은 술의 종이 되지 아니하며"(μὴ οἴνῳ πολλῷ δεδουλωμένας)라는 표현에서 "종이 된다"의 동사를 부정사(否定詞) 메(μὴ)와 함께 완료시상(perfect)으로 처리함으로 지속적인 상태로 술의 종이 되지 말아야 할 것을 강조하고 있다. 사람이 술에 취하면 사람이 술을 조종하는 것이 아니요, 오히려 술이 사람을 조종하는 형편에 빠지게 된다. 그러므로 성도가 술에 취하면 경건한 삶을 지켜낼 수 없다. 성도는 술을 마시지 않아야 성령의 충만한 삶을 살 수 있다.[55]

넷째, 늙은 여자들은 "선한 것을 가르치는 자들"이 되어야 한다(딛 2:3). "선한 것을 가르치는 자들"(καλοδιδασκάλους)이라는 표현은 신

54 John Calvin, *The Second Epistle of Paul to the Corinthians, and the Epistles to Timothy, Titus and Philemon* (1973), p. 369.

55 박형용, 『에베소서 주해』, (수원: 합신대학원출판부, 2023), pp. 297-302.

약성경에서 유일하게 이 곳에서만 사용되는 용어이다(hapax legomenon). 바울은 디모데(Timothy)에게 "여자가 가르치는 것과 남자를 주관하는 것을 허락하지 아니하노니 오직 조용할지니라"(딤전 2:12)라고 가르친 바 있다. 그러나 바울은 디도(Titus)에게 늙은 여자들이 젊은 여자들에게 선하고 바른 것들을 가르치고 그들의 임무를 가르쳐야 한다고 권고한다. 그러므로 바울은 여기서 디모데전서 2:12의 말씀처럼 여자가 남자를 주관하는 의미의 가르침을 말하는 것이 아니라, 늙은 여자들이 삶의 본을 통해 젊은 여자들에게 교회에서나 가정에서 진지하고 분별력 있는 삶을 통해 다른 젊은 여자들에게 영향을 끼치도록 가르쳐야 한다고 권고하고 있는 것이다. 젊은 여자들의 잘못된 열정은 절제되지 않으면 그들을 파멸로 인도할 수 있다. 경건한 삶을 지향하는 늙은 여자들은 혼자만 경건하게 사는 것을 삶의 목적으로 할 것이 아니요, 교회 안에서 다른 사람들과 건강한 관계를 유지하며 다른 사람들을 위해 쓰임을 받는 일에 힘써야 한다.

2. 교회내의 젊은이들을 위한 목회사역(딛 2:4-8)

> 4 그들로 젊은 여자들을 교훈하되 그 남편과 자녀를 사랑하며 5 신중하며 순전하며 집안 일을 하며 선하며 자기 남편에게 복종하게 하라 이는 하나님의 말씀이 비방을 받지 않게 하려 함이라 6 너는 이와 같이 젊은 남자들을 신중하도록 권면하되 7 범사에 네 자신이 선한 일의 본을 보이며 교훈에 부패하지 아니함과 단정함과 8 책망할 것이 없는 바른 말을 하게 하라 이는 대적하는 자로 하여금 부끄러워 우리를 악하다 할 것이 없게 하려 함이라 (딛 2:4-8, 개역개정)

바울은 이제 디도에게 젊은 여자들을 어떻게 교육할 것을 가르친다. 그런데 본문에서 주목하여야 할 것은 바울이 "그들로" 즉 늙은 여자들로 젊은 여자들을 교훈하도록 하야야 한다는 것이다. 그리고 문맥에서 흥미 있는 구조는 바로 전에 "늙은 남자"와 "늙은 여자"의 순서로(딛 2:2-3) 대칭시킨 것과는 달리 이제는 "젊은 여자들"을 먼저 언급하고, 다음으로 "젊은 남자들"을 언급하는 대칭(딛 2:4-6)을 사용했다는 점이다. 바울이 이렇게 "남자"와 "여자"의 순서를 바꾼 것은 혹시라도 순서 때문에 "남자"와 "여자"를 차별한다는 오해가 있을까봐 이를 배려한 것이 아닌가 생각된다. 바울은 어떤 것을 강조할 때 앞에 위치시키기도 하고 또 마지막에 위치시키기도 하기 때문에 순서를 사용하여 차별을 말하는 것은 결코 바울적인 것이 아니지만 디도(Titus)의 양육을 받아야 할 성도들을 생각하며 그들의 감정을 배려했다고 생각할 수 있다. 믿음, 소망, 사랑의 세 덕목을 나열하고 사랑을 맨 나중에 위치시키고 강조하고 있는 것이 바로 한 예이다(참조, 고전 13:13; 살전 1:3; 5:8). 그러므로 순서의 배열로 차별을 강조하는 것이 아니요, 오히려 교훈을 강조하기 위한 목적이 있다고 사료된다(참조, 엡 5:22, 28). 성경 독자들은 문맥에 비추어 위치의 순서나 강조의 의미를 이해하여야 한다.

딛 2:4-5 젊은 여자들(τὰς νέας φιλάνδρους)이라는 표현의 문자적인 의미는 자신의 남편을 사랑하는 젊은 여자들이라고 할 수 있다. "남편을 사랑하는 여자들"(τὰς φιλάνδρους)이라는 표현은 신약성경에서 이곳에서만 사용되는 용어이다(hapax legomenon).[56] 바울은 디도(Titus)에게 젊은 여자들이 교훈 받아야 할 일곱 가지 내용을 설명한다.

첫째, 젊은 여자들은 자신의 남편을 사랑하여야(φιλάνδρους) 한다(딛 2:4). 바울은 젊은 여자들이 교훈 받아야 할 일곱 가지 덕목을 제시한다. 그런데 바울은 젊은 여자들이 지켜야 할 일곱 가지 덕목들을 언급하면서 "남편을 사랑하며"로 시작하고(딛 2:4) "남편에게 복종하게 하라"(딛 2:5)로 끝맺는다. 그러므로 젊은 여자들이 가정에서 남편을 사랑하고 남편에게 복종하는 것이 가장 중요한 덕목임을 가르친다. 우리는 본문에서 예수님을 믿는 젊은 여자들이 지켜야 할 덕목들이 불신자 아내들이 지켜야 할 덕목들과 특별하게 다르지 않음을 발견한다. 바울은 가정에서 젊은 아내들이 어떻게 처신하며 살아야 할 것을 가르치고 있는 것이다. 젊은 여자들이 가정에서 해야 할 가장 중요한 덕목은 자신의 남편을 사랑하는 것이다. 바울은 사회의 모든 관계가 남편과 아내의 관계, 부모와 자녀의 관계, 주인과 종의 관계로 구성되어 있는데 그 중에 가장 중요한 관계인 남편과 아내의 관계에서 아내가 남편을 사랑하는 것이 가장 중요한 덕목임을 분명히 한다.[57]

둘째, 젊은 여자들은 그들의 자녀들을 사랑하여야(φιλοτέκνους) 한다(딛 2:4). "자녀를 사랑하며"라는 표현의 문자적인 의미는 "어린이들을 사랑하며"라고 할 수 있다. 그러므로 결혼한 젊은 여자는 그의 자녀를 사랑하여야 한다는 뜻으로 이해할 수 있다. 젊은 여자들이 자신의 남편을 사랑하고 자신의 자녀들을 사랑하도록 배우는 것은 대단히 중요하다. 왜냐하면 그레데 교회(Cretan churches) 안에 존재하는

56 바울은 딛 2:4에서 "남편을 사랑하며"(φίλανδρος, love their husbands); "자녀를 사랑하며"(φιλότεκνος, loving one's children); "교훈하다, 격려하다"(σωφρονίζω, train, encourage, urge) 등 세 개의 hapax legomenon을 사용한다.

57 박형용, 『에베소서 주해』, (수원: 합신대학원출판부, 2023), pp. 302-310.

거짓 교사들은 "가정들을 온통 무너뜨리는"(딛 1:11) 역할을 하고 있기 때문이다. 칼빈(Calvin)은 "간략하게 설명하면, 그(바울)는 여자들이 방탕한 사랑 행각을 절제하고 부부간의 사랑과 그들의 자녀들에 대한 애정을 통해 그들의 집안일을 진지하고 절제된 방법으로 운영하기를 원한다. 그는 그들에게 공개적인 장소에서 방황하지 말고 정숙하고 건전하게 행동하며 그들의 남편에게 순종할 것을 말하고 있다. 왜냐하면 다른 덕목에 탁월한 여인들은 가끔씩 그것을 거만함과 그들의 남편에게 불순종해도 된다는 핑계로 삼기 때문이다."[58]라고 설명한다.

셋째, 젊은 여자들은 신중하여야(σώφρονας) 한다(딛 2:5). "신중하며"는 자기 제어를 잘해야 한다(self-controlled)는 뜻으로 늙은 남자들이 지켜야 할 덕목과 일치한다(딛 2:2). 젤러(Zeller)는 "이런 태도는 오시는 하나님의 세상에 집중하면서, 이 세상의 욕망으로부터 분리되는 태도이다(참조, 벧전 1:13f.; 2:11; 4:2ff.)"[59]라고 "신중하며"를 해석한다. 신중한 삶은 다른 사람들의 비평으로부터 자유로운 삶을 가리키며 건전한 마음으로 현명하게 행동하는 삶을 가리킨다.

넷째, 젊은 여자들은 순전하여야(ἁγνάς) 한다(딛 2:5). "순전하며"는 결점 없이 순수하다(pure, without defect)는 뜻이다(참조, 딤전 5:22; 고후 11:2; 빌 4:8; 벧전 3:2; 요일 3:3). 본 구절에서 "순전하며"로 번역된 용어는 주로 "정결하게"로 번역되었고 또한 "깨끗하심"으로 번역되기도 하였다. 개역개정 번역은 "네 자신을 지켜 정결하게 하라"(딤전

58 John Calvin, *The Second Epistle of Paul to the Corinthians, and the Epistles to Timothy, Titus and Philemon* (1973), p. 370.

59 D. Zeller, "σώφρων," *Exegetical Dictionary of the New Testament*, Vol. 3 (Grand Rapids: Eerdmans, 1993), p. 330.

5:22); "내가 너희를 정결한 처녀로 한 남편인 그리스도께 드리려고"(고후 11:2); "무엇에든지 정결하며"(빌 4:8); "너희의 두려워하며 정결한 행실을 봄이라"(벧전 3:2); "그의 깨끗하심과 같이 자기를 깨끗하게 하느니라"(요일 3:3)라고 번역한다. "순전하며"의 뜻은 도덕적으로 깨끗하다는 의미이기 때문에 젊은 여자들은 도덕적으로 비평의 대상이 아니라 칭찬의 대상이 되어야 한다는 교훈이다.

다섯째, 젊은 여자들은 집안일을 보살펴야(οἰκουργοὺς) 한다(딛 2:5). "오이쿨고스"(οἰκουργός)[60]는 문자적으로 "집안일에 헌신하며"의 뜻을 가지고 있다. 젊은 여자들은 가정의 일들을 부지런히 해야 한다는 교훈이다(참조, 딤전 5:11-14). 본문의 용어 배열이 "오이쿨구스 아가다스"(οἰκουργοὺς ἀγαθάς)로 되어 있기 때문에 핸슨(Hanson)은 두 용어를 하나는 명사로, 다른 하나는 형용사로 취급하여 "오이쿨구스 아가다스"를 "집안 일을 잘하는 사람들"(good workers at home)이라는 뜻으로 받아야 한다고 해석한다.[61] 물론 핸슨의 해석이 문법적으로 전혀 가능성이 없는 해석은 아니지만 문맥에 비추어 볼 때 핸슨의 해석을 받아들일 수는 없다. "집안 일을 하며"와 "선하며"를 분리해서 접근하는 것이 문맥에 더 충실한 해석이다. 왜냐하면 바울은 본문에서 여섯 개의 덕목을 세 쌍(three pairs)으로 제시하고 있기 때문이다.

---

60 딛 2:5의 "οἰκουργός" (집안 일을 하며, working at home, devoted to home duties)는 hapax legomenon인데, Smith (*Greek-English Concordance to the New Testament,* 1974, p. 245) (section 3526)는 οἰκουργός 대신 οἰκουρός (집에 머무르며, staying at home)를 본문으로 택한다. 두 단어의 차이는 한 철자의 유무 (有無)에 달려있다. Cf. Bruce M. Metzger, *A Textual Commentary on the Greek New Testament* (1971), p. 654.

61 A. T. Hanson, *The Pastoral Epistles* (*New Century Bible Commentary*) (1987), p. 180.: "It is difficult to believe that even the author should be so banal as to demand that Christian wives should be 'good'. We should therefore take these two words as noun and adjective respectively and render 'good workers at home'."

첫째 쌍은 "남편 사랑"과 "자녀 사랑"이고, 둘째 쌍은 "신중하며"와 "순전하며"이며, 셋째 쌍은 "집안일을 하며"와 "선하며"이다(딛 2:4-5). 그리고 바울은 여기서 "선하며"(ἀγαθάς)를 인간의 특성으로 "친절하며"(kind)의 뜻으로 사용했을 수도 있기 때문이다(참조, 마 20:15; 롬 5:7; 벧전 2:18). 그러므로 "집안일을 잘하며"라는 표현은 뒤따르는 "선하며"와 연계시키지 않고 별개의 덕목으로 해석하는 것이 더 합당하다.

여섯째, 젊은 여자들은 선해야(ἀγαθάς) 한다(딛 2:5). 젊은 여자들은 집안일을 할 때나 다른 일을 할 때 친절하게 일을 처리해야 한다. 젊은 여자들은 비록 자신이 맡은 일이 힘이 드는 일일지라도 불평불만의 마음으로 할 것이 아니요, 친절한 태도로 그 일에 임해야 한다. 왜냐하면 친절은 사랑의 특성이기 때문이다(고전 13:4). 친절한 태도는 하나님의 성품을 닮는 태도이며, 예수님의 친절의 본을 따르는 행위이다.

일곱째, 젊은 여자들은 자기 남편에게 복종해야(ὑποτασσομένας τοῖς ἰδίοις ἀνδράσιν) 한다(딛 2:5). 바울은 "아내들이여 자기 남편에게 복종하기를 주께 하듯 하라"(엡 5:22)라고 가르친 바 있다. 윌슨(Wilson)은 "분명히 결혼 약정에 대해 '순종'을 헌신의 문제로, '권위'를 사랑의 표현으로 만든 이 숭고한 개념보다 더 높은 사상을 상상해낼 수 없다."[62]라고 하며 하나님께서 만드신 결혼 관계의 신비한 점을 찬송한다. 젊은 여자들은 남편과 자녀를 사랑하고 집안일을 잘 돌보고 근신하며 순전해야 한다(딛 2:4-5). 이상의 말씀은 교회의 생활이 어떤 특별한 은사에 의존된 생활이 아니요, 말씀에 근거한 경건한 삶의 모습임을 제시하고 있다.

62 Geoffrey B. Wilson, *Ephesians* (Carlisle: The Banner of Truth Trust, 1978), p. 116.

바울은 젊은 여자들이 이상에 언급된 덕목들을 실천하면서 살아야 할 이유를 "이는 하나님의 말씀(ὁ λόγος τοῦ θεοῦ)이 비방을 받지 않게 하려 함이라"(딛 2:5)라고 정리한다. 바울은 이미 디모데(Timothy)에게 "젊은이는 시집가서 아이를 낳고 집을 다스리고 대적에게 비방할 기회를 조금도 주지 말기를 원하노라"(딤전 5:14)라고 가르친 바 있다. 바울은 교회를 그리스도의 몸으로 비유한다(고전 12:27). 늙은 여자들이나 젊은 여자들이나 모두 그리스도의 몸의 지체들이다. 중요한 것은 우리들의 몸이 세상을 향해서 우리를 대표하는 것처럼 교회의 모든 지체들은 세상을 향해서 그리스도를 대표하는 존재들이다. 그러므로 그리스도의 몸의 지체들인 젊은 여자들이 성실하지 못하고 흠결이 있으면 결국 그리스도가 비방을 받게 되는 것이다. 그래서 바울은 젊은 여자들이 일곱 가지 덕목들을 실천해야 할 이유로 하나님의 말씀이 비방을 받지 않도록 하기 위해서라고 가르친다. 하나님의 말씀이 비방을 받지 않도록 하는 것은 결국 하나님의 이름이 비방을 받지 않도록 하는 것이다(참조, 사 52:5). 칼빈(Calvin)은 "그들(불경건한 자들)이 우리들의 삶 속에서 발견한 모든 나쁜 것들은 그리스도와 그의 교훈을 악의적으로 왜곡되게 만든다. 그 결과는 우리들의 잘못으로 인해 하나님의 거룩한 이름이 모욕에 노출되게 된다. 그래서 우리가 우리들의 대적들에 의해 감시당하고 있는 우리들을 더욱 더 면밀하게 관찰하면 할수록 더욱더 열정을 가지고 그들의 중상모략을 피할 수 있게 된다. 그래서 그들의 나쁜 의도는 오히려 선한 일을 하려 하는 욕구를 강화시킨다."[63]라고 설명한다.

---

63 John Calvin, *The Second Epistle of Paul to the Corinthians, and the Epistles to Timothy, Titus and Philemon* (1973), p. 371.

딛 2:6-8 바울은 이제 젊은 남자들(τοὺς νεωτέρους)에게 권면할 것을 제시한다. 젊은 남자들은 대략 20세에서 30세 어간에 속한 젊은 청년들을 가리킨다.[64] 바울은 젊은 여자들에게 하는 권면은 늙은 여자들이 하도록 조치하고(딛 2:4), 이제 젊은 남자들에게는 디도(Titus)로 하여금 직접 권면하도록 가르친다. 젊은 남자들은 신중해야 한다(딛 2:6). "젊은 남자들"이 "신중해야 하는 것"은 "늙은 남자들"도 지켜야 할 덕목 중 하나이며(딛 2:2), 또한 "젊은 여자들"도 실천해야 할 덕목 중 하나이기도 하다(딛 2:5). 신중해야 하는 것은 자기를 제어하고(self-controlled) 행동함으로 다른 사람들로부터 비방을 받을 필요가 없는 삶을 이어가는 것을 뜻한다.

디도서 2:6-7의 본문을 해석하는데 견해의 차이가 나타난다. 그 차이는 "범사에"(딛 2:7)를 디도서 2:6과 연계하여 해석하느냐 아니면 디도서 2:7과 연계하여 해석하느냐에 달려 있다. 일반적으로 많은 학자들과 번역본들이 "범사에"를 디도서 2:7과 연계시켜 "범사에 네 자신이 선한 일의 본을 보이며"(딛 2:7)로 이해한다.[65] 반면 어떤 학자들은 "범사에"를 디도서 2:6과 연계하여 "너는 이와 같이 젊은 남자들을 '범사에' 신중하도록 권면하되"(딛 2:6)라고 본문을 이해하는 것이

---

64 J. Behm, "νέος," *Theological Dictionary of the New Testament*, Vol. IV (Grand Rapids: Eerdmans, 1973), p. 897.

65 Calvin, *The Second Epistle of Paul to the Corinthians, and the Epistles to Timothy, Titus and Philemon* (1973), p. 371.; Lenski, *The Interpretation of St. Paul's Epistles to the Colossians, to the Thessalonians, to Timothy, to Titus and to Philemon* (1961), p. 914.: "First the inclusive statement that in regard to everything Titus is in his own person to provide an example of noble and excellent works."; Donald Guthrie, *The Pastoral Epistles* (*Tyndale*) (1990), p. 207.; 번역본들은 NIV, RSV, NASB, ESV, NKJV, 개역, 개역개정, 표준새번역, 표준새번역개정, 바른성경 등 거의 모든 번역 성경들이 "범사에"를 딛 2:7과 연계하여 번역하였다.

더 타당하다고 주장한다.[66] 문장의 구조상 어느 쪽을 택하든지 큰 차이는 없다. 왜냐하면 "범사에 신중하도록 권면하되"(딛 2:6)로 받거나 "범사에 네 자신이 선한 일의 본을 보이며"(딛 2:7)로 받아도 문법적으로나 의미적으로 큰 문제는 없기 때문이다.

하지만 "범사에"를 "신중하도록"과 연계시켜 해석하면 "범사에"(περὶ πάντα)라는 표현이 "신중하도록"(σωφρονεῖν)을 보완하여 어떻게 신중해야 하는지를 규명하는 역할을 하고, 또한 뒤따라 나오는 "네 자신이 선한 일의 본을 보이며"의 표현에서 "네 자신이"(σεαυτὸν)를 문장의 앞에 위치시켜 "제 자신이"를 강조하게 만드는 효과가 있기 때문에 "범사에"를 디도서 2:6과 연계시켜 이해하는 것이 문맥 이해에 더 도움이 되지 않나 사료된다. 쾨스텐버거(Köstenberger)는 "신중함의 결정적인 중요성은 '범사에 신중해야 함'(self-control in everything)이라는 사실이 이 구절에서 바울이 젊은 남자들에게 교육하는 전체를 구성한다."[67]라고 해석한다. 이제 바울은 젊은 남자들에게 선한 일의 본을 보이라고 강조하면서 세 가지 덕목들을 언급한다.

첫째, 디도는 "교훈에 부패하지 아니함"(ἐν τῇ διδασκαλίᾳ ἀφθορίαν)의 선한 본을 보여야 한다(딛 2:7). "교훈"은 가르치는 활동을 가리키거나 가르쳐진 내용, 즉 교리를 가리킬 수 있다(참조, 딤전 1:10). "부패하지 아니함"(ἀφθορίαν)은 신약성경에서 유일하게 디도서 2:7에서만

66 Hendriksen, *Exposition of the Pastoral Epistles* (1974), p. 366.: "Similarly urge the young(er) men to exercise self-control in every respect. The fact that this admonition is very brief makes it all the more probable that the phrase 'in every respect' belongs here and must not be construed with verse 7."; Kelly, *A Commentary on the Pastoral Epistles (Thornapple Commentaries)* (1981), p. 242.; Köstenberger. *Biblical Theology for Christian Proclamation: Commentary on 1-2 Timothy and Titus* (2017), p. 335.

67 Köstenberger. *Biblical Theology for Christian Proclamation: Commentary on 1-2 Timothy and Titus* (2017), p. 335.

사용된 용어(hapax legomenon)로 건전함(soundness) 혹은 성실함(integrity)의 뜻을 가지고 있다. 그러므로 "교훈에 부패하지 아니함"은 가르칠 때 올바른 교훈을 성실하게 가르치는 것을 뜻한다. 박윤선 박사는 디도서 2:7의 "'부패하지 아니함'은, 설교에 있어서 하나님의 말씀 관계에 부합하지 않는 억설(臆說)이나, 혹은 인간의 사상을 하나님의 말씀과 혼동(混同)시키는 일이 없어야 될 것을 의미한다."[68]라고 해석한다.

둘째, 디도는 "단정함"(σεμνότητα)의 선한 본을 보여야 한다(딛 2:7). "단정함"은 가르치는 선생의 매일 매일의 삶의 올바른 자세를 가리키는 것이다. 귄터(Günther)는 "'단정함'(σεμνότης, dignity, honorableness)은 하나님을 직접 관련시키지 않고, 예의바름과 질서정연함을 초래하는 도덕적이고 심미적인 모습을 가리킨다는 의미에서 유세베이아(εὐσέβεια, fear of God, piety)와 다르다. 교리와 삶의 진지함은 교회의 지도자들에게 요구되는 것이다."[69]라고 정리한다. 박윤선 박사는 디도서 2:7의 "단정함"을 해석하면서 "강단(講壇)을 남의 욕하는 장소로, 남을 속이는 장소로(간교하게 말하므로) 삼는 것은, 강단 위에서 나타낸 불경건(不敬虔)이다."[70]라고 설명한다. 복음을 가르치는 선생들은 존경을 받을만한 삶을 살아야 하며 불신자들로부터도 칭찬을 받는 사람들이 되어야 한다(참조, 딤전 2:2; 3:8, 11).

셋째, 디도는 "책망할 것이 없는 바른 말"(λόγον ὑγιῆ ἀκατάγνωστον)의 선한 본을 보여야 한다(딛 2:8). "책망할 것이 없는 바른 말"은 일상생활에서 흠 잡힐만한 말을 하지 않는 것을 가리킨다. 왜냐하면 "책

---

68 박윤선, 『성경주석: 바울서신』 (1964), p. 590.

69 W. Günther, "σεμνότης," *The New International Dictionary of New Testament Theology*, Vol. 2 (Grand Rapids: Zondervan, 1977), p. 95.

70 박윤선, 『성경주석: 바울서신』 (1964), p. 590.

망할 것이 없는 바른 말"이라는 구절은 공적인 장소에서 말하는 것을 가리키는 것으로 받을 수 없기 때문이다. 바울은 디도에게 일상생활 속에서 다른 사람들과 대화할 때 흠 잡힐만한 말을 해서는 안 된다고 권면하는 것이다.

이제 바울은 디도서 2:8 하반 절에서 "히나"(ἵνα) 구절을 사용하여 지금까지 젊은 남자들이 왜 제시된 덕목들을 실천해야 하는지를 밝힌다. 바울은 젊은 남자들이 범사에 신중하고 선한 일의 본을 보여야 하는 이유로 "대적하는 자로 하여금 부끄러워 우리를 악하다 할 것이 없게 하려 함이라"(딛 2:8)라고 설명한다. "대적하는 자"는 이미 언급한 거짓 교사들을 가리킬 수도 있고(딛 1:9, 14), 더 넓은 의미로 기독교의 복음을 반대하는 모든 사람을 가리킬 수도 있다. 켈리(Kelly)는 바울이 의도적으로 "대적하는 자"(ὁ ἐξ ἐναντίας)라는 애매한 표현을 사용하여 기독교를 비평하는 이교도 비평가들을 포함하여 교회 공동체 내의 좋지 않은 성품을 가진 반대자들을 모두 포함시켰다고 설명한다.[71] 바울은 디도(Titus)의 선한 삶의 본이 대적자에게 기독교가 도덕적으로 나쁘다는 어떤 근거도 제공하지 않도록 권면하고 있다. 그리고 우리가 주목해야 할 표현은 바울이 "너에 대해"라고 쓰지 않고 "우리를"(περὶ ἡμῶν)이라고 썼다는 점이다. 바울은 "우리를"이라는 일인칭 복수형을 사용함으로 대적자가 기독교 공동체 전체를 나쁘거나 악하다고 비평할 수 없게 되기를 원한 것이다(참조, 딛 1:3, 4; 2:10, 12, 13, 14; 3:3, 4, 5, 6, 15). 이 말씀에는 교회 내의 어떤 성도일지라도 그 사람의 잘못된 행동은 전체 기독교 공동체를 비평의 대상으로 만들

71 Kelly, *A Commentary on the Pastoral Epistles* (*Thornapple Commentaries*) (1981), pp. 242-243.

게 된다는 경고가 함축되어 있다.[72]

3. 종들과 상전들을 위한 목회사역(딛 2:9-10)

> 9 종들은 자기 상전들에게 범사에 순종하여 기쁘게 하고 거슬러 말하지 말며 10 훔치지 말고 오히려 모든 참된 신실성을 나타내게 하라 이는 범사에 우리 구주 하나님의 교훈을 빛나게 하려 함이라 (딛 2:9-10, 개역개정)

딛 2:9-10 바울은 종들(δούλους)이 교회 구성원의 특별한 멤버이기 때문에 그가 교회의 여러 구성원들에게 어떻게 살아야 할지에 대한 덕목들을 말하면서 "종들"에게도 권면의 말을 한다. 특이한 것은 디도서 2:9-10은 주동사 없이 부정사(infinitive)나 분사(participle)로 문장이 구성되어 있다는 점이다. 따라서 디도서 2:9-10의 주동사는 가까운 곳에 위치한 "권면하라"(παρακάλει, 현재, 2인칭, 단수, 명령형)가 그 역할을 한다고 생각해도 무방하다. 바울은 종들이 자기 주인에게 해야 할 다섯 가지 의무를 제시한다.

첫째, 종들은 자기 주인에게 "범사에 순종해야"(ὑποτάσσεσθαι ἐν πᾶσιν) 한다(딛 2:9). 바울은 "종들아 두려워하고 떨며 성실한 마음으로 육체의 상전에게 순종하기를 그리스도께 하듯 하라"(엡 6:3)라고

72 Knight, III, *The Pastoral Epistles: A Commentary on the Greek Text* (1992), p. 313.

가르친다(참조, 고전 7:21-22; 골 3:22-25; 딤전 6:1-2). 바울은 "순종하다"(ὑποτάσσω)라는 용어를 일반 성도들의 순종을 언급할 때도 사용함으로(롬 13:1; 고전 16:16; 엡 5:21-22; 골 3:18; 딛 2:5; 3:1; 벧전 2:13; 3:1, 5) 종들의 순종에 특별한 의미를 부여하지 않는다. 그러므로 바울은 모든 사람들이 권위를 가진 사람들에게 순종해야 하는 것처럼, 종들도 그들에 대한 권위를 가진 자기 상전들에게 순종해야 한다고 가르치는 것이다.

둘째, 종들은 자기 주인을 "기쁘게 해야"(εὐαρέστους εἶναι) 한다(딛 2:9). 바울이 종들에게 자기 주인을 "기쁘게 해야"한다고 가르치는 것은 바로 전에 언급한 "순종"과 연계하여 설명해야 한다. 순종에는 억지 순종이 있을 수 있다. 마음은 원하지 않으면서 겉으로 순종하는 시늉을 내는 것이다. "기쁘게 해야"한다는 뜻은 주인에게 만족함을 제공한다는 뜻이다. 그러므로 바울은 성도들이 하나님께 순종할 때 기쁘게 순종해야 하는 것처럼(롬 12:1-2; 14:18; 고후 5:9; 엡 5:10; 빌 4:18; 골 3:20), 종들이 자기 주인에게도 진실 된 마음으로 순종함으로 주인을 기쁘게 해야 한다고 가르치는 것이다.

셋째, 종들은 자기 주인에게 "거슬러 말하지 말아야"(μὴ ἀντιλέγοντας) 한다(딛 2:9). "거슬러 말하지 말아야 한다"는 것은 보통의 대화를 가리키지 않는다. 보통의 대화에서 종들이 자기 의견을 제시할 수는 있다. 그러나 바울이 여기서 종들에게 주인을 "거슬러 말하지 말아야 한다"라고 가르치는 것은 종들이 "그들의 주인들의 계획과 소망과 명령들을 방해하는 것"[73]을 하지 말아야 한다는 뜻이다.

---

73 White, "The First and Second Epistles to Timothy and The Epistle to Titus," *The Expositor's Greek Testament,* Vol. IV (1980), p. 193.: "thwarting their masters' plans, wishes, or orders."

넷째, 종들은 자기 주인의 재산을 "훔치지 말아야"(μὴ νοσφιζομένους) 한다(딛 2:10). 종들이 "훔치지 말아야 한다"는 표현은 주인에게 속한 재물을 자기의 것으로 챙겨두는 일을 해서는 안 된다는 뜻이다.[74] 종들은 주인의 재물에 대한 접근성이 좋기 때문에 주인의 재물을 훔치려는 유혹에 빠지기 쉽다. 다른 사람의 재물을 훔치지 말아야 하는 것은 성도들뿐만 아니라 불신자들에게도 적용되는 원리이지만 바울은 여기서 종들이 이런 유혹에 가장 쉽게 빠질 수 있기 때문에 특별히 종들에게 훔치지 말아야 한다고 권면하고 있다.

다섯째, 종들은 자기 주인에게 "모든 참된 신실성을 나타내야"(πᾶσαν πίστιν ἐνδεικνυμένους ἀγαθήν) 한다(딛 2:10). 종들은 자기 주인의 일을 처리함에 있어서 진실하고 신실한 태도로 임해야 한다. 칼빈(Calvin)은 "그(바울)는 신실성(fidelity)이라는 용어를 사용함으로 그들(종들)의 주인들을 향한 성실함을 보여야 한다는 것을 강조한다. 그래서 '모든 신실성을 보이는 것은'이라는 표현은 (종들이) 주인들의 일들을 처리할 때 사기를 치거나 해를 끼치지 않고 성실하게 행동하는 것을 뜻한다."[75]라고 해석한다. 바울은 "모든 참된 신실성"이라는 표현을 "믿음"(πίστιν)이라는 뜻을 가진 용어와 "좋은"(ἀγαθήν)이라는 뜻을 가진 용어와 "모든"(πᾶσαν)을 함께 사용함으로 종들이 주인을 섬길 때 어떤 마음 자세로 일들을 처리해야 하는지를 강조하고 있다.

---

74 Ceslas Spicq, "νοσφίζομαι," *Theological Lexicon of the New Testament*, Vol. 2 (Peabody: Hendrickson Publishers, 1996), pp. 546-547.

75 Calvin, *The Second Epistle of Paul to the Corinthians, and the Epistles to Timothy, Titus and Philemon* (1973), p. 372.: "By *fidelity* he means faithfulness towards their masters; thus *to shew all fidelity* means to act faithfully without fraud or harm in transacting their masters' affairs." (italics original).

바울은 이제 종들이 이렇게 좋은 덕목의 삶을 실천하며 살아야 할 이유를 "히나"(ἵνα)구절을 사용하여 설명한다(딛 2:10). 바울은 그 이유로 "이는 범사에 우리 구주 하나님의 교훈을 빛나게 하려 함이라"(딛 2:10)라고 가르친다. 바울은 "범사에"(ἐν πᾶσιν)를 사용함으로 종들이 하는 모든 일을 강조하고 있으며, "우리 구주 하나님의 교훈"이란 표현으로 가르쳐진 하나님의 말씀의 교훈을 강조하고 있다(딤전 1:1; 딤후 3:16-17; 딛 2:1). 그리고 바울은 주인들의 신실한 삶이 가르쳐진 말씀의 내용, 즉 교리(doctrine)를 빛나게 할 뿐만 아니라, 종들의 삶도 동등하게 하나님의 말씀의 내용을 빛나게 한다는 점을 강조하고 있다(참조, 딤전 1:10). 모든 성도들은 좋은 덕목들을 실천하는 삶을 통해 "우리 구주 하나님의 교훈"(딛 2:10)을 빛나게 해야 한다.

4. 그리스도의 속량과 성도들의 삶의 태도(딛 2:11-15)

> 11 모든 사람에게 구원을 주시는 하나님의 은혜가 나타나 12 우리를 양육하시되 경건하지 않은 것과 이 세상 정욕을 다 버리고 신중함과 의로움과 경건함으로 이 세상에 살고 13 복스러운 소망과 우리의 크신 하나님 구주 예수 그리스도의 영광이 나타나심을 기다리게 하셨으니 14 그가 우리를 대신하여 자신을 주심은 모든 불법에서 우리를 속량하시고 우리를 깨끗하게 하사 선한 일을 열심히 하는 자기 백성이 되게 하려 하심이라 15 너는 이것을 말하고 권면하며 모든 권위로 책망하여 누구에게서든지 업신여김을 받지 말라 (딛 2:11-15, 개역개정)

딛 2:11-14 바울은 바로 전 구절에서 "우리 구주 하나님의 교훈을 빛나게 하려 함이라"(딛 2:10)라고 단락을 마무리했다. 이제 바울은 하나님의 교훈을 빛나게 만들 수 있는 하나님의 구속역사의 계획과 실행과 완성을 설명한다. 바울은 하나님의 구속계획의 구체적인 시작과 진행과 완성을 분명히 한다.

(1) 하나님의 구속계획의 구체적인 시작(딛 2:11)

하나님의 구속계획의 구체적인 시작은 예수님의 초림(The First Coming of Jesus Christ) 사건이다. 바울은 지금 예수님의 성육신(Incarnation)으로 "모든 사람에게 구원을 주시는 하나님의 은혜가 나타나"(딛 2:11)게 되었다고 설명한다. 메시아이신 예수님의 탄생은 구약 교훈의 뼈대를 이루는 사건이다. 구약은 메시아의 탄생과 고난과 죽음과 부활과 영화롭게 되심을 예언적으로 가르친다. 하나님은 인간이 죄 없는 세상에서 하나님을 배반하고 범죄 함으로 하나님과의 불목(disharmony)의 관계에 처하게 될 때 하나님의 방법으로 죄지은 인간을 구원하실 계획을 세우신다. 그래서 하나님은 "여자의 후손"을 약속하셨고(창 3:15), 인간의 죄 문제를 해결하시기 위해 메시아의 고난과 죽음을 계획하셨고(사 53:1-9; 시 22:16-18; 롬 6:23), 메시아로 하여금 인간의 몸을 입고 베들레헴에 태어나게 하셨다(미 5:2; 롬 8:3). 메시아이신 예수님은 마리아(Mary)의 몸을 통해 성령으로 잉태되어 태어나시게 된다. 마태(Matthew)는 "아들을 낳으리니 이름을 예수라 하라 이는 그가 자기 백성을 그들의 죄에서 구원할 자이심이라 하니라"(마 1:21; 눅 1:31; 참조, 사 7:14)라고 전한다. 바울은 디도에게 구약의 모든 메시아 약속의 예언을 총체적으로 정리하여 "모든 사람에게 구원을 주시는 하나님의 은혜가 나타났다"(딛 2:11)라고 가르치는 것이다. 은혜(χάρις)는 전혀 조건이 없는 하나님의 사랑스러운 호의를 뜻한다. 은혜는 공로의 범주에 속하지 않는다. 그러므로 하나님의 은혜는 인간 편에서 어떤 공로를 세웠기 때문에 하나님이 베풀어 주신 것이 아니요, 인간이 죄인의 상태 그대로 있는데 하나님의 사랑스런 호의를 죄인들에게 베풀어 주신 것이다(롬 5:8). 하나님의 은혜는 메시아를 그의 백성들을 대신하여 십자가상에서 죽게 하심으로 우리의 죄 문제를 해결하시고(딛 2:14), 사흘 만에 부활시키심으로 우리에게 영원한 생명, 즉 부활 생명을 살 수 있게 하셨다(롬 4:25; 8:1-2; 고전 15:20).

(2) **하나님의 구체적인 구속계획의 진행**(딛 2:12)

하나님의 구체적인 구속계획의 진행은 그의 교회(His Church)를 "그리스도의 장성한 분량이 충만한 데까지"(엡 4:13) 이르게 하시는 것이다. 바울은 이제 "히나"(ἵνα)를 사용하여 하나님의 은혜가 나타난 목적을 설명한다(딛 2:12). 바울은 하나님의 은혜로 구원받은 성도들이 예수님의 재림 때까지 어떻게 살아야 할 것인지를 디도에게 가르친다. 바울은 "이 세상에"(ἐν τῷ νῦν αἰῶνι)라는 표현을 사용함으로 성도들의 활동의 기간이 예수님의 재림 때까지로 한정되어 있음을 밝힌다.[76] 칼빈(Calvin)은 "하나님의 은혜의 계시는 그 은혜의 계시와 함께 경건

76 바울은 "이 세상" (ἐν τῷ νῦν αἰῶνι 혹은 οὗτος ὁ αἰών)과 "오는 세상" (ὁ μέλλων αἰών)의 대칭으로 "오는 세상"이 예수님의 초림 (죽음과 부활 포함)으로 시작되고, "이 세상"이 예수님의 재림으로 끝이 난다고 강조하여 가르친다 (엡 1:21). 바울은 여러 곳에서 "이 세상"이란 표현만 사용하지만 (참조, 롬 12:2; 고전 1:20; 2:6, 8; 고후 4:4; 갈 1:4; 엡 2:2; 딤전 6:17; 딛 2:12), 결국 그 표현으로 두 세대의 대칭을 가르치고 있는 것이다. 참조, 박형용, 『에베소서 주해』 (수원: 합신대학원출판부, 2023), pp. 117-120.

한 삶을 향한 권고도 반드시 따라오게 한다."[77]라고 설명한다. 하나님께서 그의 교회를 통해 이루시고자 하시는 "하나님의 나라는 먹는 것과 마시는 것이 아니요 오직 성령 안에 있는 의와 평강과 희락"(롬 14:17; 참조, 마 4:17; 6:33; 12:28; 막 1:15; 고전 15:24)이다. 그러므로 "예수 그리스도의 영광이 나타나심"(딛 2:13)을 기다리며 이 세상에서 사는 성도들에게는 버릴 것이 있고 따를 것이 있다. 성도들이 버려야 할 것은 "경건하지 않은 것"과 "이 세상의 정욕"(딛 2:12)이다. "경건하지 않은 것"은 하나님을 두려워하지 않는 것이며, 우상숭배를 하는 것이고, 부도덕한 삶을 사는 것이다(참조, 롬 1:18-32; 11:26; 딤후 2:16; 유 15, 18). "이 세상의 정욕"은 불건전한 성적 욕망이며, 과다한 물질에 대한 욕망이며, 다른 사람 위에 군림하려는 욕망이다. 간략하게 정리하면 이 세상의 정욕은 쾌락, 권력, 소유에 대한 과도한 열망을 뜻한다.[78] 성도들이 따라야 할 것은 하나님 나라의 특징인 "의와 평강과 희락"을 누리며 살기 위하여 "신중함과 의로움과 경건함"(딛 2:12)을 실천하면서 살아야 한다. "신중함"(σωφρόνως)은 이 구절에서 유일하게 한 번 사용된 용어로(hapax legomenon), 자기 자신을 잘 제어하면서 사는 것이며(self-controlled), 세상의 욕망으로부터 멀리 떨어져 하나님의 일에 집중하며 사는 삶의 태도이다. 칼빈(Calvin)은 "그(바울)는 세상적인 정욕이란 표현으로 육체의 모든 욕망을 포함하는 것을 뜻한다. 왜냐하면 우리들의 유일한 관심은 주님이 우리를 그 자신에게로 이끌어 주실 때까지는 세상을 위한 것이기 때문이다. 천국의 삶에 대한 묵상은 우리들의 중생 이후부터 시작한다. 그 전에는 우리들의 소

77 Calvin, *The Second Epistle of Paul to the Corinthians, and the Epistles to Timothy, Titus and Philemon* (1973), p. 373.

78 Hendriksen, *Exposition of the Pastoral Epistles* (1974), pp. 371-372.

망들이 세상을 향해 움직이고 세상에 매달려 있다."[79]라고 정리한다. "의로움"(δικαίως)은 그리스도를 믿음으로 얻는 칭의(justification by faith)를 가리키지 않고, 사람들 사이에서 올바르게(uprightly) 사는 삶의 태도를 가리킨다. "경건함"(εὐσεβῶς)은 헌신의 삶, 진정으로 경건한 삶, 하나님을 경외하며 사는 삶의 태도를 뜻한다. 경건한 삶은 모든 경외와 존경심을 가지고 하나님의 우주적인 구속의 목적이 완성되도록 헌신하는 삶의 태도를 가리킨다.[80]

따라서 성도가 따라야 할 "신중함과 의로움과 경건함"(딛 2:12)의 세 덕목들은 성도 자신과 이웃과 그리고 하나님과의 관계에서 취해야 할 삶의 태도를 설명하고 있다고 사료된다. "신중함"은 성도 자신의 삶의 태도를 설명하는 것이요, "의로움"은 이웃과의 관계에서의 삶의 태도이며, 그리고 "경건함"은 하나님과의 관계에서 어떻게 살아야 할 것인지를 설명하는 성도의 삶의 태도라고 사료된다. 나이트(Knight)는 "이 세 부사(adverb)들은 각각 자기 자신과의 관계를 가리키고, 다른 사람들과의 관계를 가리키며, 그리고 하나님과의 관계를 가리킨다. 즉, 사려 깊은 자기 제어, 다른 사람들과의 관계에서 올바른 처신, 그리고 하나님과의 관계에서 진정한 경건을 가리킨다."[81]라고 정리한다. 성도들은 이런 자세로 이 세상에서 살아야 하는 것이다.

---

79 Calvin, *The Second Epistle of Paul to the Corinthians, and the Epistles to Timothy, Titus and Philemon* (1973), p. 373.

80 P. Fiedler, "εὐσέβεια, εὐσεβῶς," *Exegetical Dictionary of the New Testament*, Vol. 2 (1991), p. 85

81 Knight, III, *The Pastoral Epistles: A Commentary on the Greek Text* (1992), p. 320.

(3) 하나님의 구체적인 구속계획의 완성(딛 2:13)

신약교회 성도들의 삶은 이미 오신 예수 그리스도(The First Coming)를 되돌아보며 그의 은혜를 생각하고 감사의 삶을 살면서 앞으로 오실 예수 그리스도의 재림(The Second Coming)을 소망하면서 사는 삶이다. 그래서 바울은 디도에게 "복스러운 소망과 우리의 크신 하나님 구주 예수 그리스도의 영광이 나타나심을 기다리게 하셨으니"(딛 2:13)라고 가르치는 것이다. 본문의 "기다리게 한다"(προσδεχόμενοι)라는 표현은 성도들이 예수님의 재림을 간절히 고대하는 태도를 묘사할 때 사용되는 용어이다(눅 2:25, 38).[82] 성도들의 이 세상에서의 삶은 이렇게 예수님의 영광스러운 재림을 간절히 고대하며 사는 삶이다. 예수님의 재림은 성도들에게 "복스러운 소망"(딛 2:13)의 사건이다. 예수님이 재림하심으로 예수님께서 그의 죽음과 부활을 통해 성취하신 모든 복이 성도들의 삶 속에 실재(reality)로 나타나게 되기 때문이다. 예수님의 재림은 "그가 모든 통치와 모든 권세와 능력을 멸하시고 나라(τὴν βασιλείαν)를 아버지 하나님께 바칠 때"(고전 15:24)이며, 예수님이 모든 원수를 발아래에 두고 사망이 완전히 정복되는 때(고전 15:25-26)이다.

그런데 바울 사도가 "우리의 크신 하나님 구주 예수 그리스도의 영광(의)이 나타나심"(딛 2:13)[83]이라는 표현에서 예수 그리스도 한 분의 나타나심을 뜻하는지, 아니면 하나님과 예수 그리스도 두 분의 나타나심을 뜻하는지에 대한 견해가 나누인다. 이렇게 해석의 차이가

82 비슷한 의미의 용어로 ἀπεκδέχομαι가 사용된 구절은 다음과 같다(롬 8:19, 23, 25; 고전 1:7; 빌 3:20).

83 딛 2:13의 본문은 "ἐπιφάνειαν τῆς δόξης τοῦ μεγάλου θεοῦ καὶ σωτῆρος ἡμῶν Ἰησοῦ Χριστοῦ."으로 읽는다. 본문을 어떻게 읽느냐에 대한 견해가 나누인다. 한글 성경번역은 "우리의 크신 하나님 구주 예수 그리스도의 영광의 나타남" (개역, 개역개정, 바

나타나는 이유는 "크신 하나님의 영광"(τῆς δόξης τοῦ μεγάλου θεοῦ) 과 "우리 구주 예수 그리스도"(σωτῆρος ἡμῶν 'Ιησοῦ Χριστοῦ)가 "그리고"(καὶ)로 연결되어 있기 때문이다. 결국 "그리고" 앞의 하나님과 "그리고" 뒤의 예수님을 따로따로 생각하여 두 분의 나타남으로 해석하느냐, 아니면 예수 그리스도가 하나님이심을 인정하면서 "하나님이신 구주 예수 그리스도의 영광의 나타남"으로 받아 예수님 한 분의 나타남으로 해석하느냐의 차이이다.

하나님과 예수님 두 분의 나타남으로 본 구절을 해석하는 학자들의 근거는 첫째로, 바울 사도는 일반적으로 예수님을 가리키는데 "하나님"(θεός)이라는 용어를 사용하지 않기 때문에 하나님과 예수님을 분리해서 이해해야 한다고 주장한다. 그리고 둘째로, 바울 사도가 "하나님"(θεός)과 "그리스도"(Χριστός)를 나란히 배열하여 사용할 경우 하나님과 그리스도를 구분하여 두 분으로 표시하기 때문이라고 주장한다.[84] 화이트(White)는 본문을 "크신 하나님과 우리 구주 예수 그리스도"(the great God and our Savior Jesus Christ)라고 읽음으로 크신 하나님과 구주 예수 그리스도 두 분의 나타나심을 뜻한다고 주장한다.

른성경)으로 처리함으로 예수님을 하나님과 동일시하고 예수님의 영광이 나타나는 것으로 이해한 반면, 다른 번역은 "위대하신 하나님과 우리의 구주이신 예수 그리스도의 영광" (표준새번역, 표준새번역개정)이 나타나는 것으로 처리함으로 하나님과 예수님이 나타나신 것으로 이해한다. 영어 번역의 경우 "the glorious appearing of our great God and Savior, Jesus Christ" (NIV, NKJV, AV), "the appearing of the glory of our great God and Savior, Christ Jesus." (NASB, RSV, ESV)라고 번역 처리함으로 용어 배열에 약간의 차이는 있으나 예수님을 하나님과 동일시하고 예수님의 영광스러운 나타나심으로 이해하는 것으로 사료된다.

84 Knight, III, *The Pastoral Epistles: A Commentary on the Greek Text* (1992), pp. 324-326. 나이트가 제시하는 두 분의 나타남을 주장하는 이론의 다른 근거들은 나이트의 본 서 pp. 323-324를 참고하시기 바란다. 다른 이론들은 별로 설득력이 없기 때문에 여기서는 제시하지 않는다.

화이트는 "성 사도 바울은 다른 어느 곳에서보다도 이 서신들에서(참조, 딤전 1:17; 6:15-16) 그의 고상한 언어로 하나님 아버지에 대해 더 강하게 강조하고 있다."[85]라고 설명한다.

그러나 하나님과 예수님의 두 분의 나타남으로 해석하는 두 근거는 설득력이 약하다. 바울 사도가 그의 서신에서 예수님을 하나님으로 직접적으로 지칭한 예가 많지는 않지만 예수님을 하나님으로 표현한 예가 전혀 없는 것은 아니다(롬 9:5; 고후 4:4; 빌 2:5-6). 그리고 바울 사도는 예수님과 하나님을 동등하게 취급함으로 예수님이 하나님이심을 간접적으로 확인하고 있다(고후 1:2; 갈 1:3; 엡 1:2; 빌 1:2; 살후 1:2; 딤전 1:2; 딤후 1:2; 딛 1:4; 2:10; 몬 3). 그리고 바울 사도는 디도서에서 "구주 하나님"이라는 표현으로 구주이신 예수님이 곧 하나님이심을 증거 하기도 한다(딛 1:3, 4; 2:10, 13; 3:4). 그리고 바울은 "우리 구주 예수 그리스도"(딛 3:6)라고 표현함으로 예수님이 구주이심을 분명히 밝힌다. 그러므로 바울 사도가 "우리의 크신 하나님"과 "구주 예수 그리스도"(딛 2:13)라는 표현으로 반드시 예수님과 하나님 두 분을 의도했다고 말할 수는 없다.

따라서 디도서 2:13의 "우리의 크신 하나님 구주 예수 그리스도의 영광의 나타나심"이라는 표현을 예수님(Jesus)과 하나님(God)의 두 분의 나타나심으로 이해하기보다는 오히려 한 분 예수님의 영광이 나타나는 것으로 이해하는 것이 더 타당하다고 사료된다. 바울은 본 구절에서 "구주"라는 명칭으로 예수님을 가리키기 원했고(참고, 엡 5:23; 빌 3:20; 딤후 1:10; 딛 1:4; 3:6), 바로 그 구주 예수님이 "하나님"이

85 White, "The First and Second Epistles to Timothy and the Epistle to Titus," *The Expositor's Greek Testament*, IV (1980), p. 195.

심을 강조하기 원했다고 사료된다. "구주 예수 그리스도의 영광의 나타나심"이라는 표현 중 "나타나심"(ἐπιφάνειαν)이라는 용어는 거의 예수 그리스도의 강림, 나타나심을 표현할 때 사용하는 용어이다(살후 2:8; 딤전 6:14; 딤후 4:1, 8). 예수님의 재림은 영광 중에 나타나시는 재림이 될 것이다(살후 1:10, 12). 그러므로 디도서 2:13의 "우리의 크신 하나님 구주 예수 그리스도의 영광이 나타나심을 기다리게 하셨으니"(딛 2:13)의 뜻은 우리의 구주시요 하나님이신 예수 그리스도가 영광 중에 나타나실 것을 기다리게 하셨다고 이해하는 것이 바르다고 사료된다.[86] 하나님의 구속계획은 예수님의 재림으로 완성된다. 예수님이 재림하시면 하나님이 의도하신 죄 없는 완전한 "하나님의 나라"(ἡ βασιλεία τοῦ θεοῦ)가 완성된다(참고, 마 3:2; 12:28; 막 1:15; 눅 17:20-21; 행 1:3; 8:12; 28:23; 롬 14:17; 고전 15:23-26; 계 21:1). 성도들은 예수 그리스도의 영광스러운 재림을 소망하면서 이 세상을 경건하게 살아야 한다.

딛 2:14 바울은 디도서 2:14에서 구주이신 예수 그리스도가 어떤 사역을 하셨는지를 설명하고 있다. 바울은 구세주이신 예수님께서 우리들을 자기 백성(λαόν)으로 만드시기 위해 행하신 세 가지 사역을 강조해서 설명한다. 바울은 성도들이 예수 그리스도의 영광의 나타남을 기다리면서 어떻게 살아야 할 것을 설명한다.

첫째는 구주 예수 그리스도께서 우리를 대신하여 자신을 내어 주

86 Hendriksen, *Exposition of the Pastoral Epistles* (1974), p. 374.: "The *one-Person* rendering must be considered the correct one."(italics original).; Knight, III, *The Pastoral Epistles: A Commentary on the Greek Text* (1992), p. 325.

셨음을 강조한다(딛 2:14). 바울은 디모데전서에서 이미 "그가 모든 사람을 위하여 자기를 대속물로 주셨으니"(딤전 2:6)라고 가르쳤다. 성경은 예수님이 우리를 대신하여 자원해서 대속적인 죽음을 죽으신 사실을 여러 곳에서 강조하여 가르치고 있다(마 20:28; 막 10:45; 롬 3:24-25; 고전 15:47-49; 갈 1:4; 히 9:28; 벧전 3:18; 요일 2:2; 4:10). 인간은 스스로 자신을 죄에서부터 구원할 수 있는 능력을 가지고 있지 않기 때문에 하나님께서 그리스도를 보내셔서 우리를 대신하게 하신 것이다. 바울은 이어지는 둘째와 셋째를 설명하면서 "히나"(ἵνα)를 사용하여 예수 그리스도가 자신을 주신 목적이 무엇인지를 밝힌다.

둘째는 구주 예수 그리스도께서 우리를 모든 불법에서 속량하셨음을 강조한다(딛 2:14). 예수님은 우리를 대신해서 저주를 받으시고 우리를 율법의 저주에서 속량해 주셨다(갈 3:13; 엡 1:7; 참조, 시 130:8). 우리를 속량하시기 위해 지불하신 값은 바로 "그리스도의 보배로운 피"(벧전 1:19)이다. 칼빈(Calvin)은 "그리스도께서 우리를 죄의 노예 됨으로부터 구속하시고 자신을 위해 우리를 그의 소유물로 만드시기 위하여 자신을 우리를 위해 제공하셨다. 그의 은혜는 당연히 그 은혜와 함께 삶의 새로움을 가져온다. 왜냐하면 계속적으로 죄를 짓는 사람들은 구속의 축복을 헛것으로 만들기 때문이다. 그러나 이제 우리들은 하나님의 의를 섬기기 위해 죄의 속박으로부터 구원함을 받았다."[87]라고 설명한다. 바울은 구주 예수 그리스도께서 그의 죽음을 통해 우리를 죄의 속박에서 구해내시고 우리를 그의 백성으로 만들어 주셨다고 강조하고 있다.

---

87 Calvin, *The Second Epistle of Paul to the Corinthians, and the Epistles to Timothy, Titus and Philemon* (1973), p. 375.

셋째는 구주 예수 그리스도께서 우리를 깨끗하게 하사 선한 일을 열심히 하게 하셨음을 강조한다(딛 2:14). 불법에서 속량 받아 하나님의 백성이 된 성도는 당연히 선한 일을 열심히 해야 한다. 에스겔(Ezekiel)은 "내가 그들을 그 범죄한 모든 처소에서 구원하여 정결하게 한즉 그들은 내 백성이 되고 나는 그들의 하나님이 되리라"(겔 37:23)라고 선포한다. 바울은 "우리 하나님이 너희를 그 부르심에 합당한 자로 여기시고 모든 선을 기뻐함과 믿음의 역사를 능력으로 이루게 하시고"(살후 1:11)라고 하며 성도들이 선을 기뻐하는 삶을 살도록 기도한다. 하나님께서 그의 독생자를 희생하셔서 우리를 구원하신 것은 우리를 그의 백성으로 삼으시고 우리로 하여금 하나님이 인정하시는 선한 일을 열심히 하게 하시기 원해서이다.

딛 2:15 바울은 디도(Titus)에게 지금까지 가르친 교훈을 계속적으로 그리고 확신을 가지고 말하고 가르치라고 권고한다. 바울은 "너는 이것을 말하고 권면하며 모든 권위로 책망하여 누구에게서든지 업신여김을 받지 말라"(딛 2:15)라고 디도를 권고한다. 바울은 디도서 2:1에서 "말하여"(λάλει)로 이 단락을 시작하고 마지막 구절인 디도서 2:15을 같은 단어인 "말하고"(λάλει)로 마무리한다. 그러므로 바울이 "너는 이것을 말하고"(딛 2:15)의 "이것을"(ταῦτα)은 디도서 2:2-14에 포함된 내용을 가리킨다고 생각하는 것이 가장 타당한 해석이라고 사료된다. 바울은 "말하고"(λάλει)와 "권면하고"(παρακάλει) 그리고 "책망하여"(ἔλεγχε)라는 세 개의 현재 명령형 동사를 "그리고"(καί)로 연결시키고 "모든 권위로"를 가장 마지막에 위치시킨다. 그러므로 "모든 권위로"를 가장 근접한 동사인 "책망하여"와만 연계시켜 이해하는 것도 문법적으로 가능하지만 본 구절의 경우는 "모든 권위로"를 세 단어 모두를 수식하는 것으로 해석하는 것이 더 타당하다고 생각된다.[88] 그러므로 본문은 "너는 이것을 모든 권위로 말하고 권면하며 책망하여 누구에게서든지 업신여김을 받지 말라"(딛 2:15)라고 읽어야 한다. 박윤선 박사는 "하나님의 말씀대로만 가르치는 자는 권위가 동반(同伴)한다. 그 이유는, 하나님-말씀이 권위 있기 때문이다. 그러므로 바울은 여기서, '모든 권위로'란 말을 사용한다."[89]라고 해석한다. 디도(Titus)가 업신여김을 받지 말아야 하는 이유는 말씀 사역자가 업신여김을 받음으로 결국 하나님의 말씀 자체가 경시되기 때문이다. 바울은 비록 다른 용어를 사용하기는 했지만 디모데(Timothy)에게는 "누구든지 네 연소함을 업신여기지(καταφρονείτω, despise, 경멸하다) 못하게 하고"(딤전 4:12)라고 권면한 바 있는데, 디도(Titus)에게는 "누구에게서든지 업신여김을(περιφρονείτω, disregard, 경시하다) 받지 말라"(딛 2:15)라고 권면한다.[90] 디도의 사역은 사도적 권위 하에서 진행되는 것이고 그의 사명은 하나님으로부터 온 것이므로 아무도 그를 낮게 평가하거나 경시할 수 없는 것이다. 바울이 디도에게 명령한 것처럼 하나님의 말씀을 맡은 모든 사역자들은 하나님이 주신 권위로 담대하게 말씀사역에 임해야 한다.

88 Knight, III, *The Pastoral Epistles: A Commentary on the Greek Text* (1992), p. 329.; White, "The First and Second Epistles to Timothy and the Epistle to Titus," *The Expositor's Greek Testament,* IV (1980), p. 197.: "not to be connected with e!legce only."

89 박윤선, 『성경주석: 바울서신』 (1964), p. 594.

90 딤전 4:12의 "업신여기다" (καταφρονείτω, despise)는 신약성경에서 9회 (마 6:24; 18:10; 눅 16:13; 롬 2:4; 고전 11:22; 딤전 4:12; 6:2; 히 12:2; 벧후 2:10) 등장하는 용어이지만, 디도서 2:15의 "업신여기다" (περιφρονείτω, disregard)는 이곳에서 유일하게 사용된(hapax legomenon) 용어이다. Cf. Smith, *Greek-English Concordance to the New Testament* (1974), p. 199 (section 2707. καταφρονέω, despise)와 p. 289 (section 3965. περιφρονέω, disregard).

제3장 주해

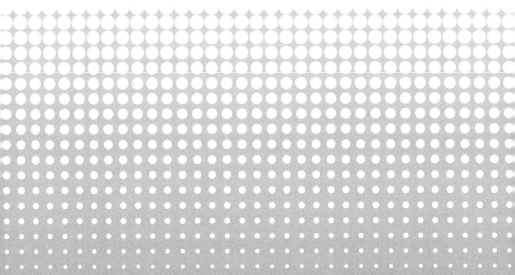

TITUS

디도서 3장 요약

바울은 먼저 그레데(Crete) 성도들에게 "통치자들과 권세 잡은 자들에게 복종하며 순종"(딛 3:1)하도록 권면한다. 디도서 3장은 "선한 일을 행하고," "비방하지 말고," "다투지 말고," "관용하고," "범사에 온유함"을 모든 사람에게 나타내는 성결한 삶을 강조하고 있다(딛 3:1–2). 바울은 성도들이 이렇게 행동해야 하는 이유로 우리들의 구원이 우리들의 선행에 근거한 것이 아니요 하나님의 자비와 사랑을 통해서 가능했기 때문이라고 가르친다(딛 3:3–7). 그러므로 성도들은 "어리석은 변론과 족보 이야기와 분쟁과 율법에 대한 다툼"(딛 3:9)을 피하고, 이단에 속한 사람의 경우는 한두 번 훈계한 후에 교정되지 않으면 멀리하는 것이 좋다고 권면한다(딛 3:10–11). 바울은 그레데 섬에 있는 디도(Titus)를 대신하여 사역할 아데마(Artemas)나 두기고(Tychicus) 중에 한 사람을 보낼 계획을 말하고, 디도에게 그가 도착하면 니고볼리(Nicopolis)로 오라고 말한다(딛 3:12). 그리고 바울은 디도에게 이 편지를 전달했을 것으로 추정되는 세나(Zenas)와 아볼로(Apollos)의 필요를 잘 챙겨줄 것을 부탁한다. 그리고 바울은 교회에 편지를 쓸 때 일상적으로 하는 안부를 전하고 "은혜가 너희 무리에게 있을지어다"(딛 3:15)라는 말로 그레데에 있는 교회에 축복을 전하고 디도서를 마무리한다.

1. 공동체 내에서의 성도들의 태도(딛 3:1-2)

1 너는 그들로 하여금 통치자들과 권세 잡은 자들에게 복종하며 순종하며 모든 선한 일 행하기를 준비하게 하며 2 아무도 비방하지 말며 다투지 말며 관용하며 범사에 온유함을 모든 사람에게 나타낼 것을 기억하게 하라 (딛 3:1-2, 개역개정)

딛 3:1-2 바울은 교회 안에서 성도들이 어떻게 경건한 삶을 살아야 할 것을 디도에게 권면한(딛 2:1-15) 다음 이제는 성도들의 사회생활에 대한 권면을 한다. 바울은 "너는 그들로 하여금 통치자들과 권세 잡은 자들에게 복종하며 순종하며 모든 선한 일 행하기를 준비하게 하며"(딛 3:1)라고 시작한다. 바울은 나라를 다스리는 "통치자들과 권세 잡은 자들"(ἀρχαῖς ἐξουσίαις)을 "그리고"(καί) 없이 이어서 표현한다. 이는 바울이 의도적으로 본문을 간략하게 표현한 것으로 볼 수 있다. 왜냐하면 대부분의 중요한 사본들이 "그리고" 없는 본문을 지지하고 있기 때문이다.[91]

91 본문의 "통치자들" (ἀρχαῖς)과 "권세 잡은 자들" (ἐξουσίαις) 사이에 "그리고" (καί)를 제공하여 표현한 사본들은 비교적 신빙성이 약한 D^{c}, K, P 등인 반면, "그리고" 없이 두 용어들을 연결한 사본들은 ℵ, A, C, D^{gr*}, G, Y, 33, 1739, it^{g} 등 신뢰성이 큰 사본들이다. 그러므로 "그리고" 없는 본문이 저자가 직접 쓴 본문일 개연성이 크다. 그리고 사본학의 원리는 더 어려운 본문이 저자의 원문이요, 더 쉬운 본문은 사서자의 가필일 가능성이 크다는 것이므로 역시 "그리고" 없는 본문이 저자의 원문임을 지지한다. Cf. Bruce M. Metzger, *A Textual Commentary on the Greek New Testament* (1971), p. 655.: "it appears that the author deliberately framed his sentence concisely, and that the presence of kaiv is the result of the desire of copyists to relieve the asyndeton."

바울은 디도서 3:1의 시작을 "기억하게 하라"(῾Υπομίμνῃσκε)라고 현재 명령형으로 시작한다. 디도는 계속적으로 성도들에게 첫째, 통치자들과 권세 잡은 자들에게 복종하며 순종하고, 둘째, 순종하며, 셋째, 모든 선한 일을 행하기 위해 준비되어 있어야 하고, 넷째, 아무도 비방하지 말고, 다섯째, 다투지 말고, 여섯째, 관용하며. 일곱째, 범사에 온유함을 모든 사람에게 나타내도록 상기시켜야 한다(딛 3:1-2)라고 가르친다.

첫째, 성도들은 통치자들과 권세 잡은 자들에게 복종해야 한다(딛 3:1). 성도들이 통치자들에게 복종해야 하는(ὑποτάσσεσθαι) 이유는 하나님이 그들을 세우셨을 뿐만 아니라 또한 그들은 백성들의 안전과 평안을 책임 맡은 사람들이기 때문이다. 바울은 "각 사람은 위에 있는 권세들에게 복종하라 권세는 하나님으로부터 나지 않음이 없나니 모든 권세는 다 하나님께서 정하신 바라"(롬 13:1)라고 가르친 바 있다. 통치자들은 선한 일을 장려하고 악한 일을 정죄하는 일을 바르게 함으로 하나님의 백성들의 안전과 평화로운 생활을 보장해야 한다(롬 13:3-4). 그래서 바울은 "내가 첫째로 권하노니 모든 사람을 위하여 간구와 기도와 도고와 감사를 하라 임금들과 높은 지위에 있는 모든 사람을 위하여 하라 이는 우리가 모든 경건과 단정함으로 고요하고 평안한 생활을 하려 함이라"(딤전 2:1-2)라고 가르친다. 그러므로 성도들은 하나님이 그들을 세우신 것을 인정하고 그들을 위해 기도하고 그들에게 복종해야 하는 것이다.

둘째, 성도들은 통치자들과 권세 잡은 자들에게 순종해야 한다(딛 3:1). 바울은 하나님께서 통치자들과 권세 잡은 자들에게 모든 권세를 부여해 주셨기 때문에 성도들은 그들에게 외형적으로 복종해야(outwardly subject themselves) 할 뿐만 아니라 내적으로 순종해야(inwardly obedient) 한다고 가르친다. 성도들은 외형적으로 정해진 세금을 납부해야 하며 정해진 법률을 지켜야 할 뿐만 아니라, 내적으로 정직한 마음으로 그것들을 실행하고 정직한 마음으로 생업을 운영함으로 통치자들에게 순종해야 한다.[92] 박윤선 박사는 "우리가 정부에 순종해야 될 이유는, 성경에 명하신 하나님의 말씀에 근거한다. 그 명령대로 순종함이 정당한 것을, 우리는 쉽게 알 수 있다. 하나님께서는, 그 창조하신 인간의 육신도 생명 보존을 원하시어 도덕과 양심의 법칙을 내시고 인간들이 서로 존경하며 국가 생활을 하도록 하셨다. 그러므로 우리는 정부에 순종해야 된다. 다만 정부가 하나님께 경배 드리는 일과 반대되는 것을 강요할 때엔, 신자는 그 강요를 순종할 수 없다. 성경 말씀이 정부에게 순종하라고 한 것은, 그것까지 순종하라는 의미는 아니다(행 4:19; 5:29)."[93]라고 성도들과 정부 통치자들과의 관계를 설명한다.

셋째, 성도들은 모든 선한 일을 행하기 위해 준비되어 있어야 한다(딛 3:1). 하나님이 성도들을 속량하시고 그의 백성으로 삼으신 것은 성도들로 하여금 하나님이 원하시는 선한 일을 하게 하시기 위함이다. 칭의와 선행은 분리될 수 없다. 죄로부터 속량 받은 사람은 선한 열매를 맺어야 한다. 구원받은 성도는 예수님을 닮는 선한 일을 열심히 해야 한다. 그러므로 디도는 그레데 교회(Cretan Church) 성도들에게 항상 선한 일을 행할 수 있는 준비가 되어 있어야 할 것을 기억하게 해야 한다.

넷째, 성도들은 아무도 비방해서는 안 된다(딛 3:2). "아무

92 Hendriksen, *Exposition of the Pastoral Epistles* (1974), p. 386.

93 박윤선, 『성경주석: 바울서신』 (1964), p. 597.

도"(μηδένα)가 모든 일반 사람을 가리키는 뜻을 가지고 있기 때문에 성도들은 누구라도 비방을 해서는 안 된다. 바울이 디도서 3:2을 "아무도"(μηδένα)로 시작하고, "모든 사람에게"(πρὸς πάντας ἀνθρώπους)로 마치는 것은 비방하지 않고, 다투지 않으며, 관용하고, 온유함을 나타낼 대상이 모든 사람을 다 포함한다는 사실을 강조하고 있는 것이다. "비방하다"(βλασφημεῖν)는 용어는 일반적으로 하나님(God)을 비방할 때 사용되고(행 6:11; 롬 2:24; 딤전 6:1; 계 13:6; 16:9, 11, 21), 예수님(Jesus)과 연계하여 비방이라는 용어가 사용되며(막 14:63-65; 요 10:33, 36), 또한 성령(the Holy Spirit)을 비방할 때 사용된다(막 3:28-29; 눅 12:10). 그러나 본 구절의 "비방하다"는 용어는 비방의 대상으로 사람들을 가리키는 "아무도"가 언급되어 있기 때문에 그 뜻은 단순히 "명예를 손상시키다 혹은 낮게 평가 하다"(disparage), "나쁘게 말하다 혹은 중상하다"(slander) 등의 의미로 이해하는 것이 바르다(롬 3:8; 14:16; 고전 4:13; 10:30).[94] 타락한 사람의 특성은 자신을 높이고 다른 사람을 낮게 평가하는 습성을 가지고 있다. 성도들까지도 때때로 자신이 하나님으로부터 받은 은사들을 높이 평가하면서 다른 성도들을 경멸하는 잘못을 범하곤 한다. 바울은 디도에게 성도들이 "아무도" 비방하지 않도록 계속해서 상기시키라고 권면을 하고 있다. 바울은 상대방에 대한 올바른 평가를 금지한 것이 아니요, 근거 없이 중상 모략하는 일을 하지 못하도록 권면하는 것이다.

다섯째, 성도들은 서로 다투지 말아야(ἀμάχους) 한다(딛 3:2). "다투지 말며"의 뜻은 "평화를 사랑하는" 혹은 "온화한"(peaceable) 등의 의

94 O. Hofius, "βλασφημέω, βλασφημία," *Exegetical Dictionary of the New Testament,* Vol. 1 (Grand Rapids: Eerdmans, 1990), pp. 219-221.

미로 이해할 수 있다. 비록 단어의 위치는 바뀌었지만 바울은 이미 감독(목사)의 직분을 맡을 사람의 자격을 설명하면서 "관용하며 다투지 아니하며"(ἐπιεικῆ ἄμαχον)라는 표현을 사용한 바 있다(딤전 3:3). 목사는 말할 것도 없지만 모든 성도들은 자신이 평화로울 뿐만 아니라 평화를 만드는 사람들(peacemakers)이 되어야 한다.

여섯째, 성도들은 서로 관용하며(ἐπιεικεῖς) 다른 사람을 있는 그대로 받아들여야 한다(딛 3:2). "관용하며"의 뜻은 "사려 깊은"(considerate), "친절한"(kind), "관대한"(gentle) 등의 의미로 이해해야 한다. 관용하기 위해서는 사랑이 전제되어 있다. 사랑이 없이는 관용을 베풀 수 없다. 하나님은 우리를 사랑하시기 때문에 그의 관용을 우리에게 베푸실 수 있다. 그래서 바울은 "우리가 아직 죄인 되었을 때에 그리스도께서 우리를 위하여 죽으심으로 하나님께서 우리에 대한 자기의 사랑을 확증하셨느니라"(롬 5:8)라고 가르친다. 바울은 "그리스도의 온유와 관용"이 바울 자신 뿐만 아니라 교회공동체가 따라야 할 모본이라고 가르친다(고후 10:1). 그리스도는 하늘의 왕(King)으로서 모든 권능을 가지셨지만 친절하고 관대한 본을 보여주셨다. 프라이스커(Preisker)는 "하늘의 권세를 가진 그는 그의 개인적인 대적에게까지도 구원하시고, 용서하시며, 구속하시는 관대함을 보여주실 수 있다."[95]라고 설명한다. 그러므로 성도들은 다른 사람을 관용하는 덕목을 실천하면서 살아야 한다.

일곱째, 범사에 온유함을 모든 사람에게 나타내도록 상기시켜야 한다(딛 3:2). 바울은 성도에게 합당한 일이 "모든 겸손과 온유로 하고

95 Herbert Preisker, "ἐπιείκεια, ἐπιεικής," *Theological Dictionary of the New Testament*, Vol. II (Grand Rapids: Eerdmans, 1971), p. 589.

오래 참음으로 사랑 가운데서 서로 용납하고"(엡 4:2)라고 가르친 바 있다. 그러므로 성도들은 모든 일에 모든 사람들에게 온유함(gentleness, meekness)을 나타내는 삶을 살아야 한다. 헨드릭센(Hendriksen)은 "어느 정도의 온유함을 약간의 사람들에게 보이는 것은 그렇게 어려운 일이 아니다. 모든 온유함(완전하고 철저한)을 몇몇 사람에게 보이는 것이나 혹은 약간의 온유함을 모든 사람에게 보이는 것도 그렇게 어려운 일이 아니다. 그러나 모든(완전한) 온유함을 모든 사람들에게, 심지어 그레데의 모든 거짓말쟁이들과 잔인한 악한 짐승들과 배만 위하는 게으름뱅이(참조, 딛 1:12)들을 포함한 모든 사람에게 보이는 것은 하나님의 특별한 은혜를 떠나서는 성취하기 불가능한 숙제였다."[96]라고 설명한다. 예수님은 친히 "나는 마음이 온유하고 겸손하니 나의 멍에를 메고 내게 배우라"(마 11:29)라고 가르치신다. 성도들은 모든 사람에게 온유함을 나타내는 일이 참으로 어려운 일임을 깨닫고 긍지를 가지고 예수님을 본 받으려고 노력해야 한다.

---

96 Hendriksen, *Exposition of the Pastoral Epistles* (1974), p. 387.

2. 성령의 새롭게 하신 사역(딛 3:3-7)

3 우리도 전에는 어리석은 자요 순종하지 아니한 자요 속은 자요 여러 가지 정욕과 행락에 종노릇 한 자요 악독과 투기를 일삼은 자요 가증스러운 자요 피차 미워한 자였으나 4 우리 구주 하나님의 자비와 사람 사랑하심이 나타날 때에 5 우리를 구원하시되 우리의 행한 바 의로운 행위로 말미암지 아니하고 오직 그의 긍휼하심을 따라 중생의 씻음과 성령의 새롭게 하심으로 하셨나니 6 우리 구주 예수 그리스도로 말미암아 우리에게 그 성령을 풍성히 부어 주사 7 우리로 그의 은혜를 힘입어 의롭다 하심을 얻어 영생의 소망을 따라 상속자가 되게 하려 하심이라 (딛 3:3-7, 개역개정)

참조, 사역: "3 왜냐하면 **우리도 전에는 어리석은 자요, 순종하지 아니한 자요, 속은 자요, 여러 가지 정욕과 행락에 종노릇 한 자요, 악독과 투기를 일삼은 자요, 가증스러운 자요, 피차 미워하는 자였다. 4** 그러나 **우리 구주 하나님의 자비와 사람 사랑하심이 나타났을 때에 5** 하나님은 **우리가 행한 의로운 행위들 때문이 아니라 오직 그의 긍휼하심을 따라** 성령에 의한 **중생의 씻음과 새롭게 하심으로 우리를** 구원하셨다. **6** 하나님은 **우리 구주 예수 그리스도를 통해 성령을 우리에게 풍성히 부어주셔서 7 우리로** 그 은혜를 **힘입어 의롭다 하심을 얻어 영생의 소망을 따라 상속자가 되게 하려 하심이다."**(색상으로 표시한 부분을 주목하기 바람)

딛 3:3 바울은 이제 "왜냐하면"(γάρ)이라는 용어를 사용하여 지금까지 왜 디도에게 이런 권면을 했는지 그 이유를 밝힌다(딛 3:3-7). 바울은 디도에게 이미 언급한 디도서 3:1-2에서 일곱 가지를 그레데 교회의 성도들에게 기억하게 하라고 권면하고, 디도서 3:3에서는 같은 숫자의 일곱 가지 이유를 제시한다. 바울이 제시하는 일곱 가지 이유는 바로 우리가 같은 입장에 있었던 사람들로 산 증인임을 밝히고 있는 것이다.

첫째, 우리도 전에는 어리석은 자였다(딛 3:3). 바울은 우리도 하나님의 백성이 되기 전에는 영적인 일을 이해하지 못한 어리석은 사람들(ἀνόητοι)이었다고 밝힌다(참조, 갈 3:1, 3; 엡 2:3-7; 딤전 6:9). 바울 자신도 예수 그리스도를 만나기 전에는 스데반(Stephen) 집사를 죽이는데 가편 투표를 했고(행 7:58-59; 8:1), 그리스도의 교회를 심히 박해한 어리석은 자였다(행 8:3; 22:4; 26:15). 바울은 우리도 이전에는 영적인 일을 이해하지 못한 어리석은 사람들이었으나 이제는 하나님의 백성으로 무엇이 경건한 삶인지를 깨달은 것처럼 그레데 교회 성도들에게 지금까지 언급한 여섯 가지 덕목을 상기시키라고 디도에게 권면하는 것이다.

둘째, 우리도 순종하지 아니한 자였다(딛 3:3). 바울이 사용한 "순종하지 아니한 자"(ἀπειθεῖς)란 용어는 하나님께 순종하지 아니한 자란 뜻으로 사용되기도 하고(딛 1:16), 사람에게 순종하지 아니할 때도 사용된다(딛 1:6, 10; 3:1; 딤후 3:2; 롬 1:30). 칼빈(Calvin)은 믿음만이 하나님께 진정으로 순종할 수 있고, 불신은 항상 반역적이라고 설명한다.[97] 하나님께 순종하지 아니한 자는 결국 자신의 부모에게도 순종하지 아니하며(롬 1:30; 딤후 3:2), 통치자들과 권세 잡은 자들에게도 순종하지 아니한다(딛 3:1). 그러므로 바울은 믿음으로 구원을 받기 전에는 자신도 하나님께 순종하지 않았음을 밝히고 있는 것이다. 이는 모든 성도들에게 다 해당되는 말씀이다.

셋째, 우리도 속은 자였다(딛 3:3). "속은 자"(πλανώμενοι)라는 표현은 사탄(Satan)의 역할이 그 배후에 있음을 연상하게 한다.[98] 처음 창조

97 Calvin, *The Second Epistle of Paul to the Corinthians, and the Epistles to Timothy, Titus and Philemon* (1973), p. 379.

98 W. Günther, "πλανάω," *The New International Dictionary of New Testament Theology*,

때부터 사탄은 아담(Adam)과 하와(Eve)를 속여 하나님과 불목의 관계로 만들었다(창 3:1-5). 하나님을 떠난 불경건한 백성들은 "속이기도 하고 속기도 하는"(딤후 3:13) 상태로 전락되어 항상 마음이 미혹되어(속임을 받아) 하나님의 길을 알지 못하는 삶을 살고 있다(참조, 히 3:10). 칼빈(Calvin)은 "바울은 불신자들이 속임을 당했다고 말한다. 왜냐하면 그리스도만이 홀로 길이요 세상의 빛이시기 때문이다. 그래서 하나님으로부터 소외된 사람들은 그들의 전 생애를 방황하게 되어 있다."[99]라고 해석한다. 바울은 이런 속임을 당하는 삶으로부터의 탈출은 예수님을 만나는 길 이외에 다른 방법이 없음을 잘 알고 있었다.

넷째, 우리도 여러 가지 정욕과 행락에 종노릇한 자였다(딛 3:3). 바울은 우리들도 "여러 가지 정욕과 행락에 종노릇한 자"(δουλεύοντες ἐπιθυμίαις καὶ ἡδοναῖς ποικίλαις)였다고 고백한다. 바울이 여기서 사용한 "정욕"(ἐπιθυμίαις)은 "소원하다," "바라다" 등, 인간 본성의 욕구를 뜻하는 중립적인 의미를 가지고 있는 것은 사실이지만 대부분의 경우 부정적인 의미로 사용된다(딤전 6:9; 딤후 2:22; 4:3; 딛 2:12). 그리고 바울이 사용한 "행락"(ἡδοναῖς)은 신약성경에서 일반적으로 나쁜 쾌락을 추구하는 것으로 사용된다. 그러므로 바울은 우리도 한 때 이런 나쁜 정욕과 나쁜 행락에 빠져 있었다고 고백하고 있는 것이다. 뷔크셀(Büchsel)은 "정욕(ἐπιθυμία)이 만족하게 되면 우리들은 행락(ἡδονή)을 갖게 되고, 그리고 행락(ἡδονή)이 추구되면 우리는 정욕(ἐπιθυμία)을 갖게 된다."[100]라고 두 용어들의 긴밀한 연관성을 설명한다.

Vol. 2 (Grand Rapids: Zondervan, 1977), p. 460.

99 Calvin, *The Second Epistle of Paul to the Corinthians, and the Epistles to Timothy, Titus and Philemon* (1973), p. 379.

100 F. Büchsel, "ἐπιθυμία, ἐπιθυμέω," *Theological Dictionary of the New Testament*, Vol. III

다섯째, 우리도 악독과 투기를 일삼은 자였다(딛 3:3). "악독과 투기를 일삼은 자"(ἐν κακίᾳ καὶ φθόνῳ διάγοντες)라는 표현은 악독과 투기를 일평생 일삼고 있는 자란 뜻이다. "악독"이나 "투기"는 둘 다 악한 행위의 일람표에 항상 등장하는 행위이다. "악독"은 "악의"라는 뜻으로나 혹은 "마음의 못된 관습"으로 이해할 수 있다(롬 1:29; 엡 4:31; 골 3:8). 그리고 "투기"는 다른 사람들의 잘 되는 것이나 성공을 불평하는 마음의 자세이다(롬 1:29; 갈 5:21; 딤전 6:4). 바울은 우리도 예수님을 알기 전에는 이와 같은 잘못된 악독과 투기를 일삼으며 살아왔다고 고백하는 것이다.

여섯째, 우리도 가증스러운 자였다(딛 3:3). "가증스러운 자"(στυγητοί)라는 용어는 신약성경에서 이곳 디도서 3:3에서만 유일하게 사용된 특별한 용어이다(hapax legomenon). 이 용어는 "가증스러운" 혹은 "증오하는" 등의 뜻으로 사용된다. 하나님을 알지 못한 사람들은 다른 사람들을 증오하고 미워하며 더 나아가 하나님까지 미워하게(θεοστυγεῖς) 된다(롬 1:30). 바울은 예수님을 만나지 못했을 때 예수님과 그의 추종자들을 미워하고 증오하여 많은 박해를 가했었다(행 8:3; 9:1; 22:4).

일곱째, 우리도 피차 미워한 자였다(딛 3:3). "피차 미워한 자"(μισοῦντες ἀλλήλους)란 뜻은 한 편이 다른 편만 미워한다는 뜻이 아니요, 쌍방이 서로서로 미워한다는 뜻으로 사용되었다. 알렐루스(ἀλλήλους)는 "서로 간"(one another)이라는 뜻이므로 미워하는"(μισοῦντες)이라는 용어와 함께 사용되어 죄인들이 서로서로 물고 뜯고 미워하는 것을 강조한다(마 24:10).

(Grand Rapids: Eerdmans, 1972), p. 171, n. 36.

바울은 디도가 그레데 교회 성도들에게 상기시켜야 할 일곱 가지 덕목을 제시하고(딛 3:1-2) 자신을 포함하여 구원받기 전의 성도들의 상태를 일곱 가지로 설명함으로(딛 3:3) 그의 논리의 박진감을 드러낸다. 칼빈(Calvin)은 "여기 바울의 말에 두 가지 함의(含意)가 있다는 사실에 주목할 필요가 있다. 첫째는 주님에 의해 가르침을 받은 사람들은 자신들의 이전의 어리석음을 기억하고 겸손을 유지해야 하고, 그리고 자신을 다른 사람들 위에 거만하게 높여서도 안 되며, 그들(성도들) 스스로 그들이 같은 조건에 있었을 때에 어떻게 취급되어졌어야 한다는 생각을 하면서 다른 사람들을 더 혹독하고 더 심하게 다루어도 안 된다는 것이다. 둘째로 그들(성도)에게 발생한 사실이 오늘 교회 밖에 있는 사람들도 내일이면 교회 안으로 접붙임 될 수 있다는 생각을 가져야 하고, 그리고 그들의 잘못이 교정됨으로 현재 그들에게 없는 하나님의 은사들에 참여하게 될 것임을 알아야 하는 것이다."[101]라고 정리함으로 균형 잡힌 논평을 가한다.

딛 3:4-7 바울은 이제 죄인들의 비참한 상태와는 다른 하나님의 놀라운 계획이 있었음을 밝힌다. 그래서 바울은 디도서 3:4을 큰 의미를 품고 있는 "그러나"(δέ)로 시작한다.[102] 바울은 하나님의 약속과 계획이 역사상 실현될 때 어떤 일이 있었는지를 밝힌다. 바울은 "우

---

101 Calvin, *The Second Epistle of Paul to the Corinthians, and the Epistles to Timothy, Titus and Philemon* (1973), p. 378.

102 한글 번역 개역, 개역개정은 "그러나" (δέ)를 번역하지 않았으나 표준새번역, 표준새번역 개정, 바른성경은 "그러나"를 번역하였으며, 대부분의 영어 번역본들은 "But"를 넣어서 번역함으로 원문을 살렸다 (NIV, RSV, ESV, NASB, AV, NKJV). 맥락으로 보아 "그러나"를 넣어서 번역하는 것이 더 좋은 번역이다.

리 구주 하나님의 자비와 사람 사랑하심이 나타날 때에"(딛 3:4)라고 말함으로 마치 요한복음 3:16을 연상하게 하고 베들레헴(Bethlehem) 구유에 누우신 예수님의 탄생을 연상하게 한다(눅 2:1-14; 참조, 미 5:2).

바울은 먼저 하나님을 "우리 구주 하나님"(τοῦ σωτῆρος ἡμῶν θεοῦ)이라고 묘사한다. 바울은 목회서신에서 "구주 하나님"이란 표현(딤전 1:1; 딛 2:10; 3:4)과 "주 예수 그리스도"(딤전 6:14; 딤후 1:10; 딛 1:4; 2:13; 3:6)라는 표현을 자주 교대로 사용하곤 한다. 인간을 죄로부터 구원하는 모든 계획과 실행이 하나님을 떠나서는 생각할 수 없기 때문에 하나님을 "구주 하나님"이라고 호칭한다고 해서 큰 문제될 것은 없다. 바울은 구주 하나님의 "자비와 사람 사랑하심"(ἡ χρηστότης καὶ ἡ φιλανθρωπία)이 나타났다고 밝힌다. "자비"는 선하심(goodness), 친절하심(kindness), 관대하심(generosity) 등의 뜻으로 사용된다. 그리고 하나님의 자비는 항상 인간의 구원과 연계하여 사용된다(엡 2:7). 그리고 "사람 사랑하심"은 사랑(φίλος)과 사람(ἄνθρωπος)의 합성어로서 사람 사랑, 친절한 태도 등의 뜻으로 사용되는데 신약성경에서 두 번 나타난다(행 28:2; 딛 3:4). 같은 어근을 가진 부사형(adverb)인 필란스로포스(φιλανθρώπως)는 신약성경 디도서 3:4에서 한 번 사용된 용어로(hapax legomenon) "친절하게"(kindly)의 뜻으로 사용되었다(행 27:3).[103] 바울은 "우리 구주 하나님의 자비와 사람 사랑하심이 나타났을 때에"(딛 3:4) "우리를 구원하셨다"(딛 3:5)라고 표현함으로 예수님의 초림(the first coming) 사건을 가리키고 있다. 바울은 "나타났다"(ἐπεφάνη)와 "구원하셨다"(ἔσωσεν)를 모두 과거시상(aorist)으로 처리함으로 예

103 Smith, *Greek-English Concordance to the New Testament* (1974), p. 366. (section 3263, 3264)

수님의 초림 사건을 묘사하고 있는 것이다. 한글 개역개정은 "나타날 때에"(딛 3:4)라고 번역함으로 아직 나타나지 않은 미래의 사건을 다루는 것처럼 보인다. 하지만 원문은 이미 "나타났음"을 말하고 있는 것이다. 그리고 바울은 "나타났다"라는 동사를 단수로 처리함으로 동사와 연계된 "자비"와 "사람 사랑"을 한 개념으로 생각하고 처리한 것으로 사료된다.[104] 예수님의 성육신은 하나님의 자비의 표현이요 사람 사랑의 표본이시다. 스타우딩어(Staudinger)는 "자비는 하나님의 창조적인 전능하심의 표지이다. 누가(Luke)의 중심 사상(leitmotif)은 유아기 이야기에서 울려 퍼진다. 구약에서 이스라엘의 구원 역사 안에서 경험된 하나님의 약속된 긍휼(hesed)은 보잘 것 없고 가난한 그의 아들의 성육신을 통해 나타난 하나님 자신의 은혜로운 자기 계시 안에서 그 완성에 도달한다."[105]라고 하나님의 긍휼이 아들을 보내신 사건에서 나타났다고 바르게 설명한다. 그래서 누가(Luke)는 "다른 이로써는 구원을 받을 수 없나니 천하 사람 중에 구원을 받을 만한 다른 이름을 우리에게 주신 일이 없음이라"(행 4:12)라고 가르친다.

바울은 이제 성도들의 구원이 어떻게 성취되었는지를 설명한다. 성도들의 구원은 인간의 어떤 공로나 행위로 말미암은 것이 아니다. 바울은 이미 "그(그리스도)가 우리를 대신하여 자신을 주심은 모든 불법에서 우리를 속량하시고"(딛 2:14)라고 함으로 그리스도가 성도들의

---

104 Hendriksen, *Exposition of the Pastoral Epistles* (1974), p. 389.: "The expression 'the kindness and the love toward man' is *one* concept."; Knight, III, *The Pastoral Epistles: A Commentary on the Greek Text* (1992), p. 338.; Köstenberger. *Biblical Theology for Christian Proclamation: Commentary on 1-2 Timothy and Titus* (2017), p. 347.; Lenski, *The Interpretation of St. Paul's Epistles to the Colossians, to the Thessalonians, to Timothy, to Titus and to Philemon* (1964), p. 930.

105 F. Staudinger, "ἔλεος, ἐλεέω," *Exegetical Dictionary of the New Testament*, Vol. 1 (Grand Rapids: Eerdmans, 1990), p. 431.

대속주(Substitute) 되심을 분명하게 가르쳤다. 인간은 자신을 구원할 수 있는 능력을 가지고 있지 않다. 이는 죄 없는 공간에서 살고 있었던 아담(Adam)과 하와(Eve)의 타락에서 이미 증명되었다(창 3:1-7). 그래서 하나님은 인간이 성취한 어떤 의로운 행위를 근거로 성도들을 구원하신 것이 아니요, 하나님의 사랑에 근거한 인간의 구원을 계획하고 실현하신 것이다(롬 5:8). 성도들의 구원은 오로지 예수님이 성도들의 구세주(Savior)로 오셔서 우리를 대신해 죽으시고 부활하셨기 때문에 가능한 것이다.

이제 바울은 "오직 그의 긍휼하심을 따라 중생의 씻음과 성령의 새롭게 하심으로"(딛 3:5) 우리를 구원하셨다(ἔσωσεν)라고 선언한다. 맥기(McGee)는 디도서 3:4-5을 해석하면서 "기독교인이 되는 것은 단순히 새로운 페이지를 넘겨서 새롭게 시작한다는 뜻으로 이해하지 않는 것이 중요하다. 당신은 옛 페이지 위에 이미 썼던 것과 똑 같은 것을 새로운 페이지 위에 당신 자신이 쓰고 있는 것을 발견할 것이다. 신년 초의 결심이나 더 잘 하겠다는 약속이 당신을 기독교인으로 만들지 않는다. 당신은 당신이 행한 의로운 행위들이나 선한 행동들을 근거로 구원받지 못한다. '그러나 오직 그의 긍휼하심을 따라' 그가 우리를 구원하셨다."[106]라고 정리한다. "중생의 씻음"(διὰ λουτροῦ παλιγγενεσίας)과 "성령의 새롭게 하심"(ἀνακαινώσεως πνεύματος

106 J. Vernon McGee, *The Epistles First and Second Timothy, Titus, Philemon*, p. 170. 맥기(McGee)는 "It is important to understand that becoming a Christian doesn't mean just turning over a new leaf."라는 특이한 상투적인 표현으로 기독교인이 되는 것은 사람이 자신의 행동을 개혁하거나 새롭게 시작한다고 해서 이루어지는 것이 아님을 분명히 설명한다. 참고로, 로저스 (Rogers)는 "Turn over a New Leaf"를 "Make a fresh start: reform one's conduct or attitude. The 'leaf' is a page in a book of precepts or in a diary."라고 설명한다. Cf. James Rogers, *The Dictionary of Clichés* (London: Ward Lock Limited, 1986), p. 266.

ἁγίου)은 두 구절 모두 "구원하셨다"와 연결되어 있다. 하나님께서 죄인 된 우리를 구원하신 방법이 인간의 공로에 근거한 것이 아니요 "그의 긍휼하심을 따라 중생의 씻음과 성령의 새롭게 하심으로" 하셨음을 강조하는 것이다. 그러면 바울이 사용한 "그의 긍휼하심을 따라"(κατὰ τὸ αὐτοῦ ἔλεος)라는 말씀은 무슨 뜻인가? 하나님의 긍휼은 하나님이 우리들의 죄인 됨을 분명히 아시면서도 우리에게 그 죄책을 묻지 않으시고 그의 호의를 베푸셔서 구원의 계획을 진행하셨다는 뜻이다(롬 5:8-10). 따라서 바울은 하나님이 우리가 마땅히 받아야 할 "진노의 그릇"(σκεύη ὀργῆς)을 오래 참으시고 관용을 베푸셔서 우리를 위해 "긍휼의 그릇"(σκεύη ἐλέους)을 예비하셨다고 가르치는 것이다(롬 9:22-23). 바울은 성도들의 구원 성취가 인간의 어떤 의로운 행위나 어떤 공로로 된 것이 아니요 하나님의 은혜와 긍휼로 된 것임을 분명히 한다.

그러면 하나님께서 우리를 구원하시기 위해 베푸신 긍휼의 방법은 어떤 것이었는가? 바울은 "중생의 씻음과 성령의 새롭게 하심"이 우리를 구원하신 하나님의 긍휼의 방법이라고 가르친다. 그런데 이 구절을 어떻게 읽느냐에 대한 견해가 나누인다. 어떤 이는 본 구절을 "중생의 씻음과 성령의 새롭게 하심"(딛 3:5, 개역개정)으로 읽고, 다른 이는 본 구절을 "성령에 의한 중생의 씻음과 새롭게 하심"(딛 3:5)으로 읽는다.[107] 어느 쪽을 택하든지 큰 차이는 없다. 바울은 "중생의 씻음"

107 헬라어 원문은 "διὰ λουτροῦ παλιγγενεσίας καὶ ἀνακαινώσεως πνεύματος ἁγίου"로 구성되어 있음으로 διὰ가 "중생의 씻음"과 "새롭게 하심" 두 구절에 연결되며, 또한 "성령" (πνεύματος ἁγίου)이 문장의 맨 뒤에 위치함으로 "새롭게 하심"과만 연결시킬 수도 있으나 "중생의 씻음"도 "새롭게 하심"도 성령의 사역이기 때문에 성령을 두 사역 모두에 연결시키는 것이 더 타당하다고 사료된다. Cf. Köstenberger. *Biblical Theology for Christian Proclamation: Commentary on 1-2 Timothy and Titus* (2017), p. 348.

(διὰ λουτροῦ παλιγγενεσίας)[108]이라는 표현을 통해 성도들이 세례를 받음으로 그리스도의 교회에 접붙임 된 사실을 확인한다. 바울이 여기서 "칭의"(δικαιοσύνη: righteousness or justification)라는 용어를 사용하지 않고 신약성경에서 두 번만 등장하는(마 19:28; 딛 3:5) "중생"이라는 용어를 사용하여 "중생의 씻음"으로 표현한 것은 세례의식을 생각하면서 기록한 것으로 볼 수 있다. 하지만 바울은 단순히 "세례의식"(baptismal ceremony) 자체만을 생각하고 "중생의 씻음"을 사용한 것이 아니요, 세례의식 속에 함축된 인간의 구원 전체를 생각하면서 "중생의 씻음"으로 표현한 것으로 사료된다.

바울은 여기서 "중생"(παλιγγενεσίας)이라는 특별한 용어를 사용한다. 이 용어는 신약성경에서 두 번 등장하는데 마태가 한 번 사용하고(마 19:28) 바울이 본 구절 디도서에서 한 번 사용하는(딛 3:5) 특별한 용어이다.[109] 바울은 예수님께서 니고데모에게 "사람이 거듭나지 아니하면 하나님 나라를 볼 수 없느니라"(요 3:3)라고 가르치실 때 사용하신 "거듭나다"(γεννηθῇ ἄνωθεν)라는 표현대신 "중생"(παλιγγενεσίας)이라는 용어를 사용했다. "거듭나다"(γεννηθῇ ἄνωθεν)라는 표현은 "위로부터 나다, 혹은 다시 태어나다"의 의미가 담긴 표현으로 일반적으로 개인 성도의 변화에 적용되는 표현이다. 그러나 마태복음에서 예수님께서 사용하신 "중생"(παλιγγενεσίας)이라는 용어는 "세상이 새롭게 되어 인자가 자기 영광의 보좌에 앉을 때에 나를 따르는 너희도

108 "중생" (παλιγγενεσία)은 신약성경에서 2회 사용된 용어이다 (마 19:28; 딛 3:5). 참조, Smith, *Greek-English Concordance to the New Testament* (1974), p. 272 (section 3724). 그런데 마 19:28은 "미래의 세상"을 가리키는 뜻으로 사용되었고, 딛 3:5은 개인 인간의 변화와 관계되어 사용되었다. 하지만 개인 인간의 변화와 관계된 성령의 사역은 하나님이 준비하실 미래의 세상과 무관할 수 없음을 주목할 필요가 있다.

109 Smith, *Greek-English Concordance to the New Testament* (1974), p. 272. (section 3724).

열두 보좌에 앉아 이스라엘 열두 지파를 심판하리라"(마 19:28)라고 가르치실 때 사용한 말씀이다. 이 말씀은 예수님께서 종말을 강조하실 때 사용하신 말씀임에 틀림없다. 그렇다면 "세상이 새롭게 되어"(ἐν τῇ παλιγγενεσίᾳ)라는 표현은 성도 개인을 가리키지 않고 창조된 세상 전체를 뜻한다고 해석할 수 있다. 보스 (Vos)는 마태복음 19:28의 "중생"을 설명하면서 "이 말씀에서 그 용어는 부활의 개인적인 적용에만 제한시킬 수 없다. 그 용어는 마치 종말의 상태를 동등하게 묘사하는 마가복음과 누가복음의 병행 구절들(막 10:29, 30; 눅 22:29, 30)이 보여주는 것처럼 전체로서의 부활 그리고 더 나아가 우주의 갱신을 포함한다."[110]라고 설명한다. 개핀(Gaffin)도 같은 전망으로 성도들의 "모든 구원 경험은 그리스도의 부활 안에서의 결속으로부터 기인하고, 그의 부활로 시작된 새로운 창조 시대 안에서의 존재를 의미한다."[111]라고 함으로 구원의 서정(order salutis)과 구원 역사(historia salutis)의 관계를 잘 정리한다.

그러므로 바울이 성도들의 구원 문제를 디도(Titus)에게 가르치면서 "중생의 씻음과 성령의 새롭게 하심으로 하셨나니"(딛 3:5)라고 말한 것은 단순히 개인 성도의 구원만을 언급한 것이 아니요, 그리스도의 죽음과 부활을 통해 온 세상이 새롭게 되고 성도들은 새롭게 된 죄 없는 세상에서 하나님의 백성으로 살게 되었음을 함축하고 있는

110 G. Vos, *The Pauline Eschatology* (Grand Rapids: Eerdmans, 1966), p. 50.; Richard B. Gaffin, Jr. *Resurrection and Redemption* (Michigan: University Microfilms, 1970), pp. 217-219.

111 Richard B. Gaffin, Jr. *The Centrality of the Resurrection* (A Study in Paul's Soteriology) (Grand Rapids: Baker, 1978), p. 140.: "All soteric experience derives from solidarity in Christ's resurrection and involves existence in the new creation age, inaugurated by his resurrection."

것이다(참조, 고후 5:17-19).

그러면 성도들이 어떤 방법으로 새로운 세상의 하나님의 백성이 될 수 있는가? 바울은 보이는 교회(visible church) 내에서의 성령의 역사와 세례가 어떤 역할을 하는지 설명한다. 성도가 물세례(water baptism)를 받는 것은 이미 내적으로 구원(salvation)받은 사실을 외적인 의식으로 확인하는 것이다. 하나님이 그의 백성을 삼으시는 방법으로 세례의식을 사용하신 것은 어떤 사람이 구원을 받았는지 아니면 구원을 받지 못했는지를 아무도 객관적으로 증명할 수는 없지만 세례의식을 통해서 객관적인 증명이 가능하게 하시기 위해서이다. 구원의 실재(reality)는 내적인 현상이기에 아무도 어떤 사람이 구원받았음을 확증할 수는 없다. 하지만 사람이 회개하고 세례를 받아 보이는 교회의 회원이 된 것은 곧바로 증명이 가능하다. 그러므로 어떤 사람이 세례를 받고 보이는 교회의 회원이 되면 그 사람이 구원받은 것으로 간주하는 것이다. 이런 원리 때문에 회개가 가짜요 믿음이 가짜인데 사람의 눈을 속여 보이는 교회의 회원이 될 수는 있다. 왜냐하면 세례를 집행하는 목회자도 사람이기에 상대방의 마음속을 드려다볼 수 없고 외모로 판단할 수밖에 없기 때문이다(삼상 16:7).

그러므로 세례의 방법은 보이는 교회 내에 가짜 교인이 있을 수 있다는 가능성을 제기한다. 그러나 교회의 목회자나 성도들은 이 문제에 대해 염려할 필요가 전혀 없다. 왜냐하면 하나님은 그의 지혜로 마련하신 구원의 방법으로 이런 문제를 해결해 주셨기 때문이다. 성경말씀은 “믿음은 들음에서 나며 들음은 그리스도의 말씀으로 말미암았느니라”(롬 10:17)라고 가르치고, “성령으로 아니하고는 누구든지 예수를 주시라 할 수 없느니라”(고전 12:3)라고 가르친다. 그리고 성경말씀은 계속해서 “너희는 그 은혜에 의하여 믿음으로 말미암아 구원을 받았으니 이것은 너희에게서 난 것이 아니요 하나님의 선물이라”(엡 2:8)라고 함으로 구원도 하나님의 선물이요, 믿음도 하나님의 선물임을 분명히 한다. 또한 하나님의 말씀은 “네가 만일 네 입으로 예수를 주로 시인하며 또 하나님께서 그를 죽은 자 가운데서 살리신 것을 네 마음에 믿으면 구원을 받으리라 사람이 마음으로 믿어 의에 이르고 입으로 시인하여 구원에 이르느니라”(롬 10:9-10)라고 가르친다. 그러므로 어떤 사람이 가짜 회개와 가짜 고백으로 세례를 받고 보이는 교회(visible church)의 회원이 되었을지라도 그는 교회에서 계속 그리스도의 말씀을 들어야만 할 것이요(롬 10:17), 그 말씀을 계속 듣는 과정에서 성령의 도움으로 믿음이 생겨 예수님의 죽음과 부활을 마음으로 믿고 입으로 시인하여 진짜로 구원받은 사람으로 변화될 것이다. 일반적으로 세례는 이미 구원받은 사람을 외적으로 인치는 과정인데, 이런 사람의 경우는 세례가 먼저요 그 다음에 진정한 하나님의 백성이 된 것이다. 만약 그가 선택받지 못한 사람이라면 그는 하나님이 진행하시는 이 과정을 견디지 못하고 교회를 떠날 수밖에 없을 것이다(참조, 히 6:4-6). 교회에서 선포된 하나님의 말씀은 가짜로 회원이 된 사람에게는 경고와 정죄와 심판의 말씀이 될 것이요 결국 그는 견디지 못하여 교회를 떠나야만 할 것이다.

그러므로 교회를 섬기는 목회자가 하나님의 말씀을 진실하게 바로 전하면 가짜 세례를 받아 보이는 교회에 들어 온 사람의 문제는 자연스럽게 해결되게 된다. 그래서 누가(Luke)는 “너희가 회개하여 각각 예수 그리스도의 이름으로 세례를 받고 죄 사함을 받으라 그리하면 성령의 선물을 받으리라”(행 2:38)라고 가르치는 것이다. 성경은 세례의 외형적 의식으로 구원을 받는다고 가르치는 것이 아니요, 세례를 받을 때 고백하는 회개와 믿음이 진정한 것이냐 아니냐에 따라 하나님의 백성이 되느냐 되지 못하느냐를 결정짓는다고 가르치는 것이다. 칼빈(Calvin)은 "우리를 중생시키시고 우리를 새로운 피조물로 만드시는 분은 하나님의 성령이시다. 그러나 그의 은혜가 보이지 않고 감추어져 있기 때문에 그 보이는 상징이 세례로 우리에게 주어진 것이다."[112]라고 바로 설명한다.

바울은 "중생의 씻음"과 함께 "성령의 새롭게 하심"(ἀνακαινώσεως πνεύματος ἁγίου)이라는 표현을 사용함으로 우리들의 구원을 위해 성령께서 하시는 사역을 소개한다. 바울은 본문에서 성령의 외적이며 동적인 사역을 강조하지 않고 내적이며 정적인 사역을 강조하고 있다. 이 말씀은 에스겔(Ezekiel) 선지자의 말씀을 연상하게 한다(겔 36:25-27). 성령 하나님은 계속적으로 사람을 변화시켜 그의 백성으로 삼으시고 그리스도의 교회를 든든히 세워 나가신다. 성령은 "중생의 씻음"을 받은 성도들을 계속 새롭게 하시는 일을 진행하신다. 화이트(White)는 "출생은, 자연적인 것이든 영적인 것이든, 어떤 특정한 순간에 발생하는 것이 확실한 사실이어야만 한다. 반면 새롭게 되는 것은 반드시 후속되는 과정으로 계속적으로 작동되어야 한다. 이 새롭게 되는 것 없이는 출생 때에 받은 생명은 기껏해야 중지된 상태에 있다."[113]라고 함으로 성도들의 구원이 어떻게 진행되는지를 잘 설명해 준다. 성령은 성도가 구원받는 순간부터 성도 안에 내주하시기 시작하고(롬 8:9-11; 고전 3:16; 6:19) 계속적으로 성도들을 새롭게 하신다(롬 12:2; 고후 4:16; 골 3:10).

---

112 Calvin, *The Second Epistle of Paul to the Corinthians, and the Epistles to Timothy, Titus and Philemon* (1973), p. 383.

113 White, "The First and Second Epistles to Timothy and the Epistle to Titus," *The Expositor's Greek Testament*, IV (1980), p. 199.

바울은 성도들이 어떻게 성령을 풍성히 받을 수 있게 되었는지를 설명한다. 바울은 "하나님은 우리 구주 예수 그리스도를 통해 성령을 우리에게 풍성히 부어주셔서 (딛 3:6) 우리로 그 은혜를 힘입어 의롭다 하심을 얻어 영생의 소망을 따라 상속자가 되게 하려 하심이다."(딛 3:7, 사역)라고 가르친다. 디도서 3:6의 문장을 시작하는 관계대명사 "후"(οὗ)는 바로 전에 언급된 "성령"을 가리키며, "부어주셨다"(ἐξέχεεν)[114]의 주어는 하나님임에 틀림이 없다. 그래서 바울은 하나님께서 그리스도를 통해 성령을 우리에게 부어주셨다고 말함으로 성부(God the Father), 성자(God the Son), 성령(God the Holy Spirit) 삼위 하나님이 우리들의 구원에 깊이 관여하셨음을 밝히고 있는 것이다(요 14:16, 26; 15:26; 16:7-13). "구주 예수 그리스도"의 대속적 희생이 없었으면 성령을 풍성히 부어주심도 불가능한 일이다. 바울은 하나님이 우리에게 성령을 부어주시되 풍성하게(πλουσίως) 부어주셨음을 강조하고 있다(골 3:16; 딤전 6:17; 벧후 1:11).

바울은 이제 디도서 3:7의 서두에서 "히나"(ἵνα)를 사용함으로 하나님께서 우리를 구원하시고 성령을 풍성히 부어주신 궁극적 목적이 무엇인지를 밝힌다. 디도서 3:7을 주관하는 동사는 디도서 3:5의 "그가 구원하셨다"(ἔσωσεν)이다. 바울은 하나님이 그리스도를 통해 우리를 구원하시고 성령을 풍성히 부어주신 목적을 "우리로 그의 은혜를 힘입어 의롭다 하심을 얻어 영생의 소망을 따라 상속자가 되게 하려 하심이라"(딛 3:7)라고 밝힌다. 바울은 "의롭다 하심을 얻어"(δικαιωθέντες)라는 과거형 수동태를 사용하여 하나님 보시기에 성도들이 이미 의인들임을 선언하셨다고 가르친다. 성도들은 하나님의 은혜로 죄인의

114 ἐκχέω의 단순과거 (aorist), 능동태 (active), 직설법 (indicative), 3인칭, 단수임.

굴레를 벗고 의롭게 되어(롬 3:24, 26, 28; 5:1, 9; 8:30, 33; 갈 2:16-17; 3:24) 영생(ζωῆς αἰωνίου)을 소유한 상속자들이 되었다(요 5:24; 10:28; 17:2-3; 롬 5:21; 6:23; 요일 5:11; 딛 1:2). 그래서 바울은 "성령이 친히 우리의 영과 더불어 우리가 하나님의 자녀인 것을 증언하시나니 자녀이면 또한 상속자 곧 하나님의 상속자요 그리스도와 함께 한 상속자니"(롬 8:16-17)라고 가르친 것이다. 성도가 소유한 영생은 예수님의 재림 이후에 하나님께 영광을 돌리며 하나님과 함께 사는 끝없는 삶을 뜻한다(참조, 딤전 1:16; 6:12; 딛 1:2; 계 22:17). 그러므로 예수님의 재림을 소망하며 사는 성도들의 구원은 완전에서 완전으로(from perfection to perfection) 이어지는 삶이 되는 것이다. 하나님은 그의 긍휼하심을 따라 자신의 독생자 예수 그리스도를 우리 대신 희생시키셔서 우리를 완벽하게 새로운 존재로 만드시고 그의 백성으로 삼으셔서 완전한 영생을 소망하며 이 세상을 당당하게 살아갈 수 있는 상속자로 만들어 주신 것이다(딛 3:4-7).

3. 거짓 선생에 대한 사역(딛 3:8-11)

> 8 이 말이 미쁘도다 원하건대 너는 이 여러 것에 대하여 굳세게 말하라 이는 하나님을 믿는 자들로 하여금 조심하여 선한 일을 힘쓰게 하려 함이라 이것은 아름다우며 사람들에게 유익하니라 9 그러나 어리석은 변론과 족보 이야기와 분쟁과 율법에 대한 다툼은 피하라 이것은 무익한 것이요 헛된 것이니라 10 이단에 속한 사람을 한두 번 훈계한 후에 멀리하라 11 이러한 사람은 네가 아는 바와 같이 부패하여서 스스로 정죄한 자로서 죄를 짓느니라 (딛 3:8-11)

딛 3:8-11 바울은 그가 목회서신에서 다섯 번 사용한 "이 말이 미쁘도다" 혹은 "미쁘다 이 말이여" (πιστὸς ὁ λόγος)를 디도서 3:8에서 마지막으로 사용한다(딤전 1:15; 3:1; 4:9; 딤후 2:11; 딛 3:8). 본 절의 "미쁘다 이 말이여"는 어떤 특정한 어록을 생각하고 사용한 것이 아니요, 바로 전에 언급한 교리적인 진술(딛 3:4-7)을 생각하면서 사용한 것이다.[115] 바울은 이 말씀이 신실한 말씀이기에 디도에게 "너는 이 여러 것에 대하여 굳세게 말하라"(딛 3:8)라고 권면하는 것이다. 하지만 바울은 "원하건대" (βούλομαι)를 사용하여 명령의 뜻을 전하고 있다고 사료된다. 본 구절의 "말하라"(διαβεβαιοῦσθαι)는 "주장하라"(insist on), "강조하라"(stress), "단언하라"(affirm)등의 뜻을 가지고 있다. 바울이 본 구절에서 일반적으로 사용하는 "말하라"(λέγω, λαλέω)라는 용어를 사용하지 않고, "주장하라"(διαβεβαιόομαι)라는 뜻을 가진 용어를 사용한 것은 신실한 말씀을(딛 3:4-7) 계속해서 확신을 가지고 가르칠 것을 강조하는 것이다. 칼빈(Calvin)은 "디아베바이우스다이(διαβεβαιοῦσθαι)는 수동태의 어형변화를 가졌지만 능동적인 뜻을 가지고 있다. 이 용어는 어떤 것을 강력하게 주장한다는 것을 뜻한다. 디도(Titus)는 여기서 다른 사람들이 별로 중요하지 않은 것들을 한가하게 말하고 있는 동안, 다른 모든 것들을 제쳐놓고 확실하고 의심할 수 없는 것들을 가르치고, 그것들을 강조해서 계속 숙고하라고

---

115 George W. Knight III, *The Faithful Sayings in the Pastoral Letters.* Nutley: Presbyterian and Reformed Publishing Co., p. 81.; Newport J.D. White, "The First and Second Epistles to Timothy and the Epistle to Titus," *The Expositor's Greek Testament* (1980), p. 200.; Hendriksen, *Exposition of the Pastoral Epistles* (1974), p. 393. 그런데 흥미롭게도 "이 말이 미쁘도다"의 말씀이 딛 3:3-7을 가리킨다고 주장하는 학자도 있고 (Dibelius-Conzelmann), 딛 3:5b-6을 가리킨다고 주장하는 학자도 있다(Kelly). 하지만 본 구절의 맥락에 비추어 볼 때 "이 말이 미쁘도다"는 바로 전에 언급된 딛 3:4-7의 내용을 가리킨다고 생각하는 것이 더 타당하다.

권면 받고 있는 것이다."[116]라고 설명한다.

성도들이 신실한 말씀을 숙고해야 할 이유는 성도들이 "조심하여 선한 일을 힘쓰게"(딛 3:8) 하기 위해서이다. 바울이 여기서 사용한 "조심하여"(φροντίζωσιν)라는 용어는 신약성경에서 이 구절에서만 사용된 유일한 용어로(hapax legomenon) "집중하다," "전심전력하다"등의 뜻을 가지고 있다. 헨드릭센(Hendriksen)은 "그들은 그들의 일을 열심히 하면서 이것을 그들의 최고의 업무로 만들면서 감사해야 할 그 행위들에 대해 그들의 생각을 집중해야 한다."[117]라고 설명한다. 그레데 교회(Cretan church) 성도들은 다른 사람들의 유익을 위해 열심을 다 하여야 한다. 성도들은 말로 형용할 수 없는 하나님의 구원계획을 감사하면서 교회의 유익을 위해 전심전력해야 한다.

바울은 이제 "유익한 것"(ὠφέλιμα)과 대칭이 되는 "무익한 것"(ἀνωφελεῖς)이 무엇인지 설명한다. "무익한 것"은 "어리석은 변론과 족보 이야기와 분쟁과 율법에 대한 다툼"(딛 3:9)이다. 바울은 이미 에베소 교회(churches in Ephesus) 성도들을 위해 언급한 "무익한 것"과 비슷한 내용을 디모데전서에서 지적한 바 있다(딤전 1:4, 7; 6:4-5). 바울은 이제 그레데 교회(churches in Crete) 성도들에게 "어리석은 변론"(딤전 6:4), "족보 이야기"(딤전 1:4), "분쟁"(딤전 6:4), "율법에 대한 다툼"(딤전 1:7; 6:5) 등은 성도들이 피해야 할 것들이요 무익한 것이라고 분명하게 지적한다(딛 3:9). "어리석은 변론"(μωρὰς ζητήσεις)은 자신의 지식을 전시하면서 병적으로 논쟁을 일삼는 것을 뜻한다(딤전 6:4). 변론은 좋은 결과를 도출해 내기 위해 논의하는 것이 아니요, 논

116 Calvin, *The Second Epistle of Paul to the Corinthians, and the Epistles to Timothy, Titus and Philemon* (1973), pp. 384-385.

117 Hendriksen, *Exposition of the Pastoral Epistles* (1974), p. 394.

쟁을 목적으로 삼고 토의에 임하는 것이다. 그러므로 성도들은 당연히 어리석은 변론을 피해야 한다. "족보 이야기"(γενεαλογίας)는 인간의 상상력으로 만들어 낸 것으로 어떤 인물의 기원이나 그 후손들에게 잘못된 종교적 의미를 부여하여 사람들을 혼란스럽게 만드는 근거 없는 이야기이다(딤전 1:4). "분쟁"(ἔρεις: argument or discord)은 투기한 결과로 따라오는 불화를 뜻한다. 분쟁은 항상 교회의 연합과 평화를 깨뜨리는 나쁜 행위 중의 하나이다(딤전 6:4). "율법에 대한 다툼"(μάχας νομικάς)은 모세(Moses) 율법에 관한 것에 이의를 제기하며 싸우는 것이다(딤후 2:23). 바울은 디도에게 "어리석은 변론," "족보 이야기," "분쟁," 그리고 "율법에 대한 다툼"은 무익한 것이요 헛된 것이기 때문에 피하라고 권면하는 것이다(딛 3:9).

바울은 이제 교회를 혼란스럽게 만드는 "이단에 속한 사람"(αἱρετικὸν ἄνθρωπον)을 권징의 과정을 거친 후 개선될 가능성이 없으면 멀리하라고 명령한다(딛 3:10). 칼빈(Calvin)은 "우리는 이제 이단이라는 용어의 뜻이 무엇인지를 알아야만 한다. 이단(heretic)과 분리주의자(schismatic) 사이에는 익숙하고 잘 알려진 구분이 있는데 내 의견으로는 바울이 여기서는 그 구분에 대해 관심을 갖지 않았다고 생각한다. 왜냐하면 그는 이단들을 알려진 잘못이나 어떤 사악한 교리를 포용하고 옹호하는 사람들을 뜻할 뿐만 아니라 일반적으로 그가 금방 설명한 건전한 교훈에 동의하지 않은 사람들을 뜻하기 때문이다. 따라서 그는 이단이라는 이름 아래 사악한 열정에 의해 잘못 인도되고, 교회의 평화를 어지럽게 하는, 야심적이고, 규칙을 무시하며, 싸우기를 좋아하는 사람들을 포함시킨다. 간략하게 설명하면, 부끄러움 없는 자만심으로 교회의 연합을 깨뜨리는 사람은 누구든지 바울에 의해 이단으로 불린다."[118]라고 이단을 해석한다. 박윤선 박사는 "이단에 속한 사람"을 해석하면서 "사람이 비록 일시 동안 알지 못하여 옳지 않은 의견을 주장하였을지라도, 교회의 권면을 듣고 회개한 자는 이단자가 아니다. 그러나 그것을 회개하지 않고 끝까지 주장하는 자는 이단자(異端者)이다."[119]라고 정리한다.

바울이 디도에게 이단에 속한 사람을 한두 번 훈계하라고 한 교훈은 예수님의 교훈을 연상하게 한다. 예수님은 형제가 죄를 범하면 개인적으로 조용히 그를 권고하고, 말을 듣지 아니하면 두세 증인의 입으로 확증하고, 그렇게 해서도 듣지 아니하면 교회를 통해 권징하고, 교회의 권징도 듣지 아니하면 이방인과 세리처럼 여기라고 가르치셨다(마 18:15-17). 바울이 이단에 속한 사람을 이와 같은 권징의 과정을 거치게 하는 것은 잘못에 빠져있는 사람의 회복을 중요하게 생각하기 때문이다. 바울이 본 구절에서 "훈련"(training)이나 "양육"(upbringing)을 뜻하는 파이데이아(παιδεία)라는 용어(신약에서 6회 등장)나 "교훈"(teaching)을 뜻하는 디다케(διδαχή)라는 용어(신약에서 30회 등장)를 사용하지 않고, "권면"(admonition)이나 "경고"(warning)를 뜻하는 누데시아(νουθεσία)라는 용어(신약에서 3회 등장: 고전 10:11; 엡 6:4; 딛 3:10)를 사용한 것은 잘못된 사람의 회복을 고려하고 있었기 때문이라고 사료된다.[120] 바울은 이렇게 "이단에 속한 사람"(딛 3:10)들의 회복을 원하지만 그들이 회개하고 바로 되지 않으면 그들은 교회의 연합에 큰

118 Calvin, *The Second Epistle of Paul to the Corinthians, and the Epistles to Timothy, Titus and Philemon* (1973), p. 387.

119 박윤선, 『성경주석: 바울서신』 (1964), p. 599.

120 F. Selter, "νουθετέω, νουθεσία," *The New International Dictionary of New Testament Theology*, Vol. 1 (Grand Rapids: Zondervan, 1975), pp. 568-569.

걸림돌이 되기 때문에 디도에게 이런 사람을 멀리하라고 명령하는 것이다. 칼빈(Calvin)은 "이단 혹은 파벌은 교회의 연합을 철저하게 방해한다. 교회의 연합이 하나님께 귀중하고 우리들도 교회의 연합을 대단히 높이 평가해야 하기 때문에 우리들은 이단을 크게 증오해야만 한다."[121]라고 하며 교회의 연합의 중요성과 이단의 위험성을 지적한다. 바울은 이런 회개하지 않은 이단에 속한 사람들은 정도를 벗어나서 죄를 짓고 자신을 정죄하는 사람들로 디도도 잘 알고 있다(딛 3:11)고 설명하고 있다. 바울은 디도에게 이단에 속한 사람들의 회복을 위해 노력해야 하지만 그들이 돌이키지 않을 때 그들은 교회의 연합에 해가 되는 존재들이므로 그들을 멀리하라고 명령하고 있는 것이다.

4. 부탁과 마지막 인사(딛 3:12-15)

> 12 내가 아데마나 두기고를 네게 보내리니 그 때에 네가 급히 니고볼리로 내게 오라 내가 거기서 겨울을 지내기로 작정하였노라 13 율법교사 세나와 및 아볼로를 급히 먼저 보내어 그들로 부족함이 없게 하고 14 또 우리 사람들도 열매 없는 자가 되지 않게 하기 위하여 필요한 것을 준비하는 좋은 일에 힘 쓰기를 배우게 하라 15 나와 함께 있는 자가 다 네게 문안하니 믿음 안에서 우리를 사랑하는 자들에게 너도 문안하라 은혜가 너희 무리에게 있을지어다 (딛 3:12-15, 개역개정)

121 Calvin, *The Second Epistle of Paul to the Corinthians, and the Epistles to Timothy, Titus and Philemon* (1973), p. 388.

딛 3:12-14 바울은 디도가 교회를 섬길 때 필요한 교훈들을 마무리하고 이제 편지를 끝내기 위해 디도에게 마지막 부탁과 함께 인사를 전한다. 바울은 디도에게 "아데마나 두기고"를 그에게 보낼 것을 알리고, 디도에게 그들이 오면 그 때에 급히 니고볼리(Nicopolis)로 오라고 부탁한다(딛 3:12). 그 이유는 바울이 니고볼리[122]에서 겨울을 지내기로 작정했기 때문이다. 니고볼리는 바울이 디도서를 쓰고 있는 빌립보와 디도가 사역하고 있는 그레데의 중간 지점 정도 되는 장소이다. 화이트(White)는 바울이 여기서 언급한 "겨울"은 디모데후서 4:21에서 "너는 겨울 전에 어서 오라"라고 언급한 같은 겨울을 뜻할 가능성이 있다고 해석한다.[123] 디모데후서 4:21에 언급된 "겨울"과 디도서 3:12에 언급된 "겨울"이 같은 겨울이라는 주장이다. 이 해석이 타당하게 인정받으려면 바울이 디도서를 쓴 직후 겨울이 되기 전에 다시 붙잡혀 로마로 이송되어 로마 감옥에 제2차로 감금된 상황에서 디모데후서를 쓰면서 디모데에게도 "겨울 전에 어서 오라"(딤후 4:21)라고 썼다고 정리해야 한다. 그런데 바울은 디도서에서 디도에게 구체적인 장소를 언급하며 니고볼리로 오라고 부탁을 했는데(딛 3:12), 디모데후서에서는 디도가 아드리아 해의 동쪽에 위치한 달마

122 니고볼리 (Nicopolis)라는 도시는 신약성경에서 딛 3:12에서 단 한 번 나타난 도시로서 그 뜻은 "승리의 도시" (city of victory)라는 의미를 가지고 있다. 원래 니고볼리는 로마의 처음 황제 아우구스투스 (Augustus: Octavian)가 악티움 (Actium) 전쟁에서 안토니 (Antony)와 애굽 여왕 클레오파트라 (Cleopatra)의 연합군을 물리친 것을 기념하여 BC 31년에 세운 도시이다. 참조, *The New Encyclopaedia Britannica*, Vol. 8 (1994), p. 693. 니고볼리의 위치는 아가야의 서북쪽에 위치한 에피루스 (Epirus)지역에 속한 도시일 개연성이 크다. 바울은 거기서 겨울을 나면서 복음을 전할 계획을 가지고 있었던 것 같다. 참조, 배리 J. 베이첼, New 무디 성서지도 (서울: 아가페출판사, 2016), p. 273.;

123 White, "The First and Second Epistles to Timothy and the Epistle to Titus," *The Expositor's Greek Testament* (1980), p. 201. "It is possible that the winter is that mentioned in 2 Tim. iv. 21."

디아(Dalmatia)로 갔다고 기록한다(딤후 4:10). 그러므로 디모데후서 4:21의 "겨울"과 디도서 3:12의 "겨울"을 같은 겨울이라고 동일시하는 것은 받아들이기 힘들다.

또한 디모데후서의 "겨울"(딤후 4:21)과 디도서의 "겨울"(딛 3:12)이 같은 겨울이라는 해석을 받아들이기 어려운 이유는 바울이 로마의 제1차 감금에서 풀려난 후 마게도냐 지역의 빌립보에서 그레데(Crete)에서 교회를 섬기는 디도에게 디도서를 썼고, 디모데후서는 바울이 제2차로 로마의 감옥에 감금되어 죽음을 앞에 두고 쓴 편지이기 때문에 디도서에서 겨울 전에 니고볼리로 오라는 "겨울"(딛 3:12)이 로마의 감옥에서 쓴 디모데후서의 "겨울"(딤후 4:21)과 같은 시간일 수 없기 때문이다.

디도서 3:12의 "겨울"과 디모데후서 4:21의 "겨울"이 같은 겨울이냐 아니면 다른 겨울이냐의 문제는 바울이 로마의 감옥에 제1차로 감금되었을 당시의 상황을 살펴보면 어느 정도 해결의 실마리를 찾을 수 있다. 바울은 로마의 황제 네로 (Nero)의 통치 기간(AD 54-68) 중에 1차로 로마 감옥에 감금되었다. 그리고 AD 64년 7월 19-28일까지 로마에 대화재가 발생하여 로마 도시의 일부분이 모두 훼손되는데 네로는 이 화재의 원인을 기독교인들의 소행으로 돌린다.[124] 그리고 AD 64년부터 더욱 심하게 기독교인들을 박해하기 시작한다. 그러므로 로마의 감옥에 갇혀있는 바울이 로마의 화재 이후에 풀려났을 것으로는 생각할 수 없다. 바울은 로마의 화재 이전인 대략 AD 63년에 로마의 제1차 감금에서 풀려났을 것으로 사료된다. 바울은 제1차 로마 감옥에 2년 동안(행 28:30) 감금되어 있었기 때문에 대략

124 Merrill C. Tenney, *New Testament Survey* (Grand Rapids: Eerdmans, 1974), p. 8.

AD 61년에 감금되어 AD 63년에 풀려난 것으로 추정할 수 있다. 그리고 네로 황제가 AD 68년 6월 9일 자살로 생을 마감했기 때문에 네로가 죽기 바로 전인 AD 67년경에 다시 붙잡혀 얼마 동안의 감옥생활을 한 후 로마의 남쪽에 위치한 오스티안 도로(Ostian Way)에서 목베임을 받아 순교한 것으로 사료된다. 그러므로 바울의 제1차 로마 감옥의 감금과 제2차 감금 사이에 활동할 수 있는 기간이 대략 3년 정도 되기 때문에 디도서 3:12의 "겨울"과 디모데후서 4:21의 "겨울"이 다른 "겨울"일 개연성이 크다.

바울이 디도서를 쓸 당시 두기고를 디도가 있는 그레데에 보냈을지라도(딛 3:12) 바울은 로마의 감옥에 제2차로 감금되었을 때에 얼마든지 "두기고를 에베소로 보냈다"(딤후 4:12)라고 말할 수 있다. 왜냐하면 바울이 디도서를 쓰는 기간과 디모데후서를 쓰는 기간 사이에 상당한 시간적 여유가 있었기 때문이다. 그리고 바울이 2차로 감금되었을 때에 두기고가 로마에서 바울의 수종을 들고 있을 수 있었기 때문에 "두기고를 에베소로 보냈다"(딤후 4:12)라고 말할 수 있었다.

바울은 디도가 니고볼리로 갈 경우를 대비해서 그레데 교회의 목회를 생각하며 "내가 아데마(Artemas)나 두기고(Tychicus)를 네게 보내리니"(딛 3:12)라고 말한다. 바울은 "또는"이나 "혹은"(ἤ)의 뜻을 가진 용어를 사용하여 아데마나 두기고 중 한 사람을 보내겠다고 그의 뜻을 전한다. 어떤 이는 바울이 그레데에 두기고를 보내지 않고 아데마를 보냈다고 주장한다. 그 근거로 바울이 디모데후서에서 "두기고는 에베소로 보내었노라"(딤후 4:12)라고 밝혔기 때문이다. 하지만 이 논리 역시 설득력이 약하다. 왜냐하면 디도서를 기록한 시간과 디모데후서를 기록한 시간이 같지 않기 때문이다. 그리고 성경에서 아데마가 바울의 동역자였다는 기록 이외에 아데마에 대해 알려진 내용이 전혀 없다(딛 3:12). 반면 두기고의 역할은 여러 곳에서 언급된다(행 20:4; 엡 6:21; 골 4:7; 딤후 4:12; 딛 3:12). 따라서 바울이 디도가 없는 사이 디도의 사역을 도울 사람으로 아데마 보다는 두기고를 그레데에 보냈을 개연성이 더 크다. 하지만 이런 결론은 확정적으로 주장할 수 없는 내용이다. 비록 바울이 디도를 니고볼리에서 만나기를 원하지만 바울은 그레데 교회의 안전과 발전을 위해 꼼꼼하게 배려하고 있다. 바울은 디도의 공석으로 그레데 교회가 위험에 처하는 것을 원하지 않는다.

바울은 율법 교사 세나(Zenas)와 아볼로(Apollos)를 도와 달라고 디도에게 부탁한다(딛 3:13). 바울이 쓴 디도서를 그레데에 있는 디도에게 전달한 사람이 세나와 아볼로일 것으로 추정한다.[125] 세나는 헬라식 이름으로 "세노도러스"(Zenodorus)의 약칭이며 "제우스의 선물"(gift of Zeus)이라는 뜻을 가지고 있다. 바울은 세나를 가리켜 "율법교사"(τὸν νομικόν)임을 밝힌다. 세나가 로마의 법(Roman law)을 연구한 "율법교사"인지 아니면 모세의 율법(the law of Moses)을 연구한 "율법교사"인지에 대한 의구심이 제기된다. 어떤 이는 세나의 이름이 헬라식 이름이라는 것을 근거로 세나가 "로마의 법"을 연구한 율법교사라고 주장한다.[126] 하지만 바울(Παῦλος: Paul)도 헬라식 이름을 가졌다는 것을 고려할 때 이 주장의 근거는 대단히 빈약하다. 오히려 세나와 함

125 Hendriksen, *Exposition of the Pastoral Epistles* (1974), p. 398.; Köstenberger. *Biblical Theology for Christian Proclamation: Commentary on 1-2 Timothy and Titus* (2017), p. 354.; Kelly, *A Commentary on the Pastoral Epistles (Thornapple Commentaries)* (1981), p. 258.

126 Knight, III, *The Pastoral Epistles: A Commentary on the Greek Text* (1992), p. 357.; Köstenberger. *Biblical Theology for Christian Proclamation: Commentary on 1-2 Timothy and Titus* (2017), p. 353.; Guthrie, *The Pastoral Epistles (Tyndale)* (1990), p. 222.

께 언급된 아볼로가 모세의 율법에 익숙한 율법교사이기 때문에(행 18:24; 고전 1:12; 3:5) 아볼로의 동역자인 세나 역시 모세의 율법을 연구한 "율법교사"일 가능성이 더 크다.[127]

그런데 본 구절이 "율법교사 세나와 및 아볼로를 급히 먼저 보내어 그들로 부족함이 없게 하고"(딛 3:13)라고 표현되었기 때문에 누가 세나와 아볼로를 보냈는지 그리고 그들의 종착지는 어디인지 분명하지 않다. 본문의 "보내어"(πρόπεμψον)[128]라는 동사가 2인칭 단수 명령형이므로 바울은 세나와 아볼로를 보내라고 디도에게 명령하는 것이 확실하며, 그들의 종착지에 관해서는 어디인지 알 수가 없다. 그러므로 본 구절의 뜻은 바울이 세나와 아볼로를 디도에게 보내면서 세나와 아볼로가 그들의 길을 신속히 갈 수 있도록 그들의 필요한 것을 도와서 그들로 부족함이 없게 하라는 명령이라고 읽을 수 있다(딛 3:13). 바울은 세나와 아볼로가 디도에게 디도서를 전달하고 다른 곳으로 계속 여행을 할 때 디도로 하여금 그들의 여행을 위해 여러 가지 편의를 제공하라고 부탁을 하고 있는 것이다.

바울은 "또 우리 사람들도 열매 없는 자가 되지 않게 하기 위하여 필요한 것을 준비하는 좋은 일에 힘 쓰기를 배우게 하라"(딛 3:14, 개역개정)라고 말함으로 그레데 교회를 향한 일관된 심정을 토로한다. 이 구절의 개역개정 번역은 그 내용을 이해하기 위해 우리의 집중력을 요구한다. 바른 성경은 디도서 3:14을 "또 우리에게 속한 자들도 필

---

127 Hendriksen, *Exposition of the Pastoral Epistles* (1974), p. 398.; Calvin, *The Second Epistle of Paul to the Corinthians, and the Epistles to Timothy, Titus and Philemon* (1973), p. 389. (칼빈은 로마의 율법교사인지 모세의 율법교사인지 확실하지 않다고 해석한다.).

128 "보내어" (πρόπεμψον)는 προπέμπω의 단순과거 (aorist), 능동태, 명령법, 2인칭, 단수형이다.

요한 것들을 위해 선한 일들에 힘쓰기를 배우게 하여라. 이는 그들로 열매 없는 자들이 되지 않게 하려는 것이다."(딛 3:14)[129]라고 좀 더 이해하기 쉽게 번역했다. 디도서 3:14의 말씀은 바로 전에 언급한 디도서 3:8의 말씀과 맥을 같이 한다. 바울은 디도서에서 이미 "하나님을 믿는 자들로 하여금 조심하여 선한 일을 힘쓰게 하려 함이라"(딛 3:8)라고 가르친 바 있다. 바울의 심정은 그레데 교회 성도들이 "좋은 일들"에 전념하는 것을 배워서 그들이 열매가 풍성한 자들이 되어야 하는데 디도가 이 일을 위해 큰 역할을 해 주기를 원하는 것이다.

딛 3:15 바울은 이제 디도와 그와 함께 있는 사람들에게 문안함으로 편지를 마무리한다. 바울이 여기서 사용한 "문안하라"(ἀσπάζομαι)라는 용어는 바울이 그의 편지들을 마무리하면서 사용한 같은 용어이다(롬 16:21-23; 고전 16:19-20; 고후 13:12; 빌 4:21-22; 골 4:10, 12, 14, 15, 18; 살전 5:26; 살후 3:17; 딤후 4:19; 몬 23). 비록 디도서가 디도(Titus) 한 사람에게 보내진 것으로 기록되었지만(딛 1:4) 바울은 디도와 함께 있는 모든 신실한 사람들을 그의 마음속에 담고 있었음에 틀림없다. 바울은 "은혜가 너희 무리에게 있을지어다"(딛 3:15)라는 말로 그의 마음을 채우고 있는 많은 사람들에게 안부를 전하는 것이다. 은혜는 우리를 향하신 하나님의 호의로 인간이 바랄 수 있는 가장 좋은 선물 세트라고 할 수 있다. 바울의 모든 편지는 항상 은혜(χάρις)로 시작하

129 영어번역은 "And let our people learn to devote themselves to good works, so as to help cases of urgent need, and not be unfruitful." (ESV; RSV도 비슷함); "And let our *people* also learn to engage in good deeds to meet pressing needs, that they may not be unfruitful." (NASB).

고 은혜(χάρις)**로 끝맺는다**(롬 1:7; 16:20; 고전 1:3; 16:23; 고후 1:2; 13:13; 갈 1:3; 6:18; 엡 1:2; 6:24; 빌 1:2; 4:23; 골 1:2; 4:18; 살전 1:1; 5:28; 살후 1:2; 3:18; 딤전 1:2; 6:21; 딤후 1:2; 4:22; 딛 1:4; 3:15; 몬 3, 25).

디모데후서 주해

2 TIMOTHY

서론

제1장 주해

제2장 주해

서론

1. 디모데후서의 저자와 기록연대

우리가 사용하는 대부분의 성경은 목회서신의 순서를 디모데전서, 디모데후서, 디도서로 정리한다. 이런 순서는 신약의 모든 책을 배열할 때 그 부피를 기준으로 했기 때문에 발생한 결과이다. 예를 들면 바울서신들의 경우 로마서(16장)가 제일 먼저 나오고, 빌레몬서(1장)가 가장 마지막에 나온다. 이는 기록된 순서가 아니요, 부피를 기준으로 배열한 결과이다. 디모데전서, 디모데후서, 디도서의 경우도 마찬가지이다. 실상은 디모데전서와 디도서가 바울의 제1차 로마 감금 이후에 풀려나서 마게도냐 지역 빌립보에서 기록한 서신들이요, 디모데후서는 제2차로 다시 로마감옥에 감금되어 감옥에서 순교 직전에 기록한 서신이기에 바울 서신들 중 가장 마지막에 기록된 서신이다. 그러므로 디모데후서는 당연히 디모데전서와 디도서보다 약간 더 늦게 기록된 서신이다.

이 역사적 상황을 성경의 내용에 근거하여 좀 더 상세히 고찰할 필요가 있다. 바울은 자신의 문제에 대한 유대인들의 판단이 공의롭지 못할 것을 내다보고 자신의 로마시민권을 이용하여 자신에 대한 판단을 로마 황제에게 상소를 한다(행 25:10-12). 하지만 바울은 로마의 법을 어긴 사람이 아니었다. 성경은 아그립바(Agrippa) "왕과 총독과 버니게와 그 함께 앉은 사람들이 다 일어나서 물러가 서로 말하되 이 사람은 사형이나 결박을 당할 만한 행위가 없다 하더라 이에 아그립바가 베스도에게 이르되 이 사람이 만일 가이사에게 상소하지 아니하였더라면 석방될 수 있을 뻔하였다 하니라"(행 26:30-32)라고 확인한다. 하지만 바울은 로마 황제에게 상소하였으므로 죄수의 몸으로 로마의 감옥에 이 년 동안 감금된다(행 28:30). 바울은 로마에 감금되었을 때에도 로마 군인들의 감시는 받았지만 비교적 자유롭게 "자기 셋집에 머물면서 자기에게 오는 사람을 다 영접하고 하나님의 나라를 전파하며 주 예수 그리스도에 관한 모든 것을 담대하게 거침없이 가르치더라"(행 28:30-31)의 말씀처럼 사형수처럼 대접받지는 않았다. 그런데 이 기간은 로마에 큰 화재가 발생하기 전 기간이므로 비록 네로(Nero) 황제(AD 54-68)가 폭군이기는 하지만 어느 정도 법의 질서에 따른 통치를 한 기간이다. 바울 사도가 제1차 감금에서 풀려난 사실이 이를 증거한다. 바울은 자신이 제1차 감금에서 풀려날 것을 예감하고 있었다(빌 2:24; 몬 22).

그런데 로마에 큰 화재가 AD 64년 7월 19일부터 24일까지 발생했다.[1] 네로 황제는 기독교인들이 로마에 불을 질렀다고 하며 기독교를 제물로 삼아 기독교를 불법 종교(religio illicita)로 핍박하기 시작했다. 전통에 의하면 베드로(Peter)는 AD 64년 가을에 순교한 것으로 전해진다. 바울 사도는 AD 67년 후반부나 68년 전반기에 제2차로 로마감옥에 감금된다. 바울이 네로 황제의 치하에서 순교하였으므로 순교의 시기를 AD 68년 봄 정도로 예상해 볼 수 있다.[2] 바울 사도는 로마시의 남쪽에 위치한 오스티안 도로(The Ostian Road)에서 도끼가 아니라 큰 검으로 목 베임 받아 순교한 것으로 알려진다.[3] 왜냐하면

1 Lenski, *The Interpretation of St. Paul's Epistles to the Colossians, to the Thessalonians, to Timothy, to Titus and to Philemon* (1961), p. 473.

2 Eusebius Pamphilus, *Eusebius' Ecclesiastical History* (Popular Edition) (Grand Rapids: Baker, 1977), p. 80.: "Thus Nero publicly announcing himself as the chief enemy of God, was led on in his fury to slaughter the apostles. Paul is therefore said to have been beheaded at Rome, and Peter to have been crucified under him."; Cf. Bill Austin, *Austin's Topical History of Christianity* (Wheaton: Tyndale House Publishers, 1983), p. 61.

3 Conybeare and Howson, *The Life and Epistles of St. Paul*, p. 782.: "The statement that

네로 황제가 AD 68년 6월 9일 자살로 그의 생을 마감했기 때문이다. 그렇다면 디모데후서는 대략 AD 68년 봄 어느 시기에 순교하기 얼마 전 기록되었다고 추론해 볼 수 있다.

2. 디모데후서의 저작 배경

바울은 로마감옥의 1차 감금에서 풀려난 후 AD 67년 마게도냐 지방의 빌립보에서 에베소(Ephesus)에서 교회를 섬기는 디모데에게 디모데전서를 써서 전달하고, 그레데(Crete)에서 교회를 섬기는 디도에게 AD 67년 디도서를 기록하여 전달했다. 그런데 AD 64년 7월 19일부터 24일까지 로마에 큰 화재가 발생하고, 그 당시 로마 황제인 네로(Nero, AD 54-68)는 로마 화재의 원인을 기독교도들의 책임으로 뒤집어씌우고 기독교도들을 핍박하기 시작했다. 이런 사회적 상황 속에서 다시 붙잡힌 바울은 제2차로 로마감옥에 감금된다. 그 당시 네로 황제의 비정상적인 통치행위를 생각할 때 바울은 사형집행 당할 날이 멀지 않았음을 직감할 수 있었을 것이다.

이와 같이 죽음을 예감한 바울은 "사랑하는 아들 디모데에게"(딤후 1:2) 그가 마지막으로 남기고 싶은 말씀들을 기록한 디모데후서를 전한다. 바울은 디모데에게 "네 외조모 로이스와 네 어머니 유니게"(딤후 1:5)가 믿었던 믿음의 전통과 내용을 지키라고 당부하고, "오직 하나님의 능력을 따라 복음과 함께 고난을 받으라"(딤후 1:8)라고 권면하

Paul was beheaded on the Ostian road agrees with the usage of the period, and with the tradition that his decapitation was by the sword not the axe."

며, 항상 "진리의 말씀을 옳게 분별하며 부끄러울 것이 없는 일꾼"(딤후 2:15)으로 인정받아 "금 그릇"(딤후 2:20)처럼 쓰이기를 바라며, "모든 성경은 하나님의 감동으로"(딤후 3:16) 기록된 하나님의 말씀이므로 하나님의 사람들을 온전하게 만들 수 있다는 것을 확신하고, 성경의 말씀을 때를 얻든지 못 얻든지 열심히 전파하라(딤후 4:2)고 권면한다. 그리고 바울은 "전제와 같이 내가 벌써 부어지고 나의 떠날 시각이 가까웠도다"(딤후 4:6)라고 말하고 "너는 어서 속히 내게로 오라"(딤후 4:9)라고 말함으로 디모데를 죽기 전에 다시 한번 보고 싶은 감정을 드러낸다. 그리고 바울은 주님께서 그를 하나님의 천국에 받아들이실 것을 확신하면서(딤후 4:18) 붓을 놓는다.

3. 바울의 유언과 같은 디모데후서

디모데후서는 바울의 마지막 서신이다. 바울은 로마의 제1차 감금에서 풀려난 후 빌립보에서 에베소에 남겨 둔 디모데에게 디모데전서를 기록하여 교회를 어떻게 섬겨야 하며, 감독과 집사들과 같은 교회의 직원들을 어떤 사람들로 어떻게 세워야 할 것을 가르쳤다. 바울이 디모데전서를 쓸 당시는 로마의 황제인 네로(Nero: AD 54-68)가 비교적 합리적으로 로마제국을 다스리던 기간이었다(행 28:16-31).

그러나 네로 황제는 AD 64년 7월에 있었던 로마시의 화재 사건을 기독교인들의 소행으로 돌리고 기독교를 핍박할 뿐만 아니라 로마제국을 과격하게 다스리게 되었다. 이처럼 네로 황제의 혹독한 핍박으로 바울 사도는 다시 붙잡히게 되고 제2차로 로마감옥에 감금되어 죽음을 예감하고 있었다. 바울은 바로 이 제2차로 감금된 로마감옥에서 순교하기 얼마 전 유언과 같은 디모데후서를 AD 68년에 기록하여 디모데에게 보낸 것이다. AD 68년은 네로 황제가 폭동이 발발하자 자신의 생을 자살로 마감한 해이기도 하다. 네로 황제는 AD 68년 6월 9일 자살로 그의 생을 마감했다. 바울은 이런 예측할 수 없는 정치적 상황 속에서 AD 67년 겨울이나 혹은 AD 68년 봄 즈음에 자신의 죽음을 내다보면서 디모데에게 유언과 같은 디모데후서를 기록하여 보낸 것이다. 바울이 디모데후서에서 성경이 성령으로 감동된 하나님의 말씀이라는 사실을 강조한 것(딤후 3:16-17)이나 "너는 모든 일에 신중하여 고난을 받으며 전도자의 일을 하며 네 직무를 다하라 전제와 같이 내가 벌써 부어지고 나의 떠날 시각이 가까웠도다"(딤후 4:5-6)라고 권면하는 것이나 "나의 달려갈 길을 마치고 믿음을 지켰으니"(딤후 4:7) "나를 위하여 의의 면류관이 예비"(딤후 4:8)되었고, 그날에 "주의 나타나심을 사모하는 모든 자에게도"(딤후 4:8) 예비되었다고 말한 것은 바울이 순교의 죽음을 앞두고 디모데후서를 쓴 것임을 증거한다.

그리고 디모데후서가 바울의 유언과 같은 서신임을 증거하는 다른 예는 바울의 다른 어느 서신보다 디모데후서에서 개인의 이름이 많이 언급되고 있다는 사실이다. 우선 여기서 목회서신으로 불리는 디모데전서와 디도서, 그리고 디모데후서를 비교하도록 한다.

디모데전서(1 Timothy)에 기록된 개인 이름은 거짓 교사들인 후메내오(Hymenaeus)와 알렉산더(Alexander)가 있으며(딤전 1:20) 본디오 빌라도(Pontius Pilate)를 들 수 있다(딤전 6:13). 바울은 디모데전서에서 빌라도를 포함하여 세 사람의 개인 이름을 언급한다. 그리고 디도서(Titus)에서는 아데마(Artemas), 두기고(Tychicus), 세나(Zenas), 아볼로(Apollos) 등 네 사람의 이름을 언급한다(딛 3:12-13).

그런데 바울은 디모데후서(2 Timothy)에서는 디모데전서나 디도서와 비교할 수 없을 만큼 많은 사람의 이름을 언급한다. 바울은 외조모 로이스(Lois)와 어머니 유니게(Eunice)의 이름(딤후 1:5)과 모세(Moses)의 이름(딤후 3:8)을 언급하고, 바울을 버린 부겔로(Phygelus)와 허모게네(Hermogenes)의 이름(딤후 1:15), 바울의 동역자 오네시보로(Onesiphorus)의 이름(딤후 1:16), 역사적 부활을 부인한 후메네오(Hymenaeus)와 빌레도(Philetus)의 이름(딤후 2:17), 모세를 대적한 얀네(Jannes)와 얌브레(Jambres)의 이름(딤후 3:8), 데마(Demas)와 그레스게(Crescens)와 디도(Titus)의 이름을 언급하고 데마는 세상을 사랑하여 떠났음을 밝힌다(딤후 4:10). 그리고 바울은 계속해서 유익한 동역자들인 누가(Luke)와 마가(Mark)의 이름(딤후 4:11)과 두기고(Tychicus)의 이름(딤후 4:12), 가보(Carpus)의 이름(딤후 4:13)을 언급하고, 바울에게 해를 많이 끼친 구리 세공업자 알렉산더(Alexander)의 이름(딤후 4:14)을 언급하고, 이미 디모데후서 1:16에서 언급한 오네시보로(Onesiphorus)를 다시 한 번 언급하고, 브리스가(Prisca), 아굴라(Aquila)의 이름을 언급한다(딤후 4:19). 그리고 바울은 편지의 거의 마지막에 에라스도(Erastus), 드로비모(Trophimus)의 이름(딤후 4:20)과 으불로(Eubulus), 부데(Pudens), 리노(Linus), 글라우디아(Claudia)의 이름(딤후 4:21)을 언급하고 편지를 마무리한다.

지금까지 언급된 이름들의 숫자를 계산해 보면, 디모데의 외조모 로이스와 어머니 유니게와 모세의 이름과 두 번 언급된 오네시보로를 모두 합치면 전체 27명이 된다. 로이스, 유니게, 모세의 이름을 제외하고 오네시보로의 이름을 한 번만 계산하면 23명의 이름이 등장하는 것이다.

왜 바울이 이렇게 디모데후서에서 많은 사람의 이름을 언급하고 있을까? 바울은 그의 로마서 16장에서 28명의 로마교회 성도들의 이름을 기억하고 일일이 언급한다. 그러나 로마서는 교회 공동체에 보낸 편지이기에 얼마든지 가능한 일이라 사료된다. 하지만 디모데후서는 디모데 개인에게 보낸 편지로 23명의 이름을 언급한 것은 특별한 뜻이 있음을 추정하게 한다. 그 이유는 바울이 자신의 생애 너머에 지속될 교회의 사역을 생각하면서 디모데에게와 다른 복음 사역자들에게 경고와 격려를 하기 원하는 뜻이 담겨져 있었다고 사료되는 것이다.

바울 사도는 디모데후서에서 사람들의 이름을 언급하면서 어떤 사람들은 바울 자신을 괴롭히기도 했고(예: 부겔로, 허모게네, 알렉산더와 같은 사람, 참조, 딤후 1:15; 4:14), 또 어떤 사람은 복음 사역에 해가 되는 사람도 있었음을 언급했고(예: 얀네, 얌브레, 데마와 같은 사람. 참조, 딤후 3:8; 4:10), 또 어떤 사람은 바울에게 유익한 사람이었고, 복음 사역을 위해 동역자 역할을 한 것으로 기록한다(예: 두기고, 브리스가, 아굴라, 오네시보로와 같은 사람. 참조, 딤후 1:16; 4:12; 4:19).

디모데후서에 언급된 이름들을 교회의 사역과 연관하여 분류하면 한 그룹에 속한 사람들은 교회의 사역에 유익한 사람들이었고, 다른 그룹에 속한 사람들은 교회의 사역에 해를 끼치고 복음 사역에 방해꾼 역할을 한 사람들이었다. 그러므로 바울은 믿음의 아들 디모데에게 그리고 뒤따라오는 많은 복음 사역자들에게 교회를 섬길 때 발생할 수 있는 현실을 적시함으로 복음 사역을 더 효율적으로 할 수 있도록 준비시키고 있는 것이다. 특히 데마(Demas)와 같은 사람이 세상을 사랑하여 바울을 떠날 때는 뼈를 깎는 고통이 있었을 것이다. 복음 사역자들은 이런 고통도 감내해야 한다.

제7장
주해

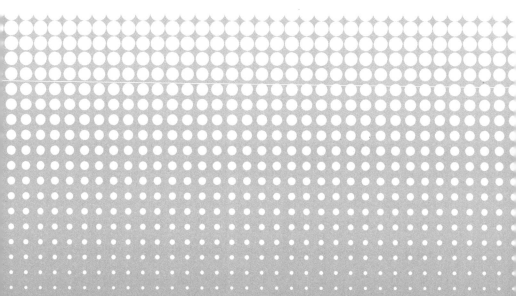

2 TIMOTHY

디모데후서 1장 요약

바울은 디모데후서를 시작하면서 디모데전서에서와 마찬가지로 디모데에게 “은혜와 긍휼과 평강”을 언급하며 기원을 빈다. 그리고 바울은 디모데를 “사랑하는 아들”이라고 부름으로 그가 디모데를 얼마나 귀하게 여기는지 밝힘과 아울러 디모데에게 사도의 권위를 인정받은 복음의 사역자임을 확실하게 지지한다. 바울은 디모데의 외조모 로이스(Lois)와 어머니 유니게(Eunice)에게서 본 믿음을 디모데에게서도 보고 있음을 밝힌다(딤후 1:5). 바울은 자신이 복음을 위해 갇힌 자가 된 사실을 언급하고, 따라서 복음을 부끄러워하지 말고 복음과 함께 고난을 받으라고 권고한다(딤후 1:8). 그리고 바울은 우리를 구원하시기 위한 하나님의 계획은 삼위일체(Trinity)이신 성부, 성자, 성령 하나님의 작품임을 분명히 한다. 바울은 성부 하나님이 우리의 행위대로가 아니요 하나님의 은혜로 우리를 부르셨음을 밝히고(딤후 1:9), 성자 하나님이 그의 죽음과 부활을 통해 사망을 폐하시고 썩지 아니할 생명을 마련하셨으며(딤후 10), 성령 하나님이 지속적으로 성도들 안에서 선한 것들을 지키도록 지도하고 계심을 밝힌다(딤후 1:14). 바울은 제 1장을 마무리하면서 그의 복음 사역에 도움을 준 사람과 힘들게 한 사람들을 언급한다. 바울은 그를 힘들게 한 사람들이 여럿 있지만 특히 부겔로(Phygelus)와 허모게네(Hermogenes)는 이름을 밝혀 그들의 이름을 기억하게 한다(딤후 1:15). 바울은 그의 복음 사역에 도움을 준 사람들 중 특히 오네시보로(Onesiphorus)를 언급하고 그가 여러 면으로 유익했음을 지적하며 디모데로 하여금 그의 이름을 기억하도록 돕는다(딤후 1:16-18).

1. 인사(딤후 1:1-2)

> 1 하나님의 뜻으로 말미암아 그리스도 예수 안에 있는 생명의 약속대로
> 그리스도 예수의 사도 된 바울은 2 사랑하는 아들 디모데에게 편지하노니
> 하나님 아버지와 그리스도 예수 우리 주께로부터 은혜와 긍휼과 평강이
> 네게 있을지어다 (딤후 1:1-2, 개역개정)

딤후 1:1-2 바울은 자신이 예수 그리스도의 사도가 된 것은 "하나님의 뜻"으로 말미암는 것임을 분명히 한다(딤후 1:1). 부활하신 예수님은 바울을 부르실 때 "내 이름을 이방인과 임금들과 이스라엘 자손들에게 전하기 위하여 '택한 나의 그릇'(σκεῦος ἐκλογῆς)이라"(행 9:15)라고 하시며 바울의 사도됨이 하나님의 뜻임을 확인해 주신다. 그런데 바울이 디모데후서를 쓰면서 교회 공동체에 편지를 쓴 것도 아니요 개인 디모데에게 편지를 쓰는데 자신이 사도(ἀπόστολος)임을 강조한 이유는 디모데에게 권위를 나타내려 한 것이 아니요, 사도에게 맡기신 하나님의 복음의 고귀함을 강조하기 위한 것이다(참조, 딤후 1:8, 11; 2:8-9). 바울은 개인인 사도로서 편지하는 것이 아니요, 그리스도 예수의 사도로서 디모데에게 편지하는 것이다. 그리고 편지를 받는 사람은 보통 사람이 아니요, "사랑하는 아들"(딤후 1:2)인 디모데이다. 바울은 디모데를 가리켜 디모데전서에서는 "믿음 안에서 참 아들 된 디모데"(딤전 1:2)라고 불렀는데, 디모데후서에서는 "사랑하는 아들 디모데"(딤후 1:2)라고 부른다. 우리는 이런 표현들을 통해 바울 사도와 디모데의 관계가 믿음 안에서 얼마나 밀접한 관계인지를 알

수 있다. 칼빈(Calvin)은 "사랑하는 아들 디모데"라는 "표현으로 그는 (바울) 디모데를 향한 그의 사랑을 선포할 뿐만 아니라 디모데를 위해 권위의 위치를 확보해 준 것이다. 왜냐하면 바울은 디모데가 진정으로 그 자신의 아들이라 불릴 수 있도록 인정받기를 원한 것이기 때문이다."[4]라고 설명한다. 죽음을 예감한 바울은 "사랑하는 아들 디모데"(Τιμοθέῳ ἀγαπητῷ τέκνῳ)에게 자신이 사도가 된 것은 "생명의 약속에 따라"(according to the promise of life) 된 것임을 분명히 한다. 원래 "생명의 약속"은 죄지은 인간에게 하나님께서 약속해 주신 "여자의 후손"과 관계되어 있으며(창 3:15) 바로 그 "여자의 후손"인 예수 그리스도께서 죽으시고 부활하심으로 약속된 생명이 확보된 것이다(요 3:16; 6:35; 14:6). 그러므로 생명의 복음을 전파하도록 부름 받은 바울은 "생명의 약속대로 그리스도 예수의 사도 된 바울은"(딤후 1:1)이라고 말할 수 있는 것이다.

바울은 일반적으로 서신 서두에 "은혜와 평강"을 언급하며 기원을 비는데(롬 1:7; 고전 1:3; 고후 1:2; 갈 1:3; 엡 1:2; 빌 1:2; 골 1:2; 살전 1:1; 살후 1:2; 딛 1:4; 몬 3), 특별히 디모데전서와 디모데후서에서는 "은혜와 긍휼과 평강"이라고 세 용어를 사용하여 기원을 빈다(딤전 1:2; 딤후 1:2). 은혜(grace)는 하나님의 사랑스러운 호의로 조건 없이 우리의 죄를 용서해주시는 것을 뜻하고, 긍휼(mercy)은 어려운 형편 가운데 있는 사람에게 보여주신 하나님의 부드럽고 따뜻한 애정을 뜻하며, 평강(peace)은 그리스도의 대속적 성취로 죄 용서를 받은 인간이 하나님과의 화목의 관계에서 느끼는 마음의 안정과 고요함을 뜻한다. 그런

4 Calvin, *The Second Epistle of Paul to the Corinthians, and the Epistles to Timothy, Titus and Philemon* (1973), p. 289.

데 바울은 "은혜와 긍휼과 평강"의 근원이 "하나님 아버지와 그리스도 예수 우리 주"(딤후 1:2)이심을 분명히 한다.

2. 디모데의 믿음에 대한 감사(딤후 1:3-5)

3 내가 밤낮 간구하는 가운데 쉬지 않고 너를 생각하여 청결한 양심으로 조상적부터 섬겨 오는 하나님께 감사하고 4 네 눈물을 생각하여 너 보기를 원함은 내 기쁨이 가득하게 하려 함이니 5 이는 네 속에 거짓이 없는 믿음이 있음을 생각함이라 이 믿음은 먼저 네 외조모 로이스와 네 어머니 유니게 속에 있더니 네 속에도 있는 줄을 확신하노라 (딤후 1:3-5, 개역개정)

딤후 1:3-5 바울은 이제 음침한 로마의 감옥 속에서 비록 죽음을 내다보고 있지만 사랑하는 아들 디모데를 생각하면서 감사의 기도를 하나님께 드리고 있다. 바울은 감옥 속에서 그의 제2차 전도여행 도중에 루스드라(Lystra)에서 그의 선교팀(바울, 실라, 디모데, 누가)에 합세하게 된(행 16:1-3) 디모데의 과거와 현재를 묵상하면서 디모데의 진실성과 교회를 사랑하는 깨끗한 마음을 기억하고 하나님께 감사의 기도를 쉬지 않고 계속한 것이다(딤후 1:3; 빌 2:19-24). 바울은 디모데의 헌신을 생각하면 성실함과 진실함이 생각나고(딤후 4:9-13), 건전한 믿음이 생각나고(딤전 6:11-12; 딤후 1:5), 감사할 일들이 생각나고(딤후 1:3), 그리고 순수한 교회 사랑이 생각난다(빌 2:20-22)고 증언한다. 바울은 디모데가 그에게 이런 "사랑하는 아들"이기에 "내가 밤낮 간구하는 가운데 쉬지 않고 너를 생각"(딤후 1:3)한다고 말하는 것이다. 바울 사도가 디모데전서에서는 언급하지 않은 "조상 적부터 섬겨오는 하나님께"(딤후 1:3)라는 표현을 디모데후서에서 언급한 것은 하나님을 믿는 믿음의 세대적 전승을 생각한 것이라고 사료된다. 바울은 그의 조상들이 하나님을 믿었고(빌 3:4-5), 그의 조상들의 뒤를 이어 자신도 같은 하나님을 믿고 있으며, 또한 사랑의 아들인 디모데도 청결한 양심으로 하나님을 믿고 있음을(물론 외조모 로이스와 어머니 유니게의 도움도 있지만) 표명하기 위한 의도가 있었다고 사료된다. 박윤선 박사는 디모데후서 1:3을 해석하면서 "'조상 적부터 섬겨 오는 하나님'이라고 한 말은 바울 신학(神學)이 역사적(歷史的) 또 전통적 요소(傳統的要素)를 중요시(重要視) 한 사실을 보여 준다. 바울이 섬기는 하나님은 바울 개인의 신발견(新發見)으로 알려진 것이 아니고, 그 이전(以前)의 모든 참된 성도들이 벌써부터 알고 섬겨 오면서 참된 증거와 축복을 얻은 참된 신(神)이시다."[5]라고 정리한다. 바울의 조상들이 믿었던 하나님이나 바울이 믿은 하나님이나 디모데가 믿은 하나님은 똑같은 하나님이시다.

칼빈(Calvin)은 바울이 디모데를 생각하며 그를 위해 밤낮으로 기도하고 하나님께 감사한다는 말씀(딤후 1:3)을 "나의 해석에 따르면, 기도는 관심의 표현일 것이요, 그리고 감사는 기쁨의 표현일 것이다. 왜냐하면 그는 디모데를 생각할 때 디모데가 부여받은 놀랄만한 탁월성들을 기억하지 않고는 결코 그를 생각하지 않기 때문이다."[6]라고

5 박윤선, 『성경주석: 바울서신』 (1964), pp. 524-525.

6 John Calvin, *The Second Epistle of Paul to the Corinthians, and the Epistles to Timothy, Titus and Philemon* (1973), p. 290.

해석한다. 바울이 이렇게 디모데를 생각하며 하나님께 감사함으로 바울은 첫째, 디모데를 보고 싶은 갈망을 갖게 되고, 둘째, 디모데의 눈물을 생각하게 된다고 고백한다(딤후 1:4). 바울은 디모데를 만나고 싶은 갈망과 그의 눈물을 생각하면 외로움을 느끼거나 슬픔을 느끼는 것이 아니요, 오히려 바울의 마음을 기쁨으로 가득 채우게 된다(χαρᾶς πληρωθῶ)고 말하고 있다. 바울이 왜 이렇게 디모데를 생각하며 감사와 기쁨을 누릴 수 있었는가? 그것은 바로 디모데후서 1:5의 말씀이 전하는 것처럼 디모데의 믿음이 바울 자신의 믿음과 같고 그의 외조모 로이스와 어머니 유니게의 믿음과 같기 때문이다(딤후 1:5). 죽음을 앞에 둔 바울로서는 디모데에게 올바른 믿음의 전승이 이루어졌다는 사실이 그에게 기쁨이 될 수밖에 없다. 바울은 참으로 교회를 사랑하고 그리스도의 복음을 사랑한 사도였다.

3. 하나님의 은사와 디모데의 직분(딤후 1:6-10)

6 그러므로 내가 나의 안수함으로 네 속에 있는 하나님의 은사를 다시 불일 듯 하게 하기 위하여 너로 생각하게 하노니 7 하나님이 우리에게 주신 것은 두려워하는 마음이 아니요 오직 능력과 사랑과 절제하는 마음이니 8 그러므로 너는 내가 우리 주를 증언함과 또는 주를 위하여 갇힌 자 된 나를 부끄러워하지 말고 오직 하나님의 능력을 따라 복음과 함께 고난을 받으라 9 하나님이 우리를 구원하사 거룩하신 소명으로 부르심은 우리의 행위대로 하심이 아니요 오직 자기의 뜻과 영원 전부터 그리스도 예수 안에서 우리에게 주신 은혜대로 하심이라 10 이제는 우리 구주 그리스도 예수의 나타나심으로 말미암아 나타났으니 그는 사망을 폐하시고 복음으로써 생명과 썩지 아니할 것을 드러내신지라 (딤후 1:6-10, 개역개정)

딤후 1:6-8 바울은 디모데후서 1:6을 특별한 표현을 사용하여 시작한다. 바울은 “그러므로”(δι᾽ ἣν αἰτίαν)라는 표현을 사용함으로(딤후 1:6) 이전 구절에서 다룬 어떤 한 구절이 아니라 이전 구절의 내용 전체가 지금 말하려고 하는 원인임을 표현하기 원한 것이다. 바울은 디모데후서 1:3-5의 내용을 원인으로 삼고 디모데후서 1:6 서두에서 “그러므로”(δι᾽ ἣν αἰτίαν)를 사용하고, 디모데후서 1:6-11까지 원인에 합당한 내용을 설명하고 있는 것이다. 그리고 바울은 디모데후서 1:12에서 같은 표현인 “이로 말미암아”(δι᾽ ἣν αἰτίαν)를 사용하고 같은 효과를 나타내기 원한 것이다.[7] 칼빈(Calvin)은 “우리는 ‘그러므로’(δι᾽ ἣν αἰτίαν: for this cause)로 시작되는 이 구절(딤후 1:6)이 이전 구절들과 어떻게 연결되는지 주목하여야만 한다. 왜냐하면 이 권고는 꼭 필요한 것이요, 자주 발생하는 것인데, 그것은 진정으로 은사들의 탁월함이 부주의와 개으름을 생산하게 하는 진정으로 가장 자연스러운 것이다, 그리고 이것은 우리 안에 있는 하나님으로부터 온 모든 것을 사탄이 소멸하기 위해 계속적으로 작업을 하는 방법이다.”[8]라고 해석한다.

바울이 “내가 나의 안수함으로”라고 언급한 것은 자신의 개인적인 선택으로 디모데를 안수한 것이 아니요, 교회의 정당한 절차를 밟아서 디모데가 목사가 되도록 했지만 자신의 역할이 중요했기 때문에 “내가 나의 안수함으로”라고 쓸 수 있었다.

---

7 한글 개역개정은 딤후 1:6과 딤후 1:8과 딤후 2:21을 모두 “그러므로”로 번역 처리했다. 그러나 헬라어는 딤후 1:8과 딤후 2:21은 οὖν을 “그러므로”로 번역했고, 딤후 1:6은 δι᾽ ἣν αἰτίαν을 “그러므로”로 번역하고 딤후 1:12은 “이로 말미암아”로 번역한 것이다.

8 John Calvin, *The Second Epistle of Paul to the Corinthians, and the Epistles to Timothy, Titus and Philemon* (1973), p. 293.

바울이 “내가 안수함으로 네 속에 있는 하나님의 은사를 다시 불일듯 하게 하기 위하여”(딤후 1:6)라고 쓴 것은 디모데가 안수받기 전에는 전혀 은사가 없었다는 뜻이 아니요, 안수를 통해 이미 존재한 은사들이 빛을 더욱 발하게 되기를 원한다는 뜻이다. 바울은 디모데가 그의 은사를 냉랭한 마음으로 발휘할 것이 아니요 열심을 다해서 성령의 도우심의 효과를 의지하면서 발휘하기를 원한 것이다. 디모데가 안수를 통해 받은 “하나님의 은사”(τὸ χάρισμα τοῦ θεοῦ)는 디모데를 목회 사역자로 인정하는 것을 포함하여 목회를 위해 필요한 모든 영적인 은사를 뜻한다고 생각할 수 있다. 그래서 바울은 “하나님이 우리에게 주신 것은 두려워하는 마음이 아니요 오직 능력과 사랑과 절제하는 마음이니”(딤후 1:7)라고 쓰는 것이다. 바울은 “왜냐하면”(γάρ)을 디모데후서 1:7의 서두에 사용함으로 그 이전 구절과의 연결을 분명히 하고 있다. 디모데가 안수를 받을 때 하나님이 주신 은사는 교회를 섬기는 목회 사역에 필요한 능력과 사랑과 절제의 "성령"(Spirit)이거나 능력과 사랑과 절제의 “마음 혹은 영”(spirit)이 될 수 있는 것이다. 그래서 본 구절의 “두려워하는 마음이 아니요 오직 능력과 사랑과 절제하는 마음이니”(πνεῦμα δειλίας ἀλλὰ δυνάμεως καὶ ἀγάπης καὶ σωφρονισμοῦ)라는 표현에서 “마음”으로 번역된 용어(πνεῦμα)가 소문자 “영”(spirit)을 뜻하느냐 아니면 대문자 “성령”(Spirit)을 뜻하느냐에 대한 견해가 나누어진다. 문장의 구조상 본 구절의 프뉴마(πνεῦμα)는 “두려워하는”(δειλίας)이라는 용어(hapax legomenon)와만 연결된 것이 아니요, “능력”(δυνάμεως), “사랑”(ἀγάπης), 그리고 “절제”(σωφρονισμοῦ)라는 표현과도 연결되어있는 구조이다. “절제”라는 용어는 여기서 유일하게 사용된 용어(hapax legomenon)이다. 따라서 본 구절을 원문의 뜻에 가깝게 번역한다면 “왜냐하면 하나님은 우리에게 두려워하는 영(성령)을 주시지 않고, 능력과 사랑과 절제의 영(성령)을 주셨다."[9]라고 정리할 수 있다.

렌스키(Lenski)는 디모데후서 1:7의 "프뉴마(πνεῦμα)는 성령도 아니요 인간의 비물질적인 부분도 아니다. 서술적인 소유격들(descriptive genitives)은 내적 성질들을 가리키는데 그것들은 하나님이 만드시고 우리 안에 개발하여 우리에게 주신 것임을 보여준다."[10]라고 하며 본 구절의 프뉴마가 성령(Holy Spirit)도 아니요, 인간의 영(spirit)도 아니라고 주장한다. 이에 반해 헨드릭센(Hendriksen)은 디모데후서 1:7과 비슷한 서술적인 소유격의 용도를 성경에서 예로 제시하면서(요 14:17; 15:26; 16:13; 롬 8:2; 엡 1:17; 히 10:29) 본 구절의 프뉴마가 성령으로 이해될 수도 있음을 주장하고 바울의 논리의 요점을 다음과 같이 정리한다. "나의 사랑하는 아들 디모데야, 두려움에 대한 너의 그런 경향과 싸우라. 성령께서 너와 나와 모든 성도들에게 주신 것은 두려워하는 성령이 아니요 능력과 사랑과 절제하는 성령이니라."[11]라고 설명

9 참고로 딤후 1:7의 몇 가지 다른 번역본을 여기에 제시한다. "하나님께서는 우리에게 비겁한 영을 주신 것이 아니라, 능력과 사랑과 절제의 영을 주셨습니다" (표준새번역; 표준새번역 개정은 "비겁한 영" 대신 "비겁함의 영"으로 처리했음); "하나님께서는 우리에게 두려워하는 영이 아니라, 능력과 사랑과 절제의 영을 주셨다"(바른 성경); "For God has not given us a spirit of fear, but of power and of love and of a sound mind." (NKJV, AV); "For God has not given us a spirit of timidity, but of power and love and discipline." (NASB); "For God did not give us a spirit of timidity, but a spirit of power, of love and of self-discipline." (NIV); "For God gave us a spirit not of fear but of power and love and self-control." (ESV)

10 Lenski, *The Interpretation of St. Paul's Epistles to the Colossians, to the Thessalonians, to Timothy, to Titus and to Philemon* (1961), p. 755.; William D. Mounce, *Pastoral Epistles: Word Biblical Commentary*, Vol. 46 (2000), p. 477.: "πνεῦμα here is generally understood as 'spirit,' a person's attitude or disposition, as opposed to 'Spirit,' the Holy Spirit."

11 Hendriksen, *Exposition of the Pastoral Epistles* (1974), p. 229.; 한 가지 주목할 것은 헨드릭센이 제시한 서술적 소유격의 모든 예는 엡 1:17을 제외하고 모두 정관사 (τὸ πνεῦμα)를 붙여 사용했다는 사실이다. 엡 1:17의 경우는 정관사 없이 프뉴마가 사용되었기 때문에 프뉴마가 "영" (spirit)을 가리키느냐 "성령" (Holy Spirit)을 가리키느냐에 대한 논의가 계속

한다. 피(Fee)는 "하나님께서 주신 것은 성령이다: 디모데에게 그것이 무슨 뜻이냐 하면 '비겁함'은 끝났고, 그리고 '능력, 사랑, 그리고 건전한 머리'는 작동한다는 것이다."라고 설명하고, 바울의 의도는 "왜냐하면 하나님께서 우리에게 주신 성령은 우리를 비겁하게 만들지 않고, 대신으로, 그의 성령은 우리를 능력과 사랑과 그리고 절제로 가득 차게 만드신다는 것이다."[12]라고 해석한다. 렌스키(Lenski)의 해석보다는 헨드릭센(Hendriksen)과 피(Fee)의 해석이 본문의 뜻을 더 잘 전달한다고 사료된다.

칼빈(Calvin)의 해석도 "성령"을 전제로 하고 본 구절을 해석하는 것으로 사료된다. 칼빈(Calvin)은 "능력과 사랑과 절제하는 마음"(딤후 1:7)을 하나님이 우리에게 주신 것을 강조하면서 "이 사실로부터 우리는 우리 중 누구도 우리 스스로 영의 고상함을 소유하지 않았다는 것과 우리들의 목회사역 실천에 필요한 흔들릴 수 없는 확신을 소유하지 않았음을 배우게 된다. 우리는 마땅히 위로부터 새로운 능력을 부여받아야 한다."[13]라고 설명한다. 칼빈(Calvin)은 계속해서 바울이 왜 능력(δυνάμεως: power) 다음에 사랑(ἀγάπης: love)과 절제하는 마음(σωφρονισμοῦ: soberness)이라는 표현을 첨가했는가라고 질문하고 그에 대한 답으로 하나님의 성령의 능력을 받았다고 자랑하는 광란자들의 도에 넘치는 잘못된 열정으로부터 진정한 성령의 능력을 구별

된다. 필자는 필자의 『에베소서 주해』에서 엡 1:17의 프뉴마가 성령을 가리킨다고 해석한 바 있다. 참조, 박형용, 『에베소서 주해』 (수원: 합신대학원출판부, 2023), pp. 102-106.

12 Gordon D. Fee, *God's Empowering Presence; The Holy Spirit in the Letters of Paul* (Peabody: Hendrickson Publishers, 1994), p. 789.: "What God has given is the Spirit; what that means for Timothy is that 'cowardice' is out, and 'power, love, and a sound head' are in."

13 John Calvin, *The Second Epistle of Paul to the Corinthians, and the Epistles to Timothy, Titus and Philemon* (1973), p. 294.

하기 위해서라고 설명한다. 칼빈(Calvin)은 "바울은 성령의 강력한 능력이 사랑과 절제에 의해 조절되고 있다는 것, 즉 성령의 강력한 능력이 교화(edification)를 위한 조용한 관심에 의해 조절되고 있음을 명백하게 진술하고 있다."[14]라고 함으로 바울이 성령의 능력과 함께 사랑과 절제를 사용한 이유를 설명한다. 그리고 박윤선 박사는 "'능력'은 신자로 하여금 담력 있게 하고, '사랑'은 신자로 하여금 그리스도를 위하여 희생할 마음이 나게 하고, '근신'(절제)은 신자로 하여금 세상 욕심을 거절하게 한다. 이 세 가지 덕이 있는 자는, 주님을 위하여 고난을 받을 수 있다."[15]라고 디모데후서 1:7을 해석한다. 벵겔(Bengel)은 "능력과 절제하는 마음은 양 극단이지만 그러나 좋은 의미에서 사랑이 중간에 위치한다. 사랑은 결속(bond)을 통해 소심과 성급함의 잘못된 양 극단으로 빠지지 않도록 양쪽을 제어한다."[16]라고 "오직 능력과 사랑과 절제하는 마음이니"(딤전 1:7)의 말씀을 해석한다. 바울이 이렇게 권고하는 것은 디모데의 성격을 잘 알고 있었기 때문이다. 디모데의 본성 안에는 두려워하는 요소가 있었는데 그것은 교회의 지도자로서 그의 효능에 손해를 끼칠 수밖에 없는 것이다.[17] 그래서 바울은 디모데에게 하나님께서 능력을 주시는 성령과 사랑할 수 있게 하는 성령과 절제할 수 있게 하는 성령을 주셨다고 강조하는

---

14 John Calvin, *The Second Epistle of Paul to the Corinthians, and the Epistles to Timothy, Titus and Philemon* (1973), p. 295.

15 박윤선, 『성경주석: 바울서신』 (1964), p. 526.

16 John A. Bengel, *Bengel's New Testament Commentary* (*Gnomon of New Testament*), Vol. 2: *Romans-Revelation* (1981), p. 540.

17 Knight, III, *The Pastoral Epistles: A Commentary on the Greek Text* (1992), p. 371.: "Paul probably reminds Timothy of this both because of his own temperament and also because of the difficult situation in which he and Paul found themselves."

것이다.

바울은 디모데후서 1:8에서 "그러므로"(οὖν)를 사용함으로 디모데를 향한 권고를 계속해 나간다. 바울은 디모데에게 부끄러워하지 말아야 할 일 두 가지를 언급하는데 그것들은 첫째로 디모데는 "우리의 주를 증언"하는 일과 내가 "주를 위하여 갇힌 자 된"(딤후 1:8)것을 부끄러워하지 말아야 하며, 둘째로 디모데는 "오직 하나님의 능력을 따라 복음과 함께 고난을 받아야"(딤후 1:8) 하는 것을 부끄러워하지 말아야 한다고 권고한다.

첫 번째 권면인 개역개정의 "너는 내가 우리 주를 증언함을 부끄러워하지 말고"(μὴ ἐπαισχυνθῇς τὸ μαρτύριον τοῦ κυρίου ἡμῶν)라는 번역은 "내가"를 첨부하여 의미를 원활하게 하였고, "주님의"(τοῦ κυρίου)를 "주를"로 번역 처리하였다. 그 이유는 "주님의"가 목적격적 소유격(objective genitive)[18]이기 때문에 바로 번역한 것으로 사료된다. 바울이 "우리 주를 증언함"이라고 말한 것은 "주님의 복음을 선포"한다는 것과 동일하다. 디모데는 그리스도의 복음을 부끄러워하지 말아야 한다. 바울은 "내가 복음을 부끄러워하지 아니하노니 이 복음은 모든 믿는 자에게 구원을 주시는 하나님의 능력이 됨이라"(롬 1:16)라고 자신이 고백한 것처럼 디모데에게도 복음을 부끄러워하지 말라고 권고하고 있다. 그리고 바울은 자신이 로마의 감옥에 갇힌 것은 네로(Nero) 황제의 죄수로서 감옥에 갇힌 것이 아니요, 복음을 위하여

18 White ("The First and Second Epistles to Timothy and the Epistle to Titus," *The Expositor's Greek Testament*, p. 156.)는 "주격적 소유격"으로 이해한다. "주격적 소유격"으로 받을 경우 문장의 뜻은 "너는 우리의 주님이 하신 증언을 부끄러워하지 말고"로 이해해야 하기 때문에 뒤따라오는 "주를 위하여 갇힌 자 된 나를 부끄러워하지 말고"와 사상적으로 매끄럽지 못하기 때문에 "τὸ μαρτύριον τοῦ κυρίου"의 "주의"(τοῦ κυρίου)는 목적격적 소유격으로 받는 것이 본문의 뜻을 더 잘 드러낸다.

갇힌 것임을 자랑스럽게 생각했다(엡 3:1; 4:1; 딤후 1:8; 몬 1, 9). 복음을 위해 갇힌 자는 전능하신 하나님의 보호하심을 받는다. 그래서 바울은 디모데에게 우리의 주를 증언하는 일과 주를 위하여 갇힌 자 된 것을 자랑스럽게 생각하라고 권면하고 있다.

두 번째 권면인 "오직 하나님의 능력을 따라 복음과 함께 고난을 받으라"(딤후 1:8)의 명령에서 "함께 고통을 나누라" 혹은 "함께 고난을 받으라"(συγκακοπάθησον)라는 용어는 본 구절과 디모데후서 2:3에서만 사용된 특이한 용어이다.[19] 바울은 이 용어의 시상(tense)을 단순과거형으로 처리하여 그의 명령에 철저한 의지가 담겨 있음을 천명한다. 그리고 바울이 "고난을 받으라"라고 명령하면서 "복음과 함께"(τῷ εὐαγγελίῳ)라는 표현을 사용한 것은 복음이 고난의 원인이 되기 때문에 그렇게 한 것이 아니요, 오히려 바울과 디모데의 고난이 복음을 진작시키는 원인이 되기 때문이다.[20] 그래서 바울은 자신이 복음 사역자로 세움을 받아 복음을 위해 고난 받고 있음을 자랑스럽게 생각하는 것이다(딤후 1:11-12; 2:9). "십자가 없으면 면류관도 없다"(No Cross, No Crown.)라는 격언처럼 고난의 과정을 통해 복음의 승리가 꽃을 피우는 것이다. 그래서 바울은 자신 있게 "복음과 함께 고난을 받으라"(딤후 1:8)라고 명령하고 있는 것이다.

바울은 "고난을 받으라"라고 명령을 하면서 하나님의 자비의 계획도 함께 밝힌다. 바울은 "복음과 함께 고난을 받는 일"을 디모데 혼

19 Smith, *Greek-English Concordance to the New Testament* (1974), p. 327 (section 4677). Smith는 συγκακοπαθέω를 딤후 1:8에 한 번 등장하는 것으로 (hapax legomenon) 처리했으나 실상은 이 용어가 딤후 2:3에도 한 번 더 등장한다.

20 W. Michaelis, "κακοπαθέω, συγκακοπαθέω," *Theological Dictionary of the New Testament,* Vol. V (Grand Rapids: Eerdmans, 1973), p. 937.

자의 힘으로 할 수 있다고 말하지 않고 "하나님의 능력을 따라"(κατὰ δύναμιν θεοῦ) 할 수 있다고 말하고 있다. 하나님의 능력은 무한한 능력으로 사람으로 하여금 복음을 위해 죽는 것도 즐겁게 맞이할 수 있도록 도와주신다. 교회 역사상 수많은 "순교자"(martyr)의 존재는 이를 증거하는 것이다. 우리는 여기서 예수님께서 부활하신 후 40일 동안 이 땅 위에 계시면서 하신 말씀을 기억한다. 예수님은 부활하신 후 제자들에게 하나님의 구속계획의 중요한 두 요소를 가르치신다. 예수님은 "또 이르시되 이같이 기록되었으니"(οὕτως γέγραπται: Thus it is written)라고 말씀하시고 "예수님의 죽음과 부활"이 기록되어 있고(눅 24:46), "복음이 예루살렘으로부터 시작하여 모든 족속에게 전파될 것"이 기록되어 있다(눅 24:47)고 가르치신다. 그런데 예수님은 자신의 죽음과 부활은 기록된 대로 실현되었음을 전제로 구원계획의 두 번째 요소인 복음 전파의 사명은 제자들의 몫임을 분명히 한다. 그래서 예수님은 "너희는 이 모든 일의 증인이라"(눅 24:48)라고 하심으로 성도들의 증인 역할을 강조하시면서 이 증인 역할은 "위로부터 오는 능력"이 있어야만 가능하다는 사실을 분명히 한다. "볼지어다 내가 내 아버지께서 약속하신 것을 너희에게 보내리니 너희는 위로부터 능력으로 입혀질 때까지 이 성에 머물라 하시니라"(눅 24:49)라고 하신 말씀이 이를 증거 한다. 또한 예수님은 승천하시기 전에 오순절 성령강림(the Pentecost) 사건을 내다보시면서 "오직 성령이 너희에게 임하시면 너희가 권능을 받고 예루살렘과 온 유대와 사마리아와 땅 끝까지 이르러 내 증인이 되리라"(행 1:8)라고 말씀하신다. 예수님은 복음의 증인 역할을 하기 위해서는 하나님이 약속하신 위로부터 오는 권능을 받아야 한다는 사실을 분명히 하신다. 이와 같은 하나님의 구속 성취의 계획을 잘 알고 있는 바울은 디모데에게 "오직 하나님의 능력을 따라서 복음과 함께 고난을 받으라"(딤후 1:8)라고 명령하는 것이다.

딤후 1:9-10 바울은 디모데후서 1:8의 "하나님의 능력에 따라"에 언급된 "하나님"을 주어로 삼고 디모데후서 1:9을 시작한다. 하나님은 우리를 구원하셨고 그리고 거룩한 소명으로 부르셨다(딤후 1:9). 우리들의 구원은 하나님의 능력의 작용으로 성취된 것이다. 하나님은 우리들을 세상의 모든 악독으로부터 구원하셔서 우리에게 말로 표현할 수 없는 귀한 복을 허락하셨다. 바울은 디모데가 복음과 함께 고난을 받는 그 복음이 바로 그를 구원했다는 것을 분명히 한다. 나이트(Knight)는 "구세주로서의 그리스도의 사역은 '죽음을 멸하시고, 생명과 불멸을 가져오셨고,' 그래서 '구원하사'(σώσαντος)는 하나님께서 우리를 죽음에서 구원하셨고, 그리고 우리에게 생명과 그에 수반하는 불멸을 주신 것이다."[21]라고 정리한다.

바울은 또한 하나님이 우리를 "거룩한 소명으로 부르셨다"(딤후 1:9)라고 가르친다. 그런데 바울이 사용한 "거룩한 소명"(κλήσει ἁγίᾳ)이란 표현의 의미에 대한 견해가 나누인다. 쉬미트(Schmidt)는 "거룩한 소명"을 수단의 여격(dative of means)으로 이해하여 "하나님 편에서 은혜의 순수한 행위로"(with a pure act of grace on the part of God) 우리를 부르셨다고 해석한다.[22] 즉, 하나님이 "거룩한 소명으로"(with a holy

21 George W. Knight, III, *The Pastoral Epistles: A Commentary on the Greek Text* (1992), p. 373.

22 K. L. Schmidt, "κλῆσις," *Theological Dictionary of the New Testament*, Vol. III (Grand Rapids: Eerdmans, 1972), p. 492.

calling) 우리를 부르셨다고 이해하는 것이다.[23] 반면 "거룩한 소명"(κλήσει ἁγίᾳ)을 관심의 여격(dative of interest)으로 받아들여 하나님께서 우리를 부르시되 "거룩한 삶으로"(to a holy life) 우리를 부르셨다고 이해하는 것이다.[24]

그런데 디모데후서 1:9의 "거룩하신 소명"을 수단의 여격으로 해석하거나 관심의 여격으로 해석하거나 큰 차이는 없다. 왜냐하면 하나님의 부르심은 거룩하신 부르심일 뿐만 아니라 그 부르심은 우리를 거룩한 삶으로의 부르심이기 때문이다. 헨드릭센(Hendriksen)의 해석이 본 구절을 이해하는 균형 잡힌 해석이라고 사료된다. 헨드릭센은 "간략하게 말하면, 하나님은 우리를 모든 큰 악들로부터 구원해내셨다. 그리고 그는 우리를 모든 큰 축복을 소유할 수 있도록 만드셨다. 그러나 우리를 구원하심에 있어서 그는 우리를 효과적인 복음의 소명을 받는 자로 만들어 주셨는데 그 소명은 항상 거룩한 소명이다. 왜냐하면 그 소명이 하나님의 거룩성을 드러낼 뿐만 아니라 확실

---

23 딤후 1:9의 "거룩한 소명" (κλήσει ἁγίᾳ)을 수단의 여격으로 (with a holy calling) 번역한 영어 번역본은 NASB, RSV, NKJV, AV 등이다. 그리고 대부분의 한글 번역은 수단의 여격으로 받아들인 것으로 보인다. 개역개정은 "거룩하신 소명으로 부르심은"으로, 개역은 "거룩하신 부르심으로 부르심은"으로, 바른 성경은 "거룩한 부르심으로 부르신 것은"으로, 그리고 표준새번역과 표준새번역개정은 "거룩한 부르심으로 불러주셨습니다."로 번역 처리했다.

24 딤후 1:9의 "거룩한 소명" (κλήσει ἁγίᾳ)을 관심의 여격으로(to a holy life) 번역한 영어 번역본은 NIV, NEB, ESV (to a holy calling)이다. Cf. White ("The First and Second Epistles to Timothy and the Epistle to Titus," *The Expositor's Greek Testament*, p. 156.)는 "to a holy calling," or "to a life of holiness"로 해석한다.; Kelly (*A Commentary on the Pastoral Epistles*, p.162.)는 "to a new life of consecration," "called to be saints," "called to holiness" 등으로 해석한다.; Lenski (*The Interpretation of St. Paul's Epistles to the Colossians, to the Thessalonians, to Timothy, to Titus and to Philemon*, p. 759.)는 "to a holy calling or profession"으로 해석한다.

하게 거룩한 삶, 거룩한 직무, 그리고 영원한 무죄의 상태와 덕(virtue)에로의 부르심이기 때문이다(엡 4:1; 빌 3:14; 살후 1:11)."[25]라고 해석한다. 그러므로 우리는 "하나님이 우리를 구원하사 거룩하신 소명으로 부르심은"(딤후 1:9)이라는 구절을 하나님께서 우리를 거룩한 부르심으로 부르셔서 거룩한 삶, 하나님께 온전히 헌신된 삶에로 부르셨다고 이해하는 것이 본문의 뜻에 부합된다고 생각한다. 그래서 바울은 그의 서신 다른 곳에서 "또 미리 정하신 그들을 또한 부르시고 부르신 그들을 또한 의롭다 하시고 의롭다 하신 그들을 또한 영화롭게 하셨느니라"(롬 8:30)라고 함으로 성도들이 부르심을 받았을 뿐만 아니라 그 부르심으로 인해 의롭게 되었고, 영화롭게 된 하나님의 백성들임을 분명히 한다(요 1:12; 5:24; 빌 3:20).

이제 바울은 성도들이 어떻게 이런 복된 자리를 누릴 수 있게 되었는지를 밝힌다. 바울은 하나님이 우리를 부르심은 "우리의 행위대로 하심이 아니요 오직 자기의 뜻과 영원 전부터 그리스도 예수 안에서 우리에게 주신 은혜대로 하심이라"(딤후 1:9)라고 밝힌다. 바울은 하나님이 우리를 구원하셔서 그의 백성으로 살 수 있도록 하시는 계획 속에는 우리들의 행위가 끼어들 공간이 없음을 분명히 한다. 우리들의 행위가 불완전하고 불의한데 하나님께서 그런 우리들의 행위를 근거로 우리들의 구원을 계획하실 수는 없었을 것이기 때문이다. 헨드릭센(Hendriksen)은 "구원은 우리들의 성취에 근거하여 이룩된 것이 아니요, 하나님의 주권적 목적(롬 8:28; 9:11; 엡 1:11)과 그의 현명하고

25 Hendriksen, *Exposition of the Pastoral Epistles* (1974), p. 232.; Cf. Knight, III, *The Pastoral Epistles: A Commentary on the Greek Text* (1992), p. 374.; Cf. Calvin, *The Second Epistle of Paul to the Corinthians, and the Epistles to Timothy, Titus and Philemon* (1973), p. 296.

(변하지 않는), 고정되고, 확정적인 계획에 근거하여 이룩된 것이다. 그러므로 구원은 하나님의 은혜 혹은 주권적인 호의에 근거하여 이룩된 것이다. 만약 구원이 은혜로 된 것이라면, 그것은 행위로 될 수가 없는 것이다."[26]라고 설명한다.

바울은 우리들의 구원이 "영원 전부터 그리스도 예수 안에서"(딤후 1:9) 계획된 것이라고 밝힘으로 우리들의 구원에 우리들의 행위의 역할이 개입할 수 없음을 분명히 한다. 하나님께서 영원 전부터 우리의 구원을 계획하셨다면 우리가 존재하기 전에 그리고 우리가 어떤 일을 하기 전에 우리의 구원이 확정되었기 때문이다. 칼빈(Calvin)은 "만약 하나님이 우리를 창세 전에 선택하셨다면, 하나님은 행위에 어떤 관심을 기울일 수 없었을 것이다. 왜냐하면 그 때에는 아무도 그리고 우리 자신들도 아직 존재하지 않았기 때문이다."[27]라고 우리의 구원이 하나님의 은혜로만이 가능함을 논증한다. 따라서 바울은 "우리가 아직 죄인 되었을 때에 그리스도께서 우리를 위하여 죽으심으로 하나님께서 우리에 대한 자기의 사랑을 확증하셨느니라"(롬 5:8)라고 천명할 수 있었다. 예수 그리스도는 우리를 대신해서 죄 값을 담당하셨기 때문에(롬 4:25; 6:23) 그리스도 밖에서는 구원을 받을 수 있는 길이 없다(행 4:12). 우리의 행위와 대속주는 서로 상충되는 개념이지만 대속주와 하나님의 은혜는 서로 잘 어울리는 개념이다. 성도들은 하나님의 완벽한 방법으로 그리스도 안에서 하나님의 은혜로 구원받은 것이다.

---

26 Hendriksen, *Exposition of the Pastoral Epistles* (1974), p. 232.

27 Calvin, *The Second Epistle of Paul to the Corinthians, and the Epistles to Timothy, Titus and Philemon* (1973), p. 297.

바울은 이제 하나님의 이 완벽한 구원계획이 일정 기간 감추어져 있었음을 디모데에게 밝힌다. 하나님의 구원계획은 "우리 구주 그리스도 예수의 나타나심으로 말미암아 나타났다"(딤후 1:10). 그래서 천사(angel)는 예수님의 탄생에 즈음하여 "내가 온 백성에게 미칠 큰 기쁨의 좋은 소식을 너희에게 전하노라 오늘 다윗의 동네에 너희를 위하여 구주(σωτήρ)가 나셨으니 곧 그리스도 주시니라"(눅 2:10-11)라고 선포할 수 있었다. 바울이 사용한 "우리 구주(σωτήρ)그리스도 예수의 나타나심으로"(딤후 1:10)라는 표현에서 "나타나심"(ἐπιφανείας: appearing)이라는 용어는 오직 바울 서신에서만 6회 등장하는 특이한 용어로 예수님의 초림(딤후 1:10)과 재림(살후 2:8; 딤전 6:14; 딤후 4:1, 8; 딛 2:13)을 설명할 때 사용되는 용어이다.[28] 바울이 사용한 "나타나심"이 초림(the First Coming)을 가리키는 예는 디모데후서 1:10이 유일하고[29] 다른 5회는 모두 재림(the Second Coming)을 가리키고 있다. 바울은 예수 그리스도의 초림으로 사망이 폐해지고 복음으로 생명과 썩지 아니할 것이 드러났다고 확인한다(딤후 1:10). 예수님은 죽으심으로 사망을 정복하시고 부활하심으로 영원한 생명을 성도들을 위해 확보하셨다. 그래서 바울은 당당하게 "사망아 너의 승리가 어디 있느냐 사망아 네가 쏘는 것이 어디 있느냐 사망이 쏘는 것은 죄요 죄의 권능은 율법이라"(고전 15:55-56)라고 천명할 수 있었다. 따라서 예수님을 구주(σωτήρ)로 믿고 예수님의 죽음과 부활을 확실하게 믿는 성도들에게는 영원한 죽음이 그 쏘는 힘을 발휘할 수 없는 것이다(요 5:24;

28 Smith, *Greek-English Concordance to the New Testament* (1974), p. 147 (section 2015)

29 R. Bultmann and D. Lührmann, "φαίνω, ἐπιφάνεια," *Theological Dictionary of the New Testament*, Vol. IX (Grand Rapids: Eerdmans, 1974), p. 10.

롬 10:9-10; 빌 3:20). 이제 성도들은 아담(Adam)의 질서로 받은 몸을 소유하고 있는 동안 고난을 받을 수밖에 없지만(딤후 1:8) 예수님의 재림을 소망하면서 새 하늘과 새 땅에 속한 영원한 생명을 누리면서 살고 있는 복된 존재인 것이다. 개트너(Gärtner)는 성도들의 구원받은 삶의 특성을 "이미와 아직"(already and not yet)의 구도로 설명하면서 "하나님의 구원하시는 위대한 중재는 이미 발생했으나 그 완성은 오로지 예수 그리스도의 나타나실 때에 일어날 것이다. 그래서 신자들은 이미 화목되었으나 아직 구속받지 못한 종말론적 긴장 속에서 살고 있는 것이다(롬 8:23). 다른 말로 표현하면 그들은 소망 중에 살고 있는 것이다."[30]라고 정리한다.

그런데 바울은 이와 같이 놀랄만한 장엄하고 고귀한 우리를 향한 하나님의 구속 계획이 복음의 방법으로 성취되고 있음을 밝힌다. 바울은 "복음으로써 생명과 썩지 아니할 것을 드러내신지라"(딤후 1:10)라고 밝히고 있다. 복음은 좋은 소식(good news)으로 예수님의 죽음과 부활을 통해 사망이 성도들에게는 그 효력을 발휘할 수 없게 되었고, 불멸의 영원한 생명이 성도들을 위해 확보되었음을 드러내는 것이다. 바울은 여기서 복음의 역할을 언급하고 곧바로 디모데후서 1:11에서 복음에 대한 자신의 사명이 무엇인지를 구체적으로 설명한다.

---

30 B. Gärtner, "ἐπιφάνεια," *The New International Dictionary of New Testament Theology*, Vol. 3 (Grand Rapids: Zondervan, 1979), pp. 319-320.

4. 바울의 사도직과 디모데를 위한 권면(딤후 1:11-14)

11 내가 이 복음을 위하여 선포자와 사도와 교사로 세우심을 입었노라 12 이로 말미암아 내가 또 이 고난을 받되 부끄러워하지 아니함은 내가 믿는 자를 내가 알고 또한 내가 의탁한 것을 그 날까지 그가 능히 지키실 줄을 확신함이라 13 너는 그리스도 예수 안에 있는 믿음과 사랑으로써 내게 들은 바 바른 말을 본받아 지키고 14 우리 안에 거하시는 성령으로 말미암아 네게 부탁한 아름다운 것을 지키라 (딤후 1:11-14, 개역개정)

딤후 1:11-12 바울은 디모데후서 1:10에서 복음의 역할을 설명하고 이제는 복음을 위한 자신의 사명을 "내가 이 복음을 위하여 선포자와 사도와 교사로 세우심을 입었노라"(딤후 1:11)라고 밝힌다. 바울은 자주 그의 서신에서 하나님이 그를 세우셔서 자신이 복음의 사역자가 되었음을 밝힌다(고후 5:20; 엡 3:7-8; 골 1:25; 딤전 1:12; 2:7). 바울이 여기서 자신을 가리켜 사용한 "선포자"(κῆρυξ), "사도"(ἀπόστολος), 그리고 "교사"(διδάσκαλος)는 바울의 사역이 셋이란 뜻이 아니요, 바울의 복음 사역의 세 가지 다른 국면을 뜻하는 것이다. 바울은 "선포자"로서 그가 맡은 복음의 내용을 전파하고 선포할 책임을 가지고 있다(딤전 2:7). 바울은 "사도"로서 부활하신 그리스도에 의해 직접 선택을 받았고(행 9:15; 딤전 1:1; 딤후 1:1), 그리스도의 권위로 그리스도를 위해 말할 수 있는 권세를 받았으며(행 11:14; 26:16-18; 고전 15:9-11; 갈 1:1-12), 신약교회의 터로서의 역할을 감당했다(마 16:18; 행 1:21-22; 엡 2:20). 바울은 "교사"로서 예수 그리스도가 그의 죽음과 부활을 통해 성취하신 구원의 복음을 철저하게 가르쳐야 하고 듣는 자들로 하여금 예수 그리스도를 구세주로 받아들이도록 권고하는 역할을 해야 한다(딤전 2:7; 딤후 1:11; 참조, 행 11:26). 켈러(Keller)가 "복음은 일차적으로 어떤 삶의 방식이 아니다. 복음은 우리가 행하는 무엇이 아니라, 우리를 위해 행해진 무엇이며 우리가 반응해야 하는 어떤 것이다."[31]라고 말한 것은 바울이 선포자와 사도와 교사로서 해야 할 우선순위를 바로 지적한 것이다. 선포자와 사도와 교사로서 바울은 예수 그리스도를 통해 완성된 복음을 선포하는 것이 최우선의 직무이다.

그리고 디모데는 바울의 "선포자"와 "교사"의 역할은 모방할 수 있지만, 바울의 "사도직"은 모방할 수 없다. 바울은 "내가 나 된 것은 하나님의 은혜로 된 것이니"(고전 15:10)라고 고백할 만큼 평생토록 겸손한 마음으로 "사도"와 "선포자"와 "교사"의 직무를 성실하게 실천한 사람이었다. 그래서 바울은 순교 직전 "나는 선한 싸움을 싸우고 나의 달려갈 길을 마치고 믿음을 지켰으니"(딤후 4:7)라고 고백할 수 있었다.

바울은 이제 그가 디모데후서 1:6에서 특이하게 사용한 "그러므로" 혹은 "이로 말미암아"(δι᾽ ἣν αἰτίαν)라는 표현으로 디모데후서 1:12을 시작한다. 바울은 바로 전 디모데후서 1:11에서 자신이 "선포자와 사도와 교사로 세움을 입었기"(딤후 1:11) 때문에 많은 고난을 받지만 결코 부끄러워하지 않는다고 선언한다(딤후 1:12). 바울은 지금 복음 때문에 두 번째로 로마 감옥에 갇혀 죽음을 예감하고 있지만 복음을 위해 사도로, 선포자로, 교사로 세움 받은 사실을 전혀 부끄러워하지 않는다고 디모데에게 밝히고 있는 것이다. 칼빈(Calvin)은 "첫째, 바울은 그가 감옥에 감금된 원인은, 불명예스러운 것과는 거리가

31 팀 켈러, 『팀 켈러의 센터처치』, 오종향 옮김 (서울: 두란노, 2023), p. 52.

대단히 먼 것으로, 오히려 그에게 명예로운 것임을 보여준다. 왜냐하면 그는 어떤 잘못된 행동으로 인해 감옥에 감금된 것이 아니요 그가 하나님의 부르심에 순종한 이유로 감금되었기 때문이다. 이는 우리들이 사람들의 불의한 판단들을 선한 양심으로 대처해야만 할 때 우리에게 진실로 믿기 어려운 위로가 되는 것이다. 둘째, 바울은 그가 소망하는 것이 행복한 결과로 나타날 것을 생각할 때, 그가 감옥에 갇힌 사실 때문에 어떤 부끄러움도 느끼지 않는다고 주장한다. 이런 변증으로 무장된 사람은 그 시련이 어떤 것이든 굉장히 어려운 시련들일지라도 극복할 수 있는 것이다. 그리고 바울이 그는 부끄러워하지 않는다고 말할 때, 그는 자신의 본을 사용하여 다른 사람들도 같은 종류의 용기를 나타내 보일 수 있도록 격려하는 것이다."[32]라고 정리한다.

바울은 자신이 복음을 위한 사역자로 고난을 받을지라도 결코 부끄러워하지 않는 이유를 "왜냐하면"(γάρ)이라는 용어를 사용하여 밝힌다. 그 이유는 "내가 믿는 자를 내가 알고 또한 내가 의탁한 것을 그날까지 그가 능히 지키실 줄을 확신"(딤후 1:12)하기 때문이라고 설명한다. 바울은 "내가 믿는 자를"이란 표현의 "믿는다"(πεπίστευκα)를 완료시상으로 처리함으로 "나는 예전에도 믿었고 지금도 계속 믿고 있다"라는 뜻을 밝히기 원하는 것이다. 바울은 다메섹(Damascus) 도상에서 부활하신 예수님을 만난 후(행 9:1-19; 참조, 행 22:4-21; 26:12-18) 그가 순교 직전에 처한 이 순간까지 예수님을 부인하거나 예수님을 떠난 적이 없다(롬 14:8). 그래서 바울은 "내가 복음을 전할지라도 자

32 Calvin, *The Second Epistle of Paul to the Corinthians, and the Epistles to Timothy, Titus and Philemon* (1973), p. 299.

랑할 것이 없음은 내가 부득불 할 일임이라 만일 복음을 전하지 아니하면 내게 화가 있을 것이로다"(고전 9:16)라는 마음가짐으로 한 평생을 산 것이다. 바울은 예수님이 하나님의 아들이요, 우리들의 구세주이시요, 메시아요, 전능하신 우리들의 왕이신 것을 잘 알고 있었다. 그래서 바울은 "내가 믿는 자를 내가 알고"(딤후 1:12)라고 단언할 수 있었다.

그런데 바울은 자신이 알고 있는 "구주 예수 그리스도"는 "내가 의탁한 것을 그날까지 능히 지키실"(딤후 1:12) 수 있는 능력 있는 하나님이심을 확신한다고 말한다. 본 구절을 직역하면 "나는 그가 '나의 의탁'(τὴν παραθήκην μου)을 그날까지 지키실 줄을 확신한다."(사역)라고 번역할 수 있다. 참고로, "내가 의탁한 것"(τὴν παραθήκην μου)이라는 표현은 신약성경에서 세 번 사용되는데 세 번 모두 목회서신에 등장한다(딤전 6:20; 딤후 1:12, 14). 그런데 "나의 의탁" 혹은 "내가 의탁한 것"(τὴν παραθήκην μου)을 "하나님이 바울에게 의탁한 것"으로 받느냐 아니면 "바울이 하나님에게 의탁한 것"으로 받느냐에 따라 그 뜻이 달라진다. 나이트(Knight)는 다음과 같이 두 견해를 지지하는 학자들을 열거한다.[33] 첫째, "하나님이 바울에게 의탁한 것" 즉 하나님이 복음과 그의 사역을 바울에게 의탁한 것으로 이해하는 학자들은 다음과 같다(Bernard, Bürki, Easton, Gealy, Guthrie, Huther, Jeremias, Kelly, Lenski, Ridderbos, Stott, Weiss; Barrett and Spicq with hesitation).[34] 그리고 둘째, "바울이 하나님께 의탁한 것" 즉 바울이 자

33 Knight, III, *The Pastoral Epistles: A Commentary on the Greek Text* (1992), pp. 379-380.

34 참고로 "하나님이 바울에게 의탁한 것" (딤후 1:12)으로 번역한 성경은 다음과 같다. "and I am sure that he is able to guard until that Day what has been entrusted to me." (**RSV**); "and I am convinced that he is able to guard until that Day what has been entrusted to me."

신의 생명을 하나님께 의탁한 것으로 이해하는 학자들은 다음과 같다(Alford, Bouma, Calvin, Fee, Hendriksen, Kent, Lock, Moellering, Robertson, Schlatter, Simpson, van Oosterzee, Ward, N.J.D. White).[35]

이제 첫째, "하나님이 바울에게 의탁한 것"으로 이해하는 몇 학자들의 견해를 들어보도록 한다. 렌스키(Lenski)는 "디모데는 그가 보관하도록 맡은 보관물(the deposit), 즉 복음, 그 복음과 관계된 그의 사명을 지켜야만 한다." --- "바울이 말하는 것은 그가 복음을 위해 고난을 당하나 부끄러워하지 않는 그 복음이 철저하게 안전하다는 것이다. 그는 그가 신뢰하는 그리스도를 알고 그리고, 그의 감금과 예상된 순교에도 불구하고, 그리스도는 복음을 보호하셔서 그 사역이 중단되지 않을 것이며 복음의 사역이 온전하게 이루어질 그 날까지 지키실 수 있음을 확신한다."[36]라고 해석한다. 나이트(Knight)가 약간의 주저함이 있지만 첫째 견해를 지지한다고 분류한 스픽크(Spicq)는 "때로 이 파라데케(*parathēkē*)는 에베소교회 목사에게 맡겨진 목회의 직무를 뜻하는 것으로 받아들여진다. 그러나 이 두 서신들의 맥락에서 볼

(**ESV**). "또 내가 맡은 것을 그분이 그 날까지 지켜 주실 수 있음을 확신합니다" (표준새번역, 표준새번역개정은 난 하주에 "내가 맡은 것을"을 대신해 "내가 그분에게 맡긴 것을"로 번역할 가능성을 제시함.); "또 내게 맡겨진 것을 그분께서 그 날까지 능히 지켜 주실 것을 확신하기 때문이다" (바른 성경).

35 참고로 "바울이 하나님께 의탁한 것" (딤후 1:12)으로 번역한 성경은 다음과 같다. "and am convinced that he is able to guard what I have entrusted to him for that day." (**NIV**); "and I am convinced that He is able to guard what I have entrusted to Him until that day." (**NASB**); "and am persuaded that He is able to keep what I have committed to Him until that Day." (**NKJV**); "and am persuaded that he is able to keep that which I have committed unto him against that day." (**AV**). "또한 내가 의탁한 것을 그날까지 그가 지키실 줄을 확신함이라" (개역, 개역개정; 개역은 "그가"를 "저가"로 번역함).

36 Lenski, *The Interpretation of St. Paul's Epistles to the Colossians, to the Thessalonians, to Timothy, to Titus and to Philemon* (1961), pp. 767-768

때 더 그럴듯한 해석은 이 용어가 이단들의 훼손과 부패로부터 지켜져야 할 '온전한 교훈'의 보존을 가리키는 것으로 받는 것이다."[37]라고 해석한다.

이제 둘째, "바울이 하나님께 의탁한 것"으로 이해하는 학자들의 견해를 관찰하도록 한다. 빈센트(Vincent)는 "내가 의탁한 것을 그날까지 그가 능히 지키실 줄을 확신함이라"(딤후 1:12)라는 말씀을 해석하면서 "이 구절의 의미는 바울이 비록 사도적인 소명을 실천함에 있어서 고난이 함께 뒤따르기는 하지만 그가 최후의 계산을 하도록 부르심을 받을 그날까지 하나님은 강하셔서 그의 사도의 소명을 성실하게 지킬 수 있도록 그를 지켜 주실 것을 확신한다는 것이다."[38]라고 정리한다. 칼빈(Calvin)은 "바울이(그가) 영원한 생명을 '내가 그에게 의탁한 것'으로 묘사한 것을 주목하라. 이 말씀으로부터 우리는, 마치 보관인이 우리가 안전한 보관을 위해 그에게 맡긴 재산을 그의 손에 붙들고 있는 것과 같이, 우리의 구원이 하나님의 손 안에 있음을 배우게 된다. 우리들의 구원이 우리들 자신에게 의존되어 있다면, 그것은 계속적으로 수많은 위험에 노출되어 있게 된다. 그러나 능력 있는 그런 보호자에게 맡겨져 있다면, 그것은 모든 위험을 피할 수 있는 것이다."[39]라고 해석한다. 그리고 헨드릭센(Hendriksen)은 "도대체 나의 보관물(my deposit: τὴν παραθήκην μου)이 무엇을 뜻하는가? 그 보관물이 그가 나에게 맡긴 것인가? 혹은 그 보관물이 내가 그에게 맡

37 Ceslas Spicq, "παραθήκη," *Theological Lexicon of the New Testament*, Vol. 3 (Peabody: Hendrickson Publishers, 1996), p. 27.

38 Marvin R. Vincent, *Word Studies in the New Testament,* Vol. IV (1975), p. 293.

39 Calvin, *The Second Epistle of Paul to the Corinthians, and the Epistles to Timothy, Titus and Philemon* (1973), p. 300.

긴 것인가? 혹은 다르게 설명하면, 그것은 복음(the gospel)인가 혹은 내 자신 그리고 나의 완전한 구원인가? 내가 볼 때, 후자가 더 나은 답이라고 사료된다."[40]라고 해석한다.

그러면 어느 견해가 본문 이해에 더 적합한 견해인가? 첫째 견해를 택하든, 둘째 견해를 택하든 본문을 이해하는데 크게 문제될 것은 없다. 하지만 바울 사도가 어느 쪽을 생각하면서 "나의 보관물"(τὴν παραθήκην μου)이라는 표현을 썼는지를 밝힐 필요가 있다. 본문의 맥락에 비추어 볼 때 둘째 견해인 "바울이 하나님께 의탁한 것"의 의미로 받는 것이 본문을 더 바르게 이해할 수 있다고 사료된다. 그 이유는 바울사도가 "나의 보관물" 혹은 "나의 의탁한 것"을 언급하기 전에 "내가 믿는 자를 내가 알고"라고 기록했는데 즉 바울이 아는 그분 즉 하나님이 "나의 보관물"을 그날까지 지키실 수 있다고 확인하고 있기 때문이다. 바울은 내가 의지하는 그분이 "나의 보관물"을 재림의 때까지 지키실 수 있는 능력이 있다고 확인하고 있는 것이다. 바울은 자신이 "나의 의탁한 것"을 지킬 수 있는 능력이 있는 것이 아니라, 하나님이 "나의 의탁한 것"을 지키실 수 있는 능력이 있다고 고백하는 것이다. 그러므로 "나의 의탁한 것"은 바울이 하나님께 의탁한 것으로 그의 생명과 그의 완전한 구원을 뜻하는 것으로 이해할 수 있다. 참고로 같은 용어이지만 디모데전서 6:20과 디모데후서 1:14에 사용된 "부탁한 것"(τὴν παραθήκην)은 "나의"(μου)와 함께 사용되지 않았고, 오히려 명령형인 "지키라"(φύλαξον)와 함께 사용되어 문맥은 디모데가 지켜야 할 것을 분명히 하고 있다. 그러므로 같은 용어이지만 디모데전서 6:20과 디모데후서 1:14의 "부탁한 것"은 하나님이

40 Hendriksen, *Exposition of the Pastoral Epistles* (1974), p. 235.

바울과 디모데에게 지키도록 의탁한 것이요, 본 구절인 디모데후서 1:12의 "의탁한 것"은 바울이 하나님께 지켜주시도록 의탁한 것이라고 할 수 있다. 우리는 여기서 다시 한번 성경해석에 있어서 문맥의 중요성을 확인할 수 있다.

딤후 1:13-14 바울은 지금까지 자신이 주를 위해 갇히고 고난을 받고 있지만 전혀 부끄러워하지 않는다고 강조하고 주님께서는 자신을 재림의 날까지 온전하게 지켜주실 것을 확신한다고 밝힌다. 바울은 디모데에게 "건전한 말씀"을 가르쳤음을 분명히 하면서 그것을 본(ὑποτύπωσιν: example, pattern)으로 삼아 따르라고 명령 한다. 바울은 본 구절에서 "가지라"(ἔχε)라는 명령형을 사용하여 디모데로 하여금 바울 자신을 본받아 "건전한 말씀"(ὑγιαινόντων λόγων)을 보존하고 지키라고 명령하는 것이다. "건전한 혹은 바른"(ὑγιαίνω)이란 용어는 신약성경에서 12회 등장하는데 바울의 다른 서신에서는 사용되지 않고 목회서신에서만 8회 등장한다(딤전 1:10; 6:3; 딤후 1:13; 4:3; 딛 1:9, 13; 2:1, 2).[41] 팩커(Packer)는 "신약성경 구절의 '바른 교훈'이란 표현(참조, 딤전 1:10; 6:3; 딤후 1:13; 4:3; 딛 1:9; 2:1)의 '바른 혹은 건전한'(sound)의 뜻은 명백하게 건강을 주는 그리고 건강을 유지하는 의미로 문자적으로 '건강한'(healthy)이라는 뜻이다. 그 사상은 바른(건전한) 교훈을 받아들이고 소화하는 사람들은, 다른 사람들이 그렇게 하지 못한 방법으로, 주님 앞에서 건강한 사람들이 될 것이다."[42]라고 정리한다. 그

41 Smith, *Greek-English Concordance to the New Testament* (1974), p. 353. (section 5098).: 목회서신 이외에 사용된 네 번의 예는 눅 5:31; 7:10; 15:27; 요삼 1:2에 등장하는 것이다.

42 Packer, *Rediscovering Holiness* (1992), p. 159.

래서 바울은 "내게 들은 바 바른 말을 본받아 지키라"(딤후 1:13)라고 명령하는 것이다. 디모데는 바울 사도가 가르친 교훈의 내용을 잘 지킴으로 주님 앞에서 건강한 사람이 되는 것이다.

그래서 바울은 "너는 그리스도 예수 안에 있는 믿음과 사랑으로써 내게 들은 바 바른 말을 본받아 지키라"(딤후 1:13)[43]라고 강조하고 있는 것이다. 바울은 지금 예수 그리스도 안에서 발견할 수 있는 "믿음과 사랑"(ἐν πίστει καὶ ἀγάπῃ)으로써 바울 자신이 가르친 표준적인 교훈을 디모데가 지켜야 한다고 명령하는 것이다. 예수님은 십자가의 죽음의 고통을 앞에 두고 아버지 하나님께 기도하시면서 "내 아버지여 만일 할 만하시거든 이 잔을 내게서 지나가게 하옵소서 그러나 나의 원대로 마시옵고 아버지의 원대로 하옵소서"(마 26:39)라고 기도함으로 아버지 하나님에 대한 그의 믿음이 어떠한 것이었는지를 보여준다. 예수님의 믿음은 전폭적인 것이었고 변함이 없는 것이었다. 바울은 바로 이와 같은 예수님 안에 있는 믿음을 디모데에게 연상시키고 있는 것이다. 그리고 바울은 예수 그리스도 안에 있는 믿음뿐만 아니라 예수 그리스도 안에 있는 사랑으로써 내게 들은 바 바른 말을 본받으라고 명령하고 있다. 예수님은 "내가 너희를 사랑한 것같이 너희도 서로 사랑하라 너희가 서로 사랑하면 이로써 모든 사람이 너희가 내 제자인 줄 알리라"(요 13:34-35)라고 말씀한 것같이 예수님은 우리를 살리시기 위해 죽으시고, 우리를 높이시기 위해 낮아지신 희생

43 본 구절 디모데후서 1:13의 의미를 이해하는데 도움을 받기 위해 여기에 영어 번역을 제공한다. "Follow the pattern of the sound words *that* you have heard from me, in the faith and love *that* are in Christ Jesus." (ESV, RSV는 italics로 처리한 that 대신 which를 사용했음).

적인 사랑을 하셨다. 드러몬드(Drummond)는 예수님께서 우리를 사랑하시기에 십자가의 '멍에'(yoke) 정도는 아무것도 아니요 오히려 쉬운 것으로 생각하고 행복한 것으로 받아들였다고 설명한다.[44] 예수님의 우리를 향한 사랑은 그 너비와 높이와 깊이와 크기를 측정할 수 없는 놀라운 사랑인 것이다. 바울은 디모데에게 바로 이런 예수님의 사랑을 연상시키면서 "너는 그리스도 예수 안에 있는 믿음과 사랑으로 써"(딤후 1:13) 바른 교훈을 지켜야 한다고 명령하는 것이다.

바울은 디모데후서 1:14에서 디모데에게 "네게 부탁한 아름다운 것"(τὴν καλὴν παραθήκην)을 지킬 수 있는 길은 디모데 자신의 능력이 아니요, 디모데 안에 거하시는 성령(the Holy Spirit)의 능력으로만 가능함을 분명히 한다. 디모데후서 1:14의 "네게 부탁한 것"(τὴν παραθήκην)은 디모데후서 1:12의 "내가 의탁한 것"(τὴν παραθήκην)과 비록 용어는 같지만 본 구절의 "네게 부탁한 것"은 "하나님이 디모데에게 부탁한 것" 즉 "복음 사역"이라는 뜻으로 이해하는 것이 문맥에 더 충실하다고 사료된다.

바울은 디모데후서 1:14에서 인간은 약하고 디모데도 약한 인간이기에 "아름다운 것"을 지키는 것은 성령을 의존하지 않고는 불가능하다고 가르친다. "우리 안에 거하시는 성령"은 사람이 예수님을 구세주로 고백하고 예수님을 믿을 때 성도 안에 내주하시기 시작한다(롬 8:11; 고전 3:16; 6:19). 바울은 "우리 안에 거하시는"이라는 표현을 통해 성령은 바울 자신과 디모데와 그리고 모든 믿는 성도들 안에 내주하신다는 것을 분명히 하면서 너의 공로나 너희 힘으로가 아니요,

---

44 Henry Drummond, *The Greatest Thing in the World* (1981), p. 26. Cf. Henry Drummond, 『세상에서 가장 귀한 것』, 박형용 역 (서울: 새순출판사, 1987), p. 32.

성령의 능력으로 네게 부탁한 아름다운 것을 지키라고 명령하는 것이다.

5. 배신한 사역자와 신실한 사역자(딤후 1:15–18)

> 15 아시아에 있는 모든 사람이 나를 버린 이 일을 네가 아나니 그 중에는 부겔로와 허모게네도 있느니라 16 원하건데 주께서 오네시보로의 집에 긍휼을 베푸시옵소서 그가 나를 자주 격려해 주고 내가 사슬에 매인 것을 부끄러워하지 아니하고 17 로마에 있을 때에 나를 부지런히 찾아와 만났음이라 18 (원하건데 주께서 그로 하여금 그날에 주의 긍휼을 입게 하여 주옵소서) 또 그가 에베소에서 많이 봉사한 것을 네가 잘 아느니라 (딤후 1:15–18, 개역개정)

딤후 1:15-18 바울은 이제 디모데후서 1장의 말미에 아시아(Asia) 지역에 있는 많은 사람이 그를 버리고 떠났는데 그 중에 부겔로(Phygelus)와 허모게네(Hermogenes)가 있다고 구체적으로 이름을 언급한다. 부겔로와 허모게네라는 이름은 신약성경에서 이곳에서만 언급된 이름이다(딤후 1:15). 그러므로 그들이 어떤 사람들이었는지에 대해서는 알려진 바 없으나 바울이 디모데에게 그들의 이름을 언급한 것으로 보아 디모데는 그들이 어떤 사람들이었는지를 알고 있었을 것으로 사료된다. 바울이 여기서 사용한 "아시아"(Asia)는 로마 정부가 통치하는 지역으로 에베소(Ephesus)를 행정수도로 한 소아시아(Asia Minor) 지역을 가리킨다. 그리고 바울이 "아시아에 있는 모든 사람이

나를 버렸다"(딤후 1:15)라고 말하는 것은 어떤 특정한 그룹의 사람들이 그를 버렸는데 그 숫자가 많다는 것을 뜻하는 것이다. 바울이 사용한 "나를 버린"(ἀπεστράφησάν με)이라는 표현은 전에 바울과 함께 사역했던 사람들이 모두 믿음을 버렸다는 뜻으로 사용된 것이 아니요, 그들이 더 이상 바울과 함께 복음의 동역자가 아니라는 뜻으로 사용된 것이다.[45]

바울은 이제 로마 감옥에 갇힌 바울을 찾아와 위로하고 격려하고 도와준 "오네시보로의 집"(τῷ 'Ονησιφόρου οἴκῳ)에 문안을 전한다(딤후 1:16; 4:19). 바울은 오네시보로(Onesiphorus)에 대해서 "원하건대 주께서 오네시보로의 집에 긍휼을 베푸시옵소서 그가 나를 자주 격려해 주고 내가 사슬에 매인 것을 부끄러워하지 아니하고 로마에 있을 때에 나를 부지런히 찾아와 만났음이라 (원하건대 주께서 그로 하여금 그 날에 주의 긍휼을 입게 하여 주옵소서) 또 그가 에베소에서 많이 봉사한 것을 네가 잘 아느니라"(딤후 1:16-18)라는 사뭇 감정이 실린 표현을 사용하여 그의 소원과 함께 안부를 전한다.

바울은 지금 로마 감옥에 제2차로 감금되어 있는 상태로 디모데후서를 쓰고 있다. 그리고 바울은 에베소에 집을 둔 오네시보로가 바울을 찾아 로마에 와 있는 상황에서 주께서 "오네시보로의 집"에 긍휼을 베풀어 주시라고 빌고 있는 것이다. 어떤 이는 바울이 오네시보로 개인을 언급하지 않고, "오네시보로의 집"을 언급한 것(딤후 1:16;

45 Knight III, *The Pastoral Epistles* (1992), p. 383.: "Since this matter is implicitly contrasted with the personal help and attention that Onesiphorus gave to Paul (vv. 16-18), the turning away is more likely to have been personal rather than a falling away from the faith."; Vincent, *Word Studies in the New Testament,* Vol. IV (1975), p. 294.; Köstenberger, *Biblical Theology for Christian Proclamation* (*Commentary on 1-2 Timothy and Titus*) (2017), p. 223.; Mounce, *Pastoral Epistles: WBC,* Vol. 46 (2000), p. 493.

4:19)은 오네시보로가 사망했을 것이기 때문이라고 주장을 한다.[46] 하지만 이 주장은 가능성은 있지만 맥락에 비추어 볼 때 타당하지 않다. 왜냐하면 바울은 "오네시보로의 집"을 언급하지만 또한 오네시보로 개인의 활동도 함께 언급하고 있기 때문이다. 바울은 오네시보로가 "로마에 있을 때에 나를 부지런히 찾아와 만났음이라"(딤후 1:17)라고 오네시보로의 활동을 언급하고 있다. 바울은 많은 사람들이 로마의 감옥에 있는 자신을 버리고 떠나갔지만, 오네시보로는 부지런히 그를 찾아서 만났다고 밝힌다. 따라서 본 구절의 맥락에 더 타당한 해석은 오네시보로가 에베소(Ephesus)를 떠나 로마(Rome)에 와서 바울을 만나고 있기 때문에 "오네시보로의 집"에 안부를 전하고 있다고 이해하는 것이다.[47]

바울이 "사슬에 매였다"(딤후 1:16)는 사실과 오네시보로가 바울을 "부지런히 찾아야만 만날 수 있었던"(딤후 1:17) 이유는 어쩌면 바울의 제2차 로마 감옥에 감금된 상황이 제1차 감금 때 보다 훨씬 더 삼엄했었을 것으로 사료되기 때문이다.[48] 헨드릭센(Hendriksen)은 오네시보로가 바울을 부지런히(σπουδαίως: eagerly) 찾은 후에야 만날 수밖에 없었던 이유를 네 가지로 정리한다. 첫째, 오네시보로가 로마 시에 대해 익숙하지 않았기 때문이다. 둘째, 로마 시가 큰 불로 인해 파괴

46 White, "The First and Second Epistles to Timothy and the Epistle to Titus," *The Expositor's Greek Testament,* Vol. IV (1980), p. 159.; Mounce, *Pastoral Epistles: Word Biblical Commentary,* Vol. 46 (2000), p. 495.: "When all is said and done, these verses could reflect the possibility that Onesiphorus had died, but there is insufficient evidence to insist that this is necessarily the case."

47 Hendriksen, *Exposition of the Pastoral Epistles* (1974), pp. 238-239.; Knight III, *The Pastoral Epistles* (1992), p. 386.

48 Köstenberger, *Biblical Theology for Christian Proclamation* (*Commentary on 1-2 Timothy and Titus*) (2017), p. 224.

된 부분들이 있어서 혼란스러운 상태였기 때문이다. 셋째, 바울의 감금 장소가 믿는 성도들에게도 한동안 알려지지 않았기 때문이다. 넷째, 핍박으로 인해 로마 시에 거주하는 성도들의 숫자가 줄어들었고, 로마 시에 남아 있는 성도들까지도 그들의 바울과의 관계를 외인인(to a stranger) 오네시보로에게 밝히기를 꺼려했을 것이기 때문이다. 헨드릭센은 이 네 가지 외에도 다른 이유를 말할 수 있을 것이라고 정리한 후 "어쨌든 바울을 발견하는데 열심히 찾는 것이 필요했다. '그리고 그가 나를 만났음이라'(καὶ εὗρεν)라는 말씀은 감탄사처럼 들린다."[49]라고 정리한다.

헨드릭센이 열거한 이유 중에 하나나 둘이나 혹은 전부가 오네시보로가 바울을 열심히 찾을 수밖에 없는 이유가 될 수도 있지만, 중요한 것은 오네시보로가 복음 때문에 감옥에 갇힌 바울을 부끄러워하지 아니하고 적극적으로 바울을 찾아서 만났다는 사실이다. 오네시보로는 에베소에서도 바울을 많이 도왔는데 이 사실을 디모데도 잘 알고 있는 내용이다(딤후 1:18). 바울은 이런 헌신된 동역자를 위해 주님이 긍휼을 베풀어주십사고 빌고 있는 것이다.

바울은 자신이 "로마에 있을 때에"(딤후 1:17) 오네시보로가 그를 부지런히 찾아 만났다고 구체적인 장소를 언급한다. 신약성경에서 로마(῾Ρώμη)라는 도시 이름이 8회 등장하는데(행 18:2; 19:21; 23:11; 28:14, 16; 롬 1:7, 15; 딤후 1:17)[50] 디모데후서 1:17만이 "있을 때"(γενόμενος)와 "로마에"(ἐν ῾Ρώμῃ)를 함께 사용함으로 바울이 감옥에 갇힌 곳이 로마(Rome) 도시임을 분명히 밝힌다.

49 Hendriksen, *Exposition of the Pastoral Epistles* (1974), p. 239.

50 Smith, *Greek-English Concordance to the New Testament* (1974), p. 317 (section 4416).

바울은 "원하건대 주께서 그로 하여금 그날에 주의 긍휼을 입게 하여 주옵소서"(딤후 1:18)라고 종말론적 전망으로 주님께서 오네시보로에게 긍휼을 입게 해 주십사고 간절히 빈다. 바울이 사용한 "그 날에"(ἐν ἐκείνῃ τῇ ἡμέρᾳ)는 예수님의 재림(the Second Coming of Jesus Christ)의 날을 가리키고 있음이 분명하다. 그러므로 바울은 디모데가 사역하고 있는 에베소에서도 많이 봉사했고, 삼엄한 로마 감옥에 있는 자신을 위해 여러 가지로 봉사하고 사도가 사슬에 매인 것을 부끄러워하지 아니한 오네시보로에게 주님께서 "그 날에" 즉, "재림의 날에" 긍휼을 베푸시기를 빌고 있는 것이다. 바울은 복음 때문에 감옥 속에서 고통당하는 그를 버리고 떠난 부겔로와 허모게네를 먼저 언급하고, 감옥에 있는 그를 자주 격려하고 부끄러워하지 않은 오네시보로를 대칭적으로 언급함으로 오네시보로의 선한 역할을 강조하기 원한 것이다. 바울은 이미 "주를 위하여 갇힌 자 된 나를 부끄러워하지 말고"(딤후 1:8)라고 권고한 바 있는데 바로 오네시보로가 바울의 마음에 합한 일을 한 것이다.

바울은 "원하건대 주께서 그로 하여금 그날에 주의 긍휼을 입게 하여 주옵소서"(딤후 1:18)라고 오네시보로를 위해 빌면서 "주님"(κύριος)을 두 번 사용하는데 한 번은 정관사와 함께 사용하고, 다른 한 번은 정관사 없이 사용한다. "주(ὁ κύριος)께서 그로 하여금"을 표현할 때는 정관사와 함께 "주님"을 사용했고, "주(κυρίου)의 긍휼을 입게 하여"를 표현할 때는 정관사 없이 "주님"을 사용했다. 여기서 제기되는 질문은 "주님"이 두 경우 모두 제2위이신 예수 그리스도를 가리키느냐, 아니면 정관사와 함께 사용된 "주님"은 제2위이신 예수 그리스도를 가리키고, 정관사 없이 사용된 "주님"은 제1위이신 아버지 하나님을 가리키느냐를 밝히는 것이다.

렌스키(Lenski)는 정관사가 있는 "주"(ὁ κύριος)나 정관사가 없는 "주"(παρὰ κυρίου)나 모두 제2위이신 예수님을 가리킨다고 주장한다. 렌스키는 그 이유로 같은 문장에서 오네시보로를 가리키는 "그"(αὐτῷ)라는 대명사가 이미 사용되었기 때문에 "주"를 가리키는 "그"를 다른 대명사를 사용하여 표시하면 문장의 뜻이 애매하게 됨으로 "주"를 필요에 의해서 반복 사용한 것이다.[51]라고 정리한다. 하지만 렌스키의 주장은 문장의 의미를 왜곡시키는 결과를 초래한다. 오히려 정관사와 함께 사용된 "주께서"(ὁ κύριος)는 제2위이신 예수 그리스도를 가리키고, 정관사 없이 사용된 "주의 긍휼"(ἔλεος παρὰ κυρίου)이란 표현의 "주"는 하나님 아버지를 가리킨다고 해석하는 것이 문맥에 적합하기 때문이다.[52] 바울이 "그 날에"를 사용하여 예수님의 재림의 날을 생각했다면 당연히 오네시보로가 받아야 할 긍휼은 하나님 아버지로부터 온 긍휼이기 때문이다. 오네시보로는 그가 있는 장소에서 그 곳이 에베소이건 로마이건 어느 곳에서든지 교회의 유익을 위해 사역했음을 알 수 있다. 바울은 "그가 에베소에서 많이 봉사한 것을 네가 잘 아느니라"(딤후 1:18)라고 말함으로 바로 디모데가 증인임을 분명히 한다. 오네시보로는 교회에 유익한 사람이었고 당연히 바울에게 격려가 되는 사람이었다. 칼빈(Calvin)은 바울에 대한 오네시보로의 친절을 기억하면서 사람이 그 이웃에게 친절을 베풀면 그 사람은 하나님으로부터 똑같은 친절을 받게 되는데 이런 단순한 진리를 알지 못하면 우리들은 어리석은 사람들이라고 정리한

51 Lenski, *The Interpretation of St. Paul's Epistles to the Colossians, to the Thessalonians, to Timothy, to Titus and to Philemon* (1961), p. 775.: "Κύριος is necessarily repeated because one pronoun (αὐτῷ) has already been used, and another that would refer to the Lord would be ambiguous."

52 Hendriksen, *Exposition of the Pastoral Epistles* (NTC) (1974), p. 240.

후 "또한 이 사실로부터 하나님은 우리들의 공로에 따라 우리들에게 보상하시지 않지만, 그러나 하나님의 가장 좋고 가장 탁월한 보상은 그가 우리를 용서하실 때 그리고 그 자신을 엄한 심판자로가 아니라 친절하고 너그러운 아버지로 보여주실 때이다."[53]라는 말로 디모데의 친절과 봉사를 격려한다.

53 Calvin, *The Second Epistle of Paul to the Corinthians, and the Epistles to Timothy, Titus and Philemon* (1973), p. 304.

제2장 주해

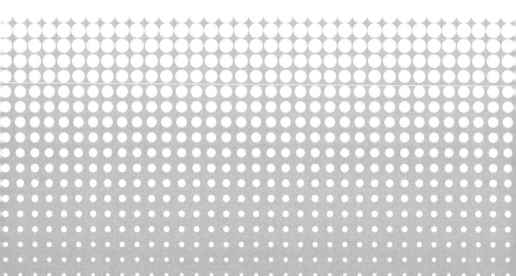

2 TIMOTHY

디모데후서 2장 요약

바울은 디모데를 "내 아들아"(딤후 2:1)라고 부른다. 바울은 디모데에게 자신이 가르친 교훈을 다른 충성된 사람들에게 가르침으로 그들이 또 다른 사람들에게 가르치는 전통이 이어지기를 원한다(딤후 2:2). 바울은 복음 사역자들은 병사(soldier)와 같은데 병사가 모집한 자를 기쁘게 하기 위해 일하는 것처럼 복음 사역자도 그를 부른 예수 그리스도를 기쁘게 하기 위해 사역해야 한다고 권면한다. 그 예수 그리스도는 "다윗의 씨로 죽은 자 가운데서 다시 살아나신"(딤후 2:8) 분이시다. 바울이 전한 복음의 핵심은 바로 예수님의 죽음과 부활이었다. 바울은 제 1장에서와 마찬가지로 2장에서도 자신이 복음 때문에 갇힌 자 되었음을 밝히면서(딤후 1:8; 2:9) 하나님의 말씀은 매이지 않았음을 확실히 한다. 바울은 죄인인 인간을 구원하시는 하나님의 구원 계획은 죄인이 예수님을 주로 인정하고 예수님을 믿으면 믿는 즉시 믿는 자와 예수님이 연합되게 하심으로 죄 없으신 예수님이 그의 십자가상의 죽음과 부활을 통해 성취하신 모든 것이 죄인의 것이 되도록 인정하시는 방법임을 분명히 한다(딤후 2:10-12). 그러므로 바울은 디모데에게 "진리의 말씀을 옳게 분별"(딤후 2:15) 할 줄 아는 인정받는 복음의 일꾼이 되어야 한다고 권면한다. 바울은 하나님이 쓰시는 일꾼은 금 그릇, 은 그릇, 나무 그릇, 질그릇과 같이 서로 다른 여러 종류의 일꾼이 있지만 중요한 것은 깨끗하고 거룩하여 하나님이 쓰시기에 합당하도록 준비되는 것이 중요함을 강조한다(딤후 2:20-26). 하나님이 쓰시기에 합당한 일꾼은 쓸데없는 변론을 버리고, 다투지 아니하고, 온유하며, 의와 믿음과 사랑과 화평을 따르는 일꾼이다.

1. 바울의 첫 번째 권면(딤후 2:1-13)

> 1 내 아들아 그러므로 너는 그리스도 예수 안에 있는 은혜 가운데서 강하고 2 또 네가 많은 증인 앞에서 내게 들은 바를 충성된 사람들에게 부탁하라 그들이 또 다른 사람들을 가르칠 수 있으리라 3 너는 그리스도 예수의 좋은 병사로 나와 함께 고난을 받으라 4 병사로 복무하는 자는 자기 생활에 얽매이는 자가 하나도 없나니 이는 병사로 모집한 자를 기쁘게 하려 함이라 5 경기하는 자가 법대로 경기하지 아니하면 승리자의 관을 얻지 못할 것이며 6 수고하는 농부가 곡식을 먼저 받는 것이 마땅하니라 7 내가 말하는 것을 생각해 보라 주께서 범사에 네게 총명을 주시리라 8 내가 전한 복음대로 다윗의 씨로 죽은 자 가운데서 다시 살아나신 예수 그리스도를 기억하라 9 복음으로 말미암아 내가 죄인과 같이 매이는 데까지 고난을 받았으나 하나님의 말씀은 매이지 아니하니라 10 그러므로 내가 택함 받은 자들을 위하여 모든 것을 참음은 그들도 그리스도 예수 안에 있는 구원을 영원한 영광과 함께 받게 하려 함이라 11 미쁘다 이 말이여 우리가 주와 함께 죽었으면 또한 함께 살 것이요 12 참으면 또한 함께 왕 노릇 할 것이요 우리가 주를 부인하면 주도 우리를 부인하실 것이라 13 우리는 미쁨이 없을 지라도 주는 항상 미쁘시니 자기를 부인하실 수 없으시리라 (딤후 2:1-13, 개역개정)

딤후 2:1-2 바울은 디모데후서 2장을 "내 아들아 그러므로 너는"(딤후 2:1)이라고 시작함으로 디모데에게 개인적인 권고를 계속한다. 헬라어 원문은 "너는 그러므로"(Σὺ οὖν)를 제일 먼저 위치시켜 강조의 뜻을 담고 있다. 그리고 바울은 "내 아들아"(τέκνον μου)라고 디모데를 부름으로 다시 한번 깊은 애정을 담아 그를 권고한다(딤전 1:2, 18; 딤후 1:2; 2:1). 바울은 디모데가 "그리스도 예수 안에 있는 은혜 가운데서"(딤후 2:1) 강해지라고 명령하고 있다. 나이트(Knight)는 "은혜

(χάρις)는 사람을 그리스도인의 삶을 살 수 있도록 힘을 주고 그리고 하나님께서 원하시는 것, 즉 그것이 어떤 행위를 하는 것이건, 혹은 고난을 감당하는 것이건, 하나님이 원하시는 것을 성취할 수 있도록 힘을 준다. 은혜(χάρις)는 하나님의 인자하신 힘을 주시는 능력이다(참조, 고후 9:8; 딛 2:11-14)."[54]라고 설명한다.

바울은 디모데후서 2장 서두에서 세 개의 명령형을 사용한다. 첫 번째 명령형은 "강하라"(ἐνδυναμοῦ)이다(딤후 2:1). 바울은 "강하고"를 현재시상, 수동태, 명령형을 사용함으로 잠시 동안이 아니라 계속적으로 강해야 한다고 명령하고, 수동태를 사용함으로 디모데 스스로 강해지는 것이 아니요, 예수 그리스도 안에 있는 은혜로 말미암아 강해져야 한다고 명령하는 것이다(딤후 2:1). 바울은 "그리스도 예수 안에 있는 은혜"를 강조함으로 은혜는 오직 그리스도로부터만 온다는 사실을 확인하는 것이며 세상의 누구도 그리스도의 은혜 없이는 존재할 수 없다는 것을 분명히 하는 것이다. 바울은 어쩌면 자신의 감금이 디모데에게 두려움을 제공할 수도 있다는 생각으로 예수 그리스도 안에 있는 은혜로 강해져야 한다고 명령하고 있는 것이다(참조, 딤후 1:7). 두 번째 명령형은 "부탁하라"(παράθου)이다(딤후 2:2). 디모데가 부탁해야 할 것은 많은 증인들 앞에서 바울 사도에게서 들은 것을 신실한 사람들에게 부탁하는 것이다(딤후 2:2). 바울은 디모데에게 예수 그리스도께서 그의 죽음과 부활을 통해 성취하신 생명의 복음, 용서의 복음, 화목의 복음을 전했다. 박윤선 박사는 디모데후서 2:2을 해석하면서 "'많은 증인 앞에서'. 복음을 증거하는 것은 공적성역

54 Knight III, *The Pastoral Epistles* (1992), p. 389.

(公的聖役)이고, 사적 영업(私的營業)이 아니다."[55]라고 함으로 복음 증거의 중요성을 설명한다. 바울은 복음이 후손들에게 계속적으로 전파되기를 간절히 원하고 있다. 칼빈(Calvin)은 "그(바울)는 다시 한번 그가 후손들에게 건전한 교리를 전파하는 것이 그에게 얼마나 간절히 원하는 것인지를 보여준다. 그는 이전처럼 건전한 교리의 형태와 특징들을 보존할 것을 권고할 뿐만 아니라, 건전한 교리가 널리 퍼져서 많은 사람들의 마음에 뿌리를 내림으로 경건한 선생들에게 전승되도록 권고한다."[56]라고 설명한다. 디모데는 바울 사도에게서 들은 것을 자신만 간직해서는 안 된다. 바울은 생명의 복음이 대를 이어 계속 전파되기를 원한다. 디모데는 비록 어려운 일이지만 바울과 그의 외조모 로이스(Lois)와 어머니 유니게(Eunice)로부터 전해 받은 건전한 교훈을 성실히 보존하고 전수해야 한다(딤후 1:5-6). 그래서 바울은 "내게 들은 바를 충성된 사람들에게 부탁하라 그들이 또 다른 사람들을 가르칠 수 있으리라"(딤후 2:2)라고 권고하는 것이다.

딤후 2:3-7 세 번째 명령형은 "함께 고난을 받으라"(συγκακοπάθησον)이다(딤후 2:3). 바울은 세 번째 명령형을 시작하면서 병사(soldier)와 운동선수(athlete)와 농부(farmer)의 예를 들어 충성스러운 복음 사역자가 지녀야 할 덕목을 설명한다. 본문의 "나와 함께 고난을 받으라"(개역개정)라는 표현 중 "나와"는 함축적으로는 포함되어 있지

55 박윤선, 『성경주석: 바울서신』 (1964), p. 532.

56 Calvin, *The Second Epistle of Paul to the Corinthians, and the Epistles to Timothy, Titus and Philemon* (1973), p. 305.

만 원문에 구체적으로 표현되어 있지 않다. 하지만 바울은 본 구절에서 "나와 함께 고난을 받으라"(딤후 2:3)라는 뜻으로 이 용어를 사용하고 있음이 분명하다. 바울은 같은 용어(συγκακοπάθησον)를 이미 명령형으로 사용하면서(딤후 1:8) 자신의 고난을 함축하여 설명하고, 같은 맥락 안에서 고난과 관련된 표현을 "내가 또 이 고난을 받되(πάσχω)"(딤후 1:12)라고 언급하며, 또한 "내가 죄인과 같이 매이는 데까지 고난을 받았으나(κακοπαθῶ)"(딤후 2:9)라고 표현하고, "너는 모든 일에 신중하여 고난을 받으며(κακοπάθησον)"(딤후 4:5)라고 표현한 것으로 보아 디모데후서 2:3의 "함께 고난을 받으라"(συγκακοπάθησον)의 뜻은 "나와 함께 고난을 받으라"의 의미로 받는 것이 타당하다.[57] 바울은 디모데후서 2:1-3까지 세 개의 명령형을 사용하여 "강하라"(Be strong), "부탁하라"(entrust), "함께 고난을 받으라"(suffer hardship)라고 명령하고 있다.

바울은 계속해서 디모데후서 2:3-7에서 세 가지의 은유(metaphor)를 사용하여 복음의 대적자들이 많은 상황에서 영적인 지도자(Spiritual leader)가 처신해야 할 덕목들을 설명한다. 바울이 사용한 세 가지 은유의 이야기는 병사의 이야기, 운동선수의 이야기, 농부의 이야기이다.

첫째, 바울은 병사(soldier)를 예로 들어 영적 지도자의 덕목을 제시

57 Hendriksen, *Exposition of the Pastoral Epistles* (*New Testament Commentary*) (1974), p. 247.: 헨드릭센 (Hendriksen)은 바로 전절에서 "많은 증인들," "충성된 사람들"을 언급했기 때문에 (딤후 2:2) "나와 함께 고난을 받으라"보다는 "우리와 함께 고난을 받으라"라고 번역하는 것이 더 좋다고 주장한다. 그러나 전체 맥락으로 볼 때 "우리와 함께" 보다는 "나와 함께"로 이해하는 것이 다 타당하다고 사료된다. 참고로 번역은 "Endure hardship with us" (NIV), "Suffer hardship with me" (NASB), "Share in suffering" (ESV, RSV), "Endure hardship" (NKJV), "나와 함께 고난을 받으라"(개역개정), "고난을 함께 달게 받으십시오"

한다. 그래서 바울은 “너는 그리스도 예수의 좋은 병사로 나와 함께 고난을 받으라”(딤후 2:3)라고 명령하는 것이다. 바울은 전쟁터에서 싸우고 있는 병사를 예로 들어 디모데를 가리켜 “그리스도 예수의 좋은 병사”(딤후 2:3)라고 부른다. 바울은 이 세상의 전쟁과 복음 전파를 위한 영적인 전쟁을 비교해서 디모데가 해야 할 일을 설명하고 있다. 한 사람이 병사로 차출이 되면 그는 그의 가정이나 일상의 모든 일을 뒤로하고 오로지 대적자들과 싸우는 전쟁만을 생각하고 행동해야 한다. 마찬가지로 예수 그리스도의 좋은 병사는 세상적인 모든 일들은 제쳐놓고 오로지 건전한 교리의 보존과 복음 전파에만 몰두해야 한다. 그래서 바울은 좋은 병사는 “자기 생활에 얽매이지 않고” “자기를 병사로 부른 자”를 기쁘시게 하기 위해 고난도 감수하면서 충성을 다한다(딤후 2:4)라고 설명한다. 바울은 디모데가 좋은 병사로 그를 병사로 부른 하나님께 충성을 다 하고 하나님을 기쁘시게 해야 한다고 권면한다. 그리고 바울은 교회의 영적 지도자들이 이처럼 영적 전쟁에 몰두하게 되면 고난이 자연히 찾아오게 된다고 설명한다. 그래서 바울은 “너는 그리스도 예수의 좋은 병사로 나와 함께 고난을 받으라”(딤후 2:3)라고 명령하고 있는 것이다.

둘째, 바울은 운동선수(athlete)를 예로 들어 영적 지도자가 해야 할 덕목을 제시한다. 바울은 “경기하는 자가 법대로 경기하지 아니하면 승리자의 관을 얻지 못할 것이며”(딤후 2:5)라고 함으로 영적 지도자들도 운동선수들처럼 법대로 교회를 섬기지 않으면 승리의 면류관을 얻지 못할 것을 분명히 한다. 나이트(Knight)는 “요점은 운동선수는 규칙이 어떤 것이건 간에 원하는 목적을 달성하기 위해서는 규칙대로 경주해야만 한다는 것이다. ‘법대로’(νομίμως)라는 말은 일반화 시키는 표현으로 그 요점을 정의내리지 않은 채 남겨둔다. 그러나 그렇게 함으로 원리를 더욱더 강력하게 만든다. 기독교 목회자에게 그 요점은 기독교인의 삶의 규칙 중의 하나가 하나님께서 그에게 고난을 즐겁게 받도록 요구하신다는 것이다(딤후 2:3; 참조, 딤후 1:8). 바울은 디모데후서 3:12에서 이 요점을 명백하게 한다(참조, 마 5:10-12; 눅 6:22-23)."[58]라고 설명한다. 운동선수가 정해진 규칙대로 경기하지 않으면 우승의 면류관을 받을 수 없는 것처럼, 영적 지도자도 진리의 말씀의 규칙을 따르지 아니하면 천국(Kingdom of Heaven)에서 결과를 인정받지 못할 것이다.

셋째, 바울은 농부(farmer)를 예로 들어 영적 지도자의 덕목을 제시한다(딤후 2:6). 농부에게는 인내하는 덕목이 반드시 필요하다. 농부는 씨를 뿌리고 묘목을 심은 후 수확을 할 때까지 긴 시간 동안 인내를 해야 한다. 그리고 농부는 수확하는 그 시간까지 여러 가지 일을 열심을 다해서 감당해야 한다. 잠언(Proverb)말씀은 "게으른 자는 가을에 밭 갈지 아니하나니 그러므로 거둘 때에는 구걸할지라도 얻지 못하리라"(잠 20:4; 참조, 잠 24:30-31)라고 교훈한다. 그러므로 농부는 손에 흙을 묻히지 아니하면 수확을 기대하지 말아야 한다. 바울은 농부의 예를 들면서 "수고하는 농부가 곡식을 먼저 받는 것이 마땅하니라"(딤후 2:6)라고 말한다. 좀 더 직역하면 "수고하는 농부가 마땅히 먼저 곡식의 나눔에 참여하게 될 것이다"(δεῖ πρῶτον τῶν καρπῶν μεταλαμβάνειν, 사역)라고 번역할 수 있다. 이 말씀은 복음 사역을 위해 헌신하면서 보상을 먼저 언급하는 것 같아서 바울답지 않은 말씀처럼 들린다. 하지만 이 말씀의 뜻은 디모데가 농부가 겪는 것처럼 복음 사역을 위해 고난을 감당하고 끝까지 충성하면 하나님이 디모

58 Knight III, *The Pastoral Epistles* (1992), p. 394.

데에게 그 보상을 확실하게 보장하신다는 것이다. 칼빈(Calvin)은 "만약 농부들이 얼마 후에 열매를 얻기 위해 노동으로부터 움츠리지 않고, 그리고 만약 그들이 수확을 위해 인내하며 기다린다면, 우리가 그런 위대한 보상을 약속 받은 상태에서 그리스도께서 우리에게 맡기신 노동을 거절한다는 것이 우리들에게 얼마나 더 불합리한 것인가!"[59]라고 설명한다. 하나님은 농부의 수고를 외면하시지 않은 것처럼 더욱더 영적 지도자에게 약속하신 보상을 제공해 주신다. 바울이 다른 곳에서 "모세의 율법에 곡식을 밟아 떠는 소에게 망을 씌우지 말라 기록하였으니 하나님께서 어찌 소들을 위하여 염려하심이냐"(고전 9:9; 신 25:4)라고 말한 말씀과 그 뜻을 같이 하고 있다.

바울은 이와 같이 병사와 운동선수와 농부의 예를 들어 영적 지도자인 디모데에게 어떻게 헌신할 것인지에 대해 설명한다. 한 가지 잊지 말아야 할 교훈은 병사는 전쟁이 끝날 때까지 충성을 다해야 하고, 운동선수는 경기가 끝날 때까지 최선을 다해야 하며, 농부는 수확을 할 때까지 농사에 필요한 일을 계속해야 한다는 것이다. 마찬가지로 영적 지도자도 맡은 바 일이 끝날 때까지 계속적으로 충성해야 한다. 바울은 디모데에게 세 가지 예를 통해 모든 일은 고난의 과정이 있은 후에 유익도 뒤 따른다는 지혜를 가르치기 원한 것이다. 모든 일이 결과도 중요하지만 그 과정도 중요함을 가르친다.

바울은 세 가지 예를 들어 영적 지도자인 디모데에게 주님을 어떻게 섬기는 것이 바른 길인지를 설명하고 지금까지 설명한 내용(딤후 2:4-6)을 묵상하고 이해하라고 명령한다. 바울은 "생각해 보라" (νόει)

59 Calvin, *The Second Epistle of Paul to the Corinthians, and the Epistles to Timothy, Titus and Philemon* (1973), p. 308.

라는 용어를[60] 사용하여 디모데에게 단순히 읽는 것으로는 부족하고 깊이 묵상하여 하나님의 구원 계획에 담긴 지혜를 배우라고 권고하고 있다. 하나님은 묵상하고 지혜를 구하는 자에게 후히 주시는 분이시다(약 1:5). 그런데 바울은 자신이 말한 것을 깊이 묵상하면 "주께서 범사에 네게 총명을 주시리라"(딤후 2:7)라고 디모데에게 약속한다. 바울이 여기서 사용한 "주"(ὁ κύριος)가 예수님을 가리키느냐 아니면 하나님을 가리키느냐에 대해 의견이 나누어진다.[61] "주"가 예수님을 가리킨다고 이해하든 "하나님"을 가리킨다고 해석하든 큰 문제는 없다. 이미 디모데후서 1:18에서 "주께서"(ὁ κύριος)는 제2위이신 예수님을 가리키고, "주의 긍휼"(ἔλεος παρὰ κυρίου)의 "주"는 하나님 아버지를 가리킨다고 정리한 바 있다. 그러면 본 구절인 디모데후서 2:7의 "주"(ὁ κύριος)는 정관사가 있으므로 제2위이신 예수님을 가리킨다고 결론을 내릴 수 있는가? 그것은 반드시 그렇다고 할 수 없다. 왜냐하면 디모데후서 1:18의 경우도 맥락에 비추어 "긍휼"을 베푸시는 분을 "하나님"으로 묘사하기 때문에 "주의 긍휼"의 "주"를 하나님 아버지로 해석한 것처럼, 디모데후서 2:7의 "주께서"도 "총명"(σύνεσιν)을 주시는 것과 관계되기 때문에 맥락을 중요하게 생각하여야 한다. 바울 사도는 그의 서신 다른 곳에서 "내가 그리스도의 비밀을 깨달은 것을 너희가 알 수 있으리라"(엡 3:4)라고 기록한다. 본 구절을 직역하면 "그리스도의 비밀에 대한 나의 통찰력을 너희가 이해할 수 있으리라"(사역)라고 번역할 수 있다. 그런데 에베소서 3:4의 "나의 통찰력을 이해한다"(νοῆσαι τὴν σύνεσίν μου)라는 표현에서 바울이 디모데후서

60 νοέω의 현재, 능동태, 명령형, 2인칭 단수임. Cf. W. Schenk, "νοέω," *Exegetical Dictionary of the New Testament,* Vol. 2 (Grand Rapids: Eerdmans, 1991), pp. 469-470.

61 Leon Morris, *New Testament Theology* (Grand Rapids: Academie Books, 1986), p. 167.

2:7에서 사용한 "이해해 보라"(생각해 보라)(νόει)라는 용어와 "통찰력"(총명)(σύνεσιν)이라는 똑같은 용어가 등장한다. 그런데 에베소서 3:4의 통찰력(총명)을 주시는 분은 문맥에 비추어 볼 때 하나님 아버지이시다. 그러므로 디모데후서 2:7의 "총명"(통찰력)을 주시는 "주"(ὁ κύριος)도 하나님 아버지로 이해해도 잘못이 없다(참조, 골 1:9).[62] 여기서 우리는 다시 한번 성경을 이해할 때 문맥의 중요함을 깨닫는다.

딤후 2:8-13 바울은 지금까지 사용한 유비(analogy)에서(딤후 2:4-6) 역사(history)로 자리를 옮겨 역사의 주인이신 예수 그리스도를 기억하라고 명령한다(딤후 2:8-9). 바울은 자신이 전한 복음은 구약의 예언에 따라 다윗의 씨로 태어나신 예수님의 성육신과 십자가상의 죽음과 죽은 자 가운데서 삼일 만에 부활하신 예수 그리스도의 생애가 역사적 사실로서 그가 전한 복음의 내용임을 확인한다. 바울이 전한 복음은 항상 예수님의 죽음과 부활이 강조되고 있음을 볼 수 있다. 바울은 로마서(Romans)를 시작하면서 "하나님의 복음"을 위하여 자신이 택정함을 입었다고 고백하고(롬 1:1), 이 하나님의 복음이 아들과 관계된 것이며(롬 1:2-3), 그리고 그 아들은 다윗의 혈통으로 비하 상태에 들어오셨고(κατὰ σάρκα) 부활하시어 승귀의 상태로 진입하신(κατὰ πνεῦμα ἁγιωσύνης) 우리 주 예수 그리스도이시라고 하며 예수님의 죽음과 부활을 복음의 핵심 내용으로 설명한다(롬 1:3-4). 로마서 1:3-4의 "육신으로는"과 "성결의 영으로는"의 대칭을 어떤 학자는 예수님

---

62 Calvin, *The Second Epistle of Paul to the Corinthians, and the Epistles to Timothy, Titus and Philemon* (1973), p. 308.; Knight III, *The Pastoral Epistles* (1992), p. 396.; Kelly, *A Commentary on the Pastoral Epistles (Thornapple Commentaries)* (1981), p. 176.

의 인성의 "몸"(body)과 "영"(spirit)의 대칭으로 해석하고(Meyer, Sanday, Headlam), 또 다른 학자는 "육신으로는"을 예수님의 인성(human nature)으로, "성결의 영으로는"을 예수님의 신성(divine nature)으로 해석한다(Calvin, Hodge, Cranfield, Shedd, Haldane). 그리고 또 다른 학자들은 "육신으로는"을 예수님의 비하상태(state of humiliation)로 해석하고, "성결의 영으로는"을 예수님의 승귀상태(state of exaltation)로 해석하여 "육신으로는"과 "성결의 영으로는"의 대칭을 예수님의 비하와 승귀의 두 단계로 해석한다(Smeaton, Vos, Gaffin, Bruce, Murray, Moo, Dunn).[63] 여기서 주목해야 할 중요한 요점은 하나님의 복음의 핵심 내용이 예수님의 인성의 "몸"과 "영"이 될 수 없으며, 또한 예수님의 인성과 신성이 중요한 신학적 교리임에는 틀림없지만 그렇다고 예수님의 "인성"과 "신성"이 복음의 핵심이라고 할 수는 없다는 점이다. 복음의 핵심 내용이 예수님의 죽음과 부활이라는 사실은 성경 여러 곳에서 확인된다(눅 24:46; 롬 1:1-4; 4:25; 6:5; 10:9-10; 빌 2:6-9). 특별히 "네가 만일 네 입으로 예수를 주로 시인하며 또 하나님께서 그를 죽은 자 가운데서 살리신 것을 네 마음에 믿으면 구원을 받으리라"(롬 10:9)라는 말씀은 예수님의 죽음과 부활이 복음의 핵심 내용임을 분명히 한다. 그러므로 "육신으로는"과 "성결의 영으로는"을 예수님의 비하 상태와 예수님의 승귀 상태의 대칭으로 이해하면 자연히 그 대칭은 예수님의 죽음과 부활을 포함하기 때문에 "육신으로는"을 예수님의 비하 상태로 이해하고, "성결의 영으로는"을 예수님의 승귀 상태로 이해하는 것이 더 타당한 해석으로 사료된다.

---

63 하나님의 복음에 관한 (롬 1:1-7) 자세한 논의는 박형용, 『로마서 주해』 (수원: 합신대학원출판부, 2022), pp. 30-49를 참조하시오.

디모데후서 2:8을 읽을 때 주목해야 할 내용은 바울이 "나의 복음"(τὸ εὐαγγέλιόν μου)[64]과 연계하여 "다윗의 씨로"(ἐκ σπέρματος Δαυίδ)라는 표현을 사용했다는 사실이다. 이는 구약의 예언의 성취임을 확인하는 것이다(시 89:3-4; 렘 23:5). "다윗의 씨로"라는 표현은 신약성경에서 오직 세 번 등장한다(요 7:42; 롬 1:3; 딤후 2:8). 그런데 바울은 로마서에서 복음의 내용을 설명하면서 "육신으로는 다윗의 혈통에서 나셨고"(롬 1:3)라고 기록하고, 디모데후서에서는 "나의 복음대로 다윗의 씨로"(딤후 2:8)라고 표현함으로 "다윗의 씨로"라는 표현은 복음의 내용과 관련이 있음을 증언한다. 따라서 바울은 "다윗의 씨로"(딤후 2:8)라는 표현으로 구약에서 예언된 다윗의 후손이 바로 메시아시요, 예수 그리스도이심을 밝히기를 원했고 바로 그분이 온전한 사람으로 낮아지셔서 비하 상태로 진입하셨음을 천명하기 원한 것이다. "다윗의 씨로"라는 표현은 당연히 예수님의 인성(human nature)을 뜻하는 것으로 이해할 수 있지만, 더 포괄적인 의미로 예수님의 비하 상태(state of humiliation)를 뜻하고 있다고 해석하는 것이 더 타당하다.

그런데 칼빈(Calvin)은 "다윗의 씨로"(딤후 2:8)라는 "이 구절은 그리스도의 인성의 실재(reality)를 주장할 뿐만 아니라 메시아의 영예와 이름이 바로 그리스도의 것임을 주장하는 것이다."[65]라고 해석한다. 박윤선 박사도 디모데후서 2:8의 "'다윗의 씨'란 말은, 예수님의 인성(人性)을 가리키는 동시에 그의 메시아 (그리스도) 품격(品格)을 증거한

---

64 바울 사도가 사용한 "나의 복음" (τὸ εὐαγγέλιόν μου)이란 표현은 자신이 복음의 저자라는 뜻이 아니요, 예수 그리스도의 복음을 자신이 전파한다는 뜻으로 사용한 것이다.

65 Calvin, *The Second Epistle of Paul to the Corinthians, and the Epistles to Timothy, Titus and Philemon* (1973), p. 309.

다."[66]라고 칼빈과 거의 비슷한 설명을 한다. 물론 칼빈이나 박윤선 박사처럼 "다윗의 씨"를 예수님의 인성을 뜻하는 것으로 받아들여도 큰 문제는 없지만, 복음과 관련된 맥락에서 칼빈이나 박윤선 박사의 해석은 본문의 뜻을 온전하게 전달하지 못하고 있다고 사료된다(참조, 롬 1:1-4). 왜냐하면 예수님이 "다윗의 씨"로 태어나신 그 순간부터 성육신 기간 동안 예수님은 신성은 물론 인성을 계속 소유하신 상태로 존재하셨기 때문이다. 예수님은 성육신 기간 동안 "다윗의 자손"으로 불리셨다. 마태는 마태복음을 시작하면서 "아브라함과 다윗의 자손 예수 그리스도의 세계라"(마 1:1)라고 기록하고 있으며, 무리들도 예수님을 가리켜 "이는 다윗의 자손이 아니냐"(마 12:23)라고 불렀으며, 가나안 여인도 "주 다윗의 자손이여"(마 15:22)라고 불렀고, 소경들도 "주여 우리를 불쌍히 여기소서 다윗의 자손이여"(마 20:30)라고 예수님을 "다윗의 자손"으로 불렀다. 이 말씀은 성육신하신 예수님을 가리켜 "다윗의 자손"이라고 불렀다면 "다윗의 자손"으로 불린 예수님은 "인성과 신성"을 소유하신 분이시라는 것을 증거 한다. 그런데 바울이 디모데후서 2:8에서 복음과 연계하여 사용한 "다윗의 씨"(ἐκ σπέρματος Δαυίδ)라는 표현을 예수님의 인성으로만 국한시켜 이해하는 것은 본문의 의미를 온전하게 전달하지 못하는 것으로 볼 수 있다. 바울은 예수님이 하나님이시면서 "죄 있는 육신의 모양"(ἐν ὁμοιώματι σαρκὸς ἁμαρτίας)으로[67] 오셔서(롬 8:3) 인간의 고난과 고통을 직접 체험하시고, 죄로 인해 죽을 수밖에 없는 인간의 죽음 문제

66 박윤선, 『성경주석: 바울서신』 (1964), p. 534.

67 바울은 예수님의 성육신의 상태를 정교하게 "죄 있는 육신의 모양"으로 표현하여 예수님이 죄가 없음을 분명히 한다. 만약 바울이 "죄 있는 육신"으로 오셨다고 표현했다면 예수님은 성육신하심으로 죄 있는 육신을 입은 것이 되기 때문이다.

를 자신의 죽음을 통해 해결하시고(롬 4:25; 5:17; 6:23), 그의 백성들이 원래 누릴 수 있도록 계획된 영원한 생명(eternal life)을 예수님이 부활하심으로 확보하신 이 진리를(롬 8:10-11; 고전 15:13, 15-16, 20, 49) 항상 기억하라고 명령하고 있는 것이다(딤후 2:8).

바울이 디모데에게 명령한 복음은 디모데가 여러 차례 들어서 알고 있는 내용임에 틀림없다. 바울은 "기억하라"(μνημόνευε)라는 현재시상, 명령형을 사용하여 디모데가 복음의 내용을 이미 알고 있음을 전제하고 또 그 내용을 계속적으로 기억하고 전파해야 한다고 명령하는 것이다(딤후 1:5). 특히 바울이 "내게 들은 바를 충성된 사람들에게 부탁하라 그들이 또 다른 사람들을 가르칠 수 있으리라"(딤후 2:2)라고 말함으로 대를 이어 그리스도의 복음이 전파되어야 함을 강조하고 있다. 그리고 바울 사도는 "죽은 자 가운데서 다시 살아나신"(딤후 2:8)이라는 말로 예수님의 부활을 설명할 때 "에게겔메논"(ἐγηγερμένον)이란 완료시상을 사용한다. 바울이 여기서 완료시상을 사용한 이유는 예수님의 부활이 과거에 발생했지만 현재에도 예수님이 부활한 상태로 계심을 증거하며, 예수님의 부활이 현재에도 효과를 발하고 있음을 증거 하는 것이다. 바울은 디모데에게 하나님께서 예수 그리스도를 통해 성취하신 구속의 전모를 기억하라고 명령하고 있는 것이다.

바울은 이제 이와 같은 놀라운 복음 때문에 자신이 "죄인과 같이 매이는 데까지 고난을 받았다"(딤후 2:9)라고 고백한다. 본 구절에서 "복음으로 말미암아"(ἐν ᾧ: for which)로 번역된 표현의 선행사는 문맥으로 볼 때 "예수 그리스도"가 아니요, "나의 복음"이라 할 수 있다.[68]

---

68 한글 번역은 ἐν ᾧ 앞에 "예수 그리스도"가 가까이 있지만, 헬라어는 ἐν ᾧ 바로 앞에 "나의

그러므로 "복음으로 말미암아"(개역개정)는 잘된 번역이라고 할 수 있다. 바울은 복음을 위해 자신이 받은 고난을 언급한다. 바울 사도가 복음 때문에 당한 고난의 종류는 헤아리기 어려울 만큼 많다. 바울은 복음 때문에 "많이 견디는 것, 환난, 궁핍, 곤란, 매 맞음, 갇힘, 요란한 것, 수고로움, 자지 못함, 먹지 못함"을 경험했다(고후 6:4-10; 11:23-28). 바울은 이 구절을 복음 때문에 로마 감옥에 2차로 감금된 상태에서 쓰고 있다.

바울이 자신을 가리켜 "죄인"(κακοῦργος)이라고 표현한 단어는 신약성경에서 4회 등장하는데 누가복음에서 3회 등장하고(눅 23:32, 33, 39) 바울서신에서는 이곳에서 유일하게 사용된 용어이다(딤후 2:9). 누가복음은 예수님과 함께 십자가에 달린 죄인들을 "행악자"(κακοῦργος)로 묘사한다. "죄인"은 강도, 살인자, 반역자, 행악자 등을 묘사할 때 쓰는 강한 표현이다. 바울은 자신이 복음 때문에 강도와 살인자와 같은 취급을 받고 갇히는 데까지 고난을 받는다고 진술한다. "죄인"(κακοῦργος)이란 용어는 바울의 제2차 로마 감금이 얼마나 고통스러운 나날이었는지를 암시해 준다. 바울은 자신의 감금이 하나님의 말씀 전파에 방해가 되지 않았음을 "하나님의 말씀은 매이지 아니 하니라"(딤후 2:9)라고 밝힌다. 바울은 그가 제1차 로마 감옥에 감금되었을 때에도 그의 감금이 오히려 복음 전파에 유익이 되었다고 설명한 바 있다(빌 1:12-18; 몬 9-10).

칼빈(Calvin)은 "여기서 바울은 항의를 예상하였다. 왜냐하면 무지한 사람의 눈으로 볼 때 그의 감금은 그의 복음의 신빙성을 딴 데로

복음" (τὸ εὐαγγέλιόν μου)이 위치해 있다. 그러므로 ἐν ᾧ는 그리스도보다는 복음을 가리키는 것으로 보는 것이 바르다.

돌릴 수 있기 때문이다. 모든 외관으로 판단할 때는 그가 중범죄자처럼 감옥 속에 갇혀 있음을 인정한다. 그러나 그는 그의 감금이 복음이 자유롭게 전파되는 것을 방해하지 않았다고 첨가한다."[69]라고 하며 자신의 감금이 복음 전파에 방해가 되지 않았다고 밝힌다. 그런데 바울이 "하나님의 말씀은 매이지 아니하니라."(딤후 2:9)라고 말한 의미를 이해하는데 약간의 차이가 나타난다. 켈리(J.N.D. Kelly)는 "바울은 이 구절에서 다른 사람들에 의해 전파된 설교를 우선적으로 생각하고 있는 것은 아니다. 그가 디모데에게 전하고자 하는 사상은 자신이 한탄하고 있는 그 고난 자체가 긍정적이고 복음 전파의 의의를 가지고 있음을 전하기 원한 것이다."[70]라고 해석한다. 반면 걷스리(D. Guthrie)는 "사도의 진술은 감옥 안에서 복음을 전파할 수 있는 자기 자신의 자유에 적용하기보다는, 자신이 감옥에 갇혀 있는 동안에도 다른 사람들이 복음 전파의 사역을 계속 진행하고 있다는 사실에 적용하는 것"[71]으로 해석한다.

본 구절을 어느 쪽으로 해석해도 큰 문제는 없으나 바울이 "하나님의 말씀은 매이지 아니하니라"(딤후 2:9)라고 말했을 때 바울은 다른 복음 전파자들에 의해 계속되는 복음 전파를 염두에 두었다고 생각한다. 그 이유는 바울이 1차로 같은 감옥에 매여 있을 때도 같은 생각을 했기 때문이다. 바울은 "형제 중 다수가 나의 매임을 인하여 주 안에서 신뢰하므로 겁 없이 하나님의 말씀을 더욱 담대히 말하게 되었느니라."(빌 1:14)라고 함으로 자신의 매임과 상관없이 복음의 진전이

69 Calvin, *The Second Epistle of Paul to the Corinthians, and the Epistles to Timothy, Titus and Philemon* (1973), p. 309.

70 Kelly, *A Commentary on the Pastoral Epistles* (1981), p. 178.

71 Donald Guthrie, *The Pastoral Epistles* (*Tyndale*) (1990), p. 156.

있었음을 확인하고 있다. 바울은 한 사역자는 복음 때문에 옥에 갇힐 수 있으나 다른 사역자가 일어나서 계속 복음을 전파하게 된다고 말한다. 바울 사도는 지금 자신은 이 세상에서의 생애의 마지막을 맞이하겠지만 복음은 디모데 그를 통해 그리고 다른 신실한 종들을 통해 계속 전파될 것임을 생각하고 있었다고 사료된다(참조, 딤후 2:2). 진리는 계속해서 전파되게 되어 있다. 예수님은 "이 천국 복음이 모든 민족에게 증언되기 위하여 온 세상에 전파되리니 그제야 끝이 오리라"(마 24:14)라고 가르치셨다. 이것이 하나님의 구속 계획이다.

바울은 디모데후서 2:10 서두에 "그러므로"(διὰ τοῦτο)를 사용하므로 자신이 참는 이유를 전절과 연결시켜 설명한다. 그리고 두 번째는 택함 받은 자들의 구원 때문에 참는 것이다. 바울은 "택하신 자들을 위하여"(διὰ τοὺς ἐκλεκτούς)를 사용하므로 자신이 참는 이유를 설명하고 있다. 선택 받은 자들은 하나님께서 창세 전에 그리스도 안에서 선택해 주시고(엡 1:4) "성령의 거룩하게 하심과 진리를 믿음으로 구원을 얻게"(살후 2:13)되지만 그들이 구원을 얻기까지는 말씀 선포의 방법을 통해서 가능하다. 바울은 여기서 자신을 선택 받은 자들의 구원을 위한 복음 선포자로 생각하고 있다. 바울은 이런 중차대한 사역을 위해 모든 것을 참을 수 있다고 말한다. 칼빈(Calvin)은 바울 사도가 모든 것을 참고 있는 것은(딤후 2:10) "그의 감금의 원인이 질책으로부터가 아니요, 결과적으로 볼 때 그의 감금은 사실상 선택받은 자에게 대단히 유용한 것이다. 바울 사도가 '내가 택함 받은 자들을 위하여 모든 것을 참음은'이라고 말할 때에 그는 그가 교회를 세우는 것이 그 자신의 안전보다 더욱 더 중요하다는 것을 보여주고 있다. 왜냐하면 그는 죽을 준비가 되어 있을 뿐만 아니라 교회의 복지를 증진시키기 위해서는 행악자(κακοῦργος)로 불릴 수도 있는 준비가 되어 있었기 때문이다."[72]라고 해석한다. 성도들은 그리스도 안에서 구원을 받을 수 있을 뿐만 아니라 영원한 영광이 그들을 기다리고 있는 것이다. 쾨스텐버거(Köstenberger)는 "바울은 현재의 구절에서(참조, 딤후 2:10) 하나님이 어떤 사람들은 구원하시기 위해 선택하셨고 그리고 바울은 그 복음을 선포할 의무가 있고 그리고 선택받은 자들이 '그리스도 예수 안에 있는 구원을 영원한 영광과 함께 받을 수 있도록' 그 복음을 위해 고난을 받아야 한다는 그의 믿음을 분명하게 공표하고 있다(참조, 행 13:48; 18:10; 롬 8:28-30; 엡 1:4-5, 11). 마지막 구절인 '영원한 영광과 함께'는 성도들의 현재의 고난을 영원한 전망으로 보게 하는 역할을 한다."[73]라고 해석한다. 하나님은 성도들을 죄로부터 구원하시되 단순히 무죄의 상태로 회복시키는 정도에 그치는 것이 아니요, 성도들이 영광을 받을 수 있도록 계획하시고 진행하시고 성취하신 것이다(살후 1:12). 성도들의 구원은 영원한 영광을 수반하는 구원이다. 우리는 때로 구원의 영광이 얼마나 놀랄만한 축복인지를 망각하고 산다. 바울 사도는 "생각건대 현재의 고난은 장차 우리에게 나타날 영광과 족히 비교할 수 없도다."(롬 8:18)라고 말한다. 우리의 구원은 우리가 하나님의 자녀 됨의 영광을 소유했다는 뜻이다(요 1:12). 우리는 이미 하나님의 자녀가 된 것이다. 남은 것은 우리가 "우리 몸의 구속"(롬 8:23)을 기다리는 것이다. 즉 우리가 부활체를 덧입을 때를 기다리는 것이다(고전 15:48-49; 고후 5:1-5). "영원한 영광은 우리가 믿음으로 이미 소유하고 있는 그 구원의 웅대한 목표이다. 칼

---

72 Calvin, *The Second Epistle of Paul to the Corinthians, and the Epistles to Timothy, Titus and Philemon* (1973), p. 310.

73 Köstenberger, *Biblical Theology for Christian Proclamation* (*Commentary on 1-2 Timothy and Titus*) (2017), p. 235.

빈(Calvin)은 "그들도 그리스도 예수 안에 있는 구원을 영원한 영광과 함께 받게 하려 함이라"(딤후 2:10)를 해석하면서 "영원한 영광은 우리가 그리스도 안에서 얻는 구원의 목적이다. 우리의 구원은 하나님을 위해 사는 것이요 그리고 이것은 우리들의 중생과 함께 시작하고, 하나님께서 우리를 그의 왕국으로 모아 주실 때, 이 죽을 생명의 불행들로부터 우리가 완전히 자유 함으로 완성된다."[74]라고 해석한다.

딤후 2:11-13 "미쁘다 이 말이여"(πιστὸς ὁ λόγος)라는 표현은 디모데전서와 디모데후서에 다섯 번 사용 된다(딤전 1:15; 3:1; 4:9; 딤후 2:11; 딛 3:8). 바울은 중요한 진리를 표현할 때 이 말씀을 사용한다. 본문의 경우도 복음 안에서 구원 받은 성도들이 보장 받은 축복을 설명하면서 이 표현을 사용한다. 우선 "미쁘다 이 말이여"가 이전 구절(딤후 2:8-10)을 가리키느냐 아니면 뒤 따라오는 구절(딤후 2:11-13)을 가리키느냐에 대한 견해가 나누인다. 본 구절의 "미쁘다 이 말이여"가 이전 구절들을 가리킨다고 주장하는 학자들은 "미쁘다 이 말이여"라는 표현이 일반적으로 어떤 속담(proverb)이나 금언(maxim)을 가리키지 않는데 뒤따라 나오는 구절들(딤후 2:11-13)은 속담과 같은 내용이므로 "미쁘다 이 말이여"라는 표현이 구원에 관한 진술을 담고 있는 이전 구절들(딤후 2:8-10)을 가리키는 것으로 이해하는 것이 바르다고 주장한다. 그리고 디모데후서 2:11절 서두에 "왜냐하면"(γάρ)이라는 용어가 등장하는데 그 이유는 "미쁘다 이 말이여"가 이전 구절들(딤후

74 Calvin, *The Second Epistle of Paul to the Corinthians, and the Epistles to Timothy, Titus and Philemon* (1973), p. 310.

2:8-10)을 가리키고 있기 때문에 바울이 "왜냐하면"을 사용하여 디모데후서 2:11에서 방금 설명한 금언의 내용을 설명하고 있기 때문이라고 해석한다.[75]

하지만 "미쁘다 이 말이여"(πιστὸς ὁ λόγος)가 뒤따라오는 금언을 가리킨다고 주장하는 견해가 문맥에 비추어 볼 때 더 타당한 해석이라고 사료된다. "미쁘다 이 말이여"가 뒤따라오는 금언을 가리킨다고 주장하는 학자들은 바울이 디모데후서 2:8-10에서는 "내가" 혹은 "나의"라는 용어를 사용하여 자신이 가르친 내용과 자신의 경험을 설명하고 있는데 바울이 이런 자신의 경험을 "미쁘다 이 말이여"라는 표현으로 받는 것은 바울답지 않고 금언(saying)이라고 할 수 없다고 주장한다. 그리고 디모데후서 2:11 서두의 "왜냐하면"은 앞에 언급된 금언을 설명하기 위해 사용된 것이 아니요, "왜냐하면" 자체가 금언의 일부분으로 취급하여도 아무 문제가 없기 때문에 "미쁘다 이 말이여"(πιστὸς ὁ λόγος)는 뒤따라 나오는 금언을 가리킨다고 보는 것이 합당하다고 주장한다.[76] 바울 사도가 여기서 사용한 "미쁘다 이 말이

75 Hendriksen, *Exposition of the Pastoral Epistles* (*New Testament Commentary*) (1974), pp. 254-255.; White, "The First and Second Epistles to Timothy and the Epistle to Titus," *The Expositor's Greek Testament,* Vol. IV (1980), p. 163.; Vincent, *Word Studies in the New Testament,* Vol. IV (1975), p. 299.: "It refers to what precedes--the eternal glory of those who are raised with Christ (ver. 8) which stimulates to endurance of sufferings for the gospel."

76 Calvin, *The Second Epistle of Paul to the Corinthians, and the Epistles to Timothy, Titus and Philemon* (1973), p. 310.; A. M. Stibbs, "The Pastoral Epistles," *The New Bible Commentary: Revised,* ed. by D. Guthrie, J. A. Motyer, A. M. Stibbs, D. J. Wiseman (Grand Rapids: Eerdmans, 1975), p. 1179.; Lenski, *The Interpretation of St. Paul's Epistles to the Colossians, to the Thessalonians, to Timothy, to Titus and to Philemon* (1961), p. 792. Lenski는 "미쁘다 이 말이여"의 이전 구절에서는 만족할 만한 금언과 같은 내용을 찾을 수 없고, 뒤따라오는 구절에서 믿을만한 진술을 발견할 수 있다고 해석한다.; Köstenberger, *Biblical Theology for Christian Proclamation* (*Commentary on 1-2 Timothy and Titus*) (2017), pp. 235-236.; Knight III, *The Pastoral Epistles* (1992), pp. 401-402.

여"는 성도들의 구원에 관한 바울 사도의 신학을 요약한 금언과 같은 내용이다. 바울은 디모데후서 2:11-13의 금언과 비슷한 교리를 그의 다른 서신들(참조, 롬 6:1-11; 고전 15:12-20; 엡 2:4-6; 골 2:12-15)에서도 가르친다. 그리고 그리스도와 성도들의 연합개념은 바울 신학의 정수와 같은 귀중한 교리이다. 이제 "미쁘다 이 말이여"의 내용을 구체적으로 연구하도록 한다.

바울이 여기서 사용한 금언은 그의 기본적인 복음 이해에 근거하여 스스로 만든 것으로 보는 것이 타당하다. 왜냐하면 바울은 여기서 언급된 내용을 그의 서신 여러 곳에서 가르치고 있기 때문이다. 이제 바울이 금언 형식으로 가르친 내용을 선명한 대칭을 통해 접근하기로 한다.

조건 절	결과 절
왜냐하면, 만일 우리가 (주와)함께 죽었으면 (부정과거)(11절),	우리가 (주와)함께 살 것이요(미래) (11절)
만일 우리가 참으면(현재)(12절),	우리가 (주와)함께 왕 노릇 할 것이요 (미래)(12절)
만일 우리가 (주를) 부인 할 것이면 (미래)(12절),	주도 우리를 부인하실 것이요 (미래)(12절)
만일 우리가 신실함이 없다면(현재) (13절),	주는 항상 신실하실 것이다(현재) (13절).
(왜냐하면 그는 자기를 부인하실 수 없기 때문이다.)(13절)	

바울은 그가 목회서신에서 자주 사용한 "미쁘다 이 말이여"(πιστὸς ὁ λόγος)와 함께 구원교리의 요약을 금언의 형식으로 설명한다. 여기서 "미쁘다"는 "신실하다," "믿을 만하다"등의 뜻을 가지고 있고, "이 말"은 "금언과 같은 말씀"을 뜻한다. 바울은 뒤따라 인용되는 금언과

같은 말씀이 신실하다고 선언하고 그 구체적인 내용을 소개한다.

첫째로 신실한 말씀은 "만일 우리가 주와 함께 죽었으면, 우리가 함께 살 것이요"(εἰ γὰρ συναπεθάνομεν, καὶ συζήσομεν)(딤후 2:11)이다.

본 구절의 내용은 로마서 6:8의 내용과 같다. 바울은 로마서에서 "만일 우리가 그리스도와 함께 죽었으면 또한 그와 함께 살줄을 믿노니"(εἰ δὲ ἀπεθάνομεν σὺν Χριστῷ, πιστεύομεν ὅτι καὶ συζήσομεν αὐτῷ.)(롬 6:8)라고 가르쳤다. 두 구절에 사용된 용어까지 거의 같은 것을 보면 바울은 본 구절에서 로마서 6장의 교훈처럼 성도들이 예수님의 죽으심과 연합되었기 때문에 예수님과 함께 살 것임을 가르치고 있다고 생각된다. 바울은 "예수는 우리가 범죄한 것 때문에 내줌이 되고 또한 우리를 의롭다 하시기 위하여 살아나셨느니라"(롬 4:25)라고 가르친다. 성도들의 삶은 그리스도의 고난과도 연합되었지만 또한 그리스도의 영광과도 연합되었다. 그래서 바울은 "만일 죽은 자가 다시 살아나는 일이 없으면 하나님이 그리스도를 다시 살리지 아니하셨으리라"(고전 15:15; 참조, 고전 15:13, 16)라고 가르치고, 그리스도의 부활을 "잠자는 자들의 첫 열매"(고전 15:20)라고 가르친 것이다. 칼빈(Calvin)은 "그리스도가 임재 하는 곳에는 생명과 복됨도 또한 존재한다. 우리는 마땅히 그리스도와 함께하는 이 교제(fellowship)를 굳게 붙들므로 우리가 우리 스스로 죽지 않고 그리스도와 함께 죽어서 우리가 그의 영광의 동료들이 되도록 해야 한다."[77]라고 설명한다.

바울이 "우리가 함께 죽었으면"(συναπεθάνομεν)을 과거시상(aorist)으로 처리하고, "우리가 함께 살 것이요"(συζήσομεν)를 미래시상

77 Calvin, *The Second Epistle of Paul to the Corinthians, and the Epistles to Timothy, Titus and Philemon* (1973), p. 311.

(future)으로 처리한 것은 성도들이 예수 그리스도를 믿음으로 이미 그리스도의 죽음과 연합되어 죄 문제를 해결 받고 영생을 소유하고 살고 있지만[참조, "내가 그리스도와 함께 십자가에 못 박혔나니"(Χριστῷ συνεσταύρωμαι)(갈 2:20, 개역개정). 헬라어 성경은 이 부분을 갈 2:19로 배열하였음], 아담(Adam)의 질서로 받은 이 몸을 소유하고 사는 동안에는 미래에 있을 구속의 완성을 바라다보면서 인내하면서 사는 것이 성도들의 삶이라는 사실을 함축적으로 설명하고 있는 것이다. 그래서 바울은 바로 이어지는 다음 절에서 "우리가 참으면"을 사용하여 성도들의 현재 삶을 묘사하고 있는 것이다.

둘째로 신실한 말씀은 "만일 우리가 참으면, 또한 함께 왕 노릇 할 것이요"(εἰ ὑπομένομεν, καὶ συμβασιλεύσομεν)·(딤후 2:12)이다.

이 금언의 내용은 "더욱 은혜와 의의 선물을 넘치게 받는 자들은 한 분 예수 그리스도를 통하여 생명 안에서 왕 노릇 하리로다"(롬 5:17)라는 말씀과 그리고 "현재의 고난은 장차 우리에게 나타날 영광과 비교할 수 없도다"(롬 8:18)라는 말씀과 그 뜻을 같이 한다. 예수님도 성도들의 인내의 삶에 대해 같은 교훈을 하셨다(마 10:22; 24:13; 막 13:13). 야고보(James)는 욥(Job)과 선지자들의 삶을 성도들의 삶의 본으로 제시했다(약 5:10-11). 성도들의 삶은 인내의 삶이다. 성도들은 구원을 받았을지라도 모든 세상적 고난과 고통에서 면제되지 않는다. 그러므로 성도들의 삶은 종말에 있을 보상 즉 주님과 함께 왕 노릇 할 것을 바라다보면서 인내하는 삶이 되어야 한다. 고난은 제자도의 본질이다. 예수님의 제자가 되기 위해서는 고난의 과정이 있을 수 밖에 없다.

바울은 "우리가 참으면"(ὑπομένομεν)을 현재시상으로 처리하고, "우리가 함께 왕 노릇 할 것이요"(συμβασιλεύσομεν)를 미래시상으로 처리한 것은 역시 성도들의 현재의 삶이 인내의 과정임을 분명히 하면서 성도들의 삶은 지속적으로 참는 삶이라는 사실을 강조하고 있고, 성도들이 왕 노릇 할 때는 미래로 남아 있음을 가르치는 것이다.

셋째로 신실한 말씀은 "만일 우리가 주를 부인하면, 주도 우리를 부인하실 것이라"(εἰ ἀρνησόμεθα, κἀκεῖνος ἀρνήσεται ἡμᾶς)(딤후 2:12)이다.

성도들은 이 세상에 살면서 고난과 고통을 당할 때 주님을 부인할 수가 있다. 성도들이 세상의 고통을 피하기 위해 주님을 부인하고 그 죄를 회개하지 않는다면, 주님 역시 마지막 날에 "내가 너를 알지 못한다"라고 부인하실 것이다(마 10:33; 눅 12:9). 칼빈(Calvin)은 핍박의 두려움 때문에 그리스도의 이름을 부인하는 사람들을 예수님께서 자기의 백성 중에 포함시킬 수 없다고 해석한다. 그리고 칼빈은 계속해서 성도가 하나님의 아들의 거룩한 이름보다 지나가는 이 세상의 생활을 더 중요하게 생각하는 것이 얼마나 잘못된 일인가라고 설명한다.[78] 성도들은 이 세상에서 어떤 어려운 상황에 처할지라도 주님을 부인해서는 안 된다. 성도는 항상 마지막 날에 심판주의 엄한 선고를 생각하며 살아야 한다. "부인하는 것"은 "시인하는 것"의 반대요, "고백하는 것"의 반대이다. 그런데 하나님은 우리의 구원의 요건은 "네가 만일 네 입으로 예수를 주로 시인하며 또 하나님께서 그를 죽은 자 가운데서 살리신 것을 네 마음에 믿으면 구원을 받으리라"(롬 10:9)라고 말씀하심으로 예수님을 시인하는 것과 예수님의 죽음과 부활을 마음으로 믿는 것이라고 분명히 밝히셨다. 그러므로 예수님을 부인

78 Calvin, *The Second Epistle of Paul to the Corinthians, and the Epistles to Timothy, Titus and Philemon* (1973), p. 311.

하는 것은 구원과 직결되며 또한 구원받지 못한 자를 예수님이 마지막 날에 받아들이실 수가 없는 것이다.

바울은 "우리가 주를 부인하면"(ἀρνησόμεθα)을 미래시상으로 처리하고, "주도 우리를 부인하실 것이라"(κἀκεῖνος ἀρνήσεται ἡμᾶς)도 미래시상으로 처리했다. 주님은 인간의 연약성을 직접 체험하신 분이시므로 인간이 심한 고통과 고난을 못 견뎌 실족할 수 있을 것도 알고 계셨다. 예수님의 제자 베드로(Peter)도 고난의 과정 중에 예수님을 부인하기도 하였다(눅 22:34, 57-60). 하지만 베드로는 회개하고 돌아섰기 때문에 구원의 반열에 남아 있을 수 있었다(눅 22:62). 하지만 가룟 유다(Judas Iscariot)는 예수님을 부인하고 회개하지 않고 자살했기 때문에 구원을 받을 수 없었다(마 27:5; 행 1:25). 바울이 본 구절에서 두 용어 모두 미래시상으로 처리한 것은 성도들의 삶이 인내의 삶임을 인정하고 성도들이 잠시 실족할지라도 결국 회개하고 주님을 인정하고 고백하면 주님도 우리를 부인하시지 않을 것임을 암시하고 있는 것이다.

넷째로 신실한 말씀은 "우리는 미쁨이 없을지라도, 주는 항상 미쁘시니"(εἰ ἀπιστοῦμεν, ἐκεῖνος πιστὸς μένει)(딤후 2:13)이다.

"미쁘다"라는 용어는 신실하다는 뜻을 가지고 있다. 바울은 "우리가 신실함이 없다면"을 현재 시상으로 사용하여 계속적인 불성실한 상태를 가르치고 있다. 이 말은 성도들의 삶이 습관적으로 불성실한 삶을 계속한다면 큰 문제가 된다는 것을 가르친다. 성도들은 잠시 불성실할 수 있고 실족할 수 있다. 본문은 성도들이 불성실할 수 있지만 주님은 항상 신실하게 남아 계신다는 것을 가르친다. 본문은 조건절(protasis)과 결과절(apodosis)이 잘 맞지 않는 것 같다. 얼핏 보면 "만일 우리가 신실함이 없다면, 그도 항상 신실함이 없을 것이요"라고 되어야 할 것 같다. 그러나 결과절의 내용이 그렇게 되면 하나님의 신실성과 상치되게 된다. 하나님은 항상 신실하신 분이시다. 인간이 아무리 불성실해도, 하나님은 신실하신 분으로 남아 계신다. 이 말씀은 다윗이 "포악한 자여 네가 어찌하여 악한 계획을 스스로 자랑하는가 하나님의 인자하심은 항상 있도다"(시 52:1)라고 말한 것과 같다. 인간이 아무리 변덕스럽고 신실하지 못할지라도 하나님의 사랑은 변할 수 없고 하나님은 그의 약속을 신실하게 지키신다. 인간의 불성실함이 오히려 하나님의 성실하심을 드러내는 역할을 한다(롬 3:3-8 참조). 하나님의 신실성은 그에게 충성하는 사람들에게는 훌륭한 위로가 되지만(살전 5:24; 살후 3:3 참조, 고전 1:9; 10:13; 고후 1:18; 빌 1:6; 히 10:23), 반면 그에게 충성하지 않는 사람들에게는 진지한 경고가 되는 것이다.

다섯째로 신실한 말씀은 "주는 자기를 부인하실 수 없으시리라"(ἀρνήσασθαι γὰρ ἑαυτὸν οὐ δύναται)(딤후 2:13)이다.

본 구절을 좀 더 직역하면 "왜냐하면 그는 자기를 부인하실 수 없으시리라"(for he cannot deny himself.)라고 정리할 수 있다. 이 마지막 구절은 그리스도의 신실하심을 다시 한번 강조하는 내용이다. 만약 그리스도께서 자기를 부인하는 자에게 복을 주시고, 자기에게 충성하는 자에게 벌을 내리신다면 그리스도는 자기 자신의 신실함에 상처를 입히게 된다. 그리스도는 자신의 신실함에 따라 행동하실 것이다. 왜냐하면 그리스도는 진리이시므로 자기 자신을 부인하실 수 없기 때문이다. 쾨스텐버거(Köstenberger)는 디모데후서 2:13을 "하나님의 주권과 신실성은 인간의 불성실함 (ἀπιστέω)에 영향 받지 않고 존재한다. 주님을 부인하는 동안 심각한 결과들이 발생할 것이지만, 바울이 그의 개인적인 경험을 통해 알고 있는 것처럼, 하나님은 항상 신실하게 남아 계실 것이요 그 자신에게 신실하실 것이다(고전 10:13; 살전 5:24)."[79]라고 해석한다. 어거스틴(Augustine)은 하나님은 전능하시지만 하나님께서 하실 수 없는 것 세 가지가 있는데 그것들은 첫째, 하나님은 죽을 수 없고, 둘째, 하나님은 속임을 당하실 수 없고, 셋째, 하나님은 거짓말 하실 수 없다고 설명한다.[80] 스타인(Stein)은 디모데후서 2:11-13을 해석하면서 하나님의 신실하심은 우리들의 신실함의 정도에 의존되어 있지 않다고 말하고 하나님이 신실하시기 때문에 성도들이 배교(apostasy)를 해도 된다는 뜻으로 말한 것이 아니라고 분명히 한다. 오히려 바울은 불안한 성도들의 심령을 위로하시기 위해 이 말씀을 하신 것이다. 이 말씀은 우리가 생각할 수 있는 한계를 넘어서 하나님의 신실하심을 확신시키는 말씀이다. 우리 하나님의 자비는 정말로 위대하시다고 정리한다.[81] 바울은 우리가 불성실할지라도 주님은 항상 성실하게 우리를 대하실 것이라고 가르친다. 주님은 진리(the Truth)이시므로 그에게는 불성실이 끼어들 공간이 전혀 없는 것이다. 그래서 바울은 "우리는 미쁨이 없을지라도 주는 항상 미쁘시니 자기를 부인하실 수 없으시리라"(딤후 2:13)라고 금언의 말씀을 마무리한다.

---

79 Köstenberger, *Biblical Theology for Christian Proclamation* (*Commentary on 1-2 Timothy and Titus*) (2017), p. 239.

80 Peter Gorday (editor), *Colossians, 1-2 Thessalonians, 1-2 Timothy, Titus, Philemon* (*Ancient Christian Commentary on Scripture, New Testament*), Vol. IX (2000), p. 247.: "God is all-powerful, and, since he is all-powerful, he cannot die, he cannot be deceived, he cannot lie, and, as the apostle says, 'he cannot disown himself.'"

81 Robert H. Stein, *Difficult Passages in the Epistles* (Leicester: InterVarsity Press, 1989), p. 65.

2. 바울의 두 번째 권면(딤후 2:14-26)

14 너는 그들로 이 일을 기억하게 하여 말다툼을 하지 말라고 하나님 앞에서 엄히 명하라 이는 유익이 하나도 없고 도리어 듣는 자들을 망하게 함이라 15 너는 진리의 말씀을 옳게 분별하며 부끄러울 것이 없는 일꾼으로 인정된 자로 자신을 하나님 앞에 드리기를 힘쓰라 16 망령되고 헛된 말을 버리라 그들은 경건하지 아니함에 점점 나아가나니 17 그들의 말은 악성 종양이 퍼져나감과 같은 같은데 그 중에 후메내오와 빌레도가 있느니라 18 진리에 관하여는 그들이 그릇되었도다 부활이 이미 지나갔다 함으로 어떤 사람들의 믿음을 무너뜨리느니라 19 그러나 하나님의 견고한 터는 섰으니 인침이 있어 일렀으되 주께서 자기 백성을 아신다 하며 또 주의 이름을 부르는 자마다 불의에서 떠날지어다 하였느니라 20 큰 집에는 금 그릇과 은 그릇뿐 아니라 나무 그릇과 질그릇도 있어 귀하게 쓰는 것도 있고 천하게 쓰는 것도 있나니 21 그러므로 누구든지 이런 것에서 자기를 깨끗하게 하면 귀히 쓰는 그릇이 되어 거룩하고 주인의 쓰심에 합당하며 모든 선한 일에 준비함이 되리라 22 또한 너는 청년의 정욕을 피하고 주를 깨끗한 마음으로 부르는 자들과 함께 의와 믿음과 사랑과 화평을 따르라 23 어리석고 무식한 변론을 버리라 이에서 다툼이 나는 줄 앎이라 24 주의 종은 마땅히 다투지 아니하고 모든 사람에 대하여 온유하며 가르치기를 잘하며 참으며 25 거역하는 자를 온유함으로 훈계할지니 혹 하나님이 그들에게 회개함을 주사 진리를 알게 하실까 하며 26 그들로 깨어 마귀의 올무에서 벗어나 하나님께 사로잡힌 바 되어 그 뜻을 따르게 하실까 함이라(딤후 2:14-26, 개역개정)

딤후 2:14-15 바울은 이 문단을 시작하면서 "이 일"(Ταῦτα: these things)을 이란 용어를 가장 먼저 위치시켜 강조하고 있다. "이 일"은 방금 전 설명한 금언과 같은 복음의 요약(딤후 2:11-13)과 함께 아들 같은 디모데에게 권면한 내용들을 포함하는 것으로 이해된다(딤후 2:1-13). 바울은 "너는 그들로 이 일을 기억하게 하라"(딤후 2:14)라고 현재시상 명령형을 사용하여 디모데로 하여금 다른 복음 사역자들(참조, 딤후 2:2, 충성된 사람들)이 "이 일 즉 복음의 요약과 권고"를 계속적으로 기억하게 해야 한다고 강조하고 있다.[82] 바울은 "기억하게 하라"(ὑπομίμνῃσκε)라는 현재 명령형 동사 바로 다음에 "엄히 명하라"(διαμαρτυρόμενος)라는 현재 분사형을 위치시켜 분사를 본동사에 의존하게 함으로 분사의 행위도 명령의 의미가 함축되도록 만들었다.[83] 그러므로 "기억하게 하는 것"도 "엄히 명하는 것"도 명령의 의미를 담고 있다. 디모데는 바울 사도로부터 전수받은 복음의 요약을 계속적으로 다른 복음 사역자들이 기억하도록 명령해야 하고 계속적으로 경고해야 한다. 복음은 사람을 살리는 역할을 하며 그리스도 안에서 평강의 삶을 살 수 있게 만든다. 그러므로 충직한 복음 사역자들은 복음의 핵심을 기억하고 교화를 받아야 한다.

바울은 디모데에게 복음의 효능에 반대되는 "말다툼"을 하나님 앞에서 하지 않도록 다른 복음 사역자들을 경고하라고 명령한다. "하나님 앞에서"(ἐνώπιον τοῦ θεοῦ)란 말은 코람 데오 (Coram Deo)[84]와 같은 뜻으로 하나님의 면전에서 말다툼을 하지 말라고 강조하는 것이다. 하나님은 말다툼 자체가 진리의 복음을 훼손시키기 때문에 말다툼을 인정하지 않으신다. 바울은 디모데후서 2:14 한 절에서 "말다

82 George B. Winer, *A Grammar of the Idiom of the New Testament* (Andober: Warren F. Draper, 1869), p. 313.: "The Present Imperative denotes an action already begun and to be continued, or one that is permanent and frequently recurring."

83 Knight III, *The Pastoral Epistles* (1992), p. 410.

84 Coram Deo (하나님 앞에서)는 "사람들 앞에서" (Coram hominibus)라는 표현과는 대칭되는 표현으로 전능하시고 전지하신 하나님이 우리들의 생각과 행동을 모두 알고 계심으로 정직하고 깨끗한 마음으로 행동하라는 뜻이다.

툼"(λογομαχεῖν)과 "유익 혹은 가치"(χρήσιμον)라는 신약성경에서 한 번씩만 등장하는 용어를 사용한다(hapax legomena). "말다툼"은 진리의 말씀과 상충되는 교묘한 언어로 혼란을 일으키는 것을 뜻한다. 그리고 "유익"은 가치 있는 혹은 꼭 필요한 등의 뜻을 가지고 있다.

바울은 이제 디모데가 다른 복음의 사역자들에게 복음의 핵심을 기억하고 하나님 앞에서 말다툼을 하지 말도록 경고해야 하는 이유를 두 가지로 정리한다. 첫째, 말다툼은 "유익이 하나도 없기 때문이요"(딤후 2:14), 둘째, 말다툼은 "도리어 듣는 자들을 망하게"(딤후 2:14) 하기 때문이다. 바울은 이 두 요소를 "에피"(ἐπί)를 사용하여 "유익이 하나도 없고"(ἐπ' οὐδὲν χρήσιμον)라고 설명하고, "듣는 자들을 망하게 함이라"(ἐπὶ καταστροφῇ τῶν ἀκουόντων)라고 설명한다. "말타툼"은 진리의 말씀을 훼손시키고 왜곡시키기 때문에 유익을 창출할 수 없으며, 또한 듣는 사람들은 시간만 낭비하고 잘못된 길로 빠지게 된다. 그래서 바울은 디모데를 포함한 모든 복음 사역자들이 복음의 요점을 기억하고 말다툼을 하지 말아야 한다고 강력하게 명령하고 있는 것이다.

바울은 이제 디모데에게 말다툼을 하여 진리의 말씀을 왜곡시키지 말고, 진리의 말씀을 옳게 분별하라고 가르친다(딤후 2:15). 바울은 "너는 진리의 말씀을 옳게 분별하며 부끄러울 것이 없는 일꾼으로 인정된 자로 자신을 하나님 앞에 드리기를 힘쓰라"(딤후 2:15)라고 디모데에게 명령한다. "진리의 말씀을 옳게 분별하며"(ὀρθοτομοῦντα τὸν λόγον τῆς ἀληθείας)의 뜻은 진리의 말씀을 옳게 분석하고 해석하여 올바른 용어로 바로 전달해야 한다는 것이다. "옳게 분별하며"(ὀρθοτομοῦντα)라는 용어는 신약에서 이곳에서만 사용된 유일한 용어인데(hapax legomenon) "옳은"(ὀρθο-)과 "자르다"(τομέω)의 합성어로 의미의 강조는 "옳은" 쪽에 있다는 주장이 공통된 견해이다.[85] 걷스리(Guthrie)는 "동사 속에 내재한 잘라내는 개념은 진리의 말씀을 부분적으로나 전체적으로 옳게 분석하는 것을 뜻하는 것으로 사료된다."[86]라고 설명한다.

디모데는 거짓 교사들과는 달리 "진리의 말씀"을 올바로 해석하여 선포해야 한다. "진리의 말씀을 옳게 분별"하여 전파할 때 디모데는 "부끄러울 것이 없는 일꾼으로 인정" 받을 수 있고 하나님이 기뻐하실 수 있는 일꾼이 되는 것이다(딤후 2:15). 교회의 지도자들은 "진리의 말씀"을 옳게 보존하고 다른 사람들을 가르칠 수 있는 은사를 가지고 있어야 한다. 칼빈(Calvin)은 "모든 교리적인 논쟁들의 근원은 영리한 사람들이 자기 자신의 능력들을 세상에 드러내기를 소원하는 데서 기인한다. 그런데 바울은 디모데에게 그의 눈을 하나님에게만 계속 고정시키라고 말함으로 이런 잘못에 대한 최고의 그리고 가장 적절한 구제책을 제시하고 있다."[87]라고 해석한다. 바울이 디모데에게 "부끄러울 것이 없는 일꾼"으로 인정받아야 한다고 권고한 말씀 중 "일꾼"(ἐργάτην)이라는 용어는 바울의 다른 서신들에서는 부정적인 의미로 사용되었다. "일꾼"이라는 용어는 목회서신을 제외한 바울의 다른 서신에서는 두 번 사용되는데, "속이는 일꾼"(고후 11:13), "행

85 Knight III, *The Pastoral Epistles* (1992), pp. 411-412.; 참조, Ceslas Spicq, "ὀρθοτομέω," *Theological Lexicon of the New Testament*, Vol. 2 (Peabody: Hendrickson Publishers, 1996), p. 595.; R. Klöber, "ὀρθός, ὀρθοτομέω," *The New International Dictionary of New Testament Theology*, Vol. 3 (Grand Rapids: Zondervan, 1979), pp. 351-352.

86 Donald Guthrie, *The Pastoral Epistles (Tyndale)* (1990), p. 160.

87 Calvin, *The Second Epistle of Paul to the Corinthians, and the Epistles to Timothy, Titus and Philemon* (1973), p. 313.

악하는 자들, 악한 일꾼들"(빌 3:2)이라는 의미로 부정적으로 사용된다. 그런데 "일꾼"이란 용어가 목회서신에서도 두 번 사용되는데(딤전 5:18; 딤후 2:15) 그 의미는 긍정적으로 사용된다.[88] 디모데는 진리의 말씀을 바르게 해석하는 일꾼으로 하나님의 인정을 받는 교회의 지도자가 되어야 한다.

딤후 2:16-19 바울은 디모데가 하나님만을 생각하고 진리의 말씀을 올바로 해석하여 선포하는 좋은 일꾼으로 거짓 교사들이나 즐겨하는 "망령되고 헛된 말"(딤후 2:16)을 피하라고 명령한다. "망령되고 헛된 말"은 불경건하고 어리석은 말을 뜻한다. 바울은 디모데가 "망령되고 헛된 말을 피해야 할 이유"로 두 가지를 제시한다. 첫째, 거짓 교사들은 불경건하고 어리석은 말을 사용함으로 점점 더 불경건(ἀσεβείας: godlessness)에로 진전되기 때문이다. 디모데는 거짓 교사들과 "망령되고 헛된 말"에 대해서 논쟁까지도 해서는 안 된다. 왜냐하면 거짓 교사들은 논쟁을 통해 그들의 논리를 발전시킬 수 있고 그 결과로 그들의 입지를 더욱 튼실하게 할 수 있기 때문이다. "망령되고 헛된 말"을 즐기는 거짓 교사들은 점점 더 잘못된 방향으로 빠지게 마련이다(참조, 딤후 3:9, 13). 칼빈(Calvin)은 "바울이 디모데에게 이 망령과 수다를 단념하게 하는 것은 그가 그것은 미궁이나 혹은 더 나아가 깊은 소용돌이와 같아서 그곳으로부터는 피할 방법이 없고, 사람들이 그 안으로 더 깊이깊이 빠져들어 간다는 것을 말하고 있는 것

88 Smith, *Greek-English Concordance to the New Testament* (1974), p. 149 (section 2040).

이다."[89]라고 해석한다. 그래서 바울은 "그들은 경건하지 아니함에 점점 나아가나니"(딤후 2:16)라고 설명한다. 둘째, 바울은 디모데가 "망령되고 헛된 말을 버려야 할 이유"로 거짓 교사들의 말은 "악성 종양이 퍼져나감과 같다"(딤후 2:17)라고 설명한다. 바울은 디모데후서 2:17의 서두에 "그리고"(καί)를 사용함으로 디모데후서 2:17의 내용이 "망령되고 헛된 말을 피해야"(딤후 2:16)하는 두 번째 이유임을 분명히 한다. 바울이 로고스(ὁ λόγος)를 사용하여 "그들의 말"이라고 표현한 것은(딤후 2:17) 그가 방금 전에 사용한 "진리의 말씀"(τὸν λόγον τῆς ἀληθείας)과 대칭시켜 "망령되고 헛된 말"이 얼마나 불경건하고 나쁜 결과를 가져오는지를 극명하게 보여주기 위해서이다. 바울은 거짓 교사들의 불경건하고 어리석은 말은 "악성 종양이 퍼져나감"(딤후 2:17)과 같다고 설명한다. "악성 종양"이나 암세포가 서서히 그러나 확실하게 몸의 건전한 세포들을 파괴하는 것처럼, 거짓 교사들의 "망령되고 헛된 말"은 교회의 영적 생명력을 쇠약하게 한다.[90]

바울은 후메네오(Hymenaeus)와 빌레도(Philetus)가 거짓 교사들이라고 구체적으로 이름까지 적시한다. 후메네오는 신약성경에서 두 번 등장하고(딤전 1:20; 딤후 2:17), 빌레도는 유일하게 한 번 등장하는(딤후 2:17) 인물들이다. 후메네오는 신성을 모독하는 죄를 범했기 때문에 바울은 그를 "사탄에게 내 주었다"(딤전 1:20)라고 말한다. 바울은 후메네오를 교회에서 출교시킨 것이다. 그리고 빌레도에 대해서는 디

---

89 Calvin, *The Second Epistle of Paul to the Corinthians, and the Epistles to Timothy, Titus and Philemon* (1973), p. 314.

90 Köstenberger, *Biblical Theology for Christian Proclamation* (*Commentary on 1-2 Timothy and Titus*) (2017), p. 244.; Calvin, *The Second Epistle of Paul to the Corinthians, and the Epistles to Timothy, Titus and Philemon* (1973), p. 315.: "For if once they are allowed in they spread till they completely destroy the Church."

모데후서 2:17의 언급이 유일한 자료이다. 후메내오와 빌레도는 교회내의 악성 종양과 같은 존재들로서 진리의 말씀을 훼손시키고 교회를 혼란스럽게 만드는 장본인들이다. 헨리(Henry)는 바울이 후메네오와 빌레도와 같은 타락한 선생들을 언급한 것은 모든 사람들에게 그들과 같은 선생들을 추종해서는 안 된다는 것을 경고하기 위해서라고 말한다.[91]

바울은 관계대명사(οἵτινες)를 사용하여 바로 전에 언급된 후메내오와 빌레도를 "그들이"로 받는다(딤후 2:18). 바울은 그들이 진리에 관하여서 잘못되었다고 설명한다. 그들은 바울이 가르친 복음의 핵심적인 교리인 부활을 왜곡시켜 성도들을 혼란에 빠뜨리는 잘못을 범했다. 그들은 "부활이 이미 지나갔다"(딤후 2:18)라고 주장함으로 사람들의 믿음을 파멸로 인도한 것이다. 바울은 예수님의 역사적 부활을 확실하게 믿었다(고전 15:1-11). 바울은 예수님의 부활이 성도들의 부활의 첫 열매(ἀπαρχή)임을 분명하게 가르쳤다(고전 15:20). 따라서 예수님과 성도들은 연합된 관계이므로(고전 15:13, 15-16, 20) 성도가 예수님을 주로 인정하고 예수님의 죽음과 부활을 마음으로 믿고 입으로 시인하면(롬 10:9-10; 고전 12:3) 그 성도는 이미 부활생명을 살고 있으며 예수님의 재림 때에 예수님의 부활체와 같은 부활체를 입게 될 것임을 분명히 가르쳤다(고전 15:42-49).[92] 여기서 한 가지 분명히 해야 할 것은 비록 예수님의 재림 때에 성도들이 예수님의 부활체와 같은 부활체를 입을지라도 예수님은 하나님(God)이요 창조주(Creator)

---

91 Matthew, Henry, *Matthew Henry's Commentary on the Whole Bible, Vol. VI. Acts to Revelation.* (n.d.), p. 840.

92 박형용, 『바울신학』, (수원: 합신대학원출판부, 2022), pp. 209-281.

며 성도들은 피조물(creature)이라는 사실은 바뀌지 않는다는 것이다.

그러면 거짓 교사들이 왜 "부활이 이미 지나갔다"(딤후 2:18)라고 주장하는가? 그들은 성도들이 예수님의 재림 때에 부활체를 입는 것보다 성도들이 현재 그리스도와 함께 영적으로 부활했음을 강조한 나머지 바울의 부활교리를 완전히 훼손시키고 하나님의 구원계획을 철저하게 부정하는 자리에 빠지게 된 것이다. 물론 바울도 성도들이 영적으로 부활하여 새로운 부활생명을 살고 있다는 사실을 인정한다(롬 6:3-11; 엡 2:4-7; 골 2:12-15; 3:1). 거짓 교사들은 "영적인 것"은 선하고, "육적인 것"은 악하다는 이원론(dualism)에 빠져 영적인 차원에서 성도들의 삶 속에 부활이 이미 발생한 것처럼 주장하고, 육체적인 것에 관해서는 침묵을 지킨다. 하지만 바울은 하나님의 구원계획의 완성이 죄로 인해 타락한 육체의 회복까지 포함하고 있음을 분명히 한다. 바울은 "혈과 육은 하나님 나라를 이어받을 수 없고 또한 썩는 것은 썩지 아니하는 것을 유업으로 받지 못하느니라"(고전 15:50)라고 가르치고, 성도들이 하나님 나라를 유업으로 받을 수 있는 "신령한 몸"으로 부활할 것을 분명하게 가르친다(고전 15:44; 51-54; 롬 8:11). 그러므로 바울은 "만일 죽은 자의 부활이 없으면 그리스도도 다시 살아나지 못하셨으리라"(고전 15:13)라고 강력한 역 논리를 사용하여 성도들이 부활할 것임을 확실하게 가르친다. 그래서 바울은 거짓 교사들이 "진리에 관하여 그릇되었고" "사람들의 믿음을 파괴시켰다"(딤후 2:18)라고 강하게 경고하는 것이다.

바울은 교회 내에 이런 실망스러운 일이 존재하지만 "그러나"(μέντοι)[93]라는 특별한 접속사(conjunction)를 사용하여 격려하는 말

---

93 "그러나" (μέντοι)라는 용어는 신약성경에서 8회 등장하는데 (요 4:27; 7:13; 12:42; 20:5;

로 그 방향을 바꾼다. 바울은 "하나님의 견고한 터는 섰다"(딤후 2:19)라고 천명한다. 바울은 교회를 몸으로 비유하기도 하지만(고전 12:12-31) 여기서는 교회를 건물로 비유하여 건물의 터가 견고함을 설명한다. "하나님의 견고한 터"라는 의미는 짓는 분이 하나님이시기 때문에 흔들릴 수 없고 튼튼하다는 뜻이다. 바울은 하나님의 말씀이 흔들리거나 변할 수 없는 것처럼 하나님이 말씀을 사용하여 건축하신 교회 역시 흔들릴 수 없다고 가르치는 것이다. 바울은 "하나님의 견고한 터"가 인침을 통해 인정함을 받고 있다고 말하고 그 내용을 두 가지로 설명한다. 두 가지 인(σφραγῖδα) 쳐진 말씀은 첫째, "주께서 자기 백성을 아시기 때문이다"(딤후 2:19; 참조, 민 16:5)라는 말씀과 둘째, "주의 이름을 부르는 자마다 불의에서 떠나라"(딤후 2:19; 참조, 사 26:13)라는 말씀이다.[94] 첫째 인 쳐진 말씀은 전능하시고 전지하신 하나님이 자기 백성을 친히 알고 계신다는 진리이다. 이 진리는 영원(in eternity)전에 결정된 것이다. 하나님이 알고 계신 그의 백성은 후메네오와 빌레도처럼(딤후 2:17) 이단적 교훈에 빠지지 않고 진리의 말씀을 굳게 붙잡게 되어 있다고 가르치는 것이다. 칼빈(Calvin)은 인간이 변덕스럽고 불성실할지라도 교회는 하나님이 선택하신 백성들이기 때문에 변할 수 없고 흔들릴 수 없는 공동체라고 설명한다. 그리고 그는 계속해서 "이 모든 것은 우리가 하나님의 선택된 백성에 속해있다면, 우리들의 구원이 확실함을 증명해준다. 이 말씀은 마치 바울이

21:4; 딤후 2:19; 약 2:8; 유 1:8), 바울 서신에서는 딤후 2:19 한 구절에서만 사용되는 용어이다. Cf. Smith, *Greek-English Concordance to the New Testament* (1974), p. 225 (section 3205).

94 T. Schramm, "σφραγίς," *Exegetical Dictionary of the New Testament*, Vol. 3 (Grand Rapids: Eerdmans, 1993), p. 317.

하나님의 선택된 백성들은 변하는 사건들에 의존되어 있지 않고, 선택된 백성들의 구원은 하나님의 손 안에 있기 때문에 튼튼하고 움직일 수 없는 터 위에 기초하고 있는 것이라고 말하는 것과 같다."[95]라고 설명한다. 하나님의 선택은 확실하고 변동될 수 없는 것이기 때문에 선택된 백성들의 모임인 교회도 견고하고 확실한 것이다. 바울은 "그리고 혹은 또"(καί)를 사용하여 두 번째 이유를 설명한다. 두 번째인 쳐진 말씀은 "주의 이름을 부르는 자마다 불의에서 떠나라"(딤후 2:19; 참조, 사 26:13)라는 말씀이다. 첫 번째 인 쳐진 말씀이 "영원에서"(in eternity) 결정된 말씀이라면 이 두 번째 인 쳐진 말씀은 시간 안(in times)에서 결정된 것이다. 교회와 관련하여 "주의 이름을 부르는 자마다 불의에서 떠나라"라는 명령의 말씀은 문맥 내에서 약간 이해하기 어려운 내용이다. 하지만 하나님의 전체 구원계획을 생각하면 첫째 인 쳐진 말씀과 두 번째 인 쳐진 말씀이 서로 잘 조화를 이룬다. 어떤 사람이 진정으로 하나님의 교회에 속하려면 그는 영원 전부터 하나님의 아신 바가 되어야 한다. 그는 하나님의 선택을 받아야 한다. 바울은 "또 미리 정하신 그들을 또한 부르시고 부르신 그들을 또한 의롭다 하시고 의롭다 하신 그들을 또한 영화롭게 하셨느니라"(롬 8:30)라고 가르친다. 하나님의 구원계획 전체에 비추어 볼 때 하나님이 알고 정한 사람은 궁극적으로 불의에서 떠나야 하는 사람들로 그들이 믿음의 공동체인 교회의 구성원들인 것이다. 그러므로 첫 번째 인 쳐진 말씀과 두 번째 인 쳐진 말씀이 서로 관련이 없는 것이 아니고 조화를 잘 이루는 것이다. 바울은 교회가 이단적인 위협에 직면할

---

95 Calvin, *The Second Epistle of Paul to the Corinthians, and the Epistles to Timothy, Titus and Philemon* (1973), p. 316.

지라도 교회는 결코 훼손될 수 없는 하나님의 백성들의 모임임을 분명히 한다.

딤후 2:20-21 바울은 이제 교회를 큰 집으로 비유하여 교회 내에는 다양한 역할들을 해야 할 성도들이 있다고 설명한다. 바울이 여기서 사용한 "큰 집"이 "전체 세상"(the whole world)을 가리키느냐 아니면 "보이는 교회"(the visible Church)를 가리키느냐에 대한 견해가 나누인다. 바울이 로마서 9:19-24에서 토기장이가 귀하게 쓸 그릇도 만들 수 있고, 천히 쓸 그릇도 만들 수 있다고 말하면서 그 그릇들이 쓰이는 장소로 전체 세상을 함축하고 있기 때문에 디모데후서 2:20의 경우도 그릇과 관련된 큰 집이 전체 세상을 가리킬 수 있다고 생각할 수 있지만, 디모데후서 2장의 문맥에 비추어 볼 때 본 구절의 "큰 집"은 교회를 뜻하는 것으로 받는 것이 타당하다.[96] 바울은 구체적으로 큰 집에는 "금 그릇," "은 그릇," "나무 그릇," "질 그릇" 등 여러 가지 종류의 그릇들이 필요하듯 교회 내에도 여러 가지 은사를 가진 성도들이 있어야 한다고 설명한다(딤후 2:20). 교회 내에 이와 같은 다양한 역할을 할 사람들이 있어야 하는 것은 너무도 당연하고 정상적인 것이다. 바울은 교회를 몸으로 비유하면서 몸은 하나이지만 많은 지체가 있고 각 각의 지체가 한 몸을 이루는 역할을 한다고 가르친 바 있다(고전 12:12-31). 바울이 여기서 이전에 언급된 후메네오와 빌레도와

96 White, "The First and Second Epistles to Timothy and the Epistle to Titus," *The Expositor's Greek Testament,* Vol. IV (1980), p. 167.; Knight III, *The Pastoral Epistles* (1992), p. 417.; Calvin, *The Second Epistle of Paul to the Corinthians, and the Epistles to Timothy, Titus and Philemon* (1973), p. 317.; Lenski, *The Interpretation of St. Paul's Epistles to the Colossians, to the Thessalonians, to Timothy, to Titus and to Philemon* (1961), p. 807.

같은 거짓 교사들을 생각하며 이 구절(딤후 2:20)을 썼다고 생각된다. 왜냐하면 바울이 뒤따르는 구절에서 "거역하는 자를 온유함으로 훈계할지니"(딤후 2:25)라고 말한 말씀이나 "그들로 깨어 마귀의 올무에서 벗어나 하나님께 사로잡힌 바 되어 그 뜻을 따르게 하실까 함이라"(딤후 2:26)라고 말한 말씀이 이를 증거하고 있기 때문이다.

하지만 바울은 디모데에게 금 그릇이나 은 그릇처럼 귀히 쓰는 그릇이 되어야 한다고 권고한다. 바울은 다른 곳에서 "만일 누구든지 금이나 은이나 보석이나 나무나 풀이나 짚으로 이 터 위에 세우면 각 사람의 공적이 나타날 터인데 그 날이 공적을 밝히리니"(고전 3:12-13)라고 하며 다른 물질들과 함께 "금"(χρυσόν)과 "은"(ἄργυρον)을 구별하여 언급했다. 그런데 바울은 본 구절인 디모데후서 2:20에서도 "금 그릇"(σκεύη χρυσᾶ)과 "은 그릇"(σκεύη ἀργυρᾶ)을 "나무 그릇"(σκεύη ξύλινα)과 "질그릇"(σκεύη ὀστράκινα)과 비교하면서 어떤 그릇은 "귀하게 쓰이는 것"(εἰς τιμήν)도 있고, 어떤 그릇은 "천하게 쓰이는 것"(εἰς ἀτιμίαν)도 있다고 가르친다. 이와 같은 구별은 바울이 디모데후서 2:20에서 "금 그릇"과 "은 그릇"은 귀하게 쓰이는 그릇으로, "나무 그릇"과 "질그릇"은 천하게 쓰이는 그릇으로 구별했다고 추정할 수 있다. 나이트(Knight)는 "그러므로 금 그릇과 은 그릇은 그것들이 고결한 기능을 위해 사용되기 때문에 고결한 것으로 존중을 받는다. 비슷하게, 나무 그릇과 질그릇은 그것들이 쓰레기나 혹은 배설물을 위해 사용되거나 때로는 내용물과 함께 폐기되어야 하기 때문에 불명예스러운 것으로 간주되는 것이다."[97]라고 설명한다.

바울은 디모데에게 "누구든지 이런 것에서 자기를 깨끗하게 하면

97 Knight III, *The Pastoral Epistles* (1992), p. 418.

귀히 쓰는 그릇이 되어"(딤후 2:21)라고 가르친다. 바울이 여기서 사용한 "이런 것에서 자기를 깨끗하게 하면"의 표현에서 "이런 것에서"(ἀπὸ τούτων)은 무엇을 가리키는가? "이런 것에서"의 뜻이 약간 애매하지만 문맥으로 볼 때 "이런 것"은 "천하게 쓰이는 그릇"이나 거짓 교사들의 잘못된 교리해설 등을 가리키는 것으로 이해된다. 바울은 이제 누구든지 이런 것에서 자기를 깨끗하게 하면 그런 사람은 결과적으로 주인 되신 주님이 기뻐할 세 가지의 특성으로 무장된다고 가르친다. 첫째, 그는 거룩(ἡγιασμένον)하여진다. 바울은 "하나님의 말씀과 기도로 거룩하여짐이라"(딤전 4:5)라고 가르친 것처럼 본 맥락에서는 디모데에게 "진리의 말씀을 옳게 분별"(딤후 2:15) 함으로 유익한 일꾼이 된다고 강조한다. 둘째, 그는 합당하게 되고, 유용(εὔχρηστον)하게 된다. 바울은 오네시모(Onesimus)가 빌레몬(Philemon)에게 "유익하다"(εὔχρηστον)라고 쓰면서 같은 용어를 사용하여 표현했다(몬 11). 오네시모가 그의 주인에게 유익한 존재가 된 것처럼 거짓 교사들의 이단적 교리에서부터 깨끗하면 주님과 하나님께 유익한 그릇이 될 수 있다. 셋째, 그는 준비(ἡτοιμασμένον)된 일꾼으로 주님을 기쁘게 한다. 그는 "모든 선한 일"(딤후 2:21)을 위해 준비된 그릇이 된다. 바울은 "너희 몸을 하나님이 기뻐하시는 거룩한 산 제물로 드리라"(롬 12:1)라고 가르친 것처럼 성도들이 거짓 교사들의 잘못된 교훈으로 깨끗하면 하나님이 즐겨 쓰실 수 있는 그릇으로 준비된 상태라고 가르친다. 쾨스텐버거(Köstenberger)는 거룩하여지고, 유용하게 되고, 그리고 준비된 일꾼이 되는 "하나님의 목적을 위해 철저하게 성별되는 것(그것은 깨끗한 양심을 요구한다. 딤후 2:22 참조), 하나님을 위한 봉사를 위해 유용하게 되는 것, 그리고 하나님이 원하시는 대로 모든 선한 일을 위해 준비되어야 하는 이것은 모든 기독교인들의 소망이 되어야만 한다."[98]라고 설명한다.

딤후 2:22-26 바울은 디모데에게 교회 내에서 귀하게 쓰이는 그릇이 되도록 세 개의 현재 명령형을 사용하여 권면을 한다. 세 개의 명령형은 "피하라"(φεῦγε)와 "따르라"(δίωκε)와(딤후 2:22), 그리고 "버리라"(παραιτοῦ)이다(딤후 2:23). 바울은 현재 명령형을 사용하여 디모데가 명령받은 내용을 지속적으로 실천해야 할 것임을 강조하고 있다.

첫째, 바울은 디모데에게 "너는 청년의 정욕을 피하라"(딤후 2:22)라고 명령한다. 바울은 디모데를 가리켜 "청년의"(νεωτερικάς)라는 표현으로(hapax legomenon) 디모데의 나이에 대해 언급한다. 바울은 로마 감옥의 제1차 감금에서 풀려났을 때에 빌립보(Philippi)에서 디모데전서를 기록하면서 "누구든지 네 연소함을 업신여기지 못하게 하고"(딤전 4:12)라고 쓴 바 있다. 바울이 디모데전서를 기록할 때는 대략 AD 67년경이므로 그 때 디모데의 나이는 대략 36세-41세 정도 되었다. 그리고 바울은 AD 67년 후반부나 68년 전반기에 제2차로 로마 감옥에 감금된다. 그러므로 바울이 디모데후서를 쓸 때 디모데의 나이는 37세-42세 정도였을 것으로 추정된다.[99] 이레니우스(Irenaeus, c. 130-c. 202)는 사람이 40세가 될 때까지는 분명하게 젊다

---

98 Köstenberger, *Biblical Theology for Christian Proclamation* (*Commentary on 1-2 Timothy and Titus*) (2017), p. 249.

99 디모데의 나이에 관해 본 서 딤전 4:12 주해부분을 참고할 것. Cf. Hendriksen, *Exposition of the Pastoral Epistles* (1974), p. 271.; Knight, III, *The Pastoral Epistles: A Commentary on the Greek Text* (1992), p. 205.; Lenski, *The Interpretation of St. Paul's Epistles to the Colossians, to the Thessalonians, to Timothy, to Titus and to Philemon* (1964), p. 640.

고 부를 수 있다고 진술했다.[100] 따라서 그 당시의 관습으로는 디모데의 나이가 청년으로 불릴 수 있는 나이였음을 알 수 있다. 그래서 바울은 디모데에게 청년의 정욕을 "피하라"라고 명령할 수 있었다.

바울이 디모데에게 "피하라"(φεῦγε)라고 명령한 "청년의 정욕"(νεωτερικὰς ἐπιθυμίας)은 무엇을 가리키는가? "정욕"(ἐπιθυμίας)이란 용어는 성경에서 긍정적인 의미로 사용되기보다는 부정적으로 사용되는 예들이 더 많다. 긍정적인 의미로 사용된 성경의 예는 예수님이 유월절 먹기를 원하고 원하셨다는 구절(눅 22:15)과 바울이 세상을 떠나서 그리스도와 함께 있기를 원한다는 구절(빌 1:23)과 바울이 데살로니가 교회 형제들의 얼굴 보기를 열정으로 더욱 힘썼다는 구절(살전 2:17)에서 사용되는 것이다. 그러나 "정욕"(ἐπιθυμίας)이란 용어는 성경에서 부정적인 의미로 사용된 예가 훨씬 많다. 휘브너(Hübner)는 "'정욕'(ἐπιθυμίας)은 골로새서 3:5; 디도서 3:3; 베드로전서 4:3에서 악의 목록으로 사용되었으며, 이 용어는 또한 로마서 1:24; 갈라디아서 5:16; 디모데전서 6:9; 디모데후서 3:6; 베드로전서 4:2에서 악의 목록의 더 광범위한 맥락 안에서나 근처에서 발견된다."[101]라고 하며 부정적인 의미로 사용된 용례가 많음을 지적한다. 바울은 디모데후서 2:22의 "청년의 정욕"도 부정적인 의미로 사용하고 있다. 그런데 한글 성경 번역에 "정욕"으로 번역되어있기 때문에 "청년의 정욕"을 성적인 욕구에 국한시켜 이해할 수 있다. 그러나 "청년의 정욕"

100 St. Irenaeus, *Against Heresies,* ii, 22, 5.

101 H. Hübner, "ἐπιθυμία," *Exegetical Dictionary of the New Testament,* Vol. 2 (Grand Rapids: Eerdmans, 1991), p. 28. Hübner가 언급한 성경구절 이외에도 막 4:19; 요 8:44; 롬 13:14; 엡 4:22; 딤후 4:3; 딛 2:12; 3:3; 벧후 1:4; 2:10; 계 18:14 등에서 부정적인 의미로 사용되었다.

은 청년의 때에 흔히 발견되는 모든 무절제한 욕망을 포함하는 것이다. 좀 더 구체적으로 살펴보면 "청년의 정욕"은 잘못된 성적인 욕구를 포함하여 육체를 과도하게 즐겁게 하는 모든 욕망과 잘못된 방법으로 권력을 잡으려는 욕망과 잘못된 방법으로 재물을 소유하려는 욕망 등을 모두 포함하는 것이다.[102] 한 마디로 바울은 디모데에게 하나님이 기뻐하시지 않는 잘못된 욕구를 피하라고 명령하고 있는 것이다.

둘째, 바울은 디모데에게 "주를 깨끗한 마음으로 부르는 자들과 함께 의와 믿음과 사랑과 화평을 따르라"(딤후 2:22)라고 명령한다. 바울은 "의와 믿음과 사랑과 화평"을 "추구하라"(δίωκε)라고 명령하면서 "주를 깨끗한 마음으로 부르는 자들과 함께"라고 표현한다. 이 말씀은 바울이 모든 신실한 성도들을 본받아 디모데로 하여금 의와 믿음과 사랑과 화평을 추구하라고 명령했다고 이해하기보다는 디모데가 모든 신실한 성도들과 함께 의와 믿음과 사랑과 화평울 추구하라고 명령한 것으로 이해하는 것이 더 타당하다.[103] 디모데가 추구해야 할 첫 번째 덕목인 "의"(δικαιοσύνη)는 구원의 요건이 되는 "의"를 가리키지 않고, 성도들의 도덕적인 삶의 행태를 가리킨다. 구원의 요건이 되는 의는 추구해서 얻을 수 있는 덕목이 아니다. 바울은 디모데전서 6:11에서 "오직 너 하나님의 사람아 이것들을 피하고 의와 경건과 믿음과 사랑과 인내와 온유를 따르며"(딤전 6:11)라고 하며 성도들이 추구해야 할 덕목들의 목록을 제시한 바 있다. 따라서 디모데는

102 Hendriksen, *Exposition of the Pastoral Epistles* (1974), p. 272.

103 Calvin, *The Second Epistle of Paul to the Corinthians, and the Epistles to Timothy, Titus and Philemon* (1973), p. 320.

의와 믿음과 사랑과 화평과 경건과 인내와 온유의 기독교 덕목들을 추구해야 한다. 바울은 성도들이 추구해야 할 덕목들 중 "의"를 제일 먼저 언급함으로(δίωκε δὲ δικαιοσύνην) 강조하고 있다.(딤전 6:11; 딤후 2:22). 디모데가 추구해야 할 두 번째 덕목인 "믿음"(πίστις)은 신실성이나 하나님을 신뢰(trust in God)하는 뜻을 가지고 있다. 일반적으로 "믿음"이 덕목의 목록 중 하나로 사용될 때는 구원과 연관된 믿음의 뜻이라기보다 성도가 생활 속에서 실천해야 할 신실성 혹은 신뢰성을 뜻한다. 디모데가 추구해야 할 세 번째 덕목은 "사랑"(ἀγάπη)으로서 예수님께서 "온 율법과 선지자의 강령"으로 가르치신 하나님을 사랑하고 이웃을 자신과 같이 사랑하는 것으로 이해할 수 있다(마 22:37-40). 하지만 본 구절(딤후 2:22)의 사랑은 형제들을 사랑하고 원수까지도 사랑하는 인간관계 가운데서의 사랑이 강조되고 있다(롬 12:9-10; 13:10; 14:15; 고전 13:4-7; 고후 8:7; 갈 5:13; 엡 1:15; 4:2; 빌 1:16; 골 1:4; 살전 5:13). 디모데가 추구해야 할 네 번째 덕목은 "화평"(εἰρήνη)으로서 하나님과 화목의 관계를 이룬 성도만이 누릴 수 있는 덕목이다(고후 5:17-21). 불신자들은 진정한 화평을 누릴 수 없다. 성도들은 그리스도의 대속으로 하나님과의 관계에서 화평을 누리게 되었으니 이제 모든 다른 성도들과 화평의 관계를 유지할 수 있도록 추구하여야 한다(롬 14:19; 고후 13:11; 갈 5:22; 엡 2:14-18; 4:3; 빌 4:7; 골 3:15).

셋째, 바울은 디모데에게 "어리석고 무식한 변론을 버리라"(딤후 2:23)라고 명령한다. 왜냐하면 "어리석고 무식한 변론"은 다툼만 일어나게 하여 믿음의 공동체에 악독만 끼치게 되기 때문이다. "변론"(ζητήσεις)은 긍정적으로 조사, 연구, 심사 등의 뜻으로 사용되기도 하지만(행 25:20), 본 구절에서는 "어리석고 무식한"이라는 수식어와 함께 부정적인 의미로 사용되고 있다. 예수님은 교회의 성도들이 일치하고 하나 되도록 기도하셨다(요 17:21-23). 헨드릭센(Hendriksen)은 "하나님의 구속적 진리를 정당하게 교육받은 사람은 가치 있는 것과 가치 없는 것을 구별할 수 있으며 (족보에 관한 것이나 다른 유대주의 전통의 지식에 대해) 가치 없는 것보다 더 나쁜 탐구를 행하지 않는다."라고 설명한다. 디모데는 이와 같은 어리석고 무식한 변론을 "버리라"(παραιτοῦ)라고 명령받고 있다(딤후 2:23).

바울은 이제 거짓 교사들이 "어리석고 무식한 변론"을 일삼지만(딤후 2:23), "주의 종"(δοῦλον κυρίου)은 다투지 아니하여야 한다고 권면한다(딤후 2:24). 바울은 지금까지 디모데에게 "내 아들아 그러므로 너는"(딤후 2:1, 참조 딤후 2:3, 14, 15, 22)이라는 호칭으로 디모데에게 직접적으로 권면하고 명령했지만 바울은 이제 "주의 종"이란 표현으로 디모데를 포함한 모든 복음의 사역자를 향해 권면을 계속하는 것이다. 바울은 하나님의 복음의 사역자들이 주님을 주인으로 모시는 종들임을 분명하게 가르친다. 투엔테(Tuente)는 "사람은 자기 자신의 노력으로 죄의 이 노예 상태로부터 자신을 자유하게 할 수 없고 자신의 결정으로 주인들을 바꿀 수도 없다. 오직 아들이 자유하게 한 자만이 진정으로 자유 할 수 있다(요 8:36)"[104]라고 설명한다. 이제 바울은 "주의 종"이 해야 할 것을 네 가지로 정리하여 설명한다.

첫째, 주의 종은 다투는 대신 모든 사람에 대하여 온유한 태도를 가져야 한다(딤후 2:24). 바울이 여기에서 사용한 "온유"(ἤπιον)는 예수님께서 "온유한 자는 복이 있나니"(마 5:5)라고 산상보훈에서 가르치신 "온유"(πραεῖς)와는 다른 용어이다(참조, 딤후 2:25). 마태복음 5:5의

104 R. Tuente, "δοῦλος," *The New International Dictionary of New Testament Theology*, Vol. 3 (Grand Rapids: Zondervan, 1979), p. 596.

"온유"는 성품의 온유함을 의미한다면, 디모데후서 2:24의 "온유"는 행동과 태도에서의 친절함을 뜻한다고 말할 수 있다. "주의 종"은 친절한 행동, 친절한 태도를 복음에 반대 입장을 취한 사람들을 포함하여 모든 사람에게 보여주어야 한다.

둘째, 주의 종은 가르치기를 잘하여야 한다(딤후 2:24). "주의 종"은 "진리의 말씀을 옳게 분별하여"(딤후 2:15) 다른 사람들에게 잘 가르칠 수 있어야 한다(참조, 딤전 3:2). 주의 종은 특별히 복음을 반대하는 사람들에게까지 진리의 말씀을 잘 가르칠 수 있어야 한다(딤후 2:25). 성경 말씀은 "교훈과 책망과 바르게 함과 의로 교육하기에 유익한"(딤후 3:16) 하나님의 계시의 말씀이다.

셋째, 주의 종은 잘 참을 수 있어야 한다(딤후 2:24). "이미와 아직"(already and not yet)의 긴장 속에서 사는 모든 성도들은 인내의 삶을 살아야 하는데, 특별히 복음 사역자들은 더욱더 인내의 삶이 필요함을 깨달아야 한다. 그래서 바울은 "우리가 소망으로 구원을 얻었으매 보이는 소망이 소망이 아니니 보는 것을 누가 바라리요 만일 우리가 보지 못하는 것을 바라면 참음으로 기다릴지니라"(롬 8:24-25)라고 가르친 것이다. 주의 종은 사랑의 특성이 오래 참는 것임을 명심해야 한다(고전 13:4).

넷째, 주의 종은 거역하는 자를 온유함으로 훈계할 수 있어야 한다(딤후 2:25). 바울이 여기서 사용한 "온유"는 마태복음 5:5에서 사용한 것과 같은 용어이다. 주의 종은 반대자들을 대할 때 외적인 행동으로 친절해야 할 뿐만 아니라, 거짓이 끼어들 수 없는 마음 속 깊은 곳으로부터 흘러나오는 "온유"(πραεῖς)한 마음으로 반대자들을 훈계해야 한다. 바울은 이미 디모데를 "하나님의 사람"으로 부르면서 "온유를 따르라"(딤전 6:11)라고 권했었다. 스픽크(Spicq)는 "선생들(마

11:29)과 교육자들(고후 10:1; 갈 6:1)에게 요구되는 이 덕목은 설득력이 있기 때문에 질서가 없고 고집이 센 사람들을 다룰 때에는 특별하게 필요한 것이다."[105]라고 설명한다.

바울은 이제 "거역하는 자를 온유함으로 훈계"(딤후 2:25)해야 하는 이유를 약간 주저하는 마음으로 제시한다. 그 이유는 "하나님이 그들에게 회개함을 주사 진리를 알게 하실까"(딤후 2:25) 소망하기 때문이다. 거역하는 자들은 "마귀의 올무에" 매여 있는 사람들이다(딤후 2:26). 그러므로 주의 종들이 거역하는 자들을 상대하는 것은 대단히 어려운 일이요 인내가 필요한 일이다. 하지만 주의 종들은 "죄인 한 사람이 회개하면 하늘에서는 회개할 것 없는 의인 아흔아홉으로 말미암아 기뻐하는 것보다 더하리라"(눅 15:7)라고 가르치신 예수님의 말씀을 기억해야 한다. 그러므로 주의 종들은 거역하는 자들이 "마귀의 올무에서 벗어나 하나님께 사로잡힌 바 되어 그 뜻을 따르게 하실까"(딤후 2:26) 소망하면서 거역하는 자들을 대할 때 친절하게 대하고 인내하면서 그들을 바른 길로 훈계하여야 한다. 주님의 종들은 하나님께서 자신들의 노력을 도구로 사용하셔서 거역하는 자들이 진정으로 회개하고 하나님의 뜻을 따르게 되도록 행동하여야 한다.

---

105 Ceslas Spicq, "πραυπάθεια, πραΰς, πραΰτης," *Theological Lexicon of the New Testament*, Vol. 3 (Peabody: Hendrickson Publishers, 1996), p. 170.

제3장 주해

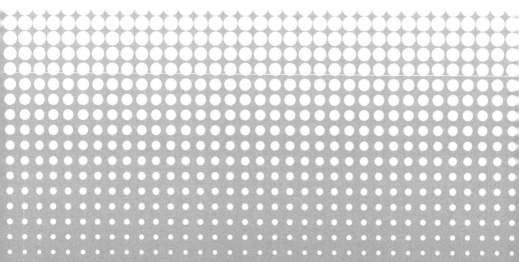

2 TIMOTHY

디모데후서 3장 요약

바울은 순교의 시간을 내다보기라도 한 것처럼 디모데에게 그의 마지막 교훈을 한다. 앞으로 말세가 되면 복음과는 상관이 없는 삶을 사는 사람들이 많아질 텐데 그들의 삶은 "경건의 모양은 있으나 경건의 능력"(딤후 3:5)을 부인하는 삶을 사는 사람들이므로 그들로부터 떠나라고 권면한다. 그리고 바울은 모세(Moses) 시대에 얀네(Jannes)와 얌브레(Jambres)가 모세를 대적한 것처럼 디모데 주변에도 그런 사람들이 많을 것을 예고하고 "그리스도 예수 안에서 경건하게 살고자 하는 자는 박해를 받으리라"(딤후 3:12)라고 가르친다. 그리고 바울은 성경 영감에 관한 중요한 교훈을 설명함으로(딤후 3:14-17) 디모데후서 3장을 마무리한다. 필자는 디모데후서가 바울의 마지막 유언과 같은 서신으로 디모데후서 3:16-17이 베드로후서 1:19-21과 함께 성경 영감에 관해서 대단히 중요한 교훈을 가르치는 하나님의 계시의 말씀임을 생각하면서 하나님이 바울로 하여금 이 교훈의 말씀을 로마서나 갈라디아서, 혹은 에베소서에 기록하게 하시지 않고 바울의 유언과도 같은 그의 마지막 서신인 디모데후서에 기록하도록 하셨겠는가 라는 질문을 해 본다. 좀 생뚱맞은 것 같지만 본 필자는 성령 하나님이 성경의 영감에 관한 이 중요한 말씀을 바울로 하여금 쓰게 하시지 않고는 바울을 데려 갈 수 없었으므로 바울이 순교하기 직전이지만 이 말씀을 디모데후서에 기록하게 하셨다고 생각해 본다.

바울은 디모데에게 성경이 어떻게 존재하게 되었는지 그리고 어떤 능력을 가진 책인지를 설명한다(딤후 3:16). 바울은 디모데에게 성경은 "하나님의 사람으로 온전하게 하며 모든 선한 일을 행할 능력을 갖추게 하려 함이라"(딤후 3:17)라고 설명하고 디모데후서 3장을 마무리한다.

1. 바울의 세 번째 권면(딤후 3:1-9)

1 너는 이것을 알라 말세에 고통하는 때가 이르러 2 사람들이 자기를 사
랑하며 돈을 사랑하며 자랑하며 교만하며 비방하며 부모를 거역하며 감사
하지 아니하며 거룩하지 아니하며 3 무정하며 원통함을 풀지 아니하며 모
함하며 절제하지 못하며 사나우며 선한 것을 좋아하지 아니하며 4 배신하
며 조급하며 자만하며 쾌락을 사랑하기를 하나님 사랑하는 것보다 더하며
5 경건의 모양은 있으나 경건의 능력은 부인하니 이같은 자들에게서 네가
돌아서라 6 그들 중에 남의 집에 가만히 들어가 어리석은 여자를 유인하
는 자들이 있으니 그 여자는 죄를 중히 지고 여러 가지 욕심에 끌린 바 되
어 7 항상 배우나 끝내 진리의 지식에 이를 수 없느니라 8 얀네와 얌브레
가 모세를 대적한 것 같이 그들도 진리를 대적하니 이 사람들은 그 마음
이 부패한 자요 믿음에 관하여는 버림을 받은 자들이라 9 그러나 그들이
더 나아가지 못할 것은 저 두 사람이 된 것과 같이 그들의 어리석음이 드
러날 것임이라 (딤후 3:1-9, 개역개정)

딤후 3:1-5 바울은 디모데후서 3:1-5의 내용을 한 문장으로 길게 설명한다. 바울은 "말세에"(ἐν ἐσχάταις ἡμέραις)라는 용어를 사용하여 종말의 때를 사는 성도들이 어떤 어려운 환경에 처할 것인지를 분명히 밝힌다. 그래서 바울은 이 문단을 "너는 이것을 알라 말세에 고통하는 때가 이르러"(딤후 3:1)라는 말로 시작하고, "이같은 자들에게서 네가 돌아서라"(딤후 3:5)라는 말로 마무리한다. "말세"는 예수님의 초림으로부터 재림에 이르는 기간을 뜻한다. 베드로(Peter)는 오순절 성령 강림 사건(행 2:1-4)을 설명하면서 요엘(Joel)서의 예언을 인용하는데(행 2:17-21; 욜 2:28-32) 요엘서의 "그 후에"를 "말세에"(ἐν ταῖς ἐσχάταις ἡμέπαις)로 고쳐서 설명한다. 이는 "말세"가 예수님의 초림

으로 시작되었고(행 2:17; 히 1:2; 약 5:3) 예수님의 재림으로 끝이 날 것(고전 15:20-28; 참조, 살전 4:13-18; 딤전 4:1)임을 확실히 한 것이다.[106]

바울은 디모데후서 3:1에서 말세로 불리는 현 시대가 "고통하는 때"임을 밝히고, 디모데후서 3:2-5에서 이 시대를 고통하는 시대로 만드는 사람들의 여러 가지 악행들의 목록을 열아홉 가지로 정리한다. 그런 다음 바울은 디모데후서 3:5하반절에서 "이 같은 자들에게서 네가 돌아서라"(딤후 3:5)라고 권면한다. 그런 다음 바울은 디모데후서 3:6-9의 단락을 시작하면서 "왜냐하면"(γάρ)을 사용하여 왜 디모데가 "이 같은 자들에게서 돌아서야" 하는지를 구체적으로 설명한다. 이제 말세에 드러날 여러 가지 부정적인 악한 특성들을 구체적으로 드려다보도록 한다. 열아홉 가지 악한 특성들 중 여섯 가지의 특성을 묘사한 용어가 신약성경 이 구절에서 유일하게 사용된 용어들(hapax legemena)이다. 그 용어들은 "자기를 사랑하며"(φίλαυτοι)(딤후 3:2), "원통함을 풀지 아니하며"(ἄσπονδοι), "절제하지 못하며"(ἀκρατεῖς), "사나우며"(ἀνήμεροι), "선한 것을 좋아하지 아니하며"(ἀφιλάγαθοι)(딤후 3:3), "하나님 사랑하는 것"(φιλόθεοι)(딤후 3:4) 등이다.

이제 비교적 긴 열아홉 가지(19)의 악한 특성들을 간략하게 정리하도록 한다. 바울이 여기서 언급한 악한 특성들은 로마서 1:29-31에 언급된 악한 특성들을 참고하여 이해할 필요가 있다. 이 두 구절

106 Köstenberger, *Biblical Theology for Christian Proclamation* (*Commentary on 1-2 Timothy and Titus*) (2017), pp. 513-514.: "According to Paul, therefore, his apostolic delegates and their congregations live and are embroiled in spiritual combat in the period between Jesus's first and second coming, conceived as the inauguration and consummation of the last days, respectively."

들에 언급된 악한 특성들은 세속 사회의 특성들의 일부를 가리킨다.

첫째, "자기를 사랑하며"(φίλαυτοι)(hapax legomenon)는 사랑의 대상이 바로 자기 자신이라는 뜻이다(딤후 3:2). 사람이 자기를 사랑하면 교만하게 되고, 무정하게 된다. 사랑에는 희생이 따르게 마련이다. 하나님도 유일하신 아들을 희생하셔서 우리들을 사랑하셨다(롬 5:8). 거짓 교사들의 삶은 하나님을 삶의 중심에 두지 않고 자신을 삶의 중심에 두고 사는 이기주의적 형태를 가지고 있다. 자기를 사랑하는 것은 "네 이웃을 네 자신같이 사랑하라"하신 예수님의 둘째 계명을 범한 것이나 다름없다(마 22:37-40).

둘째, "돈을 사랑하며"(φιλάργυροι)의 삶의 형태는 자기를 사랑하는 사람이 추구하는 자연적인 행동이다(딤후 3:2; 눅 16:14). 신들(On the Gods)에 관한 책을 쓴 헬라의 저자로 2세기에 살았던 겔라의 아폴로도루스(Apollodorus of Gela)는 "돈을 사랑하는 것은 모든 악독의 머리이다. 왜냐하면 모든 악독들이 모두 돈 사랑 속에 내재해 있기 때문이다."[107]라는 명언을 남겼다. 돈은 중립적인 것이지만 돈을 사랑하면 사람의 판단력이 흐려진다. 돈을 사랑하는 것은 십계명의 제1계명을 범한 죄라고 할 수 있다(마 22:37-40).

셋째, "자랑하며"(ἀλαζόνες)는 하나님이 기뻐하시지 않는 행동이다(딤후 3:2). 예수님의 삶의 모습을 직접 목격한 야고보(James)는 "하나님이 교만한 자를 물리치시고 겸손한 자에게 은혜를 주신다"(약 4:6)라고 가르친다(참조, 롬 1:30; 약 4:16; 요일 2:16). 귓팅과 브라운(Brown)은 "알라존(ἀλαζών)은 큰 주장들을 함으로(허풍들을 떨므로) 다른 사람

107 Ceslas Spicq, "φιλαργυρία, φιλάργυρος," *Theological Lexicon of the New Testament*, Vol. 3 (Peabody: Hendrickson Publishers, 1996), 446에서 인용.: "It is the head of all evils, for they are all present in the love of money."

들에게 인상을 남기려 하는 사람을 묘사한다. 이 용어는 허풍선이, 사기꾼, 협잡꾼, 남의 이름을 사칭하는 사람에 대해 사용된다. 그 용어(알라존)는 아마도 그 용어의 뜻의 범위의 더 심각한 쪽의 끝을 생각하면서 여기에서 사용되었다."[108]라고 하며 "자랑하며"가 얼마나 치명적으로 잘못된 행동인지를 설명한다.

넷째, "교만하며"(ὑπερήφανοι)는 "자랑하며"와 거의 같은 뜻으로 로마서 1:30에 악의 목록의 하나인 "교만한 자"로 열거되었는데 "건방진"(arrogant), "거만한" 등의 뜻을 가지고 있다(딤후 3:2). 누가(Luke)는 "마음의 생각이 교만한 자들"(눅 1:51)이란 표현으로 하나님의 배척을 받을 자들을 묘사했고, 야고보(James)와 베드로(Peter) 역시 "하나님이 교만한 자를 물리치시고"(약 4:6)라고, 그리고 "하나님은 교만한 자를 대적하시되"(벧전 5:5)라고 표현함으로 하나님의 인정을 받지 못하는 행동임을 분명히 한다.

다섯째, "비방하며"(βλάσφημοι)는 "모독하며" 혹은 "훼방하며"의 뜻으로 사용된다(딤후 3:2). 본 구절의 "비방하며"는 삼위일체(the Trinity) 하나님을 포함하여 다른 사람들을 향해 독설(毒舌)을 일삼는 행동을 뜻하는 것으로 이해할 수 있다(참조, 행 6:11; 딤전 1:13; 벧후 2:11). "비방하며"는 그 당시 거짓 교사들의 삶의 행태임에 틀림없다(참조, 딤전 6:4; 딛 3:2).

여섯째, "부모를 거역하며"(γονεῦσιν ἀπειθεῖς)는 십계명의 제5계명을 범한 것과 같다(딤후 3:2; 참조, 출 20:12; 신 5:16). "부모를 거역하며"는 로마서에 열거된 악의 목록 중의 하나로 등장한다(참조, 롬

108 E. Güting and C. Brown, "ὑπερήφανος, ἀλαζών," *The New International Dictionary of New Testament Theology*, Vol. 3 (Grand Rapids: Zondervan, 1979), p. 32.

1:30). 바울은 "자녀들아 주 안에서 너희 부모에게 순종하라 이것이 옳으니라"(엡 6:1)라고 말한 후에 다시금 "네 아버지와 어머니를 공경하라"(엡 6:2)라고 가르친다. 순종(ὑπακούω)에는 마음으로는 원하지 않으면서 겉으로 억지 순종을 할 수 있다(참조 고후 10:5-7). 하지만 공경(τιμάω)은 마음이 따르지 않는 공경을 할 수가 없다(참조, 요 8:49). 바울이 "순종"과 "공경"을 동시에 언급한 것은 부모에게 순종하는 것이 그만큼 중요하기 때문이다.

일곱째, "감사하지 아니하며"(ἀχάριστοι)는 "부모를 거역하며"와 함께 다루어야 한다(딤후 3:2).[109] 누가복음에서는 같은 용어를 개역개정 번역이 "은혜를 모르는 자"로 번역 처리했다(눅 6:35). "아카리스토스"(ἀχάριστος)는 신약성경에서 누가복음 6:35과 디모데후서 3:2에 두 번 사용된 용어이다.[110] 그러므로 이 용어는 자녀들이 부모들의 헌신적인 보호와 양육에도 불구하고 부모님에 대한 은혜도 모르고, 부모님에게 감사하지도 않는 못된 삶의 행태를 가리킨다고 해석할 수 있다.

여덟째, "거룩하지 아니하며"(ἀνόσιοι)라는 용어 역시 신약성경에서 두 번 나타나는 특별한 용어이다(딤전 1:9; 딤후 3:2).[111] 이 용어가 사용된 두 구절 모두 "무례한 행동," "무엄한 행동"을 뜻하는 것으로 사용되었는데 디모데전서 1:9에서는 율법과 관련하여 언급하기 때문에 하나님을 향한 무엄한 행동을 뜻하며, 디모데후서 3:2에서는 2절 서두에 "사람들이"(οἱ ἄνθρωποι)라고 시작하였으므로 가족들과 다른 사

109 White, "The First and Second Epistles to Timothy and the Epistle to Titus," *The Expositor's Greek Testament*, Vol. IV (1980), p. 170.

110 Smith, *Greek-English Concordance to the New Testament* (1974), p. 60 (section 884).

111 Smith, *Greek-English Concordance to the New Testament* (1974), p. 26 (section 462).

람들을 향한 무례한 행동을 뜻하는 것으로 이해할 수 있다.[112]

아홉째, "무정하며"(ἄστοργοι)라는 용어 역시 신약성경에서 두 번 사용되었는데 이 용어는 두 번 모두 악의 목록 중의 하나로 열거되었다(롬 1:31; 딤후 3:3). "무정하며"는 가족 간에 기본적으로 가져야 할 자연적인 애정의 결여를 뜻한다. "무정하며"는 바로 전에 언급된 "부모를 거역하며," "감사하지 아니하며," "거룩하지 아니하며"와 함께 같은 가정의 맥락에서 이해하는 것이 타당하다고 사료된다.

열째, "원통함을 풀지 아니하며"(ἄσπονδοι)는 신약성경에서 유일하게 이 구절에서(딤후 3:3)만 사용된 용어이다(hapax legomenon). "아스폰도스"(ἄσπονδος)는 "공식적인 조약을 맺을 수 없는," "화해할 수 없는," "타협할 수 없는," "용서할 수 없는" 등의 뜻을 가지고 있다.[113]

열한 번째, "모함하며"(διάβολοι) (딤후 3:3)는 용어가 함축하고 있는 것처럼 사탄(Satan)과 마귀(devil)의 특성 중의 하나이지만 여기서는 사람이 사탄처럼 다른 사람을 "중상 모략하는 것"(slanderers)을 뜻한다(참조 딤전 3:11; 딛 2:3).[114]

열두 번째, "절제하지 못하며"(ἀκρατεῖς)는 신약성경 중에서 오로지 이 구절에서만 사용된(딤후 3:3) 용어이다(hapax legomenon). 이 용어는 사람이 그의 혀나 식욕이나 다른 행동에 있어서 스스로 조절하지 못하는 것을 뜻한다(참조, 딛 1:8).

---

112 F. Hauck, "ἀνόσιος," *Theological Dictionary of the New Testament*, Vol. V (Grand Rapids: Eerdmans, 1973), p. 492.

113 Smith, *Greek-English Concordance to the New Testament* (1974), p. 45 (section 786). Smith는 이 용어가 롬 1:31에도 등장하는 것으로 처리했으나 이 용어는 롬 1:31에는 나타나지 않는다. 하지만 ἄσπονδος가 롬 1:31에 등장한 ἀσυνθέτους (covenant breaker) (hapax legomenon)의 동의어로 고려될 수는 있다.

114 Werner Foerster, "διάβολος," *Theological Dictionary of the New Testament*, Vol. II (Grand Rapids: Eerdmans, 1971), p. 81.

열세 번째, "사나우며"(ἀνήμεροι)도 신약성경 중에서 유일하게 이 구절에서만 사용된(딤후 3:3) 용어이다(hapax legomenon). "사나우며"는 "길들여 있지 않은"(untamed), "잔인한"(brutal) 등의 뜻으로 말세에 사람들의 삶 속에서 발견되는 악한 특성을 가리킨다.

열네 번째, "선한 것을 좋아하지 아니하며"(ἀφιλάγαθοι)는 신약성경에서 이 구절에서만 사용된(딤후 3:3) 용어이다(hapax legomenon). "선한 것을 좋아하지 아니하며"는 "선한 것을 좋아하며"(φιλάγαθος)의 반대 개념으로(참조, 딛 1:8) 말세에(in the last days) 사람들의 삶의 악한 행태를 묘사하는 악한 목록이다.[115]

열다섯 번째, "배신하며"(προδόται)는 신약성경에서 세 번 등장하는 용어로 누가와 바울만 이 용어를 사용했다(딤후 3:4; 참조 눅 6:16; 행 7:52). 나이트(Knight)는 "배신자의 행위는 중상 모략하는 자의 말들이 쉽게 그렇게 하듯이 인간 상호관계를 파괴시킨다."[116]라고 해석한다.

열여섯 번째, "조급하며"(προπετεῖς)의 뜻은 열정에 사로잡혀 나쁜 목적을 무모하게 추구하는 것을 뜻한다(딤후 3:4; 참조, 행 19:36). 잠언은 이 용어를 사용하여 입을 조급하게 놀리는 자에게는 멸망이 온다고 가르친다(잠언 13:3; LXX 13:3).

열일곱 번째, "자만하며"(τετυφωμένοι)는 열아홉 개의 악의 목록 중 유일하게 완료시상(τυφόω의 완료시상, 수동태, 분사)을 사용하여 표현하였다(딤후 3:4). 이 용어는 감독의 자격을 열거할 때(딤전 3:6)와 거짓 교사들의 특징 중 하나를 묘사할 때 사용되었다(딤전 6:4; 개역개정은 "교만하여"로 처리함). "자만하며"는 자신을 과대하게 선전한다는 뜻을

115 W. Grundmann, "ἀφιλάγαθος," *Theological Dictionary of the New Testament*, Vol. I (Grand Rapids: Eerdmans, 1972), p. 18.

116 Knight III, *The Pastoral Epistles* (1992), p. 431.

담고 있다.

열여덟 번째, "쾌락을 사랑하기를 하나님 사랑하는 것보다 더하며"(딤후 3:4)는 하나님보다 쾌락을 조금 더 사랑한다는 뜻이 아니요, 하나님을 전혀 사랑하지 않고 쾌락만을 사랑한다는 뜻이다. "쾌락을 사랑하는 자들"(φιλήδονοι)이라는 용어와 "하나님을 사랑하는 자들"(φιλόθεοι)이라는 용어는 신약성경에서 유일하게 이 구절에서만 등장하는 용어이다(hapax legomena).[117] 바울이 비교급 표현인 "것보다 더하며"(μᾶλλον ἤ)를 사용했기 때문에 본 구절의 뜻이 마치 하나님도 사랑하지만 쾌락을 더 많이 사랑하는 것처럼 이해될 수 있다. 하지만 바울은 비교급 표현을 사용하여 그들의 잘못된 사랑을 강조하기 원한 것이다(참조, 요 3:19; 12:43; 행 4:19; 딤전 1:4). 그들은 전혀 하나님을 사랑하지 않았다.[118] 쾌락 사랑은 때로 피곤한 몸을 회복시키는 긍정적인 역할을 하지만 쾌락만을 추구하면 거룩을 싫어하게 되고 결국 선을 싫어하게 된다.

열아홉 번째, "경건의 모양은 있으나 경건의 능력은 부인하니"(딤후 3:5)는 기독교의 외형적인 형태와 기독교의 진정한 능력을 비교하는 말씀이다. "경건의 모양"(μόρφωσιν εὐσεβείας)은 경건의 외형적인 모습을 의미하는데 목회서신(the Pastoral Epistles)에서 "경건"(εὐσέβεια)은 진정한 종교인 기독교를 가리킨다(참조, 딤전 2:2; 3:16; 4:7, 8; 6:3, 6, 11; 딛 1:1). 그러므로 "경건의 모양은 있으나"라는 뜻은 외형적인 모습은 기독교인 같으나 실제로는 능력의 근원이 되신 하나님도 알지 못하기 때문에 "경건의 능력"(δύναμιν αὐτῆς)을 부인할 수밖에 없다

117 Smith, *Greek-English Concordance to the New Testament* (1974), p. 366 (section 5269 and 5277).

118 Hendriksen, *Exposition of the Pastoral Epistles* (1974), p. 285.

는 뜻이다. 거짓 교사들은 "경건의 능력"은 체험하지 못하고, 오직 "경건을 이익의 방도로 생각하는 자들"(딤전 6:5)이었다. 경건의 능력을 체험한 성도는 하나님께 예배할 때 아벨(Abel)처럼 마음과 정성을 다하여 예배하는 성도요, 교회 봉사를 할 때 복음이 명령하는 대로 사랑의 마음으로 하는 성도이며, 기도회에 참석할 때는 한나(Hannah)처럼 온 몸을 바쳐서 기도하고(삼상 1:9-18), 바울(Paul)처럼 전심으로 기도하는 성도이고, 하나님 중심적으로 기도하는 성도이다. 그리고 경건의 능력을 소유한 성도는 교회에 헌금을 바칠 때는 "내가 가진 모든 것이 하나님이 주신 것"으로 알고 감사하는 마음으로 정성을 다하여 하나님께 바치는 성도이다.

바울은 지금까지 열아홉 가지의 악의 목록을 열거하고 말세에 이와 같은 악한 삶의 특징들을 가진 사람들이 많이 나타날 텐데 "이 같은 자들에게서 네가 돌아서라"(딤후 3:5)라고 명령하고 있다. "돌아서라 혹은 피하라"(ἀποτρέπου)[119]라는 용어는 신약성경 중 이 구절에서만 사용된(hapax legomenon) 용어이다(딤후 3:5). 바울 사도가 "돌아서라"를 현재시상으로 처리한 것은 디모데가 계속적으로 이런 사람들로부터 돌아서야 한다는 뜻을 함축하고 있다.

딤후 3:6-9 바울은 디모데후서 3:6을 "왜냐하면"(γάρ: 개역개정은 번역하지 않았음) "그들 중에"(ἐκ τούτων)라고 시작함으로 이미 언급한 거짓 교사들의 악한 삶의 행태(딤후 3:1-5)들과 본 구절이 관계가

119 Smith, *Greek-English Concordance to the New Testament* (1974), p. 38 (section 665). "피하라" (ἀποτρέπου)는 ἀποτρέπω(피하라, 돌아서라, avoid, turn away from)의 현재시상, 중간태, 명령법, 2인칭, 단수이다.

있음을 확실히 하고 거짓 교사들 중 일부의 구체적인 잘못을 지적한다(딤후 3:6). 바울은 디모데가 피하고 돌아서야 할 거짓 교사들이 구체적으로 무슨 일을 하는지 설명한다. 첫째, 거짓 교사들은 나쁜 의도를 가지고 "남의 집에 가만히 들어가"(딤후 3:6)는 일을 한다. 바울이 여기서 사용한 "가만히 들어가"(ἐνδύνοντες)는 신약성경에서 유일하게 이 구절에서만 사용된 용어(hapax legomenon)로서 부정적인 의미로 나쁜 의도를 가지고 비밀리에 남의 집에 들어간다는 뜻이다(참조, 갈 2:4; 유 4; 벧후 2:1).[120] 둘째, 거짓 교사들은 "어리석은 여자를 유인하는"(딤후 3:6) 나쁜 행동을 한다. "어리석은 여자"(γυναικάρια)라는 용어 역시 이 구절에서만 유일하게 사용되었는데(hapax legomenon) 그 의미는 "연약한 여자"(weak woman) 혹은 "작은 여자"(little woman) 등의 뜻으로 여기서는 부정적인 의미로 사용되었다. 바울이 이 특별한 용어를 사용한 것은 여자들을 폄훼하기 위한 것이 아니요 몇 사람의 여자들이 처한 상태를 묘사하기 위해서이다. 그 당시 헬라의 저택의 구조는 모든 사람들이 접근할 수 있는 공적인 장소와 특별한 허락이 있어야만 들어갈 수 있는 여인들의 거소로 구별되어 있었다.[121] 그런데 거짓 교사들이 허락도 없이 여인들의 거소에 몰래 들어가 연약한 여자를 유인하는 악한 행동을 한 것이다. 거짓 교사들은 마치 마귀(Devil)가 하와(Eve)에게 먼저 접근하여 유혹한 것처럼(창 3:1-7) 연약한 여자에게 접근하여 온갖 감언이설(甘言利說)로 여자를 유혹하여 넘어지게

---

120 갈 2:4은 παρεισέρχομαι (slip in)를, 유 4은 παρεισδύνω (sneak in)를, 그리고 벧후 2:1은 παρεισάγω (secretly bring in)를 사용하지만 세 구절 모두 딤후 3:6의 ἐνδύνω (enter by deception)처럼 부정적 의미로 나쁜 의도를 가지고 들어가는 것을 뜻한다.

121 Köstenberger, *Biblical Theology for Christian Proclamation* (*Commentary on 1-2 Timothy and Titus*) (2017), p. 257.

만들었다.

바울은 이제 거짓 교사들이 유인한 여자들의 상태를 세 가지로 정리하여 설명한다. 첫째, "어리석은 여자들"은 "죄를 중히 지고"(who are loaded down with sins, NIV) 있는 상태였다(딤후 3:6). 좀 더 쉬운 표현을 빌리자면, 어리석은 여자들은 죄의 무게로 눌려있는 상태("죄에 짓눌려 있고"; 표준새번역, 표준새번역개정)에 있는 것이다. 바울은 "중히 지고"(σεσωρευμένα)를 완료시상으로 처리함으로 어리석은 여자들의 과거 상태는 물론 현재 상태도 죄에 짓눌려 있는 상태임을 드러내기 원한 것이다. 둘째, "어리석은 여자들"은 "여러 가지 욕심에 끌려서"(딤후 3:6) 진리를 바로 이해하지 못하는 상태에 빠진 것이다. 바울이 여기서 사용한 "여러 가지 욕심"(ἐπιθυμίαις ποικίλαις)은 "여러 가지 종류의 악한 욕망"이라는 부정적인 의미로 사용되었다(참조, 딛 3:3). "어리석은 여자들"은 과거의 많은 죄 때문에 양심의 가책을 받고 있을 뿐만 아니라 그들의 악한 욕망 때문에 거짓 교사들의 유혹에 쉽게 빠져들 수밖에 없었다. 셋째, "어리석은 여자들"은 "항상 배우나 끝내 진리의 지식에 이르지 못한다"(딤후 3:7). "어리석은 여자들"은 거짓 교사들로부터 계속 배우지만 거짓 교사들이 가르치는 교훈이 진리와는 거리가 멀기 때문에 끝내 진리의 지식에 이를 수 없게 되는 것이다. 바울은 목회서신에서 "진리의 지식"(εἰς ἐπίγνωσιν ἀληθείας)을 구원과 연계하여 사용하였고(딤전 2:4), 회개와 연계하여 사용하였으며(딤후 2:25), 하나님이 택하신 백성들의 믿음과 경건과 연계하여 사용하였다(딛 1:1). 신약성경에서 "진리의 지식"이 등장하는 유일한 다른 예는 "복음의 내용"과 연계되어 사용된 것이다(히 10:26).[122] "어리석

122 Knight III, *The Pastoral Epistles* (1992), p. 434.

은 여자들"은 많은 시간을 할애(割愛)하여 계속적으로 배우나 결국 그들의 마음을 자유하게 할 수 있는 진리의 지식은 배우지 못한 것이다. 예수님은 "진리를 알지니 진리가 너희를 자유롭게 하리라"(요 8:32)라고 가르치셨다.

바울은 이제 "얀네(Jannes)와 얌브레(Jambres)"라는 인물들의 행동을 예로 들어 거짓 교사들의 잘못된 행위를 설명한다(딤후 3:8). 얀네와 얌브레는 구약성경에 나타나지 않는 인물들이다. 하지만 바울이 "얀네와 얌브레가 모세를 대적한 것 같이"(딤후 3:8)라고 묘사한 것으로 보아 유대인들의 전통에는 이 두 사람의 이름이 등장하는 것으로 추론해 볼 수 있다. 바울은 "가말리엘의 문하에서 우리 조상들의 율법의 엄한 교훈을 받았고"(행 22:3)라고 쓸 만큼 그는 유대인들의 율법의 전통에 익숙한 사도였다.

오데버그(Odeberg)는 얀네와 얌브레의 이름이 출애굽기 7:11-13에 언급된 모세(Moses)와 아론(Aaron)을 반대한 애굽 왕 바로(Pharaoh)의 마술사들의 이름으로 랍비의 기록에 남아 있었다고 전한다. 오데버그는 계속해서 디모데후서 3:8의 얀네와 얌브레의 사건이 구약의 어떤 사건을 지칭하는지는 확실하지 않고 그 이야기가 담긴 자료가 지금은 분실된 상태이지만 바울이 디모데후서를 쓸 당시는 구약의 한 부분으로 인정받았을 수 있다고 설명한다.[123] 물론 유대인의 전통에 모세를 반대하는 사람으로 얀네('Ιάννης)와 얌브레('Ιαμβρῆς) 두 사람의 이름이 등장하기 때문에 큰 문제가 되지 않지만 독자들의 마음속에는 어떻게 정경인 구약에 나타나지 않고 유대인의 전통에 나타

123 Hugo Odeberg, "'Ιάννης, 'Ιαμβρῆς," *Theological Dictionary of the New Testament*, Vol. III (Grand Rapids: Eerdmans, 1972), p. 193.

난 이름을 신약성경에서 사용할 수 있는가 하는 의구심을 가질 수 있다. 이는 유기적 영감론(Organic Inspiration)을 받는 성도라면 전혀 문제될 것이 없다. 왜냐하면 신약의 저자들은 구약의 내용 이외의 다른 기록에서도 하나님의 뜻에 역행하지 않으면 얼마든지 인용할 수 있기 때문이다.[124]

바울은 마술사들이 모세를 "대적한 것"(ἀντέστησαν)을 과거시상(aorist)으로 처리하고, 거짓 교사들이 진리를 "대적한 것"(ἀνθίστανται)을 같은 동사의 현재시상(present)으로 처리함으로 구약의 마술사들도 그리고 거짓 교사들도 모두 "진리"(ἀλήθεια)를 대적한 것임을 분명히 한다. 마술사들이 모세를 반대한 것은 결국 모세의 메시지의 진리를 반대한 것이므로 그들도 진리를 반대한 것이나 다름없다(참조, 출 7:2, 13; 8:18-19). 결국 마술사들도 진리를 대적하고, 거짓 교사들도 진리를 대적한 것이다. 거짓 교사들이 진리를 대적할 수밖에 없었던 이유는 그들의 마음이 부패하고 타락했기 때문이다. 바울은 거짓 교사들의 마음이 부패했다(κατεφθαρμένοι)라는 표현을 완료분사 형으로 처리함으로 그들의 마음이 계속적으로 부패했음을 함축하고 있다. 그들의 존재는 정신적으로 도덕적으로 온전하게 부패된 상태였다. 스피크(Spicq)는 디모데후서 3:8에 언급된 거짓 교사들의 마음의 상태를 평가하면서 그들의 마음은 철저하게 훼손되었고 황폐되어 행정의 기능을 수행할 수 없을 뿐만 아니라 그들의 생각하는 기능과 논의하는 기능이 부패하여져서 확실하게 가르칠 자격을 상실한 사람들이라고 정리한다.[125] 바울은 거짓 교사들이 이와 같은 자들이기 때문에 "믿음

124 박형용, 『성경해석의 원리』, (수원: 합동신학대학원출판부, 2014), pp. 181-197.

125 Ceslas Spicq, "καταφθείρω," *Theological Lexicon of the New Testament*, Vol. 2 (Peabody: Hendrickson Publishers, 1996), p. 279.

에 관하여는 버림받은 자들이라"(딤후 3:8)라고 설명한다. "버림 받는다"(ἀδόκιμοι)라는 용어는 목회서신에서 이 구절과 디도서 1:16("버리는 자니라"로 번역)에만 등장하는 구절이다(딤후 3:8; 딛 1:16). 이 용어의 뜻은 "시련을 견디지 못한다"(not stood the test)는 것으로 결국 배척되었다는 뜻을 가지고 있다. 거짓 교사들은 믿음에 관한 시련을 통과하지 못한 자격이 없는 사람들이었다. 그러함에도 그들은 가만히 집에 들어가 여자들을 유혹했던 것이다(딤후 3:6).

바울은 거짓 교사들의 노력의 결과가 허위로 돌아갈 것임을 분명히 한다. 바울은 "그러나 그들이 더 나아가지 못할 것은 저 두 사람이 된 것과 같이 그들의 어리석음이 드러날 것임이라"(딤후 3:9)라고 함으로 거짓 교사들의 노력이 실패하게 될 것임을 분명히 한다. 바울은 이 사실을 "드러날 것임이라"(ἔκδηλος: clearly evident)라는 신약성경에서 유일하게 이 구절에서만 사용된(hapax legomenon) 용어와 "모든"(πᾶσιν)을 함께 사용함으로 분명하게 적시했다. 바울은 구약의 마술사들이 모세를 대적했지만 실패한 것처럼, 거짓 교사들도 진리를 대적하는데 결코 성공할 수 없다는 사실을 확실히 하고 있다.

2. 바울의 네 번째 권면(딤후 3:10-17)

"10 나의 교훈과 행실과 의향과 믿음과 오래 참음과 사랑과 인내와 11 박해를 받음은 고난과 또한 안디옥과 이고니온과 루스드라에서 당한 일과 어떠한 박해를 받은 것을 내가 과연 보고 알았거니와 주께서 이 모든 것 가운데서 나를 건지셨느니라 12 무릇 그리스도 예수 안에서 경건하게 살고자 하는 자는 박해를 받으리라 13 악한 사람들과 속이는 자들은 더욱 악하여져서 속이기도 하고 속기도 하나니 14 그러나 너는 배우고 확신한 일에 거하라 너는 네가 누구에게서 배운 것을 알며 15 또 어려서부터 성경을 알았나니 성경은 능히 너로 하여금 그리스도 예수 안에 있는 믿음으로 말미암아 구원에 이르는 지혜가 있게 하느니라 16 모든 성경은 하나님의 감동으로 된 것으로 교훈과 책망과 바르게 함과 의로 교육하기에 유익하니 17 이는 하나님의 사람으로 온전하게 하며 모든 선한 일을 행할 능력을 갖추게 하려 함이라"(딤후 3:10-17).

딤후 3:10-13 바울은 "그러나 너는"(Σὺ δέ)을 디모데후서 3:10 서두에 위치시킴으로 디모데를 거짓 교사들과 비교하고 디모데에게 직접적으로 교훈하고 있다(딤후 3:10; 참조 딤후 3:14).[126] 바울은 거짓 교사들과 디모데 사이에 명백한 차이가 있음을 분명히 한다. 거짓 교사들은 진리를 따르지 않고 바울을 따르지 않았으나 디모데는 특별한 관

126 개역개정은 딤후 3:14에서는 "그러나 너는"을 살려서 번역했으나 딤후 3:10의 경우는 문장 중간에 "네가 과연"으로 처리함으로 그 대조성과 강조성을 상실하게 되었다. 표준새번역과 표준새번역개정은 "그러나 그대는"(딤후 3:10)으로, 바른성경은 "그러나 너는" (딤후 3:10)으로 번역 처리하여 강조를 살렸다. 영어의 번역은 "You, however" (NIV, ESV), "Now you" (RSV), "But you" (NASB, NKJV) 등으로 번역하여 거짓 교사들과 디모데의 차별성과 내용의 전환을 분명하게 살렸다.

심을 가지고 바울을 따랐다고 밝히면서 디모데가 따른 아홉 가지 목록을 제시한다. 아홉 가지의 목록은 “나의 교훈과 행실과 의향과 믿음과 오래 참음과 사랑과 인내와 박해를 받음과 고난”(딤후 3:10-11) 등이다. 바울은 “나의”(μου)를 맨 처음에 언급된 “교훈” 앞에 위치시킴으로(μου τῇ διδασκαλίᾳ) 뒤 따르는 모든 목록과 연계되어 있음을 가르치고 있다.[127] 아홉 가지 목록 중 첫째는 바울 사도의 “교훈”(τῇ διδασκαλίᾳ)이다(딤후 3:10). 디모데는 바울의 교훈을 철저하게 따랐다(참조, 딤전 1:10-11; 4:5-6; 딤후 2:2). 디모데에게 바울의 교훈은 거짓 교사들의 교훈과 비교되는 것으로 대단히 중요하다. 바울의 교훈은 죄인을 회개시키는 구원의 복음이요, 사람을 살리는 생명의 복음이요, 하나님과의 단절된 관계를 회복시키는 화목의 복음이다. 박윤선 박사는 디모데후서 3:10을 해석하면서 “‘교훈’은 그의 설교요, ‘행실’은 그의 실생활이고, ‘의향’(意向)은 그의 전도 목적이다. 바울은, 이런 전도 생활을 위하여 각양(各樣) 고난을(11절) ‘믿음과 오래 참음과 사랑과 인내’로 잘 견디었다.”[128]라고 하며 아홉 가지의 목록을 잘 조화시켜 설명한다. 아홉 가지 목록 중 둘째는 바울 사도의 “행실”(τῇ ἀγωγῇ)이다(딤후 3:10). 이 용어는 신약성경에서 이 구절에서만 사용된(hapax legomenon) 것으로 바울 사도의 생활 방법 즉, 바울의 행동을 뜻한다. 디모데는 바울과 함께 사역하면서 바울의 삶의 행태가 그의 교훈과 일치함을 잘 알고 있었다(참조, 고전 4:17). 쾨스텐버거(Köstenberger)는 “이 구절은 멘토링하고 제자 화하는 것이 정보의 주요 부분을 전수하

127 Knight III, *The Pastoral Epistles* (1992), p. 439.; Köstenberger, *Biblical Theology for Christian Proclamation (Commentary on 1-2 Timothy and Titus)* (2017), p. 262.; Hendriksen, *Exposition of the Pastoral Epistles* (1974), pp. 291-292.

128 박윤선, 『성경주석: 바울서신』 (1964), p. 548.

는 것에 그치지 않고 가장 중요한 것은 실제 생활에서 자신의 확신의 삶이 모본으로 수반되어야 함을 분명히 한다."[129]라고 정리한다. 디모데는 바울 사도의 교훈은 물론 그의 삶의 행태를 모본으로 삼고 바울을 따른 것이다. 아홉 가지 목록 중 셋째는 바울 사도의 "의향"(τῇ προθέσει)이다(딤후 3:10). 디모데는 사도요, 신학자요, 선교사인 바울의 의도(intention)가 무엇인지 잘 알고 있었다. 이 용어는 하나님의 뜻, 즉 하나님의 목적을 가리키는 용어로 사용된다(롬 8:28). "의향"은 보이지 않는 것이지만 바울의 철저한 헌신, 모든 영광을 하나님께 드리는 바울의 삶의 모습, 그리고 그리스도 제일주의의 바울의 삶의 행태를 직접 목격한 디모데의 마음에 바울의 삶의 방법은 바울의 "의향"이 무엇인지를 너무도 선명하게 인식시켜 주었다. 아홉 가지 목록 중 넷째는 바울 사도의 "믿음"(τῇ πίστει)이다(딤후 3:10). 바울은 여기 사용된 "믿음"을 셋째인 "나의 의향"과 다섯째인 나의 "오래 참음" 사이에 위치시킴으로 그의 "믿음"이 믿음의 내용을 가리키는 객관적인 의미(the objective sense)로 사용한 것이 아니요, 오히려 하나님을 신뢰하고, 하나님의 구속의 계획을 실제로 신뢰하는 주관적 의미(the subjective sense)로 사용한 것임을 알리기 원한 것이다. 바울의 이런 철저한 믿음의 행위가 디모데의 신앙생활에 큰 영향을 끼쳤다. 아홉 가지 목록 중 다섯째는 바울 사도의 "오래 참음"(τῇ μακροθυμίᾳ)이다(딤후 3:10). 야고보(James)는 "오래 참음"(μακροθυμία)이란 용어를 사용하여 어려운 환경 가운데서 잘 견뎌야 함을 묘사하고(참조, 약 5:7-10), "인내"(ὑπομονή)라는 용어를 사용하여 욥(Job)의 인내를 설명함으로(참

129 Köstenberger, *Biblical Theology for Christian Proclamation* (*Commentary on 1-2 Timothy and Titus*) (2017), p. 263,

조, 약 5:11) 두 용어가 거의 같은 뜻으로 사용되고 있음을 가르친다. "오래 참음"(μακροθυμία)이란 용어는 목회서신에서 3회(딤전 1:16; 딤후 3:10; 4:2) 등장하고, "인내"(ὑπομονή)라는 용어도 역시 목회서신에서 3회(딤전 6:11; 딤후 3:10; 딛 2:2) 등장한다. "오래 참음"은 기독교인이면 누구나 가져야 할 속성으로 분노가 치밀어 오를 때 마음의 평안을 유지할 수 있도록 조절하는 삶의 행태로 그리스도의 재림을 고대하는 삶의 모습에서 나타난다.[130] 아홉 가지 목록 중 여섯째는 바울 사도의 "사랑"(τῇ ἀγάπῃ)이다(딤후 3:10). 바울은 "사랑"(τῇ ἀγάπῃ)을 다섯째 "오래 참음"(μακροθυμία)과 일곱째 "인내"(τῇ ὑπομονῇ) 사이에 위치시킴으로 오래 참는 것도 사랑의 한 단면임을 함축하고 있다. 목회서신에서 "사랑"은 "믿음"과 함께 자주 사용되었고(참조, 딤전 2:15; 4:12; 6:11; 딤후 1:13; 2:22; 딛 2:2) 본 구절에서는 "인내"와 함께 사용되었다(딤후 4:10; 참조 고후 6:6). 바울은 하나님의 사랑을 직접 체험한 사도로 그의 한 평생의 삶이 사랑의 화신과 같은 삶이었다(고후 6:6). 디모데 역시 하나님의 사랑은 물론 바울의 사랑을 많이 받은 복음의 사역자로서 교회를 지극히 사랑한 제자였다(딤후 2:22; 빌 2:19-24).[131] "사랑"은 오래 참고, 온유하며, 시기하지 아니하며, 자랑하지 아니하며, 교만하지 아니하며, 무례히 행하지 아니하며, 사욕을 구하지 아니하며, 성내지 아니하며, 악한 것을 생각하지 아니하며, 불의를 기뻐하지 아니하며 진리와 함께 기뻐하는"(고전 13:4-6) 생활의 태도이다. 아홉 가지 목록 중 일곱째는 바울 사도의 "인내"(τῇ ὑπομονῇ)이다(딤후 3:10).

---

130 H. W. Hollander, "μακροθυμία," *Exegetical Dictionary of the New Testament*, Vol. 2 (Grand Rapids: Eerdmans, 1991), p. 381.

131 Mounce, *Pastoral Epistles: Word Biblical Commentary*, Vol. 46 (2000), p. 557.

"인내"는 "오래 참음"과 비슷한 덕목 중의 하나이다. "인내"를 좀 더 세분해서 설명한다면 "인내"(ὑπομονή)는 "밑에 남아있다"(ὑπο-μένω)라는 용어에서 기인된 것으로 어떤 특별한 환경 가운데서 잘 견딘다는 의미로 이해할 수 있다.[132] 나이트(Knight)는 "바울은 이 용어들(교훈, 행실, 의향)로 그의 사역(his ministry)을 요약하고, 그리고 이 용어들(믿음, 오래 참음, 사랑, 인내)로는 그의 생활(his life)을 요약한다."[133]라고 정리한다. 아홉 가지 목록 중 여덟째는 바울 사도의 "박해를 받음"(τοῖς διωγμοῖς)이고, 아홉째는 바울 사도가 받은 "고난"(τοῖς παθήμασιν)이다(딤후 3:11). 칼빈(Calvin)은 "바울의 의도는 디모데가 계속적으로 바울 자신의 믿음과 사랑과 인내의 본을 그의 앞에 두도록 하는 것이다. 그래서 바울은 디모데에게 가장 잘 알려진 그의 핍박을 특별하게 상기시키고 있는 것이다."[134]라고 하며 바울이 자신의 핍박받은 사실을 여기서 언급한 이유를 설명한다. 누가(Luke)는 바울과 바나바(Barnabas)가 제1차 전도여행을 하는 도중 루스드라(Lystra)에서 있었던 사건을 전한다. 바울이 루스드라를 방문했을 때 나면서부터 발을 쓰지 못하는 사람을 고쳐준 이적을 행한다. 이 일로 인해 루스드라 사람들이 바나바는 제우스(Zeus)라 부르고, 바울은 헤르메스(Hermes)라 부르면서 바울과 바나바를 신(god)으로 생각하게 되는 사건이 벌어진다. 이에 바울과 바나바가 옷을 찢으면서 우리도 너희와

132 W. Radl, "ὑπομονή," *Exegetical Dictionary of the New Testament*, Vol. 3 (Grand Rapids: Eerdmans, 1993), p. 405.

133 Knight III, *The Pastoral Epistles* (1992), p. 439.: "Paul sums up in these words his ministry (teaching, conduct, and purpose) and his life (faith, patience, love, and perseverance)."

134 John Calvin, *The Second Epistle of Paul to the Corinthians, and the Epistles to Timothy, Titus and Philemon* (1973), p. 326.

똑같은 사람이라고 말하고 복음을 전한 사건이 있었다(행 14:8-18). 그런데 누가는 바울이 제2차 전도여행을 떠난 후 루스드라에 이르렀을 때의 상황을 묘사하면서 "거기 디모데라 하는 제자가 있으니 그 어머니는 믿는 유대 여자요 아버지는 헬라인이라"(행 16:1)라고 기록한다. 주목해야 할 것은 바로 이 때부터 디모데는 바울의 선교 팀의 한 사람이 되었고 평생토록 바울과 함께 복음의 사역자 역할을 한 것이다. 누가가 바울의 제2차 전도여행 당시 디모데를 가리켜 "제자"(μαθητής)라고 부른 것은 바울이 제1차 전도여행 중 루스드라를 방문했을 때 이미 디모데를 만났고 그 당시 바울의 복음을 들은 디모데가 예수님을 주님으로 영접했었다고 주장하는 것은 너무도 당연한 것이다.

그러므로 바울이 디모데후서 3:11에서 자신이 박해를 받고 고난을 받은 사실을 언급하면서 "안디옥(Antioch)과 이고니온(Iconium)과 루스드라(Lystra)에서 당한 일과 어떠한 박해를 받은 것을 네가 과연 보고 알았거니와 주께서 이 모든 것 가운데서 나를 건지셨느니라"(딤후 3:11; 참조, 행 14:1-19)라고 쓴 것은 디모데가 친히 목격하고 알고 있는 경험을 토대로 어떤 종류의 핍박이 디모데를 기다리고 있는지와 비록 이런 핍박이 고통스러울지라도 주께서 구출해 주실 것이라는 것을 가르치고 있는 것이다. 그래서 바울은 "무릇 그리스도 예수 안에서 경건하게 살고자 하는 자는 박해를 받으리라"(딤후 3:12)라고 하며 경건하게 살고자 하는 성도들은 세상의 박해를 결코 피할 수 없음을 분명히 한다(마 5:10-11; 10:28; 요 15:17-20; 16:1-4, 33; 살전 3:4). "경건하게 살고자 하는 자"는 그리스도 안에서 구원받은 기독교인처럼 살고자 하는 자를 가리킨다. 즉, "경건하게 살고자 하는 자"는 성도처럼 살고자 하는 자라는 뜻이다. 이 세상은 타락한 세상으로 그리스도와 교제하며 경건하게 살고자 하는 성도들을 환영할 수 없는 장소이다. 예수님의 교훈처럼 성도들은 세상에 속하지 않고 예수님께서 선택한 하나님의 백성이기 때문에 예수님을 미워하는 세상은 예수님께 속한 성도들도 미워하고 핍박할 것은 당연한 것이다(마 10:22; 눅 21:12; 요 15:18-19). 핍박은 성도들이 받아야 할 하나의 몫이기 때문에 예수님의 재림 때까지 핍박은 계속될 것이다.

그래서 바울은 말세에 이런 핍박이 계속될 것을 예고하면서 "악한 사람들과 속이는 자들은 더욱 악하여져서 속이기도 하고 속기도 하나니"(딤후 3:13)라고 경고하는 것이다. "악한 사람들과 속이는 자들"은 서로 다른 그룹에 속한 다른 사람들이 아니요 같은 그룹에 속한 사기꾼들이라고 이해된다. "악한 사람들"은 태도와 말과 행동이 악한 사람들을 가리키는 일반적인 표현이다. "속이는 자"(γόητες)는 좀 더 구체적으로 사기꾼 혹은 협잡꾼을 의미하는 사람들로 이 용어는 신약성경에서 이 구절에서만 사용된(hapax legomenon) 용어이다(딤후 3:13). "속이는 자"는 "남의 집에 가만히 들어가 어리석은 여자를 유인하는 자들"(딤후 3:6)과 동일한 종류의 사람들이다(참조, 딤후 3:2-9).[135] "속이는 자들"은 점점 더 "악하여져서 속이기도 하고 속기도 하는"(딤후 3:13) 악행을 반복적으로 한다. 바울은 "악한 사람들과 속이는 자들"의 행패(行悖)가 점점 더 악해져서 속이기도 하고 속기도 한다고 표현하지만 사실은 그들의 속이는 일이 더 강조되고 있다. 바울은 "악한 사람들과 속이는 자들"(딤후 3:13)의 형편이 참으로 비참한 상태라는 사실을 "속이기도 하고 속기도 하나니"라는 표현 속에 담고 있다.

135 G. Delling, "γόης," *Theological Dictionary of the New Testament*, Vol. I (Grand Rapids: Eerdmans, 1972), p. 738.

딤후 3:14-15 바울은 이제 "그러나 너는"(σὺ δὲ)이라는 강조된 표현으로 디모데후서 3:14을 시작함으로 이런 비참한 상태를 치유할 수 있는 하나님의 치유방법을 제시하고 있다. 하나님의 치유 방법은 성경 말씀의 교훈대로 사는 것이다. "그러나 너는"이라는 표현은 디모데후서 3:10 서두에도 나타나지만 한글 번역 개역개정은 번역하지 않았다.[136] 바울은 거짓 교사들이 악행을 일삼는 상황에서 디모데 "너는 배우고 확신한 일"(딤후 3:14)에 계속 머물러 있어야 한다고 가르친다. 디모데는 그가 "배우고 확신한 일"(딤후 3:14)을 믿고 실천하면서 그 교훈에 계속 머물러 있어야 한다. 바울은 여기서 동사 "머물러 있다"(μένω)는 현재(present) 시상으로 처리하고, 동사 "배우다"(μανθάνω)는 단순과거(aorist) 시상으로 처리하여 디모데가 과거에 외조모 로이스(Lois)와 어머니 유니게(Eunice), 그리고 바울(Paul)로부터 배운 성경의 교훈이 바른 교훈임을 확인하고 그 바른 교훈에 계속 머물러 있어야 한다고 명령하고 있는 것이다(딤후 1:5; 3:10). 바울은 디모데에게 "너는 네가 누구에게서 배운 것을 알며 또 어려서부터 성경을 알았나니"(딤후 3:14-15)라고 하며 디모데로 하여금 어려서부터 배운 바른 교훈을 잘 지킬 것을 부탁한다. 디모데는 어려서부터 성경을 배웠고 거짓이 없는 믿음을 전수 받았다(딤후 1:5). 그리고 디모데는 자신이 배운 것을 때를 얻든지 못 얻든지 전파해야 할 책임을 가지고 있다(딤후 4:2).

바울은 디모데에게 "너는 배우고 확신한 일에 거하라"(딤후 3:14)라

136 참고로, 영어 번역 NIV, ESV는 딤후 3:10은 "You, however,"로 번역했고, 딤후 3:14은 "But as for you,"로 번역했고, RSV는 딤후 3:10은 "Now you"로 번역했으며, 딤후 3:14은 "But as for you,"로 번역했다. NASB는 딤후 3:10은 "But you"로 번역했고, 딤후 3:14은 "You, however,"로 번역 처리했다. 그리고 NKJV은 딤후 3:10과 3:14을 모두 "But you"로 일관되게 번역 처리했다.

고 가르친다. "배우는 것"과 "확신하는 것"은 밸런스(balance)를 갖추고 있어야 한다. 머리와 가슴의 밸런스가 있어야 한다. 성경을 머리로만 배우면 책상에 앉아 있는 죽은 정통이 되어 버린다. 반대로 성경을 배울 때 가슴만 강조하고 확신하는 것만 강조하면 성경의 내용을 무시하면서 하나님과의 직통만을 강조하는 직통파 만을 배출하게 된다. 바울 사도는 밸런스를 강조하고 있는 것이다. 바울 사도는 자신이 배우고 확신한 일에 거했기 때문에 디모데에게 그렇게 권고할 수 있었다. 바울 사도가 전해 받은 교회에 대한 확신은 견고한 것이었다. 바울은 갈라디아서(Galatians)에서 "그러나 우리나 혹은 하늘로부터 온 천사라도 우리가 너희에게 전한 복음 외에 다른 복음을 전하면 저주를 받을지어다.…… 만일 누구든지 너희가 받은 것 외에 다른 복음을 전하면 저주를 받을지어다"(갈 1:8-9)라고 강조한다.

바울은 이제 디모데가 어려서부터 성경을 올바로 알았음을 확인하고 "성경은 능히 너로 하여금 그리스도 예수 안에 있는 믿음으로 말미암아 구원에 이르는 지혜가 있게 하느니라"(딤후 3:15)라고 가르친다. 그런데 특이한 점은 바울이 디모데가 어려서부터 성경을 알았다는 "성경"(τὰ ἱερὰ γράμματα)이란 용어(딤후 3:15)와 그가 곧바로 설명할 성경이 하나님의 감동으로 기록되었다는 "성경"(γραφή)이란 용어(딤후 3:16)를 다른 용어를 사용하여 표현했다는 사실이다. 물론 같은 인접된 문맥에서 다른 용어를 사용함으로 문장의 신선도를 높이기 위한 목적이 있었다고 생각할 수 있다. 그리고 바울이 두 용어를 같은 뜻으로 사용했다고 해서 크게 문제될 것은 없다. 하지만 우리는 여기서 바울의 섬세함을 다시 한번 접하게 된다.[137] 바울은 디모데가

137 바울은 성육신하신 예수님의 죄 없음을 분명히 하기 위해 "하나님이 자기 아들을 죄 있는

어려서부터 배운 성경은 신약성경이 아니라 구약성경이었다. 바울은 디모데가 배운 구약성경(딤후 3:15)과 자신이 곧 설명할 모든 성경(딤후 3:16)은 구약성경은 물론 이미 기록된 신약까지 포함된 것임을 밝히기 원한 것이다. 헨드릭센(Hendriksen)은 "바울은 여기 15절에서 '거룩한 기록들'(sacred writings)이라는 표현을 사용하지만, 16에서는 '모든 성경'(all scripture)이라는 표현을 사용한다. 왜냐하면 그는 구약(15절)과 무엇이거나 신적으로 영감된 성경으로 불릴 수 있는 자격이 있는 것(16절)과의 사이에 구별을 하기 원하는 단순한 이유에서였기 때문이다. 후자는 전자보다 더 많은 것을 포함한다."[138]라고 인접된 문맥에서 다른 용어를 사용한 이유를 밝힌다. 디모데가 배운 구약성경은 죄 문제 해결을 위해 메시아(Messiah)의 오심을 예고하고(창 3:15; 사 53:1-9; 시 22:16-18; 단 7:13-14) 오직 그를 통해서만 구원이 있음을 분명히 했다(마 16:16; 요 6:27-29; 행 4:12).

바울은 디모데가 알고 있는 성경의 목적은 사람들을 기만(deception)과 거짓 교훈(false teaching)에 빠지지 않게 보호하고 구원에 이르게 하는 지혜를 가르치는 것이라고 가르친다. 그러므로 디모데는 어려서부터 성경을 올바로 배웠기 때문에 하나님의 축복을 받은 것이다. 칼빈(Calvin)은 바울 사도가 디모데후서 3:15에서 성경에 대한 교훈을 하는 이유는 먼저 우리에게 성경이 예수 그리스도를 믿음으로 구원을 얻게 하는 지혜를 제공한다는 사실을 가르칠 뿐만 아니

육신의 모양으로 보내셔서" (ὁ θεὸς τὸν ἑαυτοῦ υἱὸν πέμψας ἐν ὁμοιώματι σαρκὸς ἁμαρτίας)라고 정제된 표현을 통해 예수님의 무죄함을 증거하고 있다. 만약 바울이 "하나님이 자기 아들을 죄 있는 육신으로 보내셔서"라고 표현했다면 예수님은 죄 있는 육신을 입은 것이다. 이런 표현은 바울의 신학의 섬세함과 정교함을 보여준다.

138 Hendriksen, *Exposition of the Pastoral Epistles* (1974), p. 300.

라 또한 거짓 교사들이 성경 자체를 사용하여 자신들의 교훈들을 위한 핑곗거리를 찾고 있다는 사실을 알게 하기 위해서라고 설명한다.[139] 성경은 성도들에게 긍정적이고 적극적인 역할도 하고 부정적이고 소극적인 역할도 한다. 성경의 긍정적(positive)이고 적극적인 역할은 우리에게 하나님의 구원계획과 어떻게 하면 그 구원계획에 참여할 수 있는지와 경건한 삶을 어떻게 사는 것인지를 가르쳐주는 것이다. 쾨스텐버거(Köstenberger)는 "구원은 그리스도를 믿는 믿음으로 오지만(딤후 3:15; 참조, 딤후 1:9; 딛 3:5), 모든 믿는 자들은 바울이 디모데와 디도에게 편지한 주요한 주제인 선한 행위를 하도록 부르심을 받았다(딤전 2:10; 3:1; 5:10, 25; 6:18; 딤후 2:21; 딛 1:16; 2:7, 14; 3:1, 8, 14; §5.2)."[140]라고 설명한다. 성경은 좋은 것, 선한 행위, 구원에 이르는 지혜를 가르쳐 준다. 그리고 성경의 부정적(negative)이고 소극적인 역할은 거짓 교사들이 성경을 왜곡하여 사용하는 것을 알게 하고 그에 대한 대처 방법을 가르쳐 주며, 하나님의 마음을 괴롭히는 삶이 어떤 삶인지를 가르쳐주는 역할을 하는 것이다. 하나님의 말씀은 살아 있고 활력이 있어서 잘못된 교리와 죄악된 행위들을 밝혀내고 교정하는 방법을 가르쳐준다(참조, 히 4:12). 바울은 성경이 디모데에게 "구원에 이르는 지혜"(딤후 3:15)를 제공하는데 있어서 이제 뒤이어 나오는 성경영감과 관련된 구절을 사용해서 신학적 근거를 제공한다. 성경은 전적으로 신적인 기원을 가진 하나님의 말씀으로 하나님이 숨결을 내뿜어 기록하게 하신, 즉 성령의 영감으로 기록하게 하신 정

139 John Calvin, *The Second Epistle of Paul to the Corinthians, and the Epistles to Timothy, Titus and Philemon* (1973), p. 329.

140 Andreas Köstenberger, *Biblical Theology for Christian Proclamation: Commentary on 1-2 Timothy and Titus* (2017), p. 269.

확무오한 내용임을 밝힌다(딤후 3:16).

딤후 3:16-17 바울은 이제 성경영감 문제를 다룰 때 반드시 언급해야 할 구절을 기록한다. 신약성경에서 성경영감 문제를 다룰 때는 디모데전서 3:16-17과 베드로후서 1:20-21을 주해하지 않고 결론을 낼 수 없을 만큼 두 구절은 성경영감과 관련하여 중요한 구절들이다.

바울은 디모데후서 3:16-17에서 성경의 중요성을 설파한다. 바울은 자신이 이 세상을 떠난 후에 디모데가 교회를 섬기는 사역을 할 때 의지해야 할 책이 바로 성경책이기 때문에 이 말씀으로 권면한 것이다. 바울은 하나님의 말씀인 성경만이 자신의 부재 (absence)를 메울 수 있다고 생각해서 순교 직전에 성경에 관한 말씀을 했을 것으로 생각할 수 있다. 바울은 디모데후서에서 객관적인 계시의 말씀인 성경이 하나님의 영감으로 기록되었음을 강조한다(딤후 3:14-17)[141] 박윤선 박사는 "모든 성경은 하나님의 감동으로 된 것"(딤후 3:16)이라는 말씀을 해석하면서, "이 말씀은, 헬라 원어로 파사 그라페 데오프뉴스토스(πᾶσα γραπὴ θεόπνευστος)이니, 곧 '모든 성경은 하나님의 기운 부신 것이니'라고 직역된다. 이 점에 있어서 벵겔(Bengel)은 '성경은 기록될 때에 하나님이 영감(靈感)하신 것이지만, 그것을 읽을 때에도 영감을 주는 책이라'고 하였다."[142]라고 해석한다. 특히 워필드(Warfield)

141 어떤 이는 θεόπνευστος (God-breathed)의 용어 속에 담겨 있는 성령의 사역을 인정하지 않는다. Schweizer는 바울이 여기에서 "영감의 이론을 확증하고 있지 않다"라고 주장한다. See, E. Schweizer, "θεόπνευστος," *Theological Dictionary of the New Testament*, Vol. 6, p. 454, N. 7. 그는 참고 구절로 고전 7:10, 40을 인용한다.

142 박윤선, 『성경주석: 바울서신』 (1964), p. 550.; Cf. John A. Bengel, *Bengel's New Testament Commentary*, Vol. 2 (1981), p. 553.: "*It was divinely inspired*, not merely while

는 그 당시 밀물처럼 엄습해 오는 합리주의에 근거한 자유주의(Liberalism) 신학에 대항해서 온 몸을 받쳐 대처했다. 그는 영적으로, 지적으로 준비된 학자였고 정통신학과 신앙을 보호하기 위해 용감하게 자신을 바친 학자였다. 그는 우리가 지켜야 할 가장 중요한 진리가 성경의 영감과 권위라고 생각했다.[143]

바울은 "모든 성경은 하나님의 감동으로 된 것으로 교훈과 책망과 바르게 함과 의로 교육하기에 유익하니"(딤후 3:16)라고 가르친다. 한글 번역은 한글의 특성상 "하나님의 감동으로 된 것으로"(θεόπνευστος)와 "유익하니"(ὠφέλιμος)를 떼어서 위치시켰지만, 원래 헬라어의 원본은 두 용어를 "그리고"(καί)로 연결시켜 함께 위치시켰다. 그러므로 바울은 모든 성경이 "하나님의 감동으로 된 것"임을 강조할 뿐만 아니라 또한 모든 성경이 "유익하다"는 사실을 강조하기 원한 것이다. 또한 바울은 모든 성경이 하나님의 영감으로 기록되었기 때문에 유익하다고 강조하는 것이다. 바울은 성경이 "교훈과 책망과 바르게 함과 의로 교육하기에 유익한 것"(딤후 3:16)은 성경이 하나님의 영감 활동을 통해 기록된 작품이라는 사실 때문이라고 강조하는 것이다.

디모데후서 3:16의 한글 번역은 "모든 성경은 하나님의 감동으로 된 것으로"라고 여러 단어들로 표현되어 있지만, 헬라어 성경은 세 단어(πᾶσα γραπὴ θεόπνευστος)로 구성되어 있다. 이제 문맥에 비추어 바울이 이 세 단어를 어떤 의미로 사용하였는지를 고찰하도록 한다.

---

it was written, God breathing through the writers, but also while it is being read, God breathing through the Scriptures, and the Scripture breathing him."

143 B. B. Warfield, *The Inspiration and Authority of the Bible* (Philadelphia: The Presbyterian and Reformed Publishing Co., 1948), pp. 229-348.

우리는 이 본문에 대해 몇 가지 질문을 할 수 있다. 첫째, 바울이 본문에서 '성경'(γραφή)이라는 용어를 썼을 때 어느 책을 염두에 두고 사용했는가? 둘째, 본문에 나타난 '모든 성경'이라고 할 때 '모든'(πᾶσα)의 뜻이 무엇인가? 셋째, 바울이 본문에서 사용한 "하나님의 감동으로 된"(θεόπνευστος)이란 용어를 우리는 어떤 의미로 이해해야 하는가? 이상의 세 질문을 구체적으로 다루면 바울이 성경 영감에 관해 본문에서 말하고자 하는 내용을 알 수 있다고 본다.[144]

첫째, 바울은 본문에서 어떤 책을 생각하면서 성경'(γραφή)이란 용어를 사용했는가? 본문의 '성경'은 일차적으로 구약(O.T.)을 포함하고 있음에 틀림없다. 신약에서 그라페(γραφή)라는 용어는 구약의 통일성을 강조하며, 구약 전체를 가리키는 전문적인 의미로 사용된다(마 21:42; 22:29; 눅 4:21; 24:27, 32, 45; 요 2:22; 10:35 등). 그런데 바울은 본 구절에서 그라페를 관사 없이 사용한다. 그라페가 바울서신에서 관사 없이 사용된 예는 그렇게 흔하지 않다.[145] 바울서신에서 그라페가 정관사 없이 사용된 예는 로마서 1:2; 16:26, 디모데후서 3:16 등 세 곳이다. 그런데 로마서 1:2과 16:26에서 정관사 없이 그라페가 사용되었지만 문맥에 비추어 볼 때 그라페가 구약을 한정적으로 가리

144 박형용, 『성경해석의 원리』 (수원: 합동신학대학원출판부, 2014), pp. 183-189 참조.

145 Smith가 편집한 *Greek-English Concordance*는 γραφή가 신약 전체에서 51회 사용되는 것으로 집계한다. 그런데 막 15:28에 1회 사용된 것도 51회 중에 포함되는데, 막 15:28은 헬라어 및 한글개역과 다른 번역판에 삽입되지 않았다. 그 이유는 막 15:28이 후대의 사본에만 포함되었기 때문이다. cf. J. B. Smith, *Greek-English Concordance* (Scottdale, PA: Herald Press, 1947), p. 74. 그리고 바울서신에는 γραφή가 14회 나타나는데 모두 정관사와 함께 나타나고 롬 1:2; 16:26; 딤후 3:16에만 정관사가 나타나지 않는다. 그 이유는 이들 구절에 나타난 표현의 전문적인 특성 때문이라고 할 수 있다. See, W. F. Arndt and F. W. Gingrich, *A Greek-English Lexicon of the New Testament and Other Early Christian Literature*, p. 164 (gravmma, 2c 부분 참조).

키고 있음이 분명하다. 하지만 디모데후서 3:16의 경우는 약간 다르다. 디모데후서가 바울이 기록한 마지막 서신이요, 이 구절이 성경 영감에 관한 중요한 내용을 담고 있다는 점을 감안할 때 바울이 본 구절에서 정관사 없이 그라페를 사용한 것은 특별한 의도가 있었음을 시사한다. 만약 바울이 디모데후서 3:16에서 그라페를 사용하여 구약만을 가리키고자 했다면 정관사를 사용하여 "헤 파사 그라페"(ἡ πᾶσα γραπὴ)라고 표현했을 것이다.

그런데 그라페(성경)가 정관사 없이 사용되면 그라페에 질(質)적인 의미가 부여된다.[146] 즉 그라페의 질을 소유한 모든 기록은 하나님의 감동으로 된 것이라는 사실을 함축적으로 지지하는 것이다. 이 의미는 일차적으로 구약뿐 아니라 당시 이미 기록된 신약이나, 기록의 과정에 있는 문서들도 '그라페'에 속할 수 있음을 암시한다. 목회서신을 바울의 진정한 저술로 인정하는 학자들은 대부분 디모데전서와 디도서를 AD 67년에 기록하고, 디모데후서를 AD 68년에 기록한 것으로 받아들인다. 그렇다면 바울이 디모데후서를 기록할 당시 요한복음, 요한일서, 요한이서, 요한삼서, 계시록 등 5권을 제외하고 다른 모든 신약 성경책은 이미 기록된 상황이다. 베드로는 성령의 감동으로 쓰인 구약의 책들과 동일한 수준의 권위를 바울 서신에 부여했다(벧후 3:15-16). 그러므로 바울은 그라페 속에 구약은 물론 그때까지 기록된 대부분의 신약 책을 포함시켰을 것으로 이해해도 무리가 없다고 사료된다.

둘째, 모든 성경의 "모든"(πᾶσα)은 무슨 뜻인가? 파사(πᾶσα)를 집합적인 개념으로 생각하여 전체(all)를 가리키는 것으로 생각하는 해

146 Maximilian Zerwick, *Biblical Greek* (1963), p. 61 참조 (§189-190).

석과, 개별적인 개념으로 생각하여 전체(every)를 가리키는 것으로 생각하는 해석이 있다. 성경 전체가 영감 되었음을 인정하고 본문을 해석하면 집합적인 개념의 전체(all)나 개별적인 개념의 전체(every)가 결과적으로 같은 전체를 가리키기 때문에 어느 쪽을 택하더라도 큰 문제는 없다.[147] 그러나 어떤 이들이 '모든'을 개별적인 개념으로 생각하여 성경의 어느 부분은 영감 되고, 또 어느 부분은 영감 되지 않았다는 사상을 인출해 내기 때문에[148] 본문의 경우 '모든'을 집합적인 개념의 전체를 가리킨다고 생각하는 것이 옳다. 성경의 어떤 저자도 성경으로 분류된 책이 하나님의 감동으로 쓰이지 않았다고는 생각하지 않는다.[149] 그리고 본문을 논리적으로 접근할 경우도, 바울이 성경 전체가 "교훈과 책망과 바르게 함과 의로 교육하기에 유익하니"(딤후 3:16)라고 말했다는 논리가 성경의 일부분이 "교훈과 책망과 바르게 함과 의로 교육하기에 유익하니"(딤후 3:16)라고 말했다는 논리보다 훨씬 더 설득력이 높다. 또한 바울이 성경 전체가 "하나님의 사람으로 온전하게 하며 모든 선한 일을 행할 능력을 갖추게"(딤후 3:17)하려 한다는 논리가 성경의 일부분이 "하나님의 사람으로 온전하게 하며 모든 선한 일을 행할 능력을 갖추게"(딤후 3:17)하려 한다는 논리보다

147 Warfield는 본문을 개별적인 개념으로 받아들인다. (B. B. Warfield, *The Inspiration and Authority of the Bible, Philadelphia*: The Presbyterian and Reformed Publishing Company, 1948, p. 134). 그는 본문을 "Every Scripture, seeing that it is God-breathed, is as well profitable."로 번역하여 성경의 모든 구절이 하나님의 창조적인 호흡의 산물임을 밝힌다.

148 박형용, 『복음비평사』 (서울: 성광문화사, 1985), pp. 24-26.; L. Berkhof, *Manual of Christian Doctrine* (Grand Rapids: Eerdmans, 1973), pp. 43-44.

149 I. Howard Marshall, *Biblical Inspiration* (Grand Rapids: Eerdmans, 1982), pp. 25, 29-30.; John A. Bengel, *Bengel's New Testament Commentary,* Vol. 2 (1981), p. 553.

더 설득력이 있다.[150] 어떤 스승도 성경의 일부분만이 "교훈과 책망과 바르게 함과 의로 교육하기에 유익하고" 하나님의 사람을 온전하게 한다는 논리로 제자를 가르칠 수는 없다. 그러므로 "모든 성경"의 "모든"은 집합적인 개념으로 받아들여 전체 성경을 뜻하는 것으로 이해하는 것이 본문의 뜻을 바로 이해하는 것이다. 본문은 성경의 모든 부분 전체가 하나님의 감동으로 기록되었기 때문에 하나님께서 의도하신 목적을 이루기에 유익하다고 말하는 것이다. 스톤하우스(Stonehouse)는 "한 마디로 신약성경을 정경으로 받는 것은 성경의 두 번째 부분인 27권의 기록들이 신적 권위를 소유하고, 따라서 믿음과 생활을 위한 신적인 규칙의 필수적인 부분을 구성한다는 것을 인정하는 것이다."[151]라고 하며 신약성경 전체를 하나님의 권위를 가진 정경으로 받아야 할 것을 강조한다. 바울은 "모든 성경"이 하나님 안에 그 근원이 있음을 확실하게 지적하고 있는 것이다.

셋째, 본문의 "하나님의 감동으로 된"(θεόπνευστος)이란 용어는 신약성경에서 이 구절에서만 유일하게 사용된(hapax legomenon) 용어이다(딤후 3:16). 바울이 어떤 의미로 이 용어를 사용했는지 밝히는 것이 중요하다. 분명한 것은 바울 사도가 본 구절에서 데오프뉴스토스(θεόπνευστος)라는 용어를 사용함으로 성경이 하나님의 감동으로 기록되었음을 확실하게 논증하고 있다는 사실이다.[152] 헬라어 본문의 구성으로 보아 데오프뉴스토스가 서술적형용사(predicate adjective)의

---

150 George W. Knight, III, *The Pastoral Epistles: A Commentary on the Greek Text* (1992), p. 445.

151 N. B. Stonehouse, "The Authority of the New Testament," *The Infallible Word* (Philadelphia: Presbyterian and Reformed Publishing Co., 1946), p. 93.

152 Maximilian Zerwick, *Biblical Greek* (1963), p. 48 (no. 142).

역할을 한 것으로 해석할 수도 있고, 한정적형용사(attributive adjective)의 역할을 한 것으로 해석할 수도 있다. "하나님의 감동으로 된"(θεόπνευστος)이란 용어를 서술적 위치에 있는 것으로 보면, 본문은 "모든 성경은 하나님의 감동하심으로 되었다"라고 번역할 수 있다. 그리고 "하나님의 감동으로 된"을 한정적 위치에 있는 것으로 본다면, 본문은 "하나님의 감동으로 된 모든 성경"으로 번역해야 한다. "하나님의 감동으로 된"이 한정적 위치에 있으면 "하나님의 감동으로 된"이라는 표현이 성경을 직접 수식하는 것으로 해석해야 한다. 이처럼 데오프뉴스토스를 서술적 위치에 있는 것으로 이해하느냐 한정적 위치에 있는 것으로 이해하느냐에 따라 본문의 뜻을 이해하는데 큰 차이가 나타난다. 이제 문맥에 근거하여 데오프뉴스토스의 의미를 밝히도록 한다.

① 먼저 데오프뉴스토스를 한정적으로 받을 경우를 생각해 보자. 데오프뉴스토스를 한정적으로 생각하면, 데오프뉴스토스(θεόπνευστος)와 옵헬리모스(ὠφέλιμος)가 '그리고'(καί)로 연결되어 있기 때문에 옵헬리모스도 한정적으로 해석해야 한다. 본문에서 "유익하니"(ὠφέλιμος)를 한정적으로 해석하면 본문의 의미는 "모든 하나님의 감동으로 되고 유익한 성경은 교훈과 책망과 바르게 함과 의로 교육하는 것이다"라고 받아 들여야 하기 때문에 그 의미가 잘 통하지 않는다.

그리고 본문을 "하나님의 감동으로 된 모든 성경" (Every God-breathed Scripture)으로 한정적인 접근을 할 경우 그 의미 속에 성경의 어떤 부분은 하나님의 감동으로 기록되지 않은 부분도 있을 수 있다는 사상이 함축되어 있다. 성경의 66권 중 어느 부분만 영감 되고 다른 부분은 영감 되지 않은 것처럼 생각할 수 있다.[153] 따라서 데오프뉴스토스를 한정적으로 받을 경우 성경 영감을 이해하는데 큰 오류를 범하게 된다.

② 그러므로 본문의 데오프뉴스토스(θεόπνευστος)를 서술적인 위치에 있는 것으로 받아 "모든 성경은 하나님의 감동으로 된 것이다"[154]로 번역하는 것이 본문의 뜻을 바로 이해하는 것이다. 바울 사도는 이 용어 "데오프뉴스토스"(θεόπνευστος)를 통해 성경의 거룩한 본질과 성경의 신적인 기원, 그리고 성경의 능력을 설명하기 원했다.[155] 헨드릭센(Hendriksen)은 "이곳에서(딤후 3:16)만 나타나는 '하나님의 감동으로 된'(God-breathed)이라는 용어는 '모든 성경'이 그 기원과 내용에 있어서 신적인 호흡, 즉 하나님의 성령에 의존되어 있음을 가리킨다. 인간 저자들은 성령에 의해 능력으로 인도되고 지도되었다. 그 결과 그들이 쓴 것은 오류가 없었을 뿐만 아니라 인간을 위해 최고의 가치를 갖게 된 것이다. 성경은 하나님이 원하시는 바 그대로

153 H. D. Betz, "θεόπνευστος," *Exegetical Dictionary of the New Testament*, Vol. 2 (Grand Rapids: Eerdmans, 1991), p. 140.; Betz는 "In 2 Tim 3:16 θεόπνευστος is attributive and refers to πᾶσα γραφή ('every Scripture' or statement of Scripture.)"라고 설명함으로 한정적 (attributive)으로 받는다.; Schweizer도 θεόπνευστος를 한정적 (attributive)으로 받고 바울이 여기서 하나님의 권위로 인정한 기록과 다른 세속적인 기록을 구별하는 것으로 해석한다. "It is thus evident that the author is differentiating the writings ordained by God's authority from other, secular writings."(p. 454). Cf. Eduard Schweizer, "θεόπνευστος," *Theological Dictionary of the New Testament*, Vol. VI (Grand Rapids: Eerdmans, 1971), p. 454. 그러나 Knight, III (*The Pastoral Epistles: A Commentary on the Greek Text*, 1992, pp. 446-447)와 Köstenberger (*Biblical Theology for Christian Proclamation: Commentary on 1-2 Timothy and Titus*, 2017, p. 411)는 서술적으로 받는다. Mounce도 (See, William D. Mounce, *Pastoral Epistles: Word Biblical Commentary*, Vol. 46, Nashville: Nelson, 2000, p. 569) 본 문맥에서는 θεόπνευστος를 서술적으로 받는 것이 더 타당하다고 설명한다.

154 "All Scripture is God-breathed." (NIV). 혹은 "All Scripture is inspired by God." (NASB, RSV, NRSV). 혹은 "All Scripture is breathed out by God." (ESV). 혹은 "All scripture is given by inspiration of God."(AV, NKJV).

155 Ceslas Spicq, "θεοδίδακτοι, θεόπνευστος," *Theological Lexicon of the New Testament*, Vol. 2 (Peabody, MA.: Hendrickson Publisher's, 1994), p. 193.

의 전체(all)인 것이다. 성경은 인류를 위한 믿음과 행동의 무오한 법칙으로 구성되어 있다."[156]라고 설명한다. 이처럼 바울 사도의 의도를 고려할 때 데오프뉴스토스는 본 구절에서 서술적 위치에 있을 때 그 의미가 바로 전달 될 수 있다.

③ 이제 본문의 데오프뉴스토스 (θεόπνευστος)와 관련하여 한 가지 더 질문해야 할 것은 데오프뉴스토스가 능동적(active)으로 사용되었느냐 아니면 수동적(passive)으로 사용되었느냐를 밝히는 문제이다. 데오프뉴스토스를 능동적으로 해석하면 "성경이 하나님의 숨을 내뿜고 있는"(God-breathing)의 뜻으로 해석되며, 수동적으로 해석하면 "하나님의 숨결로 된"(God-breathed)의 뜻으로 해석된다. 이 용법을 성경의 영감과 연결하면, 능동적인 해석은 "성경이 영감시키고 있다"(Scripture is inspiring)로 해석할 수 있으며, 수동적인 해석은 "성경이 영감되었다"(Scripture is God-breathed)로 이해할 수 있다.

데오프뉴스토스의 기능을 능동적으로 받느냐, 수동적으로 받느냐의 문제가 얼핏 보기에 큰 차이가 없는 듯싶다. 하지만 데오프뉴스토스를 능동으로 취하느냐, 수동으로 취하느냐에 따라 성경 영감에 대한 견해가 크게 달라지게 된다. 만약 데오프뉴스토스를 능동으로 취하면 성경은 단지 영감의 도구나 수단의 역할 정도에 머물러 궁극적인 의미를 상실하게 된다. 데오프뉴스토스를 능동적으로 받으면 하나님이 성경의 저자임을 부인하게 되며, 성경이 독자들을 감동시킨다는 의미로 받게 된다.[157] 반대로 데오프뉴스토스가 수동적으로 사

156 Hendriksen, *Exposition of the Pastoral Epistles* (*New Testament Commentary*) (1974), p. 302.

157 신정통주의 (Neo-Orthodox)의 대표자인 칼 바르트 (Karl Barth)와 미국 필라델피아에 소재한 제 10 장로교회 (The Tenth Presbyterian Church)의 목사이셨던 반하우스 (Donald

용되었다고 받으면 성경은 궁극적인 의의를 소유하게 되며, 성경의 신적 기원을 명백히 인정하게 된다.[158] 이 경우는 하나님이 성경의 저자임을 인정하고 성경의 본문을 하나님이 숨을 내쉬는 행위의 산물로서 생각하는 것이다. 버카우어(Berkouwer)는 "데오프뉴스토스는 성령의 숨결(the breath of the Spirit)과 그라페(γραφή)와의 본질적 관계를 가리킨다."[159]라고 하며 성경영감의 문제를 설명한다. 하나님이 간섭하신 이와 같은 신비로운 특성 때문에 성경은 다른 모든 기록과 구별되는 것이다. 성경은 하나님의 창조적인 내뿜는 호흡에 의해 생성된 산물인 것이다.[160] 하나님의 이런 행위 때문에 성경은 '하나님의 감동

G. Barnhouse) 박사와의 대담은 이를 극명하게 보여준다. 여기 *Eternity* (April, 1984), pp. 18-21에 실려 있는 대담의 일부를 소개한다. 반하우스 박사와 바르트 박사 사이의 전체 대담 내용은 박형용 『성경해석의 원리』 (합동신학대학원출판부, 2014), pp. 130-131을 참조하시기 바람.

반하우스-"바르트 박사님, 이제 우리들이 가장 어렵게 생각하는 문제에 봉착했습니다. 당신은 성경이 계시의 유일한 자료라고 했습니다. 그러면 당신은 성경의 모든 부분이 하나님의 계시라고 믿으십니까?"

바르트-("바르트 박사는 성경을 손에 들고 성경의 한 페이지를 편 다음) 만약 성경의 한 부분이 내게 말씀하시면, 그것은 내게 하나님의 말씀 (God's Word)입니다. (그 후 다른 페이지를 가리키면서) 만약 이 부분이 내게 말씀하시지 않으시면, 그것은 내게 하나님의 말씀이 아닙니다."

반하우스-"그러나 박사님, 당신에게는 말씀하시지 않았던 그 부분이 나에게 말씀하신다면 그렇다면 그것은 하나님의 말씀입니까?"

바르트-"그렇고 말고요. 그 경우 그것은 당신에게 하나님의 말씀입니다."

반하우스-"당신은 나에게 하나님의 말씀인 그 부분이 어느 날 당신에게도 하나님의 말씀이 된다고 믿으십니까?"

바르트-"물론이지요. 성경 안에 있는 어느 것이든 나에게 하나님의 말씀이 될 수 있습니다. 성경이 교회의 책이라는 이유가 바로 이것입니다."

158 일반적으로 동사적 형용사의 어미가 -τος로 끝나면 수동의 의미가 있다. ἀγάπητος의 경우도 '사랑받는' (beloved)의 뜻으로 사용된다(마 3:17). Cf. B. B. Warfield, *The Inspiration and Authority of the Bible*, pp. 281-282.; Ceslas Spicq, "θεοδίδακτοι, θεόπνευστος," *Theological Lexicon of the New Testament*, Vol. 2 (1994), p. 194.

159 G. C. Berkouwer, *Holy Scripture* (Grand Rapids: Eerdmans, 1975), p. 140.

160 영어의 Inspiration은 라틴 Vulgate: *Omnis scriptura divinitus inspirata*의 *inspirata*에서

으로' 기록된 문서가 된다. 모든 성경의 기원과 내용이 하나님의 성령의 역사로부터 기인한다. 따라서 성경은 그 기원이 바로 하나님 자신으로부터이기 때문에 무오한 것이다. 하나님의 성령이 성경 본문의 저자이신 것이다.

워필드(Warfield)는 디모데후서 3:16에 나온 "데오프뉴스토스"(θεόπνευστος)에 많은 관심을 쏟는다. 워필드(Warfield)는 데오프뉴스토스(θεόπνευστος)와 같은 동사적 형용사(Verbal Adjective)를 연구하여 이런 동사적 형용사의 어미가 "토스"(-τος)로 끝나면 수동의 의미를 가지고 있다고 논증한다. 아가페토스(ἀγαπητός)의 경우도 "사랑받는(beloved)"의 뜻으로 사용된다(마 3:17). 워필드(Warfield)는"토스"(-τος)와 데오스(θεός)의 합성어는 일반적으로 하나님의 행위로 산출된 결과를 나타내며 수동의 의미로 사용된다고 말한다. 그리고 그 예로 "데오그랍토스"(θεόγραπτος), "데오도토스"(θεόδοτος), "데오디닥토스"(θεοδίδακτος), "데오마카리스토스"(θεομακάριστος) 등 많은 유사한 단어를 제시한다. 그는 이런 종류의 합성어인 86개 중 75개가 하나님에 의해 산출된 결과의 의미를 가지고 있다고 말하면서 75개의 예를 제시한다.[161] 이처럼 성경은 하나님의 창조적인 영감활동의 결과로 생성된 산물이기 때문에 정확무오하며 우리들의 믿음과 생활의

왔다. 그런데 이 용어는 "숨을 뿜어 들인다"는 개념을 함축한다. 하지만 헬라어의 본뜻은 "숨을 뿜어 밖으로 낸다"는 뜻이 있다. 한글개역개정의 "하나님의 감동으로 된"이란 표현은 이런 오해를 해결할 수 있는 표현이라고 생각된다. 영어의 경우 1973년에 NIV의 신약판이 나오기까지 θεόπνευστος를 God-breathed로 번역하지 않고 "is given by inspiration of God" (AV)로 번역되거나 "is inspired by God" (NASB) 등으로 번역했다. Cf. Carl F. H. Henry, "Inspiration," *The New International Dictionary of the Christian Church* (Grand Rapids: Zondervan, 1981), p. 512: "The Apostle Paul in 2 Timothy 3:16 uses the term *theopneustia*, which not only emphasizes that God is the original author, but also affirms Scripture itself to be God-breathed."

161 Cf. B.B. Warfield, *The Inspiration and Authority of the Bible*, pp. 281-282.

객관적인 규범이 되는 것이다.

워필드(Warfield)와는 달리 제임스 던(James Dunn)은 디모데후서 3:16의 "데오프뉴스토스"(θεόπνευστος)을 해석하면서, 디모데후서 3:16의 "하나님의 감동으로 된"이라는 용어는 성경의 신적 영감을 말하는 것은 사실이지만 성경의 무오를 증명하는 것은 아니라고 잘라 말한다.[162] 그러나 본문의 "데오프뉴스토스"(θεόπνευστος)를 수동적 용법으로 생각하여 "하나님의 숨결로 된"(God-breathed)의 뜻으로 해석하면 성경은 하나님의 영감 활동의 결과로 나타난 산물이다. 이런 의미에서 하나님은 성경의 참 저자가 되신다. 성경의 신적 저작성과 성경 무오성은 떼려야 뗄 수 없는 관계에 놓여 있다. 하나님이 성경의 저자라면 그의 성령을 통해 영감으로 기록한 성경에 오류가 있도록 하실 수는 없다. 성경에 오류가 있을 수 있다고 주장하면 하나님의 영감 활동에 오류가 있었다는 결론에 이르게 된다. 던(Dunn)의 주장보다는 워필드(Warfield)의 견해가 더 설득력이 있고 바르다.

④ 바울이 데오프뉴스토스(θεόπνευστος)라는 용어를 통해 전달하고자 하는 것은 영감된 성경을 만드신 분이 하나님이시요, 사람이 아니라는 것이다. 그런데 하나님은 성경저자들이 쓴 용어들(words)을 영감시켜 그것들을 하나님의 말씀으로 변환시킨 것이 아니다. 하나님이 기록된 용어들을 영감시켰다는 주장은 "기계적 영감설"(Mechanical Inspiration)을 지지하는 견해이다. 하나님은 성경을 기록한 성경저자들을 영감시켜 그들로 하여금 잘못이 없게 하나님의 말씀을 언어로

162 James D. G. Dunn, *The Living Word* (Philadelphia: Fortress Press, 1987), pp. 89-95. Moule도 Inspiration이 성경의 무오성을 증명하는 데는 부적절한 용어라고 말한다. cf. C. F. D. Moule, *The Holy Spirit* (Grand Rapids: Eerdmans, 1978), pp. 67-69.

기록하게 하신 것이다(벧후 1:21).[163] 이런 접근이 "유기적 영감설"(Organic Inspiration)을 지지하는 견해인 것이다. 따라서 우리는 기록된 성경을 하나님의 감동으로 완전하게 기록되었다고 말할 수 있는 것이다.

바울 사도가 성경이 하나님의 감동으로 기록된 정확무오한 하나님의 계시의 말씀임을 강조한 이유는 성경이 바로 "교훈과 책망과 바르게 함과 의로 교육하기에 유익"(딤후 3:16)하기 때문이다. 바울은 디모데가 어려서부터 외조모 로이스(Lois)와 어머니 유니게(Eunice)로부터 성경을 배웠기 때문에 성경의 귀중함을 잘 알고 있었다고 전제하고(딤후 1:6) 디모데에게 성경이 하나님의 감동으로 기록되었을 뿐만 아니라 또한 영감된 성경은 "교훈과 책망과 바르게 함과 의로 교육하기에 유익"(딤후 3:16)하다고 가르치는 것이다. 성경이 일반 서적처럼 영감 되지 않은 책이라면 유익할 수가 없는 것이다. 화이트(White)는 "어떤 경우이건 가장 큰 강조는 '유익하니'(ὠφέλιμος)위에 놓여 있다. 바울 사도는 영감된(θεόπνευστος) 성경(γραφή)이 가장 좋다는 테스트(test)는 사람들의 도덕적이고 영적인 필요들을 위해 그 자체의 증명된 유용성이어야만 한다(참조, 롬 15:4; 벧후 1:20-21)."[164]라고 하며 성경의 기능을 강조해서 설명한다.

쾨스텐버거(Köstenberger)는 "바울은 성경의 기원에 관한 신학적인

---

163 베드로는 "예언은 언제든지 사람의 뜻으로 낸 것이 아니요 오직 성령의 감동하심을 받은 사람들이 하나님께 받아 말한 것임이라" (벧후 1:21)라고 말함으로 하나님께서 사람을 감동시키셔서 하나님의 말씀을 기록하게 하셨음을 분명히 한다. Cf. Donald Guthrie, *New Testament Theology* (Downers Grove: Inter-Varsity, 1981), p. 971.: "Paul does not say that God breathed into the words that men had written to transform them into the words of God."

164 White, "The First and Second Epistles to Timothy and the Epistle to Titus," *The Expositor's Greek Testament* (1980), p. 175.

요점을 두드러지게 나타냄으로 디모데로 하여금 그의 앞에 있는 도전들을 올바로 처리하도록 무장시키는 일을 통해 성경의 본질적인 특성을 강조하고 있다: 성경은 하나님이 숨을 내뿜으신 것으로, 즉 그 궁극적 근원이 하나님 안에 있다. 성경의 이런 질(quality)이 정해졌기 때문에 믿는 자들은 거짓 교훈을 반박하고, 그들을 옳은 생각과 행동으로 인도하는데 성경의 충족성이 있음을 확신해도 된다."[165]라고 설명한다. 바울은 이 세상에서의 자신의 삶이 곧 마감될 것을 예상하면서 더 이상 디모데와 함께하지 못할 것을 내다보고 자신의 부재 시에도(딤후 4:6) 디모데가 성경을 의지하여 교회를 섬기기를 원해서 이 말씀을 강조하고 있는 것이다. 스톤하우스(Stonehouse)는 "교회는 진리의 창작자가 아니지만 진리를 지원하고 전시하는 일을 위해 봉사한다. 교회는 진리를 수용하고 그리고 진리를 인정하며 그 견해를 확신한다."[166]라고 하며 진리에 대한 교회의 역할을 설명한다. 바울은 디모데에게 네 가지 분야를 언급함으로 영감된 성경의 유익을 강조한다(딤후 3:16).

첫째로 바울은 디모데에게 성경이 "교훈"(διδασκαλίαν)하는데 유익하다고 가르친다(딤후 3:16). 디모데가 앞으로 가르쳐야 할 내용은 하나님께서 예수 그리스도를 통해 구속을 성취하시고 성도들을 구원해 주셨다는 성경의 가르침이다. 성경은 하나님이 누구이시며 성도들이 어떤 존재들인지를 알게 하는 역할을 한다. 성경은 "여호와를 경외하는 것이 지혜의 근본이요 거룩하신 자를 아는 것이 명철이니

165 Andreas Köstenberger, *Biblical Theology for Christian Proclamation: Commentary on 1-2 Timothy and Titus* (2017), p. 412.

166 N. B. Stonehouse, "The Authority of the New Testament," *The Infallible Word* (1946), p. 139.

라"(잠 9:10)라고 가르친다.

둘째로 바울은 디모데에게 성도들이 잘못된 교리를 따르거나 잘못된 행동을 할 경우 성경의 교훈에 따라 사랑의 마음으로 성도들을 "책망"(ἐλεγμόν)하여야 한다고 가르친다(딤후 3:16). 디모데는 거짓 선생들을 "책망"하고 성도들을 바로 세워야 한다(딤전 1:3-7; 5:20; 딛 1:9, 13; 2:15; 3:9-11).

셋째로 바울은 디모데에게 성경을 사용하여 교회를 "바르게"(ἐπανόρθωσιν)지도해야 한다고 가르친다(딤후 3:16). 교회를 섬길 때 "책망"하는 일은 목회사역의 부정적인 부분이지만, "바르게 함"은 긍정적인 부분이다. "책망"은 잘못에서 떠나도록 경고를 받는 것이지만, "바르게 함"은 잘못된 길에서 떠나 바른 길로 옮기는 것을 뜻한다.[167] 성경은 "책망"과 "바르게 함"의 과정이 항상 사랑의 마음으로 지도해야 되는 것을 강조한다.

넷째로 바울은 디모데에게 성경이 성도들을 "의로 교육"(παιδείαν τὴν ἐν δικαιοσύνῃ)하기에 유익하다고 가르친다(딤후 3:16). 바울은 가르친다는 의미의 일반적인 용어인 디다스칼리아(διδασκαλία)를 사용하지 않고, 특별한 용어인 파이데이아(παιδεία)를[168] 여기서 사용했다. 바울이 사용한 파이데이아(παιδεία)라는 용어는 바울 서신 전체 중에서 디모데후서 3:16과 에베소서 6:4에서 두 번 사용되는 용어이다. 바울은 에베소서에서 아비들을 권면하면서 "아비들아 너희 자녀를

167 Hendriksen, *Exposition of the Pastoral Epistles* (*NTC*) (1974), p. 303.

168 파이데이아 (παιδεία)는 신약에서 6회 나타나는데 히브리서에서 4회 사용되고 (히 12:5, 7, 8, 11), 바울서신에서는 2회 사용되는데 에베소서에서 1회 (엡 6:4), 본 절인 디모데후서에서 1회 (딤후 3:16) 사용된다. Cf. J. B. Smith, *Greek-English Concordance to the New Testament*, p. 271 (section 3709).

노엽게 하지 말고 오직 주의 교훈(παιδεία)과 훈계(νουθεσία)로 양육하라"(엡 6:4)라고 권면한다. 여기서 "교훈"은 단련(discipline)의 의미를 가지고 있다. 바울은 아비들에게 주님의 말씀으로 자녀들을 단련시키라고 권면했었던 것처럼, 디모데에게도 아이를 단련시키는 태도로 성도들을 "의로 교육"해야 한다고 권면하고 있는 것이다.

박윤선 박사는 "교훈과 책망과 바르게 함과 의로 교육하기에 유익하니"(딤후 3:16)를 해석하면서 "'교훈'은 지혜를 주는 것이고, '책망'은 과오에 대한 반성을 일으키는 것이고, '바르게 함'은 허물을 고치게 함이고, '의로 교육함'은 의롭게 되도록 훈련함이다. 위의 네 가지 일은, 쉬운데서 어려운 데로 향하여 계단적으로 기록되었다."[169]라고 해석한다. 성경은 교훈을 주며, 책망을 하고, 바르게 하며, 의로 교육하는 일을 한다(딤후 3:16). 성경은 하나님의 사람을 교육하여 하나님의 사람이 온전하게 되며 모든 선한 일을 행할 수 있도록 한다(딤후 3:17). 박윤선 박사가 그의 한 평생을 "계시의존 사색"(啓示依存 思索)을 하고 "지사충성"(至死忠誠)하며 살 수 있었던 것은 성경이 "하나님의 사람으로 온전하게 하며 모든 선한 일을 행할 능력을 갖추게"(딤후 3:17) 할 수 있다고 확고하게 믿었기 때문이다.

바울은 이제 디모데후서 3:17을 "히나"(ἵνα)로 시작함으로 하나님이 영감된 성경을 주셔서 성도들을 "교훈과 책망과 바르게 함과 의로 교육하려"는 목적이 무엇인지를 분명히 한다. 성경만이 사람을 올바로 교훈하며 잘못을 책망할 수 있고 그를 바로 세우고 의로 교육할 수 있다. 인간의 지혜로는 이 일을 성취할 수 없기에 하나님이 특별한 방법으로 성경을 기록하여 교회에 주신 것이다. 벵겔(Bengel)은 "성

169 박윤선, 『성경주석: 바울서신』, (1964), p. 550.

경은 단순히 기록되는 동안에만 하나님이 저자들에게 숨결을 불어 넣으심으로, 신적으로 영감된 것이 아니요, 성경이 읽혀지는 동안에도 하나님이 성경을 통해 숨결을 불어 넣으심으로, 독자들이 감동을 받도록 신적으로 영감되었다. 그래서 성경은 유익한 것이다."[170]라고 설명한다.

하나님이 성경을 영감된 말씀으로 기록되게 하신 것은 "하나님의 사람으로 온전하게 하며 모든 선한 일을 행할 능력을 갖추게 하려 함이라"(딤후 3:17)이다. 여기 "하나님의 사람"은 디모데를 포함한 모든 예수를 믿는 성도들을 뜻한다(딤전 6:11). 성경은 성도들이 "그리스도의 장성한 분량이 충만한 데까지"(엡 4:13) 이르도록 인도한다. 성경은 하나님이 누구이시며, 하나님이 우리를 위해 무엇을 하셨으며, 하나님이 우리를 위해 무엇을 희생하셨으며, 하나님이 우리를 위해 어떤 준비를 해 두셨는지를 가르쳐준다. 또한 성경은 우리가 어떻게 살아야 하나님이 기뻐하신다는 것을 가르쳐 준다. 나이트(Knight)는 "하나님께서 기독교인들이 선한 일을 하도록 창조하셨고 그들에게 선한 일을 하도록 명령하셨기 때문에(엡 2:10; 딛 3:1; 딤후 2:21) 하나님은 그들이 원리적으로 하나님이 그들에게 무엇을 요구하시며, 각 상황에 맞는 특별한 선한 일을 위해 준비되도록 그들을 가르치시기 위해 성경을 주셨다."[171]라고 설명한다. 바울이 성경의 영감을 이처럼 강조한 이유가 바로 여기에 있다. 성경은 성도들의 신앙과 생활의 올바른 규범인 것이다. 칼빈(Calvin)은 "성경을 우리에게 주신 것은, 주님이 우리들의 의구심을 만족시키기 위해 의도한 것도 아니요, 허식을 위한

---

170 Bengel, *Bengel's New Testament Commentary*, Vol. 2 (1981), p. 553.

171 Knight, III, *The Pastoral Epistles: A Commentary on the Greek Text* (1992), p. 450.

우리들의 소망을 만족시키기 위한 것도 아니며, 신비적인 창작이나 어리석은 이야기를 위한 기회를 우리에게 제공하기 위해 의도한 것도 아니다. 그는 오히려 우리가 선을 행하도록 의도하셨다. 그래서 성경의 올바른 사용은 항상 유익한 쪽으로 인도하게 되어 있다."[172]라고 성경의 역할을 바로 설명한다.

목회서신에 자주 나오는 단어들을 살펴보면 성경의 교훈이 목회 사역의 중심임을 알 수 있다. 바울은 목회서신에서 "청결한 마음과 선한 양심과 거짓이 없는 믿음"(καθαρᾶς καρδίας, συνειδήσεως ἀγαθῆς, πίστεως ἀνυποκρίτου)(딤전 1:5, 19), "불경건"(ἀσεβής)(딤전 1:9), "경건"(εὐσέβεια)(딤전 2:2; 4:8; 딤후 3:5, 12; 딛 2:12), "간구"(δέησις)(딤전 2:1), "기도"(προσευχή)(딤전 2:1; 5:5), "관용과 다툼"(ἐπιεικής, ἄμαχος)(딤전 3:3; 딛 3:2), "온유"(πραΰτης)(딛 3:2), "믿음과 사랑과 거룩과 정숙함"(πίστις, ἀγάπη, ἁγιασμός, σωφροσύνη)(딤전 2:15), "말과 행실과 사랑과 믿음과 정절"(λόγος, ἀναστροφή, ἀγάπη, πίστις, ἁγνεία)(딤전 4:12; 5:12; 6:5, 11), "믿음과 사랑"(πίστις, ἀγάπη)(딤후 1:13), "진리"(ἀλήθεια) (딤전 2:4, 7; 3:15; 4:3; 6:5; 딤후 2:15, 18, 25; 3:7, 8; 4:4; 딛 1:1, 14)와 같은 표현과 용어들을 자주 사용한다. 바울은 믿음의 아들 디모데와 참 아들 디도에게 교회를 섬길 때 필요한 것은 이적적인 능력이 아니요 성경의 교훈임을 분명히 하고 있는 것이다.

172 John Calvin, *The Second Epistle of Paul to the Corinthians, and the Epistles to Timothy, Titus and Philemon* (1973), p. 330.

제4장
주해

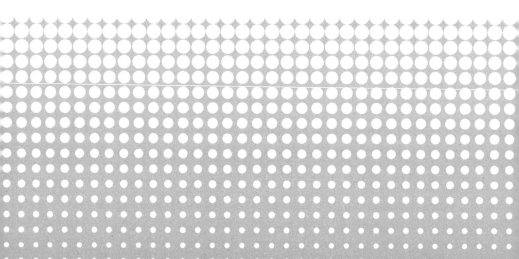

2 TIMOTHY

디모데후서 4장 요약

바울은 디모데에게 복음 전파에 대한 엄중한 명령을 한다. 바울은 산 자와 죽은 자를 심판하실 예수님께서 재림하실 것과 그의 나라를 생각하면서 디모데에게 말씀을 전파하라고 명령한다(딤후 4:1-2). 바울은 때가 이르면 사람들이 허탄한 이야기를 따르면서 바른 교훈을 받지 아니할 것을 내다보면서 디모데에게 열심을 다하여 전도자의 일을 하라고 명령한다(딤후 4:3-5). 바울은 자신이 얼마 있으면 이 세상에서의 삶을 마감하게 될 것을 예감하고 그의 삶을 되돌아본다. 바울은 자신의 삶이 유익한 삶이었음을 고백한다. 바울은 "나는 선한 싸움을 싸우고 나의 달려갈 길을 마치고 믿음을 지켰으니 이제 후로는 나를 위하여 의의 면류관이 예비되었으므로 주 곧 의로우신 재판장이 그날에 내게 주실 것이며 내게만 아니라 주의 나타나심을 사모하는 모든 자에게도니라"(딤후 4:7-8)라고 확신한다. 바울은 "의의 면류관"(ὁ τῆς δικαιοσύνης στέφανος)을 받을 수 있는 사람이 자신만이 아니요 디모데도 포함되고 모든 복음 사역자도 포함된다고 천명한다. 그리고 바울은 이제 이 세상에서의 그의 생을 마감하기 전에 디모데와 마가(Mark)를 보기 원한다(딤후 4:9; 4:11). 왜냐하면 함께 있던 데마(Demas)는 이 세상을 사랑하여 바울을 버렸고, 그레스게(Crescens)는 갈라디아로 떠났고, 디도(Titus)는 달마디아로 떠났고(딤후 4:10), 두기고(Tychicus)는 에베소로 보내었고(딤후 4:12) 누가(Luke)만 함께 있기 때문에(딤후 4:11) 갇혀 있는 바울 자신 곁에 사람이 필요했기 때문이다. 바울은 디모데가 올 때에 드로아 (Troas)에 있는 가보(Carpus)의 집에 둔 겉옷을 가져오라고 부탁한다. 아마도 겉옷은 감옥 안에서의 추위와 습기로부터 보호받기 위해 필요했을 것이다(딤후 4:21 참조). 바울은 자신에게 해를 많이 입힌 알렉산더(Alexander)의 이름을 언급하고 디모데에게도 그를 조심하라고 말한다(딤후 4:14-15). 바울은 복음 사역에 반대하는 자들이 있게 마련이지만 신실하신 주님께서 항상 함께하시고 악한 일에서 복음 사역자를 건져주신다고 확인한다(딤후 4:17-18). 바울은 이제 브리스가(Priscilla)와 아굴라(Aquila)를 포함한 몇 사람에게 안부를 전하고 편지를 마무리 한다(딤후 4:19-22).

1. 바울의 마지막 권면(딤후 4:1-5)

1 하나님 앞과 살아 있는 자와 죽은 자를 심판하실 그리스도 예수 앞에서 그가 나타나실 것과 그의 나라를 두고 엄히 명하노니 2 너는 말씀을 전파하라 때를 얻든지 못 얻든지 항상 힘쓰라 범사에 오래 참음과 가르침으로 경책하며 경계하며 권하라 3 때가 이르리니 사람이 바른 교훈을 받지 아니하며 귀가 가려워서 자기의 사욕을 따를 스승을 많이 두고 4 또 그 귀를 진리에서 돌이켜 허탄한 이야기를 따르리라 5 그러나 너는 모든 일에 신중하여 고난을 받으며 전도자의 일을 하며 네 직무를 다하라 (딤후 4:1-5, 개역개정)

딤후 4:1-2 디모데후서 4장은 바울 사도가 특별히 자신의 죽음을 의식하면서 사랑하는 아들이요(딤전 1:2; 딤후 1:2) 제자인 디모데에게 진지하고 정중하게 권면하는 내용의 말씀이다. 비록 바울은 자신의 순교를 목전에 두고 있지만 자기중심적인 생각보다는 하나님 중심적인 생각으로 디모데에게 권면을 하고 있다. 바울의 시계(視界)는 창조에서 재림까지를 연결하는 넓은 폭을 가지고 있었다. 그래서 바울은 "하나님 앞과 살아 있는 자와 죽은 자를 심판하실 그리스도 예수 앞에서 그의 나타나실 것과 그의 나라를 두고 엄히 명하노니"(딤후 4:1)라고 말함으로 그의 의식 속에 종말의 완성이 선명하게 그려져 있었음을 확인하고 있다. 바울 사도는 종말에 있을 심판을 의식하고, 그리스도의 나타나심을 확신하면서 그가 비록 로마의 감옥 속에서 처형을 기다리는 한계 상황 속에 처해 있었지만 그리스도의 나라가 완성될 것임을 내다 볼 수 있었다. 바울은 비록 죄수의 신분으로 감옥

속에 갇혀 있었지만 하나님의 구속 성취의 전모를 잘 알고 있었기 때문에 사람 앞에서는 담대하고 하나님 앞에서는 겸손할 수 있었다. 비록 그의 육체의 시선은 우리들의 눈과 같이 시야의 제한을 받았지만 그의 영적인 눈은 그리스도의 죽음과 부활을 통해서 시작과 끝을 보고 있었다. 그래서 바울은 "그가 나타나실 것과 그의 나라를 두고 엄히 명하노니"(딤후 4:1)라고 디모데에게 명령할 수 있었다. 쾨스텐버거(Köstenberger)는 "바울의 호소는 엄숙함과 강렬함과 긴급함에 있어서 이전의 모든 권면을 능가한다. 디모데가 사도의 대리인으로, 그리고 바울이 실천했던 것과 같은 방법으로(고후 5:9-11) 그의 임무들을 수행할 때에, 바울 사도는 디모데가 하나님의 실재와 그리스도의 재림의 확실성(ἐπιφάνεια: 참조, 딤전 6:14; 딤후 4:8; 딛 2:13)을 항상 의식하기를 원한다."[173]라고 해석한다. 바울은 코람 데오(Coram Deo)의 정신으로 디모데에게 엄한 권고를 하고 있는 것이다.

그러면 바울이 디모데에게 명령한 내용은 무엇이었는가? 바울은 다섯 개의 과거시상(aorist) 명령형을 사용하여 디모데에게 엄중하게 명령한다.

첫째, 바울은 디모데에게 말씀을 "전파하라"(κήρυξον)라고 명령한다(딤후 4:2). "전파한다"(κηρύσσω)라는 동사는 바울 사도가 즐겨 쓰는 용어로(롬 2:21; 10:8, 15; 고전 1:23; 9:27; 15:11, 12; 고후 1:19; 4:5; 11:4(2회); 갈 2:2; 5:11; 빌 1:15; 골 1:23; 살전 2:9), 목회서신에서는 두 번 등장하는(딤전 3:16; 딤후 4:2) 용어이며, "설교자 혹은 선포자"(κήρυξ)라는 명사는 신약성경에서 오로지 세 번 사용되는데 베드로 사도가 한 번

173 Köstenberger, *Biblical Theology for Christian Proclamation: Commentary on 1-2 Timothy and Titus* (2017), p. 271.

사용하고(벧후 2:5) 바울 사도가 목회서신에서만 두 번 모두 사용한다(딤전 2:7; 딤후 1:11).[174] 바울은 디모데에게 "말씀을 전파하라"(딤후 4:2)라고 명령한다. 바울이 여기서 사용한 "말씀"(τὸν λόγον)은 성경 말씀을 가리킨다. 바울은 바로 전 디모데에게 성경이 성령의 영감으로 기록되었음을 분명히 했다(딤후 3:16-17). 그러므로 디모데는 하나님의 말씀만을 전파해야 한다. 바울이 "믿음은 들음에서 나며 들음은 그리스도의 말씀으로 말미암았느니라"(롬 10:7)라고 가르친 이유가 무엇인가? 하나님의 말씀으로 말미암지 않고는 믿음을 소유할 수 없다는 뜻이 아닌가? 믿음 없이 어떻게 예수님을 구주로 고백할 수 있는가?(롬 10:9-10; 참조, 엡 2:8; 고전 12:3). 그래서 말씀 선포가 중요한 것이다. 설교자는 설교의 내용을 창작할 자유가 없다. 설교자는 오로지 성경 말씀을 풀어서 선포해야 하는 것이다. 왜 예수님께서 "하나님은 영이시니 예배하는 자가 '영과 진리로'(ἐν πνεύματι καὶ ἀληθείᾳ) 예배할지니라"(요 4:24)라고 하며 하나님의 말씀인 진리를 강조하셨겠는가? 그 이유는 하나님의 말씀만이 "교훈과 책망과 바르게 함과 의로 교육하기에 유익하기"(딤후 3:16) 때문이다. 그러므로 바울은 디모데에게 "너는 말씀을 전파하라"(딤후 4:2)라고 명령하는 것이다.

둘째, 바울은 디모데에게 때를 얻든지 못 얻든지 항상 "힘쓰라 혹은 준비하라"(ἐπίστηθι)라고 명령한다(딤후 4:2). "힘쓰라"(ἐφίστημι)라는 용어는 신약성경에서 21회 사용되는데 누가복음과 사도행전에 18회 사용되고(눅 7회; 행 11회) 그 외의 용례는 바울서신에만 3회 등장하는데 주로 목회서신(Pastoral Epistles)에 등장한다(살전 5:3; 딤후 4:2,

174 Smith, *Greek-English Concordance to the New Testament*, p. 202. (section 2783).

6).[175] 바울은 데살로니가전서 5:3의 경우 현재시상(ἐφίσταται)을 사용하여 불신자들에게 멸망이 항상 기다리고 있음을 강조했고(살전 5:3), 디모데후서 4:6의 경우 완료시상(ἐφέστηκεν)을 사용하여 자신은 죽을 각오로 살아 왔지만 지금도 자신의 죽음이 가까이 온 것을 확신하고 있음을 강조했으며(딤후 4:6), 그리고 본 구절인 디모데후서 4:2의 경우 과거시상(ἐπίστηθι)을 사용하여 디모데에게 단호하게 그리고 철저하게 준비되어 있어야 할 것을 명령하고 있다(딤후 4:2). 바울은 지금 "세월을 아끼라 때가 악하니라"(엡 5:16)라고 에베소 교회 성도들에게 권면했던 것처럼 디모데에게 "시간을 사라"(buy the time)라고 명령하는 것이다. 바울은 복음 사역자 앞에는 예측할 수 없는 급박한 상황이 기다리고 있을 수 있으니 항상 준비된 상태를 유지하고 있어야 한다고 명령하고 있다.

셋째, 바울은 디모데에게 범사에 오래 참음과 가르침으로 "경책하라"(ἔλεγξον)라고 명령한다(딤후 4:2). 바울은 이 용어를 범죄한 자들을 모든 사람 앞에서 "꾸짖으라"라는 의미로 사용하였고(딤전 5:20; 딛 1:13), 거슬러 말하는 자들을 "책망하라"라는 의미로 사용하였다(딛 1:9; 2:15). 따라서 바울은 디모데후서 4:2의 경우도 범죄한 자들을 책망하라는 의미로 사용했다고 사료된다.

넷째, 바울은 디모데에게 범사에 오래 참음과 가르침으로 "경계하라"(ἐπιτίμησον)라고 명령한다(딤후 4:2). 이 용어는 신약성경에서 29회 등장하는데 공관복음에서 27회 사용되며 나머지 2회는 유다서 9과 디모데후서 4:2에서 사용되었다. 그러므로 "경계하라"(ἐπιτιμάω)

175 M. Wolter, "ἐφίστημι," *Exegetical Dictionary of the New Testament*, Vol. 2 (Grand Rapids: Eerdmans, 1991), p. 92.; Cf. Smith, *Greek-English Concordance to the New Testament*, p. 161. (section 2186).

라는 용어는 바울 서신 가운데서 유일하게 이 구절에서만 사용되었다(딤후 4:2). 이 용어는 형제를 경계할 때 형제의 회복을 의식하고 경계하기 때문에 경계의 목적이 형제를 용서하고 하나님 앞에서 형제가 회개하기를 바라는 것이다.[176] "경계하라"는 "경책하라"와 "권하라"와 함께 형제의 회복을 염원하면서 형제의 잘못을 꾸짖는 것이다.

다섯째, 바울은 디모데에게 범사에 오래 참음과 가르침으로 "권하라"(παρακάλεσον)라고 명령한다(딤후 4:2). 바로 전에 언급한 "경계하라"와 "경책하라"가 잘못을 고치도록 하기 위해 꾸짖는다는 개념이 강하다면, "권하라"(παρακαλέω)라는 용어는 구원의 메시지를 삶에 적용하기 위해 가르치고 격려한다는 의미가 중심이 되는 개념이다(참조, 딤전 4:13; 5:1; 6:2).[177]

칼빈(Calvin)은 "바울이 디모데에게 '경책하고'(reproving), '경계하고'(rebuking), '권하는'(exhorting) 일에 준비되어 있으라고 말한다. 그래서 우리들이 바른 길 위에 서 있도록 우리를 지키는데 많은 자극들이 필요함을 지적해 준다. 만약 우리가 당연히 그래야 하는 것처럼 우리들이 가르침을 받을 준비가 되어 있다면, 그리스도의 사역자들은 단순히 바른 길을 지목함으로 우리를 인도할 수 있다."[178]라고 하며 사람을 바로 인도하는데 여러 가지 방법이 있다고 가르친다. 박윤선 박사는 "범사에 오래 참음과 가르침으로 경책하며 경계하며 권하

176 H. Giesen, "ἐπιτιμάω," *Exegetical Dictionary of the New Testament*, Vol. 2 (Grand Rapids: Eerdmans, 1991), p. 43.; Smith, *Greek-English Concordance to the New Testament*, p. 146. (section 2008).

177 J. Thomas, "παρακαλέω, παράκλησις," *Exegetical Dictionary of the New Testament*, Vol. 3 (Grand Rapids: Eerdmans, 1993), p. 24.

178 John Calvin, *The Second Epistle of Paul to the Corinthians, and the Epistles to Timothy, Titus and Philemon* (1973), p. 333.

라"(딤후 4:2)라는 말씀을 해석하면서 "'오래 참음과 가르침'은, 그 아래 나오는, '경책,' '경계,' '권하라'의 방법이다. 불의한 자를 다스림(경책, 경계, 권함)에 있어서, '오래 참음'의 덕이 없으면 상대방의 감정을 상하여 그 마음을 잃기 쉽고, '가르침'(곧, 교훈 근거)이 없으면 효과를 내지 못한다. '경책'은 범과자(犯過者)가 죄를 확인(確認)하도록 일러줌이고, '경계'는 한 계단 더 나아가 그 범과자를 책잡아 꾸지람함이고, '권면'은, 위에 말한 바와 같이 꾸지람 당한 자로 하여금 이제부터 허물을 고치고 옳게 가도록 설유(說諭)함이다."[179]라고 설명한다. 디모데는 경책이 필요할 때는 경책으로, 경계가 필요할 때는 경계로, 그리고 권면이 필요할 때는 권면으로 교회를 세워나가고 복음을 전파해야 한다.

딤후 4:3-5 바울은 이제 "왜냐하면"(γάρ)을 사용하여 이전 구절에서 디모데가 왜 "말씀을 전파하고" "항상 힘써야 하며" "경책하며 경계하며 권해야 하는지"(딤후 3:2)의 이유를 밝힌다. 바울은 디모데가 말씀에 더 충실해야 할 이유로 "때가 이르리니 사람이 바른 교훈을 받지 아니하며 귀가 가려워서 자기의 사욕을 따를 스승을 많이 두고 또 그 귀를 진리에서 돌이켜 허탄한 이야기를 따를 것"(딤후 4:3-4)이기 때문이라고 설명한다. 바울이 여기서 지적한 문제는 복음 선포자에게 있는 것이 아니요, 복음 선포를 듣는 청중에게 있음을 분명히 한다. 청중들이 이렇게 된 이유는 거짓 교사들이 청중들의 구미에 맞는 말로 사람들의 귀를 길들여 놓았기 때문이다. 그래서 청중들은

179 박윤선, 『성경주석: 바울서신』, (1964), p. 557.

"바른 교훈을 받지 아니하게"(딤후 4:3) 된다. 예레미야(Jeremiah) 선지자가 "선지자들은 거짓을 예언하며 제사장들은 자기 권력으로 다스리며 내 백성은 그것을 좋게 여기니 마지막에는 너희가 어찌하려느냐"(렘 5:31)라고 말한 사회적 상황과 비슷하다. 청중들은 진리의 말씀을 들을 수 있는 귀를 상실한 것이다. "귀가 가려워서"(κνηθόμενοι τὴν ἀκοήν)라는 표현은 귀가 간질간질한 것만 즐기고 마음의 변화는 없다는 의미를 담고 있다.[180] 청중들은 자기의 귀를 즐겁게 해줄 스승을 많이 두고 그들의 허탄한 이야기를 즐겨하는 것이다. 따라서 그들은 "바른 교훈을 받을"(딤후 4:3) 준비가 되어 있지 않고, 진리에서 점점 멀어질 수밖에 없는 상황에 처한 것이다(딤후 4:4).

바울은 디모데가 이와 같은 어려운 형편에 처할 것이지만 이런 형편을 개전할 수 있는 방법으로 네 개의 명령형을 사용하여 실천할 것을 명령한다(딤후 4:5).

첫째, 바울은 디모데에게 모든 일에 "신중하라"(νῆφε)라고 명령한다(딤후 4:5). "신중하라"(νήφω)라는 용어는 신약성경에서 6회 등장하는데(살전 5:6, 8; 딤후 4:5; 벧전 1:13; 4:7; 5:8) "인접된 문맥에 비추어 볼 때 '네페인'(νήφειν)은 하나님의 계시를 통해 주신 실재(reality)를 인정하는 것과 그리고 예배와 소망과 사랑과 투쟁에 의한 결과적인 사역을 실행하는 것으로 구성되어 있다."[181]라고 설명함으로 "신중하는 것"은 성경 말씀에 근거하여 모든 일을 정상적으로 처리해야 한다는

---

180 F. G. Untergassmair, "κνήθω," *Exegetical Dictionary of the New Testament*, Vol. 2 (Grand Rapids: Eerdmans, 1991), p. 301.

181 O. Bauernfeind, "νήφω," *Theological Dictionary of the New Testament*, Vol. IV (Grand Rapids: Eerdmans, 1973), p. 939.; Smith, *Greek-English Concordance to the New Testament*, p. 239. (section 3425).

뜻이라고 해석한다. “신중하라”는 말씀은 모든 일을 맑은 정신으로 하라는 의미이다. 바울은 세상이 혼란스럽고 이단 사설이 판을 칠 때에라도 정신을 바짝 차리고 깨어 있으라고 명령하고 있다.

둘째, 바울은 디모데에게 “고난을 받으라”(κακοπάθησον)라고 명령한다(딤후 4:5). 복음 사역자는 고난이 뒤따라 올 것을 예상하고 대처해야 한다. 스픽크(Spicq)는 “디모데후서 2:9과 4:5은 어떤 어려움이나 고난에도 좌절되지 않는 어려운 사도적 노력(labor)을 가리키는 것으로 이해되어야만 한다.”[182]라고 해석한다(참조, 살후 1:8; 2:3, 9; 약 5:13). 바울은 “현재의 고난은 장차 우리에게 나타날 영광과 비교할 수 없도다”(롬 8:18)라고 가르친 것처럼 디모데에게 미래의 영광을 바라보며 현재의 고난을 감수하라고 명령하고 있다.

셋째, 바울은 디모데에게 “전도자의 일을 하라”(ἔργον ποίησον εὐαγγελιστοῦ)라고 명령한다(딤후 4:5). 바울이 본 구절에서 사용한 “전도자”(εὐαγγελιστής)라는 용어는 신약성경에서 3회 등장한다(행 21:8; 엡 4:11; 딤후 4:5).[183] 누가(Luke)는 이 용어를 “일곱 집사 중 하나인 전도자 빌립의 집에 들어가서 머무르니라”(행 21:8)라는 구절에서 빌립(Philip)을 전도자(τοῦ εὐαγγελιστοῦ)로 호칭하면서 사용하였다. 그리고 바울은 그리스도께서 교회를 위해 세우신 사역자들을 언급하면서 “어떤 사람은 사도로, 어떤 사람은 선지자로, 어떤 사람은 복음 전하는 자로, 어떤 사람은 목사와 교사로 삼으셨으니”(엡 4:11)라고 말하면서 “복음 전하는 자, 즉 전도자”(τοὺς εὐαγγελιστάς)를 “선지자”와 “목사와 교사”의 사이에 위치시켜 기록했다. 그리고 바울은 디모데후서

182 Ceslas Spicq, “κακοπαθέω,” *Theological Lexicon of the New Testament*, Vol. 2 (Peabody, MA.: Hendrickson Publisher's, 1996), p. 240.

183 Smith, *Greek-English Concordance to the New Testament*, p. 156. (section 2099).

에서 디모데에게 "전도자(εὐαγγελιστοῦ)의 일을 하라"(딤후 4:5)라고 명령하는 것이다.

바울이 디모데에게 "전도자의 일을 하라"(딤후 4:5)라고 명령했을 때 단순히 복음 전하는 자의 역할을 하라고 명령한 것인지 아니면 "전도자"라는 특별한 직책을 실천하라는 의미의 명령인지 밝히는 것이 필요하다. 우선 빌립을 "전도자"로 호칭한 누가는 사도행전 8장에서 빌립이 전도자의 역할을 어떻게 했는지를 설명한다. 빌립은 하나님 나라와 예수 그리스도의 이름을 전파하고 듣는 사람들은 예수를 믿고 세례를 받았다(참조, 행 8:4-5, 12, 35-36, 40). 누가가 묘사한 빌립의 역할은 그리스도의 복음을 전하는 일반적인 복음 증거자로서의 전도자였다고 생각할 수 있다. 그런데 바울은 에베소서 4장에서 "선지자"와 "목사와 교사" 사이에 "복음 전하는 자" 즉 "전도자"를 따로 구별해서 특별하게 언급했다(엡 4:11). 이와 같이 "전도자"(εὐαγγελιστής) 라는 용어가 사용된 용법에 근거하여 고찰할 때 바울의 유언과도 같은 "너는 전도자의 일을 하라"(딤후 4:5)라는 명령은 바울이 에베소 교회에서 교회를 섬기고 있는 디모데에게 교회의 목회에만 전념할 것이 아니요, 전도자의 일을 열심히 함으로 하나님의 구속 계획 성취에 참여자가 되라고 명령하고 있는 것이다(눅 24:46-48; 마 28:18-20; 막 16:15-16; 행 1:8). 바울은 디모데가 그와 가장 가까운 복음의 동역자였고 보통 이상의 목회자로 "전도자"라는 존귀한 직책의 권위를 소유한 복음 사역자이기에 복음을 전파해야 한다고 격려하고 있는 것이다(딤후 4:5). 바울이 여기서 전도자의 직책(office)을 언급한 것은 디모데를 격려하고 그의 권위를 다른 사람들에게 추천하기 원해서이다.[184] 결

184 John Calvin, *The Second Epistle of Paul to the Corinthians, and the Epistles to Timothy,*

국 바울은 디모데가 교회를 섬길 고귀한 목회자일 뿐만 아니라 특별한 직책을 가진 "전도자"임을 상기시키면서 "전도자의 일을 하라"고 명령하는 것이다.

넷째, 바울은 디모데에게 "네 직무를 다하라"(πληροφόρησον)라고 명령한다(딤후 4:5). 바울은 여기서 "직무"(τὴν διακονίαν)라는 용어를 사용하여 "네 직무를 다하라"(딤후 4:5)라고 명령한다. "직무"라는 용어는 "진실한 사랑으로 봉사의 일을 수행하는 것"(참조, 고전 16:15)이라는 뜻으로 사용되거나, "믿음의 공동체 안에서 특별한 책임을 수행하는 것"(참조, 행 1:17, 25; 20:24; 롬 11:13; 고후 4:1; 6:3-4; 11:8)이라는 뜻으로 사용되었다.[185] 바울은 디모데에게 교회 공동체를 위해 그가 해야 할 모든 직무를 다 하라고 권고하는 것이다. 바울이 디모데에게 "네 직무를 다하라"(딤후 4:5)라고 명령한 것은 지금까지 명령한 아홉 가지 명령을 종합해서 명령한 것이나 다름없다(딤후 4:2, 5). 바울은 "너는 말씀을 전파하라"(딤후 4:2)로 시작하여 "네 직무를 다하라"(딤후 4:5)로 끝맺는 아홉 가지의 주옥같은 명령으로 그가 죽은 후에 디모데가 어떻게 교회를 섬길 것인지를 가르친다.

Titus and Philemon (1973), p. 336.: "To make an honourable mention here of the office would both encourage him and commend his authority to others, and Paul has both these aims in view."

185 Hermann W. Beyer, "διακονία," *Theological Dictionary of the New Testament,* Vol. II (Grand Rapids: Eerdmans, 1971), pp. 87-88.

2. 바울의 유언적 고백(딤후 4:6-8)

> 6 전제와 같이 내가 벌써 부어지고 나의 떠날 시각이 가까웠도다 7 나는 선한 싸움을 싸우고 나의 달려갈 길을 마치고 믿음을 지켰으니 8 이제 후로는 나를 위하여 의의 면류관이 예비되었으므로 주 곧 의로우신 재판장이 그날에 내게 주실 것이며 내게만 아니라 주의 나타나심을 사모하는 모든 자에게도니라 (딤후 4:6-8, 개역개정)

딤후 4:6-8 바울은 "왜냐하면"(γάρ: 한글 성경은 번역하지 않음)을 사용하여 왜 디모데에게 "네 직무를 다하라"(딤후 4:5)라고 명령했는지를 밝힌다. 왜냐하면 바울이 디모데와 함께 이 세상에 있을 날이 많이 남아 있지 않기 때문이다. 칼빈(Calvin)은 바울이 "전제와 같이 내가 벌써 부어지고"(딤후 4:6)라고 말한 이유를 "그것은 마치 '내가 살아 있는 동안에는 내가 손을 펴서 너를 도울 수 있었다. 너는 나의 지속적인 권면 없이 존재한 적이 없었다. 나의 권면은 너를 크게 도왔고 그리고 내가 보인 본은 너에게 큰 힘의 근원이 되었다. 이제 네가 네 자신을 가르치고 격려하고 보조물 없이 수영할 때가 이르렀다. 네 안에 있는 어떤 것도 나의 죽음으로 변화되지 않도록 주의하라'라고 말한 것과 같다."[186]라고 해석한다. 바울은 자신의 순교이후의 디모데의 목회 사역을 내다보면서 "전제와 같이 내가 벌써 부어지고 나의 떠날 시각이 가까웠도다"(딤후 4:6)라고 쓰고 있는 것이다. 박윤선 박

186 John Calvin, *The Second Epistle of Paul to the Corinthians, and the Epistles to Timothy, Titus and Philemon* (1973), p. 336.

사는 디모데후서 4:6을 해석하면서 "'전제'는 드린 제물(祭物) 위에 술을 붓는 것을 가리킨다(민 15:5; 28:7). 이렇게 술을 부음은 그 드린 제사를 마감(終結)하는 순서이다. 신자들은 누구나 그의 생활(生活)과 죽음으로 주님을 기쁘시게 하는 제물이 되어야 한다."[187]라고 해석한다. 바울이 "전제와 같이 내가 벌써 부어지고"(딤후 4:6)라고 표현한 말씀은 피의 속죄, 즉 구속적 희생을 뜻하지 않고 하나님께 드리는 헌신의 표현으로 하나님 앞에 생명을 바친다는 의미를 가지고 있다.[188] "전제와 같이 부어 진다"(σπένδω)라는 용어는 신약성경에서 두 번 등장하는데(빌 2:17; 딤후 4:6)[189] 바울은 두 경우 모두 자신의 죽음과 연관하여 사용하였다. 따라서 바울은 "전제와 같이 내가 부어지고"(ἤδη σπένδομαι)라고 말함으로 자신의 죽음이 목전에 와 있음을 직감하고 "나의 떠날 시각이 가까웠도다"(딤후 4:6)라고 말하고 있는 것이다. 바울은 지금 로마의 네로(Nero, AD 54-68)황제가 AD 64년 7월 19일부터 24일까지 로마 시를 불태웠던 대형 화재의 책임을 기독교인들에게 돌리고 기독교를 불법 종교 (religio illicita)로 핍박하는 기간에 붙잡혀 다시 감옥에 투옥되어 있었기 때문에 일차 감금 때와는 그 상황이 현저하게 달랐음을 체험할 수 있었다(참조, 행 28:16, 23). 그리고 바울은 네로 황제가 AD 68년 6월 9일에 자살로 자신의 생을 마감하기 얼마 전에 디모데후서를 기록하고 있었기 때문에 네로 황제의 폭정이

187 박윤선, 『성경주석: 바울서신』, (1964), p. 559.

188 R. T. France, "ἐκχέω, σπένδω," *The New International Dictionary of New Testament Theology*, Vol. 2 (Grand Rapids: Zondervan, 1977), pp. 853-855.; Otto Michel, "σπένδομαι," *Theological Dictionary of the New Testament*, Vol. VII (Grand Rapids: Eerdmans, 1971), pp. 528-536.

189 Smith, *Greek-English Concordance to the New Testament*, p. 324. (section 4589).

얼마나 비참했는지를 체험적으로 알 수 있어서 자신의 순교가 임박했음을 충분히 직감할 수 있었다고 사료된다.

바울은 이제 죽음을 앞에 두고 그리스도를 영접한 이후의 자신의 생애를 돌이켜 본다(딤후 4:7). 바울은 자신의 삶을 세 가지로 정리하는데 세 가지 표현이 서로 병행을 이룬다. 바울은 자신의 삶을 정리하면서 결코 자랑을 위해서나 교만한 마음으로 한 것이 아니요, 오직 하나님의 은혜의 손길로 형성된 자신의 삶의 모습을 정리하고 있을 뿐이다.

> "선한 싸움을 나는 싸웠다"(τὸν καλὸν ἀγῶνα ἠγώνισμαι).
> "달려갈 길을 나는 마쳤다"(τὸν δρόμον τετέλεκα).
> "믿음을 나는 지켰다"(τὴν πίστιν τετήρηκα).(딤후 4:7)

바울은 자신의 삶에 관한 세 고백을 할 때 세 명사 즉 "선한 싸움," "달려갈 길," "믿음"을 동사 앞에 위치시켜 자신이 살아온 행위들의 가치를 강조하고 있다. 아마 바울은 "전에는 비방자요 박해자요 폭행자"(딤전 1:13)였고, "죄인 중에 괴수"(딤전 1:15)였던 그를 하나님의 은혜로 참으로 귀하고 멋지게 살아오게 해주신 하나님께 대한 감격의 마음으로 이 고백을 했을 것이다. 바울의 삶은 그의 고백처럼 귀하고 값진 삶이었다.

바울은 "싸웠다"(ἠγώνισμαι, ἀγωνίζομαι의 pf.), "마쳤다"(τετέλεκα, τελέω의 pf.), "지켰다"(τετήρηκα, τηρέω의 pf.)라는 동사들을 모두 완료시상으로 사용한다. 이는 자신의 주님을 위한 삶이 항상 선한 싸움을 싸우는 삶이었고, 달려갈 길을 성실하게 달려 왔고, 그리고 믿음을 지켜 온 삶이었는데, 죽음을 앞에 둔 현재의 상황에서도 같은 고백을 할 수 있다는 의미로 완료시상을 사용하고 있는 것이다. 이는 지금까지 진행되어 온 삶의 과정이 결과적으로도 인정을 받았다는 뜻이다. 이 말씀은 "선한 싸움을 싸운 것"과 "달려갈 길을 마친 것," 그리고 "믿음을 지킨 것"이 하나님의 테스트에서 합격점을 받았다고 증거 하는 것이다. 바울은 많은 핍박 가운데서도 하나님이 기뻐하시는 삶을 산 것이다. 바울은 "그리스도 예수 안에서 경건하게 살고자 하는 자는 박해를 받으리라"(딤후 3:12)라는 말씀을 실제의 삶에서 체험한 것이다.

바울은 자신이 싸워온 싸움을 "선한 싸움"(τὸν καλὸν ἀγῶνα)이라고 규정한다(딤후 4:7). 그 이유는 그가 삶으로 싸워온 과정이 하나님과 복음을 위한 싸움이었기 때문이다. 바울은 "나는 선한 싸움을 싸우고"(딤후 4:7)라고 말함으로 우선 디모데에게 그리고 예수를 구주로 믿는 모든 성도들에게 자신의 삶을 본(model)으로 보이길 원하며 그리고 자신처럼 선한 싸움의 삶을 살도록 권면하고 있는 것이다(딤전 1:18; 6:12; 빌 1:20-21).

그리고 바울은 "나의 달려갈 길"을 마쳤다고 고백한다(딤후 4:7). 바울이 여기서 사용한 "나의 달려갈 길"(τὸν δρόμον)이라는 표현은 그가 에베소 교회 장로들(Ephesian elders)에게 했던 "나의 달려갈 길"(τὸν δρόμον μου: 개역개정은 "내가 달려갈 길"로 번역)이라는 표현과 같은 표현이다(행 20:24). 그런데 바울은 에베소 교회를 섬기는 디모데에게도 같은 표현을 쓴 것이다. 누가(Luke)는 바울이 에베소 교회를 얼마나 성실하게 전력을 다해서 섬겼는지를 밝힌다(행 20:17-38). 에베소 교회를 섬기는 일은 바울의 "달려갈 길"의 한 단면임을 극명하게 보여준다. 그러므로 바울이 디모데후서 4:7에서 언급한 "나의 달려갈 길"은 복음과 교회를 위한 전체 사역(the total ministry for the Gospel and the church)이라고 말할 수 있다.

바울은 계속해서 "믿음을 지켰다"라고 고백한다(딤후 4:7). 바울이 "믿음"(τὴν πίστιν)을 지켰다고 말한 "믿음"이 주관적 의미(subjective sense)의 믿음이냐 아니면 객관적 의미(objective sense)의 믿음이냐에 대한 견해가 나누인다. 믿음의 주관적 의미는 바울이 예수님을 구주로 받고 하나님의 구속 계획과 그 성취를 믿는 바울 자신의 믿음의 행위하고 할 수 있다. 믿음의 객관적 의미는 바울의 믿는 대상 즉, "믿는 것들"을 가리키고 좀 더 구체적으로 정리하면 바울이 믿는 "구원에 관한 교리" 혹은 "진리의 말씀"(딤후 2:15)을 가리킨다고 생각할 수 있다.

우리는 여기서 "믿음의 주관적 의미"와 "믿음의 객관적 의미" 중 어느 한 쪽을 택하여 본문을 이해할 수 있다. 일반적으로 인간의 연약성을 감안한다면 바울이 "믿음의 객관적 의미"로 "믿음"을 사용했다고 말할 수 있다. 하지만 바울은 지금 자신의 죽음 앞에서 이 말을 하고 있다. 바울은 다메섹(Damascus) 도상에서 부활하신 예수님을 만난 이후 그가 순교할 수밖에 없는 이 순간까지 주님과 하나님을 향한 그의 믿음의 행위는 변하지 않았고 철저하고 일관되게 믿음의 행위를 실천해 왔다. 그리고 그가 믿는 주님, 삼위일체 하나님, 그리고 하나님 나라와 그 완성 등 하나님의 구원계획 등이 진정한 진리임을 한 번도 의심한 적이 없는 삶을 살아 왔다. 그러므로 바울이 디모데후서 4:7에서 "내가 믿음을 지켰다"라고 말한 것은 그의 믿음의 대상은 물론 그의 믿음의 행위를 바르게 지켜왔음을 고백하는 것으로 이해하는 것이 옳다고 사료된다.[190] 칼빈(Calvin)은 "'믿음을 지켰다'라는 것

190 Hendriksen, *Exposition of the Pastoral Epistles* (*NTC*) (1974), p. 316.; Knight, III, *The Pastoral Epistles: A Commentary on the Greek Text* (1992), p. 460.

은 그가 그의 지휘관에게 마지막 끝까지 충성스러운 병사로 남아있었다는 것과 혹은 그가 올바른 교리를 충성스럽게 지켜왔다는 것이라는 두 가지 의미를 가지고 있을 수 있다. 두 의미 모두 본문에 잘 어울린다. 진실로 바울이 주님께 충성됨을 증명할 수 있는 유일한 길은 복음의 순수한 교리를 지속적으로 고백하는 것이었다."[191]라고 정리한다.

바울은 "선한 싸움을 싸우고," "달려갈 길을 마치고," "믿음을 지켰으니"(딤후 4:7) 이제 후로는 그의 삶의 노력이 보상을 받게 될 것을 확신한다. 그래서 바울은 "이제 후로는 나를 위하여 의의 면류관이 예비되었으므로 주 곧 의로우신 재판장이 그날에 내게 주실 것이며 내게만 아니라 주의 나타나심을 사모하는 모든 자에게도니라"(딤후 4:8)라고 확신 있게 말하고 있는 것이다. 쾨스텐버거(Köstenberger)는 "주님께 끝까지 충성한 자들은 그리스도의 인정을 받게 될 것이고, 심판의 날에 주 예수 그리스도를 통해 완전한 의를 얻게 될 것이다. 의는 믿음에 근거하여 하나님이 허락하신 선물이지만 믿는 자들은 신실하고 감사하는 봉사의 삶으로 응답해야만 한다."[192]라고 해석한다.

바울은 디모데후서 4:8을 "이제 후로는"(λοιπόν)이라는 용어로 시작하는데(참조, 갈 6:17), 이 용어는 "마지막으로 말하노니"(고후 13:11)의 뜻으로 사용되었고, "끝으로"(엡 6:10; 빌 3:1; 4:8; 살전 4:1; 살후 3:1)의 뜻으로 사용되었으며, "더구나"(Moreover)(고전 4:2, RSV) 혹은 "그 외에는"(beyond that)(고전 1:16) 등의 뜻으로 사용되었다. 그러므로 "로

191 John Calvin, *The Second Epistle of Paul to the Corinthians, and the Epistles to Timothy, Titus and Philemon* (1973), p. 338.

192 Köstenberger, *Biblical Theology for Christian Proclamation: Commentary on 1-2 Timothy and Titus* (2017), p. 277.

이폰"(λοιπόν)이 등장하는 여러 맥락에 비추어 볼 때 바울은 "이제 후로는"(딤후 4:8)이라는 용어를 부사적으로 사용함으로 지금까지 살아온 자신의 삶의 과정(딤후 4:6-7)을 근거로 주님께서 앞으로 어떤 결과를 준비하셨는지를 마지막으로 정리하기 원한 것이다.

바울은 자신의 미래를 생각하면서 성도들의 미래도 잊지 않는다. 교회는 "그리스도의 몸"(고전 12:27)으로 바울도 지체 중의 하나요, 모든 성도들도 지체의 역할을 한다(고전 12:12-21). 그래서 바울은 앞으로 "의의 면류관"(ὁ τῆς δικαιοσύνης στέφανος)이 바울 자신에게는 물론 모든 성도들을 위해 예비 되어 있다고 분명하게 밝힌다. 박윤선 박사는 디모데후서 4:8을 해석하면서 "바울은, 자기가 내세에 주님 앞에서 상 받을 것을 생각하는 동시에, 모든 다른 성도들도 그렇게 될 것을 디모데에게 기억시킨다. 하나님의 종은 언제나 다른 성도들(곧, 교회)을 잊지 않는다."[193]라고 해석한다. 모든 성도들은 예수 그리스도 안에서 하나로 연합된 상태이다(요 17:21-23; 롬 6:3-9; 엡 2:4-6; 골 2:12-13; 딤후 2:11-12). "의의 면류관"은 "의의"가 동격적 소유격(genitive of apposition)으로 의(righteousness) 자체가 면류관이라는 뜻이다.[194] 바울 사도가 "예비 되었다"(ἀπόκειται)를 현재시상으로 처리한 것은 성도들이 예수님을 믿는 즉시 현재도 의로운 존재이지만 앞으로 예수님의 재림 때에 "영구하고 완전한 의로운 신분"을 소유하게 될 것임을 밝히기 원해서였다고 사료된다. 성도들은 이 세상을 사는

---

193 박윤선, 『성경주석: 바울서신』, (1964), p. 561.

194 Knight, III, *The Pastoral Epistles: A Commentary on the Greek Text* (1992), p. 461.; G. Schrenk, "δικαιοσύνη," *Theological Dictionary of the New Testament*, Vol. II (Grand Rapids: Eerdmans, 1971), p. 210.: "In 2 Tim. 4:8: ὁ τῆς δικαιοσύνης στέφανος, the context shows us that what is in view is the crowning of the state of righteousness."

동안 의인이면서 동시에 죄인이지만 예수님 재림 때에 의로우신 재판장이 그에게 속한 모든 성도들을 완전한 의인으로 선언해 주실 것이다. 바울은 "주 곧 의로우신 재판장"이라고 표현함으로 "주"(ὁ κύριος)가 그리스도임을 분명히 한다(참조 딤후 4:1; 행 10:42; 약 5:9). 주님은 자신의 재림 때에 의로우신 재판장으로 바울의 삶을 판단하시고 "의의 면류관"을 허락하실 것이다. 바울은 자신도 "의의 면류관"을 받게 될 것이지만 예수님의 재림을 사모하며 기다리는 모든 성도들에게도 "의의 면류관"이 기다리고 있음을 확신한다(딤후 4:8). 바울 사도가 "주의 나타나심을 사모하는 모든 자"라는 표현에서 "사모하는"(ἠγαπηκόσι)이라고 완료분사를 사용한 것은 주님의 재림을 사모하는 모든 성도들의 생애의 특징이 지속적으로 예수님을 사랑하는 것이었음을 밝히는 것이다.[195]

195 White, "The First and Second Epistles to Timothy and the Epistle to Titus," *The Expositor's Greek Testament* (1980), p. 179.: "The perfect is used because their love will have continued up to the moment of their receiving the crown, or because St. Paul is thinking of them from the standpoint of the day of crowning."

3. 순교를 예감한 바울의 개인적인 부탁(딤후 4:9-13)

> 9 너는 어서 속히 내게로 오라 10 데마는 이 세상을 사랑하여 나를 버리고 데살로니가로 갔고 그레스게는 갈라디아로, 디도는 달마디아로 갔고 11 누가만 나와 함께 있느니라 네가 올 때에 마가를 데리고 오라 그가 나의 일에 유익하니라 12 두기고는 에베소로 보내었노라 13 네가 올 때에 드로아 가보의 집에 둔 겉옷을 가지고 오고 또 책은 특별히 가죽 종이에 쓴 것을 가져오라 (딤후 4:9-13, 개역개정)

딤후 4:9-13 바울은 로마의 감옥에 재차 감금된 상태로 죽음의 순간이 아른거리는 상황에서 믿음의 아들 디모데에게 "너는 어서 속히 내게로 오라"(딤후 4:9)라고 그의 간절함이 담긴 부탁을 한다. 바울은 편지를 쓸 당시 자신의 주변에서 어떤 변화가 일어나고 있는지를 설명한다. 어떤 사람은 자기를 버리고 떠났고, 어떤 사람들은 다른 목적을 위해 자기가 파송했기에 자기는 지금 외로운 상태에 있으니 "너는 속히 내게로 오라"고 부탁하고 있는 것이다. 그리고 바울이 디모데를 속히 보기를 원한 것은 자신의 죽음 후에 디모데가 교회의 목회를 위해 필요한 문제들을 의논하기 원했을 것이다. 바울과 디모데의 만남은 비록 그 기간이 짧을지라도 앞으로 디모데의 목회 사역에 큰 유익을 가져올 수 있는 목회의 방법을 배울 수 있는 기회였음에 틀림없다.[196]

196 John Calvin, *The Second Epistle of Paul to the Corinthians, and the Epistles to Timothy,*

바울이 에베소에 있는 디모데에게 "내게로 속히 오라"(딤후 4:9)라고 부탁하면서 "네가 올 때에 내가 드로아 가보의 집에 둔 겉옷을 가지고 오고 또 책은 특별히 가죽 종이에 쓴 것을 가져오라"(딤후 4:13)라고 부탁한 것은 디모데가 로마에 도착할 때까지 약간의 시간이 필요함을 전제하고 바울이 말한 것으로 이해된다. 그러므로 바울이 "너는 어서 속히 내게로 오라"(딤후 4:9)라고 말한 표현의 "속히"(ταχέως)는 "즉시로," 혹은 "곧바로"의 뜻이 아니요, "가능한 빨리"와 같은 시간성을 배려한 표현의 뜻으로 이해할 수 있다. 바울은 "타케오스"(ταχέως: quickly)라는 부사(adverb)를 이처럼 시간의 상대적 의미로 자주 사용하곤 했다(고전 4:19; 갈 1:6; 빌 2:19, 24; 살후 2:2; 딤전 5:22). 바울은 에베소를 떠나 로마로 와야 할 디모데가 자신의 부탁대로 드로아(Troas)에 있는 가보(Carpus)의 집에서 겉옷도 챙겨야 하고 가죽종이에 쓴 책도 준비해야 하며 또 아시아에서 로마까지 여행하는데 상당의 시간이 필요함을 알면서도 "너는 어서 속히 내게로 오라"(딤후 4:9)라고 그의 간절한 마음을 담아 부탁을 하고 있는 것이다.

바울은 이제 자신의 주변 상황을 디모데에게 설명한다. 바울은 "데마는 이 세상을 사랑하여 나를 버리고 데살로니가로 갔고 그레스게는 갈라디아로, 디도는 달마디아로 갔고 누가만 나와 함께 있느니라 네가 올 때에 마가를 데리고 오라 그가 나의 일에 유익하니라"(딤후 4:10-11)라고 설명한다. 그런데 디모데후서 4:10의 내용은 독자들에게 궁금증을 갖게 하고 의구심을 갖게 한다. 그것은 바울을 버린 사람이 데마(Demas), 그레스게(Crescens), 디도(Titus) 세 사람 모두인지 아니면 오직 데마만 바울을 버리고 그레스게와 디도는 다른 목적으

Titus and Philemon (1973), p. 339.

로 바울을 떠났는지에 대한 의구심이다.[197] 데마와 관련된 다른 성경 구절에 근거하여 고찰하면 데마만 "세상을 사랑하여"(딤후 4:10) 바울을 버렸고, 그레스게와 디도는 다른 목적 때문에 바울을 잠시 떠난 것으로 사료된다. 칼빈(Calvin)은 "이 사람(데마)은 바울이 골로새서 4:14에서 그를 몇 사람 안 되는 다른 사람들과 함께 언급하고 또한 빌레몬서 14에서도 그를 그의 보조자들 중에 한 사람으로 언급한 사실로부터 그가 가장 탁월한 바울의 동료 중에 한 사람이었을 것으로 추측할 수 있다."[198]라고 설명한다. 그래서 칼빈은 데마가 잠시 동안 그리스도보다 세상을 더 사랑했고, 바울 자신의 생명보다 세상의 불경건과 유혹에 빠져서 살았을 뿐이지 완전히 그리스도와 바울을 버린 것은 아니라고 해석한다.[199] 우리가 데마의 구원 문제에 대해 단언할 수는 없지만 바울이 "주의 나타나심을 사모하는 모든 자"(딤후 4:8)를 언급한 바로 다음 "이 세상을 사랑한 데마"를 비교적으로 언급한 사실이나(딤후 4:10) 또한 성경 어느 곳에서도 데마의 회복을 언급한 구절이 없다는 사실이나 바울이 데마를 탁월한 동료 중의 한 사람으

197 딤후 4:9-11의 언어의 구조상 한글 번역과 영어 번역은 이런 궁금증을 일으킬 수 있는 가능성이 있다. 그러나 선명한 구분은 아니지만 본문의 헬라어는 "너는 어서 속히 내게로 오라 데마는 이 세상을 사랑하여 나를 버리고 데살로니가로 갔고"(딤후 4:9-10)를 콤마(comma)로 한 문장으로 구분하고, "그레스게는 갈라디아로" (딤후 4:10)를 역시 콤마로 구분하고, "디도는 달마디아로 갔고 누가만 나와 함께 있느니라" (딤후 4:10-11)를 마침표(period)으로 정리한다. 그래서 바울을 버린 사람은 데마 한 사람이요, 그레스게와 디도는 다른 목적으로 바울을 떠난 것임을 짐작하게 한다.

198 John Calvin, *The Second Epistle of Paul to the Corinthians, and the Epistles to Timothy, Titus and Philemon* (1973), p. 340.

199 John Calvin, *The Second Epistle of Paul to the Corinthians, and the Epistles to Timothy, Titus and Philemon* (1973), p. 340.; Cf. Kelly, *A Commentary on the Pastoral Epistles* (1981), p. 213.; Donald Guthrie, *The Pastoral Epistles (Tyndale)* (1990), p. 183.: "There is, however, nothing to suggest that Demas became an apostate."

로 언급한 서신들이 감옥생활이 비교적 자유로웠던 제1차 감금기간(행 28:16-31)에 쓴 골로새서와 빌레몬서에 언급되어 있고, 세상을 사랑하여 바울을 떠난 데마의 기록은 바울이 순교가 예상되는 삼엄한 제2차 감금기간에 쓴 서신이라는 점은 "데마는 이 세상을 사랑하여 나를 버리고"(딤후 4:10)라고 쓰고 있는 바울의 마음의 상태는 육체적으로의 결별뿐만 아니라 영적으로의 결별도 포함된 상태라고 이해된다.[200] 그러므로 데마는 마가(Mark)가 잠시 떠났다가 다시 회복된 경우(행 13:13; 15:37-39; 딤후 4:11)와는 다른 경우로 영구적으로 교회를 떠난 사람으로 이해된다. 그리고 디모데후서 4:10의 구조상 "이 세상을 사랑하여"(ἀγαπήσας τὸν νῦν αἰῶνα)를 데마 한 사람에게만 적용하는 것이 바르다고 사료된다. 그러므로 세상을 사랑하여 바울을 떠난 사람은 오직 데마(Demas) 한 사람이라고 이해하는 것이 더 타당하다. 그리고 그레스게와 디도는 바울이 다른 목적을 부여해서 파송한 것으로 해석하는 것이 더 본문의 뜻에 가깝다고 사료된다.

바울은 데마는 자신을 버리고 데살로니가로 갔다고 전한다. 데마가 바울을 버리고 데살로니가로 간 이유는 무엇인가? 바울은 빌레몬서에서 데마를 바울의 동역자로 아리스다고(Aristarchus)와 함께 언급한다(몬 24). 그런데 누가는 분명하게 "데살로니가 사람 아리스다고"(행 20:4; 27:2)라고 말함으로 아리스다고의 고향이 데살로니가임을 밝힌다. 그러므로 확실하게 단언할 수는 없지만 데마는 바울을 버리고 계속 로마에 남아 있을 수 없어 자신의 고향인 데살로니가로 갔을

200 Hendriksen, *Exposition of the Pastoral Epistles* (*NTC*) (1974), pp. 318-319.; Lenski, *The Interpretation of St. Paul's Epistles to the Colossians, to the Thessalonians, to Timothy, to Titus and to Philemon* (1961), p. 867.: "Demas, the onetime faithful assistant (Col. 4:14), had quickly abandoned Paul, the doomed man. 'Abandoned me' is poignant; the aorist is content to state the fact and nothing more. It is a closed tense, final."

것으로 추론해 볼 수 있다. 바울은 "그레스게는 갈라디아로, 디도는 달마디아로 갔고"(딤후 4:10)라고 디모데에게 전한다. 그레스게가 간 곳은 갈라디아인데 이 곳은 아마 바울이 바나바와 함께 제1차 전도여행을 할 때 방문했던 남 갈라디아 지역일 것으로 사료되며, 디도가 간 곳은 달마디아(Dalmatia)인데 이곳은 마게도냐의 서북부 지역인 일루리곤(Illyricum) 지역으로(롬 15:19) 현재는 보스니아와 헤르제고비나(Bosnia and Herzegovina)의 수도인 사라예보(Sarajevo) 근처 지역으로 알려진다. 이 말씀은 디도(Titus)가 이미 그레데(Crete)를 떠나 더 이상 그레데 교회의 사역을 하지 않고 있음을 증거 해 준다. 바울은 디도서에서 그레데(Crete) 교회를 섬기고 있는 디도(Titus)에게 "내가 아데마나 두기고를 네게 보내리니 그때에 네가 급히 니고볼리로 내게 오라 내가 거기서 겨울을 지내기로 작정하였노라"(딛 3:12)라고 쓴다. 그런데 디모데후서에서 디도가 간 달마디아(딤후 4:10)는 니고볼리와 가까운 곳에 위치해 있다. 그러므로 디도는 바울이 제1차 로마 감금에서 AD 63경에 풀려난 후 AD 67년에 다시 붙잡혀 로마 감옥에 제2차로 감금되는 사이 어느 겨울에 니고볼리로 갔을 것이고 바울이 로마 감옥에 제2차로 감금되었을 때에는 바울과 함께 로마에 있다가 거기서 달마디아로 갔다고 사료된다.

바울은 "누가만 나와 함께 있느니라"(딤후 4:11)라고 말함으로 자신이 얼마나 외로운 상태에 있는지 그리고 도움의 손길이 필요한지를 밝힌다. 누가는 바울의 동역자요 바울의 건강을 보살피고 있는 담당의사라고 할 수 있다. 누가는 바울이 제2차 전도여행을 하는 도중 드로아(Troas)에서 바울의 선교팀과 합세한 후(행 16:11) 많은 시간을 바울과 함께 동행한 신실한 동역자였다.[201] 바로 이 누가가 다른 사람들이 없는 자리를 홀로 지키고 있는 것이다. 바울은 디모데에게 "네가 올 때에 마가를 데리고 오라 그가 나의 일에 유익하니라"(딤후 4:11)라고 부탁한다. 마가(Mark)는 바나바와 함께 떠난 바울의 제1차 전도여행 때 함께 동행한 사역자였으나 선교여행 도중 선교팀을 떠난 사람이었다(행 13:13). 바울과 바나바가 제2차 전도여행을 준비할 때 바나바는 마가를 다시 데리고 가자고 주장했으나 바울은 제1차 전도여행 도중 밤빌리아에서 도중하차한 마가를 다시 데리고 갈 수 없다고 주장함으로 결국 바울과 바나바는 결별하게 되었고 바나바는 마가를 데리고 구브로(Cyprus)로 떠났고, 바울은 실라(Silas)를 데리고 제2차 전도여행을 시작하게 되었다(행 15:36-41). 바나바와 마가의 이름은 사도행전 16장부터 마지막 장인 28장까지 다시 등장하지 않는다.

그러면 바울은 언제 마가를 다시 복음의 동역자로 인정하기 시작했는가? 우리는 사도행전의 기록에서 그 답을 찾을 수 없다. 신약성경에서 마가의 이름은 8회 등장하는데 사도행전에서 4회(행 12:12, 25; 15:37, 39) 등장하고, 베드로전서에서 한 번(벧전 5:13) 등장하며, 나머지 3회(골 4:10; 딤후 4:11; 몬 24)는 바울 서신에서 사용되었다.[202] 마

201 사도행전의 저자인 누가는 "우리 구절" (we-sections)을 사용하여 자신이 바울과 동행한 사실을 밝힌다. 바울 일행(바울과 실라와 디모데)이 비두니아 지역으로 가서 복음을 전하려고 할 때 성령과 예수의 영이 허락하지 않고 반면 마게도냐 사람이 환상 중에 나타나 "건너와서 우리를 도우라"(행 16:6-9)라고 호소함으로 바울 일행이 빌립보로 향할 때 누가는 "우리가 드로아에서 배로 떠나"라고 "우리 구절"을 사용함으로 누가가 드로아에서 바울의 선교팀에 합세한 것을 밝힌다 (행 16:11). 복음이 최초로 아시아에서 유럽으로 건너갈 때 누가는 바울의 선교팀의 일원이 되었다. 참고로, 사도행전에 나타난 "우리 구절"은 행 16:10-18; 20:6-16; 21:1-17; 27:1-28:16 등이다. 참조, 박형용 『사도행전 주해』 (수원: 합신대학원출판부, 2017), p. 206.

202 Smith, *Greek-English Concordance to the New Testament*, p. 221. (section 3138).

가의 이름이 등장하는 구절들을 살펴보면 베드로(Peter)는 마가를 가리켜 "내 아들 마가"(벧전 5:13)라고 호칭하였고, 바울은 "나의 동역자 마가"(몬 24)라고 표현하였다. 이 말씀은 마가가 바울이 로마의 감옥에 제1차로 갇히기 전 바울의 제2차 전도여행 기간이나 제3차 전도여행 기간 어느 시점에 바울과 화해를 하고 바울은 마가가 복음의 동역자임을 인정하게 되었다고 사료된다. 그렇지 않았다면 바울이 제1차로 로마의 감금 기간에 쓴 옥중 서신 중의 일부인 골로새서에서 "나와 함께 갇힌 아리스다고와 바나바의 생질 마가와 (이 마가에 대하여 너희가 명을 받았으매 그가 이르거든 영접하라"(골 4:10)라고 쓸 수 없었을 것이요, 또한 "나의 동역자 마가, 아리스다고, 데마, 누가가 문안하느니라"(몬 24)라고 쓸 수 없었을 것이다. 마가는 바울의 제1차 로마 감금 기간 동안 로마에서 바울을 도운 사역자였다. 그리고 전통은 마가가 베드로의 비서 역할을 했다고 전하고 따라서 베드로의 설교와 마가가 쓴 마가복음의 내용에 많은 일치점이 있다고 지적한다. 이처럼 마가는 한 때 실수를 했지만 그의 잘못을 고치고 이제는 신실한 복음의 사역자가 되었기 때문에 마가는 바울에게 유익한 존재요 바울이 감옥에서 그를 필요로 하기 때문에 디모데에게 마가를 데리고 오라고 부탁을 한 것이다(딤후 4:11).

이제 바울은 "두기고는 에베소로 보내었노라"(딤후 4:12)라는 간략한 언급을 한다. 이말씀은 에베소 교회를 사랑하는 디모데의 마음을 편안하게 해주는 역할을 한다. 디모데는 자신이 로마로 떠난 후에 에베소 교회는 누가 섬길 수 있을까 고심했을 수 있다. 바울은 디모데의 부재 시 디모데의 자리를 대신해서 두기고가 에베소 교회를 섬기게 될 것임을 밝히고 있는 것이다. 두기고는 어쩌면 디모데후서를 디모데에게 전하는 역할도 했을 것으로 사료된다. 바울은 에베소서를 에베소 교회에 전달할 때도 두기고를 사용했으며(엡 6:21-22), 골로새서와 빌레몬서를 전달할 때도 두기고를 사용했다(골 4:7-9). 따라서 디모데는 에베소 교회를 걱정하지 않고 바울이 갇혀있는 로마로 향할 수 있었다.

바울은 디모데가 로마로 올 때에 두 가지를 가져오라고 부탁한다. 하나는 바울이 드로아 가보(Carpus)의 집에 둔 겉옷이요, 다른 하나는 가죽 종이에 쓴 책이다(딤후 4:13). 바울이 원하는 "겉옷"(φαιλόνην)과 "책들"(τὰ βιβλία)은 바울이 갑자기 드로아에서 붙잡혀 로마로 이송되었기 때문에 가져오지 못하고 가보의 집에 남겨둔 것으로 사료된다. "겉옷"(φαιλόνην)은 두꺼운 천으로 만들어진 소매가 없는 겉옷으로 중앙에 큰 구멍이 하나 있어서 그 구멍을 통해 머리를 밖으로 나오게 하여 온 몸을 추위와 바람으로부터 보호하는 통으로 된 겉옷이라 할 수 있다.[203] 바울이 갇혀 있는 로마 감옥의 형편은 몸을 추위로부터 보호할 겉옷이 필요한 장소였기 때문에 바울은 디모데에게 겉옷을 가져오라고 부탁한 것이다. 그리고 바울은 디모데가 가져 올 "책들"(τὰ βιβλία)은 "특별히 가죽 종이에 쓴 것"이라고 구체적으로 설명한다. "책"(βιβλίον)이라는 용어는 신약성경에서 주로 구약성경의 일부분을 가리킬 때 사용된다(눅 4:17; 요 20:30; 갈 3:10; 히 9:19). 그러므로 바울이 디모데에게 가져오라고 부탁한 책은 구약의 기록들을 가리킨다고 사료된다.[204] 그러므로 바울은 비록 이 세상에서의 삶이 얼마 남지 않았음을 알고 있었지만 하나님의 말씀을 읽고 묵상하는 일

203 Knight, III, *The Pastoral Epistles: A Commentary on the Greek Text* (1992), p. 466.; Hendriksen, *Exposition of the Pastoral Epistles* (*NTC*) (1974), p. 322.

204 H. Balz, "βιβλίον," *Exegetical Dictionary of the New Testament*, Vol. 1 (Grand Rapids: Eerdmans, 1990), pp. 217-218.

을 충실히 하기 위해 파피루스(papyrus) 보다 더 견실한 "가죽 종이에 쓴 것"을 가져오라고 부탁하고 있다. 바울의 하나님의 말씀 묵상에 대한 이런 태도는 오늘날 성도들에게 경고와 함께 감동을 준다. 바울은 디모데가 에베소를 떠나 로마로 올 때 드로아를 들러야 하기 때문에 "너는 어서 속히 내게로 오라"(딤후 4:9)라고 부탁하면서도 드로아에 들러 "겉옷"과 "책"을 가져오라고 부탁할 수 있었다(딤후 4:13).

4. 주님의 보호와 신실성을 믿는 바울(딤후 4:14-18)

14 구리 세공업자 알렉산더가 내게 해를 많이 입혔으매 주께서 그 행한 대로 그에게 갚으시리니 15 너도 그를 주의하라 그가 우리 말을 심히 대적하였느니라 16 내가 처음 변명할 때에 나와 함께 한 자가 하나도 없고 다 나를 버렸으나 그들에게 허물을 돌리지 않기를 원하노라 17 주께서 내 곁에 서서 나에게 힘을 주심은 나로 말미암아 선포된 말씀이 온전히 전파되어 모든 이방인이 듣게 하려 하심이니 내가 사자의 입에서 건짐을 받았느니라 18 주께서 나를 모든 악한 일에서 건져내시고 또 그의 천국에 들어가도록 구원하시리니 그에게 영광이 세세무궁토록 있을지어다 아멘 (딤후 4:14-18, 개역개정)

딤후 4:14-18 바울은 구리 세공업자 알렉산더(Alexander)가 자신의 복음 사역에 많은 해를 끼친 것을 지적한다(딤후 4:14). 구리 세공업자는 "구리로 여러 가지 기구를 만드는 사람"(coppersmith)을 뜻하지만 사실상 "철을 사용하여 여러 가지 도구를 만드는 사람"(metalworker)을 가리킨다(참조, 창 4:22; 대하 24:12). 알렉산더라는 이름은 오늘날 한국 이름으로 김00씨, 이00씨, 박00씨가 흔한 이름인 것처럼 초대교회 당시 흔한 이름이었다(막 15:21; 행 4:6; 19:33-34; 딤전 1:19-20; 딤후 4:14). 바울이 여기서 알렉산더를 가리켜 "구리 세공업자"(χαλκεύς)라고 한정시키는 것으로 보아 본 구절의 알렉산더는 바울이 "사탄에게 내어 주었다"(딤전 1:20)라고 말한 그 알렉산더가 아님을 암시하고 있다. 그리고 바울은 디모데전서 1:19-20의 알렉산더를 묘사하면서는 그가 "믿음과 착한 양심을 버렸고" "믿음에 관하여는 파선한 사람"이기 때문에 "사탄에게 내어 주었다"라고 말한다. 그러나 디모데후서 4:14-15의 알렉산더는 "그가 우리 말을 심히 대적하였다"(딤후 4:15)라고 묘사되는 것으로 보아 바울의 법정 변론에 많은 방해를 한 것으로 보인다. 이와 같은 이해를 근거로 볼 때 디모데후서 4:14의 알렉산더는 로마(Rome)에 거주하는 것으로 보인다. 그러므로 바울은 디모데에게 "네가 올 때에 내가 드로아 가보의 집에 둔 겉옷을 가지고 오고 또 책은 특별히 가죽 종이에 쓴 것을 가져오라"(딤후 4:13)라고 말한 직후 알렉산더를 주의하라고 경고하는 것이다. 바울은 디모데가 로마에 도착하면 알렉산더가 바울 자신에게 방해를 많이 한 것처럼 디모데에게도 해를 끼칠 것을 예견하고 이렇게 경고하는 것이다(딤후 4:15).

칼빈(Calvin)은 "만약 알렉산더가 바울의 인격을 공격하고 그에게만 공격을 감행했다면, 바울은 큰 평정심을 가지고 그것을 참아냈을 것이다. 그러나 하나님의 진리가 공격을 받으면 그의 헌신된 마음은 분노로 불탔을 것인데 그 이유는 '주의 집을 위하는 열성이 나를 삼키고'(시 69:9)의 말씀이 모든 그리스도의 성도들에게 적용되어야만

하기 때문이다."[205]라고 해석한다.

바울은 "내가 처음 변명할 때에 나와 함께 한 자가 하나도 없고 다 나를 버렸으나 그들에게 허물을 돌리지 않기를 원하노라"(딤후 4:16)라고 디모데에게 권고한다. 본문의 "처음 변명"(ἐν τῇ πρώτῃ μου ἀπολογίᾳ)은 "처음"이라는 용어가 주는 의미 때문에 바울의 1차 감금 때의 변명을 가리키는 것으로 생각할 수 있다. 유세비우스(Eusebius)는 "그가 죄수로 있는 동안 디모데에게 그의 두 번째 편지를 쓰면서 그는 그의 처음 변호와 그의 임박한 죽음을 언급한다."[206]라고 말함으로 디모데후서 4:16의 "처음 변명"을 제1차 감금 때의 변호를 가리키는 것으로 설명한다. 헨드릭센(Hendriksen)도 "내가 처음 변명할 때에"(딤후 4:16)를 바울의 제1차 감금 때의 변명으로 해석한다.[207] 바울이 언급한 "처음 변명"을 바울의 제1차 감금 기간의 변명으로 해석하는 근거는 바울이 "처음 변명할 때에 나와 함께 한 자가 하나도 없고 다 나를 버렸으나"(딤후 4:16)라고 말했는데 바울은 바로 전 "누가만 나와 함께 있느니라"(딤후 4:11)라고 누가가 그와 함께 있었다고 말했기 때문이라는 것이다. 즉, 디모데후서 4:16과 4:11은 서로 상반된 관계이므로 "처음 변명"을 제2차 감금 기간의 변명으로 생각할 수 없고 따라서 "처음 변명"은 제1차 감금 기간의 변명을 가리킨다고 해석하는 것이다. 그리고 바울이 "내가 사자의 입에서 건짐을 받았느니라"(딤후 4:17)라고 말하고, 이방인들에게 복음을 전파할 수 있게 되었다(딤후

205 John Calvin, *The Second Epistle of Paul The Apostle to the Corinthians and the Epistles to Timothy, Titus and Philemon* (1973), p. 342.

206 Eusebius, *Ecclesiastical History,* book 2, Chapter 22. Cf. Pamphilus Eusebius, *The Ecclesiastical History* (Grand Rapids: Baker, 1977), p. 74.

207 Hendriksen, *Exposition of the Pastoral Epistles* (*NTC*) (1974), p. 326.

4:17)라고 설명하는 것은 바울이 "처음 변명" 후에 제1차 감금에서 풀려난 후 계속적으로 이방인들에게 복음을 전할 수 있었다고 회고하는 것이다(디모데전서와 디도서가 증거가 됨). 이제 바울은 디모데후서를 쓰면서 죽음을 예감하고 천국에 들어갈 때가 되었다(딤후 4:18)라고 쓰고 있다고 해석한다. 그러므로 "처음 변명"(딤후 4:16)은 바울의 제1차 감금기간에 있었던 변명을 가리킨다고 주장한다. 물론 "내가 처음 변명할 때"를 바울이 로마 감옥에 제1차로 감금되었을 때에 있었던 "변호(변명)"로 이해해도 큰 문제는 없다.

하지만 문맥에 비추어 본문에 접근할 때 "처음 변명할 때"(딤후 4:16)의 변명은 바울의 2차 감금 기간에 있었던 변명(변호)을 가리킨다고 해석하는 것이 다 타당하다. 우선 바울은 디모데가 이미 잘 알고 있는 제1차 감금 기간 동안에 있었던 변명을 여기서 언급해야 할 이유가 전혀 없고, 또한 바울이 "처음 변명할 때에 나와 함께 한 자가 하나도 없고 다 나를 버렸다"(딤후 4:16)라고 언급하는데 바울의 제1차 감금 때에는 많은 사람이 바울의 주변에 있었고 바울은 비교적 자유롭게 사람들을 만날 수 있었다는 사실을 생각하면(행 28:16-31) "처음 변명"이 제1차 감금 기간의 변호라고 인정하기에는 설득력이 전혀 없다. 그러므로 바울이 "내가 처음 변명할 때에"라고 말한 것은 그의 제2차 감금 기간의 초창기에 있었던 변호를 가리키는 것으로 이해하는 것이 더 타당하다. 바울은 제2차 감금 기간에 있었던 준비적인 조사 사건을 생각하며 "내가 처음 변명할 때에"라고 설명했다고 사료된다.[208] 바울은 "처음 변명"의 때에 사형을 선고받은 상태는 아니기

---

208 Knight, III, *The Pastoral Epistles: A Commentary on the Greek Text* (1992), p. 469.; White, "The First and Second Epistles to Timothy and the Epistle to Titus," *The Expositor's Greek Testament* (1980), p. 182.; Kelly, *A Commentary on the Pastoral Epistles*

때문에 감옥에 갇혀 있으면서도 이방인들에게 복음을 전할 수 있었고, "사자의 입에서 건짐을 받았느니라"(딤후 4:17)라고 말 할 수 있었다. 바울은 제1차로 로마감옥에 감금되었을 때에도 갇혀 있는 형편에서 하나님의 말씀을 담대히 전했음을 밝힌다(빌 1:12-18). 바울은 제2차 감금 기간에도 같은 마음으로 복음을 전한 것이다.

그러나 바울이 제2차로 로마 감옥에 감금되어 있을 때의 상황은 풍전등화와 같은 상황이라고 할 수 있다. 로마의 황제 네로(Nero, AD 54-68)가 로마시의 대형 화재(AD 64년 7월 19일-24일)를 기독교인들의 탓으로 돌리고 기독교를 불법 종교(religio illicita)로 핍박하는 기간이었으니 바울은 당연히 순교를 예상할 수 있었을 것이다. 그래서 바울은 그의 죽음을 내다보고 "그의 천국에 들어가도록 구원하시리니"(딤후 4:18)라고 쓰고 있는 것이다. 바울은 처음 변명에서 당장 사형에 처해지지는 않을 것을 알았지만(딤후 4:17) 종국에는 죽음이 그를 기다리고 있음을 알고 있었다. 바울은 "허물을 돌리다"(λογισθείη)[209]라는 표현을 부정사 메(μή)와 함께 사용하여 많은 사람들이 바울의 말년에 바울을 떠났지만 그들에게 허물을 돌리지 말라고 디모데에게 부탁하고

(1981), p. 218.; Donald Guthrie, *The Pastoral Epistles* (*Tyndale*) (1990), pp. 186-188.; Köstenberger, *Biblical Theology for Christian Proclamation: Commentary on 1-2 Timothy and Titus* (2017), p. 284.; Jerome Murphy-O'Connor, *Paul: A Critical Life* (1997), p. 360.; William D. Mounce, *Pastoral Epistles: Word Biblical Commentary,* Vol. 46 (2000), pp. 594-595.; Marvin R. Vincent, *Word Studies in the New Testament,* Vol. IV (Grand Rapids: Eerdmans, 1975), p. 328.; A. T. Hanson, *The Pastoral Epistles* (*New Century Bible Commentary*) (1987), pp. 160-161. H. C. G. Moule, *The Second Epistle to Timothy: Short Devotional Studies on the Dying Letter of St. Paul* (Philadelphia: Union, 1905), pp. 168-169.

209 λογισθείη는 "허물을 돌리다" (λογίζομαι)의 단순과거, 수동태, 3인칭, 단수, 희구법이므로 바울은 디모데에게 잘못한 사람 한 사람 한 사람을 나무라지 말도록 권고하고 있는 것이다.

있는 것이다(딤후 4:16). 바울은 그의 죽음 직전까지도 그의 동료들에 대한 배려의 마음을 아끼지 않는다. 이는 예수님께서 그를 십자가에 못 박는 사람들에 대해 "아버지 저들을 사하여 주옵소서 자기들이 하는 것을 알지 못함이니이다"(눅 23:34)라고 말한 말씀을 본받은 것이나 다름없고, 스데반(Stephen)이 돌을 던져 그를 죽게 하는 무리에 대해 "주여 이 죄를 그들에게 돌리지 마옵소서"(행 7:60)라고 용서를 비는 것과 같다.

바울은 주님께서 그에게 힘을 주시어 이방인들에게 하나님의 말씀을 선포하게 하셨을 뿐만 아니라 그를 "사자의 입에서 건져 주셨다"(딤후 4:17)라고 진술한다. 바울이 여기서 사용한 "사자"가 실제 동물을 가리키는지 아니면 상징적으로 사용되었는지 밝힐 필요가 있다. 히브리서 저자가 그들은 "사자들의 입을 막기도 하며"(ἔφραξαν στόματα λεόντων, 히 11:33)라고 말한 것은 구약의 사사(Judges)중 삼손(Samson)이 사자를 죽인 사건을 가리킨다고 생각할 수 있으며(삿 14:5-9), 요한 사도가 "내가 본 짐승은 표범과 비슷하고 그 발은 곰의 발 같고 그 입은 '사자의 입 같은데'"(ὡς στόμα λέοντος, 계 13:2)라고 표현한 것은 그가 본 짐승이 "표범," "곰," "사자"처럼 힘과 능력이 있다는 것을 상징적으로 표현한 것으로 이해할 수 있다. 이상의 두 구절에 등장한 "사자"는 맥락으로 볼 때 그 뜻이 거의 분명하다. 그러면 디모데후서 4:17의 "사자의 입에서"(ἐκ στόματος λέοντος)라는 단수로 된 표현에서 "사자"는 어떤 의미로 이해해야 하는가? 참고로, 사자(λεών)라는 용어는 신약에서 9회 사용되었는데(딤후 4:17; 히 11:33; 벧전 5:8; 계 4:7; 5:5; 9:8, 17; 10:3; 13:2) 바울서신에서는 디모데후서 4:17에서만 유일하게 사용된 용어이다.[210]

어떤 학자는 바울이 "내가 사자의 입에서 건짐을 받았느니라"(딤후 4:17)라고 말한 것은 바울이 사형선고를 받고 원형극장의 사자들에게 찢겨 죽는 그 실제의 사자의 입에서 구원 받았음을 뜻한다고 해석한다. 박윤선 박사도 "내가 사자의 입에서 건짐을 받았느니라"(딤후 4:17)라는 말씀을 "이것은, 바울이 첫 번 갇혔던 옥에서 놓이고 사형(死刑)을 면하게 된 사실을 염두에 둔 말이다. 그 때에 놓이지 못하였더라면, 원형극장(圓形劇場)의 사자에게 던져 죽이는 사형을 받을 뻔한 것이다. 혹설에 여기 '사자의 입'이란 말은, 네로 황제, 혹은 로마 정권, 또 혹은 마귀를 비유한다고도 한다."[211]라고 해석한다. 박윤선 박사의 해석은 "혹설에"를 붙여 다른 의견을 제시하였기 때문에 단정적인 것은 아니지만 본 절의 "사자"를 원형극장의 사자로 생각하는 것은 거의 확실하다. 하지만 바울은 로마제국의 시민권자이기 때문에(행 16:37) 이런 잔악한 사형집행의 대상이 될 수 없다. 바울이 "내가 사자의 입에서 건짐을 받았느니라"(딤후 4:17)라고 말했을 때 그가 원형극장의 사자의 입으로부터 구원받았다고 해석하는 것은 무리가 따른다.

어떤 이는 디모데후서 4:17의 "사자"를 상징적인 의미로 이해하여 로마의 황제를 가리키는 것으로 생각한다. 그 이유는 요세푸스(Josephus)의 기록에 의하면 로마 황제를 "사자"(lion)로 지칭한 예가 나오기 때문이다. 로마제국의 초대 황제 가이사 아구스도(Caesar Augustus, BC 31-AD 14)를 이어 로마제국의 제 2대 황제가 된 자는 가이

210 J. B. Smith, *Greek-English Concordance to the New Testament* (Scottdale: Herald Press, 1974), p. 215 (section 3023).; Cf. W. Michaelis, "λεών," *Theological Dictionary of the New Testament,* Vol. IV (Grand Rapids: Eerdmans, 1973), pp. 251-253.

211 박윤선, 『성경주석: 바울서신』 (1964), pp. 563-564.

사 디베료(Caesar Tiberius, AD 14-37)인데, 그의 통치기간에 세례 요한(John the Baptist)이 활동했고, 예수님의 공생애 기간 3년이 포함된다(마 22:15-22; 눅 3:1-2). 그런데 디베료가 사망했을 때 아그립바(Agrippa) 왕에 의해 자유인이 된 마르시아스(Marsyas)가 디베료의 사망 소식을 아그립바에게 "사자가 사망했다"(The lion is dead.)라고 전한 기록이 나온다.[212] 그리고 유세비우스(Eusebius)는 디모데후서 4:17의 "사자"를 네로(Nero, AD 54-68) 황제를 가리킨다고 말한다.[213] 이처럼 본 구절의 "사자"를 구체적으로는 네로 황제를 가리키는 것으로 해석하고, 일반적으로는 로마제국의 황제를 가리키는 것으로 해석한다. 빈센트(Vincent)는 디모데후서 4:17의 사자는 "원형극장의 사자," "네로"(Nero), "주요 고소인," "유대인들," "악마" 등으로 해석된다고 지적하고, 본 구절의 "사자의 입"은 상징적인 용법으로 "죽음의 위험"을 뜻하는 것이라고 해석한다.[214] 바울은 본 구절에서 "사자"[215]를 상징적인 의미로 사용하여 주께서 그를 죽음의 자리에서 구해주셨다고 말하고 있다.

그리고 바울이 "사자의 입에서 건짐을 받았느니라"(딤후 4:17)라고 말한 것은 구약 시편의 영향도 있었다고 사료된다. 시편은 "나를 사자의 입에서(ἐκ στόματος λέοντος) 구하소서 주께서 내게 응답하시고

---

212 F. Josephus, *The Works of Flavius Josephus*, Vol. IV (Grand Rapids: Baker, 1974), p. 36. (Josephus, *Antiquities of the Jews*, Book 18, Chapter 6, Verse 10).

213 Cf. Eusebius, *The Ecclesiastical History* (Grand Rapids: Baker, 1977), p. 74. (*The Ecclesiastical History*, Book. II, Chapter XXII).

214 Marvin R. Vincent, *Word Studies in the New Testament*, Vol. IV (1975), p. 329.; 참조, Gordon D. Fee, *The First Epistle to the Corinthians* (*NICNT*) (1991), pp. 770-771.

215 C. H. Spurgeon, *The Treasury of David*, Vol. 1 (Welwyn: Evangelical Press, 1978), p. 390. Spurgeon은 "사자"가 사탄(Satan)을 상징한다고 해석한다.

들소의 뿔에서 구원하셨나이다"(시 22:21; 참조, LXX 21:21)라고 읽는다. 이 말씀은 다윗(David)이 주께서 자신을 죽음에서부터 구원해 주셨다는 뜻으로 말한 것이다. 따라서 역사적인 용례나 구약의 용례로 볼 때 바울은 "사자의 입에서 건짐을 받았다"(딤후 4:17)라는 표현을 주께서 자신을 죽음의 자리에서 구원해 주셨다는 의미로 사용했다고 이해하는 것이 가장 설득력이 있고 타당한 해석이다.

바울은 "주께서 나를 모든 악한 일에서 건져 내시고 또 그의 천국에 들어가도록 구원하시리니 그에게 영광이 세세무궁토록 있을지어다 아멘"(딤후 4:18)이라고 말함으로 그의 삶의 결국이 하나님 나라에 들어가는 영광이 될 것임을 확신하고 있다. 클라우니(Clowney)는 "은혜로 설립된 왕국은 은혜로만 확장되고 영광으로 완성된다. 복음은 정치적인 능력에 의해서가 아니요, 성령의 능력으로만 민족들에게 전파된다. 영광과 은혜는 그리스도의 왕국의 의미를 정의한다. 그리스도에게는 영광이 이미 시작되었고, 보좌로부터 오신 그의 성령으로 말미암아 우리는 그 영광을 맛보기 시작한다(롬 14:17)."[216]라고 말함으로 성도들은 그리스도 때문에 하나님 나라의 영광을 이미 맛보았고 완성된 영광을 누리게 될 것임을 분명하게 정리한다. 클라우니는 계속해서 "우리는 앞으로 임하게 될 하나님의 왕국을 기다리면서 성령의 임재로 말미암아 영광에 대한 계약금을 이미 받았다."[217]라고 하며 성도들의 현재의 삶이 하나님 나라 안에서의 삶이라는 사실을 확인한다.

---

216 Clowney, *The Church: Contours of Christian Theology* (1995), p. 188.

217 Clowney, *The Church* (1995), p. 189.

5. 바울의 마지막 인사(딤후 4:19-22)

19 브리스가와 아굴라와 및 오네시보로의 집에 문안하라 20 에라스도는 고린도에 머물러 있고 드로비모는 병들어서 밀레도에 두었노니 21 너는 겨울 전에 어서 오라 으불로와 부데와 리노와 글라우디아와 모든 형제가 다 네게 문안 하느니라 22 나는 주께서 네 심령에 함께 계시기를 바라노니 은혜가 너희와 함께 있을지어다 (딤후 4:19-22, 개역개정)

딤후 4:19-21 바울은 그의 마지막 서신의 마지막 인사에서 "브리스가와 아굴라 및 오네시보로의 집"(딤후 4:19)에 문안을 전한다. 브리스가(Prisca)[218]와 아굴라(Aquila)는 남편과 아내 사이로 여기에서 아내인 브리스가가 먼저 언급되었지만(참조, 롬 16:3; 행 18:18, 26), 남편인 아굴라가 먼저 언급된 곳도 있기 때문에(행 18:2; 고전 16:19) 브리스가가 그의 남편인 아굴라보다 더 믿음이 좋다거나 더 높은 직책을 가진 것으로 해석하는 것은 단순히 가정에 근거하는 것이므로 확실하지 않다.

바울이 제2차 선교여행 중 고린도에 있을 때의 일이다. 브리스가와 아굴라는 로마(Rome)에 거주하고 있었는데 글라우디오(Claudius: AD 41-54) 황제가 모든 유대인들을 로마에서 추방할 때 그들은 고린도에 가서 바울을 만나 생업이 같으므로 바울과 함께 사역하며 깊은 교제를 갖게 되었다(행 18:1-4).[219] 바울이 고린도를 떠날 때 브리스가

218 브리스가 (Prisca)는 브리스길라 (Priscilla)의 지소형으로 브리스길라의 애칭이라 할 수 있다. 신약성경에 사용된 브리스가와 브리스길라는 같은 사람의 이름이다.

219 유대인들을 로마에서 추방한 사건은 Suetonius의 *Life of Claudius*, XXV. 4: "As the Jews

와 아굴라도 바울과 함께 고린도를 떠났으며 바울은 그들을 에베소(Ephesus)에 남겨두고 예루살렘으로 향했다(행 18:18-19). 그리고 바울이 제3차 선교여행 중 고린도(Corinth)에서 로마서를 기록하면서 로마교회의 성도들에게 문안을 전할 때 브리스가와 아굴라에게도 문안을 전한 것을 보면(롬 16:3-5), 브리스가와 아굴라는 바울의 제2차 선교여행과 제3차 전도여행 사이 어느 시기에 다시 로마로 돌아가 로마교회를 섬긴 것으로 사료된다. 로마서의 기록연대는 AD 57년 후반부터 AD 58년 전반부 사이로 추정하기 때문에 글라우디오 황제의 사망연대가 AD 54년인 것을 감안할 때 브리스가와 아굴라의 로마 귀환은 얼마든지 가능하다고 사료된다. 하지만 바울은 지금 로마의 감옥에 제2차로 감금된 상태로 디모데후서를 쓰고 있고, 디모데후서를 받는 디모데는 에베소에 머물러 있기 때문에 브리스가와 아굴라가 어느 시기에 로마에서 다시 에베소로 돌아와 에베소교회를 섬기고 있다고 사료된다.

바울은 오네시보로(Onesiphorus)의 집에도 문안한다(딤후 4:19). 바울은 오네시보로의 집에 관해서 "원하건대 주께서 오네시보로의 집에 긍휼을 베푸시옵소서 그가 나를 자주 격려해 주고 내가 사슬에 매인 것을 부끄러워하지 아니하고 로마에 있을 때에 나를 부지런히 찾아와 만났음이라 (원하건대 주께서 그로 하여금 그날에 주의 긍휼을 입게 하여 주옵소서) 또 그가 에베소에서 많이 봉사한 것을 네가 잘 아느니라"(딤후 1:16-18)라고 이미 디모데에게 설명한 바 있다. 바울은 지금 로마 감옥에 제2차로 감금되어 있는 상태로 디모데후서를 쓰고 있다. 그러

---

were indulging in constant riots at the instigation of Chrestus, he banished them from Rome."의 기록이 증거가 된다. 여기 Chrestus (Χρηστός)는 Christus (Χριστός)를 잘못 표기한 것으로 사료된다.

므로 바울이 편지의 말미에 “오네시보로의 집에 문안하라”(딤후 4:19)라고 문안을 전하면서 개인 오네시보로에 대한 언급 없이 “오네시보로의 집”을 언급한 사실은 오네시보로가 에베소를 떠나 로마에 가서 바울을 만나고 있기 때문이라고 생각할 수 있다(딤후 1:17 참조).

바울은 “에라스도(Erastus)는 고린도에 머물러 있고”(딤후 4:20)라고 설명하는데 누가(Luke)는 사도행전을 쓰면서(AD 61-63) 바로 이 에라스도가 바울이 제3차 선교여행 중 에베소에 있을 때 바울과 함께 있었으며 바울이 디모데와 에라스도를 마게도냐로 보냈다고 전한다(행 19:22). 바울이 약 3년 동안 에베소에서 체류하는 기간은 대략 AD 53-56년 사이였을 것으로 추정한다. 그런데 바울은 고린도에서 AD 57년 후반과 AD 58년 전반 사이에 로마서를 쓰면서 “이 성의 재무관 에라스도와 형제 구아도도 너희에게 문안하느니라”(롬 16:23)라고 언급한 것으로 보아 바울이 로마서를 쓸 당시 에라스도는 바울과 함께 고린도에 있었음이 확실하다. 로마서 16:23에 언급된 에라스도와 사도행전 19:22에 언급된 에라스도가 동일인이라고 인정할 경우 에라스도는 바울의 에베소 체류 당시 바울과 함께 있었으며, 누가가 “디모데와 에라스도를 마게도냐로 보냈다고”(행 19:22) 전한 것처럼 에라스도는 바울이 로마서를 쓸 당시(AD 57년 후반-AD 58년 전반) 고린도에 있었고, 바울은 지금 에베소에 있는 디모데에게 에라스도가 고린도에 머물고 있는 사실을 전하고 있는 것으로 추정된다.

드로비모(Trophimus)는 에베소 사람이었다(행 21:29). 그런데 바울 사도가 제3차 선교여행을 마치고 예루살렘에 도착했을 때 에베소 사람들이 “전에 에베소 사람 드로비모가 바울과 함께 시내에 있음을 보고”(행 21:29)라는 말씀처럼 드로비모는 바울과 함께 동행한 것으로 확인된다. 어쩌면 바울이 제3차 선교여행의 귀환 길에 예루살렘에 오순절 안에 도착하려고 에베소를 지나 밀레도(Miletus)에 잠시 머무를 때 드로비모가 병들어 거기에 남겨둔 것으로 추정할 수 있다. 그래서 바울은 로마의 감옥에서 밀레도와 가까운 에베소에서 교회를 섬기고 있는 디모데에게 "드로비모는 병들어서 밀레도에 두었노니"(딤후 4:20)라고 씀으로 디모데로 하여금 드로비모에 대해 관심을 가져줄 것을 암시하고 있다고 생각할 수 있다.

바울은 또한 에라스도는 고린도에 있고, 드로비모는 밀레도에 있기 때문에 디모데에게 안부를 전할 수 없음을 간접적으로 언급한 것으로 사료된다. 왜냐하면 이 두 사람은 로마에 없었기 때문이다. 우리는 여기서 그의 동료들에 대한 바울의 마음을 들여다 볼 수 있다. 바울은 "으불로(Eubulus)와 부데(Pudens)와 리노(Linus)와 글라우디아(Claudia)와 모든 형제가"(딤후 4:21) 디모데에게 문안을 전한 사실을 기록한다. 으불로와 부데와 리노와 글라우디아 이 네 사람들에 대한 정확한 정보는 확인할 수 없다.[220] 하지만 전설에 의하면 리노는 베드로를 이어 로마의 감독이 되었다고 전한다. 유세비우스(Eusebius)도 이 사실을 확인한다.[221]

로마 감옥에서 순교의 시간을 기다리는 바울에게 동료들이 많지 않았다(딤후 4:10-12 참조). 바울은 디모데의 도움이 필요했다. 그래서

220 Hendriksen, *Exposition of the Pastoral Epistles* (1974), p. 333.

221 Eusebius Pamphilus, *Eusebius' Ecclesiastical History* (Popular Edition) (1977), p. 82. (Book 3, Chapter 3, Verse 1). "After the martyrdom of Paul and Peter, Linus was the first that received the episcopate at Rome. Paul makes mention of him in his epistle from Rome to Timothy, in the address at the close of the epistle, saying, 'Eubulus and Prudens, and Linus, and Claudia, salute thee.'" 참조, Eusebius는 *Ecclesiastical History* (Book 3, Chapter 4, Verse 8)에서 다시 한 번 Linus가 베드로 (Peter)를 이어 첫 번째로 로마의 감독 (episcopate)이었다고 기술한다.

바울은 "너는 어서 속히 내게로 오라"(딤후 4:9)라고 쓰고, "네가 올 때에 마가를 데리고 오라 그가 나의 일에 유익하니라"(딤후 4:11)라고 썼을 뿐만 아니라 "네가 올 때에 내가 드로아 가보의 집에 둔 겉옷을 가지고 오고 또 책은 특별히 가죽 종이에 쓴 것을 가져오라"(딤후 4:13)라고 씀으로 그의 옆에 동료들이 필요했음을 밝힌다. 그런데 편지를 마무리하기 전 다시 한번 "너는 겨울 전에 어서 오라"(딤후 4:21)라고 부탁을 하고 있다. "겨울 전에" 오라는 말은 무슨 뜻인가? 일반적으로 지중해(the Mediterranean)는 그 당시 11월에서 다음 해 3월까지 겨울 동안에는 통과하기 힘들었다. 바울은 자신의 순교의 시간이 임박한 것을 예상하고 디모데에게 속히 로마로 오라고 권고하고 있는 것이다.[222] 그래서 바울은 디모데에게 겨울 전에 올 수 있도록 "최선을 다하라"(Σπούδασον)라고 명령형을 사용하여 부탁한 것이다.

바울의 목회서신은 디모데전서와 디모데후서 그리고 디도서로 구성되어 있다. 그런데 바울은 디모데전서와 디도서에서 동료들과 배신자들의 이름을 언급한 사실과 디모데후서에서 그의 동료들과 배신자들의 이름을 언급한 사실의 빈도에서 너무나 큰 차이를 보인다. 바울은 디모데전서에서 거짓 교사인 후메네오(Hymenaeus)와 알렉산더(Alexander)를 언급하고(딤전 1:20), 본디오 빌라도(Pontius Pilate)를 언급한다(딤전 6:13). 디모데전서에 언급된 사람들의 이름은 빌라도를 포함하여 세 사람이다. 그리고 바울은 디도서에서는 아데마(Artemas)와 두기고(Tychicus)와 세나(Zenas)와 아볼로(Apollos) 네 사람을 언급한다(딛

222 Andreas Köstenberger, *Biblical Theology for Christian Proclamation: Commentary on 1-2 Timothy and Titus* (2017), p. 288.; Hendriksen, *Exposition of the Pastoral Epistles* (1974), p. 332.; Guthrie, *The Pastoral Epistles (Tyndale New Testament Commentaries)* (1990), p. 190.

3:12-13). 그런데 바울은 디모데후서에서 배신자들과 동역자들을 포함하여 25명의 이름을 언급한다. 바울과 복음을 배신한 사람들은 부겔로(Phygelus), 허모게네(Hermogenes), 후메내오(Hymenaeus), 빌레도(Philetus), 데마(Demas), 알렉산더(Alexander) 등 여섯 명이요, 복음을 위해 수고한 바울의 동역자들의 이름은 로이스(Lois), 유니게(Eunice), 얀네(Jannes), 얌브레(Jambres), 그레스게(Crescens), 디도(Titus), 누가(Luke), 마가(Mark), 두기고(Tychicus), 가보(Carpus), 브리스길라(Priscilla), 아굴라(Aquila), 오네시보로(Onesiphorus), 에라스도(Erastus), 드로비모(Trophimus), 으불로(Eubulus), 부데(Pudens), 리노(Linus), 글라우디아(Claudia) 등 열아홉 명이다(딤후 1:5, 15; 2:17; 3:8; 4:10, 11, 12, 13, 14, 19, 20, 21).[223] 바울은 그의 삶이 얼마 남지 않음을 예감하고(참조, 딤후 4:6-8) 믿음의 아들인 사랑하는 디모데에게 경계해야 할 대상들과 함께 복음의 사역을 해야 할 사람들을 알려줌으로 그들에게 감사해야 할 뿐만 아니라 그들과 함께 복음의 사역을 힘차게 해 나갈 수 있도록 하려는 배려에서 나온 생각이라고 사료된다. 바울은 그의 생애 마지막까지 그를 다메섹 도상에서 부르신 예수 그리스도의 뜻을 잊지 않았다. 예수님은 바울을 부르실 때 “이 사람은 내 이름을 이방인과 임금들과 이스라엘 자손들에게 전하기 위하여 택한 나의 그릇이라”(행 9:15)라고 말씀하심으로 바울의 삶이 어떤 삶이 될 것인지를 예고해 두셨다.

223 참조, Andreas Köstenberger, *Biblical Theology for Christian Proclamation: Commentary on 1-2 Timothy and Titus* (2017), pp. 368-369.

딤후 4:22 디모데후서를 마무리하는 축복의 말은 다른 바울서신들의 마지막 축복의 말과 비슷하다. 바울은 디모데전서에서 "은혜가 너희와 함께 있을지어다"(Ἡ χάρις μεθ' ὑμῶν.)라고 마지막 축복을 하고(딤전 6:21), 디도서에서 "은혜가 너희 무리에게 있을지어다"(ἡ χάρις μετὰ πάντων ὑμῶν.)라고 축복을 하며(딛 3:15), 디모데후서에서는 "나는 주께서 네 심령에 함께 계시기를 바라노니 은혜가 너희와 함께 있을지어다"(Ὁ κύριος μετὰ τοῦ πνεύματός σου. ἡ χάρις μεθ' ὑμῶν.)라고 마지막 축복을 한다(딤후 4:22). 바울은 디모데전서와 디도서에서는 "너희"를 복수로 사용하여 짧게 마지막 축복을 한다. 반면 바울은 디모데후서에서는 "나는 주께서 네 심령에 함께 계시기를 바라노니"(딤후 4:22)라고 디모데에게 먼저 축복의 말씀을 전하고, 다음으로 모든 성도들에게 "은혜가 너희와 함께 있을지어다"(딤후 4:22)라고 축복의 말씀을 전한다. 디모데후서의 축복의 말씀은 "네 심령"(τοῦ πνεύματός σου)이라는 단수를 사용하여 디모데를 먼저 격려하고, 후반부는 "너희와 함께"(μεθ' ὑμῶν)라는 복수를 사용하여 디모데후서가 모든 성도들 앞에서 읽혀지기를 원하는 마음으로 축복을 하고 편지를 마친다.

부록

신약성경에서 목회서신에 한 번만 사용된 용어들

(로마서와 목회서신의 비교 대조)*

서언

목회서신 주해를 하면서 필자는 목회사역의 중요성과 다양성을 다시 한번 깨닫게 되었다. 그리고 목회서신의 본문을 심도있게 접하면서 필자는 바울 사도가 그의 다른 서신들과 비교할 때 특별히 목회서신에서 특별한 용어들을 많이 사용했다는 사실을 발견하게 되었다. 그래서 필자는 이 용례들을 일목요연하게 정리하면 성경을 연구하는 성경학도들에게 유익한 참고가 되리라 사료되어 이 작업에 임하게 되었음을 밝혀둔다.

신약성경에는 자주 등장하는 단어가 있는가 하면 단 한번 등장하는 단어도 있다. 메쯔거(Metzger)는 신약성경에서 500회 이상 등장하는 단어로부터 10회 등장하는 단어까지 세밀하게 정리하여 책으로 출판해 주었다. 신학을 공부하는 학생들에게 큰 도움이 되는 책이다(Bruce M. Metzger, *Lexical Aids for Students of New Testament Greek*, Princeton: Theological Book Agency, 1976; 류근상 교수가 2003년에 번역한 번역본 있음, 크리스챤 출판사, 2003). 참고로, 신약성경에 500회 이상 등장하는 단어는 "사람"(ἄνθρωπος), "하나님"(θεός),

* 이 부록 부분은 더 많은 독자들을 위해 신학정론 42권 1호 (2024, 6)에 실린 것으로 허락을 받아 이곳에 다시 소개한다.

"내가 말한다"(λέγω) 등이고, 10회 등장하는 단어는 "책"(βίβλος), "생명"(βίος), "주인 혹은 주님"(δεσπότης), "내가 고백한다"(ἐξομολογέομαι), "거짓말 하는 자"(ψεύστης) 등이다. 메쯔거는 신약성경에 10회 등장하는 단어들까지 정리했지만, 신약성경에 단 한번 등장하는 단어들도 많이 있다.

바울 사도는 그의 서신들에서 단 한번 등장하는 단어들을 자주 사용한다. 특이한 것은 바울 사도가 한 번만 나타나는 용어들을 목회서신(the Pastoral Epistles)에서는 그의 다른 서신들에 비해 예상 밖으로 훨씬 더 많이 사용했다는 사실이다. 우리는 바울 사도가 왜 한번만 등장하는 용어를 목회서신에서 이렇게 많이 사용했을까 묵상해 본다. 이는 삶의 현장을 다루는 목회의 다양한 특성 때문에 자연스럽게 나타난 현상이라고 할 수 있다. 또한 거짓 교사들이 다양한 방법으로 진리를 역행해서 거짓 교훈을 가르치기 때문에 그들의 잘못과 범죄를 지적하기 위해서는 많은 특이한 용어가 필요했다고 사료된다. 이는 바울이 헬라어를 통달하고 있었음을 증거하고 있다. 사람은 자신의 생각을 글로 표현할 때 자신이 알고 있는 언어의 범위를 능가하여 표현할 수 없다. 그런데 바울이 신약성경의 다른 곳에서는 사용되지 않고 목회서신에서 한 번만 사용된 용어를 많이 활용하여 목회서신을 기록한 것은 그의 언어 활용 능력이 그 만큼 탁월하고 광범위했음을 증거하는 것이다.

목회서신에 한 번 등장하는 용어 (hapax legomenon) 정리는 다음에 명기한 세 권의 책을 주로 참조하고 다른 여러 책들을 참조하여 정리했음을 밝힌다. 독자들의 편의를 위해 각 용어 정리를 위해 사용한 페이지와 항목 (section) 번호는 Smith의 책에 사용된 번호임을 밝혀둔다.

(1) J. B. Smith, *Greek-English Concordance to the New Testament* (Scottdale: Herald Press, 1974).

(2) George W. Knight III, *The Pastoral Epistles: A Commentary on the Greek Text* (Carlisle: The Paternoster Press, 1992).

(3) Andreas J. Köstenberger, *Biblical Theology for Christian Proclamation: Commentary on 1-2 Timothy and Titus* (Nashville: Holman Reference, 2017).

1. 로마서에 한 번 등장하는 용어들(총 114개)

바울서신 중 "진주중의 진주"라고 불리는 로마서와 목회서신에 각각 유일하게 사용된 용어의 숫자를 비교하면 여러 가지 생각이 떠오르게 된다. 전체 16장인 로마서에 유일하게 한 번 사용된 용어(hapax legomenon)는 114개이다. 목회서신의 경우는 전체 13장임에도 불구하고 총 163개의 용어가 단 한 번 사용된 용어이다. 특별히 로마서의 절수가 433절이요 목회서신의 절수가 241절(딤전 113절: 딤후 83절: 딛 45절)임을 감안하면 더욱 더 특이하게 보인다. 또한 로마서 16장에 많은 이름들이 나오는데 그 중에 22개의 이름들이 한번 사용된 이름들이다. 이는 이름이기 때문에 한 번만 사용될 가능성이 큰 현상으로 받을 수밖에 없다. 한 번 사용된 이름의 경우를 제외하고 로마서 내에 한번 사용된 용어의 숫자를 계산하면 91개로 줄어든다. 그러므로 목회서신에서 한번 사용된 용어의 총계가 163개라는 점은 더욱 더 특별하게 보인다.

이제 로마서에 한 번 사용된 용어(hapax legomenon)를 Smith (Greek-English Concordance to the New Testament, 1974)의 책을 근거로 보기 쉽게 정리하기로 한다. Smith가 정리한 목록에 의하면 로마서에 전체 114개의 한 번 등장하는 용어가 나온다. 그리고 Smith가 잘못 표기하여 section 2610(롬 11:33: καταγωνίζομαι: defeat, conquer)을 로마서에 등장하는 것으로 처리했으나 이 용어는 원래 히브리서 11:33에 한 번 등장하는 단어(hapax legomenon)인데 Smith가 로마서 11:33에 사용된 것처럼 잘못 처리한 것이다. 그러므로 section 2610은 빼고, Smith가 빠트린 롬 4:1(προπάτορα=forefather)을 보태면 로마서에 한 번 사용된 용어의 수가 전체 114개라고 할 수 있다. 독자들의 편의를 위해 그 용어들을 Smith의 section 번호로 10개씩 구별하여 정리해 본다.

215(롬 8:26: ἀλάλητος: which cannot be ultered), 279(롬 2:5: ἀμετανόητος: impenitent), 291(롬 16:8: 'Αμπλίας: Ampliatus), 356(롬 12:6: ἀναλογία: proportion), 408(롬 16:7: 'Ανδρόνικος: Andronicus), 415(롬 1:31: ἀνελεήμων: unmerciful), 419(롬 11:33: ἀνεξερεύνητος: unsearchable), 440(롬 12:20: ἄνθραξ: coals of fire), 497(롬 7:23: ἀντιστρατεύομαι: war against), 559(롬 16:10: 'Απελλῆς: Apelles)=10개

655(롬 12:9: ἀποστυγέω: abhor), 662(롬 10:20: ἀποτολμάω: be very bold), 685(롬 3:14: ἀρά: cursing), 711(롬 16:10: 'Αριστόβουλος: Aristobulus), 771(롬 15:1: ἀσθένημα: infirmity), 785(롬 3:13: ἀσπίς: asp, vipers), 799(롬 16:14: 'Ασύγκριτος: Asyncritus), 802(롬 1:31:

ἀσύνθετος: covenant breaker), 864(롬 16:19: ἀφικνέομαι: come abroad), 889(롬 3:12: ἀχρειόω: become unprofitable)=10개

1123(롬 2:15: γραπτός: written), 1341(롬 2:5: δικαιοκρισία: righteous judgment), 1387(롬 3:13: δολιόω: use deceit), 1452(롬 13:11: ἐγγύτερον: nearer), 1541(롬 4:19: ἑκατονταέτης: hundred years old), 1572(롬 1:27: ἐκκαίω: burn), 1866(롬 16:5:'Επαίνετος: Epenetus), 1878(롬 15:15: ἐπαναμιμνήσκω: put in mind), 1897(롬 3:30: ἐπείπερ: seeing), 1943(롬 4:7: ἐπικαλύπτω: cover)=10개

1974(롬 15:23: ἐπιποθία: great desire), 2028(롬 2:17: ἐπονομάζω: call oneself), 2035(롬 11:4: ἑπτακισχίλιοι: seven thousand), 2057(롬 16:14: ʽΕρμᾶς: Hermas), 2182(롬 1:30: ἐφευρέτης: inventor), 2267(롬 16:11: ʽΗρωδίων: Herodion), 2273(롬 6:16: ἤτοι: whether), 2305(롬 1:20: θειότης: Godhead), 2319(롬 1:30: θεοστυγής: hater of God), 2339(롬 11:9: θήρα: trap)=10개

2416(롬 2:22: ἱεροσυλέω: commit sacrilege), 2418(롬 15:16: ἱερουργέω: minister), 2432(롬 12:8: ἱλαρότης: cheerfulness), 2437(롬 15:19: 'Ιλλυρικόν: Illyricum), 2456(롬 16:15: 'Ιουλία: Julia), 2458(롬 16:7: 'Ιουνίας: Junias), 2529(롬 1:20: καθοράω: clearly see), 2550(롬 1:29: κακοήθεια: meanness, malignity), 2565(롬 11:24: καλλιέλαιος: good olive tree, cultivated olive tree), 2637(롬 1:30: κατάλαλος: backbiter)=10개

2640(롬 9:27: κατάλειμμα: remnant), 2659(롬 11:8: κατάνυξις: stupor, slumber), 2890(롬 16:23: Κούαρτος: Quartus), 2995(롬 3:13: λάρυγξ: throat), 3005(롬 11:5: λεῖμμα: remnant), 3154(롬 1:21: ματαιόω: be futile, become vain), 3388(롬 16:11: Νάρκισσος: Narcissus), 3417(롬 16:15: Νηρεύς: Nereus), 3448(롬 9:4: νομοθεσία: giving of the law), 3477(롬 11:10: νῶτος: back)=10개

3552(롬 16:15: 'Ολυμπᾶς: Olympas), 3615(롬 1:27: ὄρεξις: lust, lustful passion), 3673(롬 16:9: Οὐρβανος: Urbanus), 3721(롬 7:6: παλαιότης: oldness), 3829(롬 3:25: πάρεσις: remission, passing over), 3869(롬 16:14: Πατρόβας: Patrobas), 3969(롬 16:12: Περσίς: Persis), 3996(롬 11:17: πιότης: richness, fatness), 4010(롬 9:20: πλάσμα: what is molded, thing formed), 4156(롬 3:9: προαιτιάομαι: accuse beforehand, prove before)=10개

4166(롬 3:25: προγίνομαι: happen previously, be past), 4172(롬 11:35: προδίδωμι: give first), 4179(롬 1:2: προεπαγγέλλομαι: promise beforehand), 4184(롬 3:9: προέχομαι: be better off), 4185(롬 12:10: προηγέομαι: outdo, prefer), 4256(롬 11:15: πρόσλημψις: acceptance, receiving); (Smith는 πρόσλημψις를 πρόσληψις로 오기함), 4268(롬 16:2: προστάτις: helper), 4379(롬 9:10: Ῥεβέκκα: Rebecca), 4473(롬 1:25: σεβάζομαι: worship), 4543(롬 2:5: σκληρότης: stubbornness, hardness)=10개

4620(롬 16:9: Στάχυς: Stachys), 4681(롬 11:10: συγκάμπτω: bend, bow down), 4725(롬 11:34: σύμβουλος: counselor), 4737(롬 1:12: συμπαρακαλέω: be mutually encouraged, comfort together), 4752(롬 7:16: σύμφημι: agree with, consent unto), 4754(롬 6:5: σύμφυτος: united with, planted together), 4765(롬 15:30: συναγωνίζομαι: struggle together, strive together with), 4775(롬 15:32: συναναπαύομαι: be refreshed), 4788(롬 8:17: συνδοξάζω: share in another's glory, glorify together), 4813(롬 7:22: συνήδομαι: delight)=10개

4838(롬 3:16: σύντριμμα: ruin, destruction), 4844(롬 8:22: συνωδίνω: suffer great pain together, travail in pain together), 4859(롬 8:22: συστενάζω: groan together), 4889(롬 16:21: Σωσίπατρος: Sosipater), 4960(롬 16:22: Τέρτιος: Tertius), 5012(롬 15:15: τολμηρότερον: rather boldly, the more boldly), 5070(롬 16:12: Τρύφαινα: Tryphena), 5073(롬 16:12: Τρυφῶσα: Tryphosa), 5120(롬 7:2: ὕπανδρος: married, which has an husband), 5141(롬 8:26: ὑπερεντυγχάνω: intercede, make intercession for)=10개

5145(롬 8:37: ὑπερνικάω: be completely victorious, be more than conqueror), 5152(롬 12:3: ὑπερφρονέω: hold too high an opinion of oneself, think more highly), 5167(롬 3:19: ὑπόδικος: guilty), 5175(롬 11:3: ὑπολείπω: leave), 5278(롬 16:15: Φιλόλογος: Philologus), 5287(롬 12:10: φιλόστοργος: devoted, kindly affectioned), 5293(롬 16:14: Φλέγων: Phlegon), 5302(롬 16:1: Φοίβη: Phoebe), 5438(롬

11:4: χρηματισμός: reply from God, answer of God), 5442(롬 16:18: χρηστολογία: smooth talk, good words)=10개

5482(롬 3:7: ψεῦσμα: untruthfulness, lie), 5488(롬 1:29: ψιθυριστής: gossiper, whisperer), 5517(롬 9:25: 'Ωσηέ: Hosea)=3개

지금까지 언급된 로마서에 한 번 등장하는 용어들은 총 113개이다. 그리고 Smith가 그의 책에서 빠트린 롬 4:1: προπάτορα: forefather를 합치면 총계는 114개가 된다.

그리고 Smith가 그의 책 section 2610(롬 11:33: καταγωνίζομαι: defeat, conquer)에서 한번 등장하는 것으로 처리한 καταγωνίζομαι는 실제로 히브리서 11:33에 한번 등장하는 단어(hapax legomenon)이다. 따라서 본 논고에서는 로마서에서 한번 등장하는 숫자의 총계에 이 용어(καταγωνίζομαι)를 넣지 않았음을 밝혀둔다.

2. 디모데전서(First Timothy)에 한 번 등장하는 용어들(총 70개)

이제 목회서신에서 한 번 사용된 용어들을 성경 구절의 배열 순서에 따라 다음과 같이 정리한다. 그 순서는 기록된 연대를 기준으로 디모데전서, 디도서, 디모데후서의 순으로 정리했음을 밝혀둔다.

딤전 1:4의 "ἀπεράντοις" (ἀπέραντος) (끝없는, endless, limitless)는 hapax legomenon이다. p. 31 (section 562).

딤전 1:4의 "ἐκζητήσεις" (ἐκζήτησις) (변론, senseless speculation)는 hapax legomenon이다. ** Smith는 이 용어를 다루지 않았다. Smith의 책, p. 115 참조.

딤전 1:4의 "οἰκοδομίαν" (οἰκοδομία) (훈도, 교화, edifying, edification)은 hapax legomenon이다. p. 244 (section 3520). 그런데 Smith가 다룬 "οἰκοδομίαν"은 D[c] (VI 세기) 사본으로 신빙성이 약하다. 대부분의 현대 헬라어 신약성경은 "οἰκονομίαν" (οἰκονομία) (경륜, 사역, plan, work)을 본문으로 택한다. 그리고 "οἰκονομίαν"은 디모데전서 1:4을 포함할 경우 신약성경에서 8회 등장한다. ** Smith (op. cit. p. 245; section 3522)는 "οἰκονομία"가 7회 등장한 것으로 처리했으나 그 이유는 딤전 1:4을"οἰκοδομίαν"으로 처리했기 때문이다.

딤전 1:6의 "ματαιολογίαν" (ματαιολογία) (헛된 말, empty talk, vain jangling)은 hapax legomenon이다. p. 222 (section 3150).

딤전 1:9의 "πατρολῴαις" (πατρολῴας) (아버지를 죽이는 자, killer of one's father)는 hapax legomenon이다. p. 283 (section 3864). 참조, "πατρολῴαις"는 "πατραλῴαις"로도 쓰인다.

딤후 1:9의 "μητρολῴαις" (μητρολῴας) (어머니를 죽이는 자, killer of one's mother)는 hapax legomenon이다. p. 233 (section 3289). 참조, "μητρολῴαις"는 "μητραλῴαις"로도 쓰인다.

딤전 1:9의 "ἀνδροφόνοις" (ἀνδροφόνος) (살인하는 자, murderer)는 hapax legomenon이다. p. 23 (section 409).

딤전 1:10의 "ἀνδραποδισταῖς" (ἀνδραποδιστής) (인신매매하는 자, kidnapper)는 hapax legomenon이다. p. 23 (section 405).

딤전 1:10의 "ἐπιόρκοις" (ἐπίορκος) (거짓 맹세하는 자, 거짓말 하는 자, perjurer)는 hapax legomenon이다. p. 144 (section 1965).

딤전 1:13의 "διώκτην" (διώκτης) (박해자, persecutor)는 hapax legomenon이다. p. 91 (section 1376).

딤전 1:14의 "ὑπερεπλεόνασεν" (ὑπερπλεονάζω) (넘치도록 풍성하다, overflow, by exceeding abundant)는 hapax legomenon이다. p. 359 (section 5150).

딤전 2:2의 "ἤρεμον" (ἤρεμος) (고요하고, 평화로운, peaceful, quiet)는 hapax legomenon이다. p. 168 (section 2263).

딤전 2:6의 "ἀντίλυτρον"(대속물, ransom)은 hapax legomenon이다. p. 27 (section 487).

딤전 2:9의 "πλέγμασιν" (πλέγμα) (땋은 머리, elaborate hairstyle, broidered hair)는 hapax legomenon이다. p. 293 (section 4017).

딤전 2:9의 “καταστολῇ”(καταστολή)(옷을 입는 방식, manner of dress, apparel)는 hapax legomenon이다. p. 199 (section 2689).

딤전 2:10의 “θεοσέβειαν” (θεοσέβεια) (하나님을 경외함, 종교적임, godliness, religion)은 hapax legomenon이다. p. 174 (section 2317).

딤전 2:12의 “αὐθεντεῖν” (αὐθεντέω) (주관하는, rule over, have authority over)는 hapax legomenon이다. p. 46 (section 831).

딤전 2:15의 “τεκνογονίας” (τεκνογονία) (해산함으로, bearing of children)는 hapax legomenon이다. p. 339 (section 4942).

딤전 3:6의 “νεόφυτον” (νεόφυτος) (새로 입교한, recently converted)은 hapax legomenon이다. p. 238 (section 3404).

딤전 3:8의 “διλόγους” (δίλογος) (일구이언, double tongued, insincere)는 hapax legomenon이다. p. 90 (section 1351).

딤전 3:13의 “βαθμόν”(βαθμός) (지위, standing)은 hapax legomenon이다. p. 60 (section 898).

딤전 3:15의 “ἑδραίωμα”(터, ground)는 hapax legomenon이다. p. 99 (section 1477).

딤전 3:16의 "ὁμολογουμένως"(그렇지 않다 하다, 부인할 수 없다, undeniably)는 hapax legomenon이다. p. 247 (section 3572).

딤전 4:1의 "ῥητῶς"(밝히, 특별히, especially)는 hapax legomenon이다. p. 316 (section 4390).

딤전 4:1의 "ὑστέροις" (ὕστερος) (후일에, 마지막 때에, last, latter)는 hapax legomenon이다. p. 362 (section 5206).

딤전 4:2의 "κεκαυστηριασμένων"(καυστηριάζω) (화인을 맞아, sear with a hot iron, sear)은 hapax legomenon이다. Smith, p. 200 (section 2743). ** 참조, Smith (op. cit., p. 200)가 사용한 καυτηριάζω는 철자에 시그마(σ)가 빠진 오류이며 정확한 용어는 καυστηριάζω가 맞다.

딤전 4:2의 "ψευδολόγων" (ψευδολόγος) (거짓말 하는 자들, speaking lies)은 hapax legomenon이다. p. 376 (section 5473).

딤전 4:3의 "μετάλημψιν" (μετάληψις)(받을 것, receiving)은 hapax legomenon이다. p. 228 (section 3236).

딤전 4:4의 "ἀπόβλητον" (ἀπόβλητος) (버릴 것, rejected)은 hapax legomenon이다. p.34 (section 579).

딤전 4:6의 "ἐντρεφόμενος" (ἐντρέφω) (양육을 받는다, nourish on)는 hapax legomenon이다. p. 132 (section 1789).

딤전 4:7의 "γραώδεις" (γραώδης) (허탄한, 어리석은, silly)는 hapax legomenon이다. p. 75 (section 1126).

딤전 4:8의 "γυμνασία"(연단, training)는 hapax legomenon이다. p. 75 (section 1129).

딤전 4:10의 "σωτὴρ πάντων ἀνθρώπων" (모든 사람들의 구주, the Savior of all men)는 표현은 디모데전서 4:10에서 유일하게 사용된(hapax legomenon) 구절이다. 개별 단어가 아니기 때문에 Smith는 취급하지 않았다.

딤전 5:1의 "ἐπιπλήξῃς" (ἐπιπλήσσω) (꾸짖다, rebuke)는 hapax legomenon이다. p. 144 (section 1969).

딤전 5:2의 "πρεσβυτέρας" (πρεσβυτέρα) (늙은 여자, older women)는 hapax legomenon이다. p. 303 (section 4145b).

딤전 5:4의 "ἔκγονα" (ἔκγονος) (손자, 조카, grandchild, nephew)는 hapax legomenon이다. p. 114 (section 1549).

딤전 5:4의 "ἀμοιβάς"(ἀμοιβή) (보답, repayment)은 hapax legomenon이다. p. 17 (section 287).

딤전 5:5의 "μεμονωμένη"(μονόω)(외로운, be left all alone)는 hapax legomenon이다. p. 236 (section 3343).

딤전 5:9의 "καταλεγέσθω"(καταλέγω)(명부에 올릴, enroll)는 hapax legomenon이다. p. 197 (section 2639).

딤전 5:10의 "ἐτεκνοτρόφησεν"(τεκνοτροφέω)(자녀를 양육하며, bring up children)은 hapax legomenon이다. p. 340 (section 4944).

딤전 5:10의 "ἐξενοδόχησαν"(ξενοδοχέω)(나그네를 대접하며, show hospitality)은 hapax legomenon이다. p. 241 (section 3480).

딤전 5:11의 "καταστρηνιάσωσιν"(καταστρηνιάω)(강한 정욕을 가지다, have strong desires)은 hapax legomenon이다. p. 199 (section 2691).

딤전 5:12의 "τὴν πρώτην πιστιν" (처음 믿음, the first pledge)도 신약에서 이곳에서만(hapax legomenon) 나타난다.

딤전 5:13의 "φλύαροι"(φλύαρος) (쓸데없는 말, gossips)는 hapax legomenon이다. p. 367 (section 5297).

딤전 5:14의 "τεκνογονεῖν"(τεκνογονέω)(아이를 낳고, have children)은 hapax legomenon이다. p. 339 (section 4941).

딤전 5:14의 "οἰκοδεσποτεῖν"(οἰκοδεσποτέω)(집을 다스리고, run the household)은 hapax legomenon이다. p. 244 (section 3516).

딤전 5:21의 "προκρίματος"(πρόκριμα)(편견, prejudice)는 hapax legomenon이다. p. 306 (section 4199).

딤전 5:21의 "πρόσκλισιν"(πρόσκλισις)(불공평, favoritism, partiality)은 hapax legomenon이다. p. 310 (section 4246).

딤전 5:23의 "ὑδροπότει" (ὑδροποτέω) (물을 마시다, drink water)는 hapax legomenon이다. p. 353 (section 5102).

딤전 5:23의 "στόμαχον" (στόμαχος) (위장, 복부, stomach)는 hapax legomenon이다. p. 326 (section 4651).

딤전 5:25의 "ἄλλως"(그렇지 아니한 것, otherwise)는 hapax legomenon이다. p. 14 (section 247).

딤전 6:4의 "νοσῶν"(νοσέω)(불건전한 것을 좋아하다, 노망하다, unhealthy craving, dote)은 hapax legomenon이다. p. 240 (section 3452).

딤전 6:4의 "λογομαχίας" (λογομαχία) (언쟁, quarrel about words, strife of words)는 hapax legomenon이다. p. 216 (section 3055).

딤전 6:4의 "ὑπόνοιαι"(ὑπόνοια)(의심, 악한생각, suspicion)는 hapax legomenon이다. p. 361 (section 5183).

딤전 6:5의 "διαπαρατριβαί" (διαπαρατριβή) (다툼이 일다, constant friction, constant irritation)는 hapax legomenon이다. ** 참조, Smith (op. cit., p. 274)는 διαπαρατριβή 대신 παραδιατριβή (useless occupation: textus receptus: 사본 상 지원이 약함)를 다루었다. διαπαρατριβή가 더 좋은 사본들의 지지를 받는다.

딤전 6:8의 "διατροφάς"(διατροφή) (음식, 먹을 것, food, sustenance)는 hapax legomenon이다. p. 86 (section 1305).

딤전 6:8의 "σκεπάσματα"(σκέπασμα) (옷, 입을 것, clothing)는 hapax legomenon이다. p. 321 (section 4529).

딤전 6:9의 "βλαβεράς"(βλαβερός) (해로운, harmful, injurious)는 hapax legomenon이다. p. 64 (section 983).

딤전 6:10의 "φιλαργυρία"(돈을 사랑함, love of money)는 hapax legomenon이다. p. 366 (section 5265).

딤전 6:10의 "περιέπειραν"(περιπείρω) (찌르다, pierce through)는 hapax legomenon이다. p. 288 (section 3944).

딤전 6:11의 "πραϋπαθίαν" (πραϋπάθεια) (온유, gentleness)는 hapax legomenon이다. Smith는 이 용어를 다루지 않았다.

딤전 6:16의 "ἀπρόσιτον"(ἀπρόσιτος) (가까이 가지 못할, unapproachable)은 hapax legomenon이다. p. 39 (section 676).

딤전 6:17의 "ὑψηλοφρονεῖν"(ὑψηλοφρονέω)(마음을 높이다. 거만하다, to be proud, be arrogant)은 hapax legomenon이다. Smith, p. 363 (section 5209). ** Smith (op. cit., p. 363)는 본 단어가 로마서 11:20에 등장하는 것으로 처리했으나 UBS판 헬라어 성경에는 나타나지 않는다.

딤전 6:17의 "ἀδηλότητι" (ἀδηλότης) (정함이 없는, 불확실한, uncertainty)는 hapax legomenon이다. p. 5 (section 83).

딤전 6:18의 "ἀγαθοεργεῖν" (ἀγαθοεργέω) (선을 행하다, do good)는 hapax legomenon이다. p. 1 (section 14).

딤전 6:18의 "εὐμεταδότους" (εὐμετάδοτος) (나누어 주기를 좋아함, to be generous, ready to distribute)는 hapax legomenon이다. p. 158 (section 2130).

딤전 6:18의 "κοινωνικούς"(κοινωνικός) (너그럽게 행동하는, 나누어 쓰기를 기뻐하는, willing to share)는 hapax legomenon이다. p. 205 (section 2843).

딤전 6:19의 "ἀποθησαυρίζοντας"(ἀποθησαυρίζω) (쌓아 올리다, storing up, lay up as a treasure)는 hapax legomenon이다. p. 34 (section 597).

딤전 6:20의 "ἀντιθέσεις"(ἀντίθεσις)(반론, contradiction, opposing arguments)는 hapax legomenon이다. p. 27 (section 477).

딤전 6:20의 "ψευδωνύμου"(ψευδώνυμος) (거짓된, falsely called)는 hapax legomenon이다. p. 377 (section 5481).

3. 디도서(Titus)에 한 번 등장하는 용어들(총 34개)

딛 1:2의 "ἀψευδής"(거짓이 없으신, who cannot lie)는 hapax legomenon이다. p. 60 (section 893).

딛 1:5의 "ἐπιδιορθώσῃ"(ἐπιδιορθόω)(정리하다, put in order)는 hapax legomenon이다. p. 143 (section 1930).

딛 1:7의 "ὀργίλον"(ὀργίλος) (급히 분내다, quick-tempered)은 hapax legomenon이다. p. 251 (section 3611).

딛 1:8의 "φιλάγαθον"(φιλάγαθος) (선행을 좋아하며, loving what is good)는 hapax legomenon이다. p. 365 (section 5258).

딛 1:8의 "ἐγκρατῆ"(ἐγκρατής) (절제하며, self-controlled, disciplined)는 hapax legomenon이다. p. 99 (section 1468).

딛 1:10의 "ματαιολόγοι"(ματαιολόγος)(헛된 말, empty talker, vain talker)는 hapax legomenon이다. p. 222 (section 3151).

딛 1:10의 "φρεναπάται" (φρεναπάτης) (속이는 자들, deceivers)는 hapax legomenon이다. p. 368 (section 5323).

딛 1:11의 "ἐπιστομίζειν" (ἐπιστομίζω) (입을 막다. 조용하게 하다, silence, stop the mouth)는 hapax legomenon이다. p. 145 (section 1993).

딛 1:14의 "Ἰουδαϊκοῖς" (유대인의, Jewish)는 hapax legomenon이다. p. 180 (section 2451).

딛 1:11의 "αἰσχροῦ" (αἰσχρός) (더러운, dishonest, filthy)는 hapax legomenon이다. p. 8 (section 150).

딛 1:16의 "βδελυκτοί"(βδελυκτός) (가증한 자, abominable and detestable)는 hapax legomenon이다. p. 63 (section 947).

딛 2:2의 "νηφαλίους" (νηφάλιος) (자제하며, 절제하며, sober, temperate)는 hapax legomenon이다. p. 239 (section 3424b).

딛 2:3의 "πρεσβύτιδας" (πρεσβῦτις) (늙은 여자, older woman)는 hapax legomenon이다. p. 303 (section 4147).

딛 2:3의 "καταστήματι"(κατάστημα) (행실, behavior)는 hapax legomenon이다. p. 199 (section 2688).

딛 2:3의 "ἱεροπρεπεῖς" (ἱεροπρεπής) (거룩하며, reverent, as becomes holiness)는 hapax legomenon이다. p. 178 (section 2412).

딛 2:3의 "καλοδιδασκάλους"(καλοδιδάσκαλος) (선한 것을 가르치는 자들, teaching what is good)는 hapax legomenon이다. p. 191 (section 2567).

딛 2:4의 "σωφρονίζωσιν"(σωφρονίζω) (교훈하다, 격려하다, train, encourage, urge)은 hapax legomenon이다. p. 336 (4894).

딛 2:4의 "φιλάνδρους"(φίλανδρος)(남편을 사랑하며, love their husbands)는 hapax legomenon이다. p. 366 (section 5262).

딛 2:4의 "φιλοτέκνους" (φιλότεκνος) (자녀를 사랑하며, loving one's children)는 hapax legomenon이다. p. 366 (section 5288).

딛 2:5의 "οἰκουργούς" (οἰκουργός) (집안 일을 하며, working at home, devoted to home duties)는 hapax legomenon이다. Smith, p. 245 (section 3526). 사본에 따라 철자에 차이가 있는데 Smith는

οἰκουργός (working at home) 대신 οἰκουρός (staying at home)를 택했다.

딛 2:7의 "ἀφθορίαν" (ἀφθορία) (부패하지 아니함, integrity, soundness)는 hapax legomenon이다. Smith는 이 용어를 다루지 않고 대신 더 빈약한 사본의 지지를 받는 ἀδιαφθορία (교리의 진정성, genuineness of doctrine)를 다루었다 (참고, Smith, p. 5 (section 90)).

딛 2:8의 "ἀκατάγνωστον"(ἀκατάγνωστος) (책망할 것이 없는, above criticism, beyond reproach)은 hapax legomenon이다. p. 10 (section 176).

딛 2:11의 "σωτήριος" (구원을 주시는, bringing salvation)는 hapax legomenon이다. p. 336 (section 4892b).

딛 2:12의 "σωφρόνως" (신중함, soberly)는 hapax legomenon이다. p. 336 (section 4896).

딛 2:14의 "περιούσιον" (περιούσιος) (특별한, 귀중한, special, peculiar)은 hapax legomenon이다. p. 288 (section 3941).

딛 2:15의 "περιφρονείτω" (περιφρονέω) (경시하다, 업신여기다, disrespect, despise)는 hapax legomenon이다. p. 289 (section 3965).

딛 3:3의 "στυγητοί" (στυγητός) (가증스러운 자, 증오하는 자, hated, hateful)는 hapax legomenon이다. p. 327 (section 4667).

딛 3:8의 "φροντίζωσιν" (φροντίζω) (조심하다, 집중하다, be careful, concentrate upon)는 hapax legomenon이다. p. 368 (section 5331).

딛 3:10의 "αἱρετικόν" (αἱρετικός) (이단에 속한, causing division, heretic)는 hapax legomenon이다. p. 7 (section 141).

딛 3:11의 "ἐξέστραπται" (ἐκστρέφω) (부패하다, be corrupt, turn to something evil)는 hapax legomenon이다. p. 118 (section 1612).

딛 3:11의 "αὐτοκατάκριτος" (스스로 정죄하는, self-condemned)는 hapax legomenon이다. p. 46 (section 843).

딛 3:12의 "'Αρτεμᾶν" ('Αρτεμάς) (아데마, Artemas)는 hapax legomenon이다. p. 41 (section 734).

딛 3:12의 "Νικόπολιν" (Νικόπολις) (니고볼리, Nicopolis)은 hapax legomenon이다. p. 239 (section 3433).

딛 3:13의 "Ζηνᾶν" (Ζηνᾶς) (세나, Zenas)는 hapax legomenon이다. p. 163 (section 2211).

4. 디모데후서(Second Timothy)에 한 번 등장하는 용어들(총 59개)

딤후 1:5의 "μάμμῃ" (μάμμη) (외조모, grandmother)는 hapax legomenon이다. p. 221 (section 3125).

딤후 1:5의 "Λωΐδι" (Λωΐς) (로이스, Lois)는 hapax legomenon이다. p. 219 (section 3090).

딤후 1:5의 "Εὐνίκῃ" (유니게, Eunice)는 hapax legomenon이다. p. 158 (section 2131).

딤후 1:6의 "ἀναζωπυρεῖν" (ἀναζωπυρέω) (불일 듯 하게 하다, rekindle, stir into flame)은 hapax legomenon이다. p. 20 (section 329).

딤후 1:7의 "δειλίας" (δειλία) (두려워하는, timidity, fear)는 hapax legomenon이다. p. 78 (section 1167).

딤후 1:7의 "σωφρονισμοῦ" (σωφρονισμός) (절제하는 마음, self-control, sound mind)는 hapax legomenon이다. p. 336 (section 4895).

딤후 1:8의 "συγκακοπάθησον" (συγκακοπαθέω) (함께 고난 받다, be partaker of affliction)은 hapax legomenon이다. Smith, p. 327 (section 4677). Smith는 이 용어를 딤후 1:8에 한번 등장하는 hapax legomenon으로 처리하였으나, 실상은 이 용어가 딤후 2:3에도 한

번 더 등장함으로 hapax legomenon의 용어로 처리하는 것에는 무리가 따른다.

딤후 1:12의 "παραθήκην" (παραθήκη) (의탁한 것, what is entrusted to one's care)는 hapax legomenon이다. Smith, p. 275 (section 3766). Smith는 "παραθήκην"을 hapax legomenon으로 처리했으나 이 용어는 딤전 6:20과 딤후 1:14에 한 번씩 더 사용된 용어이다.

딤후 1:15의 "Φύγελος" (부겔로, Phygelus)는 hapax legomenon이다. p. 368 (section 5336). ** Smith (op. cit., p. 368)는 Φύγελλος (textus receptus)를 택하여 제시함.

딤후 1:15의 "Ἑρμογένης" (허모게네, Hermogenes)는 hapax legomenon이다. p. 150 (section 2061).

딤후 1:16의 "ἀνέψυξεν" (ἀναψύχω) (격려하다, refresh, reviving)은 hapax legomenon이다. p. 23 (section 404).

딤후 1:17의 "σπουδαίως" (부지런히, eagerly, very diligently)는 hapax legomenon이다. Smith, p. 325 (section 4606). ** Smith (op. cit., p. 325)는 비교급인 σπουδαιότερον을 사용하여 신약성경에서 1회 언급된 것으로 처리하였으나 같은 비교급 용어가 빌 2:28에도 나타난다.

딤후 1:18의 "βέλτιον" (βελτίων) (잘, well, very well)은 hapax legomenon이다. p. 64 (section 957).

딤후 2:4의 "πραγματείαις" (πραγματεῖαι) (생활에 얽매이다, pursuits, undertakings)는 hapax legomenon이다. p. 303 (section 4130).

딤후 2:4의 "στρατολογήσαντι" (στρατολογέω) (병사로 모집하다, enlist (someone) as a soldier)는 hapax legomenon이다. p. 327 (section 4658).

딤후 2:5의 "ἀθλῇ" (ἀθλέω) (경주하다, compete (as an athlete), compete in a contest)는 hapax legomenon이다. p. 7 (section 118).

딤후 2:14의 "λογομαχεῖν" (λογομαχέω) (말다툼을 하다, quarrel about words, to dispute about words)은 hapax legomenon이다. p. 216 (section 3054).

딤후 2:14의 "χρήσιμον" (χρήσιμος) (가치 있는, value, useful)은 hapax legomenon이다. p. 374 (section 5439).

딤후 2:15의 "ἀνεπαίσχυντον" (ἀνεπαίσχυντος) (부끄러울 것이 없는, with no need to be ashamed)은 hapax legomenon이다. p. 24 (section 422).

딤후 2:15의 "ὀρθοτομοῦντα" (ὀρθοτομέω) (옳게 분별하다, 바르게 자르다, rightly divide, use correctly)는 hapax legomenon이다. p. 251 (section 3618).

딤후 2:17의 "γάγγαινα" (악성 종양, gangrene, canker)는 hapax legomenon이다. p. 67 (section 1044).

딤후 2:17의 "Φιλητός" (빌레도, Philetus)는 hapax legomenon이다. p. 366 (section 5272).

딤후 2:19 "τοί" 또는 "μέντοι" (그러나, 진정으로, but, actually)는 hapax legomenon이다. Smith, p. 344 (section 5004). ** UBS판 헬라어 성경은"μέντοι"를 본문으로 처리하였으나 Smith (op. cit., p. 344)는 "τοί"를 선택하여 제시했는데 그 이유는 "μέντοι"가 신약 여러 곳에서(약 2:8; 요 4;27; 7:13; 20:5; 21:4) 등장하기 때문일 것으로 사료된다.

딤후 2:22의 "νεωτερικάς" (νεωτερικός) (청년의, youthful)는 hapax legomenon이다. p. 239 (section 3412).

딤후 2:23의 "ἀπαιδεύτους" (ἀπαίδευτος) (무식한, 바보 같은, stupid, unlearned)는 hapax legomenon이다. p. 29 (section 521).

딤후 2:24의 "ἀνεξίκακον" (ἀνεξίκακος) (참으며, patient)는 hapax legomenon이다. p. 24 (section 420).

딤후 2:25의 "ἀντιδιατιθεμένους" (ἀντιδιατίθημι) (거역하는 자들, 반대하는 자들, the opponents)는 hapax legomenon이다. Smith, p. 27 (section 475). **Smith는 ἀντιδιατίθημαι로 정리했다.

딤후 2:26의 "ἀνανήψωσιν" (ἀνανήφω) (정신 차려서 벗어나다, regain one's senses, recover one's self)는 hapax legomenon이다. p. 21 (section 366).

딤후 3:2의 "φίλαυτοι" (φίλαυτος) (자기를 사랑하는 자, lover of own self)는 hapax legomenon이다. p. 366 (section 5267).

딤후 3:3의 "ἄσπονδοι" (ἄσπονδος) (원통함을 풀지 아니하며, unforgiving, irreconcilable)는 hapax legomenon이다. Smith는 ἄσπονδος를 롬 1:31에 등장한 ἀσυνθέτους (covenant breaker) (hapax legomenon)의 동의어로 취급하여 hapax legomenon으로 다루지 않았다.

딤후 3:3의 "ἀκρατεῖς" (ἀκρατής) (절제하지 못하다, lacking self-control)는 hapax legomenon이다. p. 11 (section 193).

딤후 3:3의 "ἀνήμεροι" (ἀνήμερος) (사나우며, brutal, fierce)는 hapax legomenon이다. p. 24 (section 434).

딤후 3:3의 "ἀφιλάγαθοι" (ἀφιλάγαθος) (선한 것을 좋아하지 않다, hating what is good)는 hapax legomenon이다. p. 59 (section 865).

딤후 3:4의 "φιλήδονοι" (φιλήδονος) (쾌락을 사랑하는 자, lover of pleasure)는 hapax legomenon이다. p. 366 (section 5269).

딤후 3:4의 "φιλόθεοι" (φιλόθεος) (하나님을 사랑하는 자, Lover of God)는 hapax legomenon이다. p. 366 (section 5277).

딤후 3:5의 "ἀποτρέπου" (ἀποτρέπω) (피하라, 돌아서라, avoid, turn away from)는 hapax legomenon이다. p. 38 (section 665).

딤후 3:6의 "ἐνδύνοντες" (ἐνδύνω) (들어가다, 가만히 들어가다, enter by deception, creeping in)는 hapax legomenon이다. p. 130 (section 1744).

딤후 3:6의 "γυναικάρια" (γυναικάριον) (약한 여자, 어리석은 여자, weak woman, little woman)는 hapax legomenon이다. p. 75 (section 1133).

딤후 3:7의 "μηδέποτε" (결코 아니다, never at all, never)는 hapax legomenon이다. p. 232 (section 3268).

딤후 3:8의 "Ἰάννης" (얀네, Jannes)는 hapax legomenon이다. p. 177 (section 2389).

딤후 3:8의 "Ἰαμβρῆς" (얌브레, Jambres)는 hapax legomenon이다. p. 177 (section 2387).

딤후 3:9의 "ἔκδηλος" (드러날 것임, 분명해질 것임, manifest, clearly evident)는 hapax legomenon이다. p. 114 (section 1552).

딤후 3:10의 "ἀγωγῇ" (ἀγωγή) (행실, 행동, conduct)는 hapax legomenon이다. p. 4 (section 72).

딤후 3:13의 "γόητες" (γόης) (속이는 자들, sorcerer, imposter)는 hapax legomenon이다. p. 74 (section 1114).

딤후 3:14의 "ἐπιστώθης" (πιστόω) (확신하다, firmly believe, have become convinced of)는 hapax legomenon이다. p. 292 (section 4004).

딤후 3:16의 "θεόπνευστος" (하나님의 감동으로 된, God-breathed, inspired by God)는 hapax legomenon이다. p. 172 (section 2315).

딤후 3:16의 "ἐλεγμόν" (ἐλεγμός) (책망, 잘못을 지적함, refutation of error, rebuke)은 hapax legomenon이다. Smith, p. 120 참조. ** Smith (op. cit., p. 120 (section) 1650)는 ἔλεγχος로 처리하여 ἐλεγμός는 다루지 않았다. ἐλεγμός가 더 좋은 사본들의 지지를 받고 있다.

딤후 3:16의 "ἐπανόρθωσιν" (ἐπανόρθωσις) (바르게 함, 교정함, correcting faults, correcting right)은 hapax legomenon이다. p. 137 (section 1882).

딤후 3:17의 "ἄρτιος" (완전하며, perfect, fully qualified)는 hapax legomenon이다. p. 42 (section 739).

딤후 4:2의 "ἀκαίρως"(좋지 않은 때에도, out of season, when it's not popular)는 hapax legomenon이다. p. 10 (section 171).

딤후 4:3의 "ἐπισωρεύσουσιν" (ἐπισωρεύω) (많이 두다, 축적하다, accumulate, heap up)은 hapax legomenon이다. p. 146 (section 2002).

딤후 4:3의 "κνηθόμενοι" (κνήθω) (가렵다, 귀가 가렵다, feel an itching (the ear))는 hapax legomenon이다. p. 204 (section 2833).

딤후 4:6의 "ἀναλύσεως" (ἀνάλυσις) (떠날 시각, 죽음, departure, death)는 hapax legomenon이다. p. 21 (section 359).

딤후 4:10의 "Κρήσκης" (그레스게, Crescens)는 hapax legomenon이다. p. 208 (section 2913).

딤후 4:13의 "φαιλόνην" (φαιλόνης) (겉옷, cloak, outer garment)는 hapax legomenon이다. Smith, p. 364 (section 5241). **Smith (op. cit. p. 364)는 φελόνης로 처리하였다. φαιλόνης가 더 좋은 사본들의 지지를 받는다.

딤후 4:13의 "Κάρπῳ" (Κάρπος) (가보, Carpus)는 hapax legomenon이다. p. 192 (section 2591).

딤후 4:13의 "μεμβράνας" (μεμβράνα) (가죽 종이, 양피지, parchment)는 hapax legomenon이다. p. 224 (section 3200).

딤후 4:14의 "χαλκεύς" (구리 세공업자, coppersmith)는 hapax legomenon이다. p. 371 (section 5371).

딤후 4:21의 "Εὔβουλος" (으불로, Eubulus)는 hapax legomenon 이다. p. 156 (section 2103).

딤후 4:21의 "Πούδης" (부데, Pudens)는 hapax legomenon이다. p. 302 (section 4127).

딤후 4:21의 "Λῖνος" (리노, Linus)는 hapax legomenon이다. p. 216 (section 3044).

딤후 4:21의 "Κλαυδία"(글라우디아, Claudia)는 hapax legomenon이다. p. 203 (section 2803).

5. 목회서신에 한 번 등장하는 용어로 예외적인 경우 (3개)

다음의 세 단어 μητρόπολις, Πακατιανός, Νέρων은 성경본문에는 나타나지 않은 예외적인 hapax legomenon이다. 다만 King James Version (AV)이 디모데전서 말미에 "The first to Timothy was written from Laodicea, which is the *chiefest city* of Phrygia

Pacatiana."라는 설명과 함께 μητρόπολις와 Πακατιανός의 두 단어를 사용한다. Smith는 성경 구절을 언급하지 않고 "subscript"라는 용어를 사용하여 다음과 같이 처리했다.

3290　μητρόπολις, chiefest city
딤전　subscript (p. 233)

3718　Πακατιανός, Pacatian
딤전　subscript (p. 271)

같은 방법으로 King James Version (AV)은 디모데후서 말미에 "The second epistle unto Timotheus, ordained the first bishop of the church of the Ephesians, was written from Rome, when Paul was brought before *Nero* the second time."이라는 문장과 함께 다음의 용어 Νέρων을 사용한다. Smith는 성경구절 언급 없이 다음과 같이 처리했다.

3405　Νέρων, Nero
딤후　subscript (p. 238)

정리하는 말

성경은 참으로 신묘(神妙)한 책이다. 하나님이 신묘하신 존재이시기에 하나님의 말씀에도 그런 특성이 깃들어 있는 것은 어쩌면 당연한 것이리라 사료된다. 그러므로 인간의 지혜로는 하나님의 말씀의 뜻을 온전히 이해할 수 없다. 지금까지 목회서신(The Pastoral Epistles)에 등장하는 신약성경에서 유일하게 한 번 사용된 용어들을 있는 그대로 정리하였고, 그 빈도를 로마서(Romans)에 한 번 사용된 용어의 숫자와 비교해 보았다. 성경은 인간의 언어로 기록되었지만 하나님께서 인간들을 영감시켜 기록하게 하신 정확무오한 하나님의 말씀이다. 성경은 "성령의 감동하심을 받은 사람들이 하나님께 받아 말한"(벧후 1:21) 책이다. 그러므로 바울이 목회서신을 기록할 당시 왜 그가 기록한 모든 서신들보다 목회서신에서 한 번만 등장하는 용어를 많이 사용했는지 묵상해 보는 것은 하나님의 뜻을 이해하는데 큰 의의가 있다고 사료된다. 우리는 바울 사도가 목회서신에서 한 번 등장하는 용어들을 특별하게 많이 사용한 사실을 근거로 우선 바울의 헬라어 활용 능력의 탁월함을 확인할 수 있으며, 목회사역의 다양성과 중요성을 다시 한번 깨닫게 된다. 바울이 목회사역의 다양한 국면을 묘사하기 위해서는 자연히 특별한 용어의 사용이 불가피했음을 알게 된다. 또한 하나님은 구속역사의 진행을 위해 준비된 사역자를 사용하신다는 사실을 깨닫게 된다. 인간의 지혜를 뛰어넘는 방식으로 성경을 기록하게 하신 하나님께 영광을 돌린다.

Arndt, W. F. and F. W. Gingrich, *A Greek-English Lexicon of the New Testament and Other Early Christian Literature*. 2nd ed. Chicago: The University of Chicago Press, 1979.

Austin, Bill. *Austin's Topical History of Christianity*. Wheaton: Tyndale House Publishers, 1983.

Balz, H. "ἐάν, ean, if," *Exegetical Dictionary of the New Testament*, Vol. 1. Grand Rapids: Eerdmans, 1990, p. 367.

Balz, H. "βιβλίον," *Exegetical Dictionary of the New Testament*, Vol. 1. Grand Rapids: Eerdmans, 1990, pp. 217-218.

Balz, H. "ὅσιος, ὁσιότης," *Exegetical Dictionary of the New Testament*, Vol. 2. Grand Rapids: Eerdmans, 1991, pp. 536-537.

Barrett, C. K. *The Pastoral Epistles (New Clarendon Bible)*. Oxford: Clarendon, 1963.

Bauernfeind, Otto. "μάχομαι, μάχη, ἄμαχος," *Theological Dictionary of the New Testament*, Vol. IV. Grand Rapids: Eerdmans, 1973, pp. 527-528.

Bauernfeind, Otto. "αὐθάδης," *Theological Dictionary of the New Testament*, Vol. I. Grand Rapids: Eerdmans, 1972, pp. 508-509.

Bauernfeind, Otto. "νήφω," *Theological Dictionary of the New Testament*, Vol. IV. Grand Rapids: Eerdmans, 1973, pp. 936-939.

Bavinck, Herman. *Reformed Dogmatics* (God and Creation), Vol. two. Grand Rapids: Baker Academic, 2004.

Behm, J. "ὑπονοέω, ὑπόνοια," *Theological Dictionary of the New Testament*, Vol. IV. Grand Rapids: Eerdmans, 1973, pp. 1017-1019.

Behm, J. "νέος," *Theological Dictionary of the New Testament*, Vol. IV. Grand Rapids: Eerdmans, 1973, pp. 896-899.

Bengel, John A. *Bengel's New Testament Commentary*, Vol. 2: *Romans-Revelation*. Grand Rapids: Kregel Publications, 1981.

Berger, Klaus. "χάριν," *Exegetical Dictionary of the New Testament*, Vol. 3.

Grand Rapids: Eerdmans, 1993, pp. 457-460.

Berkhof, L. *Manual of Christian Doctrine*. Grand Rapids: Eerdmans, 1973.

Berkouwer, G. C. *Holy Scripture*. Grand Rapids: Eerdmans, 1975.

Betz, H. D. "θεόπνευστος," *Exegetical Dictionary of the New Testament*, Vol. 2. Grand Rapids: Eerdmans, 1991, p. 140.

Beyer, Hermann W. "διακονία," *Theological Dictionary of the New Testament*, Vol. II. Grand Rapids: Eerdmans, 1971, pp. 87-88.

Blaiklock, E. M. *Commentary on the New Testament*. Old Tappan: Fleming H. Revell Company, 1977.

Bläser, Peter. "ἀπειθέω," *Exegetical Dictionary of the New Testament*, Vol. 1. Grand Rapids: Eerdmans, 1990, pp. 118-119.

Böcher, Otto. "βέβηλος," *Exegetical Dictionary of the New Testament*, Vol. 1. Grand Rapids: Eerdmans, 1990, p. 211.

Böcher, Otto. "διάβολος," *Exegetical Dictionary of the New Testament*, Vol. 1. Grand Rapids: Eerdmans, 1990, pp. 297-298.

Boice, James Montgomery. *Foundations of the Christian Faith*. Downers Grove: InterVarsity Press, 1986.

Bruce, F. F. *The Epistles to the Colossians to Philemon and to the Ephesians* (NICNT). Grand Rapids: Eerdmans, 1988.

Bruce, F. F. *The Book of the Acts (NICNT)*. Grand Rapids: Eerdmans, 1970.

Büchsel, F. "ἐπιθυμία, ἐπιθυμέω," *Theological Dictionary of the New Testament*, Vol. III. Grand Rapids: Eerdmans, 1972, pp. 167-171.

Bühner, Jan-Adolf. "ἀπόστολος," *Exegetical Dictionary of the New Testament*, Vol. 1. Grand Rapids: Eerdmans, 1990, pp. 142-146.

Bultmann, R. "ἐλπίς, ἐλπίζω," *Theological Dictionary of the New Testament*, Vol. II. Grand Rapids: Eerdmans, 1971, pp. 529-535.

Bultmann, R. and D. Lührmann, "φαίνω, ἐπιφάνεια," *Theological*

Dictionary of the New Testament, Vol. IX. Grand Rapids: Eerdmans, 1974, pp. 1-10.

Calvin, John. *Institutes of the Christian Religion*, Trans. Ford L. Battles, Vol. 1. Philadelphia: The Westminster Press, 1967.

Calvin, John. *Institutes of the Christian Religion*, Trans. Ford L. Battles, Vol. 2. Philadelphia: The Westminster Press, 1967.

Calvin, John. *The Second Epistle of Paul to the Corinthians, and the Epistles to Timothy, Titus and Philemon*, Trans. by T. A. Smail. Grand Rapids: Eerdmans, 1973.

Calvin, John. *The Epistles of Paul the Apostle to the Galatians, Ephesians, Philippians and Colossians*. Trans. T.H.L. Parker. Grand Rapids: Eerdmas, 1974.

Clowney, Edmund P. *The Church: Contours of Christian Theology*. Downers Grove: InterVarsity Press, 1995.

Conybeare W. J. and J. S. Howson, *The Life and Epistles of St. Paul*. Grand Rapids: Eerdmans, n.d.

Delling, Gerhard. "ἀνυπότακτος," *Theological Dictionary of the New Testament*, Vol. VIII. Grand Rapids: Eerdmans, 1972, p. 47.

Delling, Gerhard. "ἀνεπίλημπτος," *Theological Dictionary of the New Testament*, Vol. IV. Grand Rapids: Eerdmans, 1973, p. 9.

Delling, Gerhard. "γόης," *Theological Dictionary of the New Testament*, Vol. I. Grand Rapids: Eerdmans, 1972, pp. 737-738.

Drummond, Henry. *The Greatest Thing in the World*. New York: Grosset and Dunlap, 1981.

Dunn, James D. G. *The Living Word*. Philadelphia: Fortress Press, 1987.

Earle, Ralph. "1, 2 Timothy," *The Expositor's Bible Commentary*. General editor: Frank E. Gaebelein. Grand Rapids: Zondervan, 1978.

Eternity (April, 1984), pp. 18-21.

Eusebius Pamphilus, *Eusebius' Ecclesiastical History* (Popular Edition). Grand Rapids: Baker, 1977.

Fee, Gordon D. *1 and 2 Timothy, Titus (NIBCNT)*, Vol. 13. Peabody:

Hendrickson, 1984.

Fee, Gordon D. *The First Epistle to the Corinthians (NICNT)*. Grand Rapids: Eerdmans, 1991.

Fee, Gordon D. *God's Empowering Presence; The Holy Spirit in the Letters of Paul*. Peabody: Hendrickson Publishers, 1994.

Feinberg, Charles L. "Peace," *Baker's Dictionary of Theology*. Grand Rapids: Baker, 1975, p. 399.

Feneberg, W. "ὑγιαίνω," *Exegetical Dictionary of the New Testament*, Vol. 3. Grand Rapids: Eerdmans, 1993, p. 380.

Fiedler, P. "εὐσέβεια," *Exegetical Dictionary of the New Testament*, Vol. 2. Grand Rapids: Eerdmans, 1991, pp. 84-85.

Fiedler, P. "σεμνότης, σεμνός," *Exegetical Dictionary of the New Testament*, Vol. 3. Grand Rapids: Eerdmans, 1993, p. 238.

Field, D. H. "φθονέω, φθόνος," *The New International Dictionary of New Testament Theology*, Vol. 1. Grand Rapids: Zondervan, 1975, pp. 557-558.

Foerster, Werner. "διάβολος," *Theological Dictionary of the New Testament*, Vol. II. Grand Rapids: Eerdmans, 1971, pp. 75-81.

Foh, Susan T. *Women and the Word of God*. Philadelphia: Presbyterian and Reformed Publishing Co., 1980.

France, R. T. "ἐκχέω, σπένδω," *The New International Dictionary of New Testament Theology*, Vol. 2. Grand Rapids: Zondervan, 1977, pp. 853-855.

Fraser, J. W. *Jesus and Paul* (Paul as Interpreter of Jesus from Harnack to Kummel). Abingdon: Marcham Books, 1974.

Gaffin, Jr. Richard B. *Resurrection and Redemption*. Michigan: University Microfilms, 1970.

Gaffin, Jr. Richard B. *The Centrality of the Resurrection* (A Study in Paul's Soteriology). Grand Rapids: Baker, 1978.

Gärtner, B. "ἐπιφάνεια," *The New International Dictionary of New Testament Theology*, Vol. 3. Grand Rapids: Zondervan, 1979, pp.

317-320.

Giesen, H. "ἔρις," *Exegetical Dictionary of the New Testament*, Vol. 2. Grand Rapids: Eerdmans, 1991, pp. 52-53.

Giesen, H. "ἐπιτιμάω," *Exegetical Dictionary of the New Testament*, Vol. 2. Grand Rapids: Eerdmans, 1991, pp. 42-43.

Goddard, Burton L. "Mercy," *Baker's Dictionary of Theology*. Grand Rapids: Baker, 1975, p. 348.

Goppelt, Leonhard. "τύπος, ὑποτύπωσις," *Theological Dictionary of the New Testament*, Vol. VIII. Grand Rapids: Eerdmans, 1972, pp. 246-259.

Gorday, Peter (editor), *Colossians, 1-2 Thessalonians, 1-2 Timothy, Titus, Philemon (Ancient Christian Commentary on Scripture)* New Testament IX. Downers Grove: InterVarsity Press, 2000.

Grosheide, F. W. *Commentary on the First Epistle to the Corinthians (NICNT)*. Grand Rapids: Eerdmans, 1968.

Grundmann, W. "φιλάγαθος," *Theological Dictionary of the New Testament*, Vol. I. Grand Rapids: Eerdmans, 1972, p. 18.

Grundmann, W. "ἀφιλάγαθος," *Theological Dictionary of the New Testament*, Vol. I. Grand Rapids: Eerdmans, 1972, p. 18.

Günther, W. "σεμνότης," *The New International Dictionary of New Testament Theology*, Vol. 2. Grand Rapids: Zondervan, 1977, pp. 91-95.

Günther, W. "πλανάω," *The New International Dictionary of New Testament Theology*, Vol. 2. Grand Rapids: Zondervan, 1977, pp. 457-461.

Guthrie, Donald. *The Pastoral Epistles: Tyndale New Testament Commentaries*. Grand Rapids: Eerdmans, 1990.

Guthrie, Donald. *New Testament Introduction*. Downers Grove: Inter-Varsity Press, 1974.

Guthrie, Donald. *New Testament Theology*. Downers Grove: Inter-Varsity, 1981.

Güting E. and C. Brown, "ὑπερήφανος, ἀλαζών," *The New International Dictionary of New Testament Theology*, Vol. 3. Grand Rapids: Zondervan, 1979, pp. 28-32.

Hainz, J. "κοινωνέω," *Exegetical Dictionary of the New Testament*, Vol. 2. Grand Rapids: Eerdmans, 1991, pp. 303-305.

Hanson, A. T. *The Pastoral Epistles (New Century Bible Commentary)*, Grand Rapids: Eerdmans, 1987.

Harris, M. J. "Quiet, ἡσύχιος," *The New International Dictionary of New Testament Theology*, Vol. 3. Grand Rapids: Zondervan, 1979, pp. 111-112.

Harrison, Everett F. *Introduction to the New Testament*. Grand Rapids: Eerdmans, 1971.

Harvey, H. *Commentary on the Pastoral Epistles, First and Second Timothy and Titus and the Epistle to Philemon (An American Commentary on the New Testament)*. Valley Forge: Judson Press, 1890.

Hasler, Victor. "εἰρήνη," *Exegetical Dictionary of the New Testament*, Vol. 1. Grand Rapids: Eerdmans, 1990, pp. 394-397.

Hauck, Friedrich. "βέβηλος," *Theological Dictionary of the New Testament*, Vol. I. Grand Rapids: Eerdmans, 1972, pp. 604-605.

Hauck, Friedrich. "κοινωνικός," *Theological Dictionary of the New Testament*, Vol. III. Grand Rapids: Eerdmans, 1972, p. 809.

Hauck, Friedrich. "ἀνόσιος," *Theological Dictionary of the New Testament*, Vol. V. Grand Rapids: Eerdmans, 1973, p. 492.

Hegermann, H. "δόξα," *Exegetical Dictionary of the New Testament*, Vol. 1. Grand Rapids: Eerdmans, 1990, pp. 344-349.

Hendriksen, William. *Exposition of the Pastoral Epistles* (New Testament Commentary). Grand Rapids: Baker, 1974.

Hendriksen, William. *Survey of the Bible*. Grand Rapids: Baker, 1976.

Hendriksen, William. *The Gospel of John (New Testament Commentary)*, Vol. II. Grand Rapids: Baker, 1975.

Henry, Carl F. H. "Inspiration," *The New International Dictionary of the Christian Church*. Grand Rapids: Zondervan, 1981.

Henry, Matthew. *Matthew Henry's Commentary on the Whole Bible, Vol. VI. Acts to Revelation*. Old Tappan: Fleming H. Revell Company, n.d.

Hofius, O. "βλασφημέω, βλασφημία," *Exegetical Dictionary of the New Testament*, Vol. 1. Grand Rapids: Eerdmans, 1990, pp. 219-221.

Hollander, H. W. "μακροθυμία," *Exegetical Dictionary of the New Testament*, Vol. 2. Grand Rapids: Eerdmans, 1991, pp. 380-381.

Holtz, T. "νηφάλιος," *Exegetical Dictionary of the New Testament*, Vol. 2. Grand Rapids: Eerdmans, 1991, p. 467.

House, H. Wayne. *The Role of Women in Ministry Today*. Nashville: Thomas Nelson, 1990.

Hübner, H. "ἐπιθυμία," *Exegetical Dictionary of the New Testament*, Vol. 2. Grand Rapids: Eerdmans, 1991, pp. 27-28.

Irenaeus, St., *Against Heresies*, ii, 22, 5.

Josephus, F. *The Works of Flavius Josephus*, Vol. IV. Grand Rapids: Baker, 1974.

Kauffman, Donald T. (Editor), *Baker's Pocket Dictionary of Religious Terms*. Grand Rapids: Baker, 1975.

Kelly, J. N. D. *A Commentary on the Pastoral Epistles: Thornapple Commentaries*. Ann Arbor: Baker, 1981.

Kertelge, K. "λύτρον," *Exegetical Dictionary of the New Testament*, Vol. 2. Grand Rapids: Eerdmans, 1991, pp. 364-366.

Klöber, R. "ὀρθός, ὀρθοτομέω," *The New International Dictionary of New Testament Theology*, Vol. 3. Grand Rapids: Zondervan, 1979, pp. 351-352.

Knight III, George W. *The Faithful Sayings in the Pastoral Letters* (Biblical and Theological Studies). Nutley: Presbyterian and Reformed Publishing Co., n.d.

Knight III, George W. *The Pastoral Epistles: A Commentary on the Greek*

Text. Carlisle: The Paternoster Press, 1992.

Köstenberger, Andreas J. *Biblical Theology for Christian Proclamation: Commentary on 1-2 Timothy and Titus*. Nashville: Holman, 2017.

Kuhli, H. "οἰκονόμος," *Exegetical Dictionary of the New Testament*, Vol. 2. Grand Rapids: Eerdmans, 1991, pp. 498-500.

Larsson, E. "ζήτησις," *Exegetical Dictionary of the New Testament*, Vol. 2. Grand Rapids: Eerdmans, 1991, p. 103.

Lenski, R. C. H. *The Interpretation of St. Paul's Epistles to the Colossians, to the Thessalonians, to Timothy, to Titus and to Philemon*. Minneapolis: Augsburg Publishing House, 1961.

Link, H.-G. "νόσος," *The New International Dictionary of New Testament Theology*, Vol. 3. Grand Rapids: Zondervan, 1979, pp. 996-999.

Linton, Joel H. "The Importance of Qualified Wives in Qualifying Husbands for Church Office," *Exegetical Paper: 1 Timothy 3:8-13* (Taipei, 2004), pp. 1-20.

Luck, Ulrich. "σώφρων, σωφρονέω," *Theological Dictionary of the New Testament*, Vol. VII. Grand Rapids: Eerdmans, 1971, pp. 1097-1104.

Machen, J. Gresham. *New Testament Greek for Beginners*. Toronto: The Macmillan Company, 1951.

Machen, J. Gresham. *The Origin of Paul's Religion*. Grand Rapids: Eerdmans, 1965.

Marshall, I. H. *Biblical Inspiration*. Grand Rapids: Eerdmans, 1982.

McGee, J. Vernon. *The Epistles First and Second Timothy, Titus, Philemon*. Nashville: Thomas Nelson Publishers, 1991.

Mckelvey, R. J. *The New Temple*. Oxford: Oxford University Press, 1969.

Metzger, Bruce M. *A Textual Commentary on the Greek New Testament*. London and New York: United Bible Societies, 1971.

Michaelis, W. "πραϋπάθεια," *Theological Dictionary of the New Testament*, Vol. V. Grand Rapids: Eerdmans, 1973, p. 939.

Michaelis, W. "λεών," *Theological Dictionary of the New Testament*, Vol.

IV. Grand Rapids: Eerdmans, 1973, pp. 251-253.

Michaelis, W. "κακοπαθέω, συγκακοπαθέω," *Theological Dictionary of the New Testament*, Vol. V. Grand Rapids: Eerdmans, 1973, pp. 936-938.

Michel, Otto. "σπένδομαι," *Theological Dictionary of the New Testament*, Vol. VII. Grand Rapids: Eerdmans, 1971, pp. 528-536.

Morris, Leon. *New Testament Theology*. Grand Rapids: Academie Books, 1986.

Moule, H. C. G. *The Second Epistle to Timothy: Short Devotional Studies on the Dying Letter of St. Paul*. Philadelphia: Union, 1905.

Moule, C. F. D. *The Holy Spirit*. Grand Rapids: Eerdmans, 1978.

Mounce, William D. *Pastoral Epistles (WBC)*, Vol. 46. Nashville: Nelson, 2000.

Murphy-O'Connor, Jerome. *Paul: A Critical Life*. Oxford: Oxford University Press, 1997.

Murray, John. "The Relation of Church and State," *Collected Writings of John Murray*, Vol. 1. Edinburgh: The Banner of Truth Trust, 1976, pp. 253-259.

(The) *New Encyclopaedia Britannica*, Vol. 8 "Nero" (Micropaedia) 1994, pp. 605-607.

(The) *New Encyclopaedia Britannica*, Vol. 8 "Nicopolis Actia" (Micropaedia) 1994, p. 693.

(The) *New Encyclopaedia Britannica*, Vol. 4. "Epimenides" (Micropaedia) 1994, p. 525.

Odeberg, Hugo. "Ἰάννης, Ἰαμβρῆς," *Theological Dictionary of the New Testament*, Vol. III. Grand Rapids: Eerdmans, 1972, pp. 192-193.

Oepke, Albrecht. "ἄσπιλος," *Theological Dictionary of the New Testament*, Vol. I. Grand Rapids: Eerdmans, 1972, p. 502.

Oepke, A. "νόσος, νοσέω," *Theological Dictionary of the New Testament*, Vol. IV. Grand Rapids: Eerdmans, 1973, pp. 1091-1098.

Packer, J. I. *Rediscovering Holiness*. Ann Arbor: Servant Publications,

1992.

Packer, J. I. "Despise, καταφρονέω," *The New International Dictionary of New Testament Theology*, Vol. 1. Grand Rapids: Zondervan, 1975, pp. 461-462.

Pao, D. W. "Thanksgiving: An Investigation of a Pauline Theme," *New Studies in Biblical Theology*, 13. Downers Grove: InterVarsity, 2002, pp. 36-37.

Parker, T.H.L. "Grace," *Baker's Dictionary of Theology*. Grand Rapids: Baker, 1975, pp. 257-258.

Pesch, W. "ὀργή," *Exegetical Dictionary of the New Testament*, Vol. 1. Grand Rapids: Eerdmans, 1990, pp. 529-530.

Petzke, G. "διαλογισμός," *Exegetical Dictionary of the New Testament*, Vol. 1. Grand Rapids: Eerdmans, 1990, p. 308.

Porsch, F. "ἐλέγχω," *Exegetical Dictionary of the New Testament*, Vol. 1. Grand Rapids: Eerdmans, 1990, pp. 427-428.

Preisker, Herbert. "ἐπιείκεια, ἐπιεικής," *Theological Dictionary of the New Testament*, Vol. II. Grand Rapids: Eerdmans, 1971, pp. 588-590.

Procksch, Otto. "ἁγιάζω," *Theological Dictionary of the New Testament*, Vol. 1. Grand Rapids: Eerdmans, 1972, pp. 111-112.:

Radl, W. "ὑπομονή," *Exegetical Dictionary of the New Testament*, Vol. 3. Grand Rapids: Eerdmans, 1993, pp. 405-406.

Ridderbos, Herman. *Paul: An Outline of His Theology*. Grand Rapids: Eerdmans, 1975.

Robertson, A. T. *A Grammar of the Greek New Testament in the Light of Historical Research*. Nashville: Broadman Press, 1934.

Rogers, James. *The Dictionary of Clichés*. London: Ward Lock Limited, 1986.

Rohde, J. "ἐπιπλήσσω," *Exegetical Dictionary of the New Testament*, Vol. 2. Grand Rapids: Eerdmans, 1991, p. 32.

Rotelle, J. E. (editor), *The Works of St. Augustine: A Translation for the*

Twenty-first Century, Vol. 1-11. Brooklyn: New City Press, 1991, 3/5:265.

Salmond, S.D.F. "The Epistle to the Ephesians," *The Expositor's Greek Testament*, Vol. III. Grand Rapids: Eerdmans, 1980.

Schenk, W. "προΐστημι," *Exegetical Dictionary of the New Testament*, Vol. 3. Grand Rapids: Eerdmans, 1993, pp. 156-157.

Schenk, W. "νοέω," *Exegetical Dictionary of the New Testament*, Vol. 2. Grand Rapids: Eerdmans, 1991, pp. 469-470.

Schmidt, K. L. "κλῆσις," *Theological Dictionary of the New Testament*, Vol. III. Grand Rapids: Eerdmans, 1972, pp. 491-493.

Schneider, G. "ἀκολουθέω," *Exegetical Dictionary of the New Testament*, Vol. 1. Grand Rapids: Eerdmans, 1990, pp. 49-52

Schoenborn, U. "δέησις," *Exegetical Dictionary of the New Testament*, Vol. 1. Grand Rapids: Eerdmans, 1990, pp. 286-287.

Schönweiss, H. "δέομαι, δέησις," *The New International Dictionary of New Testament Theology*, Vol. 2. Grand Rapids: Zondervan, 1977, pp. 860-861.

Schramm, T. "σφραγίς," *Exegetical Dictionary of the New Testament*, Vol. 3. Grand Rapids: Eerdmans, 1993, pp. 316-317.

Schrenk, Gottlob. "ἱεροπρεπής," *Theological Dictionary of the New Testament*, Vol. III. Grand Rapids: Eerdmans, 1972, pp. 253-254.

Schrenk, Gottlob. "δικαιοσύνη," *Theological Dictionary of the New Testament*, Vol. II. Grand Rapids: Eerdmans, 1971, pp. 192-225.

Schweitzer, Albert. *The Mysticism of Paul the Apostle*. London: Adam and Charles Black, 1967.

Schweizer, Eduard. "θεόπνευστος," *Theological Dictionary of the New Testament*, Vol. VI. Grand Rapids: Eerdmans, 1971, pp. 453-455.

Selter, F. "νουθετέω, νουθεσία," *The New International Dictionary of New Testament Theology*, Vol. 1. Grand Rapids: Zondervan, 1975, pp. 568-569.

Smith, J. B. *Greek-English Concordance to the New Testament.* Scottdale: Herald Press, 1974.

Smith, Morton H. *Systematic Theology*, Vol. Two. Greenville: Greenville Seminary Press, 1994.

Sparrow-Simpson, W. J. *The Resurrection and Modern Thought.* London: Longmans, Green & Co., 1911.

Spicq, Ceslas. "εἰρηνεύω, εἰρήνη," *Theological Lexicon of the New Testament*, Vol. 1. Peabody: Hendrickson Publishers, 1996, pp. 424-438.

Spicq, Ceslas. "εὐμετάδοτος," *Theological Lexicon of the New Testament*, Vol. 2. Peabody: Hendrickson Publishers, 1996, pp. 121-122.

Spicq, Ceslas. "θεοδίδακτοι, θεόπνευστος," *Theological Lexicon of the New Testament*, Vol. 2. Peabody, MA.: Hendrickson Publishers, 1996, pp. 193-195.

Spicq, Ceslas. "ἱεροπρεπής," *Theological Lexicon of the New Testament*, Vol. 2. Peabody: Hendrickson Publishers, 1996, pp. 215-216.

Spicq, Ceslas. "καταφρονέω, καταφρονητής," *Theological Lexicon of the New Testament*, Vol. 2 (Peabody: Hendrickson Publishers, 1996), pp. 280-284.

Spicq, Ceslas. "νοσφίζομαι," *Theological Lexicon of the New Testament*, Vol. 2. Peabody: Hendrickson Publishers, 1996, pp. 546-547.

Spicq, Ceslas. "ὀρθοτομέω," *Theological Lexicon of the New Testament*, Vol. 2. Peabody: Hendrickson Publishers, 1996, p. 595.

Spicq, Ceslas. "φιλοξενία, φιλόξενος," *Theological Lexicon of the New Testament*, Vol. 3. Peabody, MA: Hendrickson Publishers, 1996, pp. 454-457.

Spicq, Ceslas. "σεμνός, σεμνότης," *Theological Lexicon of the New Testament*, Vol. 3. Peabody, MA: Hendrickson Publishers, 1996, pp. 244-248.

Spicq, Ceslas. "σωφρονέω, σωφροσύνη, σώφρων," *Theological Lexicon of the New Testament*, Vol. 3. Peabody: Hendrickson Publishers,

1996, pp. 359-365.

Spicq, Ceslas. "παραθήκη," *Theological Lexicon of the New Testament*, Vol. 3. Peabody: Hendrickson Publishers, 1996, pp. 24-27.

Spicq, Ceslas. "πραυπάθεια, πραΰς, πραΰτης," *Theological Lexicon of the New Testament*, Vol. 3. Peabody: Hendrickson Publishers, 1996, pp. 160-171.

Spicq, Ceslas. "φιλαργυρία, φιλάργυρος," *Theological Lexicon of the New Testament*, Vol. 3. Peabody: Hendrickson Publishers, 1996, pp. 446-447.

Spicq, Ceslas. "καταφθείρω," *Theological Lexicon of the New Testament*, Vol. 2. Peabody: Hendrickson Publishers, 1996, pp. 278-279.

Spicq, Ceslas. "κακοπαθέω," *Theological Lexicon of the New Testament*, Vol. 2. Peabody, MA.: Hendrickson Publisher's, 1996, pp. 238-240.

Spurgeon, C. H. *The Treasury of David*, Vol. 1. Welwyn: Evangelical Press, 1978.

Stählin, Gustav. "ξενοδοχέω," *Theological Dictionary of the New Testament*, Vol. V. Grand Rapids: Eerdmans, 1973, pp. 20-23.

Stalker, James. *Life of Paul.* Atlanta: Jernigan Press, 1981.

Staudinger, F. "ἔλεος, ἐλεέω," *Exegetical Dictionary of the New Testament*, Vol. 1. Grand Rapids: Eerdmans, 1990, pp. 429-431.

Stein, Robert H. *Difficult Passages in the Epistles.* Leicester: InterVarsity Press, 1989.

Stibbs, A. M. "The Pastoral Epistles," *The New Bible Commentary: Revised*, ed. by D. Guthrie, J. A. Motyer, A. M. Stibbs, D. J. Wiseman. Grand Rapids: Eerdmans, 1975, pp. 1166-1186.

Stonehouse, N. B. "The Authority of the New Testament," *The Infallible Word.* Philadelphia: Presbyterian and Reformed Publishing Co., 1946, pp. 92-140.

Suetonius, *Life of Claudius*, XXV. 4.

Swete, H. B. "The Faithful Sayings," *Journal of Theological Studies*, xviii

(1917), p. 1

Tenney, Merrill C. *New Testament Survey*. Grand Rapids: Eerdmans, 1974.

Thomas, J. "παρακαλέω, παράκλησις," *Exegetical Dictionary of the New Testament*, Vol. 3. Grand Rapids: Eerdmans, 1993, pp. 23-27.

Trilling, W. "καταφρονέω," *Exegetical Dictionary of the New Testament*, Vol. 2. Grand Rapids: Eerdmans, 1991, p. 270.

Tuente, R. "δοῦλος," *The New International Dictionary of New Testament Theology*, Vol. 3. Grand Rapids: Zondervan, 1979, pp. 592-598.

Untergassmair, F. G. "κνήθω," *Exegetical Dictionary of the New Testament*, Vol. 2. Grand Rapids: Eerdmans, 1991, p. 301.

Vincent, Marvin R. *Word Studies in the New Testament*, Vol IV. Grand Rapids: Eerdmans, 1975.

Vos, Geerhardus. *The Pauline Eschatology*. Grand Rapids: Eerdmans, 1966.

Warfield, B. B. *The Inspiration and Authority of the Bible*. Philadelphia: The Presbyterian and Reformed Publishing Co., 1948.

Wegenast, K. "διδάσκαλος," *The New International Dictionary of New Testament Theology*, Vol. 3. Grand Rapids: Zondervan, 1979, pp. 765-768.

Weiser, Alfons. "διάκονος," *Exegetical Dictionary of the New Testament*, Vol. 1. Grand Rapids: Eerdmans, 1990, pp.302-304.

Weiss, Johannes. *Paul and Jesus*. London, 1909.

White, Newport J. D. "The First and Second Epistles to Timothy and the Epistle to Titus," *The Expositor's Greek Testament*, Vol. IV. Grand Rapids: Eerdmans, 1980.

Wilson, Geoffrey B. *Ephesians*. Carlisle: The Banner of Truth Trust, 1978.

Winer, George B. *A Grammar of the Idiom of the New Testament*. Andober: Warren F. Draper, 1869.

Wolter, M. "ἐφίστημι," *Exegetical Dictionary of the New Testament*, Vol. 2. Grand Rapids: Eerdmans, 1991, p. 92.

Zeller, D. "σώφρων," *Exegetical Dictionary of the New Testament*, Vol. 3. Grand Rapids: Eerdmans, 1993, pp. 329-330.

Zerwick, Maximilian. *Biblical Greek*. Rome: Editrice Pontificio Istituto Biblico, 1963.

김세윤. "서창원 목사의 '여성안수 허용 문제에 대한 이의 제기'에 답함," 「목회와 신학」, 185 (2004, 11), p. 190.

드러몬드(Drummond, Henry), 『세상에서 가장 귀한 것』, 박형용 역. 서울: 새순출판사, 1987.

박윤선. 『성경주석: 바울서신』. 서울: 영음사, 1964.

박형용, 『복음비평사』. 서울: 성광문화사, 1985.

박형용, 『신약정경론』. 수원: 합신대학원출판부, 2002.

박형용, 『에베소서 주해』, 수원: 합신대학원출판부, 2023.

박형용, 『새롭게 다시 쓴 신약개관』. 서울: 아가페출판사, 2002.

박형용, 『정암 박윤선에게서 배우다』. 서울: 국제제자훈련원, 2008.

박형용, 『데살로니가전후서 주해』. 수원: 합신대학원출판부, 2008.

박형용, 『성경해석의 원리』. 수원: 합신대학원출판부, 2014.

박형용, 『사도행전 주해』. 수원: 합신대학원출판부, 2017.

박형용, 『골로새서. 빌레몬서 주해』. 수원: 합신대학원출판부, 2020.

박형용, 『로마서 주해』. 수원: 합신대학원출판부, 2022.

박형용, 『바울신학』. 수원: 합신대학원출판부, 2022.

박형용, 『야고보서 유다서 주해』. 수원: 합신대학원출판부, 2023.

베이첼, 배리 J. 『New 무디 성서지도』. 서울: 아가페출판사, 2016.

켈러, 팀. 『팀 켈러의 센터처치』, 오종향옮김. 서울: 두란노, 2023.

색 인

인명색인

[ㅌ]

[ㅍ]

[ㅎ]

주제색인

〔ㄱ〕

성구색인

/ 구약 /

사도행전

로마서

고린도전서

고린도후서

갈라디아서

에베소서

디모데전서

디모데후서

빌레몬서

히브리서

야고보서

베드로전서

베드로후서